Wilmot Robertson

La majorité dépossédée

Wilmot Robertson

(nom de plume de Sumner Humphrey Ireland)

Wilmot Robertson est né à Philadelphie, à l'époque où l'Amérique était encore l'Amérique. Il a fréquenté une université de la Ivy League, étudié à l'étranger et, après avoir fait de son mieux pour maintenir les États-Unis en dehors de la Seconde Guerre mondiale, a participé aux campagnes d'Afrique du Nord et d'Italie en tant qu'officier du génie de combat. À la fin de la guerre, il a perdu quelques précieuses années dans une agence de publicité de Madison Avenue, puis a étudié la physique à Berkeley. Les affaires l'ont finalement attiré et il a créé une petite entreprise scientifique dans la région de la baie de San Francisco, accumulant suffisamment de fonds pour prendre quelques années de congé et mettre la dernière main au manuscrit qui a finalement été publié sous le titre *The Dispossessed Majority (La majorité dépossédée) (Ventilations)*.

La majorité dépossédée

The Dispossessed Majority
Première édition, Howard Allen Enterprises - 1972

Traduit en français par Le Retour aux Sources

© Le Retour aux Sources - 2023

www.leretourauxsources.com

Pour posséder ce que l'on ne possède pas,
il faut passer par la voie de la dépossession
- T.S. Eliot, *Les Quatre Quatuors*

Préface

LES PLUS VRAIMENT désavantagés sont ceux qui sont détestés pour leurs vertus et non pour leurs vices, qui s'obstinent à jouer le jeu de la vie avec des adversaires qui ont depuis longtemps abandonné les règles, qui s'entêtent à croire qu'un ensemble d'institutions hautement sophistiquées développées par et pour un peuple particulier à un moment donné dans le temps et l'espace est opérationnel pour tous les peuples dans toutes les circonstances.

L'objectif de ce livre est de fournir aux membres de ce groupe déconcerté et menacé — provisoirement défini comme la majorité américaine — un diagnostic systématique des maladies et des débilités qui les ont affaiblis, ainsi que des suggestions pour leur rétablissement.

Tant de libéraux étant devenus des racistes minoritaires et tant de conservateurs étant devenus des grincheux sans racines, tant de religions étant devenues des sciences sociales et tant de sciences sociales étant devenues des tours de passe-passe intellectuels, le membre réfléchi de la majorité n'a d'autre choix que de se tourner vers lui-même. Mais c'est peut-être là son salut. Dans l'isolement, la faculté critique est plus profonde. Ce n'est qu'aujourd'hui qu'il est possible de comprendre le destin tragique et humiliant de la majorité américaine, parce que ce n'est qu'aujourd'hui que quelques esprits de la majorité, approfondis par des décennies de contemplation solitaire et aiguisés par la sinistre chronique des événements, se mettent enfin au diapason de la longueur d'onde d'urgence de la survie collective.

En apparence, l'Amérique semble perdue. Mais l'animalisation du corps et la brutalisation de l'esprit, la profanation de l'environnement, la vénalité de la politique, les fléaux de la drogue et de l'homosexualité, le SIDA, les ondes de choc gustatives de la pornographie, la sauvagerie des ghettos, la folie féministe, la discrimination à rebours, la dégénérescence de l'armée, les torrents d'immigrants illégaux, l'apostasie des professeurs et des journalistes, l'abrutissement des étudiants, le matérialisme phobique et l'ignorance de leurs parents — tout cela, peut-être, ne sont pas les régressions irréversibles qu'ils semblent être, mais simplement des obstacles ou des détours à court terme sur le Grand Trek vers une forme de vie plus élevée et plus lumineuse. Dans la séquence de la renaissance organique, ce qui doit être fait doit d'abord être défait. Le défaire doit précéder le repenser. Selon la courbe sinusoïdale de l'action humaine, la dégénérescence alterne avec la régénération. Il est fort possible que la phase actuelle soit une phase de reculer pour mieux sauter.

Du côté de l'espoir, le matériel chromosomique, la condition première et fondamentale d'une résurgence américaine, est toujours en abondance. Les chercheurs en sciences de la vie et les quelques chercheurs en sciences sociales dignes de ce nom bouillonnent d'idées et de découvertes qui ne peuvent qu'aider à désamorcer certains des pièges dogmatiques qui ont été délibérément tendus aux intellects les plus actifs de la Majorité. Des cendres de l'historicisme brûlé jaillit une ou deux étincelles d'histoire authentique. Il y a même la lueur d'une nouvelle religion (ou le rajeunissement de l'ancienne) dans les énoncés prométhéens et les énigmes de la nouvelle ontologie.

Quoi qu'il en soit, la majorité sortira bientôt des limbes. Elle ne peut que monter — ou descendre. Il s'agit en fait d'une question de calendrier, d'une course entre la jungle qui s'avance et la récolte qui mûrit. La marche sur la lune pourrait s'avérer être le dernier kilomètre ou le franchissement du Rubicon.

PARTIE I

Dynamique raciale

CHAPITRE 1

Le concept de race

RIEN n'a élevé l'homme à de plus hauts sommets de créativité ou ne l'a abaissé à de plus grandes profondeurs de destruction que la double notion de similitude et de dissemblance humaine.

Chaque homme est semblable à tous les autres hommes en ce sens qu'il appartient à la même espèce, *Homo sapiens*. Le Watusi de sept pieds, le Pygmée de quatre pieds, le Suédois blanc comme le lait, le métis latino-américain couleur café et l'Oriental aux yeux et au teint d'amande sont tous capables de se croiser. Par conséquent, l'idée de ressemblance humaine a des origines biologiques. Mais il en va de même pour l'idée de ressemblance. Chaque homme diffère physiquement et mentalement de tous les autres hommes, ce qui explique à la fois l'individualité humaine et les différences entre les groupes.[1] Comme l'a écrit Shakespeare :

Il est étrange que nos sangs,
De couleur, de poids et de chaleur, versés tous ensemble,
confondent tout à fait la distinction, tout en restant à l'écart
Dans des différences si puissantes.[2]

L'individu moyen commence probablement sa vie en tant que semblable et la termine en tant que dissemblable. L'enfant grandit et s'éloigne du foyer familial pour découvrir que tous les pères ne ressemblent pas à son père, que toutes les mères ne ressemblent pas à sa mère et que tous les enfants ne ressemblent pas à ses frères et sœurs. Au fur et à mesure qu'il s'éloigne, il découvre des différences physiques et culturelles notables entre les populations des grandes villes et des pays étrangers.[3] Inévitablement, il

---

[1] Même les jumeaux identiques diffèrent légèrement en termes de taille, de poids, de longueur et de largeur de la tête. L. C. Dunn et Theodosius Dobzhansky, Heredity, Race and Society, New American Library, New York, 1960, p. 27. "Deux jumeaux identiques, provenant du même œuf, possédant la même constitution génétique, manifestent chacun une personnalité différente". Alexis Carrel, *L'homme cet inconnu*, Librairie Plon, Paris, 1935, p. 336.

[2] *Tout est bien qui finit bien*, acte 2, scène 3.

[3] Un chercheur en sciences sociales, George Murdock, affirme avoir trouvé 73 éléments communs à toutes les cultures, parmi lesquels : la parade nuptiale, la danse, la division du travail, l'éducation, la famille, le folklore, les jeux, les coiffures, l'hospitalité, le droit

reconnaît que certains êtres humains possèdent un ensemble de caractéristiques physiques et culturelles semblables aux siennes et que d'autres n'en ont pas. Avec ou sans l'aide ou les conseils de son père, de sa mère, de son professeur, d'un livre ou de la télévision, il a séparé un groupe de personnes d'un autre. Qu'il le veuille ou non, il a adhéré au concept de race.

La croyance selon laquelle chaque homme appartient à une race humaine distincte est la bête noire des anthropologues sociaux et un défi pour les anthropologues physiques qui ont essayé d'éradiquer cette "pensée vague" en proposant une définition plus rigoureuse de la race. Jusqu'à présent, leurs efforts se sont largement concentrés sur l'accumulation et la classification des données biométriques et ont suscité autant de controverses que d'accords. Même s'ils parviennent finalement à établir la composante physiologique de la race sur des bases scientifiques solides, ils seront toujours confrontés aux mystères et à la complexité de la composante psychologique. La race, comme le savent tous les hommes politiques américains, va bien au-delà du domaine physique.

Malheureusement pour les anthropologues et les biologistes qui travaillent avec des mètres ruban et des ordinateurs, et qui ne permettent qu'aux facteurs biologiques de déterminer et de définir la race, le concept de race repose autant sur la conscience du lien de parenté que sur les faits.

Les hommes d'État, les poètes et les prophètes ont une approche moins scientifique. Ils connaissent l'immense pouvoir que les sentiments de parenté exercent sur les affaires humaines et les vastes transformations politiques et sociales qui se produisent lorsque ces sentiments sont allumés ou ravivés dans le cœur des hommes. Lorsque les hommes ne peuvent faire appel à l'anthropologie pour justifier l'existence de la race, ils font souvent appel à l'histoire et au folklore. "Le psychologue E. K. Francis notait il y a un demi-siècle que "le recours aux mythes pour établir l'ascendance commune d'un groupe ethnique est très ancien".[4]

Le terme "groupe ethnique" est le préféré des anthropologues sociaux qui souhaitent vider la race de son contenu émotionnel et de sa subjectivité. Le terme de groupe de population est encore plus anémique. Mais changer le vocabulaire de l'homme ne change pas nécessairement sa façon de penser. Bien que les termes groupe ethnique, groupe de population, cline, Formenkreis et autres soient des étiquettes pratiques et appropriées pour

---

et la magie. *The Science of Man in the World Crisis*, éditeur Ralph Linton, Columbia University Press, New York, 1945, p. 124.

[4] "The Nature of the Ethnic Group", *American Journal of Sociology*, mars 1947, p. 396.

classer certains segments de l'humanité avec un minimum de friction, ils sont loin de raconter toute l'histoire.

Il existe d'autres synonymes de race, moins édulcorés, dont les plus courants sont stock, race et nationalité. Ces synonymes restent toutefois assez éloignés de la réalité. Les néologismes "sentiment" et "groupe" sont plus descriptifs, mais aussi plus maladroits. William Graham Sumner, l'un des piliers de l'école sociologique conservatrice autrefois dominante, aimait particulièrement l'éthos, un mot d'origine grecque désignant les idées, les normes et les habitudes qui caractérisent un individu ou un groupe.[5] L'éthos, cependant, laisse beaucoup à désirer en raison de sa tendance à contourner la strate physique.

Le mot qui se rapproche le plus de la race est peut-être "peuple", soit modifié par un pronom possessif, mon, notre, votre, soit tel qu'utilisé par Oswald Spengler lorsqu'il a écrit : "Le nom romain à l'époque d'Hannibal signifiait un peuple, à l'époque de Trajan, rien de plus qu'une population".[6] Des expressions plus chargées pour désigner la race sont les expressions grossières, mais communicatives "frère de sang" et "frère d'âme", que les propriétaires de magasins noirs peignent parfois sur leurs vitrines pendant les émeutes des ghettos pour échapper à la colère des incendiaires et des pillards.

À la fois significatif et dénué de sens, le concept de race englobe tant de faits et de fantaisies, tant d'amour et de haine, tant de raison et de déraison qu'il est plus facile de le sentir que de le comprendre. À certains égards, la race est semblable à d'autres mots de quatre lettres en anglais. Il a un fort impact émotionnel et son utilisation est soigneusement évitée dans les cercles polis et académiques. Cependant, malgré toutes ses maladresses sémantiques, la race exerce une profonde influence sur l'esprit des hommes. Comme le disait un éminent spécialiste des sciences sociales il y a un demi-siècle, "l'absence d'une définition clairement formulée de la race dans la population, loin de l'affaiblir, renforce au contraire la puissance de l'idée de race".[7]

L'homme est l'amalgame de son héritage physiologique et de ses acquisitions sociologiques. Il peut se défaire de ces dernières, mais pas des premières. Il peut renoncer à sa religion, à son pays, à sa culture. Il ne peut pas renoncer à sa race. Ou, plus précisément, il ne peut renoncer à l'aspect physique de sa race qui, en dehors des modifications superficielles apportées

---

[5] William Graham Sumner, *Folkways*, Ginn & Co, Boston, 1906, p. 12.

[6] *Le déclin de l'Occident*, trad. C. F. Atkinson, Knopf, New York, 1957, Vol. II, p. 165.

[7] Edgar T. Thompson. "Race in the Modern World", *Journal of Negro Education*, été 1944, p. 8.

par les chirurgiens plasticiens et les esthéticiens, est inexorablement déterminé par les lois de la génétique.[8]

---

[8] Même le phénomène du passage est principalement lié aux aspects non physiques de la race. Essentiellement, l'homme qui passe échange les signes culturels d'une communauté contre ceux d'une autre. D'un point de vue biologique, le Noir qui "ressemble" à un Blanc au point d'être accepté comme tel reste un Noir fractionnaire.

CHAPITRE 2

Racisme

C omme l'IDÉE est l'idéologie, le concept de race est le racisme.[9] Cela conduit à définir le racisme — les Britanniques parlent de racialisme — comme une croyance en l'idée de race. Mais la croyance implique un certain degré d'assentiment, une activation intérieure ou extérieure de la croyance. Le racisme peut donc être décrit comme l'expression manifeste ou cachée du concept de race à un ou plusieurs niveaux de l'activité humaine — politique, art, religion, affaires, vie communautaire et dans l'intimité du foyer.

Le racisme, qui présuppose une ascendance commune, n'est pas la même chose que le nationalisme, qui présuppose une citoyenneté commune. Il est généralement, mais pas invariablement, associé à une forme exaltée de nationalisme comme le patriotisme, à des formes extrêmes de nationalisme comme le chauvinisme et le chauvinisme, à des formes localisées comme le sectionnalisme, le régionalisme et le provincialisme. Le racisme est présent à la fois dans la fondation et dans la dissolution des empires. Il peut renforcer le nationalisme dans les sociétés homogènes et s'y opposer dans les États multiraciaux. Dans les révolutions prolétariennes et les contre-révolutions fascistes, il peut jouer un rôle bien plus important que celui des classes."[10]

Lorsque les races sont géographiquement séparées ou isolées, le racisme est susceptible d'être dirigé vers l'extérieur, au-delà des frontières d'une province, d'une région ou d'un État, vers une autre province, une autre région ou un autre État. Lorsque les races vivent côte à côte, dans le même quartier ou le même district scolaire, le racisme est susceptible d'être dirigé vers l'intérieur du quartier ou de la salle de classe. Les deux types de racisme sont présents dans la plupart des grandes nations (le Japon et la Chine étant

---

[9] "Une idéologie est un ensemble d'idées ou de notions qui se présente au penseur comme une vérité absolue pour l'interprétation du monde et de sa situation en son sein ; elle conduit le penseur à accomplir un acte d'auto-illusion à des fins de justification, d'obscurcissement, d'évasion, dans un sens ou un autre à son avantage." Karl Jaspers, L'origine et le but de l'histoire, trad. Michael Bullock, Yale University Press, New Haven, 1968, p. 132. "Grosso modo, un idéologue est un penseur convaincu d'avoir découvert des solutions claires à certains problèmes ou situations difficiles de l'humanité — des solutions capables d'être exprimées en termes théoriques généraux". *Times Literary Supplement* (Londres), 29 janvier 1970, p.1.

[10] Voir le chapitre 25.

les exceptions les plus évidentes). La Russie, principale héritière de l'Union soviétique décomposée, devenue beaucoup plus homogène avec l'éclatement de l'empire communiste, est un exemple de pays qui pratique un racisme extériorisé, contrairement aux États-Unis où, en raison des nombreux éléments raciaux dissemblables qui se côtoient, en particulier dans les grandes zones métropolitaines, le racisme est davantage intériorisé.

Pour autant que l'on puisse en juger, pratiquement chaque nation ou société est passée par un ou plusieurs cycles racistes. Malgré leurs interminables guerres intestines et leurs rivalités politiques et culturelles, les Grecs de l'Antiquité, selon l'historien H. A. L. Fisher, "se croyaient unis par la race, la langue et les institutions".[11] Ils considéraient tous les étrangers comme des barbares et les traitaient généralement comme des inférieurs, ironiquement le même statut conféré plus tard aux Hellènes par les Romains, qui les considéraient comme des faibles corrompus. Aujourd'hui encore, de nombreux Juifs se complaisent dans l'idée d'une séparation et d'une "Élection". Les attitudes raciales prototypiques des conquérants espagnols et des colonialistes britanniques ont imprégné toutes leurs relations avec les Indiens d'Amérique et les Noirs. Les sentiments traditionnellement hostiles des Chinois à l'égard des non-Chinois n'ont pas besoin d'être développés, pas plus que la suprématie blanche autrefois endémique dans l'état d'esprit des bâtisseurs d'empire européens.[12]

Comme la défense nationale ou la balance des paiements, le racisme est fréquemment régulé et modifié par des événements et des influences extérieures. Bien qu'une société homogène ou hétérogène puisse présenter peu de signes de racisme en temps de paix, lorsqu'un État voisin commence à agir de manière agressive, lorsque quelques milliers de concitoyens ou de cousins raciaux à l'étranger sont victimes d'oppression, le racisme latent de la nation ou d'un ou plusieurs groupes de population au sein de la nation peut être rapidement réveillé et prendre un caractère dynamique au lieu d'être statique.

Il convient également d'observer que le racisme opère sur des orbites différentes, dans des lieux différents. Prenons l'exemple de deux soldats américains, l'un d'origine scandinave, l'autre d'origine italienne, qui gardent un avant-poste isolé face aux Nord-Coréens ou aux Nord-Vietnamiens. Chez lui, le premier aurait pu traiter le second de latin ou d'italien lorsqu'il essayait

---

[11] Cité par T. J. Haarhoff, *The Stranger at the Gate,* Longmans Green, Londres, 1938, p. viii.

[12] Pour un résumé plus détaillé des manifestations racistes parmi les peuples du monde, voir Sumner, op. cit. p. 29.

d'être poli, de "wop" ou de "greaser" lorsqu'il ne l'était pas. Aujourd'hui, il se sent en présence d'un Blanc.

La première loi du racisme est peut-être que le racisme engendre le racisme. Paradoxalement, il en va de même pour l'antiracisme, qui concentre tant d'attention sur la race et l'implante si profondément dans la conscience publique que le racisme s'en trouve en fait accru. En outre, l'antiracisme permet à de nombreuses personnes de pratiquer le racisme par procuration en adoptant la cause de toutes les races sauf la leur.

D'une certaine manière, le racisme est une forme de morale de groupe. Il constitue une carapace psychologique protectrice pour les peuples les plus démunis et les plus sur la défensive. Il est aussi en grande partie responsable du *quotient d'agressivité* élevé des peuples dynamiques. En favorisant le tribalisme dans les nations les plus retardées comme dans les plus avancées, le racisme fait de l'État industriel moderne, avec sa technologie sophistiquée, un adversaire redoutable. Toutes choses égales par ailleurs — puissance, outil industriel, compétence scientifique, ressources naturelles — un État raciste peut rassembler une force militaire plus meurtrière qu'un État non raciste. Comme les familles ont plus d'esprit combatif que les groupes moins étroitement liés, lorsque la guerre éclate, la tribu ou la race agira souvent comme l'extension de la famille. La mort vient plus facilement à ceux qui croient mourir pour leur peuple et pour leur pays. Le soldat qui n'a qu'un minimum de conscience raciale peut avoir plus de mal à être courageux. Les objecteurs de conscience, les pacifistes et les réfractaires sont peu nombreux dans les sociétés à orientation raciale.

Le racisme est tellement présent sous la surface dans n'importe quel contexte historique que les étudiants du passé lui accordent rarement l'importance qu'il mérite. Il est fort possible qu'il s'agisse de la *force majeure* de l'accomplissement — et de l'échec — de l'humanité. Qui peut prouver le contraire ? Qui peut prouver que le racisme n'est pas un meilleur indice de l'essor et de la chute des civilisations que l'économie, la religion, la croissance et la décroissance organiques, le climat, les grands hommes ou même le destin ?

Prenons les États-Unis avec le substrat génétique homogène des Pères fondateurs, la lutte raciale avec les Indiens, les connotations raciales de la guerre de Sécession, les différences raciales de l'ancienne et de la nouvelle immigration, la mécanique raciale de la politique des grandes villes et du Sud, le rythme croissant des revendications et de l'agitation des minorités. Prenons l'exemple des Nations Unies, qui se transforment aujourd'hui en un conglomérat de blocs raciaux. Prenez la révolte du vingtième siècle des peuples de couleur d'Asie et d'Afrique contre le colonialisme blanc. Après avoir soupesé toutes ces preuves, on s'étonne de voir les historiens libéraux et conservateurs pondre des histoires abondamment annotées qui soit évitent complètement le racisme, soit le traitent comme une maladie plutôt que comme un élément fondamental de la nature humaine.

À l'heure actuelle, des mouvements mondiaux sont en cours pour abolir le racisme. Mais comme le montrent les événements aux États-Unis et dans d'autres pays, loin d'être aboli, le racisme s'intensifie partout.

Au lieu d'essayer de détruire l'indestructible, il serait peut-être plus sage d'en apprendre davantage sur les réflexes raciaux de l'homme. La recherche sur les sources du racisme pourrait déboucher sur des moyens efficaces de le civiliser, de le contrôler et de l'orienter vers des voies plus créatives et constructives.[13] Ces connaissances pourraient également permettre de faire la distinction entre les comportements raciaux qui contribuent à la construction des nations et ceux qui les déchirent.

---

[13] "L'application de ce principe [le racisme] a régi l'évolution de toutes les sociétés en progrès depuis le début de l'agriculture. C. D. Darlington, *The Evolution of Man and Society*, George Allen and Unwin, Londres, 1969, p. 607.

CHAPITRE 3

Métaphysique raciale

L E CONCEPT DE RACE et les idéologies raciales qui en découlent ont imprégné les grandes civilisations de l'Antiquité. La Bible divise les races de l'humanité en fils de Sem (sémites), de Cham (Méditerranéens non sémites),[14] de et de Japhet (peuples du Nord). Parmi les fils de Sem se trouvaient les Juifs, qui ont été avertis par Jéhovah de préserver leur identité raciale, car ils étaient "un peuple spécial pour lui-même, au-dessus de tous les peuples qui sont sur la face de la terre".[15]

Les Aryens qui ont envahi l'Inde étaient tellement préoccupés par la race qu'ils ont mis en place un système complexe de castes, grâce auquel les prêtres brahmanes ont partiellement réussi à préserver leur type physique d'origine pendant plus de 2 500 ans, bien que leur teint autrefois clair, à la suite de mutations et de quelques métissages, soit aujourd'hui mieux adapté au soleil brûlant de l'Inde.[16] Les peintures des tombes et des temples de l'Égypte ancienne représentaient une forme de racisme plus simple et moins sophistiquée. Les dieux et les pharaons étaient plus grands que nature, tandis que les Noirs et les autres étrangers étaient représentés dans une attitude d'obéissance craintive.[17]

Comme on pouvait s'y attendre, les Grecs ont été les premiers à rechercher les causes naturelles des différences raciales et à philosopher sur les questions raciales. L'essai d'Hippocrate, *Sur les airs, les eaux et les lieux*, cite le climat et la géographie comme causes possibles des variations de la

---

[14] Par la suite, les théologiens chrétiens ont gratuitement ajouté les Noirs à cette catégorie raciale blanche.

[15] Deut. 7:6. L'interdiction de l'exogamie se trouve en 7:3.

[16] "La première division en castes… n'était pas fondée sur le statut, mais sur la couleur ; elle distinguait les nez longs des nez larges, les Aryens des Nagas et des Dravidiens… Le système des castes avait la valeur eugénique d'empêcher la dilution des souches présumées les plus fines…" Will Durant, *Our Oriental Heritage*, Simon and Schuster, New York, 1954, pp. 398, 487.

[17] Les références aux nègres dans les légendes anglaises de ces peintures murales exposées au British Museum en 1968 avaient été partiellement effacées. Apparemment, certains descendants modernes des victimes du racisme égyptien antique n'avaient pas voulu se voir rappeler les indignités du passé.

physiologie et du tempérament humains.[18] Platon pensait qu'il serait bon d'inculquer un sentiment de pureté raciale aux jeunes destinés à diriger la République. Une telle idée, qu'il qualifiait de "noble mensonge", développerait chez la jeune élite un plus grand sens de la fierté et de la responsabilité — des qualités qui permettraient sans doute de mieux diriger l'État.[19] D'autre part, Aristote a contribué à institutionnaliser l'esclavage avec sa théorie de l'esclave "né".[20]

Les théories raciales "scientifiques" à part entière n'ont cependant pas pris forme avant 2 000 ans. Ce n'est qu'à la fin du XVIIIe siècle et dans la première moitié du XIXe siècle que des données suffisantes ont été recueillies pour permettre à quelques anthropologues et biologistes intrépides de classer l'humanité en fonction de la race. Les classifications s'accompagnent de jugements de valeur. Puisque les Blancs avaient conquis ou colonisé une grande partie de la terre et la refaisaient à leur image, on proposa une lignée innée et supérieure pour les surhommes, qui furent diversement décrits comme Aryens, Indo-Européens, Anglo-Saxons, Nordiques, Celtes, Alpins et Teutons.

La théorie de la suprématie raciale de l'Europe du Nord a été renforcée et élargie par la découverte d'une relation linguistique surprenante entre les envahisseurs aryens (dans ce cas, il s'agit d'une division spécifique de la race blanche ou caucasienne) de l'Inde, les Hittites, les Kassites, les Perses, les Grecs et les Romains de l'Antiquité, et les Français, les Britanniques, les Allemands, les Slaves et d'autres peuples de l'Europe moderne. Bien qu'une langue commune ne présuppose pas nécessairement une race commune, les langues indo-européennes,[21] comme on les a appelées, et les locuteurs indo-européens ont donné naissance à une hypothèse raciale selon laquelle un peuple blond, aux contours clairs, doté de dons créatifs rares, féconde de nouvelles civilisations ou réalimente des civilisations moribondes.[22]

---

[18] Hippocrate, *Sur les airs, les eaux et les lieux*, trad. Francis Adams, Great Books of the Western World, Chicago, Vol. 10, p. 18.

[19] *République*, IN, 414-15, trad. Paul Shorey, *The Collected Dialogues of Plato*, Bolingen Series, LXXI, Princeton University Press, Princeton, New Jersey, 1969.

[20] Ernest Barker, *The Politics of Aristotle*, Clarendon Press, Oxford, 1950, pp. 13–14.

[21] Un mot racine indo-européen : *name* (anglais), *nama* (vieux persan), *nama* (sanskrit), *onoma* (grec), *nomen* (latin), *nome* (italien), *nombre (*espagnol), *nom* (français), *Name* (allemand), *eemya* (russe).

[22] Quelques exemples : Invasion aryenne de l'Inde ; invasion dorienne de la Grèce ; invasion germanique de l'Empire romain d'Occident ; conquête normande de la Normandie et de la Sicile. Pour en savoir plus sur les peuples indo-européens, voir le chapitre 9.

Parmi les principaux défenseurs de cette hypothèse, souvent désignée sous le nom de théorie aryenne, on trouve : Arthur de Gobineau (1816-1882), comte français et germanophile, auteur de l'une des premières interprétations raciales cohérentes, quoique quelque peu fantaisistes, de l'histoire ;[23] Houston Stewart Chamberlain (1855-1927), Anglais naturalisé allemand, dont la grandiose *Weltanschauung* a décelé des gènes teutoniques chez presque tous les grands hommes du passé, y compris Jésus ; Madison Grant (1865-1937), juriste et naturaliste américain qui a exposé le déclin des grands peuples nordiques porteurs de culture et créateurs de culture et dont les arguments ont contribué à l'adoption de lois restrictives sur l'immigration aux États-Unis au début des années 1920 ; Lothrop Stoddard (1883-1950), philosophe politique américain, également actif dans le domaine de l'immigration, qui a averti que les Blancs seraient bientôt submergés par la fécondité des races de couleur.[24]

Bien que son ascendance espagnole et ses fréquentations puritaines en Nouvelle-Angleterre lui aient interdit toute affection particulière pour les Teutons, le philosophe George Santayana a été l'un des plus ardents défenseurs de l'idée de hiérarchies raciales, comme le montre le paragraphe suivant :

> Certaines races sont manifestement supérieures à d'autres. Une meilleure adaptation aux conditions d'existence leur a donné de l'esprit, de la vitalité, de l'envergure et une relative stabilité... Il est donc de la plus haute importance de ne pas masquer cette supériorité par des mariages avec des races inférieures, et d'annuler ainsi les progrès réalisés par une évolution douloureuse et un criblage prolongé des âmes. La raison s'élève autant que l'instinct contre toute fusion, par exemple, de la Majorité blanche et des peuples noirs... Les Juifs, les Grecs, les Romains, les Anglais n'ont jamais été aussi grands que lorsqu'ils affrontaient d'autres nations... mais cette grandeur s'efface dès que le contact conduit à l'amalgame.[25]

Dans les années 1930, probablement pour la première fois dans l'histoire, les théories de la supériorité raciale sont devenues une doctrine d'État lorsque

---

[23] "Là où l'élément germanique n'a jamais pénétré, déclarait de Gobineau, il n'y a pas de civilisation à notre manière. *Essai sur l'inégalité des races humaines*, Librairie de Firmin-Didot, Paris, 1884, Vol. I, p. 93.

[24] Le principal ouvrage de Chamberlain est *Die Grundlagen des neunzehnten Jahrhunderts* ; celui de Grant, *The Passing of the Great Race*, et celui de Stoddard, *The Rising Tide of Color*.

[25] *The Life of Reason*, Scribner's, New York, 1922, Vol. II, pp. 166-67.

le parti nazi a pris le pouvoir en Allemagne.[26] Mais après l'inventaire de la politique raciale d'Hitler à la fin de la Seconde Guerre mondiale, tous les arguments en faveur de la suprématie raciale ont été placés hors du champ de la pensée admissible.

La race étant un sujet si profondément personnel, il n'est pas surprenant que les partisans de la supériorité raciale appartiennent généralement, ou pensent appartenir, à la race qu'ils considèrent comme supérieure. Il n'est pas non plus surprenant qu'en Amérique, l'opposition aux théories de la supériorité nordique ou nord-européenne ait été menée par des anthropologues et des spécialistes des sciences sociales qui, dans la plupart des cas, appartenaient à des groupes minoritaires. Estimant peut-être qu'un bon mythe en mérite un autre, Franz Boas (1858-1942), universitaire d'origine juive allemande et professeur d'anthropologie à l'université de Columbia, a avancé la première théorie exhaustive de l'égalité raciale. Boas a émis l'hypothèse que l'éducation, et non la nature, était le principal déterminant des différences raciales importantes. Il est allé jusqu'à affirmer que même un trait génétique aussi persistant que la forme de la tête (indice céphalique)[27] pouvait être modifié par des changements environnementaux en l'espace d'une ou deux générations.[28]

Ashley Montagu, anthropologue physique d'origine anglo-juive, est devenu le grand vulgarisateur de l'égalitarisme racial avec un flux apparemment sans fin de livres à succès, d'apparitions à la télévision et de discours devant des sociétés savantes et non savantes.[29] Parmi les autres membres éminents de

---

[26] Ou était-ce la deuxième fois ? Alexander Stephens, vice-président de la Confédération, a déclaré un jour : "Notre nouveau gouvernement est le premier dans l'histoire du monde à se fonder sur cette grande vérité physique, philosophique et morale [...] que le Noir n'est pas l'égal de l'homme blanc, que l'esclavage — la subordination à la race supérieure — est sa condition naturelle et normale". Charles et Mary Beard, *The Rise of American Civilization*, Macmillan, 1930, Vol. 2, p. 68.

[27] L'indice céphalique est la largeur maximale de la tête divisée par la longueur maximale de la tête multipliée par 100. Plus l'indice est bas, plus la tête est longue. Comme les physiciens, les anthropologues ont une prédilection pour l'utilisation de dérivés grecs interminables pour des expressions anglaises simples et précises. Dolichocéphale est une tête longue ; brachycéphale est une tête ronde.

[28] Franz Boas, "Changes in Bodily Form of Descendants of Immigrants", *American Anthropologist*, New Series, 14:530-62. Les vues quasi-lamarckiennes de Boas ont été réfutées par Henry Pratt Fairchild, éminent spécialiste des sciences sociales, dans *Race and Nationality*, Ronald Press, New York, 1947, p. 105.

[29] En tant qu'un des sponsors, avec feu l'évêque James Pike et le bouddhiste zen d'origine britannique Alan Watts, d'un service de rencontres par ordinateur, Montagu a peut-être été en mesure de mettre ses théories à l'épreuve. *San Francisco Sunday Examiner & Chronicle, Date Book*, 19 janvier 1969, p. 24.

l'école égalitaire, qui n'étaient pas tous anthropologues, on peut citer Otto Klineberg, Melville Herskovits, Alexander Goldenweiser, Isador Chein, Theodosius Dobzhansky, Gene Weltfish, Kenneth Clark et deux femmes anglo-saxonnes véhémentes, Ruth Benedict et Margaret Mead.[30] Gene Weltfish a acquis une certaine notoriété en affirmant que l'armée américaine avait eu recours à la guerre bactériologique pendant la guerre de Corée. Kenneth Clark, un Noir, a joué un rôle de premier plan pour convaincre la Cour suprême d'ordonner la déségrégation des écoles dans l'affaire *Brown v. Board of Education* (1954). Dans ses monographies savantes, Dobzhansky, diplômé de l'université de Kiev, a reconnu avec tact certaines différences dans les capacités raciales, mais les a pratiquement niées dans ses écrits destinés au grand public. L'école d'anthropologie évolutionniste de Leslie White et les tentatives de W. H. Sheldon d'associer le tempérament au type de corps (endomorphe, mésomorphe, ectomorphe) n'ont guère été reconnues en raison de leur position anti-Boas.

L'égalité raciale globale a reçu la sanction officielle des Nations Unies lors de la publication des déclarations de l'UNESCO de 1950 et 1962 sur la race. Ressemblant davantage à des déclarations de foi qu'à des arguments scientifiques raisonnés, les documents de l'UNESCO ont généré les axiomes suivants :

> Les preuves scientifiques indiquent que l'éventail des capacités mentales de tous les groupes ethniques est à peu près le même... Quant à la personnalité et au caractère, ils peuvent être considérés comme n'étant pas liés à la race... [S]i les membres de chaque groupe ethnique ont des possibilités culturelles similaires de réaliser leurs potentialités, leur réussite moyenne est à peu près la même.

Bien qu'il ait eu l'intention de décrire l'école de psychologie behavioriste, qui allait de pair avec les anthropologues égalitaires en soulignant la malléabilité humaine, le sociologue Horace Kallen a résumé avec justesse les déclarations de l'UNESCO en des termes qui devraient être gravés sur les pierres tombales de Boas et de Montagu : "À la naissance, les enfants humains, quelle que soit leur hérédité, sont aussi égaux que les Ford.[31] Plusieurs décennies auparavant, J. B. Watson (1878-1958), le fondateur et

---

[30] Mead et Benedict appartenaient à une race quelque peu exotique de femmes WASP. Elles ont été amantes lesbiennes pendant un certain temps et la première a affirmé avoir eu une grand-mère sépharade. Mary C. Bateson, *With a Daughter's Eye*, William Morrow, New York, 1984, pp. 72, 106. Le semi-classique de Mead, *Coming of Age in Samoa*, a été efficacement critiqué par l'anthropologue australien Derek Freeman dans *Margaret Mead and Samoa*, Harvard University Press, 1983.

[31] Voir l'article de Kallen, "Behaviorism", *Encyclopedia of Social Sciences*, Macmillan, New York, 1963, Vols. 1–2, p. 498.

l'explorateur du behaviorisme, avait fourni une base psychologique à l'égalitarisme en déclarant : "Il n'existe pas d'héritage de capacité, de talent, de tempérament, de constitution mentale et de caractéristiques".[32] Son disciple le plus célèbre, B. F. Skinner, a par la suite conditionné des rats avec un tel succès qu'on a supposé qu'il pourrait faire des merveilles avec des êtres humains. En fait, Skinner a conçu une utopie autour de ses techniques de renforcement dans un livre, *Walden II*, qui servait à la fois de Bible et de Constitution pour une commune vivante qui n'a jamais très bien fonctionné. Il convient toutefois de préciser que l'inventeur de la boîte de Skinner n'a jamais nié l'importance des facteurs génétiques dans le comportement humain.

Au début des années 1960, l'idée d'une égalité raciale innée était si fermement ancrée dans l'éducation moderne et dans les médias qu'il était difficile de la remettre en question tout en conservant sa respectabilité académique ou professionnelle. Néanmoins, une réaction persistante, mais largement passée sous silence s'est déclenchée, stimulée par la déségrégation des écoles et la violence qui a accompagné les revendications croissantes des Noirs pour une place au soleil américain. Carleton Putnam, pionnier du transport aérien et historien américain, a déclaré que l'école anthropologique de Boas fondait ses conclusions concernant l'égalité raciale sur un intérêt personnel mal compris. Prônant une acceptation réaliste de la différence marquée entre les schémas de pensée et les capacités d'apprentissage des Noirs, il a affirmé que l'intégration raciale, sauf au niveau économique, conduirait à une détérioration constante et implacable de l'éducation, de la vie sociale, de la culture et de la puissance nationale américaines, ainsi qu'à la détérioration du Noir lui-même.[33] Selon Putnam, Boas et ses disciples ont donné à l'Amérique une image d'un pays en voie de développement.

le Noir a l'idée qu'il a une dent contre le Blanc et le Blanc a l'idée qu'il doit se sentir coupable à l'égard du Noir. La rancune incite le Noir à l'émeute et au crime, et la culpabilité conduit l'homme blanc à une politique de permissivité et d'apaisement perpétuels.[34]

Par ailleurs, Putnam a déclaré : "L'essentiel de la tromperie a consisté à enseigner que la majeure partie des différences de statut des individus et des groupes parmi nous est due à l'injustice sociale, alors que le fait scientifique

---

[32] J. B. Watson, *Behaviorism*, W. W. Norton, New York, 1930, p. 94.

[33] Voir *Race and Reason* (1961) et *Race and Reality* (1967) de Putnam, Howard Allen Enterprises, Inc, P.O. Box 76, Cape Canaveral, Florida 32920.

[34] Document sur les "différences raciales générales", 5 février 1969.

reste que, aussi fréquente que soit l'injustice, ces différences sont principalement attribuables à des différences innées de capacité".[35]

Henry E. Garrett, président du département de psychologie de l'université de Columbia, est allé plus loin que Putnam en qualifiant le dogme égalitaire de "canular scientifique du siècle". Garrett accuse les chercheurs en sciences sociales de s'appuyer sur la dénonciation morale lorsque leurs preuves réelles concernant les capacités mentales des Noirs sont devenues faibles. Il a reproché aux chefs religieux de falsifier la science pour étayer leurs arguments éthiques en faveur de l'égalité raciale.[36]

William Shockley, qui a reçu le prix Nobel de physique pour avoir inventé le transistor, s'est joint à la controverse en suggérant que tous les programmes contemporains d'amélioration de la condition des Noirs étaient fondés sur des prémisses erronées. "Le déficit majeur des performances intellectuelles des Noirs", affirme Shockley, "doit être principalement d'origine héréditaire et donc irrémédiable par des améliorations pratiques de l'environnement".[37] Il a également souligné que le taux de natalité élevé des Noirs les plus pauvres et les plus défavorisés était une "tragédie dysgénique".

Parmi les autres partisans des disparités raciales en matière d'intelligence, citons Sir Cyril Burt[38] et H. J. Eysenck en Grande-Bretagne, J. Philippe Rushton au Canada, Arthur Jensen et le Britannique Raymond Cattell aux États-Unis. Jensen a fait sensation en refusant d'attribuer le déficit de 15 points du Q.I. des Noirs à des causes environnementales ou à des tests "culturellement biaisés". Peu soucieux de cohérence, Julian Huxley, le célèbre biologiste britannique qui a participé à la rédaction des déclarations de l'UNESCO décriant la race, a déclaré publiquement qu'il était probablement vrai que "les Noirs ont une intelligence moyenne légèrement inférieure à celle des Blancs ou des Jaunes".

Quelques grands anthropologues et sociologues du vingtième siècle ont tenté de dépasser ou d'enjamber la question des différences raciales, notamment

---

[35] *Congressional Record*, 13 novembre 1969, pp. E9630-32.

[36] Voir l'article de Garrett, "The Equalitarian Dogma", dans Perspectives in *Biology and Medicine*, été 1961.

[37] Discours devant l'Académie nationale des sciences, 24 avril 1968.

[38] Les études de Burt sur les vrais jumeaux élevés séparément ont été des supports importants de l'argumentation héréditaire. En 1976, Oliver Gillie, un journaliste britannique, a lancé une attaque posthume et ad hominem contre Burt, décédé en 1971, affirmant qu'il avait falsifié ses recherches, une accusation reprise plus tard par Leon Kamin et Stephen Jay Gould, deux académiciens juifs virulents. Quelques années plus tard, deux livres, *The Burt Affair* de Robert B. Joynson et *Science, Ideology and the Media ; the Cyril Burt Scandal* de Ronald Fletcher, ont réhabilité le Britannique décédé.

A. L. Kroeber, Ales Hrdlicka,[39] et Pitirim Sorokin.[40] Hrdlicka a mis en garde contre le danger d'un afflux massif de gènes noirs dans la population américaine, mais a refusé de dire pourquoi il s'agissait d'un danger. Sorokin a admis qu'il existait des preuves de différences mentales entre les races, mais a minimisé le rôle de l'hérédité. Cette réticence était sans doute due en partie à la peur, en partie à la réticence naturelle des scientifiques de bonne foi à généraliser sur ce qu'ils considèrent comme des données insuffisantes. L'un des grands anthropologues modernes, le professeur Carleton Coon de Harvard, a écrit : "Le sujet de l'intelligence raciale... n'a pas suffisamment progressé pour mériter d'être inclus dans un ouvrage général d'histoire raciale."[41]

Néanmoins, Coon a fourni de puissantes munitions à l'école antiégalitaire ou héréditaire avec une théorie surprenante et éclairante sur l'origine des races. Pendant des milliers d'années, on a tenu pour acquis que les races humaines descendaient ou se ramifiaient à partir d'une seule espèce. En contradiction directe et iconoclaste avec cette doctrine traditionnelle, Coon affirme que les cinq races humaines vivantes, qu'il nomme caucasoïde, mongoloïde, australoïde, capoïde et congoïde, ont évolué séparément vers l'Homo sapiens en suivant des calendriers différents. Si Coon avait raison sur la genèse parallèle des races, il existait désormais une base évolutive pour les différences raciales, ce qui renforçait les arguments contre les égalitaristes. L'affirmation de Coon selon laquelle la race noire, qu'il attribue au groupe des Congoïdes, est la dernière des grandes races à avoir évolué, est encore plus préjudiciable au point de vue égalitariste. Selon lui, les Noirs sont à l'état de *sapiens* depuis moins longtemps que les races blanche et jaune (40 000 ans contre 210 000 ans).[42] Cela a conduit inexorablement à la conclusion que les Noirs étaient les moins développés et les moins articulés des principales divisions raciales de l'humanité.

La réaction violente et vitupérante qui accueillit les théories de Coon démontra de façon éclatante la nature métaphysique de la question raciale. Ashley Montagu, qui avant la publication des travaux de Coon avait déclaré que l'origine multiraciale de l'homme était "inadmissible", a déclaré que les faits de Coon étaient frauduleux et a comparé l'ancien président de l'Association américaine des anthropologues physiques aux "anthropologues

---

[39] *Actes de la troisième conférence sur l'amélioration de la race*, janvier 1928, pp. 84-85.

[40] *Contemporary Sociological Theories*, Harper 8 Bros., N.Y., 1928, pp. 291-93.

[41] *The Races of Europe*, Macmillan, N.Y., 1954, p. vii. Coon est décédé en 1981. Son dernier ouvrage, Racial Aptitudes, Nelson-Hall, Chicago, 1982, aborde ce sujet.

[42] Coon, *The Origin of Races*, Knopf, New York, 1962, pp. 3, 4, 85, 655-59, et *The Story of Man*, Knopf, New York, 1962, 2e édition, pp. 35–38.

raciaux [d']il y a cent ans".[43] Marvin K. Opler, un autre anthropologue de l'obédience de Boas, s'est montré tout aussi véhément : "On comprend aisément pourquoi la théorie de Coon fait de lui la coqueluche des comités ségrégationnistes et des racistes du monde entier... il ne peut pas écrire de manière convaincante l'histoire de l'humanité, même l'histoire raciale. Pour cela, il devra acquérir plus de connaissances, plus de compassion et plus d'humilité".[44]

Au lieu de l'invective, qui est souvent vouée à l'échec parce qu'elle fait connaître la cible, le traitement silencieux a été accordé à un autre grand anthropologue moderne, Sir Arthur Keith (1866-1955), qui était d'avis que la plus grande explosion du progrès biologique de l'homme s'est produite dans la bande de chasseurs, lorsque la combinaison de l'isolement géographique et de la cohésion du groupe a produit le pool génétique équilibré nécessaire au fonctionnement efficace du processus d'évolution. Keith craignait que l'intégration raciale totale exigée par les plus fervents égalitaristes n'ait un effet dysgénique sur l'homme en submergeant les mutations bénéfiques avant qu'elles n'aient eu le temps de s'implanter. L'anthropologue écossais a également souligné que les préjugés, la discrimination, la xénophobie et certaines autres réalisations humaines aujourd'hui considérées comme des péchés peuvent en fait servir un objectif évolutif important. Ils pourraient être les principaux outils de la nature pour créer des races et des conditions de croissance favorables aux cultures et aux peuples variés qui ont rendu la mosaïque de l'homme si riche et si colorée.[45]

Si les anthropologues professionnels peuvent descendre aux niveaux les plus bas de la polémique, de la vindicte et du contrôle de la pensée, comment, peut-on se demander, le profane peut-il acquérir des idées éclairées sur la race ? L'une des réponses consiste à examiner les preuves historiques, qui montrent inéluctablement que certaines races ou certains peuples ont accompli beaucoup plus que d'autres dans les domaines de la technologie, du confort matériel et du gouvernement populaire. Si ces accomplissements sont dus à des causes génétiques, les races les moins performantes des pays occidentaux seront toujours affligées, comme elles l'ont été dans le passé, du stigmate de la sous-performance, même si elles peuvent être parfaitement capables de surperformer dans leurs sociétés ancestrales, dont beaucoup existent encore.

---

[43] *Man in Process*, New American Library, New York, 1961, p. 103, et *Man's Most Dangerous Myth*, World, Cleveland, 1964, p. 86.

[44] *New York Herald-Tribune*, Book Section, 9 décembre 1962, p. 7.

[45] Voir *A New Theory of Human Evolution* de Keith, Watts, Londres, 1950 ; *Essays on Human Evolution*, Watts, 1948.

Une grande partie de l'amertume du débat racial actuel provient du fait que certaines races sont forcées de concourir ou choisissent de concourir dans un monde qu'elles n'ont jamais créé. La question essentielle de savoir si l'hérédité ou l'environnement a le dessus dans le façonnement de la destinée humaine a dégénéré en une dispute quasi théologique impliquant des ingrédients psychologiques cruciaux tels que la fierté et l'épargne. Les uns font appel à l'hérédité pour expliquer les succès passés, les autres à l'environnement, à la société et aux "accidents historiques" pour excuser les échecs passés.

S'il était prouvé sans l'ombre d'un doute que l'hérédité est le facteur central de l'accomplissement humain, la preuve serait presque certainement rejetée dans le climat actuel de la pensée moderne. Les anti-héréditaires ont trop d'enjeux, tant physiques que spirituels, pour abandonner leur cause pour quelque raison que ce soit, et surtout pour un verdict scientifique négatif sur la validité de leurs idées et de leurs programmes. Ils ne savent que trop bien que l'acceptation ou la reconnaissance d'importantes diversités génétiques chez l'homme ébranlerait sérieusement l'ensemble des fondements des dogmes politiques et sociaux dominants, à l'origine des changements miraculeux intervenus dans le statut des minorités privilégiées et défavorisées.

Néanmoins, le temps semble travailler sans relâche pour le parti héréditaire. Bien que les recherches sur l'intelligence raciale soient encore largement taboues, les équipes de recherche continuent d'aborder le sujet de manière tangentielle avec de nouvelles découvertes significatives concernant les divergences raciales dans la structure du cerveau, la résistance aux maladies, la distribution des groupes sanguins, la fonction glandulaire, l'activité hormonale et la recombinaison des gènes.

À la fin des années 1960, les recherches du Néerlandais Nikolaas Tinbergen et de l'Allemand Konrad Lorenz sur l'héritabilité des instincts agressifs et territoriaux ont été largement publiées, tant sous leur propre nom que sous la plume du vulgarisateur Robert Ardrey, dont les digressions profuses atteignent souvent des niveaux élevés de commentaire politique et social. Si l'homme a été chasseur pendant des millions d'années, agriculteur pendant 10 000 ans et ouvrier pendant 150 ans, Ardrey voulait savoir comment ses instincts les plus profonds — ses cerveaux de reptiles et de mammifères — pouvaient être modifiés par quelques années d'éducation inférieure. L'auteur conseille à ceux qui souhaitent améliorer l'homme de comprendre, et non d'ignorer, sa nature instinctive.

Un autre coup a été porté à l'hégémonie écologiste avec la publication en 1974 de *Race* par John R. Baker, un biologiste d'Oxford de renommée internationale et membre de la Royal Society.[46] M. Baker n'a pas mâché ses mots et n'a pas esquivé les questions dans ce qu'une revue scientifique respectée a appelé "peut-être le livre le mieux documenté sur les races humaines jamais publié". Contrairement aux Boasites, Baker a trouvé des différences mentales et physiques significatives entre les races, qu'il a classées, analysées et évaluées avec une telle compétence professionnelle que presque personne ne s'est levé pour le défier. Aux États-Unis, le livre a été généralement ignoré par les médias, à l'exception du *Washington Post, qui a* publié une critique élogieuse d'Amitai Etzioni, sociologue et ancien commando israélien.

Un an plus tard, Edward O. Wilson, entomologiste à Harvard, ouvrait de nouvelles perspectives aux déterministes génétiques en inventant pratiquement la science de la sociobiologie. Selon Wilson, les gènes régissent non seulement le comportement individuel, mais aussi le comportement social. La mort sur le champ de bataille, par exemple, est un acte suprême d'altruisme par lequel on sacrifie ses propres gènes pour que les gènes proches de sa famille ou de son groupe survivent. La xénophobie est simplement une réponse héréditaire aux menaces de contamination du patrimoine génétique par des étrangers.[47]

Les idées de Wilson, ainsi que les spéculations fascinantes des biologistes théoriques R. L. Trivers, W. D. Hamilton, J. Maynard Smith et Richard Dawkins, ont suscité un tourbillon de controverses. Deux scientifiques minoritaires, Richard Lewontin et Stephen Jay Gould, ont réagi en insinuant que la sociobiologie était raciste. D'autres scientifiques, tels que George Wald, lauréat du prix Nobel très politisé, s'en sont pris à Wilson et à l'école déterministe de biologie en appelant à la fin de l'amniocentèse, le dépistage des défauts génétiques chez les fœtus. Walter Bodmer et Liebe Cavalli-Sforza voulaient interdire les recherches sur les différences de Q.I. entre Noirs et Blancs. D'autres ont exigé que le gouvernement interdise toute recherche susceptible d'étayer les théories raciales ou de conduire à une forme quelconque d'ingénierie génétique. Lorsque le pape Jean-Paul II est entré en scène et a apporté son soutien considérable à ces mesures,[48] , une étrange alliance inquisitoriale entre les ultra-religieux et l'ultra-gauche a semblé se dessiner.

---

[46] Publié à l'origine par Oxford University Press, *Race* a été réimprimé en 1981 par la Foundation for Human Understanding, Athens, Georgia.

[47] Edward O. Wilson, *Sociobiology : The New Synthesis*, Harvard University Press, Cambridge, Massachusetts, 1975.

[48] Discours aux représentants de l'UNESCO à Paris, 2 juin 1980.

Le fait que tant d'anti-Wilson aient été des membres minoritaires de l'obédience marxiste a probablement été l'effet plutôt que la cause de leur aversion apparemment innée pour la moindre trace de déterminisme biologique. Bien que Marx ait tenté de dédier *Das Kapital* à Darwin, qui croyait fermement aux différences raciales héréditaires, ses partisans ont toujours nourri un penchant secret pour Lamarck, qui croyait à l'hérédité des caractéristiques acquises. Dans sa tentative désespérée de forcer la science à se plier à l'idéologie, Staline a élevé le charlatan Lysenko aux plus hautes sphères de la science soviétique, tout en laissant un brillant généticien comme Nikolaï Vavilov périr dans un goulag. Même si la biologie dit non, la plupart des marxistes veulent que l'homme soit 100 % modelable. Les hommes malléables peuvent devenir de bons marxistes, alors que les gènes n'ont pas d'oreilles pour entendre les blandices révolutionnaires d'un Lénine. En fait, l'attachement à Lamarck est si tenace que, bien que sa théorie ait été totalement discréditée, elle continue à apparaître, non seulement dans les pamphlets des marxistes extraterritoriaux (la Russie et les autres anciennes républiques soviétiques ont maintenant réhabilité la génétique mendélienne), mais aussi dans les livres et les sermons des fondamentalistes chrétiens.

La guerre contre Wilson en particulier et contre toute recherche scientifique sur les comportements génétiquement induits est trop souvent passée des mots aux actes — souvent des actes plutôt sordides. Wilson lui-même a été menacé physiquement et aspergé d'eau lors d'une conférence. William Shockley a vu certaines de ses conférences universitaires perturbées par des radicaux noirs et blancs. H. J. Eysenck a été agressé lors d'une conférence à Londres et ses lunettes ont été brisées. Richard Herrnstein, qui ne mentionnait pratiquement pas la race, a été continuellement harcelé pour avoir proposé qu'une méritocratie puisse découler de mariages à Q.I. élevé. Edward Banfield, un urbaniste qui avait des choses peu aimables à dire sur les ghettos, a dû s'asseoir silencieusement sur un podium, tout en étant menacé par des étudiants de gauche et des minorités qui brandissaient des poings américains. Les épreuves et les tribulations d'Arthur Jensen seront relatées dans un chapitre ultérieur. Les seules allégations de différences raciales qui ne provoquent pas de réaction amère de la part de l'establishment intellectuel sont celles qui proposent la supériorité des Juifs.

À mesure que l'environnement de l'homme devient de plus en plus artificiel, son effet sur la création et la perpétuation des différences raciales est appelé à se réduire. Les environnements humains se ressemblent de plus en plus, en particulier dans les régions hautement civilisées où une technologie commune, un système d'éducation commun, un réseau de communication commun et des occupations communes prescrivent un mode de vie commun. Selon la théorie égalitaire, les niveaux de performance et de réussite des différentes races convergeront au fur et à mesure que leurs environnements convergeront. Par conséquent, le test suprême de l'environnementalisme pourrait avoir lieu dans un avenir assez proche.

En attendant, alors que les questions soulevées par les héréditaristes deviennent chaque jour plus pertinentes, il est difficile de croire que la curiosité scientifique des sociétés les plus curieuses du monde puisse être empêchée plus longtemps de pénétrer l'une des frontières les plus difficiles et les plus passionnantes de la connaissance. Il faut cependant garder à l'esprit que la métaphysique de l'égalité raciale, bien qu'elle n'ait jusqu'à présent apporté aucune solution viable aux problèmes les plus difficiles de l'homme moderne, continue à enflammer le cœur de dizaines de millions de personnes qui, en fin de compte, peuvent être pardonnées de refuser d'accepter la dure possibilité que la nature pratique une forme de calvinisme racial.

Parce que les fidèles sont certains de ne pas renoncer à leurs chers rêves égalitaires sans se battre, il est plus probable qu'il y ait un Galilée de la génétique avant qu'il n'y ait un Newton.

CHAPITRE 4

La strate physiologique de la race

IL A ÉTÉ RAPPELÉ que la race commence par le physique. Pour donner une image plus claire de la physiologie de la race, quelques-uns des systèmes de classification raciale les plus connus seront brièvement résumés dans la première partie de ce chapitre. La seconde partie portera sur les méthodes de triage raciales de l'homme de la rue, dont l'œil amateur, mais évaluateur est parfois plus perspicace en la matière que le froid examen professionnel de l'anthropologue physique. Selon les zoologistes, il existe plus d'un million d'espèces animales vivantes. L'homme, *Homo sapiens, est* l'une d'entre elles. La dérivation est la suivante : Règne animal ; embranchement des chordés ; sous-embranchement des vertébrés ; classe des mammifères ; ordre des primates ; famille des hominidés ; genre *Homo* ; espèce *sapiens*.[49] Ici, la zoologie s'arrête et l'anthropologie prend le relais. Après l'espèce vient la race.

Les tentatives sérieuses de classification raciale ont commencé il y a près de deux siècles. La plupart d'entre elles étaient fondées sur la couleur de la peau, l'accent étant mis sur les trois nuances de pigmentation les plus courantes et les plus visibles : Blanc (caucasoïde), jaune (mongoloïde), noir (négroïde). J. F. Blumenbach (1752-1840), le père de l'anthropologie physique, a décidé que les races brune (malaise) et rouge (amérindienne) devaient être incluses dans le spectre des couleurs.[50] En utilisant des critères tels que la forme du nez, la stature et la forme de la tête, ainsi que la couleur de la peau, Joseph Deniker a élaboré un catalogue sophistiqué de dix-huit races.[51] A. L. Kroeber, professeur d'anthropologie à l'université de Californie, a ajouté quatre races — australoïde, védoïde, polynésienne, aïnou — aux trois races de base.[52] La raciologie de Carleton Coon a été mentionnée dans le chapitre précédent. Un ou deux anthropologues ont classé les races en fonction de la

---

[49] R. W. Hegner et K. A. Stiles, *College Zoology*, Macmillan. New York, 1959, pp. 2, 8.

[50] J. F. Blumenbach, *The Anthropological Treatises*, trad. Thomas Bendyshe, Longmans, Londres, 1865.

[51] Coon, *The Races of Europe*, pp. 281-82.

[52] A. L. Kroeber, *Anthropology*, Harcourt Brace, New York, 1948, p. 132.

forme de leurs cheveux : raides, laineux et bouclés.[53] En se basant sur des traits génétiques identifiables tels que les groupes sanguins, W. C. Boyd a divisé l'homme en treize races.[54]

En ce qui concerne la classification raciale des Blancs, la plus populaire, sinon la plus précise, est celle de William Z. Ripley, un éminent anthropologue américain dont les trois catégories méritent d'être signalées en raison de leur influence sur l'élaboration des théories raciales au début du siècle. Les races blanches de Ripley, ainsi que leurs "marqueurs raciaux" et leurs patries de l'Ancien Monde, sont énumérées ci-dessous.[55]

NORDIC.[56] *Caractéristiques physiques* : tête longue, visage étroit ou elliptique, teint clair, cheveux bruns ou blonds, yeux clairs, nez étroit, traits réguliers, physique grand et mince. Habitat dans l'Ancien Monde : Scandinavie, Allemagne du Nord, Pays-Bas, Écosse, Angleterre. Il existe également des populations nordiques dispersées en Irlande, en Belgique, dans le nord de la France, en Allemagne centrale et méridionale, en Suisse, en Autriche, en Pologne et dans le nord-ouest de la Russie (y compris les États baltes).

ALPINE. *Caractéristiques physiques* : tête ronde, visage large, cheveux et yeux bruns, teint rougeâtre, trapu, de taille moyenne. Habitat dans l'Ancien Monde : Irlande, Belgique, France, Allemagne, Suisse, Italie du Nord, Europe centrale, pays de langue slave.

MÉDITERRANÉE. *Caractéristiques physiques* : tête longue, visage fin, cheveux et yeux brun foncé, teint olivâtre, traits réguliers, taille petite à moyenne. Habitat de l'Ancien Monde : Portugal, Espagne, sud de la France,

---

[53] *Encyclopaedia Britannica*, Vol. 18, pp. 864-65. Pour des raisons qui lui sont propres, la *Britannica a* dissimulé pendant des années les références à sa 14e édition. La date de copyright, 1963, est le seul moyen d'identifier les volumes cités dans cette étude. En 1974, la publication de la 15e édition a été annoncée en grande pompe par le philosophe Mortimer Adler, en sa qualité de président du comité de rédaction. Révisée en 1985, la 15e édition comprend 32 volumes.

[54] Coon, *The Living Races of Man*, pp. 18–19.

[55] W. Z. Ripley, *The Races of Europe*, Appleton, New York, 1910, chapitre 6.

[56] La plupart des anthropologues contemporains se méfient de ces désignations raciales. Lorsqu'ils les utilisent, ils précisent qu'ils se réfèrent à des fréquences et à des moyennes, conscients de l'important chevauchement racial qui rend la classification des races blanches si difficile et si frustrante. Dans le langage anthropologique actuel, un Nordique signifie simplement un individu qui possède plus de traits nordiques que de traits alpins ou méditerranéens. Après des millénaires de mélange racial, les races pures sont difficiles à trouver, bien qu'il y ait encore beaucoup d'individus qui se rapprochent des modèles raciaux idéalisés.

sud de l'Italie, Grèce, Moyen-Orient, Afrique du Nord, îles de la Méditerranée.

De nombreux anthropologues, avant et après Ripley, ont élaboré des classifications plus compliquées, plus subtiles et souvent contradictoires pour la partie blanche de l'humanité. Carleton Coon, qui a ajouté sept autres races blanches aux trois de Ripley, s'est particulièrement intéressé aux Alpins, soulignant non seulement leurs dissemblances physiques, mais aussi leur origine différente dans le temps et l'espace. Selon Coon et plusieurs anthropologues européens, les Alpins descendent de races du Paléolithique supérieur qui se sont retirées dans les régions isolées et les montagnes d'Europe à l'arrivée des envahisseurs néolithiques (nordiques et méditerranéens). Selon Coon, l'Alpin représente la réémergence du vieil Européen, une réincarnation raciale de plus en plus fréquente et apparemment favorisée par l'urbanisation.[57]

Les recherches ethnologiques d'E. A. Hooton, qui a proposé neuf divisions raciales distinctes pour la population blanche des États-Unis présentent un intérêt particulier pour les Américains. Dans la liste ci-dessous, seules les races, leurs traits physiques et leurs points d'origine européens sont indiqués.[58] Leur répartition quantitative est décrite au chapitre 8.

NORDIQUE-MÉDITERRANÉEN. Tête longue, yeux clairs et cheveux foncés ou yeux foncés et cheveux clairs. *Habitat de l'Ancien Monde* : Îles britanniques.

NORDIC-ALPINE. Tête ronde avec une forte concentration de blondeur ou de traits nordiques et une bonne constitution physique. *Habitat de l'Ancien Monde* : Pays slaves, Allemagne, France.

ESSENTIELLEMENT NORDIQUE. Il ne s'agit pas tout à fait d'un nordique pur. *Habitat de l'Ancien Monde* : Grande-Bretagne, Scandinavie.

DINARIC. Tête ronde, nez étroit, avec une grande variété de pigmentation. *Habitat dans l'Ancien Monde* : Écosse, France, Allemagne, Pologne, Proche-Orient.

KELTIC. Tête longue, cheveux rouges ou roux avec des yeux bleus, ou cheveux foncés avec des yeux bleus. *Habitat de l'Ancien Monde* : Irlande du Sud.

---

[57] Coon, *The Races of Europe*, pp. 220, 289-93, 510, 560.

[58] E. A. Hooton, *Twilight of Man*, G. P. Putnam, New York, 1939, pp. 203–210. La classification ci-dessus est basée sur l'étude physique de quelque 29 000 hommes américains adultes par le musée anthropologique de Harvard.

PURETÉ MÉDITERRANÉENNE. Tête longue, yeux foncés, cheveux foncés. *Habitat de l'ancien monde* : Portugal, Espagne, Italie.

BALTIQUE ORIENTALE. Têtes rondes d'un blond pur avec un nez court et large. *Habitat de l'Ancien Monde* : Allemagne, Pologne, Russie.

PURE ALPINE.[59] Cheveux et yeux foncés, têtes rondes au nez large. *Habitat dans l'Ancien Monde* : France, Espagne, Portugal, Pologne, Balkans, Proche-Orient.

NORDIC PUR. Tête longue, cheveux blond cendré ou doré, yeux bleu pur ou gris pur. *Habitat dans l'Ancien Monde* : Grande-Bretagne, Scandinavie.

La terminologie formelle des races de Hooton n'a en aucun cas pénétré l'idiome populaire. Bien que le profane moyen puisse être d'accord en principe avec certaines des grandes catégories raciales de l'anthropologue professionnel, il a recours à une nomenclature plus brève. Pour l'Américain ordinaire, Méditerranée est le nom d'une mer et n'a aucune signification raciale. Le synonyme populaire de Méditerranée, dans son sens anthropologique, est "latin". L'expression "d'apparence étrangère", encore plus ambivalente, décrit également l'Américain dont la peau, les cheveux et les yeux sont d'une couleur plus foncée que la moyenne. Mais pas une coloration trop foncée ! L'Américain noir n'est pas "étranger".

Les anthropologues amateurs n'hésitent pas à subdiviser les Latins. Lorsque quelqu'un est perçu comme ayant "l'air italien" ou "l'air espagnol", cela signifie que les personnes d'origine italienne ou grecque peuvent vraisemblablement être reconnues à vue. D'autres tentatives populaires d'identification des Méditerranéens, par groupe de nationalité ainsi que par race, sont indiquées par des termes insultants tels que "wop" (Italien), "dago" (Espagnol ou Italien), et "spic" ou "greaser" (appliqués à tous les Latins et au métis mexicain partiellement méditerranéen). Il arrive même que des Indiens d'Amérique soient considérés comme des Latins par des citadins et des banlieusards qui n'ont jamais été près d'une réserve.

Alpin est un autre terme racial jamais utilisé par le grand public. L'ouvrier à la chaîne, trapu et à la tête ronde, originaire d'Europe centrale et orientale, et le barman au cou en tonneau, originaire d'Irlande[60] sont des types raciaux trop flous pour mériter une catégorie spéciale dans l'anthropologie populaire. S'ils ont conservé l'apparence paysanne de leurs ancêtres de l'Ancien

---

[59] Contrairement à nombre de ses collègues, Hooton ne subdivise pas sa catégorie alpine pour y inclure l'*Arménoïde*, l'hybride alpin-méditerranéen sombre à tête ronde de l'Europe de l'Est et du Sud-Est et du Moyen-Orient.

[60] Un spécimen racial alpin. L'Irlando-Américain aux cheveux roux et aux taches de rousseur et le collégien aux yeux bleus ont beaucoup de gènes nordiques.

Monde, ils n'exercent plus le métier de paysan. En général, la classification populaire des Alpins aux États-Unis s'est limitée à des termes argotiques localisés tels que "Bohunks" et "Polacks" — des expressions souvent désobligeantes et basées en grande partie sur des origines nationales et géographiques.

Le terme "nordique" est la seule désignation raciale blanche des anthropologues professionnels à avoir trouvé sa place dans le langage courant. Bien que le terme soit le plus souvent appliqué aux Scandinaves, de nombreux Américains, en particulier les stars de cinéma blondes et plantureuses, sont décrits comme ayant un "look nordique". Mais en raison de son association fréquente avec la théorie hitlérienne d'une race maîtresse, le terme "nordique" est utilisé avec parcimonie. Un substitut peu flatteur et imprécis est l'acronyme WASP (White Anglo-Saxon Protestant), qui désigne aujourd'hui couramment les Américains présentant une prépondérance de traits physiques nord-européens, bien que des millions d'Américains honnêtes ne soient ni protestants ni anglo-saxons. Puisque, d'un point de vue racial, il n'existe pas d'Anglo-Saxon non-blanc, un acronyme moins redondant et tout aussi piquant serait ASP.

Majorité est un autre terme de plus en plus important dans le dictionnaire racial américain. Pratiquement ignorée par les anthropologues professionnels, la majorité américaine comprend les éléments nordiques, alpins, nordiques-alpins et nordiques-méditerranéens de la population, qui se distinguent des éléments méditerranéens plus sombres et des éléments de couleur. Elle est loin d'être une race authentique, mais elle contient des traces démontrables d'une norme physique "américaine". Lorsqu'ils voyagent à l'étranger, les membres de la majorité "ressemblent à des Américains" pour la population locale, aux yeux de laquelle les citoyens américains d'origine méditerranéenne, orientale ou noire n'ont pas l'air "américains". Même sur le front intérieur — parmi les écoliers à la tête de cheval de la ceinture agricole du Midwest, parmi les officiers de l'armée de l'air, les pilotes de ligne et les astronautes, parmi les skieurs, les surfeurs, les joueurs de polo et les membres des yacht-clubs — certains paraissent plus "américains" que d'autres, ce qui signifie qu'ils correspondent bien aux paramètres raciaux du modèle physique de la Majorité. Si un type racial américain est en train de naître, il émergera presque certainement du pool génétique de la majorité. [61]

L'anthropologie professionnelle est aussi réticente à étendre la reconnaissance raciale à la majorité américaine qu'à accorder un statut racial aux Juifs américains. Pas un anthropologue physique sur cent n'admet qu'il existe une race juive, bien que Carleton Coon ait constaté une certaine

---

[61] Pour la découverte par Wyndham Lewis d'un type physique américain "super-européen", voir le chapitre 12, The Aesthetic Prop.

uniformité de l'indice céphalique, de la structure faciale et de la coloration chez les Juifs russes et polonais, qui représentent 80 % de la population juive américaine.[62] Quelques ethnologues ont décelé une certaine "nasalité" chez les Juifs, mais nient l'existence d'un ensemble unique d'expressions faciales et de gestes juifs.[63] "Bien que les Juifs d'Europe, écrit C. D. Darlington, aient toujours des fréquences de groupes sanguins différentes de celles des populations chrétiennes qui les entourent, ils s'écartent des fréquences juives moyennes en direction de ces populations."[64]

Historiquement, les Juifs étaient des Sémites et appartenaient à la branche proche-orientale de la race méditerranéenne. De nombreux Juifs séfarades conservent des traits physiques proche-orientaux, souvent qualifiés de juifs aux États-Unis en raison de l'afflux important d'Arabes qui s'y est produit récemment. De nombreux Juifs d'Europe du Nord et d'Europe centrale, y compris certains séfarades qui se sont installés en Hollande après leur expulsion d'Espagne en 1492, possèdent quelques traits nordiques et une certaine blondeur. Les Juifs d'Europe de l'Est, qui présentent également des signes occasionnels de coloration claire, sont racialement éloignés des Séfarades à la peau olivâtre et à la tête longue de la région méditerranéenne. Leurs têtes rondes proviennent probablement de mariages avec des Arménoïdes et des Slaves alpins.

L'un des plus beaux contes de vieilles femmes raciales attribue l'origine des Ashkénazes (Juifs d'Europe de l'Est) à la conversion au judaïsme de la tribu turque des Khazars au huitième siècle. Arthur Koestler, romancier et essayiste qui, au cours de sa vie, a parcouru tout le spectre idéologique, de l'activiste du parti communiste au vitalisme, a écrit un livre entier sur le sujet.[65] Intrigué par la légende, A. E. Mourant, spécialiste de l'analyse des groupes sanguins, a testé des milliers de Juifs en Europe, en Afrique du Nord et au Moyen-Orient et est parvenu à la conclusion qu'une souche d'homogénéité génétique traversait bien le judaïsme, mais pas une souche khazare. Même en Russie, Mourant a trouvé très peu de preuves d'ajouts khazars au pool génétique juif ou non juif. Ce que Mourant et deux de ses associés ont découvert, c'est que les Juifs dans leur ensemble présentent un mélange de 5 à 10 % de gènes nègres, qu'ils ont pu acquérir lors de leur séjour dans l'Égypte ancienne ou lors de leur métissage avec des peuples

---

[62] *Les races d'Europe*, pp. 643-44.

[63] George Eaton Simpson et J. Milton Yinger, *Racial and Cultural Minorities*, Harper, New York, édition révisée, 1958, pp. 57–59.

[64] Darlington, *L'évolution de l'homme et de la société*, pp. 467-68.

[65] Arthur Koestler, *The Thirteenth Tribe*, Random House, New York, 1976.

d'Afrique du Nord.[66] Un autre argument en faveur d'une biologie juive commune est la présence d'un certain nombre de maladies génétiques spécifiquement juives : Tay-Sachs, Niemann-Pick et Guacher.

Quel que soit le verdict biologique, une grande partie du public américain, ainsi que de nombreux Juifs eux-mêmes, continuent à considérer les Juifs comme une race séparée et distincte. Ils fondent leur jugement sur des références bibliques à une origine historique juive commune et sur divers ensembles de traits physiques dont l'incidence est plus élevée chez les Juifs que chez les membres de n'importe quel autre groupe de population américain. La concentration des Juifs dans les professions les plus visibles et leur irrépressible solidarité de groupe contribuent largement à nourrir l'idée populaire d'une race juive.

Dans la classification des groupes de population mongoloïdes aux États-Unis, les anthropologues amateurs et professionnels se séparent à nouveau. Le grand public considère les Indiens d'Amérique comme une race à part, conformément à l'attitude traditionnelle des Blancs à l'égard de l'"homme rouge", alors que les anthropologues physiques les classent dans la catégorie raciale plus large des mongoloïdes.[67] Pour l'homme de la rue, la race mongoloïde est la race jaune et se compose entièrement d'Orientaux — Chinois, Japonais et autres Asiatiques de l'Est — qui "se ressemblent tous", sans doute parce que les techniques populaires d'identification des mongoloïdes ne vont pas beaucoup plus loin que l'œil bridé (pli épicanthique).[68] Les anthropologues professionnels placent également les Esquimaux et les Polynésiens dans la niche raciale mongoloïde, tout en reconnaissant la présence d'Australoïdes dans le milieu racial polynésien.[69] Les non-professionnels considèrent souvent que les Esquimaux et le nombre de plus en plus réduit de Polynésiens purs, en particulier les Hawaïens, appartiennent à des races distinctes.

---

[66] A. E. Mourant, *The Genetics of Jews*, Clarendon Press, Oxford, 1978. Si Mourant a raison, les antisionistes qui prétendent que les sionistes n'ont aucun lien biologique avec la Palestine ont tort. L'argument selon lequel David Ben-Gourion, Golda Meir et Menachem Begin sont les descendants de Khazars non juifs doit alors être abandonné.

[67] À l'époque de la frontière, les Indiens étaient appelés "hommes rouges" en raison de leurs peintures de guerre et de la réflexion du soleil sur leur peau très tonique. De là est né le concept de race rouge, une simplification ethnologique excessive qui a été abandonnée par la suite. En réalité, la couleur de la peau des Indiens varie du jaune clair à l'acajou. Coon, *The Living Races of Man*, p. 153.

[68] Les Américains qui ont eu une expérience directe de l'Extrême-Orient ou qui ont vécu à Hawaï ou à San Francisco ont appris à détecter certaines différences raciales parmi les Mongoloïdes, en particulier la coloration plus foncée des Asiatiques du sud-est.

[69] Coon, *op. cit.* p. 138, 184, 294.

Dans les zones les plus sombres de la palette raciale, les anthropologues professionnels et populaires sont à nouveau en désaccord. Les premiers estiment que la contribution des Blancs à la composition génétique des Noirs américains va de 4 % dans certaines régions du Sud à 26 % à Détroit.[70] Le public a adopté une approche moins sophistiquée, désignant simplement comme nègre toute personne ayant le moindre contact avec la brosse à goudron. Sauf dans quelques grandes villes où ils ont obtenu un statut racial distinct, les Portoricains de race plus foncée sont généralement qualifiés de nègres, même ceux qui ont plus de gènes méditerranéens que de gènes nègres. Le même traitement peu rigoureux est fréquemment accordé à de nombreux Mexicains, qui sont un mélange racial amérindien et méditerranéen et n'ont pas un seul gène nègre dans leur ADN. En général, la sensibilité à la coloration de la peau est telle que la plupart des Américains blancs qualifieraient de nègre un hindou de haute caste, au visage étroit, au nez long et aux autres traits aristocratiques, en raison de la teinte de son épiderme.

Les principales variations dans les classifications raciales populaires et professionnelles de la population américaine sont résumées dans le tableau de la page suivante, un tableau conçu pour souligner et souligner à nouveau l'importance primordiale que certains anthropologues et presque tous les profanes attachent à la couleur de la peau.

SPECTRE DE PIGMENTATION

COULEUR DE LA PEAU	Blanc clair	Blanc	Blanc foncé	Du jaune à l'acajou	Ton clair à noir
ANTHROPOLOGIE PHYSIQUE	*Nordiques* Nordic-Alpine Celtique Nord-Méditerranéen	*Alpin* Baltique orientale Dinarique	*Méditerranée* Arménoïde	*Mongoloïde*	*Nègre* Mulâtre
ANTHROPOLOGIE POPULAIRE	Guêpe blanche Anglo		Latin	Mexicain Chicano Latino Oriental Indien	Coloré Nègre Noir

L'appellation hispanique, adoptée par de nombreuses agences fédérales, est un terme générique désignant divers mélanges méditerranéens, mongoloïdes et nègres de peuples hispanophones et lusophones de l'hémisphère occidental.

Largement approximatif et loin d'être rigoureux dans sa présentation de l'amalgame racial américain, le Spectre de pigmentation, en plus d'illustrer la méthode spectroscopique d'identification raciale, sert à clarifier de

---

[70] Baker, *Race*, p. 228-31.

manière graphique ce qui semble être les quatre règles cardinales des relations raciales américaines et de l'étiquette raciale :

a) Plus les races sont éloignées les unes des autres dans le spectre, plus leurs membres seront conscients de leur race et se traiteront comme des stéréotypes plutôt que comme des individus.

b) Plus les races sont proches les unes des autres dans la zone blanche du spectre, plus leurs membres peuvent facilement submerger ou ignorer leur différence raciale, jusqu'à revendiquer la même appartenance raciale.

c) Plus une race se trouve à droite du spectre, plus elle s'éloigne de la norme physique américaine définie par les paramètres raciaux majoritaires. À cet égard, le spectre sert de "compteur d'assimilation". À une exception importante près, les Juifs, plus les races diffèrent de la majorité en termes de couleur de peau, moins leurs membres ont de chances de s'assimiler.

d) Plus les races sont éloignées les unes des autres dans le spectre, plus les membres d'une race accentueront les différences de couleur de l'autre. Les Blancs trouveront les Latins plus foncés, les Orientaux plus jaunes et les Nègres plus noirs qu'ils ne le sont en réalité. Inversement, les membres des races colorées trouveront les Blancs beaucoup plus pâles que leur pigmentation ne le justifie.

La règle (a) se réfère à l'usage intensif que le citoyen ordinaire fait des stéréotypes dans la classification raciale. Le fléau de l'anthropologie professionnelle, les stéréotypes vont souvent de pair : la version idéalisée de sa propre race et la caricature de la race de l'autre. Le degré de caricature peut dépendre du degré de tension entre deux races à un moment donné.

Dans les banlieues de Philadelphie, par exemple, la famille Main Line de vieille souche américaine peut s'identifier au stéréotype nordique du grand et beau blond aux traits réguliers, aux yeux clairs, au front haut et à la tête longue. Dans les quartiers défavorisés de Philadelphie, les Noirs peuvent avoir une image différente de leurs voisins de la Main Line. Le cou est plus épais, la tête plus ronde, la carrure plus trapue. Des lèvres cruelles, des yeux froids et une expression glaciale donnent une apparence presque brutale. La bête blonde ou brune au lieu du prince charmant.

Les stéréotypes alpins, souvent importés de l'Ancien Monde, vont (selon l'auteur du stéréotype) du bourgeois bouffi de Milwaukee au Père Noël, du camionneur aux articulations épaisses et au visage plat à la femme de chambre brune comme une noix. Les stéréotypes latins se répartissent entre les gangsters grimaçants et les Valentinos pleins d'âme, les Carmens et les Carmélites.

Pour de nombreux non-juifs, le Juif est souvent un vulgaire ploutocrate trapu ou une tête d'œuf à lunettes. Le Juif lui-même s'accroche au stéréotype d'un Moïse aristocratique et blanc, d'un ingénieux lauréat du prix Nobel ou d'un sabra israélien. Les Noirs aiment s'identifier à des athlètes noirs imposants, à des prédicateurs charismatiques, à des empereurs Jones et à des Black Panthers armés de fusils. De nombreux Blancs, en revanche, ne peuvent dissocier l'image du Noir de celle de l'oncle Tom, de la tante Jemima, de Stepin Fetchit, des agresseurs urbains ou des chefs cannibales chasseurs de têtes avec des os dans le nez.

La strate physiologique de la race comprend également le caractère et l'intelligence, dans la mesure où ces traits ont une origine génétique. Platon, qui associait le beau au bien, établissait une relation directe entre l'apparence physique et la conduite morale.[71] Hippocrate a constaté que les personnes au teint blond étaient "dans leur disposition et leurs passions, hautaines et pleines d'égoïsme".[72] La célèbre étude de Hansen sur les différences de tempérament et de caractère entre les populations claires et foncées de Norvège a été citée par Havelock Ellis dans sa comparaison entre la couleur de la peau et les performances.[73] Le Dr Morgan Worthy, psychologue de Géorgie, a montré que les personnes aux yeux clairs sont plus autonomes, plus inhibées et moins réactives à leur environnement que leurs homologues aux yeux foncés.[74]

Les fronts bas et les têtes pointues ont longtemps été considérés comme des signes de stupidité et d'imbécillité. Dans l'Angleterre élisabéthaine, un proverbe disait : "Tête très ronde, oublieux et stupide. Tête longue, intelligente et attentive".[75] Dans *Antoine et Cléopâtre* de Shakespeare (acte 3, scène 3), l'héroïne demande : "N'as-tu pas en tête son visage ? Est-il long ou rond ?" Le messager répond : "Rond jusqu'à la faute". Cléopâtre : "Pour la plupart, aussi, ce sont des idiots qui sont ainsi." La mauvaise opinion de l'Anglais à l'égard du brachycéphalisme peut s'expliquer par le fait que les Anglais ont moins de têtes rondes que n'importe quelle autre population d'Europe du Nord.[76] Les têtes rondes de Cromwell étaient appelées ainsi, non pas à cause de la forme de leur tête, mais à cause de leur coupe de

---

[71] *Lysis*, 216 d, trad. J. Wright, *The Collected Dialogues of Plato*.

[72] *On Airs, Waters, and Places*, trad. Francis Adams, Grands Livres, Vol. 10, p. 18.

[73] *A Study of British Genius*, Houghton Mifflin, Boston, 1926, pp. 306-7.

[74] Morgan Worthy, *Eye Color, Sex and Race*, Droke House/Hallux, Anderson, Caroline du Sud, 1974.

[75] Thomas Hill, *Pleasant History*, Londres, 1613.

[76] Coon, *The Living Races of Man*, p. 399.

cheveux en forme de bol, qui contrastait fortement avec la longue chevelure fluide des cavaliers.

Aussi controversés ou exagérés qu'ils puissent être, les stéréotypes raciaux qui vont au-delà des caractéristiques physiques superficielles ne peuvent être ignorés s'ils fournissent des indices significatifs sur les conceptions populaires des différences raciales. C'est le cas de l'Américain blanc moyen d'origine nord-européenne qui se considère, lui et "ses semblables", comme sages, travailleurs, courageux, dévoués, honnêtes et craignant Dieu — dans l'ensemble, une combinaison légèrement déguisée de divin puritain, de planteur de Virginie et de pionnier de l'Ouest. Sur l'échelle de l'intelligence, il place les Orientaux et les Juifs à un niveau plutôt élevé, mais leur trouve plus de ruse que de sagesse. Il considère les Latins comme frivoles, sexuellement instables, superficiels et enclins au crime organisé et à la trahison. Il considère les Indiens, les Mexicains et les Nègres comme stupides, désœuvrés, impurs et trop portés sur l'alcool et les stupéfiants.[77]

En retour, les Latins et les Juifs les plus sophistiqués classent le membre moyen de la majorité comme un philistin laborieux, crédule et rustre, alors qu'ils se considèrent comme les héritiers d'une religion et d'une culture supérieures. Pour les Gentils, les Juifs sont souvent aussi avares que Shylock, alors qu'ils se considèrent comme extrêmement charitables. Les Indiens et les Nègres sont susceptibles de dépeindre les Blancs comme des maquignons débridés, des parangons d'insensibilité, des spécialistes du génocide, des Horatio Algers sexuellement réprimés et des Simon Legree cracheurs de fouet.

Beaucoup de ces stéréotypes disparaissent et beaucoup de nouveaux apparaissent au fur et à mesure que le statut politique, économique et social des Américains évolue. Étant donné qu'un changement de statut survient généralement bien avant un changement de stéréotype, il peut s'écouler un certain temps avant que le stéréotype public ne rattrape le stéréotype public. En moins d'un siècle, cependant, le prêteur sur gages juif a cédé la place à la supermaman juive affectueuse ; le Noir traînant et obséquieux au champion de boxe ; le bagarreur irlandais ivrogne au prêtre bienveillant ; le coolie fumeur d'opium et à la queue de cochon à Charlie Chan. Les traits répugnants, tant physiques que psychologiques, dont sont aujourd'hui affublés les nazis et les Arabes étaient autrefois réservés aux "innommables

---

[77] La déclaration de Medill McCormick selon laquelle Theodore Roosevelt comprenait la "psychologie du cabot" révèle une autre attitude commune des Américains de l'ancienne génération à l'égard de tous les autres Américains, qu'ils soient blancs ou de couleur. Richard Hofstadter, *The American Political Tradition*, Knopf, New York, 1949, p. 230.

Turcs". Dans de nombreuses productions télévisées, cinématographiques et de Broadway, le héros blond est devenu le méchant blond.

Aujourd'hui, les stéréotypes raciaux font l'objet d'attaques aussi vives que le racisme lui-même. Mais ceux qui s'opposent le plus aux stéréotypes ont généralement leurs propres stéréotypes et, en fin de compte, tout ce qui est accompli, c'est la substitution d'un ensemble de stéréotypes par un autre. Plutôt que de se concentrer sur l'abolition des stéréotypes — une tâche aussi impossible que d'abolir notre tendance innée à généraliser — les chercheurs en sciences sociales pourraient les accueillir comme des repères instructifs pour l'étude du comportement intergroupe. Ils ont un pedigree impressionnant, dérivant non seulement des ragots, des ouï-dire et des bas-fonds de la dépravation humaine, mais aussi du folklore, des mythes, de la religion, de la littérature, de l'art et de la musique. Certaines des expressions les plus sublimes de la créativité humaine ont fait un usage libéral et étendu des stéréotypes raciaux.

Carleton Coon est l'un des rares anthropologues modernes à ne pas être trop préoccupé par les stéréotypes : "Les étiquettes populaires et subjectives utilisées pour désigner les races par des personnes ignorant l'existence de l'anthropologie physique sont souvent plus vraies que les résultats hésitants d'errances érudites dans le labyrinthe des nombres." [78]

Pour parvenir à une compréhension plus large de la dynamique raciale américaine, il est maintenant temps d'entrer dans "le labyrinthe des chiffres" et de passer des aspects qualitatifs aux aspects quantitatifs de la race.

---

[78] *Les races d'Europe*, p. 335.

PARTIE II
Composition raciale des États-Unis

CHAPITRE 5

Immigration blanche

IL EST VRAI que tous les Américains — y compris les Indiens — sont soit des immigrés, soit des descendants d'immigrés. Il est également vrai que des types d'immigrants radicalement différents sont venus en Amérique pour des raisons radicalement différentes. On pense à l'Indien qui franchit le pont terrestre des Aléoutiennes à la recherche de nourriture, au pèlerin qui construit sa cité de Dieu dans les étendues sauvages de la Nouvelle-Angleterre, au Noir enchaîné à la cale d'un navire négrier. Depuis l'époque coloniale jusqu'au milieu du XIXe siècle, les immigrants blancs étaient motivés par l'amour de la gloire et de l'aventure, par la faim de terre, par la recherche de la fortune, par l'espoir de conserver et d'étendre leur identité religieuse,[79] par des doutes sur les gouvernements de leurs pays d'origine et sur les doutes de leurs gouvernements à leur égard, par un souci de liberté,[80] et, peut-être plus que tout, par le désir d'errance lancinant et endémique de l'Europe du Nord. Le flux d'immigration était composé de fermiers, d'artisans, de commerçants et de soldats de fortune, avec une légère écume d'aristocrates dissidents et un mince sédiment de prisonniers. Bien qu'on l'oublie souvent, bon nombre des premiers immigrants blancs avaient déjà bénéficié d'une certaine prospérité dans leur pays d'origine.[81] Là où elle existait, la dynamique économique était importante, mais elle était davantage orientée vers le gain économique que vers la sécurité économique.

La sélection naturelle a été extrêmement dure pour l'avant-garde des pionniers. La moitié *des* passagers *du Mayflower* sont morts pendant le

---

[79] La motivation religieuse ne doit pas être surestimée. Seul un petit pourcentage des premiers colons était membre de l'Église (voir chapitre 19). L'une des raisons du passage transatlantique des pèlerins était la crainte que leurs fils et filles ne se "marient dans le monde" s'ils prolongeaient leur période d'exil dans ce que l'on appelait à l'époque les Pays-Bas "balancés".

[80] D. H. Lawrence a soutenu que les puritains fuyaient la liberté et n'étaient pas disposés à s'accommoder de l'humanisme croissant de l'Angleterre d'après la Renaissance. Selon Lawrence, la tolérance religieuse était bien plus grande dans l'Angleterre qu'ils ont quittée que dans la Nouvelle-Angleterre qu'ils ont fondée. *Studies in Classical American Literature*, Viking Press, New York, 1964, pp. 3, 5.

[81] Alexis de Tocqueville, *De la démocratie en Amérique*, Gallimard, Paris, 1961, Tome 1, p. 31.

voyage en mer ou au cours de leur première année dans le Massachusetts.[82] À Jamestown, la première colonie anglaise permanente en Amérique, il y avait plus de 500 colons en 1609. Un an plus tard, il n'en restait plus que soixante.[83] Le matin du 22 mars 1622, un groupe d'Indiens s'abattit sur les colonies établies dans le cours supérieur de la rivière James, en Virginie. En quelques heures, 347 Blancs furent tués, sans distinction d'âge ou de sexe.[84] Ailleurs, la famine, la maladie, les raids indiens et les rigueurs de la frontière ont poursuivi sans relâche le vannage, l'abattage et le triage d'un peuple qui, dès le départ, n'a jamais été un échantillon représentatif des Anglais ou de toute autre population de l'Ancien Monde.[85]

En 1689, le nombre de Blancs dans les treize colonies était d'environ 200 000. En 1754, ils étaient un million : 300 000 en Nouvelle-Angleterre, 300 000 dans les colonies du centre et 400 000 dans le Sud. En 1790, année du premier recensement fédéral, les origines nationales des Blancs américains et leur pourcentage par rapport à la population blanche totale étaient estimés comme suit : Britanniques (77), Allemands (7,4), Irlandais (4,4), Hollandais (3,3), Français (1,9), Canadiens (1,6), Belges (1,5), Suisses (0,9), Scandinaves (0,9), autres (1,1).[86]

Le caractère profondément protestant de l'immigration blanche s'est maintenu jusqu'aux années 1840, lorsque les Irlandais, chassés par la maladie de la pomme de terre, ont commencé à traverser l'Atlantique par centaines de milliers, accompagnés d'importants contingents d'Européens centraux, y compris des réfugiés politiques des révolutions avortées de 1848.[87] Bien que l'équilibre religieux se soit quelque peu modifié au cours des trois ou quatre décennies suivantes — trois millions d'Irlandais sont

---

[82] Ellsworth Huntington, *The Character of Races*, Scribner's, N.Y., 1925, p. 304.

[83] William W. Sweet, *The Story of Religion in America*, Harper, N.Y., 1939, pp. 42, 51.

[84] Ibid, p. 34.

[85] Les puritains venaient en grande partie d'East Anglia, l'une des régions les plus blondes d'Angleterre. Ellis, A Study of British Genius, note de bas de page, p. 39. Des processus sélectifs étaient à l'œuvre dans toutes les phases d'immigration. Les immigrants polonais, par exemple, étaient plus grands et plus minces que les Polonais restés au pays. Coon. *The Races of Europe,* p. 565.

[86] Les chiffres de population figurant dans ce paragraphe sont tirés de Morris Davie, World Immigraton, Macmillan, N.Y., 1949, p. 21. Chiffres en pourcentage tirés de *Immigration Quotas on the Basis of National Origin*, document du Sénat 259, 70e Congrès.

[87] Les Irlandais catholiques se distinguent des Écossais protestants, dont un grand nombre est originaire des basses terres d'Écosse et s'est ensuite installé en Irlande du Nord. Quelque 200 000 Écossais-Irlandais sont arrivés dans les cinquante années précédant l'indépendance américaine. Davie, op. cit. p. 21-24.

arrivés, auxquels se sont ajoutés des millions de catholiques continentaux —
, les États-Unis sont restés très majoritairement de souche nord-européenne.
Les gènes alpins, celtiques et dinariques qui avaient été injectés dans le
système sanguin américain étaient de type léger, et les quelques traits raciaux
irlandais et d'Europe centrale qui étaient en désaccord avec les normes
physiques de l'Europe du Nord ne s'opposaient pas dans le domaine critique
de la couleur de la peau. Malgré cela, les anciens immigrants ont monté une
attaque cryptoraciale à grande échelle contre les nouveaux immigrants,
principalement les Irlandais, qui, dans un renouveau des polémiques
rugissantes de la Réforme, ont été accusés de "populisme". [88]

Bien avant que l'ancienne immigration ne prenne fin, les descendants des
premiers colons ont entamé une nouvelle migration de masse qui les a
conduits dans l'ouest de l'État de New York et dans le Midwest, puis au
Texas et dans le Far West, et qui a privé la Nouvelle-Angleterre de la moitié
de ses Anglo-Saxons. C'est cette migration, aussi importante historiquement
que celle de l'Angleterre vers la Nouvelle-Angleterre, qui a marqué d'une
empreinte raciale durable une grande partie des États-Unis trans-
appalachiens. [89]

Les années 1880 marquent le début de la nouvelle immigration, qui amène
des millions de Juifs, de Slaves, d'Italiens et d'autres Européens de l'Est et
du Sud. Cette fois, le caractère de l'immigration blanche, qui avait évolué
très lentement pendant près d'un demi-siècle, subit une transformation rapide
et profonde. La plupart des nouveaux immigrants étaient des Méditerranéens
bruns, au teint olivâtre, ou appartenaient aux divisions les plus foncées de la
race alpine. La plupart d'entre eux sont venus pour échapper à la famine, et
non pour la risquer, pour peupler les villes et non pour défricher les terres.
Les anciens immigrants étaient plus que disposés à échanger la sécurité
contre l'insécurité. Les nouveaux arrivants avaient des priorités inversées.
Les deux groupes débordaient de rêves, mais les nouveaux immigrants
étaient plus terre-à-terre. Que ce soit la faute de la génétique ou de
l'environnement, ou des deux, les traits mentaux des anciens et des nouveaux
immigrants sont souvent plus contrastés que leurs caractéristiques physiques.

La dernière manifestation nationale organisée de ce que l'on pourrait appeler
la solidarité des anciens immigrants a été la tentative d'endiguer le flot de la

---

[88] Le Parti américain, dont les membres étaient appelés Know Nothings par leurs
adversaires politiques, revendiquait quarante-trois représentants, cinq sénateurs et sept
gouverneurs d'État peu avant le déclenchement de la guerre de Sécession. L'urgence
croissante de la question de l'esclavage a cependant joué un rôle néfaste pour un parti
politique qui, en plus de sa tendance protestante, établissait de subtiles distinctions
raciales parmi les Blancs. Ibid, p. 88.

[89] Stewart Holbrook, *The Yankee Exodus*, Macmillan, New York, 1950, p. 4.

nouvelle immigration, qui a abouti à la loi sur l'immigration de 1924. L'immigration totale en provenance d'Europe a été limitée à environ 150 000 personnes par an, alors qu'elle avait atteint le chiffre record de 1 285 000 arrivées en 1907.[90] En outre, la législation était sélective sur le plan racial : les pays européens se voyaient attribuer des quotas en fonction de leur contribution relative à la population américaine en 1920.[91] Comme le Congrès l'avait prévu, le petit volume d'immigration qui subsistait devait être pondéré en faveur de la matrice raciale de l'Europe du Nord.

Mais les événements ont pris une autre tournure. De nombreux pays d'Europe du Nord ont laissé leurs quotas partiellement inoccupés ou les ont remplis avec des personnes en transit depuis d'autres parties de l'Europe. Des dispenses du Congrès et du Président ont été accordées à des réfugiés antinazis et anticommunistes, à des personnes déplacées pendant la Seconde Guerre mondiale et à 120 432 "épouses de guerre", dont beaucoup d'Asiatiques (l'immigration non blanche fait l'objet du chapitre suivant).[92] (Quelque 290 000 Juifs européens, dont une grande partie avait survécu aux camps de concentration, sont arrivés aux États-Unis entre 1933 et 1954.[93] À la fin des années 1950, ils ont été rejoints par quelque 50 000 Hongrois, arrivés après l'échec de leur tentative de se débarrasser de la domination soviétique. En 1965, près de 10 millions d'immigrants légaux étaient venus aux États-Unis dans le cadre du système des quotas.[94]

Tant par leur type que par leur nombre, les immigrants qui sont venus dans le cadre du système de quotas ont violé la lettre et l'intention des lois sur l'immigration de 1921 et 1924. L'objectif premier de cette législation était de préserver le profil racial des États-Unis tel qu'il avait été défini et défendu par les Pères fondateurs[95] et tel qu'il avait été "fixé" à la fin du XIXe siècle.

---

[90] L'immigration totale en provenance de l'Europe du Sud et de l'Est pour la période 1820-1930 a été de 13 944 454.

[91] Davie, op. cit. p. 377.

[92] *Ency. Brit.*, Vol. 15, pp. 467-68.

[93] James Yaffe, *The American Jews*, Random House, New York, 1968, p. 8.

[94] Statistical Abstract of the U.S., 1969, p. 91.

[95] Washington s'opposait à l'immigration illimitée parce qu'il voulait protéger le "caractère américain". Jefferson craignait que, puisque la majeure partie de l'immigration européenne devrait finalement provenir d'Europe centrale, méridionale et orientale, les nouveaux arrivants n'importent avec eux les idées et les principes du gouvernement absolu sous lequel eux et leurs ancêtres avaient vécu pendant tant de siècles. Charles Beard, *The Republic*, Viking Press, New York, 1962, pp. 10–11. L'un des arguments contre toute immigration était qu'elle limitait l'accroissement naturel de la population autochtone. Selon la "loi de Walker", qui suppose que la fécondité des groupes indigènes

Il était bien trop tard pour des lois qui permettraient à une caste privilégiée de Nordiques aux cheveux clairs de dominer une couche inférieure d'esclaves noirs et d'ethnies blanches. Mais il n'était pas trop tard pour que le Congrès empêche le noyau racial de l'Europe du Nord d'être physiquement et culturellement submergé par les migrations massives continues des Européens du Sud et de l'Est. Les quotas fondés sur les origines nationales ont temporairement permis de réaliser ce que l'on pourrait appeler le Grand dessein du Congrès. La prépondérance de l'Europe du Nord a été préservée dans les domaines politique, économique et culturel. Mais après la fin de la Seconde Guerre mondiale, l'immigration est devenue plus qu'un filet d'eau, et la plus grande partie était composée des éléments raciaux mêmes que le Congrès avait cherché à interdire.

Bien que le système des quotas, il n'est pas nécessaire de le rappeler, ait toujours été une plaie pour les organisations libérales et les organisations de minorités, il était un scandale pour ceux qui croyaient sincèrement à l'égalité raciale et une pierre d'achoppement pour ceux qui commençaient à promouvoir des formes de racisme autres que celles de l'Europe du Nord. En 1965, cédant quelque peu à un effort de lobbying sans précédent qui avait pris de l'ampleur depuis plus d'un demi-siècle, le président Lyndon Johnson a signé une nouvelle loi sur l'immigration qui conservait le système des quotas, mais en modifiait radicalement la nature. Les dispositions relatives aux origines nationales, si détestées par les forces libérales minoritaires, ont été abolies et l'immigration a été limitée aux membres de la famille des citoyens américains et des résidents permanents (74 %) ; aux membres de professions libérales et autres personnes présentant des "capacités exceptionnelles" (10 %) ; aux travailleurs qualifiés et non qualifiés agréés par le secrétaire au travail (10 %) ; aux réfugiés victimes de persécutions politiques ou de calamités nationales (6 %). La première catégorie, qui a évincé toutes les autres, a été immédiatement dominée par les conjoints et les enfants célibataires d'immigrés grecs, italiens et philippins.[96] En ce qui concerne les chiffres, un plafond annuel de 170 000 et 120 000 a été fixé pour les immigrants de l'hémisphère oriental et occidental, respectivement,

---

est réduite par la concurrence des immigrants, les 3,5 millions de Blancs américains de 1790 auraient atteint un nombre équivalent à la population actuelle si la Constitution avait interdit toute immigration. Madison Grant, *The Conquest of a Continent*, Scribner's, New York, 1933, p. 276.

[96] *New York Times*, 31 août 1970, pp. 1, 37. Entre 1900 et 1980, les États-Unis ont accueilli 30 millions d'immigrants légaux et perdu 10 millions d'émigrants. Population Reference Bureau, cité dans le *Pittsburgh Post-Gazette*, 3 mai 1988.

imposant ainsi pour la première fois un quota aux Canadiens et aux Latino-Américains.[97]

Lorsque le projet de loi Johnson sur l'immigration fut présenté au Sénat, seules dix-huit voix s'y opposèrent, toutes émanant de sénateurs du Sud dont les circonscriptions comprenaient la plus grande concentration de Blancs démodés et soucieux de leur couleur.[98] Le grand débat sur l'immigration, qui était devenu le grand débat racial, était terminé, du moins en ce qui concerne le type d'immigrant. Sous la direction d'un président d'origine britannique, sudiste et né au Texas, le Congrès avait décidé que les descendants des Britanniques et d'autres Européens du Nord, qui avaient à la fois créé et marqué les États-Unis de leur empreinte culturelle, ne méritaient plus de protection législative.[99]

Après l'entrée en vigueur de la loi de 1965, l'immigration blanche a commencé à se tarir. Les exceptions notables sont les personnes qui demandent le statut de réfugié : plus de 400 000 Juifs d'Europe via Israël et 250 000 Juifs provenant directement de l'Union soviétique (avant et après son éclatement).

En 1991, le président Bush a promulgué une loi modifiée sur l'immigration qui a porté le nombre d'immigrants, à l'exclusion des réfugiés et autres cas particuliers, à 700 000 par an, la plupart des places étant réservées aux membres de la famille des citoyens de la nouvelle génération.

Les immigrants blancs continuent d'affluer en Amérique. Quelques pays européens et le Canada se plaignent d'une fuite des cerveaux. Néanmoins, comme nous le verrons dans le chapitre suivant, l'immigration blanche de ces dernières décennies n'a représenté qu'une goutte d'eau dans le seau génétique de l'immigration totale, légale et illégale, qui, comme l'admettent librement et sans broncher les chefs de gouvernement, est désormais hors de contrôle.

---

[97] Un amendement de 1976 à la loi sur l'immigration a étendu la limite de 20 000 immigrants par pays de l'Ancien Monde aux pays du Nouveau Monde.

[98] *Time*, 1er octobre 1965, p. 27.

[99] Le représentant Emanuel Celler de New York était l'un des plus fervents opposants à la loi sur l'immigration de 1924, souvent appelée "loi Johnson", du nom d'Albert Johnson, président de la commission de l'immigration de la Chambre des représentants. Celler a vécu assez longtemps pour être le parrain à la Chambre du projet de loi de 1965, généralement et ironiquement intitulé "loi Kennedy-Johnson".

CHAPITRE 6

Immigration non blanche

LES ANGLAIS ont commencé l'ancienne immigration, tandis que les Indiens, arrivés quelque 20 000 ans plus tôt, ont commencé ce que l'on pourrait définir comme l'immigration préhistorique. En 1500, on estimait à 850 000 le nombre d'Indiens dans les limites géographiques de l'actuel territoire continental des États-Unis et du Canada.[100] En 1770, les habitants indiens de la région occupée par les treize colonies avaient été pour la plupart exterminés, expulsés ou isolés. Pendant et après la conquête de l'Ouest, les Indiens ont été placés dans des réserves. À un moment donné, leur nombre total a pu être réduit à moins de 250 000.[101]

La migration mongoloïde vers l'Amérique du Nord — les Amérindiens peuvent être considérés comme des rejetons de la race mongoloïde — a été relancée après une vingtaine de millénaires avec l'arrivée de coolies chinois en Californie. Ils travaillent d'abord dans les mines d'or, puis participent à la construction de l'extrémité ouest des chemins de fer transcontinentaux. Appelés par dérision Chinamen et Chinks, les Chinois et leurs coutumes ésotériques suscitaient l'hostilité des Blancs de la région. De temps à autre, les assemblées législatives des États de l'Ouest et le Congrès ont tenté de réduire leur nombre par des mesures d'exclusion. En 1890, les Chinois étaient au nombre de 107 000.

L'immigration japonaise n'a commencé qu'après la guerre de Sécession et n'a jamais atteint les proportions de l'immigration chinoise. En 1907, elle a été stoppée par le "Gentleman's Agreement" conclu avec le Japon par Theodore Roosevelt. Après la Première Guerre mondiale, l'immigration asiatique était si rare que le quota annuel de 100 personnes fixé pour la Chine et le Japon par la loi sur l'immigration de 1924 s'est traduit par une augmentation du nombre d'immigrants légaux en provenance de ces deux pays.[102]

---

[100] *Our American Indians at a Glance*, Pacific Coast Publishers, Menlo Park, Californie, 1961, p. 6.

[101] Au cours des dernières décennies, la population indienne s'est considérablement reconstituée. Voir la *section sur les Indiens d'Amérique*, chapitre 16.

[102] L'histoire de l'immigration dans les îles hawaïennes est *sui generis* et sera brièvement examinée au chapitre 16.

N'étant pas des étrangers selon la terminologie de la loi de 1924, les Philippins ont ensuite été désignés comme tels par le Congrès. En 1930, quelque 45 000 d'entre eux étaient venus aux États-Unis. Lorsque les Philippines ont obtenu leur indépendance en 1946, les Philippins ont été placés dans la même catégorie que les autres Orientaux et leur quota annuel a été fixé à cinquante.[103] Aujourd'hui, ils sont près de 60 000 par an.

L'immigration non blanche qui a eu l'effet le plus durable sur la composition raciale de la nation a été celle des Noirs. Les Noirs d'Afrique n'ont jamais été considérés comme de vieux immigrants en raison de la couleur de leur peau et des circonstances différentes qui les ont amenés en Amérique. Ils ne pouvaient pas être qualifiés de nouveaux immigrants, car la quasi-totalité d'entre eux était arrivée bien avant le début de la nouvelle immigration. En fait, certains Noirs sont arrivés dans les colonies presque aussitôt que les premiers Blancs. Comme beaucoup de Blancs, certains sont venus en tant que serviteurs sous contrat. Mais alors que les Blancs pouvaient se libérer de leur servitude (la durée moyenne dans les colonies du Sud était de quatre ans), le statut des Noirs s'est durci pour devenir un engagement permanent et perpétuel, autrement dit l'esclavage. Cependant, le plus grand nombre de Noirs, et de loin, étaient esclaves dès leur arrivée.

En 1790, selon le premier recensement fédéral, il y avait 697 623 esclaves noirs et 59 538 nègres libres dans les colonies nouvellement indépendantes. Peu d'Africains noirs sont arrivés après 1820, lorsque les Britanniques ont interdit la traite des esclaves. En 1860, on comptait 3 953 760 esclaves noirs et 488 070 nègres libres. Si ces chiffres sont exacts, cela signifie que lorsque l'esclavage était à l'ordre du jour aux États-Unis, la population noire a sextuplé. Au cours des 130 années suivantes, elle a encore sextuplé.

Le plus grand afflux d'immigrants depuis la Première Guerre mondiale n'est pas venu de l'Ancien Monde, mais d'en deçà du Rio Grande et des Antilles. Bien qu'ils ne puissent être considérés comme non blancs à 100 %, les millions d'Hispaniques que l'on trouve actuellement en Californie, dans le Sud-Ouest et dans les grandes villes du Nord sont certainement plus indiens que blancs. Les très nombreux Portoricains mi-nègres, mi-méditerranéens qui ont migré vers le nord, principalement à New York, après 1945, font également partie de la catégorie des non-Blancs.[104]

La loi sur l'immigration de 1965, qui était censée mettre fin aux quotas raciaux, a eu pour effet de favoriser les non-Blancs au détriment des Blancs. Bien que le quota pour l'hémisphère occidental aurait dû réduire de manière significative le flux génétique en provenance du Mexique, d'autres pays

---

[103] Davie, op. cit. p. 342-47.

[104] Simpson et Yinger, *Racial and Cultural Minorities*, p. 136.

d'Amérique centrale et des îles des Caraïbes, les Hispaniques et les Antillais de couleur n'ont jamais prêté beaucoup d'attention aux contrôles de l'immigration dans le passé et il est peu probable qu'ils changent dans un avenir proche. Sur les millions d'immigrants illégaux ou d'étrangers estimés se trouver aux États-Unis en 1992, 80 % étaient probablement des Mexicains. En tant que citoyens, les Portoricains continuent à bénéficier de la liberté d'entrée, bien qu'il y ait eu un certain retour en arrière vers l'île d'origine.

La répartition dans l'hémisphère oriental, ainsi que les priorités accordées aux membres de la famille et aux travailleurs professionnels et qualifiés, a entraîné une augmentation du nombre d'Asiatiques, mais pas de Noirs africains. Ces derniers ne sont pas réputés pour leurs compétences professionnelles et ont été trop longtemps séparés des Nègres américains pour avoir conservé des liens familiaux. En revanche, le nombre de Noirs légaux et illégaux en provenance des Caraïbes a fortement augmenté.

L'énumération du nombre d'immigrants légaux en 1965 et en 1992, à partir des dix principales sources d'immigration, montre comment la loi sur l'immigration de 1965, qui n'a été pleinement mise en œuvre qu'en 1968, a modifié le schéma de l'immigration américaine.[105]

IMMIGRÉS LÉGAUX ET PAYS D'ORIGINE

1965		1992	
Canada	40,103	Mexique	91,332
Mexique	37,432	Vietnam	77,728
Royaume-Uni	29,747	Philippines	59,179
Allemagne	26,357	Ancienne Union soviétique	43,590
Cuba	20,086	République dominicaine	40,840
République dominicaine	10,851	Chine (continentale)	38,735
Italie	10,344	Inde	34,629
Colombie	9,790	Pologne	24,837
Pologne	7,458	El Salvador	21,110
Argentine	5,629	Royaume-Uni	19,757

Il convient de noter que seuls trois des pays figurant dans la colonne de 1992, l'ex-Union soviétique, la Pologne et le Royaume-Uni, ont accueilli des immigrés blancs (principalement des Juifs, en l'occurrence), et qu'ils ne figurent pas en tête de liste. Les sept autres pays qui ont accueilli le plus d'immigrants en 1992 ne sont pas blancs.

---

[105] *New York Times*, 31 août 1970, p. 37, et *INS Advance Report*, mai 1993.

Il convient d'ajouter que l'immigration légale n'est qu'une partie du tableau de l'immigration. Un à deux millions d'étrangers en situation irrégulière,[106] dont une grande majorité d'Hispaniques, pénètrent chaque année sur le territoire américain, et tous n'y parviennent pas. En 1992, la patrouille frontalière a procédé à 1,6 million d'arrestations, mais la plupart des personnes appréhendées essaient et essaient encore.

La vague actuelle de minorités apporte avec elle un bagage dangereux et coûteux. Environ 150 000 Haïtiens légaux et illégaux, dont beaucoup sont atteints de tuberculose, de maladies vénériennes et du sida, ont gagné la Floride entre 1981 et 1990. Au printemps 1980, une flotte improvisée de plus de 100 000 Cubains anticastristes s'est rendue à Key West et à Miami. Les éléments criminels qui les composent, les résidus des prisons cubaines, ont ensuite déclenché des émeutes et incendié des installations gouvernementales, donnant un coup de fouet à l'accélération du taux de criminalité aux États-Unis. Les clandestins du monde entier ont droit à l'aide sociale et aux services de santé gratuits presque dès leur arrivée. Les bébés conçus en aval du Rio Grande naissent dans des hôpitaux américains, sans frais pour leurs mères hispaniques, et deviennent automatiquement des citoyens américains. D'autres dizaines de milliers d'immigrants continuent d'arriver à la suite de divers "accords" conclus par le Congrès.[107]

En août 1993, aucun effort sérieux n'avait été fait par le Président ou le Congrès pour résoudre le problème de l'immigration. À la fin de l'année 1986, le Congrès a adopté une loi qui pénalisait les entreprises qui embauchaient sciemment des étrangers en situation irrégulière. Cette loi a également augmenté les effectifs de la patrouille frontalière, mais — et c'est un très gros, mais — elle a en même temps offert l'amnistie aux étrangers en situation irrégulière arrivés avant le 1er janvier 1982.

L'amnistie attirera certainement des millions de "travailleurs sans papiers" qui s'attendront sans aucun doute à la même indulgence. En mars 1988, quelque 1,5 million de demandes d'amnistie avaient été reçues par le service d'immigration et de naturalisation.

---

[106] Au début de 1986, Maurice Inman, avocat général du Service de l'immigration et de la naturalisation, a estimé le nombre de clandestins à 12 ou 15 millions.

[107] Dans le cadre d'un de ces accords, un membre du Congrès qui avait présenté un projet de loi visant à autoriser l'entrée de 5 000 Siciliens a obtenu le soutien d'un autre membre du Congrès en promettant de voter en faveur du projet de loi de ce dernier visant à autoriser l'entrée de 3 000 Juifs irakiens. *Time*, 21 novembre 1969, p. 86. Une partie des pots-de-vin versés aux membres du Congrès dans le cadre du scandale Abscam de 1980 était un paiement anticipé de factures d'immigration privées pour des cheiks arabes mythiques.

Aux dernières nouvelles, l'immigration, qu'elle soit légale ou illégale, s'élève à au moins 2 millions de personnes par an et représente une facture annuelle de 30,6 milliards de dollars, dont la majeure partie est consacrée aux soins hospitaliers gratuits, aux prestations sociales, à la prévention de la criminalité et à des montagnes de paperasserie.[108] Ce coût menace de mettre certains États en faillite, en particulier la Californie, où le gouverneur Pete Wilson a demandé la suppression de la plupart des aides sociales pour les immigrants illégaux et veut refuser le droit à la citoyenneté à leurs enfants nés aux États-Unis.

Quoi qu'il arrive sur le front de l'immigration, les Blancs américains, bien que la plupart d'entre eux souhaitent une forte réduction de tous les types d'immigration, continueront d'être passés à la moulinette raciale. L'afflux apparemment inarrêtable d'immigrants non blancs légaux et illégaux, de réfugiés et de demandeurs d'asile, combiné au taux de natalité relativement élevé des Noirs, des Asiatiques et des Hispaniques, et au taux de natalité inférieur au taux de remplacement de la plupart des Américains blancs, favorise l'augmentation rapide de la proportion de non-Blancs, qui laisse une empreinte indélébile sur le moule racial américain. Imperceptiblement, le teint de la nation s'assombrit d'année en année.[109]

---

[108] Donald Huddle, économiste à l'université de Rice, *Newsweek*, 9 août 1993, p. 19. Huddle affirme qu'en 1993-2002, les immigrants légaux coûteront aux contribuables 482 milliards de dollars et les immigrants illégaux 186,4 milliards de dollars.

[109] *Le Camp des Saints*, roman de Jean Raspail, célèbre écrivain français, décrit l'invasion de la France par une vaste armada de populations affamées venues d'Inde. Pour des raisons humanitaires, le gouvernement français décide de ne pas s'opposer au débarquement. En un rien de temps, la nation est envahie, conquise et détruite. La seule action militaire est dirigée contre les quelques Français qui tentent de résister. La version originale du livre ayant été écrite en 1972, l'étrange clairvoyance de Raspail, appliquée à ce qui se passe aux États-Unis d'aujourd'hui, est un exemple mémorable d'imitation de l'histoire par l'art.

CHAPITRE 7

Les sophismes de la fusion et de la mosaïque

L E GRAND RÊVE AMÉRICAIN a été un pot-pourri de rêves, l'un des plus fous étant celui du "Melting Pot". Le visionnaire du Melting Pot a prophétisé que tout immigrant, quelles que soient sa race, sa nationalité ou son origine sociale, une fois immergé dans la liquéfaction étourdissante de la vie américaine, serait transformé en un soluté typiquement américain, avec tout l'héritage de l'Ancien Monde en matière de castes et de disparités culturelles dissous.[110]

Ce rêve, longtemps moribond, est aujourd'hui mort. Le "Melting Pot", qui a fonctionné dans une certaine mesure à l'époque de l'ancienne immigration, lorsque les ingrédients étaient plus harmonieux sur le plan racial et culturel, n'a pas fonctionné lorsque la nouvelle immigration est venue s'y ajouter. Les partisans du "melting pot" semblaient oublier que des races différentes jetées ensemble dans le même environnement plutôt que de fusionner sont plus susceptibles de se stratifier et de se séparer. "Plus deux peuples différents se ressemblent extérieurement, souligne George Santayana, plus ils sont conscients et jaloux de la diversité de leur âme…"[111]

Le brassage de population qui a eu lieu aux États-Unis s'est essentiellement produit entre les groupes nationaux et non raciaux. Selon un démographe, le Dr Richard D. Alba, "près de 99 % des Blancs non hispaniques ont épousé d'autres Blancs non hispaniques, tandis que 99 % des femmes noires et 97 %

---

[110] Israël Zangwill a écrit un livre intitulé *The Melting Pot* (Macmillan, New York, 1909), dans lequel il définit l'Amérique "comme un creuset dans lequel diverses races et nationalités se fondent en une nouvelle et plus grande race dotée d'une culture supérieure". Si Zangwill était le grand prêtre du Melting Pot, Emma Lazarus en était la grande prêtresse. Elle n'a jamais été une grande poétesse et encore moins une prophétesse. Elle a peut-être invité les "déchets grouillants" d'Europe sur les côtes américaines, mais lorsque les nouveaux immigrants, comme on les appelait, sont arrivés à Ellis Island, elle n'était pas là pour les accueillir. Plus tard, elle s'est révélée être une raciste, avec ses remarques peu charitables sur les Russes et les Grecs anciens et son sémitisme éclatant. Voir *The Poems of Emma Lazarus*, Houghton Mifflin, Boston, 1889, en particulier "The Crowing of the Red Cock", "The Banner of the Jew" et "Gifts". Voir également sa communication ethnocentrique au rabbin Gottheil dans H. E. Jacob's *The World of Emma Lazarus*, Schocken Books, New York, 1949, p. 78.

[111] *The Life of Reason*, Scribner's, New York, 1951, Vol. 2, p. 166.

des hommes noirs se sont mariés au sein de leur race".[112] Les intégrationnistes avaient prédit une forte augmentation du taux de mariages mixtes entre Noirs et Blancs après l'arrêt de la Cour suprême de 1967 annulant une loi sur le métissage en Virginie. Bien qu'il y ait eu une augmentation notable, elle n'a pas été aussi importante que prévu. Une étude a dénombré 45 019 naissances entre Noirs et Blancs en 1989, contre 21 438 en 1975.[113] Le nombre total de couples mariés noirs/blancs était de 246 000 en 1989, ce qui reste relativement faible par rapport aux 50,9 millions de couples mariés que compte la population totale.

Le croisement des races aux États-Unis, qui a commencé avec Pocahontas, ne s'est pas terminé avec le mariage de la fille de l'ancien secrétaire d'État Dean Rusk avec un Noir. Il a été soit très médiatisé, comme dans le cas des mariages interraciaux des vedettes de l'écran et des célébrités, soit clandestin, comme dans le cas des liaisons des Blancs avec des servantes indiennes à la frontière, des esclaves dans les plantations ou des maîtresses mulâtres de fantaisie à Charleston et à La Nouvelle-Orléans. Signe des temps et de l'ombre grandissante de la présence non blanche, le mari dans le métissage conjugal a aujourd'hui plus de deux fois plus de chances d'être non blanc que la femme, sauf dans le cas des militaires américains stationnés à l'étranger. Malgré l'augmentation constante des mariages interraciaux, avec ou sans licence de mariage, les naissances métisses ne représentent encore que 3,2 % des naissances annuelles aux États-Unis. Par conséquent, la diminution de la proportion de Blancs et l'augmentation de la proportion de non-Blancs, deux facteurs démographiques d'une importance capitale, sont bien plus le résultat de l'immigration que de l'accouplement racial.

La socialisation interraciale, bien qu'elle devienne plus populaire et plus acceptable, ne signifie pas nécessairement que les maternités débordent de progénitures hybrides. Les rencontres entre Noirs et Blancs, désormais courantes dans les milieux du spectacle, de l'enseignement et de l'avant-garde, ne se sont pas accompagnées d'une augmentation exponentielle des

---

[112] *New York Times*, 11 février 1985. Le Dr Alba n'a pas abordé la question des mariages mixtes entre Juifs et Gentils, à laquelle on peut répondre en disant que les Juifs épousent des Gentils dans les hautes sphères de l'économie et de la "société", dans le monde des professionnels et du show-business, et dans les petites villes, où les possibilités de mariage au sein de la communauté juive sont limitées. Certaines enquêtes affirment, peut-être de manière exagérée, que 50 % ou plus des mariages juifs impliquent aujourd'hui un conjoint non juif. Dans ces cas-là, il arrive que le conjoint, généralement la femme, se convertisse et que les enfants soient élevés comme des Juifs.

[113] Autres naissances métisses en 1989 : Asiatique/blanc 38 896 ; Asiatique/noir 3 435 ; Amérindien/blanc 21 088 ; Amérindien/noir 1 308 ; Amérindien/Asiatique 711. Population Reference Bureau, *USA Today*, 11 décembre 1992, p. 7A, et Bureau of the Census.

accouplements entre Noirs et Blancs. L'éducation moderne est apodictiquement aveugle à la couleur, mais la violence et le chahut dans les classes engendrent la séparation plutôt que l'intégration des races. Les concerts de rock, points de ralliement de la jeunesse nationale prétendument sans préjugés, sont souvent aussi ségrégués que les représentations du Metropolitan Opera.

En contradiction directe avec le concept du Melting Pot, les enfants de couples interraciaux ne deviennent pas un type américain généralisé ou les progéniteurs d'une nouvelle race. Ils restent des Nègres, des Indiens ou des Orientaux. Étant donné que dans certains mariages hispaniques, les deux conjoints sont blancs, leur progéniture "passe" dans les rangs des Blancs assimilés après une ou deux générations.

À l'époque de l'esclavage, lorsque d'énormes barrières sociales et psychologiques séparaient les Blancs des Noirs, une vague de métissage dans le Sud a introduit des gènes blancs dans une grande partie de la population noire. Aujourd'hui, alors que bon nombre de ces barrières ont été abaissées, il y a probablement moins d'accouplements entre Noirs et Blancs qu'à l'époque. Malgré l'emprise du nivellement racial sur l'éducation et les médias, les races d'Amérique, au lieu de disparaître dans un quelconque solvant théorique, sont le plus souvent précipitées.[114]

Le fantasme du Melting Pot a fait place à quelque chose de tout aussi irréel : la mosaïque américaine. La *mise en scène* intellectuelle a soudainement été réorganisée pour s'adapter à une nouvelle mode sociologique, la société pluraliste, dans laquelle toutes les races et tous les groupes de nationalités vivent en paix, chacun maintenant et renforçant son identité raciale et culturelle, chacun apportant sa propre contribution au tissu général de la vie américaine.

Comme les promoteurs du Melting Pot, les vendeurs du pluralisme ont mal interprété l'histoire, qui enseigne que les sociétés pluralistes sont décadentes, pleines de castes et une invitation permanente au désordre et au désastre. Désorientées historiquement, les voix du pluralisme font entendre des bruits contradictoires. Les partisans du concept mosaïque s'opposent au racisme en théorie, mais soutiennent le racisme des minorités en pratique. Ils défendent l'identité de groupe, mais exigent l'intégration sur le lieu de travail, à l'école, sur le terrain de jeu, dans le quartier et même dans le club privé. Ils

---

[114] En 1930, 51 % des Noirs de Détroit vivaient dans des quartiers majoritairement blancs. En 1960, 15 % d'entre eux vivaient dans des quartiers blancs. *Time*, 9 novembre 1962, p. 62. Les Noirs ruraux du Sud, dont les cabanes étaient dispersées parmi les maisons blanches, ont fui par centaines de milliers vers les ghettos métropolitains ségrégués du Nord et du Sud. D'autre part, une poignée de Noirs de la classe moyenne s'est installée dans les banlieues blanches ou a créé ses propres banlieues noires.

approuvent les quotas raciaux, mais s'opposent à la discrimination raciale. Les dirigeants noirs sont divisés sur ces questions. Certains préconisent une plus grande participation à la société blanche, d'autres exigent un retrait partiel ou total.

Pendant ce temps, l'ordre social américain vacille sous l'emprise d'une tension raciale croissante, qui est à la fois une cause et un effet du pluralisme. Le concept de mosaïque s'est avéré être un échec aussi grand, une erreur d'imagination aussi grande que le Melting Pot. Les mosaïques sont des morceaux de matière inorganique qui, une fois mis en place, restent en place. Les races sont des continuités organiques pulsantes qui changent de taille et de statut, tantôt dynamiques, tantôt statiques, en fonction de l'époque et de ce qu'elles dictent à l'époque. L'immigrant qui s'assombrit n'est pas la preuve que l'Amérique entre dans une ère de pluralisme égalitaire. Il est le signe avant-coureur de l'évolution des hiérarchies raciales.[115]

---

[115] Le meilleur espoir pour la survie de la race blanche en Amérique est la fragmentation pacifique de la nation en ethno-États, des États séparés et indépendants fondés sur la géographie et sur l'homogénéité raciale et culturelle des différents groupes de population. Le Melting Pot a échoué parce que les ingrédients ont refusé de se dissoudre. Une mosaïque, définie dans le *troisième dictionnaire international de Webster* comme "un patchwork artificiel", n'a pas réussi parce que les pièces individuelles étaient rarement définies géographiquement et que leur autonomie politique et culturelle était sapée par les tendances intégrationnistes du grand gouvernement, l'influence pernicieuse des médias nationaux, en particulier de la télévision en réseau, et le nivellement racial anti-blanc enragé prêché dans les salles de l'académie. Pour plus d'informations sur ce sujet, voir le chapitre 39 et le livre de l'auteur, *The Ethnostate*, Howard Allen Enterprises, Inc, Cape Canaveral, Florida 32920.

CHAPITRE 8

Un recensement racial des États-Unis

U n recensement racial des États-Unis doit commencer par les statistiques disponibles auprès du Bureau du recensement. Le tableau I contient un résumé du recensement de 1990, suivi du "recensement révisé" de l'auteur. Ce dernier est conçu pour fournir une vue d'ensemble plus réaliste des divisions raciales de la nation.

TABLEAU I

	Recensement de 1990	Recensement révisé
Blancs	199 686 070	188 136 858
Nègres	29 986 060	29 986 060
Amérindiens, Esquimaux, Aléoutes	1 959 234	1 959 234
Asiatiques et insulaires du Pacifique	7 273 662	7 273 662
Autres races	9 804 847	1 000 000
Hispaniques		20 354 059
Total	248 709 873	248 709 873

Le recensement fédéral de 1990, basé sur l'auto-identification, a classé les Hispaniques dans la catégorie des Blancs, à moins qu'ils n'aient spécifiquement écrit des mots tels que "race mexicaine", "nationalité cubaine" et d'autres définitions aussi vagues, après quoi ils ont été classés dans la catégorie "Autre race". Étant donné que seul un faible pourcentage d'Hispaniques est blanc (la plupart sont des hybrides méditerranéens/indiens), le recensement, pour être plus précis et plus significatif, doit comporter une catégorie hispanique. Le recensement ayant dénombré 22 354 059 Hispaniques dans une catégorie distincte et non raciale, tous les chiffres, sauf 2 millions, ont été soustraits des catégories "Blancs" et "Autres races". Étant donné que, comme nous l'avons expliqué plus haut, la catégorie "Autre race" était composée en grande majorité d'Hispaniques, il ne reste qu'un million de personnes qui ne voulaient ou ne pouvaient pas se donner une identité raciale crédible. Quant au nombre d'Hispaniques déduit de l'entrée des Blancs, il s'agit des Hispaniques restants après avoir été soustraits de la catégorie "Autre race". Plus précisément, le total des Hispaniques (22 354 059) moins le nombre d'Hispaniques retirés de la catégorie Autre race (8 804 847) est égal à 13 549 212. Ce dernier chiffre doit alors être soustrait de l'entrée des Blancs.

Mais qu'en est-il des 5 à 10 % d'Hispaniques qui sont blancs ? Pour les prendre en compte, le chiffre de 13 549 212 a été réduit de 2 millions et ramené à 11 549 212, chiffre qui a ensuite été soustrait de l'entrée "Blancs". Le résultat de toutes ces manipulations numériques apparaît dans le recensement révisé de la page précédente. Quoi que l'on puisse dire de ce recensement non officiel, il donne une image plus précise de la composition raciale des États-Unis que le recensement officiel de 1990, qui a réparti les Hispaniques dans les catégories "Blancs" et "Autres races".

Une lecture rapide du tableau I pourrait indiquer que la majeure partie du travail de recensement racial a déjà été effectuée.[116] La population américaine a été divisée en une catégorie de Blancs et plusieurs catégories de non-Blancs. Un second examen révèle cependant que seules deux de ces catégories, les Blancs et les Nègres, seraient considérées comme des désignations raciales acceptables par les anthropologues professionnels, qui préféreraient que les Asiatiques, les insulaires du Pacifique et les Hispaniques soient regroupés sous des désignations raciales plus authentiques, telles que les Mongoloïdes et les Polynésiens. Les anthropologues amateurs, avec le soutien de quelques professionnels, pourraient également insister pour que la classification des Blancs soit modifiée. Ils insisteraient en vain. Le Census Bureau ne publie pas de statistiques sur les différentes races ou sous-races blanches aux États-Unis, mais il a publié une étude répartissant la population en fonction des "groupes ancestraux" (voir annexe B).

Dans la recherche de statistiques raciales précises au sein de la population blanche, les groupes minoritaires qui tentent de tenir un compte assez précis de leurs propres effectifs apportent une certaine aide. L'*encyclopédie Harvard des groupes ethniques américains*, généralement considérée comme la meilleure source de données sur les minorités et la démographie des nationalités, apporte une aide supplémentaire.[117] Mais les résultats les plus satisfaisants sont obtenus par la méthode décrite à l'annexe A. La population blanche totale est multipliée par le pourcentage de Blancs

---

[116] La plupart des démographes s'accordent à dire qu'il y a eu un net sous-dénombrement lors du recensement de 1990, le chiffre couramment cité étant de 1,8 %. S'il était ajouté à la population totale, ce sous-dénombrement augmenterait de façon disproportionnée le nombre de non-Blancs, qui se concentrent dans les centres urbains et sont plus difficiles à localiser. Répartir les personnes non recensées entre les différentes races et groupes de population ne ferait qu'ajouter aux imprécisions de la plupart des enquêtes et projections démographiques. Par conséquent, le sous-dénombrement sera ignoré dans cette étude.

[117] *Encyclopédie de Harvard sur les groupes ethniques américains*, éd. Stephan Thernstrom, Harvard University Press, Cambridge, Mass. 1980. Un texte plus ancien est *One America*, eds. Francis J. Brown et Joseph S. Roucek, Prentice-Hall, Englewood Cliffs, N.J., 1962.

provenant de nations ou de patries étrangères, tel qu'estimé par une étude du recensement sur les origines des immigrants. Ce chiffre est ensuite multiplié par le pourcentage d'Alpins ou de Méditerranéens dans ces pays, tel que déterminé par les estimations de Carl Brigham dans *A Study of American Intelligence.* Dans les cas où les pourcentages raciaux de Brigham ne sont pas indiqués, ils peuvent être glanés dans d'autres sources démographiques faisant autorité, mentionnées dans l'annexe A.

Le nombre et l'appartenance raciale du reste de la population blanche peuvent être obtenus en soustrayant les totaux méditerranéens et alpins de l'entrée blanche révisée du tableau I. Ce reste représente un dénombrement largement approximatif des Américains d'origine nord-européenne — les quelques rares Nordiques purs et les nombreux Nordiques impurs de Grande-Bretagne et de Scandinavie, partiellement nordiques, d'Irlande, d'Allemagne, de Suisse, de Hollande et de Belgique, et fractionnellement nordiques de France, d'Autriche et d'Europe de l'Est. Ceux qui souhaitent voir un calcul de l'élément nord-européen par la méthode des origines nationales peuvent consulter l'annexe A, qui contient également une interprétation statistique de l'histoire raciale blanche de l'Amérique et des tableaux de répartition raciale de tous les groupes de nationalités.

Conformément aux procédures, modifications et corrections proposées jusqu'à présent, le recensement révisé (tableau I) a fait l'objet d'une nouvelle révision et figure dans le tableau II à la page suivante.

Dans le tableau II, les pourcentages raciaux ont été introduits. Les catégories Hispaniques et Autres races ont été placées dans une rubrique Non-blancs, avec les Nègres, les Indiens, les Esquimaux, les Aléoutes, les Asiatiques et les insulaires du Pacifique (Chinois, Japonais, Coréens, Vietnamiens, Philippins, Indonésiens, Hawaïens, Indiens d'Asie, Pakistanais, etc.) La catégorie des Blancs a été subdivisée selon les divisions raciales des Blancs de Ripley (voir pages 26-27). Les études démographiques et raciales à l'appui des différentes listes raciales figurent dans la partie IV (chapitres 13 à 17) et dans l'annexe A.

TABLEAU II

Course	Nombre	% de la population blanche	% de la population totale
Blanc			
Nordique	115 651 206	61,47	46,50
Alpin	59 137 001	31,43	23,78
Méditerranéen	13 348 651	7,10	5,37
Sous-total	188 136 858	100,00	75,65
Non-blanc			
Noirs	29 986 060		12,06
Amérindiens			
Esquimaux, Aléoutes	1 959 234		0,79
Asiatiques et insulaires			
du Pacifique	7 273 662		2,92
Hispaniques	20 354 059		8,18
Autre race	1 000 000*		0,40
Sous-total	60 573 015		24,35
Total	248 709 873		100,00

(*) *Bien qu'une partie des membres d'autres races doive être incluse dans la catégorie des Blancs, la détermination de leur nombre relève de la pure conjecture. Par souci de simplicité et parce que le fait de classer la moitié ou le quart des membres d'autres races dans la catégorie des Blancs ne modifierait pas beaucoup les chiffres ou les pourcentages raciaux, les membres d'autres races continueront à figurer séparément dans la colonne des non-Blancs.*

Il est inutile de nier que, mathématiquement parlant, le tableau II laisse beaucoup à désirer. La répartition des races blanches est le fruit d'une combinaison de suppositions éclairées, de définitions anthropologiques arbitraires et de projections à grande échelle. Dans certains cas, des groupes entiers de population ont été affectés à une catégorie nordique, alpine ou méditerranéenne sur la base de leur origine nationale, bien qu'aucun pays européen ne contienne une population aussi pure.

Même s'il contient des erreurs de l'ordre de 10 à 20 %, le tableau II est utile. Il tente de quantifier le spectre de pigmentation présenté au chapitre 4 en associant des chiffres à des groupes de population de différentes couleurs de peau, principal critère de la classification raciale populaire. Le tableau II indique également, de manière approximative, combien d'Américains sont noirs, bruns, rouges, jaunes et de différentes nuances de blanc.

Pour confirmer en partie la répartition des Blancs dans le tableau II, nous nous référons à nouveau à la classification raciale de la population blanche des États-Unis établie par E. A. Hooton (voir pp. 27-28). Les divisions raciales de Hooton, rappelons-le, n'étaient pas basées sur des données d'origine nationale ou des statistiques de groupes de population, mais sur une étude anthropologique parrainée par Harvard et portant sur

29 000 hommes américains adultes. En plus de diviser les Blancs en neuf races distinctes, Hooton a estimé la proportion de chaque race par rapport à la population blanche totale. Ces pourcentages, précédemment omis, figurent désormais dans le tableau III. Dans les colonnes 3, 4 et 5, ils sont répartis, de manière quelque peu arbitraire, entre les catégories raciales du spectre de pigmentation et les pourcentages totaux sont comparés aux pourcentages du tableau II.

TABLEAU III

LES DIVISIONS RACIALES D'E.A. HOOTON (1)	% DE LA POPULATION BLANCHE TOTALE DES ÉTATS-UNIS (2)	CATÉGORIES DE SPECTRE DE PIGMENTATION		
		BLANC CLAIR *Nordique* Nordic-Alp. Nordic-Med. Celtique (3)	BLANC *Alpin* Dinarique E. Baltique (4)	BLANC FONCÉ *Métis.* Arménoïde (5)
Nordic-Mediterranean	25	25		
Nordic-Alpine	23	12	11	
Prédominance nordique	17	17		
Dinaric	13,3		13,3	
Keltic	8,48	8,48		
La Méditerranée à l'état pur	4,38			4,38
Baltique orientale	3		3	
Pure Alpine	2,68		2,68	
Pure Nordic	2,44	2,44		
Pourcentage Total		64,92	29,98	4,38
Tableau II correspondant Pourcentages		61,47	31,43	7,10

Une divergence dans les pourcentages du tableau III peut s'expliquer par le fait que, depuis l'époque de Hooton, la contribution méditerranéenne à la population américaine a augmenté de façon disproportionnée en raison de taux de natalité et d'immigration plus élevés. L'écart entre les pourcentages alpins peut être expliqué en soulignant que la composante celtique devrait probablement être répartie entre les colonnes Blancs légers et Blancs.

Autrement, l'étroite corrélation des pourcentages raciaux dans les tableaux II et III peut difficilement être qualifiée de coïncidence. Mais comme toujours dans le cas des répartitions raciales, la précision a été sacrifiée sur l'autel de la généralisation. Beaucoup de Baltes orientaux de Hooton, malgré leur physique alpin et leur crâne circulaire, sont plus blonds et plus beaux que beaucoup de Méditerranéens nordiques, qui ont été classés dans la colonne des Blancs clairs principalement parce qu'ils représentent un type racial britannique.

Les estimations de Hooton ayant gagné en autorité et en crédibilité, le tableau III va maintenant faire l'objet d'une nouvelle révision afin de le rendre plus conforme au tableau racial américain tel qu'il est perçu par l'œil anthropologique mobile de l'homme de la rue. Étant donné que le public ne fait généralement pas la distinction ou ne se soucie pas de faire la distinction entre les Nordiques et les Alpins et les diverses nuances nordiques-alpines, ces deux catégories de Blancs ont été combinées et désignées comme nordiques-alpines dans le tableau IV ci-dessous. Conformément aux préceptes de l'anthropologie populaire, selon lesquels de nombreux Méditerranéens, si ce n'est la plupart, ne sont que vaguement blancs, ils ont été soustraits du total des Blancs du tableau I et ont fait l'objet d'une rubrique distincte.

TABLEAU IV

Course	Nombre	% de la population blanche	% de la population totale
Nordiques/Alpins	174 788 207	92,90	70,28
Méditerranéens	13 348 651	7,10	5,37
Nègres	29 986 060		12,06
Amérindiens, Esquimaux,	1 959 234		0,79
Aléoutes Asiatiques	7 273 662		2,92
et insulaires	20 354 059		8,18
du Pacifique	1 000 000		0,40
Hispaniques			
Autres races			
Total	248 709 873	100,00	100,00

Aussi offensant qu'il puisse être pour les sensibilités politiques du Bureau du recensement et pour les sensibilités professionnelles des anthropologues physiques, le tableau IV fournit une étude raciale plus précise de la population américaine que le tableau I. Il présente les États-Unis comme une nation modérément hétérogène, avec un peu plus de 24 % de sa population qui n'est pas blanche et un peu plus de 5 % de ses Blancs qui se situent du côté sombre de la blancheur. En examinant le tableau IV, un physicien atomique pourrait comparer la composition raciale du pays à un noyau blanc entouré d'électrons dont le rayon orbital augmente linéairement avec la couleur de la peau.

Mais le tableau IV n'est malheureusement pas la fin de la recherche de statistiques raciales. Comme nous l'avons déjà indiqué dans cette étude, la race a un aspect culturel et psychologique. Pour reprendre les termes d'un ethnologue américain controversé, il existe une "race de sang" et une "race de pensée"[118] — c'est-à-dire qu'un groupe de population qui se comporte comme une race doit être défini et traité comme tel, même s'il ne se qualifie pas comme une race au sens anthropologique, biologique et génétique du terme. Tout comme une peau trop foncée exclut certains Blancs de la catégorie raciale des Blancs dans le tableau IV, certaines "colorations" culturelles en excluent d'autres.

Un tableau supplémentaire est donc nécessaire, qui tienne compte de la strate psychologique de la race. Pour répondre à cette exigence, le tableau V (voir page suivante) est proposé comme une version "culturellement corrigée" du tableau IV. La base physique de la race a été conservée en reprenant, dans la mesure du possible, les différentes catégories et les totaux numériques des tableaux précédents. La base culturelle a été introduite en classant les groupes de population selon leur degré d'assimilation et de non-assimilation. Les Méditerranéens et certains groupes non blancs ont été désignés comme des minorités inassimilables. Tous les autres Blancs ont été définis comme assimilés ou assimilables, à l'exception des Juifs, qui ont été classés comme minorité inassimilable en raison de leur longue histoire de non-assimilation dans presque tous les pays, à l'exception d'Israël. [119]

La réflexion qui a présidé à l'élaboration du tableau V sera expliquée plus en détail dans la partie IV. Il convient de souligner ici que l'assimilation, bien

---

[118] Lothrop Stoddard, *The New World of Islam*, Scribner's, New York, 1921, p. 160. C'est la "race-pensée" qui a permis à l'ancien membre du Congrès Adam Clayton Powell, qui génétiquement se distinguait à peine d'un Méditerranéen, de se qualifier de nègre. C'est la même "race-pensée" qui permet au Premier ministre israélien Yitzhak Rabin, avec son teint clair, ses yeux clairs et d'autres traits d'Europe du Nord, de se qualifier de juif. Lorsque Stoddard a écrit : "Pour sa race de sang, il ne bougera pas ; pour sa race de pensée, il mourra", il croyait apparemment que dans une épreuve de force entre les aspects physiques et psychologiques de la race, ces derniers l'emporteraient souvent.

[119] Seule la Chine a réussi à assimiler sa population juive. Nathaniel Peffer, *The Far East*, University of Michigan Press, Ann Arbor, 1958, p. 43. Pour une raison quelconque, Peffer n'a pas fait d'exception pour l'Israël ancien ou moderne.

qu'elle soit généralement considérée comme la fusion de traits culturels plutôt que biologiques, a des connotations physiques et psychologiques et constitue un facteur décisif et toujours présent dans les relations raciales aux États-Unis.

TABLEAU V — COMPOSITION RACIALE DES ÉTATS-UNIS (1990)

Désignation	Nombre	% de la population totale	Source
Majorité américaine *assimilée et assimilable*	169 585 207	68,19	*
			Chap. 14
Minorités blanches		5,12	**
inassimilables	12 723 651	2,34	Chap. 15
Méditerranéens	5 828 000		
Juifs		7,46	
	18 551 651		
Sous-total			
		12,06	Chap. 17
Minorités non blanches	29 986 060	0,79	Chap. 16
inassimilables	1 959 234	2,92	Chap. 16
Négro	7 273 662	8,18	Chap. 16
Amérindiens, Esquimaux,	20 354 059	0,40	Chap. 8
Aléoutes	1 000 000		
Asiatiques et insulaires du		24,35	
Pacifique	60 573 015		
Hispaniques			
Autre race			
Sous-total			
Assimilés et assimilables	168 704 048	68,19	
Inassimilables	80 005 825	31,81	
TOTAL	248 709 873	100,00	

* Total nordique-alpin moins 5 203 000 Juifs
** Total méditerranéen moins 625 000 Juifs

D'un point de vue psychologique, la majorité est le seul groupe de population pleinement assimilé. Jusqu'à récemment, toutes les minorités gravitaient autour d'elle. La définition culturelle de la Majorité est donnée par sa position centrale dans la société américaine, par son rôle autrefois dominant dans la formation de la nation américaine et par le rôle historique qu'elle a joué en tant que propagateur dans le Nouveau Monde de la version d'abord anglo-saxonne, puis nord-européenne,[120] aujourd'hui américanisée de la civilisation occidentale.

Il convient de noter que le tableau V porte la date de 1990. La question qui se pose est la suivante : compte tenu des changements importants survenus dans la population au cours des dernières décennies, les minorités vont-elles continuer à augmenter et la proportion de Blancs dans la population va-t-elle continuer à diminuer ? Si les dernières projections du Bureau du recensement sont exactes,[121] la majorité américaine deviendra une minorité parmi d'autres d'ici 2050. Une population de 383 millions d'habitants est prévue à la moitié du siècle prochain. La composante non blanche comprendra 81 millions d'Hispaniques, 62 millions de Noirs, 41 millions d'Asiatiques et d'insulaires du Pacifique et 5 millions d'Amérindiens, soit un total de 189 millions. Si l'on soustrait les Méditerranéens foncés et les Juifs du total des Blancs, la majorité américaine représentera moins de 50 % de la population. [122]

Dans les limites quelque peu arbitraires du tableau V, la démographie des États-Unis est enfin présentée sous une forme qui identifie et numérote les principaux participants à la confrontation raciale actuelle. La majorité américaine, brièvement mentionnée au chapitre 4, prend maintenant sa place en tant que protagoniste de cette étude et du drame racial américain. Cette masse de population énorme, peu maniable et peu gracieuse, plus de cinq fois supérieure à la minorité la plus importante et représentant près de 68 % de tous les Américains, se définit physiquement par ses affiliations raciales nordiques et alpines, la première souche étant prédominante. Les composantes raciales méditerranéennes, quelles qu'elles soient, doivent être bien diluées.

Pour résumer cette tentative d'établir des statistiques raciales significatives pour la population américaine, il convient de souligner que la puissance et la durabilité d'une race ne dépendent pas du nombre. Un moral sain, une biologie saine et une conscience du genre sont des facteurs plus importants que la taille. La multitude de ses membres, aggravée par leur grande

---

[120] L'Européen du Nord, bien qu'il s'agisse d'un terme géographique, est peut-être la meilleure description raciale de la majorité américaine. Il est suffisamment large pour inclure les divers croisements nordiques et alpins, mais suffisamment étroit pour exclure les Européens du Sud plus sombres et les groupes de population non blancs.

[121] Census Bureau Projections, *Washington Post*, 4 décembre 1992.

[122] Les Noirs sont plus nombreux que les Blancs à Atlanta, Baltimore, Détroit, La Nouvelle-Orléans, Newark et Washington D.C., et pourraient bientôt l'être à Cleveland, Memphis et Saint-Louis. Les Hispaniques sont plus nombreux que les Blancs à San Antonio et El Paso. Les Noirs, les Hispaniques et les Asiatiques, additionnés, sont plus nombreux que les Blancs à Chicago, Houston, Dallas, San Francisco et Los Angeles, et pourraient bientôt l'être à New York.

dispersion, leur diversité religieuse et l'ajout constant d'éléments génétiques moins compatibles, rend la majorité américaine extrêmement sensible à diverses formes de déracinement, en particulier celle connue sous le nom de prolétarisation (voir chapitre 26).

Pour dire les choses crûment, la dynamique raciale américaine est désormais entrée dans une phase où l'essentiel de l'esprit, du dynamisme, de la compétitivité et de la volonté de puissance se trouve du côté des petits bataillons, des bataillons de minorités dynamiques qui ont pris l'initiative en matière raciale.

PARTIE III

La majorité résumée

CHAPITRE 9

Origine de la majorité

Un signe indéniable de l'absence de race, synonyme d'impuissance dans un État multiracial, est l'apathie généralisée à l'égard de la question des origines raciales. Comme l'a dit Macaulay, "un peuple qui n'est pas fier des nobles réalisations de ses lointains ancêtres n'accomplira jamais rien qui mérite d'être rappelé par de nobles descendants".[123] Jusqu'à une date récente, la majorité américaine a été peu encline à examiner son histoire ou sa préhistoire raciale. Elle a été encore moins encline à composer, broder et propager les mythes qui sont les racines et les symboles de la conscience raciale.

Les membres de la majorité ont généralement satisfait leur quête d'identité ethnique en remontant leur ascendance jusqu'à une mère patrie européenne. C'est cette insistance sur les origines nationales qui a conduit à l'hypothèse que les États-Unis étaient une nation anglo-saxonne, un terme encore utilisé par de nombreux journalistes et historiens étrangers et quelques Américains lorsqu'ils se réfèrent, de manière anachronique, à l'Amérique comme à une "puissance anglo-saxonne". Au premier siècle de l'indépendance américaine, la composante anglo-saxonne[124] de la population était numériquement et politiquement prédominante, de sorte que cette affirmation était fondée. Mais aujourd'hui, bien que la langue s'en soit sortie sans trop de dommages et que d'autres vestiges culturels soient encore reconnaissables, la pluralité britannico-américaine, à l'origine du lien anglo-saxon, n'existe plus.

Pris au sens large, l'élément anglo-saxon de la population blanche américaine (77 % en 1790) est aujourd'hui considérablement moins important.[125] Également appelée "British", elle représente aujourd'hui environ 26 % de la majorité et moins de 18 % de l'ensemble de la

---

[123] Thomas Macaulay, *History of England from the Accession of James II*, Macmillan, Londres, 1914, Vol. 3, p. 1526.

[124] Parmi eux, de nombreux Américains d'origine galloise, écossaise et irlandaise avaient le droit de s'opposer à un pedigree anglo-saxon.

[125] En 1920, le pourcentage de Britanniques dans la population blanche des États-Unis était estimé à 41,4 %.

population.[126] Il n'est plus possible de l'identifier sur le plan racial. Les autres groupes d'origine nord-européenne sont aujourd'hui tellement indifférenciés, tellement intégrés au colloïde racial de la majorité, que les Américains d'origine scandinave, allemande, belge et néerlandaise, ainsi que les Irlandais, Français, Italiens, Européens centraux et Slaves assimilés et assimilables, peuvent à peine être distingués des WASP, l'acronyme de White Anglo-Saxon Protestants (Protestants blancs anglo-saxons). (Pourquoi blancs ? Tous les protestants anglo-saxons ne sont-ils pas blancs ? ASP, comme mentionné précédemment dans cette étude, serait moins redondant et plus approprié). Même l'aristocratie américaine, ou ce qui en tient lieu, n'est en aucun cas un monopole anglo-saxon. Tout *Almanach de Gotha* ou *Debrett's* américain devrait inclure des Du Pont, des Vanderbilt, des Astor, des Rockefeller et des Roosevelt, comme le fait actuellement le *Social Register*. Les fondateurs de ces familles entreprenantes peuvent difficilement être qualifiés d'Anglo-Saxons,[127] bien que ni eux ni leurs descendants n'aient tardé à se marier dans des familles anglo-saxonnes.

Pour trouver des ancrages ancestraux plus solides et plus cohérents, la majorité, y compris sa composante britannique, doit plonger plus profondément dans le temps et l'espace. Les perspectives réduites des "histoires nationales" britanniques et d'autres pays d'Europe du Nord devront être élargies à une histoire raciale globale. S'il est vrai que la contribution génétique et culturelle des Britanniques à la civilisation américaine a été indéniablement beaucoup plus importante que celle de toute autre nation ou groupe de nations, les Britanniques ne sont néanmoins qu'une ramification d'une division raciale plus large à laquelle des dizaines de millions d'autres membres de la Majorité peuvent revendiquer leur parenté. Puisque l'unité de la Majorité ne peut jamais reposer sur les origines nationales, qui sont intrinsèquement source de division, il serait peut-être bon que les historiens cessent de traiter le passé de la Majorité comme un patchwork chronologique de petites rivalités de l'Ancien Monde, entrelardé de dogmes sociologiques tendancieux, et commencent à le traiter comme un continuum génétique et culturel discret.

L'une des grandes difficultés de cette approche n'est pas de trouver des preuves anthropologiques. Il y en a déjà suffisamment. Le principal obstacle

---

[126] L'extrapolation faite par l'auteur d'une étude du Census Bureau sur les groupes "America's Ancestry", publiée en avril 1983, chiffre à 43 666 413 le nombre d'Américains d'origine britannique. Voir l'annexe B.

[127] Rudyard Kipling a un jour entendu Theodore Roosevelt, qui aurait été un prince s'il y avait eu une noblesse américaine, "remercier Dieu d'une voix forte de ne pas avoir une seule goutte de sang britannique en lui". Kipling, *Something of Myself*, Doubleday, Garden City, New York, 1937, p. 131.

est la formidable opposition des intellectuels qui dictent la forme et le contenu de l'interprétation historique contemporaine. Un seul pas dans la direction de l'établissement des racines raciales communes de la Majorité serait, à leurs yeux, un défi direct à une ou plusieurs des modes actuellement acceptées dans l'historicisme — les fixations matérialistes de Marx, les extases religieuses de Toynbee, les prophéties morphologiques de Spengler, les platitudes libérales de l'American Historical Association et l'anti-histoire de Karl Popper.

D'autre part, le curieux double langage de la communauté intellectuelle encourage en fait un certain nombre de minorités à s'intéresser à l'histoire raciale. Il n'y a pas de tollé lorsque les Juifs américains, contournant les pays européens d'où la plupart d'entre eux sont venus en Amérique, revendiquent leur descendance d'une race sémite d'Hébreux de l'ancienne Palestine.[128] Il s'agit là d'une concession importante, puisque les sciences sociales contemporaines s'opposent catégoriquement à la dérivation des lignées à partir de similitudes culturelles et religieuses. Il n'y a pas non plus d'objections bruyantes de la part des universitaires lorsque des Noirs écrivent des volumes sur les liens ethniques des Nègres américains, non seulement avec les tribus d'Afrique de l'Ouest dont ils sont issus, mais aussi avec la *négritude* et l'"âme africaine". La même licence historique est librement accordée aux Irlandais et Gallois romantiques qui rêvent des gloires disparues des Kelts (en dépit des preuves flagrantes de leur nordicité),[129] et aux Amérindiens et Mexicains américains qui spéculent sur de nobles ancêtres dans un âge d'or précolombien. Mais toutes ces fantaisies raciales, toutes ces tentatives imaginatives d'établir une identité raciale, semblent être interdites à la majorité. Du point de vue de la minorité, ce tabou est tout à fait compréhensible. Plus on remonte dans l'histoire raciale de la majorité, plus la collision avec la théorie aryenne est inévitable.

En supposant, pour les besoins de l'argumentation, que la théorie aryenne mérite une certaine crédibilité, il s'ensuit qu'un protorace indo-européen ou nordique a été la source première de la plupart des principales civilisations du monde - Aryenne (Inde), kassite, hittite, perse, mycénienne, grecque, romaine, celte, teutonique, slave et celle de l'Europe de l'Ouest d'aujourd'hui.[130] En outre, si l'on admet l'existence d'un lien racial et

---

[128] L'ouvrage de Ludwig Lewisohn, *This People* (Harper, New York, 1933), est peut-être l'exemple le plus classique du mysticisme racial juif moderne.

[129] Coon, *The Races of Europe*, pp. 378, 397.

[130] Certains des plus ardents défenseurs de la théorie aryenne ont déjà été mentionnés au chapitre 3, ainsi que la surprenante similitude de certains mots racines indo-européens. Il n'est pas nécessaire d'ajouter que l'adhésion d'Hitler à la théorie aryenne n'a pas

linguistique entre les anciens peuples indo-européens, les Européens du Nord d'aujourd'hui et leurs cousins d'outre-mer, les membres de la majorité peuvent revendiquer comme ancêtres les auteurs des *Védas*, Homère, Darius, Platon, Alexandre et César, ainsi que nombre des plus grandes figures de l'histoire médiévale et moderne. Ils peuvent également se prévaloir d'un art aussi ancien que l'égyptien et le sumérien (peut-être même plus ancien) et d'une littérature antérieure de plus d'un millénaire à celle des Hébreux. [131]

Avec un peu plus de licence anthropologique, la théorie aryenne peut être repoussée jusqu'aux Cro-Magnons, les magnifiques artistes des peintures rupestres du sud de la France et du nord de l'Espagne, dont les plus belles remontent à 18 000 ans avant J.-C. Les squelettes des Cro-Magnons, dont certains mesurent jusqu'à 1,80 m, ont des crânes dolichocéphales (avec un volume moyen de 1 650 cm3, comparé à la moyenne de 1 350 cm3 de l'Européen moderne).[132] De telles dimensions du squelette laissent supposer une ascendance partielle de Cro-Magnon pour les Nordiques d'aujourd'hui. En outre, les récentes découvertes d'orfèvrerie magnifiquement ouvragée en Europe de l'Est sont antérieures de 1 600 ans aux meilleurs bijoux en or des Égyptiens. En outre, la révision de la datation au radiocarbone démontre que les splendides tombes à chambre mégalithiques d'Europe occidentale ont 6 000 ans, soit 1 300 ans de plus que les pyramides. Stonehenge, semble-t-il, fonctionnait comme un laboratoire astronomique un millier d'années avant qu'Homère n'ait composé une ligne de poésie.[133] À tout cela s'ajoutent les

---

contribué à améliorer la position déjà peu enviable de cette théorie aux yeux de la communauté intellectuelle occidentale.

[131] Les hymnes védiques remontent à 2000 ans avant J.-C., les parties les plus anciennes de la Bible à 850 ans avant J.-C. Voir p. 155.

[132] *Ency. Brit.*, 14e édition, 1963, Vol. 6, p. 792.

[133] Colin Renfrew, *Before Civilization*, Knopf, New York, 1973, pp. 16, 66, 123. Renfrew, professeur d'archéologie à l'université de Southampton (Angleterre) et Marija Gimbutas de l'université de Californie à Los Angeles ont été au premier rang des révisionnistes archéologiques qui ont porté un coup fatal à la théorie de la diffusion de la croissance des civilisations. Auparavant, les progrès de la culture européenne étaient attribués aux influences égyptiennes et proche-orientales. Toute la lumière était censée venir de l'Est (*ex oriente lux*). La datation au radiocarbone prouve aujourd'hui que de nombreuses lumières ont d'abord brillé indépendamment en Europe occidentale. Une théorie diffusionniste inverse a été avancée par Gustav Kossinna bien avant que l'on n'entende parler du carbone 14. *Dans Die deutsche Vorgeschichte, eine hervorragend nationale Wissenschaft* (1912), Kossinna a déclaré que la civilisation européenne avait été lancée par des vagues d'"Indo-Germains" qui ont transporté leurs inventions en matière d'écriture et de métallurgie vers le sud lors des grands "mouvements folkloriques" du troisième millénaire avant notre ère.

légendes des Vikings en Amérique centrale et du Sud précolombienne,[134] et des marins d'une culture nordique très développée à Helgoland, dont la marine aurait vaincu la flotte de Ramsès III lors d'une bataille navale égyptienne au douzième siècle avant J.-C. [135]

Bien que cela ne soit pas généralement connu, plusieurs historiens et érudits très respectés ont apporté leur soutien à la théorie aryenne. Gordon Childe, décrit par l'Encyclopaedia Britannica comme "facilement le plus grand préhistorien britannique de sa génération, et probablement du monde",[136] a écrit que les Aryens "apparaissent partout comme des promoteurs du vrai progrès et qu'en Europe, leur expansion a marqué le moment où la préhistoire de notre continent commence à diverger de celle de l'Afrique ou du Pacifique".[137] Un éminent académicien français, Georges Dumézil, est allé bien au-delà de la relation linguistique indo-européenne et a proposé une mythologie commune et même une *structure mentale spécifique* commune, qui a induit une vision du monde indo-européenne distincte.[138] Arnold Toynbee n'a pas fait de tort à la cause aryenne en formulant des remarques flatteuses sur la perspicacité historique de Gobineau,[139] l'un des pères fondateurs de l'aryanisme.

Plus récemment, le professeur d'Oxford C. D. Darlington a déclaré à propos des Aryens : "Bien qu'ils soient répartis sur deux continents, nous leur attribuons une ascendance et une origine communes, quelque part entre le Danube et le Don, avant la fin du troisième millénaire avant J.-C."[140]

Les preuves les plus solides à l'appui de la théorie aryenne comprennent l'empreinte génétique de crânes correctement datés avec l'indice céphalique approprié dans les régions où les langues indo-européennes étaient parlées,

---

[134] Voir les différents ouvrages du regretté Jacques de Mahieu, anthropologue français ayant vécu en Argentine, notamment *Drakkars sur l'Amazone*, Copernic, Paris, 1977. Les lointains ancêtres de ces Vikings sont peut-être allés jusqu'en Chine. En 1980, le corps bien conservé d'une femme de grande taille, "extrêmement belle", aux longs cheveux blonds, aux grands yeux, au nez haut et aux "lèvres minuscules et fines" a été découvert dans le nord-ouest de la Chine. La datation au radiocarbone a permis d'estimer qu'elle était morte il y a 6 470 ans. *Atlanta Constitution*, 19 février 1981.

[135] Jurgen Spanuth, *Atlantis*, Grabert, Tubingen, 1965.

[136] *Ency. Brit.*, Vol. 5, p. 502.

[137] Cité par Darlington, *The Evolution of Man in Society*, p. 146.

[138] Georges Dumézil, *L'Idéologie tripartite des Indo-Européens*, Latomus, Bruxelles, 1978.

[139] *A Study of History*, Vol. VI, pp. 216-17.

[140] Darlington, op. cit. p. 140.

ainsi qu'une multitude d'allusions littéraires et artistiques attribuant la coloration claire et la cécité aux dieux et aux héros des premières cultures indo-européennes.[141] La sensibilité des envahisseurs aryens de l'Inde à la couleur de la peau — qui est à la base de leur système de castes — pourrait avoir été un trait génétique plutôt qu'acquis, puisqu'elle est encore répandue chez les Européens du Nord et les Américains de la majorité.

Enfin, à la consternation et à l'extrême inconfort des égalitaristes raciaux orthodoxes, l'anthropologue Carleton Coon a réveillé et donné une nouvelle vie à la corrélation entre le langage indo-européen et la race en déclarant que "les langues indo-européennes ont été, à une époque, associées à un type racial unique, bien que composite, et que ce type racial était un nordique ancestral".[142] Coon, qui a poursuivi en affirmant que les patriciens de la République romaine étaient pour la plupart de race nordique,[143] a actualisé le lien génétique en décrivant l'Amérique du Nord comme le "plus grand réservoir nordique du monde".

D'un point de vue scientifique, la théorie aryenne est une simplification abusive. Quelques crânes oblongs, quelques profils nordiques sur des statues en ruine, quelques références littéraires au blondisme ne prouvent pas l'existence d'une grande race indo-européenne porteuse de culture. Mais ils ne la réfutent pas non plus. En tout état de cause, si l'intelligentsia majoritaire est trop prudente ou trop intimidée pour souscrire à une lignée indo-européenne lointaine, elle peut difficilement ignorer la descendance plus facilement traçable de la majorité des peuples germaniques de langue indo-européenne, qui ont commencé à jouer un rôle prépondérant dans l'histoire mondiale pendant et après la chute de l'Empire romain d'Occident.

Aux quatrième, cinquième et sixième siècles de notre ère, les *Völkerwanderungen* des forêts allemandes ont déversé un torrent de gènes nord-européens sur une grande partie du continent, certains débordant même sur l'Afrique. Pour les membres de la majorité d'origine britannique en particulier, et pour l'histoire américaine en général, la partie la plus marquante de cette migration a été la teutonisation, la germanisation ou la "nordification" d'une grande partie de l'Angleterre par les Angles et les Saxons. D'autres influences génétiques de ce type ont été introduites dans

---

[141] Coon, *The Races of Europe*, chapitres V et VI. Voir également le chapitre 12 de cette étude.

[142] Coon, op. cit. p. 221.

[143] Ibid, pp. 554, 651. Il en était peut-être de même pour certains des premiers empereurs. Suétone parle des cheveux d'Auguste comme "inclinant vers le doré", des "cheveux blond clair" de Néron et des "yeux bleus" de Galba. *De Vita Caesarum*, 2,79.

les îles britanniques au cours des quatre ou cinq siècles suivants par les incursions des Danois et d'autres hommes du Nord.

Alors même que la vague d'expansion germanique s'essoufflait et que les Ostrogoths, les Wisigoths et les Vandales[144] perdaient leurs royaumes en Italie, en Espagne et en Afrique du Nord, une nouvelle migration nord-européenne se préparait. Au cours des 600 années suivantes, les Vikings et les Normands scandinaves ont conquis la Normandie, la Sicile, le sud de l'Italie, l'Angleterre et certaines parties de l'Irlande, et se sont installés en Islande, sur la côte du Groenland et, brièvement, à Terre-Neuve.[145] À l'Est, à peu près à la même époque, des bandes de guerriers et de marchands suédois itinérants, connus sous le nom de Rus et de Varangians, sont devenus les seigneurs des voies fluviales russes. Outre le nom qu'ils ont donné au pays, ils ont fait de l'un de leurs chefs, Rurik, le premier tsar de Russie. En 1042, les Varangiens naviguant vers le sud à travers la mer Égée et les Normands naviguant vers l'Est depuis la Sicile ont marqué l'encerclement scandinave de l'Europe en s'affrontant lors d'une bataille maritime en Méditerranée.[146]

L'élan racial des hommes du Nord, avant qu'il ne s'éteigne dans la *douce France* et dans les terres plus chaudes et parfumées de citron plus au sud, a catalysé les croisades, un effort herculéen malheureux visant à fonder un vaste domaine de fiefs teutoniques au Proche-Orient. Bien que l'objectif ostensible des croisés, sous la houlette de chefs normands tels que Tancrède, Bohemund et Richard Ier d'Angleterre, ait été de rendre la Terre sainte sûre pour la chrétienté, ils étaient également, sinon plus intensément, motivés par la recherche de la gloire et de la richesse.

Dans les autres mouvements de croisade qui se déroulent en Europe à cette époque, les objectifs sont plus spécifiquement raciaux. À l'est et au nord-est, les chevaliers teutoniques repoussent les Baltes et les Slaves. En Espagne, l'aristocratie wisigothique avait refait surface après des siècles de

---

[144] Quatre-vingt mille Vandales, selon le roi Genséric, disparurent après trois générations, vraisemblablement par accouplement sans discernement. Darlington, op. cit. p. 317.

[145] Les hommes du Nord ont presque, mais pas tout à fait, pris Londres (895), Paris (885-886) et Constantinople (860). Dans *A Study of History* (Vol. II, pp. 43), Toynbee a inséré une fascinante spéculation historique dans laquelle il imagine ce qui aurait pu se passer si les Scandinaves païens s'étaient emparés de ces capitales européennes, étaient partis d'Islande pour s'installer définitivement en Amérique et, au lieu de se convertir au christianisme, l'avaient proscrit.

[146] Pendant des siècles, les Varangiens ont constitué la garde personnelle des empereurs byzantins. Après la bataille d'Hastings, ils ont été remplacés par des Anglais fuyant la conquête normande de la Grande-Bretagne. Eric Oxenstierna, *The Norsemen*, trans. Catherine Hutter, New York Graphic Society Publishers, Greenwich, Conn. 1965, p. 279.

clandestinité dans les montagnes de Galice et des Asturies et organisait une contre-attaque pour chasser les Arabes de la péninsule ibérique — une opération militaire qui a culminé avec la fondation de l'Empire espagnol et la colonisation du Nouveau Monde.[147] Il va sans dire qu'aucune de ces croisades n'a été menée conformément aux enseignements du Nouveau Testament. Les contraintes morales et les actes d'humanité dont elles ont fait preuve peuvent tout aussi bien être attribués à la chevalerie qu'au christianisme.[148]

Avant la fin du Moyen-Âge,[149] la Terre Sainte a été perdue.

Les Turcs entament leur marche vers Constantinople, Budapest et les faubourgs de Vienne. Les papes, en grande partie d'origine lombarde (germanique),[150] se placent à la tête des populations du sud de l'Europe et humilient les empereurs germaniques. Pendant ce temps, l'aristocratie

---

[147] Les Wisigoths et leurs descendants identifiables ont pratiquement disparu de la carte raciale de l'Espagne. Mais s'ils ont disparu dans le solvant ethnique méditerranéen de l'Espagne, certains souvenirs raciaux sont restés dans la mémoire de l'un des plus grands esprits de l'Espagne moderne. Dans *Meditación Preliminar*, Ortega y Gasset écrit : "¿Quién ha puesto en mi pecho estas reminiscencias sonoras, donde-como en un caracol los alientos oceanicos-erviven las voces intimas que da el viento en los senos de las selvas germánicas ?". *Obras Completas*, Madrid, 1963, Vol. 1, p. 356.

[148] La chevalerie est un mélange raffiné de courtoisie militaire stylisée, d'honneur et d'amour courtois, qui est encore faiblement reconnaissable dans les règles non écrites de ce que l'on appelle en Angleterre et chez certains membres de la majorité américaine le fair play. Tacite a décelé un rite chevaleresque dans la société païenne allemande : "Tum in ipso concilio vel principum aliquis vel pater vel propinquus scuto frameaque juvenem ornant". *De Germania*, 13. 5-6. Swan Sonnenschein, Londres, 1901. Une vision moins révérencieuse et quelque peu hilarante du même sujet est fournie par Robert Briffault dans *The Mothers*, Macmillan, New York, 1927, Vol. 3, pp. 382-423.

[149] L'historien Will Durant avait des idées intéressantes sur la composition raciale de l'Europe à l'apogée du Moyen Âge. "Les Allemands, après un millénaire de migrations et de conquêtes, avaient fait prévaloir leur type dans les classes supérieures de toute l'Europe occidentale, à l'exception de l'Italie centrale et méridionale et de l'Espagne. Le type blond était tellement admiré pour ses cheveux et ses yeux que saint Bernard s'est efforcé pendant tout un sermon de concilier cette préférence avec le "Je suis noir, mais beau" du Cantique des cantiques. Le chevalier idéal devait être grand, blond et barbu ; la femme idéale de l'épopée et de la romance était svelte et gracieuse, avec des yeux bleus et de longs cheveux blonds ou dorés". *The Age of Faith*, Simon and Schuster, New York, 1950, p. 832.

[150] Hildebrand, qui devint Grégoire VII et le plus temporel de tous les papes, était un Lombard de Toscane. Avant que les Allemands de la fonction papale ne fassent passer leurs préférences religieuses avant leurs liens raciaux, leurs sentiments pro-teutoniques se rapprochaient souvent de ceux d'Hitler. Voir en particulier la polémique de l'évêque Liutprands, datant du Xe siècle, sur "la bassesse, la lâcheté, l'avarice, l'effémination et la mendicité" des Romains, dans *A Study of History*, Vol. IV, p. 522-23.

teutonne et normande, ayant développé des loyautés nationales, commence à se marier avec de riches familles de marchands. À l'est, les Slaves nordiques sont "alpinisés", tandis que la noblesse et la soldatesque nordiques s'éteignent dans des guerres interminables contre les envahisseurs asiatiques et que les restes nordiques, plus dociles, se mélangent aux peuples voisins et à l'ennemi mongoloïde.[151]

Les grandes entreprises coloniales de l'Espagne et du Portugal à partir du XVIe siècle peuvent difficilement être considérées comme des manifestations de l'élan racial de l'Europe du Nord, bien que plus d'un conquistador ait affiché une disproportion inhabituelle de traits non méditerranéens.[152] Les traits raciaux de la Réforme, en revanche, étaient indéniables. Pour reprendre les termes de Thomas Macaulay :

"La Réforme a été une révolte nationale et morale. Elle avait été non seulement une insurrection des laïcs contre le clergé, mais aussi une insurrection de toutes les branches de la grande race allemande contre une domination étrangère".[153] Macaulay aurait mieux fait de parler de race nord-européenne plutôt que de race allemande, car les Allemands du Sud et d'Autriche sont restés solidement catholiques.

Le protestantisme, l'émancipation religieuse du Nord, a contribué à inspirer et à accélérer la plus grande expansion nord-européenne de tous les temps. Au cours d'une succession de grands "Folkwanderings" maritimes, qui ont duré du XVIIe à la fin du XIXe siècle, les Britanniques, les Allemands, les Scandinaves, les Français, les Néerlandais et les Irlandais se sont embarqués par millions pour l'Amérique du Nord, l'Afrique du Sud, l'Australie et la Nouvelle-Zélande, et par dizaines de milliers pour les avant-postes de

---

[151] "Les Slaves, comme tous les autres peuples de langue indo-européenne dont nous avons pu retrouver la trace, étaient à l'origine nordiques, et il n'y a aucune indication dans leurs premiers vestiges, dans les régions étudiées, des incréments raciaux brachycéphales numériquement prédominants qui sont aujourd'hui considérés comme typiquement slaves". Coon, *The Races of Europe*, p. 220.

[152] L'arrière-grand-mère de Vasco da Gama était une Hereford, membre de la plus haute noblesse anglaise. Henry Hart, *Sea Road to the Indies*, Macmillan, New York, 1950, p. 97. Colomb, un Italien du Nord, était grand avec une longue tête, des yeux bleus et des cheveux auburn. Samuel Morison, *Admiral of the Ocean Sea*, Little, Brown, Boston, 1942, p. 47. Cortés remontait aux rois lombards d'Italie et Pedro de Alvarado, son lieutenant le plus courageux, était si blond que les Aztèques l'appelaient *Tonatiuh*, le Soleil. Prescott, *Conquest of Mexico*, Modern Library, New York, pp. 128, 258. Prescott décrit le roi Ferdinand comme le "goth roux" de la reine Isabelle. Balboa, le découvreur du Pacifique, était blond avec des cheveux et une barbe roux-dorés. Kathleen Romoli, *Balboa of Darien*, Doubleday, Garden City, N.Y., 1953, p. 31.

[153] *Histoire de l'Angleterre depuis l'accession de Jacques II*, vol. 1, p. 58.

l'empire en Afrique noire, en Amérique du Sud, en Asie et dans les îles du Pacifique.

Au début du vingtième siècle, malgré la Révolution française qui avait pratiquement démoli l'ancienne classe dirigeante teutonne dans la majeure partie de l'Europe latine, la puissance et l'influence de l'Europe du Nord n'avaient jamais été aussi grandes. Les empires britannique et allemand, avec leurs forces terrestres et maritimes invincibles, leur quasi-monopole du commerce mondial, leur efficacité technique et l'énergie illimitée de leurs citoyens industrieux, constituaient une concentration de puissance militaire et économique qu'aucune autre nation ou groupe de nations ne pouvait même approcher.

Cet immense pouvoir, on peut le noter, ne reposait pas seulement sur les armes et le beurre. Il était le produit final d'un ensemble d'institutions uniques, parmi lesquelles le gouvernement représentatif, dont Montesquieu avait décelé les origines dans le comportement et les pratiques des anciennes assemblées tribales allemandes.[154] Le goût pour la liberté individuelle, l'indépendance d'esprit, le statut exceptionnellement élevé accordé aux femmes et l'attachement profond à la terre sont considérés par Tacite, dans son essai *De Germania, comme des* caractéristiques typiques des peuples de langue teutonne. Ces attitudes et habitudes ont probablement été à l'origine de la Grande Charte et de l'accent mis par la suite par les Britanniques sur les droits et libertés individuels. La plus grande réalisation institutionnelle a peut-être été le système juridique, y compris cette invention scandinave ou teutonne connue sous le nom de procès par un jury de pairs, dont une forme rudimentaire a été transportée en Angleterre par les Normands.[155]

Tous ces jalons de l'évolution politique et sociale sont apparemment nés d'une reconnaissance quasi instinctive du fait que "la base de la société était l'homme libre".[156] Le raffinement et l'expression les plus poussés de ce réflexe politique ont été incarnés par l'activité et la législation du Parlement britannique, qui a favorisé un climat de stabilité politique et économique sans équivalent dans l'histoire. L'environnement social relativement stable produit par de telles institutions a été la condition préalable à la domination de l'Europe du Nord dans les domaines du gouvernement, de l'art, de la

---

[154] *De l'esprit des lois*, 11, 6-8. L'Islande s'est dotée d'un parlement, l'Althing, dès le Xe siècle.

[155] Voir le chapitre 28.

[156] J. R. Green, *A Short History of the English People*, Harper, New York, 1892, Vol. 1, p. 2.

science, de l'industrie, de l'agriculture et de presque tous les autres aspects de l'activité humaine.

C'est tout naturellement que ces institutions ont traversé l'Atlantique et ont été affinées et développées par les Anglais et les autres Européens du Nord qui ont colonisé l'Amérique du Nord. Si le progrès et la prospérité des États d'Europe du Nord dans l'Ancien Monde s'expliquent par un héritage biologique particulier, il aurait été raisonnable de s'attendre à ce qu'un pays du Nouveau Monde doté d'une surabondance de ces mêmes ressources génétiques devienne une nation encore plus grande, peut-être la plus grande de toutes.

Il a fallu moins de deux siècles d'indépendance nationale et deux guerres mondiales pour que cette prophétie se réalise. L'ironie de la chose, c'est qu'au moment où les États-Unis sont devenus la force dominante dans les affaires mondiales, la majorité américaine, principal agent de la grandeur américaine, n'était plus la force dominante en Amérique.

CHAPITRE 10

Le déclin de la majorité

L E DÉCLIN de la majorité américaine a commencé avec la lutte politique et militaire entre le Nord et le Sud. Outre les différences nationalistes et culturelles, les Européens du Nord étaient divisés par la géographie, principalement par la mer Baltique, la mer du Nord et la Manche. Aux États-Unis, le grand facteur de division était le climat. En juillet, les températures moyennes du Massachusetts et de la Pennsylvanie sont respectivement de 73,5 °F et 75,5 °F. Les températures moyennes de juillet en Virginie et dans le Mississippi sont de 79 °F et 80 °F. Ces quelques degrés supplémentaires de chaleur estivale ont empêché les propriétaires de plantations du Sud de recruter une main-d'œuvre blanche. Dans les climats chauds, l'Européen du Nord n'a aucune valeur en tant qu'ouvrier agricole. Le Sud n'aurait jamais pu atteindre une prospérité comparable à celle de l'antebellum sans un grand nombre de Noirs.

Pour répondre aux exigences de leur environnement, les Sudistes ont créé leur propre *modus vivendi, dont une* version très romancée et très parfumée hante encore l'histoire américaine. Les Nordistes, poussés en partie par ce qui a été décrit comme le "défaut sentimental" des Anglo-Saxons,[157] le désir altruiste d'étendre les libertés civiles aux non-Anglais, ont d'abord essayé d'alléger l'esclavage, puis d'y mettre fin. Les Sudistes ont réagi à l'ingérence du Nord de la même manière qu'eux et les colons du Nord avaient réagi à l'ingérence du roi George un siècle plus tôt. Ils ont fait sécession.

Si le Nord avait été plus patient et avait accepté d'"attendre" l'esclavage un peu plus longtemps — il était déjà menacé par la mécanisation de la récolte du coton, la concurrence étrangère et d'autres causes — la guerre de Sécession n'aurait peut-être jamais eu lieu. La guerre a fait 610 000 morts — contre 4 435 pendant la guerre d'indépendance — et presque tous les morts étaient d'origine nord-européenne. Malgré le plus grand nombre de victimes du Nord,[158] les effets dysgéniques de la guerre se sont fait sentir beaucoup plus lourdement dans le Sud. Le Nord compte 22 millions d'habitants, presque tous blancs, contre 12 millions dans le Sud, dont un tiers

---

[157] Madison Grant, *The Passing of the Great Race*, Scribner's, N.Y, 1916, pp. 14, 77.

[158] Il y a eu 360 000 morts du côté nordiste et 250 000 du côté sudiste. Le coût de la guerre s'est élevé à environ 5 milliards de dollars, auxquels s'ajoutent 3 milliards de dollars pour la réhabilitation d'après-guerre. Beard, *The Rise of American Civilization*, Vol. 2, pp. 98–99.

d'esclaves.[159] La classe des officiers sudistes, débordant de bellicisme et de bravade, est décimée, tandis qu'au Nord, l'achat de substituts est une activité florissante. Dix-sept pour cent des généraux confédérés ont été tués, contre 2,5 % des généraux de l'Union.[160]

Une fois le carnage terminé, la branche sudiste de la majorité est devenue une minorité opprimée. Les "carpetbaggers" du Nord et les "scalawags" du Sud, utilisant comme outils des Noirs confus et inconscients, firent une tentative réussie, bien qu'éphémère, pour prendre le contrôle politique et économique. Les historiens ont appelé cela la Reconstruction. Le Sud, aigri par la défaite, a dû subir une occupation militaire vengeresse. Le passage du temps et les élans d'unité nationale au cours des deux guerres mondiales ont permis de calmer le ressentiment du Sud, jusqu'à ce qu'il soit ravivé dans les années 1950 par la réouverture de la question des Noirs par le Nord. L'utilisation de parachutistes et de marshals fédéraux pour faire appliquer les arrêts de la Cour suprême au Sud n'était pas de nature à apaiser les animosités endormies. Après la polarisation tragique entre le Nord et le Sud, le formidable développement de l'économie nationale a été la cause du déclin de la majorité. Si l'excès d'argent est le ferment de la corruption, il est aussi celui de l'amnésie raciale. La grande richesse générée avant la guerre civile par les propriétaires de plantations et les magnats du transport maritime de la majorité, et après la guerre par les magnats de l'industrie et de la finance, a eu tendance à concentrer leur esprit et leur énergie sur des questions aussi banales que le gain d'argent, l'obtention de bénéfices et l'organisation des affaires. Les ploutocrates de la majorité n'ont guère réfléchi à l'effet que leur demande d'une main-d'œuvre toujours plus nombreuse aurait sur la composition raciale de l'Amérique.

"De même que le planteur nordique du Sud, explique l'historien Charles Beard, dans sa quête passionnée de richesse, était prêt à saboter sa propre race par un flot de nègres venus des régions sauvages d'Afrique, de même le propriétaire nordique de la Nouvelle-Angleterre, soucieux de ses dividendes, ne se souciait guère de la nationalité ou de la couleur de ceux qui se tenaient patiemment devant ses fuseaux et ses métiers à tisser ou qui s'entassaient dans les tènements de ses villes."[161]

---

[159] John Hope Franklin, *De l'esclavage à la liberté*, Knopf, New York, 1967, p. 386.

[160] Nathaniel Weyl, *The Creative Elite in America*, Public Affairs Press, Washington, D.C., 1966, p. 57. "Le prix du sang pour l'Union, ajoute Weyl, a été payé principalement par les classes les plus pauvres et par ceux qui n'avaient pas beaucoup d'éducation et d'influence. La Confédération, en revanche, a promulgué des projets de loi qui touchaient indifféremment les riches et les pauvres…"

[161] Beard, op. cit. vol. 1, p. 640.

Les conséquences politiques de cet appel aveugle à la main-d'œuvre ne se font pas attendre. Avant même la guerre de Sécession, la présence irlandaise a commencé à se faire sentir dans quelques-unes des plus grandes villes, où la majorité a connu sa première défaite dans les urnes. Cette défaite est devenue nationale plusieurs décennies plus tard, lorsque les minorités blanches du Nord se sont associées aux Sudistes détestant les Yankees pour remporter les élections présidentielles.

C'est le matérialisme obsessionnel de la majorité, son habitude de faire passer les choses tangibles avant les choses intangibles de la civilisation, qui a rendu possible et peut-être certain la Grande Dépression. L'individualisme pur et dur, le *laissez-faire*, la séparation des pouvoirs et bien d'autres valeurs chères à la majorité se sont envolées dans la fumée des lois d'urgence destinées à sauver l'économie nationale. Le New Deal, la première administration à injecter une quantité significative de personnel et d'idéologie non majoritaires dans le gouvernement fédéral, a marqué l'arrivée à maturité de la coalition libérale-minoritaire.

La participation des minorités à la vie politique et à tous les autres aspects de la vie américaine s'est accrue au point que l'on peut dire que la majorité n'est plus l'establishment racial des États-Unis.[162]

L'image de la majorité — celle de l'homme occidental dérivé des antécédents nord-européens (principalement anglo-saxons) et modifié par la frontière et d'autres particularités de l'environnement américain — est en train d'être effacée par d'autres empreintes raciales et culturelles. Et comme le pouvoir et l'influence de la majorité continuent à décliner, la civilisation américaine, comme cela devient de plus en plus évident, est en train de perdre une grande partie de son ciment culturel. Les formes anciennes subsistent, mais le contenu est soit en train de disparaître, soit en voie de disparition.

Parce que les formes demeurent, la majorité américaine n'a qu'une vague conscience de sa dépossession. Elle vote encore, mais ne choisit plus. Elle est encore libre de parler, mais pas de parler librement. Elle fréquente encore les arts, mais ceux-ci sont devenus un terrain vague pour les minorités. Elle a encore un certain poids économique, mais elle ne dirige plus l'économie. Elle exerce toujours une influence majeure sur la politique locale, mais seulement une influence mineure sur les domaines vitaux de la politique

---

[162] Ce déclin a été interprété à tort par les sociologues libéraux comme un phénomène exclusivement WASP. "Il existe un establishment protestant blanc anglo-saxon qui a progressivement perdu son pouvoir et son autorité au cours du vingtième siècle". E. Digby Baltzell, *The Protestant Establishment*, Random House, New York, 1964, p. ix. Certains écrivains de la minorité ont non seulement décrit avec amour, mais aussi exulté la chute du pouvoir de la majorité. Voir Peter Schrag, *The Decline of the Wasp*, Simon and Schuster, New York, 1972.

nationale et étrangère. De nombreux membres de la majorité mènent encore une vie privée qui fait l'envie du monde entier. En public, cependant, ils sont circonspects au point d'être pusillanimes.

Ceux qui sont enclins à nier la dépossession de la majorité peuvent être pardonnés d'adopter la ligne de questionnement suivante. Comment, peuvent-ils demander, la majorité peut-elle être dépossédée alors que le pays regorge de riches Américains d'une lignée majoritaire impeccable... alors qu'il y a tant de politiciens, d'écrivains, d'artistes, d'avocats, de médecins, de scientifiques et d'agents du FBI appartenant à la majorité... alors que le président, la plupart des membres du Congrès et la plupart des gouverneurs d'État appartiennent à la majorité... alors que les forces armées sont encore commandées par un corps d'officiers largement majoritaire... alors que la majorité, qui est encore le groupe de population le plus important, peut facilement faire basculer le vote ?

Les réponses à ces questions et à d'autres questions similaires constitueront une grande partie du reste du sujet de ce livre. Nous nous contenterons ici de les résumer.

L'une des principales preuves de la dépossession de la majorité est qu'il n'existe pas de parti politique majoritaire en tant que tel. Pendant la majeure partie du XXe siècle, la force dynamique de la politique américaine a été le parti démocrate, largement financé par les minorités,[163] le parti de Franklin D. Roosevelt, qui "dirigeait un gouvernement de minorités".[164] Les membres reconstruits et non reconstruits de la majorité sudiste (les "Yellow Dog Democrats") soutiennent toujours le parti démocrate, mais en nombre décroissant. En raison de la montée en flèche du taux de criminalité des Noirs, beaucoup de ceux qui vivent en dessous de la ligne Mason-Dixon reviennent aux notions de suprématie blanche de leurs ancêtres à l'époque de l'esclavage. Ironiquement, ces derniers suprémacistes blancs, dont certains préfèrent être appelés "séparatistes blancs", comprennent désormais des Blancs du Nord qui, jusqu'à récemment, étaient connus pour regarder d'un mauvais œil les "rednecks" du Sud.

Le parti républicain, ou du moins les candidats républicains, ont actuellement la faveur des membres de la majorité nordiste, bien que de nombreux membres des groupes à faibles revenus et des syndicats votent encore pour le parti démocrate. En général, les libéraux de la majorité orientale sont beaucoup plus en harmonie intellectuelle avec les libéraux minoritaires qu'avec les conservateurs de la majorité. Ces derniers diluent leur efficacité politique en divisant le vote conservateur dans le Sud et par une longue

---

[163] Voir le chapitre 15.

[164] "Archbishop Spellman" par Robert I. Gannon, *Look*, août 1962, p. 103.

histoire de compromis avec les libéraux du Nord et de l'Est. Quant à la majorité silencieuse, dont on ne cesse de vanter les mérites, elle se définit plus précisément par son approche douce et prudente du processus politique que par des habitudes de vote particulières ou des pulsions raciales. Qu'il soit blanc ou de couleur, chrétien, juif, musulman ou non-croyant, quiconque se tait et, dans les rares occasions où il vote, vote républicain, remplit les conditions requises pour en faire partie.

La "stratégie sudiste" des républicains a toutefois de véritables implications raciales : elle vise à rassembler dans le giron républicain les Sudistes blancs qui n'apprécient pas la position pro-négro des politiciens du "Nouveau Sud" et le poids croissant des Noirs dans la politique démocrate à l'échelle du pays. Mais la stratégie sudiste, bien qu'elle ait donné de bons résultats lors de certaines élections présidentielles, n'a pas encore produit une majorité de membres républicains du Congrès dans les États situés en dessous de la ligne Mason-Dixon.

Même le sanctuaire du privilège protestant anglo-saxon, la présidence, a été attaqué. Al Smith a perdu l'élection présidentielle de 1928,[165] mais un catholique irlandais plus charismatique, John F. Kennedy, a remporté l'élection de 1960. Barry Goldwater, en partie juif, a été le candidat républicain malheureux à l'élection présidentielle de 1964. Lyndon Johnson, le vainqueur, était un authentique membre de la majorité qui, en tant que sénateur du Texas, s'était battu bec et ongles contre la législation sur les droits civiques.[166] Cependant, lorsqu'il est devenu président, il a fait volte-face, entonnant une fois solennellement le cri de ralliement des minorités, "Nous vaincrons", lors d'une prise de contact avec la télévision nationale.

Richard Nixon, qui a succédé à Johnson à la Maison-Blanche, bien que considéré par certains comme un super-WASP, était irlandais des deux côtés

---

[165] Smith a gravi les échelons politiques en tant que catholique irlandais pur et dur, bien que son grand-père paternel était très certainement italien et sa grand-mère paternelle très probablement allemande. Matthew et Hannah Josephson, *Al Smith*, Houghton Mifflin, Boston, 1969, pp. 13-15. Smith, comme beaucoup d'hommes politiques des grandes villes, était "à la solde". Thomas Chadbourne, un démocrate millionnaire, lui a donné 400 000 dollars en espèces et en options d'achat d'actions lorsqu'il était gouverneur de New York. *New York Times*, 22 mai 1985. Si Herbert Hoover était mort dans l'exercice de ses fonctions, les États-Unis auraient eu un quart d'Indien comme chef de l'exécutif en la personne de Charles Curtis, le vice-président. *Globe and Mail* (Toronto), 13 juillet 1984.

[166] En 1948, le sénateur Johnson a déclaré : "Le programme des droits civiques est une farce et une imposture : "Le programme des droits civiques est une farce et un simulacre — un effort pour mettre en place un État policier sous le couvert de la liberté. Clarke Newton, LB], *The Man From Johnson City*, Dodd, Mead, New York, 1964, p. 112.

de son arbre généalogique.[167] Son premier vice-président, Spiro Agnew, avait un père originaire de Grèce et une mère de Virginie. Ronald Reagan, vainqueur en 1980 et 1984, a annoncé à plusieurs reprises au cours des deux campagnes qu'il était "irlandais", car il avait un père irlandais catholique. Il ne parlait pas ou peu de sa mère d'origine britannique. La politique américaine en est arrivée au point où un candidat à la présidence considère qu'il est impoli de parler de ses origines britanniques.

George Bush s'est glissé à la Maison-Blanche sur les traces de Reagan. Lorsque l'économie s'est essoufflée et qu'il a été perçu comme un libéral républicain de l'Est plutôt qu'un reaganien, il n'a fait qu'un seul mandat, malgré sa victoire facile lors de la guerre du Golfe.

Les présidences de Jimmy Carter et de Bill Clinton peuvent être attribuées à la "stratégie sudiste" des démocrates, qui consiste à présenter un Sudiste à la présidence afin d'attirer certains États du Sud vers un Sud qui n'est plus solide. Bien que Carter et Clinton soient des membres de la majorité, ils ont tous deux fait un effort considérable non seulement pour obtenir le soutien des Blancs du Sud, mais aussi pour obtenir les votes des minorités. Clinton s'est efforcé de compléter son administration avec des Noirs, des Hispaniques et des Juifs, sans oublier Ruth Bader Ginsburg, la première avocate juive à siéger à la Cour suprême depuis la sortie peu glorieuse d'Abe Fortas, l'ami de Johnson, en 1969.

Lorsqu'un homme comme Lyndon Johnson, avec tout le pouvoir de la présidence derrière lui, se sent obligé de changer ses convictions de façon aussi radicale et de proclamer ses sympathies pour les minorités de façon aussi publique et bruyante, on peut difficilement reprocher à l'homme politique de la majorité de niveau inférieur, contrairement aux priorités de la plupart des hommes politiques issus des minorités, de placer le parti au-dessus de la race. Il est évident que s'il représente une circonscription majoritaire, le député de la majorité soutiendra les objectifs et les aspirations de ceux qui ont voté pour lui en ce qui concerne les questions locales et certaines des questions nationales les moins controversées. Mais dès qu'il est contraint de prendre position sur des questions plus vastes susceptibles d'avoir une incidence cruciale sur l'ensemble de la nation, il se plie généralement à la volonté et aux caprices d'organisations et de lobbies minoritaires richement financés, qui semblent voués à tous les intérêts, sauf à ceux de ses électeurs.

En ce qui concerne les affaires étrangères, les liens émotionnels de certaines minorités avec leur ancienne ou parfois nouvelle patrie à l'étranger —

---

[167] Les Nixon, qui n'étaient pas catholiques, venaient du comté de Cork ; la famille Milhous du comté de Kildare. Phillips, op. cit. p. 174-75.

maintenus dans le four chauffé par les mécanismes du racisme — ont produit une influence totalement disproportionnée des minorités. L'histoire récente de la politique étrangère américaine révèle, exemple après exemple, des engagements diplomatiques, économiques et militaires qui ont été le résultat direct de la sensibilité de la Maison-Blanche et du Congrès à la pression des minorités.

La capitulation inconditionnelle de l'Allemagne, qui a livré l'Europe de l'Est à la Russie à la fin de la Seconde Guerre mondiale et qui a peut-être causé un million de victimes inutiles, en est un exemple. Le soutien américain à Israël, qui a coûté aux États-Unis l'amitié et la bienveillance de plus de 100 millions d'Arabes et a facilité l'entrée de la Russie dans la politique du Moyen-Orient, est un autre exemple. Un autre exemple est l'assistance militaire et financière américaine aux nations africaines, au moment même où les médias et les politiciens en quête de gros titres renforçaient les sanctions économiques contre l'Afrique du Sud, la seule entité politique stable du continent. La Rhodésie indépendante a été contrainte de se rendre aux marxistes noirs en partie à cause des sanctions économiques des Nations unies auxquelles les États-Unis ont participé volontairement.

La question de savoir si les intérêts des minorités coïncidaient avec l'intérêt national dans ces actions majeures de politique étrangère peut faire l'objet d'un débat sérieux. Ce qui n'est pas discutable, ce sont les motivations raciales inhérentes à ces décisions. La majorité, qui n'a plus d'autre patrie que les États-Unis, a tendance à considérer les affaires étrangères d'un point de vue purement américain. Les autres groupes de population envisagent souvent la scène internationale d'un point de vue totalement différent. Cette approche schizoïde de la politique étrangère a certainement été une raison impérieuse pour laquelle l'Amérique s'est retirée de la guerre au Vietnam, où les intérêts des minorités étaient sans importance, au moment même où la Maison-Blanche et le Congrès étaient occupés à souligner et à réinsister sur les engagements américains au Moyen-Orient, où les intérêts juifs sont considérés comme plus importants que l'approvisionnement et la disponibilité du pétrole arabe. À Cuba, dont les minorités les plus influentes se soucient peu, mais où la menace pour les défenses américaines était réelle jusqu'à l'éclatement de l'Union soviétique, le stationnement des forces armées russes a été considéré comme un *fait accompli par* la Maison-Blanche.

Les deux principales réalisations de la politique étrangère de la majorité — la doctrine Monroe et le non-enchevêtrement dans les politiques de puissance du Vieux Monde — ont été mises au rebut et remplacées par une politique étrangère sans centre de gravité, un enchevêtrement de *non sequiturs* diplomatiques qui s'envolent sur une tangente pour satisfaire l'émotivité de la minorité, sur une autre pour apaiser l'anti-totalitarisme passionné du libéral, sur une autre pour calmer la phobie du socialisme du conservateur.

Pour le meilleur ou pour le pire, le contrôle des affaires étrangères par la majorité était le seul moyen de développer et de poursuivre une politique étrangère cohérente. Une fois que la diplomatie américaine, guidée par le racisme des minorités, est devenue pluraliste, la succession de désastres qui s'est produite dans la seconde moitié de ce siècle était inévitable. Jusqu'au règne d'Henry Kissinger, il n'y avait pas de branche du gouvernement où la majorité était plus représentée par habitant qu'au département d'État. Pourtant, c'est précisément dans le domaine de la politique étrangère que les intérêts de la majorité ont été et sont le plus soigneusement ignorés.

Une grande objection à la thèse de la dépossession de la majorité est liée au fait indéniable qu'un grand nombre des plus grandes fortunes du pays et de nombreuses entreprises de premier plan sont encore aux mains de la majorité. Il suffit ici de dire, avec le professeur et économiste de Harvard John K. Galbraith,[168] que la richesse n'est plus équivalente au pouvoir, et que le membre moyen de la Majorité est considérablement moins opulent que le membre moyen de quelques minorités, en particulier la minorité juive,[169] qui a maintenant commencé à contester la mainmise de la Majorité sur les grandes entreprises.[170] Le fait que ces mêmes entreprises, principales sources de richesse de la majorité, se soient vu interdire par la loi de contribuer financièrement aux partis politiques, alors que les syndicats, souvent sous le contrôle direct d'une minorité, étaient en mesure d'envoyer des millions de dollars à leurs candidats favoris par l'intermédiaire de comités d'action politique (PAC), n'était qu'une indication de plus de la courbe descendante de l'influence de la majorité. À la fin des années 1970, cependant, une

---

[168] L'un des principaux libéraux du pays, le professeur Galbraith s'est exposé à une accusation de déloyauté envers la caste lorsqu'il a tenté de déterrer la vieille rengaine d'une majorité conspiratrice liant la politique et l'économie américaines par les cordons de sa bourse. John K. Galbraith, *The Affluent Society*, Houghton Mifflin, Boston, 1958, pp. 88–90.

[169] Une étude de la richesse des Juifs est présentée au chapitre 15. Les données sur le statut économique des minorités arménienne, chinoise, japonaise et coréenne ne sont pas facilement disponibles, mais il semble que le membre moyen de ces minorités dispose d'une valeur nette supérieure à celle du membre moyen de la majorité. La richesse incalculable de la Mafia pourrait faire passer le revenu et la richesse par habitant de la minorité italienne du Sud au-dessus de la moyenne nationale.

[170] Il convient de noter que le juge fédéral Harold Greene, un réfugié juif allemand, a supervisé le démantèlement d'AT&T, qui était autrefois la plus grande entreprise du monde.

décision de la Cour suprême a permis aux syndicats et aux entreprises de parrainer des PAC.

Ironiquement, une grande partie des plus grandes fortunes de la Majorité est désormais détenue par de vastes trusts et fondations, qui consacrent une grande partie de leurs revenus et de leur capital aux causes des minorités. Parmi les trois authentiques milliardaires de la majorité des années 1970, l'un d'eux, J. Paul Getty, qui écrivait parfois des homélies économiques pour un magazine sexuel, est mort dans un splendide isolement dans un manoir baronnial anglais et n'avait pas mis les pieds dans son propre pays depuis des décennies. Un autre, le pionnier de l'aviation Howard Hughes, a mené une vie cloîtrée dans des hôtels étrangers après avoir érigé le plus grand empire du jeu au monde à Las Vegas. Le troisième, le magnat des pétroliers Daniel Ludwig, a passé la majeure partie de ses dernières années à construire un vaste complexe industriel et agricole non rentable au Brésil. En 1993, selon le magazine *Forbes*, le membre le plus riche de la majorité était Warren Buffet, qui détient un investissement substantiel dans la Washington Post Co, éditeur du *Washington Post*, un journal libéral contrôlé par une minorité. Il va sans dire que les super-riches des minorités sont beaucoup moins enclins à se dissocier de ce qu'ils considèrent comme leurs obligations ethniques.

Il n'est pas surprenant que la dépossession de la majorité soit la plus évidente dans le domaine de l'opinion publique. Si Ortega y Gasset a raison de dire que "jamais personne n'a gouverné sur cette terre en fondant son pouvoir essentiellement sur une autre chose que l'opinion publique",[171] la domination des minorités dans les États-Unis d'aujourd'hui est incontestable. On trouve des membres de minorités aux échelons supérieurs des trois principaux réseaux commerciaux de télévision et de radio, du réseau public de télévision et de radio, de toutes les grandes sociétés cinématographiques (y compris les studios Disney), des deux journaux les plus influents du pays, de l'une des plus grandes chaînes de journaux, d'au moins la moitié des grandes maisons d'édition, des trois magazines d'information et de la plupart des principaux journaux d'opinion (voir le chapitre 15 pour plus d'informations). Mais cette remarquable concentration de pouvoir ne s'arrête pas là. Des organisations de défense des minorités, dont la principale est l'Anti-Defamation League du B'nai B'rith, exercent une censure agressive sur les textes imprimés et parlés, à la recherche des allusions les plus subtiles à l'encontre des minorités. Si elles en trouvent, le propriétaire, le rédacteur en chef ou le producteur du média incriminé en sont informés et réprimandés. Une telle pression ne peut éviter de minimiser, d'omettre ou de déformer fréquemment

---

[171] *La rebelión de las masas*, Espasa-Calpe, Madrid, 1966, p. 116.

des nouvelles et des informations vitales pour l'intérêt public.[172] La majorité, à sa grande perte, ne dispose pas d'organisations de surveillance similaires.

Composée de ce que les gens lisent, voient, ressentent et pensent, l'opinion publique n'est qu'en partie la création des canaux d'information orientés vers les minorités. Aucun journaliste, commentateur, auteur, philosophe ou prophète ne peut faire accepter comme vrai à un adulte normalement intelligent ce qu'il sait être faux. Mais à mesure que l'opinion publique passe des questions locales aux questions nationales, elle est de moins en moins informée. Un fou en sait plus chez lui qu'un sage chez son voisin, dit le proverbe espagnol. Les connaissances de première main sont supplantées par des informations de seconde main, voire des ragots de troisième main. Enfin, dans le domaine des affaires étrangères, l'opinion publique repose en grande partie sur l'opinion "organisée", qui représente l'agenda de ceux qui ont un intérêt direct ou indirect à conditionner les attitudes du public à l'égard des événements rapportés et des politiques discutées.

Quant aux sondages d'opinion, ils sont souvent plus efficaces pour influencer l'opinion publique que pour la mesurer, plus révélateurs de l'état d'esprit du sondeur que de celui du public. Les journaux qui souscrivent aux sondages ont une influence importante sur le type de questions posées, ainsi que sur la taille et la composition de l'échantillon. À l'occasion d'élections nationales ou régionales, les sondages ont souvent servi à faire de la propagande électorale, en mettant en avant les statistiques favorables au

---

[172] Gay Talese, journaliste au *New York Times*, a écrit : "Les médias ont fabriqué des événements dramatiques et des personnages colossaux à partir d'une multitude de petits incidents et d'hommes mineurs". *The Kingdom and the Power,* World, New York, 1969, p. 194. Exemples flagrants de distorsion médiatique au cours des dernières décennies : la diabolisation du sénateur Joseph McCarthy ; l'apothéose des frères Kennedy et de Martin Luther King, Jr. assassinés ; l'affection ricanante pour les révolutionnaires blancs et noirs, les réfractaires, les meneurs d'émeutes et les gangs meurtriers ; le blanchiment de Chappaquiddick. "A-t-on jamais entendu une discussion équilibrée sur la situation en Afrique du Sud ? Ou une présentation raisonnable du point de vue des 'faucons' sur le Vietnam ? Ou des actions d'une force de police confrontée à des foules indisciplinées ?" demande Ernest van den Haag dans *The Jewish Mystique*, Stein and Day, New York, 1969, p. 142. Le caractère tendancieux des médias est particulièrement évident dans la technique de l'éditorialisation par les titres. "Laissez-moi contrôler les titres et je ne me soucierai pas de savoir qui contrôle les éditoriaux", a déclaré Frederick Birchall, ancien rédacteur en chef du *New York Times.* Talese, op. cit. p. 168. Dans les années 1950, alors que toute objection bruyante au communisme suscitait la réaction pavlovienne du "maccarthysme", le président Truman a accusé le candidat à la présidence Eisenhower d'"être prêt à accepter les principes qui identifient la soi-disant race des maîtres". *New York Times*, 18 octobre 1952, p. 1. Lors de la course à la présidence de 1972, George McGovern a associé à deux reprises le président Nixon à Hitler.

candidat préféré, tandis que les statistiques défavorables étaient minimisées ou enterrées.[173]

Si la majorité reprend le contrôle des médias, l'opinion publique ne se transformera pas du jour au lendemain. Le traitement de l'information façonne les esprits, mais l'idéologie qui définit et encadre le traitement de l'information relève du domaine de la culture, dont l'opinion publique n'est souvent qu'un auxiliaire servile. Dans les strates inférieures du domaine culturel américain — bandes dessinées, films hollywoodiens, émissions de télévision — la domination des minorités n'est guère remise en cause. Aux niveaux supérieurs — poésie, romans sérieux, critique littéraire, théâtre off-Broadway, musique moderne, peinture et sculpture — les minorités ont également pris une position dominante (voir chapitre 18).

On a souvent fait remarquer, avec plus de malice que d'exactitude, que la seule contribution originale de l'Amérique à l'art était celle d'une minorité — le jazz noir. Aujourd'hui, nous dit-on, les minorités se sont emparées de toute la culture américaine, et des livres ont été écrits pour documenter ce thème. Selon Leslie Fiedler, le ton de base de la vie intellectuelle créative des États-Unis est devenu juif.[174] Nathaniel Weyl ne se contente pas de proclamer la suprématie des Juifs dans la culture américaine moderne, il en donne les raisons biologiques.[175] Développant l'approche génétique de Weyl, Ernest van den Haag, professeur de philosophie sociale à l'université de New York, affirme que "la sensibilité américaine elle-même est devenue en partie juive".[176] Van den Haag reconnaît la domination des médias par les "libéraux juifs", la domination culturelle exercée par "l'establishment culturel juif" et, dans un paroxysme de flatterie ethnique qui ignore commodément la civilisation grecque et romaine, la Renaissance et les chefs-d'œuvre de l'art et de la science occidentaux, déclare que les Juifs "ont donné le sens essentiel aux deux derniers millénaires de l'histoire de l'Occident".[177]

Comme s'ils étaient aveuglés par leur concentration sur un phénomène culturel, les intellectuels mentionnés ci-dessus semblent avoir minimisé

---

[173] Le sondage Louis Harris avait prédit la victoire d'Hubert Humphrey aux élections présidentielles de 1968. Tous les grands journaux et périodiques américains, sans exception, ont prédit une large victoire des travaillistes aux élections générales britanniques de 1970, qui ont porté le parti conservateur au pouvoir. Les capacités prédictives des sondeurs lors de la victoire de Reagan à l'élection présidentielle de 1980 étaient ridicules.

[174] *Time*, 19 août 1966, p. 80.

[175] *L'élite créative en Amérique*, chapitre XVIII.

[176] *La mystique juive*, p. 98.

[177] Ibid, pp. 14, 41, 129-33.

l'importance de l'agitation artistique d'une autre minorité. Les Juifs ont peut-être mis en fuite la culture de la majorité, mais les Noirs l'ont accaparée. La récente vague de drames nègres et de tracts racistes semi-biographiques sous forme de romans et de documentaires télévisés ne se contente pas de remodeler et de réorienter la culture de la majorité, elle est sur le point de la blesser mortellement. Les nouvelles célébrités littéraires noires ont une pensée unique et des thèmes constamment récurrents (voir chapitre 18). Les femmes blanches sont des proies faciles pour le viol. Les hommes blancs ont de graves défauts sexuels.[178] Le pillage, l'incendie criminel, la destruction, le meurtre et même le massacre sont souvent des objectifs louables et compréhensibles. Le langage employé repose largement sur des insultes raciales et des incantations répétitives de blasphèmes.

En dépit de ces limitations artistiques, la naissance littéraire et dramatique des Noirs est activement promue par les principaux éditeurs et producteurs, et souvent diffusée sur les chaînes de télévision éducatives.[179] Les écrivains de la majorité ne peuvent pas répondre en nature puisque toute manifestation publique du racisme de la majorité, qu'elle soit culturelle ou autre, fait l'objet d'une interdiction automatique et omniprésente.[180] Aucune contre-attaque ou réfutation efficace ou significative n'étant autorisée, le putsch culturel progresse sans relâche vers l'établissement de la thèse selon laquelle "la race blanche est le cancer de l'histoire de l'humanité".[181]

---

[178] Cette affirmation semble d'autant plus inappropriée que l'état physiologique connu sous le nom de "féminisation" est beaucoup plus répandu chez les Noirs que chez les Blancs. L'atrophie des testicules et la gynécomastie (augmentation de la taille des seins) sont des affections assez courantes chez les Noirs. J. C. Carothers, *The African Mind in Health and Disease*, Organisation mondiale de la santé, Genève, 1953, p. 64. Le mythe de la virilité des Blancs a été repris par quelques publications blanches. Le texte suivant a été publié dans *Playboy*, octobre 1967, p. 64. "Question — Comment appelez-vous le fait qu'une prostituée serve un client blanc ? Réponse : "Les nus et les morts".

[179] La pièce la plus violemment raciste jamais montée sur scène est peut-être Slave Ship, présentée à Brooklyn à l'automne 1969. Son auteur était LeRoi Jones (Imri Baraka), un Noir qui avait épousé puis divorcé d'une femme juive parce qu'elle était un reproche vivant "aux choses auxquelles je tenais en moi-même". *Village Voice*, 17-23 décembre 1980. Les libelles anti-blancs et les appels "littéraires" à la violence raciale sont un thème fréquent des talk-shows de la télévision noire.

[180] L'interdiction sélective de l'utilisation d'expressions raciales ne se limite pas aux œuvres littéraires et aux médias. À Washington, D.C., la police a reçu l'ordre formel d'éviter les expressions suivantes : boy, wop, kike, chink, dago, polack, bohunk, limey, frog, kraut, nigger, burrhead et spic. *San Francisco Chronicle et Examiner, This World*, 5 mai 1968, p. 12.

[181] Cette déclaration de la lettrée juive Susan Sontag a été publiée dans la *revue Partisan Review*, hiver 1967.

En ce qui concerne la religion, l'une des manifestations les plus importantes de la culture, ce n'est pas tant que la majorité perd son église que l'église, à l'exception de certaines dénominations fondamentalistes, perd la majorité. Un grand nombre de protestants majoritaires ne doivent pas se sentir trop enthousiastes devant le spectacle de leurs pasteurs consacrant une grande partie de leur temps et de l'argent de leurs fidèles à abriter et à nourrir des gangs de rue révolutionnaires dans leur pays et des guérillas anti-blancs en Afrique, ainsi qu'à faire venir des étrangers d'Amérique centrale, d'Haïti et de l'ex-Union soviétique. Les catholiques majoritaires ont connu la même désillusion en voyant leurs prêtres et leurs religieuses de gauche encourager la désaffection des troupes américaines au Viêt Nam et fomenter l'anti-chauvinisme en Amérique latine.

Comme on pouvait s'y attendre, les clergés catholique et protestant ont fourni un grand nombre des joueurs de flûte les plus actifs au sein des minorités — feu le père Groppi, Adam Clayton Powell, Martin Luther King, Jr — qui ont tous pris l'habitude de nourrir leurs disciples d'un mélange capiteux de christianisme social et de racisme des minorités. En revanche, aucun grand défenseur de la majorité n'est issu d'un corps religieux, et il est peu probable qu'il en soit ainsi tant que des personnages en col inversé comme le révérend William Sloane Coffin, Jr, deux fois divorcé, prêcheront la désobéissance civile et le respect des droits de l'homme, qui prêchait la désobéissance civile dans son pays et le désengagement en Extrême-Orient, tout en gardant le silence sur le Moyen-Orient, s'expriment dans l'église Riverside de New York, dotée par Rockefeller, et tant que Billy Graham et d'autres évangélistes, dont certains ont fini en prison pour des délits sexuels ou financiers, déconcerteront leur public avec leur propre marque de fossilisme religieux, et tant que le révérend Jerry Falwell prêchera un "renouveau moral" étroitement lié à *Israel über Alles*.

Une atteinte à la culture d'un peuple passe nécessairement par une atteinte à son histoire, qui est à la fois l'entrepôt et l'arsenal de la culture. Les "muckrakers" des minorités[182] ont commencé à réécrire le passé de la

---

[182] L'un des principaux fut Gustavus Myers, qui, dans sa célèbre étude intitulée "*The History of the Great American Fortunes*" (*L'histoire des grandes fortunes américaines*), *s'est évertué à* détailler la richesse fabuleuse des familles les plus riches de la Majorité, tout en ignorant pratiquement les millionnaires de la minorité comme August Belmont, qui était le représentant américain des Rothschild et disposait probablement de plus d'argent liquide que n'importe lequel de ses concurrents nés dans le pays. Myers n'a pas non plus équilibré sa liste de coups financiers de la majorité en attirant l'attention sur Jesse Seligman, qui a aidé à persuader les Américains et d'autres de mettre 400 millions de dollars dans une entreprise française avortée de construction d'un canal à travers le Panama. Personne n'a récupéré un centime, mais Seligman a gardé son avance de 300 000 dollars et les énormes profits supplémentaires qu'il a réalisés en tant que

majorité il y a de nombreuses années, mais ce n'est que récemment que les textes scolaires, bien aidés par les "westerns" et les documentaires télévisés, se sont délibérément attachés à discréditer le rôle de premier plan de la majorité dans la chronique américaine. Les enfants de la majorité sont encore autorisés à apprendre que leurs ancêtres, le plus souvent avec l'aide de groupes minoritaires, ont ouvert les terres sauvages et colonisé le pays, mais on leur inculque que ces mêmes ancêtres ont brûlé des sorcières et commis des atrocités innommables contre des Indiens sans défense. Tout en les qualifiant de brasseurs d'argent sans foi ni loi et d'exploiteurs brutaux de la main-d'œuvre, on admet encore, bien qu'avec une certaine réticence, que les géants industriels de la majorité ont construit les chemins de fer et les aciéries et découvert le pétrole qui a donné à l'humanité le moteur à combustion.[183] Le Sud, enseigne-t-on, a produit la majeure partie du coton mondial et une civilisation gracieuse, au prix de lynchages massifs, de cavaliers de nuit, de bandes d'esclaves et de génocides sous un soleil de plomb. La majorité n'a pas fait grand-chose de bien, et encore moins de décent.

Si l'on admet que la majorité n'a pas de représentation politique effective, que son rôle dans l'élaboration de la politique intérieure et étrangère est loin d'être décisif, que son influence économique est en éclipse, que ses chefs religieux l'ont abandonnée ou se sont retournés contre elle, que sa culture a été détruite et son histoire dévalorisée — si l'on admet tout cela, on peut néanmoins soutenir que la majorité ne peut pas être réellement dépossédée tant qu'elle n'a pas perdu le commandement de la source ultime du pouvoir, les forces armées. On peut rétorquer que les États-Unis ne sont pas la Prusse du XIXe siècle. Ils n'ont pas de tradition militaire qui encourage leur corps d'officiers à tenir une épée de Damoclès sur la politique. En grande partie

---

souscripteur. Stephen Birmingham, *Our Crowd*, Dell, New York, 1967, pp. 273-75. Myers a omis de mentionner la possible ascendance minoritaire de son principal méchant, Jay Gould, qui descendait de Nathan Gold de Fairfax, Connecticut, le "u" ayant été ajouté en 1806. Birmingham, op. cit. p. 132. Matthew Josephson présente le même morne catalogue de peculations à grande échelle de la Majorité dans son livre *The Robber Barons*, et omet presque totalement les jongleries financières des magnats de la minorité. Un autre ouvrage de ce genre est *The Rich and the Super-Rich (Les riches et les super-riches)* de Ferdinand Lundberg. Des pages, parfois des chapitres entiers, sont consacrés aux Rockefeller, Mellon, Ford, Du Pont, Hunts et Vanderbilt, mais seuls quelques mots sont consacrés aux Rosenwald, Blaustein, Zellerbach, Loeb, Seligman et Warburg. L'index ne mentionne même pas les Guggenheim, les Zemurray, les Baruch, les Schiff, les Sarnoff, les Annenberg, les Sulzberger et les Hirshhorn.

[183] Lucy Rockefeller Hamlin, fille de Laurance Rockefeller, a déclaré : "Je n'ai jamais étudié l'histoire américaine parce que je ne voulais pas m'asseoir dans une classe et risquer d'entendre mon arrière-grand-père décrit comme un baron voleur". *San Francisco Examiner and Chronicle*, 2 mars 1969, Section A, p. 21.

grâce à l'endurance des institutions de la majorité, l'armée américaine est encore fermement sous l'emprise des civils.

S'il y a des doutes à ce sujet, les coups de fouet verbaux infligés aux officiers supérieurs par les médias d'information au cours des dernières décennies devraient les dissiper. Le renvoi brutal du général MacArthur par le président Truman, la "mauvaise presse" du général Curtis LeMay lors de la campagne présidentielle de 1968, les hauts et les bas du général Edwin Walker,[184] les attaques posthumes contre le général George Patton et le tollé suscité par les critiques du général George Brown à l'égard du lobby israélien sont la preuve que, comme toujours dans l'Amérique moderne, la plume est plus puissante et plus tranchante que l'épée.

En outre, les forces armées ne sont pas aussi majoritaires qu'il n'y paraît. L'administration Carter avait un secrétaire à la défense juif, Harold Brown, et un secrétaire à l'armée noir, Clifford Alexander. Les principaux négociateurs du président Reagan en matière de contrôle des armements étaient juifs. Il y avait des amiraux juifs dans la marine,[185] des généraux noirs dans l'armée de l'air et des cadres révolutionnaires noirs dans l'armée.[186] Dans un avenir assez proche, les Noirs et les Hispaniques pourraient bientôt être plus nombreux que les membres de la majorité. C'est la coalition libérale-minoritaire, et non le Pentagone, qui a présidé à l'impasse coréenne et au désastre vietnamien, où une défaite programmée avait déjà été mise en route et où la victoire, grâce à la couverture télévisée, avait été exclue à l'avance.[187]

---

[184] Walker était une figure populaire, du moins dans le Nord, lorsqu'il commandait les troupes chargées de la déségrégation d'un lycée de Little Rock en 1957. Plus tard, lorsqu'il a démissionné de l'armée et commencé à critiquer les lois qu'il avait été appelé à exécuter, il a été temporairement interné dans un asile d'aliénés, abattu par Lee Harvey Oswald et transformé sans peine en cinglé par les faiseurs d'opinion. Walker est revenu à la une des journaux en 1976 lorsqu'il a été arrêté et accusé de sollicitation homosexuelle.

[185] Feu Hyman Rickover, le "père du sous-marin nucléaire", a reçu 67 628 dollars de cadeaux illégaux de la part de General Dynamics.

[186] Mais aujourd'hui, une autre guerre se déroule au Viêt Nam, entre Américains noirs et blancs... Des groupes "Ju Ju" et "Mau Mau" ont été organisés... des chars d'assaut arborent des drapeaux noirs... une formation élaborée à la guérilla ne leur a pas échappé, et de nombreux officiers, noirs et blancs, pensent que le Viêt Nam peut s'avérer un terrain d'entraînement pour le commando urbain noir de l'avenir". *Time*, 19 septembre 1969, p. 22. Certains jeunes radicaux et marxistes de longue date considèrent cette armée dans l'armée comme l'avant-garde de la révolution.

[187] Le procès du massacre de My Lai, initié par les reportages éhontés de Seymour Hersh, correspondant d'un journal minoritaire, a été mis en scène de manière à permettre à l'armée de présider à son propre hara-kiri. Lorsque Daniel Ellsberg, planificateur militaire

Le général Norman Schwarzkopf a bénéficié d'une bonne presse pour sa victoire presque sans effort et sans pertes sur les Irakiens, mais il l'a perdue lorsqu'il a critiqué son président pour la tentative de Clinton de faire des homosexuels une minorité militaire protégée. Son supérieur, le général Colin Powell, premier président noir de l'état-major interarmées, a été largement crédité de la victoire, non pas parce qu'il le méritait — sa contribution était insignifiante — mais en raison de la couleur de sa peau.

Au début des années 1990, alors que la violence et la criminalité atteignaient des niveaux astronomiques dépassant largement le contrôle de la police et les apparitions sporadiques de la Garde nationale, il a été question de transformer les forces armées en une gigantesque agence de maintien de l'ordre, quelque chose de l'ordre du Federal Bureau of Investigation, une autre organisation dont la mission désespérée est d'essayer de forcer une société malade à fonctionner comme une société ordonnée. Plutôt que de servir d'instrument pour arrêter la dépossession de la majorité, l'armée, aussi docile, permissive et consentante que n'importe quelle autre branche du gouvernement, est principalement intéressée par les promotions et par le fait de rester aussi loin que possible de tout champ de bataille, qu'il soit étranger ou national. Les généraux politiques, qui dirigent les forces armées, savent parfaitement que le moyen le plus sûr d'obtenir leur deuxième ou troisième étoile est de ne pas faire de vagues, de ne pas émettre d'opinions controversées et de sourire gentiment à l'évadé de la Maison-Blanche.

De toutes les preuves du déclin de la majorité, aucune n'a été plus concluante que l'anthologie compendieuse des post-mortems médiatiques sur l'alunissage. Voici la grande entreprise de la majorité du siècle, peut-être le moment le plus mémorable de l'humanité, et pourtant, après sa fin, après la couverture télévisée, après les parades de confettis, l'événement a souvent été traité avec une hostilité voilée et même décrit comme une astuce délibérée pour détourner l'attention de la situation et des besoins des pauvres et des déshérités.

---

issu d'une minorité, a volé les "Pentagon Papers" top secrets, il a été traité davantage comme un héros que comme un criminel. Plus tard, toutes les charges retenues contre lui ont été abandonnées et il a été pratiquement canonisé par les médias, après que l'on eut appris que des enquêteurs de la Maison-Blanche s'étaient introduits dans le bureau de son psychiatre à la recherche d'informations compromettantes. L'espion a été libéré. Les contre-espions ont été inculpés. La dernière fois que l'on a entendu parler d'Ellsberg, c'était en tant qu'agitateur de premier plan contre l'énergie nucléaire et membre d'un sex club de Los Angeles. Auparavant, il avait fait partie d'un comité de défense d'Abbie Hoffman, qui avait sauté sous caution en 1973 après son arrestation pour trafic de cocaïne et dont la réapparition triomphale en 1980 a été décrite par les médias comme une sorte de second avènement. *Miami Herald*, 30 août 1973, p. 16A.

La position définitive des minorités libérales sur la mission Apollo 11 a été exposée dans une dissertation décousue en trois parties publiée dans un magazine à grand tirage par l'écrivain juif Norman Mailer.[188] L'auteur insinuait que le voyage épique de Neil Armstrong était une aventure farfelue, injustifiable, gaspilleuse, semi-nazie et insultante pour les aspirations des Noirs. La tare nazie était probablement due à la participation de scientifiques d'origine allemande au programme spatial. Pour Mailer, toute cette affaire était un avant-goût lugubre de l'ère froide et informatisée à venir, une ère dont le seul salut serait les drogues, les tambours et le dharma d'une race d'hommes différente et meilleure que celle des astronautes. Le choix de Mailer, dont les incursions clownesques dans la politique lui avaient valu de plus gros titres que ses affectations littéraires, pour évaluer un exploit de la Majorité presque inappréciable était en soi une triste indication de plus de la désintégration de la Majorité.[189]

Avec la rétrogradation des astronautes et la revalorisation des violeurs repentis comme Eldridge Cleaver, des terroristes puérils comme Tom Hayden et des arriérés culturels comme Abbie Hoffman et Jerry Rubin, la pente descendante de l'histoire de la majorité est devenue de plus en plus raide. L'élément nord-européen de la population américaine, dominant depuis le début de l'époque coloniale jusqu'après le tournant du siècle, était désormais relégué à une place secondaire dans le schéma américain des choses. Les institutions de la majorité et sa loyauté envers ces institutions, ses habitudes de travail et sa présence physique lient encore le pays, mais avec un effet décroissant au fil des ans.

Le processus global de dépossession de la majorité n'est pas trop difficile à résumer. Fragmentés par la guerre de Sécession, puis ramenés à un état d'esprit humanitaire par une longue période de paix et d'abondance, et poussés par un désir irrésistible de main-d'œuvre bon marché, les bâtisseurs de nations venus de Grande-Bretagne et d'autres régions d'Europe du Nord ont décidé de partager les bénéfices de leurs institutions politiques laborieusement développées avec de nouveaux arrivants de races et de cultures différentes. Comme ces nouveaux Américains étaient presque totalement dépourvus de pratique et de compétence dans les mystères de

---

[188] *Life*, 29 août 1969, 14 novembre 1969 et 9 janvier 1970. Les articles de magazine de l'écrivain ont ensuite été développés dans *Of a Fire on the Moon*, Little Brown, Boston, 1970.

[189] Mailer a ensuite qualifié les WASP de "peuple le plus faustien, le plus barbare, le plus draconien, le plus orienté vers le progrès et le plus destructeur de racines sur terre" — une insulte raciale qui lui a valu de bonnes notes de la part de l'intelligentsia. Son dernier mot sur Apollo 11 fut que le "nihilisme" des WASP "a trouvé son expression parfaite dans l'odyssée vers la lune...". *Time*, 8 février 1971.

l'autonomie et que leur propre expérience historique les rendait peu familiers avec des idées telles que l'autonomie et les droits individuels, ils étaient d'autant plus désireux de se gaver du riche festin libertaire, même si c'était plus pour leurs propres appétits privés et collectifs que pour le bien public.

La pleine égalité sociale est cependant freinée par les sentiments résiduels de supériorité raciale de la majorité. Pour contribuer à éliminer ce dernier obstacle, les anthropologues des minorités ont présenté et rendu publiques des "preuves scientifiques" selon lesquelles toutes les races étaient intrinsèquement égales. Les théories élaborées à partir de ces preuves (ou les précédant) ont été promues largement et sans relâche par une alliance d'intellectuels libéraux et minoritaires, ainsi que par des marchands d'opinion publique. Il n'a pas fallu longtemps pour que l'égalitarisme racial devienne un dogme établi, repris en force par les non-Blancs, dont l'expérience historique était encore plus étrangère à l'organisation sociale de la majorité que celle des Blancs issus de la nouvelle immigration.

Dans son zèle pour le nivellement racial, l'école égalitaire a perdu de vue le fait que le dynamisme même qui pousse une race à obtenir l'égalité l'oblige à aller au-delà de l'égalité. Après des décennies de lutte, les intérêts en jeu dans l'ascension raciale deviennent trop importants pour être stoppés arbitrairement par des résolutions de l'Union américaine des libertés civiles ou des Américains pour l'action démocratique. Inévitablement, l'égalité se rapproche de la supériorité, et la supériorité se transforme en supériorité.

Aujourd'hui, sous la rubrique "Affirmative Action", le racisme des minorités a été approuvé par les trois branches du gouvernement et institutionnalisé en Amérique. Une peau noire ou brune, des origines hispaniques, un pli épicanthique confèrent désormais à leurs heureux détenteurs des privilèges particuliers en matière d'emploi, d'éducation et même de justice.

Pendant ce temps, des théories proposant la supériorité raciale de certaines minorités sont publiées par des maisons d'édition de premier plan, présentées dans les médias et discutées sérieusement dans les cercles les plus élevés des cognoscenti libéraux-minoritaires.[190] Ceux qui comprennent les motivations réelles des intégrationnistes raciaux ne seront pas surpris d'apprendre que les anthropologues qui ont prêché l'égalitarisme avec le plus de vigueur sont

---

[190] Trois cas de supériorité raciale juive, ainsi qu'un cas d'infériorité juive, seront examinés au chapitre 15. Les allégations de Marshall McLuhan sur la supériorité raciale des Noirs seront brièvement discutées au chapitre 17. Un article paru dans le magazine *Sepia* (mai 1980) était intitulé "Supériorité génétique des Noirs". Asa Hilliard III, le doyen noir de l'école d'éducation de l'État de San Francisco, une université qui jouit d'une certaine réputation dans le monde universitaire, a tenté d'étayer cette prétention à la supériorité en affirmant que Mozart, Haydn et Beethoven étaient des "Afro-Européens". Discours à l'Académie de l'armée de l'air américaine, mars 1980.

ceux qui semblent le moins perturbés par cette tendance. Montague Francis Ashley Montagu (né Israel Ehrenberg), qui a été pendant de nombreuses années le principal défenseur de l'école d'anthropologie égalitaire, a publiquement fait l'éloge et approuvé un tour de force littéraire décrivant les Juifs comme une race maîtresse dotée de manière innée d'un appareil intellectuel qui les rend supérieurs à tous les autres groupes de population de la planète.

C'est ainsi que la majorité, autrefois dominante, s'est vue attribuer le statut — et le stigmate — d'infériorité, non seulement par la réorganisation radicale de l'ordre social américain, non seulement par le dynamisme racial des minorités, mais aussi par les déclarations *ex cathedra* des chercheurs en sciences sociales les plus influents. Il n'y a guère de forme de dépossession plus importante que de devenir un serviteur dans sa propre maison.

CHAPITRE 11

La scission dans les rangs

N'est-il pas incroyable que le groupe de population américain le plus important, celui qui a les racines les plus profondes, le groupe le plus ordonné et le plus compétent sur le plan technique, le groupe de population nucléaire de la culture américaine et du patrimoine génétique américain, ait perdu sa prééminence au profit de minorités plus faibles, moins établies, moins nombreuses, culturellement hétérogènes et souvent hostiles les unes aux autres ?

Tout en tenant compte du dynamisme des minorités et de la variété des causes examinées dans les chapitres précédents, ce changement miraculeux de pouvoir n'aurait jamais pu avoir lieu sans une "scission dans les rangs" de la majorité — sans l'aide active et la participation des membres de la majorité eux-mêmes. Il a déjà été souligné que la conscience de la race est l'une des plus grandes forces contraignantes de l'humanité. Il s'ensuit que lorsque l'attraction raciale se relâche, les gens ont tendance à s'éloigner du noyau du groupe. Certains dérivent sans but dans la vie comme des isolés humains. D'autres cherchent un noyau de substitution dans une vie religieuse ou politique intensifiée, ou dans une conscience de classe élargie. D'autres encore, par idéalisme, par romantisme, par inertie ou par perversité, s'attachent à une autre race pour tenter de trouver la solidarité qui leur manque dans la leur.

À proprement parler, comme cela a déjà été suggéré, personne ne peut changer ou échanger sa race. La strate physique de la race, qui est d'une importance capitale, l'interdit. Mais on peut perdre ou abandonner son esprit de race, sa fierté raciale, son racisme. On peut acquérir le bagage culturel, la langue et la religion d'une autre race. On peut épouser une personne d'une autre race et avoir des enfants hybrides. En prenant une ou plusieurs de ces mesures, le membre de la majorité se retire à toutes fins utiles de son propre groupe et devient, sinon un membre de bonne foi, du moins un membre ad hoc d'une minorité.

Les membres de la majorité divisent leurs rangs pour une multitude de raisons, la principale étant probablement l'ignorance — l'ignorance du monde moderne qui les entoure et du monde ancien qui les entoure, l'ignorance découlant d'un refus ou d'une incapacité à reconnaître l'influence osmotique de la race sur les questions qui touchent à leur existence quotidienne. Paradoxalement, cette ignorance est répandue parmi les éléments les plus éduqués de la majorité, car l'homme alphabétisé qui ne lit que des bêtises est plus ignorant que l'analphabète qui ne lit rien. La prospérité, qui accroît la mobilité sociale tout en diluant la conscience raciale, est également un facteur important de division interne de la majorité. Le souci excessif du confort matériel et des commodités de la technologie moderne a pour effet d'émousser la raison et les instincts. Mais, quelles que soient les circonstances, ceux qui quittent le bercail racial affaiblissent le bercail racial. Ce n'est pas tant l'union qui fait la force que la défection qui fait la faiblesse. Qui sont au juste les "séparateurs de rangs" majoritaires ? D'une manière générale, on peut les classer en cinq catégories.

1. GRACCHITES. Le nom est dérivé des Gracques, deux frères qui, bien qu'appartenant à l'une des grandes familles patriciennes de Rome, n'ont pas pu nourrir suffisamment leur ambition fulgurante en restant dans l'orbite de leur propre caste aristocratique. Tibère et Gaius Gracchus ont découvert qu'en période de tension, dans une république relativement tolérante, une descente d'un ou deux échelons dans l'échelle sociale équivalait à une ascension de plusieurs échelons dans l'échelle politique. Ils sont donc devenus les porte-drapeaux de la révolution et de la révolte agraire et ont été adulés par la plèbe. La stratégie politique des Gracques ne se limitait pas à dresser les classes les unes contre les autres, les paysans contre les propriétaires terriens,[191] les exploités contre les exploiteurs. Les patriciens, descendants des envahisseurs italiens, différaient racialement de la plèbe, issue d'immigrants antérieurs et postérieurs. L'appel des Gracques s'adressait donc aux races opprimées ainsi qu'aux classes opprimées.

Dans un État multiracial, le membre bien né et ambitieux d'une race dominante est constamment tenté d'emprunter la voie gracquienne pour accéder au pouvoir. Il est plus difficile pour le patricien de gagner le respect du patricien que de gagner le respect du plébéien. Il est également beaucoup plus facile de donner de l'argent que d'en gagner, de relâcher la discipline que de la faire respecter, d'être un héros pour son valet que pour son miroir.

L'histoire est pleine de Gracques. La liste comprend des papes, des monarques et des princes célèbres. Philippe d'Orléans, qui a voté la mort de Louis XVI, son propre cousin, pour s'attirer les faveurs de la foule révolutionnaire, est peut-être le cas le plus célèbre. Des aristocrates teutons comme Léon IX, qui, en tant que pape, a soulevé les masses italiennes contre

---

[191] Le programme révolutionnaire des Gracques comportait plus d'une trace de populisme. Animé par une dynamique raciale qui lui est propre, le populisme peut être source d'unité comme de division. Il y a une nette différence entre le réformateur qui fait appel aux fermiers et à la yeomanry de sa propre race, et l'extrémiste politique dont les propositions de réforme agraire ne sont qu'un élément d'un vaste ensemble de changements révolutionnaires et d'agitation raciale et de classe.

le Saint-Empire romain germanique, correspondent certainement à cette description. Il en va de même pour les rois et les ducs régnants qui, à la fin de l'époque féodale, ont établi un pouvoir absolu en écrasant leurs compatriotes nobles avec l'aide de la bourgeoisie et de la populace urbaine. Le prince Valérian Obolensky est un Gracchite célèbre du 20e siècle. Il est passé du tsar aux bolcheviks et a servi comme haut fonctionnaire soviétique jusqu'à ce qu'il soit purgé par Staline.[192]

Les Gracques sont particulièrement nombreux aux États-Unis depuis les années 1930. Franklin D. Roosevelt, Averell Harriman et Adlai Stevenson sont les trois qui me viennent immédiatement à l'esprit. Tous sont nés millionnaires. Ils étaient tous issus de familles bien ancrées dans la majorité. Aucun d'entre eux n'a particulièrement réussi dans le domaine privé.[193] Au cours de leur carrière publique, ils se sont spécialisés dans la prise en charge des minorités, s'entourant de conseillers, de consultants et de rédacteurs fantômes issus des minorités.[194] Leur terrain d'action naturel était le parti démocrate, précédemment décrit comme le parti des minorités. Mais il y a aussi des républicains qui sont très proches des Gracques. Nelson Rockefeller pourrait égaler ses homologues démocrates en termes de naissance, de richesse et de tous les autres attributs de ce qui passe en Amérique pour de l'aristocratie, car il a fondé sa carrière sur une réputation de libéralisme, de tolérance, d'amitié pour les travailleurs et d'intérêt très médiatisé pour les défavorisés. Mais comme la base électorale du parti

---

[192] *Encyclopédie de la Russie et de l'Union soviétique*, p. 403.

[193] La longue et ridicule série de spéculations financières de FDR au début des années 1920 à New York comprenait une perte de 26 000 dollars avec Louis Howe dans le cadre d'un projet d'engraissement de homards ! Alfred B. Rollins, Jr, *Roosevelt and Howe*, Knopf, N. Y., 1962, pp. 196-97.

[194] Un Gracchite encore dans les coulisses est John D. Rockefeller IV, qui en 1980 a dépensé 1 million de dollars, soit environ 25,80 dollars par vote, pour se faire réélire gouverneur de la Virginie occidentale. Jay, comme on l'appelle, a peut-être choisi le parti démocrate après avoir observé l'échec constant de l'oncle Nelson à remporter l'investiture républicaine pour l'élection présidentielle. Un Gracchite dont l'étoile s'est allumée est John Lindsay, qui s'est présenté sous la bannière républicaine jusqu'à ce qu'il soit répudié par son parti lors de la course à la mairie de New York en 1969, qu'il a remportée en tant qu'indépendant. En 1970, Lindsay a déclaré à une assemblée d'étudiants de l'université de Pennsylvanie : "Ceux pour qui j'ai une admiration sans bornes sont ceux qui disent : 'Je ne servirai tout simplement pas dans l'armée américaine au Viêt Nam et je suis prêt à en assumer les conséquences'. Ce sont eux qui sont des héros. *Human Events*, 16 mai 1970, p. 374. Son père est un banquier d'origine britannique, sa mère est membre de l'une des plus anciennes familles du pays. Lindsay a donné sa fille en mariage à un étudiant juif diplômé. *New York Times*, 7 juin 1970, p. 80. Malgré une campagne télévisée coûteuse vantant ses traits physiques nordiques, Lindsay n'a pas été retenu dans la course à la primaire présidentielle démocrate de 1972.

républicain est constituée de membres de la majorité plutôt que de la minorité, la comparaison avec les Gracques démocrates n'est valable que si elle se limite aux fiefs des Gracques républicains dans les États ou les villes. À New York, par exemple, le gouverneur Rockefeller a agi presque exactement comme le président Roosevelt au niveau national, c'est-à-dire qu'il s'est consciencieusement conformé à la volonté de la coalition libérale-minoritaire.[195] Dans le domaine des relations extérieures, cependant, les Gracques républicains sont susceptibles d'accorder un peu plus d'importance aux intérêts de la majorité.

Le Gracchite fait un usage considérable de la fortune familiale pour attaquer ou saper le système dans lequel sa famille a prospéré. Il capitalise sur son allure aristocratique, sa voix cultivée et ses bonnes manières pour charmer et conquérir les prolétaires, tout comme l'acteur anglais raffiné, qui n'est qu'un acteur parmi d'autres à Londres, "les étale dans les allées" lors des séances d'information de l'Iowa. L'adulation des bas-fonds est un vin capiteux pour le Gracchite. Tout cela ne veut pas dire que la politique des Gracques est nécessairement ou toujours mauvaise. Il peut arriver un moment dans la vie de chaque nation où certaines questions deviennent si critiques qu'elles doivent être résolues, même au risque d'une révolution ou d'une conflagration raciale. S'il est impossible de trouver un véritable leader dans un moment de crise, comme c'est souvent le cas dans une société démoralisée et décadente, le Gracchite est parfois une solution plus heureuse que le nihiliste psychotique ou le révolutionnaire qui se roule la tête. Il reste généralement dans le cœur du Gracchite au moins une étincelle de sentiment pour le peuple auquel il a tourné le dos.

Les Gracques se retrouvent bien sûr dans d'autres domaines que la politique. Marshall Field III, petit-fils du prince marchand de Chicago et subventionneur de *PM*, le défunt quotidien new-yorkais axé sur les minorités, était un Gracchite convaincu. Il en va de même pour Michael Straight, fils d'un associé de Morgan, ancien rédacteur en chef et éditeur du *New Republic* et compagnon de route des espions soviétiques. Il en va de même pour le fils d'un autre associé de Morgan, Corliss Lamont, l'apologiste et philosophe aisé du marxisme. Il en va de même pour Hamilton Fish III, l'ancien éditeur du *journal d'*extrême gauche *The Nation*. Il y a des avocats, des médecins et des philanthropes Gracchites. Il y a des Gracchites de la scène et de l'écran. Il y a une agglomération étonnamment importante de diplomates Gracchites. Il y a de nombreuses femmes Gracchites, la plus remarquable étant la regrettée Eleanor Roosevelt. Il y a également des

---

[195] Nelson Rockefeller s'est transformé en un partisan de la ligne médiane lors de la course au poste de gouverneur de l'État de New York en 1970, afin de profiter d'une vague de fond conservatrice dans les rangs des Irlandais et des Italiens.

Gracchites matrimoniaux — des hommes et des femmes issus de familles majoritaires établies qui épousent des membres de minorités pour de l'argent, pour un plaisir racial ou pour les flatteries et l'attention que les grimpeurs sociaux accordent à ceux dont l'arbre généalogique est plus grand et moins long.

Le Gracchite paie généralement le prix fort pour sa part de gloire. L'adulation et les flatteries de la foule ne compensent jamais tout à fait la haine implacable que chaque groupe réserve au transfuge.[196] En temps de guerre, la désertion d'un général fait beaucoup plus de bruit que celle d'un simple soldat. En période de troubles raciaux, la désertion d'un aristocrate, gardien de la race, suscite des émotions bien plus vives que celle d'un roturier. Non seulement Tibère et Gaius Gracchus ont été assassinés, mais aussi deux aristocrates romains ultérieurs dans le moule de Gracchite, Catilina et Clodius.[197]

Le Gracchite, plus encore que la plupart des libéraux, a l'habitude particulière de fomenter des guerres, mais rarement d'y participer.[198] Il

---

[196] C'est ce type de haine qui a empêché Nelson Rockefeller, qui aurait pu être le meilleur candidat, d'obtenir l'investiture républicaine en 1964. Elle a également donné lieu aux huées de Rockefeller lors de la convention républicaine de San Francisco par des militants conservateurs qui, pendant des années, se sont sentis outragés par son habitude orientale de travailler plus dur pour les votes des minorités que pour ceux de la majorité. Le souvenir de ces huées a probablement incité Rockefeller à présenter une image quelque peu "délibérée" au peuple américain en 1974, lorsqu'il a été nommé vice-président des États-Unis dans l'administration Ford.

[197] Il n'est pas tout à fait exact d'appeler Clodius et Catiline des Gracques, car ils ont tous deux été abattus au milieu de leurs conspirations et de leurs rébellions, de sorte que les historiens ont eu beaucoup de mal à cerner leurs véritables intentions. Il se peut qu'ils aient imité Jules César, qui pratiquait une forme de politique bien plus sophistiquée. Le césarisme consiste à utiliser la foule pour obtenir le pouvoir de détruire la foule.

[198] Pendant la Première Guerre mondiale, Franklin Roosevelt, alors en bonne santé et en âge de servir dans l'armée, était secrétaire adjoint à la marine. Harriman et Stevenson n'ont pas participé à la Seconde Guerre mondiale en tant que bureaucrates de Washington, bien qu'ils aient tous deux été des interventionnistes extrêmement actifs. Thomas Jefferson, qui a vécu à une époque où les Gracques étaient peu nombreux, avait néanmoins quelques tendances Gracques notables. Son père était un self-made-man d'origine incertaine, mais sa mère était une Randolph, membre de l'une des principales familles de Virginie. Personne n'a été plus responsable de la guerre d'indépendance que Jefferson, qui n'a pourtant jamais entendu un coup de feu sous le coup de la colère. Son seul exploit militaire fut une retraite ignoble et précipitée dans les montagnes de Virginie lorsque les Britanniques firent une descente soudaine sur Monticello. "Où est Jefferson ? écrivit amèrement Washington alors qu'il se trouvait à Valley Forge. C'est ce même Jefferson, si soucieux de sa propre vie, qui fut inspiré par la rébellion de Shay pour écrire : "Quel pays peut préserver ses libertés si ses dirigeants ne sont pas avertis de temps à autre

dénonce bruyamment la richesse des autres, mais conserve la sienne. Il raille les classes supérieures, mais ne peut s'empêcher de s'identifier à elles. Il est publiquement en faveur des écoles intégrées, mais envoie ses propres enfants dans des écoles ségréguées. C'est probablement trop demander à un homme, en particulier à un Gracchite, que de pratiquer ce qu'il prêche. Giovanni Francesco Bernardone, qui devint saint François après une brève période de play-boy en tant que jeune homme le plus riche d'Assise, et Gautama Siddhartha, qui, de prince, devint Bouddha, étaient les plus rares des mortels, et certainement pas des Gracques. Ils étaient des humanitaires au sens le plus complet et le meilleur du terme. L'humanitarisme du Gracchite, cependant, semble toujours s'accompagner d'une accumulation de pouvoir et d'un déversement torrentiel de haine sur tous ceux qui osent défier ce pouvoir.

Quelles sont les véritables motivations du Gracchite ? S'agit-il simplement d'un homme dont l'ambition l'emporte sur le caractère, d'un homme qui, malgré les immenses avantages que lui confère sa naissance, ne parvient pas à faire partie de l'équipe première et qui, par conséquent, décide d'abandonner ses coéquipiers, de passer dans le camp opposé, de changer les règles du jeu et d'essayer de gagner malgré tout ? Ne serait-ce pas la peur de la compétition avec ses pairs qui est toujours sa plus grande préoccupation ? N'est-il pas, à terme, en train de se défausser de ses propres faiblesses sur les siens ?

2. LES CAMIONNEURS. Ce sont les membres de la Majorité qui ne sont pas nés riches comme les Gracques et qui ne dégagent aucun des arômes aristocratiques qui ravissent les organes olfactifs du hoi polloi. Ils sont issus des couches moyennes et inférieures de la Majorité. S'ils sont des hommes riches — et ils sont nombreux — ils ont gagné leur argent eux-mêmes, soit dans les affaires, soit dans les professions libérales, soit, comme Lyndon Johnson, dans la politique, ce qui n'est pas inhabituel.

Les camionneurs jouent un rôle actif dans la vie publique et dans la formation de l'opinion publique, tout en abjurant presque formellement leur propre niche raciale dans la société. Le seul racisme qu'ils acceptent est celui des minorités, qu'ils contribuent à cultiver par leur intérêt zélé et leur ingérence dans les affaires des minorités. Mais les raisons qui les poussent à jouer le jeu des minorités sont plus opportunistes qu'idéalistes. Ils savent

---

que leur peuple conserve l'esprit de résistance ? Qu'ils prennent les armes !... Que signifient quelques vies perdues en un siècle ou deux ? L'arbre de la liberté doit être rafraîchi de temps en temps par le sang des patriotes et des tyrans. C'est son engrais naturel…". Voir la lettre de Jefferson à Smith, 13 novembre 1787. Voir également Nathan Schachner, *Thomas Jefferson*, Thomas Yoseloff, New York, 1957, p. 216, et Albert Beveridge, *The Life of John Marshall*, Houghton Mifflin, Boston, 1916, Vol. 1, pp. 126, 303.

d'expérience que le fait de dorloter les minorités renforcera leur prestige et leur respectabilité, leur donnera une image plus favorable dans la presse et, s'ils sont politiciens, leur apportera plus de soutien financier et plus de votes. Ils sont également conscients de ce qui se passerait s'ils s'associaient un tant soit peu au racisme de la majorité.

Le jeune et naïf journaliste de la majorité qui, après avoir écrit son premier article de journal ou de magazine important sur un événement international ou national d'un point de vue purement majoritaire, est un jour appelé au bureau et reçoit une liasse de lettres indignées, voire menaçantes, avec des en-têtes fantaisistes et des signatures illustres, est un camionneur typique. À ce moment-là, il peut (1) refuser les pressions et être licencié sur le champ ; (2) démissionner avant d'être licencié ; (3) promettre d'être plus "objectif" à l'avenir et conserver son emploi. Ayant dépensé beaucoup de temps et d'argent pour devenir journaliste et ne souhaitant pas abandonner la carrière qu'il a choisie à peine commencée, il choisit inévitablement la voie (3). Il acquiert alors plus d'"objectivité" en adaptant ses écrits de manière à éliminer d'autres lettres et d'autres réprimandes. Un autre Truckler est né.[199]

Une deuxième espèce de camionneur est le jeune politicien ou bureaucrate de la majorité qui, lors de son premier séjour à Washington ou dans la capitale d'un État, fait par inadvertance une remarque spontanée critiquant une manifestation exagérée de racisme à l'égard des minorités. Vilipendé dans l'heure qui suit, il risque de devenir un paria. Il s'excuse et ne commet plus jamais la même erreur. Maintenant, il comprend ce qui se passe. Désormais, il fera appel aux services d'un conseiller pour les minorités, qui le tiendra au courant des questions relatives aux minorités, ainsi qu'à un rédacteur fantôme pour les minorités, qui préparera ses discours. Il évitera ainsi de laisser échapper d'autres remarques embarrassantes, tout en améliorant son art oratoire. Le langage dynamique du racisme des minorités se manifeste très bien dans les réactions de l'auditoire, contrairement aux phrases figées des rédacteurs de discours de la majorité. [200]

---

[199] Le *nec plus ultra des* camionneurs dans le domaine de l'information était Turner Catledge, natif du Mississippi et rédacteur en chef de longue date du *New York Times*. Comme l'a écrit un autre membre du Times, l'État natal de Catledge "avait été régulièrement dénigré dans la presse pendant une décennie...". Gay Talese, *The Kingdom and the Power*, p. 143. Le *Times*, bien sûr, avait été le principal dénigreur. Benjamin Bradlee, longtemps rédacteur en chef du *Washington Post*, et Osborne Elliott, longtemps rédacteur en chef de *Newsweek*, *sont d'*autres camionneurs journalistiques notoires. Les présentateurs de télévision entrent dans cette catégorie, bien qu'ils se contentent généralement de lire ce qu'on leur donne.

[200] Le juge Sam Rosenman, plus tard président du conseil d'administration de la Twentieth Century Fox, a rédigé de nombreux discours de Roosevelt et de Truman. De

L'un des aspects les plus curieux du camionnage politique est sa dépendance à l'égard de la géographie. Harry Truman, un mercenaire fringant qui a connu des temps difficiles et a flirté avec le Ku Klux Klan,[201] a fait ses débuts en politique en tant qu'assistant de la machine politique corrompue de Pendergast à Kansas City. Lorsqu'il est entré à la Maison-Blanche, il était un champion des droits civiques. Enfin, après s'être retiré de Washington et être revenu en toute sécurité dans la banlieue de Kansas City, dominée par la majorité, il a proféré des remarques au vitriol sur le mouvement des droits civiques et son leader, le révérend Martin Luther King, Jr.[202] Alors qu'il était procureur général de Californie, Earl Warren a trouvé une justification légale à la rafle et au transport vers des camps de "relocalisation", en 1942, de plus de 110 000 Japonais de la côte ouest, dont 64 % étaient des citoyens américains. Il s'agit peut-être de la plus grande violation massive de la Déclaration des droits de l'homme de l'histoire des États-Unis.[203] À Washington, le juge en chef Warren s'est transformé en ange gardien de la Déclaration des droits.

Les camionneurs ne se trouvent pas seulement dans les branches exécutive, judiciaire et législative du gouvernement. Ils abondent dans tous les coins lumineux et sombres de la vie américaine. Il y a les romanciers qui prennent soin de rendre leurs personnages minoritaires "inoffensifs" ; les dramaturges et les scénaristes qui donnent méthodiquement à leurs méchants le pedigree et les traits physiques de la majorité ; les hommes d'affaires qui prêtent le nom de leur société à un certain nombre de lobbies minoritaires ; les ecclésiastiques qui prêchent la justesse des causes minoritaires et ne

---

nombreux discours célèbres de Kennedy et Johnson ont été rédigés par des auteurs issus de minorités, Theodore Chaikin Sorensen et Richard Naradoff Goodwin. Le principal rédacteur des discours de Carter lors de sa campagne de réélection infructueuse en 1980 était Hendrik Hertzberg, qui s'est félicité de la victoire des communistes au Viêt Nam. Les discours d'Eisenhower, ternes et turgescents, ont généralement été rédigés par des professeurs de la majorité. En ce qui concerne la formulation des phrases, l'épithète "Happy Warrior" de FDR pour Al Smith a été imaginée par le juge Joseph Proskauer, et la "Nouvelle Frontière" de Kennedy est l'œuvre simultanée de Walt Rostow et de Max Freedman. Ernest K. Lindley, *Franklin D. Roosevelt*, Bobbs-Merrill, New York, 1931, p. 223, et *San Francisco Chronicle*, This World, 17 août 1965. Ken Khachigan était l'homme chargé de préparer les discours du président Reagan.

[201] Truman a payé 10 dollars pour son initiation au Ku Klux Klan du Missouri en 1922. Il a récupéré ces 10 dollars lorsqu'il s'est opposé à la politique anticatholique du Klan, ce qui était certainement la chose à faire en toute loyauté compte tenu de la religion de Boss Pendergast. Alfred Steinberg, *The Man from Missouri*, Putnam, New York, 1962, p. 64.

[202] Pour les attaques post-présidentielles de Truman contre les droits civiques, voir *New York Times*, 13 avril 1965, p. 24.

[203] *Encyclopédie de Harvard sur les groupes ethniques américains*, p. 566.

répugnent pas à faire valoir leur point de vue en menant des manifestations violentes dans les rues et en organisant des sit-in.

Conscients des immenses récompenses accordées aux fidèles, de nombreux camionneurs deviennent des enthousiastes des minorités à plein temps, ce qui leur vaut non seulement de nombreux éloges académiques et un marché préfabriqué pour leurs livres et leurs articles, mais aussi de l'argent liquide. Les organisateurs de collectes de fonds pour les minorités versent des milliers de dollars à d'éminents orateurs de la majorité. Le vice-président Hubert Humphrey, les sénateurs Henry Jackson et Robert Packwood, le secrétaire à la défense Les Aspin et une foule de notables de la majorité ont empoché des sommes considérables en tant qu'attractions vedettes des dîners de Bonds for Israel et du B'nai B'rith.

Les Trucklers rendent souvent de plus grands services aux projets des minorités que les dirigeants des minorités eux-mêmes. De nombreux Trucklers législatifs ont été si bien formés aux questions raciales qu'ils sont souvent plus sensibles aux préoccupations des minorités qu'à celles de leurs propres électeurs. En ce qui concerne l'attrait pour les électeurs, un membre de la majorité, beau et imposant, est parfois un atout politique et social pour les minorités, à condition qu'il soit correctement "sensibilisé", par rapport à un candidat issu d'une minorité. Ce dernier peut ne pas avoir l'apparence nette si utile pour attirer un large soutien en faveur d'une législation axée sur les minorités.

Aucun membre de la majorité ne naît camionneur. Le Truckling est le résultat d'un processus éducatif — parfois de plusieurs années, parfois d'une conversion du jour au lendemain — au cours duquel le jeune politicien ou professionnel en herbe s'est vu inculquer le catéchisme américain contemporain de la réussite. Il apprend qu'il doit faire preuve de tact plutôt que de vérité, qu'il peut remettre en question ce qui n'est pas controversé, mais pas ce qui l'est, qu'il doit naviguer face aux vents de "l'opinion publique", mais pas s'y heurter. On lui apprend à craindre tous les interdits actuels avec autant de rigueur que l'homme primitif craignait les tabous de son époque.

On peut admirer une personne qui, en changeant ses idées et ses principes, risque la mort, la disgrâce ou de graves pertes financières. On se réserve le droit d'adopter un certain scepticisme à l'égard de ceux qui, en se débarrassant de leur peau idéologique, souvent au bon moment, deviennent riches, puissants et célèbres. Le mot "Truckler" est peut-être trop fort pour qualifier ces tripatouilleurs politiques et moraux qui, au moins en apparence, accomplissent le vieux tour de passe-passe consistant à sacrifier l'intégrité à l'ambition. Mais le Truckler, tel qu'il est défini ici, outrepasse ce vice commun. Il va plus loin que le fétichisme de l'intérêt personnel. Il transcende toutes les limites normales du comportement humain en plaçant les intérêts d'autres groupes ethniques au-dessus des siens.

3. LES PUSSYFOOTERS. Il s'agit des membres de la majorité qui ne prennent aucune mesure positive à l'encontre de leur propre groupe, mais qui le défendent rarement, voire jamais. Ils constituent les deuxième et troisième échelons de la direction de la majorité : avocats, médecins, scientifiques, rédacteurs en chef de journaux de petites villes, professeurs, enseignants, prédicateurs, hommes d'affaires petits et grands, fonctionnaires locaux, nationaux et fédéraux.

Contrairement aux Gracques et aux Camionneurs, qui trahissent et violent les intérêts de la Majorité, les Pussyfooters les ménagent et les subordonnent. Plongés dans leurs problèmes quotidiens, obsédés par les aspects matériels de l'existence, souvent isolés dans des zones où la Majorité est largement prédominante, les Pussyfooters ont moins de contacts directs avec le dynamisme des minorités et sont par conséquent moins préoccupés par celui-ci. Lorsqu'ils se retrouvent face à des racistes minoritaires, dans des réunions sociales ou dans des affaires communautaires, au lieu de défendre le point de vue de la majorité, ils se taisent.

Ils savent que quelque chose ne va pas, mais ils ne savent pas quoi, et ils n'ont ni le temps, ni l'envie, ni le courage, ni l'initiative intellectuelle de le découvrir. Certains Pussyfooters avancent doucement parce qu'ils n'aiment pas les discussions ; d'autres craignent pour leur gagne-pain. D'autres encore sont tout simplement inaptes, par tempérament, à subir les coups de boutoir verbaux et les coups de boutoir logiques hystériques que leurs voisins libéraux ou issus de minorités cherchent à leur faire subir. Tant qu'ils s'en sortent économiquement, tant qu'ils ont l'estomac plein, on peut s'attendre à ce que les Pussyfooters continuent à faire la fine bouche. Seule une variété de racisme au niveau du plexus solaire est susceptible de les réveiller de leur absence de race.

Mais chaque jour, d'innombrables petits conflits sociaux et d'innombrables petites tranches peu attrayantes de la vie américaine rongent la non-participation du Chat Potté. Chaque jour, le directeur adjoint de l'hôtel de luxe de la majorité accueille un flot de plus en plus important de millionnaires minoritaires bruyants. Chaque jour, l'artiste, le poète, le dramaturge et le romancier de la majorité doivent faire face à la domination croissante des minorités dans les domaines de l'art, de la littérature et du théâtre. Chaque jour, les demandeurs d'emploi de la majorité et les titulaires d'emplois de la majorité voient leurs possibilités d'emploi, de promotion ou d'ancienneté menacées par l'augmentation des quotas raciaux pour les Noirs, les Hispaniques et les Asiatiques et par les points supplémentaires attribués aux non-Blancs dans les tests de qualification professionnelle. Avec la criminalité, les émeutes, la discrimination à rebours et l'immigration clandestine qui augmentent chez nous, avec les milliards de dollars qui continuent d'être déversés chaque année au Moyen-Orient, le racisme des minorités devient si criard que même les sourds commencent à l'entendre.

Entendre, cependant, est loin de comprendre. Contrairement aux membres des minorités dynamiques qui s'agitent et frémissent comme un seul organisme à la moindre allusion à la réduction des programmes d'aide sociale ou au rétablissement d'une politique étrangère "America First", les Pussyfooters continuent à dériver en silence au bord du grand vortex social, tourbillonnant dans le sens des aiguilles d'une montre ou dans le sens inverse, selon les besoins de l'opinion publique.

4. LES ANCIENS CROYANTS. La tradition politique américaine est un mélange rare et délicat de whiggery anglais, d'égalitarisme français, de stoïcisme classique et de christianisme social. Cet amalgame doctrinal complexe était autrefois l'idéologie exclusive de la majorité américaine. Aujourd'hui, considérablement modifié dans sa substance et baptisé "libéralisme", il a été adopté avec empressement, voire repris, par les minorités. Néanmoins, un grand nombre de membres de la majorité se qualifient encore de libéraux. Ceux qui souscrivent honnêtement au libéralisme, non pas sous sa forme moderne pervertie, mais dans sa version originelle lockienne, jeffersonienne et lincolnienne, sont désignés ici comme les Vieux Croyants. Les Gracchites et les Camionneurs sont des hypocrites, des opportunistes, des peureux ou des pseudo-libéraux. Les Pussyfooters sont des libéraux réticents ou hésitants. Les Old Believers appartiennent à la race en voie de disparition des libéraux honnêtes.

Il est rare que les vieux-croyants deviennent particulièrement importants ou réussissent dans l'Amérique d'aujourd'hui, car la vérité est que l'establishment libéral ne peut pas supporter le libéralisme dans sa forme pure et non altérée. Les Vieux Croyants ne font pas que prétendre croire à la liberté de la parole et de l'écrit, mais y croient vraiment, une superstition intolérable pour les médiacrates qui ont fixé certaines limites critiques à la pensée américaine. Le libéralisme est tout aussi intolérable pour les politiciens et les faiseurs d'opinion dont les carrières sont bâties sur une vision unidimensionnelle, unilatérale et simpliste de la société moderne.

De plus en plus démodés, les Vieux Croyants se trouvent actuellement dans de petites universités, dans des cercles libertaires ou parmi le clergé non fondamentaliste, non violent et non permissif. Les plus virulents sont souvent les descendants de familles enracinées dans la tradition des town meetings ou du populisme de la Nouvelle-Angleterre. En général, ils essaient de transplanter une idéologie fanée, qui a fonctionné de manière adéquate dans un ensemble particulier de conditions historiques et génétiques, à une autre époque et dans un environnement souvent hostile et étranger — une transplantation qui est continuellement rejetée par le corps politique américain. Malgré tous les enseignements modernes, le libéralisme n'est pas indépendant du temps et de la race.

Dorothy Thompson, la chroniqueuse, et Charles Beard, l'historien, ont été deux des vieux-croyants les plus en vue de l'époque récente. La première a été acclamée dans tout le pays lorsqu'elle condamnait la persécution des Juifs par les nazis avec la véhémence de l'Ancien Testament. Mais lorsque, après la Seconde Guerre mondiale, elle a utilisé les mêmes arguments passionnés pour dénoncer la dépossession des Arabes palestiniens, elle a perdu ses principaux débouchés dans la presse et est morte au Portugal dans une relative obscurité. Charles Beard, considéré au début du New Deal comme le plus grand historien américain vivant et un modèle de libéralisme, a été exclu de la communauté intellectuelle américaine après avoir accusé le président Roosevelt d'actes anticonstitutionnels dans la gestion de la diplomatie et de la politique étrangère américaines avant Pearl Harbor. Le même traitement a été réservé à l'éminent historien Harry Elmer Barnes, qui a commis le crime impardonnable de remettre en question l'Holocauste et d'accuser Roosevelt d'avoir manigancé Pearl Harbor. [204]

Les vieux-croyants sont également regroupés, l'un des plus influents étant la Société des Amis, ou Quakers. Pratiquant une tolérance religieuse, politique et sociale presque totale, et animés par une obligation de "bonnes œuvres", les Quakers consacrent leurs efforts et leur argent (qui sont considérables) à des projets qui promeuvent activement le racisme des minorités, en dépit du fait que la doctrine des Quakers s'oppose au concept même de race. L'acceptation sans critique par les Quakers d'un libéralisme anglo-saxon de vieille souche, appliqué à une société moderne et racialement hétérogène, a donné naissance à d'étranges hybrides idéologiques au sein de la communauté quaker. Drew Pearson, le plus vitupérant des chroniqueurs, Alger Hiss, le plus subtil des conspirateurs communistes, Klaus Fuchs, le plus fourbe des espions atomiques, ainsi que quelques-uns des plus célèbres membres de la majorité des gangs de terreur marxistes, étaient issus de la communauté quaker.[205] Comme les grands titres des journaux nous l'ont souvent rappelé, la distance entre le vieux croyant et le vrai croyant n'est souvent que de courte durée.

---

[204] Charles Beard, *President Roosevelt and the Coming of the War*, 1941, Yale University Press, New Haven, 1948. Voir Barnes's *Revisionism : A Key to Peace and Other Essays*, Cato Institute, San Francisco, Californie, 1980.

[205] La mère de Pearson était cependant la fille d'un dentiste juif.

Les quakers et autres vieux croyants doivent être félicités pour leur foi inébranlable dans la nature humaine. En même temps, ils doivent être vivement critiqués pour leur ingérence, leur charité mal orientée et leur compassion déformée qui leur ont valu le nom de "Bleeding Hearts" (cœurs qui saignent). À certains égards, le vieux croyant peut être comparé au capitaine d'un navire en détresse qui, dans un autre siècle et avec un autre équipage, aurait pu compter sur son courage obstiné pour mener son navire à bon port. Aujourd'hui, prisonnier de son propre matelotage dépassé, il navigue à l'aveuglette d'un récif à l'autre.

5. LES PRODUCTEURS.[206] La cinquième et dernière catégorie de ceux qui ont provoqué la scission dans les rangs de la Majorité est unique en ce sens que ses membres sont entachés de déloyauté pure et simple, non seulement envers la Majorité, leur groupe de population, mais aussi envers l'Amérique, leur nation. Le Gracchite ou le Camionneur, bien qu'il aille souvent à l'encontre des meilleurs intérêts du peuple américain, ne s'aventurera pas sciemment dans le domaine ignominieux de la haute trahison. Franklin D. Roosevelt faisait des compromis avec les communistes, les promouvait à de hautes fonctions, leur donnait bien plus que ce qu'il avait reçu à Téhéran et à Yalta, mais il n'a jamais été l'un d'entre eux. Des politiciens de moindre importance et des personnalités publiques les ont choyés pendant des années avant de les dénoncer.[207] Le Proditor, en revanche, prend un plaisir sauvage à couper toutes ses racines, à rechercher délibérément et à rejoindre les ennemis de son pays, étrangers et nationaux, et, ce faisant, à bouleverser et à détruire avec enthousiasme tous ceux et toutes les choses qui étaient autrefois les plus proches de son cœur et de son esprit.

En bref, le Proditor s'installe en permanence dans ce pays lointain où le Gracchite et le Camionneur n'osent pas et ne veulent pas pénétrer. Même s'il se prend pour un Robin des Bois, même s'il invente les excuses les plus plausibles et les plus idéalistes pour justifier ses petites et grandes trahisons,

---

[206] Ce mot, qui désigne une forme particulièrement désagréable de traître, est utilisé ici dans le sens shakespearien : "thou most usurping proditor, and not protector, of the king or realm" (tu es le plus usurpateur des protecteurs, et non le protecteur, du roi ou du royaume). Henri VI, acte 1, scène 3.

[207] Donner quelques-unes des meilleures années de sa vie au soutien de l'Union soviétique était une forme de déloyauté pour tout membre de la majorité, qu'il s'agisse d'espionnage pur et simple ou de mensonges en bloc dans des livres, des magazines et des discours défendant des régimes communistes rapaces. C'est pourquoi des membres du parti ou des compagnons de route tels que Max Eastman, Granville Hicks, John Chamberlain, William Henry Chamberlin et James Burnham ont failli entrer dans la catégorie des rédacteurs, même s'ils ont tous fini par se rendre compte de leur erreur et par prêcher *contre* plutôt que pour l'URSS, leur ancienne patrie spirituelle, et Marx, Engels et Lénine, leur ancienne sainte trinité.

le Proditor — pourquoi cet euphémisme — est un criminel ordinaire ou, plus précisément, un criminel hors du commun.

Les circonstances qui produisent le Proditor ne défient pas l'analyse. Comme pour le Gracchite, il y a souvent un échec personnel préalable. La dérive ultérieure vers des philosophies politiques exotiques est plus un indicateur qu'une cause de la trahison à venir.

Thomas Paine abandonne sa femme, puis fait faillite. Il abandonne ensuite son pays, l'Angleterre, se rend en Amérique et, après quelques années, retourne en Europe, où il contribue à attiser la terreur révolutionnaire en France. En 1796, Paine a accusé Washington de trahison,[208] une diffamation qui n'a pas ébranlé Paine de son haut piédestal dans le panthéon libéral, bien que des accusations plus récentes de trahison par des non-libéraux n'aient pas été accueillies aussi chaleureusement. [209]

John Brown a lui aussi connu la faillite avant de trouver sa véritable vocation : s'efforcer de déclencher la guerre civile. Il a goûté pour la première fois au sang lors des conflits fonciers du Kansas, lorsque lui et ses quatre fils ont attaqué cinq hommes endormis dans leurs tentes et les ont tués à coups d'épée.[210] À Harpers Ferry, il semble aussi désireux d'inciter les esclaves à la révolution et au chaos que de les libérer.

Il est inhérent à la profession de renégat que la trahison est plus facile la deuxième fois. Sans le moindre scrupule, le transfuge devient le redéfenseur ; l'agent, l'agent double. De façon presque rituelle, le rédacteur en chef fait une nouvelle carrière en confessant ses péchés antérieurs et en dénonçant ses anciens associés.

Whittaker Chambers est peut-être l'exemple type du rédacteur. Triste épave dans sa jeunesse, mais doué d'une certaine intellectualité de mauvais goût, il devint successivement vagabond, marxiste, coursier du parti communiste, rédacteur en chef du Time, témoin vedette contre Alger Hiss et, à l'automne de sa vie, auteur d'une confession angoissante qui fut un best-seller. Si le thème de Witness n'avait pas été aussi banal, Chambers, un quaker en fin de carrière, aurait pu atteindre les sommets autobiographiques d'un Saint Augustin. Avec une introspection torturée et des détails de feuilleton, il

---

[208] En représailles, Theodore Roosevelt qualifie Paine de "sale petit athée".

[209] Il s'agit des accusations du sénateur Joseph McCarthy contre le général Marshall et de Robert Welch contre Eisenhower.

[210] Au total, l'équipe de Brown chargée des homicides compte huit membres. L'un d'entre eux, Theodore Weiner, était juif.

raconte comment il s'est d'abord trahi lui-même, puis son peuple, puis son pays, puis son pays d'adoption (l'U.R.S.S.), et enfin ses amis.

John Reed, né dans l'Oregon, un autre rédacteur en chef remarquable, est devenu membre du comité exécutif du parti communiste à Moscou. Il est mort, à l'âge de trente-trois ans, au plus fort de l'effervescence bolchevique et repose dans une tombe près des murs du Kremlin, à 8 000 kilomètres de chez lui, mais à un jet de pierre des ossements de Staline.

Les Proditors les plus récents sont : Jane Fonda et Ramsey Clark, qui ont tous deux ouvertement trafiqué avec l'ennemi pendant la guerre du Viêt Nam ; la majorité des hommes et des femmes qui ont appartenu à l'Armée de libération symbionaise, une organisation mixte qui s'est livrée au meurtre, à la destruction et à l'enlèvement ; la majorité des étudiants qui ont appartenu aux Étudiants pour une société démocratique, une autre organisation qui se consacre principalement, non pas à la guerre des classes, mais à l'ascension d'une minorité raciale.

Alger Hiss, qui mérite presque une catégorie à part, éclipse tous les autres traîtres de la majorité, passés et présents, non seulement par la nature, mais aussi par l'ampleur de sa trahison. Benedict Arnold, dont les ancêtres étaient anglais, qui a épousé une loyaliste et qui a trahi un pays qui n'avait que quelques années d'existence, ne pouvait être accusé de la plus grande trahison, celle de ses antécédents raciaux et culturels. La trahison d'Aaron Burr n'était pas totale, puisqu'elle aurait pu éventuellement aboutir à l'établissement d'un empire américain au Mexique.

Alger Hiss, quant à lui, a servi directement un colosse totalitaire étranger dont la philosophie politique, sociale et économique et la stratégie militaire étaient inaltérablement anti-américaines. Bien qu'il ait évolué dans les cercles les plus élevés et qu'il ait reçu nombre de récompenses et d'honneurs importants que son pays était en mesure d'accorder, il a mis ses vastes talents et ses précieuses relations à la disposition d'un complot international, dont le but était la destruction ou la mutation de tout ce qui avait rendu sa propre réussite possible. Hiss est le cas suprême de l'esprit brillant, détaché de toute attache raciale, qui se retourne contre lui-même. Dans sa *Divine Comédie*, Dante réservait les plus grands tourments à Judas, Cassius et Brutus, les traîtres de leurs bienfaiteurs. Il aurait peut-être eu du mal à concevoir un cercle d'enfer adéquat pour des personnes comme Alger Hiss. [211]

---

[211] La trahison des espions atomiques Julius et Ethel Rosenberg, Harry Gold, Morton Sobell et David Greenglass, même si elle peut avoir un impact plus meurtrier sur l'avenir américain (voir chapitre 38), n'a pas la dépravation raciale et culturelle et l'auto-humiliation des traîtres de la Majorité. Les Rosenberg et consorts appartenaient à une

Tous les diviseurs de rangs — racistes, camionneurs, pédaleurs, vieux-croyants et prostituées — blessent et mortifient la majorité moins par leur activité ou leur passivité, leur complicité secrète ou leur collaboration ouverte avec leurs adversaires que par la confusion dans laquelle ils entourent l'affrontement entre la majorité et les minorités. La simple présence d'un membre de la Majorité dans les rassemblements de minorités ou dans les manifestations de rue, la simple apparition d'un nom de la Majorité sur le papier à en-tête de lobbies de minorités ou d'organisations de collecte de fonds contribuent à dissimuler le caractère essentiellement racial de ces groupes. En outre, en faisant appel à des principes soigneusement choisis de la pensée libérale et de la civilité, ainsi qu'à des principes soigneusement choisis de la religion et de l'éthique, les séparateurs de rangs de la majorité sont en mesure de se présenter comme les héritiers légitimes de la grande tradition humanitaire occidentale. Sous cette forme, ils peuvent plus facilement donner à la *Realpolitik* des minorités le lustre de la respectabilité morale et le sens de l'urgence chrétienne.

Le nombre et l'influence des diviseurs de rangs ne diminueront pas de manière substantielle jusqu'à ce que le membre de la majorité qui encourage, défend ou excuse le libéralisme et le racisme orientés vers les minorités ne puisse plus faire une carrière fructueuse en dépréciant l'intérêt de la majorité pour la civilisation américaine. En attendant, les rangs inférieurs de la Majorité devront porter le fardeau principal de la défense de la Majorité, en s'appuyant principalement sur leurs instincts, sur leur bon sens non lavé et non lavable au cerveau, et sur leur conscience inexpugnable de la bonté — en d'autres termes, sur leurs ressources génétiques. |

---

minorité inassimilable. Comme ils avaient au départ moins d'attaches réelles et sentimentales à leur pays de résidence, le nœud gordien qu'ils devaient trancher était plus lâche et fait d'une corde moins solide. Jonathan Pollard, le juif américain condamné en 1987 pour espionnage au profit d'Israël, a ouvertement admis sa loyauté envers le sionisme. Il a déclaré que ses crimes étaient une "obligation raciale".

CHAPITRE 12

La prophétie esthétique

C ETTE RESSOURCE GÉNÉTIQUE pourrait être définie comme la Propagande Esthétique. Même l'égalitariste racial le plus convaincu peut difficilement nier que les traits physiques du stéréotype nordique idéalisé sont jugés désirables par la plupart des Blancs et de nombreux non-Blancs.[212] La ligne sociologique actuelle, en partie dérivée du marxisme, est que ces traits ne sont pas favorisés par une préférence esthétique innée ou universelle, mais parce qu'ils sont typiques du groupe de population dominant et qu'ils confèrent ipso facto un statut social plus élevé à leurs détenteurs.

Il n'est pas difficile de trouver des failles dans la théorie matérialiste de l'esthétique. La première preuve documentée de blondisme est une peinture murale égyptienne représentant une fille de Chéops, la reine Hetep-Heres II.[213] Si l'un des premiers et des plus grands pharaons égyptiens avait une fille blonde, lui et sa femme devaient avoir des gènes blonds.[214] Par conséquent, la blondeur devait être attrayante ou prestigieuse dès 3075 av. J.-C. dans un pays hautement civilisé composé de Méditerranéens bruns et jamais gouverné, à ce que l'on sache, par une race blonde.

À l'époque classique, la blondeur des dieux et demi-dieux romains était constamment évoquée.[215] Les conventions du théâtre grec prévoyaient un tyran à la perruque et aux cheveux noirs, des cheveux roux pour l'esclave malhonnête et des boucles claires pour le jeune héros.[216] Ovide et Martial ont déclaré que les matrones romaines préféraient les cheveux clairs aux perruques, une préférence qui s'est répandue en Amérique 1 900 ans plus

---

[212] Le stéréotype a été décrit à la page 26.

[213] Coon, *The Races of Europe*, p. 98.

[214] Le blondisme est un caractère récessif qui doit être présent chez les deux parents. Il peut se manifester par des cheveux bruns clairs ou blonds qui, même chez les Nordiques les plus purs, risquent de s'assombrir avec l'âge.

[215] *Flavens*, le mot latin pour jaune, doré ou auburn, était "la couleur universellement attribuée aux cheveux des personnages héroïques par les anciens". J. B. Greenough, *Virgil and the Other Latin Poets*, Ginn & Co., Boston, 1930, p. 133, note 590.

[216] A. E. Haigh, *Attic Theatre*, Clarendon Press, Oxford, 1907, pp. 221, 239.

tard.[217] Le pape Grégoire le Grand a qualifié certains captifs anglo-saxons qu'il a vus à Rome non pas d'Angles, mais d'"'anges" parce qu'ils étaient "d'une beauté éclatante" et d'une "gracieuse brillance extérieure".[218]

Le *Rigsthula*, poème culturel des Vikings, décrit la société scandinave primitive comme tripartite : une classe inférieure aux cheveux noirs et à la peau ridée, une classe d'hommes de service au corps robuste et au visage rougeaud, et une noblesse aux cheveux blonds et à la peau plus blanche que la neige battue.[219] Au sujet du califat médiéval de Cordoue, on a écrit : "La plupart des califes avaient les cheveux clairs ou roux et les yeux bleus"[220]. Cette coloration est peut-être due à des mariages avec la noblesse wisigothique antérieure. Les familles les plus nobles de l'Espagne chrétienne, qui revendiquaient une descendance directe des Wisigoths, avaient la peau si blanche que le réseau bleu de leurs veines était très visible. C'est pourquoi *sangre azul* (sang bleu) est devenu synonyme de membres de l'aristocratie. Les veines des Espagnols d'origine plus modeste étaient masquées par leur peau méditerranéenne plus foncée. [221]

La légende de Quetzalcóatl, le dieu aztèque de l'air, qui aurait enseigné aux Mexicains à la peau cuivrée l'utilisation des métaux et les arts du gouvernement, constitue une preuve plus ténue de l'attrait esthétique de la coloration claire. On dit qu'il avait la peau blanche et qu'il portait la barbe, ce qui était pratiquement inconnu des indigènes presque imberbes. Après s'être attiré les foudres d'une autre divinité, il quitta le Mexique et naviga vers l'est à travers le Grand Océan, en disant qu'il reviendrait. Au Pérou, un mythe assez similaire présente des hommes blancs et barbus qui conquièrent les habitants pré-incas et leur transmettent les secrets de la civilisation.[222]

---

[217] "Nous payons 10 dollars la livre pour des cheveux orientaux et jusqu'à 350 dollars la livre pour les meilleurs cheveux blonds européens", a déclaré Adolph Jacoby, directeur d'une entreprise de perruques new-yorkaise. *Wall Street Journal*, 17 octobre 1962, p. 1.

[218] Will Durant, *L'âge de la foi*, p. 522.

[219] Coon, *The Races of Europe*, p. 321.

[220] Enrique Sordo, *Moorish Spain*, Crown, New York, 1962, p. 24. Voir également Cities of Destiny, éd. Arnold Toynbee, McGraw-Hill, New York, 1967. Bien que cela ne soit pas très connu, les Arabes ont toujours tracé une ligne de démarcation très nette entre les couleurs. Dans l'Irak d'aujourd'hui, un citoyen peut obtenir un jugement contre une personne l'accusant à tort d'avoir des ancêtres noirs. Carleton Coon, *Caravan*, Henry Holt, New York, 1951, p. 161.

[221] Don Quichotte dit de la fictive, et non de la réelle, Dulcinée, "sus cabellos son oro... su blancura, nieve". Cervantes, *Don Quijote*, E. Castilla, Madrid, 1966, p. 98.

[222] William H. Prescott, *The History of the Conquest of Mexico and the History of the Conquest of Peru*, Modern Library, New York, pp. 39, 736. D'autres chercheurs sur la

Aujourd'hui, la Propagande Esthétique persiste en Amérique latine, en particulier dans les régions où les Noirs et les Indiens prédominent. Une ville aussi reculée qu'Ita, dans la partie supérieure de l'Amazonie, applique une règle simple en matière de statut social : plus la peau est claire, plus la classe sociale est élevée. Un teint clair est reconnu par tous comme la marque de la beauté.[223] Même au Japon, les teints pâles sont favorisés. L'expression japonaise pour "bien né" est "fenêtre profonde", qui fait référence à la pigmentation plus claire des personnes protégées du soleil par des maisons aux murs épais.[224]

L'attrait purement esthétique du nordique est indéniable dans tous les États-Unis contemporains. Les hommes aux cheveux clairs, au visage étroit et à la tête longue dominent toujours les publicités pour la mode masculine, tandis que dans la soi-disant contre-culture, censée rejeter complètement les goûts et les styles contemporains, la fille aux cheveux blonds, qu'ils soient longs, raides ou bouclés, frisés ou tressés, reste le symbole d'une féminité désirable. Chaque année, des millions d'Américaines dépensent des dizaines de millions de dollars en produits décolorants. "Les blondes s'amusent plus" est pratiquement devenu un proverbe, tout comme "Les messieurs préfèrent les blondes".[225] L'avalanche de blondes artificielles déclenchée par cette publicité, accompagnée du contraste incongru et laid des cheveux platine avec des yeux et des sourcils foncés et une peau olivâtre, aurait dû suffire à détruire à jamais l'idéal blond. Le fait qu'il n'en ait rien été a permis de vérifier une préférence esthétique durable et profondément ancrée chez la

---

préhistoire du Mexique nient que Quetzalcóatl ait eu des traits physiques blancs. César A. Saenz, *Quetzalcóatl*, Instituto Nacional de Antropología e Historia, Mexico, 1962. Pour une série d'apartés sur le dieu mexicain, voir D. H. Lawrence, *The Plumed Serpent (Le serpent à plumes)*. Ceux qui sont enclins à tirer l'histoire du mythe ne peuvent s'empêcher de penser que Quetzalcóatl était un Viking naufragé et en mal de vivre.

[223] Charles Wagley, *Amazon Town*, Macmillan, New York, 1953, pp. 12–40.

[224] *Life*, 5 septembre 1969, p. 42.

[225] *Gentlemen Prefer Blondes* est le titre d'un roman écrit par une scénariste hollywoodienne brune, Anita Loos, dont le père était d'origine française. Mlle Loos a expliqué plus tard pourquoi elle avait écrit ce livre : "La satisfaction de me venger de Mae Davis pour avoir séduit l'homme que j'aimais [H. L. Mencken] a largement compensé la peine [que j'ai eue à l'écrire]". Elle poursuivit sa vendetta contre les blondes dans un autre roman, *But Gentlemen Marry Brunettes*. Malgré les meilleures intentions de l'auteur, Lorelei, "idiote" et chercheuse d'or, est entrée dans le folklore américain comme la jeune blonde bien informée qui arrive à ses fins. Anita Loos, *A Girl Like I*, Viking Press, New York, 1966, p. 274.

plupart des Américains.[226] De nombreux autres moyens de modifier la nature : le redressement et le bobinage du nez, l'électrolyse pour relever la ligne des cheveux et rehausser les sourcils et le front, les chaussures d'ascenseur pour augmenter la stature ont été adoptés par les membres des minorités qui s'efforcent de se donner le "look de la majorité".[227]

Le pouvoir de la Propagande Esthétique est également apparent dans les habitudes américaines actuelles en matière d'accouplement et de fréquentation. Bien que la majorité soit dans la descendance, les hommes minoritaires les plus prometteurs semblent poussés à épouser ou à rechercher la compagnie des femmes de la majorité. Pour s'en convaincre, il suffit d'observer les couples qui se pressent dans les boîtes de nuit, les restaurants et les hôtels de villégiature les plus chers. En outre, l'idéal physique nordique n'est pas seulement l'idéal matrimonial des minorités "New Rich" en Amérique, mais aussi celui des ascensionnistes européens depuis au moins un millier d'années.

Le nombre relativement faible de Nordiques dans le monde — estimé à 300 millions en 1980 et en déclin rapide — a sans aucun doute renforcé leur attrait esthétique. La rareté en soi exerce un attrait particulier, et ce qui est beau contient généralement un élément peu commun. De même que le Nordic pur est une rareté parmi les Nordics partiels qui constituent la majorité américaine, de même la majorité américaine représente un type rare et ésotérique de la population mondiale dans son ensemble. Pour les Blancs comme pour les non-Blancs, les Nordiques sont la personnification de la race blanche parce qu'ils sont les Blancs les plus "blancs". La meilleure description de l'attrait physique de la majorité a peut-être été donnée par Wyndham Lewis :

> Il est courant, lorsqu'on discute avec des Américains, d'entendre un magnifique spécimen humain (qui est manifestement issu d'un Suédois de première classe et d'une Suissesse magnifique, avec un peu d'irlandais et une touche de basque) se qualifier de "bâtard". C'est inconcevable, mais c'est pourtant ainsi qu'un produit "mixte" est susceptible de

---

[226] Le blondisme est plus attrayant lorsqu'il est accompagné d'autres caractéristiques physiques nordiques. Sans la sensibilité à la couleur de la plupart des Américains, la pigmentation nordique et la teinte de la peau pourraient être moins importantes que d'autres traits nordiques en tant que critères de beauté masculine et féminine. Il est certain que les Méditerranéens nordiques "grands, sombres et beaux" sont des spécimens physiques plus attrayants que les types plus petits, plus trapus, bien que plus blonds.

[227] La manie du bronzage ne contredit pas la logique de la Propagande Esthétique : les rayons ultraviolets du soleil peuvent assombrir la peau, mais ils éclaircissent aussi les cheveux et offrent un contraste agréable avec les yeux clairs et d'autres manifestations de coloration claire. En fait, le bronzage est un signe de santé et de richesse — à la fois un camouflage temporaire et une mascarade exotique.

considérer ce superbe mariage de Scandinaves, de Goths et de Celtes, tous aussi proches par le sang que la caste brahmanique en Inde…

Il suffit de regarder cet excellent type d'Américain "mixte" pour admirer la pureté des lignes et la finesse des ajustements obtenus par la conjonction de ces souches sœurs. Loin d'être un "bâtard", bien sûr, c'est une sorte de super-Européen ; le meilleur de plusieurs souches étroitement alliées s'est rencontré en lui, exactement de la même manière que cela se produisait constamment dans les familles nobles européennes — où l'issue du mariage entre nobles, qu'ils soient d'Angleterre et d'Italie, ou d'Espagne et de Russie, ne constituait pas un "métis", mais plutôt un produit féodal plus exalté… [228]

La possibilité que la Propagation Esthétique aille sous la peau, qu'il y ait une relation entre ce que Herbert Spencer appelait "la beauté du caractère et la beauté de l'aspect", soulève des problèmes qui dépassent le cadre de cette étude.[229] Toutefois, sans s'empêtrer dans des complexités psychobiologiques, il faut se rallier à la suggestion de Spencer selon laquelle la beauté est une "idéalisation éloignée du singe". Les trois principales sources de laideur, selon Spencer, sont la récession du front, la protubérance de la mâchoire et les grandes pommettes. Par conséquent, seuls les êtres humains dont les mâchoires et les pommettes ont été ramenées en arrière et les dépressions nasales comblées sont beaux. L'absence d'ouverture des narines vers l'avant et une petite bouche sont d'autres qualités requises.[230] Étant donné que le Nordique idéalisé répond mieux à ces exigences que les autres stéréotypes raciaux, il s'ensuit que les Nordiques sont les moins "apelike" des mortels et qu'ils méritent donc le premier prix du concours de beauté ethnique.[231]

---

[228] Wyndham Lewis, Pale *Face*, Chatto and Windus, Londres, 1929, p. 278.

[229] Herbert Spencer, *Essays*, Appleton, New York, 1910, Vol. II, p. 387. Schopenhauer est un autre philosophe qui croit en un lien entre l'apparence extérieure et l'être intérieur. La bouche, disait-il, exprime la pensée de l'homme, tandis que le visage exprime la pensée de la nature et de l'espèce. "Vielmehr ist jedes Menschengesicht eine Hieroglyphe", c'est ainsi que Schopenhauer résumait son opinion sur la question. *Parerga und Paralipomena*, F. A. Brockhaus, Leipzig, 1877, pp. 670-71.

[230] Ibid, pp. 390-92.

[231] Dans une œuvre qui n'arrive pas à la cheville de *Moby Dick* et de *Billy Budd*, Melville a transposé cet argument physique sur le plan spirituel lorsqu'il a tenté d'assimiler la blondeur à la bonté. Dans *Pierre*, Melville demande à Isabel de se plaindre : "Oh, mon Dieu ! si j'étais née avec des yeux bleus et des cheveux clairs ! C'est la livrée du paradis ! Avez-vous déjà entendu parler d'un bon ange aux yeux sombres, Pierre ? non, non, non — tous bleus, bleus, bleus — le bleu du ciel…" *Pierre*, Hendrick's House, New York, 1957, p. 370. En revanche, le roman de Melville, *Benito Cereno*, qui n'a d'égal que Le

La Propagande Esthétique a d'ailleurs souvent été transposée dans le domaine de l'éthique et même de la politique. Platon n'a été ni le premier ni le dernier à associer la beauté au bien. Toutes choses égales par ailleurs, l'homme politique ou l'homme d'État beau (c'est-à-dire d'apparence nordique) a généralement réussi à susciter plus de déférence que son rival moins beau (c'est-à-dire d'apparence moins nordique), dont l'apparence peu avenante peut constituer un sérieux handicap pour gagner et conserver des partisans. Conscient de la force que ces normes esthétiques exercent encore en Occident, un intellectuel perspicace comme le philosophe marxiste George Lukács, qui se situe bien en dehors du lieu génétique et culturel de l'Europe du Nord, a réagi en ayant une "peur libérale de la beauté, avec [un] soupçon obsessionnel que la beauté et, par déduction, une bonne partie de l'art est un masque qui empêche de voir clairement le mal et la souffrance de l'homme". [232]

C'est la Propagande Esthétique qui a prolongé la survie de l'aristocratie décadente [teutonique] en Europe centrale et méridionale des siècles après qu'elle ait été dépouillée de sa prééminence. C'est la même propension esthétique qui aide la majorité américaine à conserver les ornements, mais non la substance, de son ancien pouvoir.[233] Ce n'est que dans le domaine de l'esthétique, grâce à l'omniprésence du type biologique nordique idéalisé et à son acceptation continue en tant que modèle national de charme physique et d'attractivité, que la majorité a été en mesure d'organiser une action de maintien, modeste, mais réussie, dans la mêlée raciale d'aujourd'hui.

Cœur des ténèbres de Conrad pour illustrer le côté sombre de la mentalité noire, semble proposer une corrélation entre la noirceur et le mal. Montesquieu et Mozart étaient également des membres fondateurs du club "Le noir n'est pas beau". Dans l'opéra de ce dernier, *Die Zauberflöte*, son méchant noir, Monostatos, chante : "Weiss ist schon, weil ein Schwarzer hasslich ist".

[232] *Times Literary Supplement,* 18 juin 1970, p. 660.

[233] Après avoir tenté de persuader les jeunes filles noires de revenir à une coiffure naturelle et laineuse et d'abandonner les crèmes décolorantes et les styles vestimentaires occidentaux, les militants noirs recherchent des jeunes filles blanches, préférant, lorsqu'elles passent leurs vacances à l'étranger, la Scandinavie à l'Afrique. Fletcher Knebel, "The Black Woman's Burden", *Look*, 23 septembre 1969, pp. 77-79.

PARTIE IV

Les minorités :
Assimilées et inassimilables

CHAPITRE 13

Les minorités assimilées

IL A ÉTÉ MONTRÉ que 55 506 205 Américains, soit près de 30 % de la population du pays, appartiennent à ce qui a été décrit comme des minorités assimilées.[234] Dans la terminologie de l'anthropologie physique, ces minorités sont principalement alpines, une désignation qui, dans cette étude, englobe également les races dinariques et baltes orientales. Géographiquement parlant, leurs pays d'origine sont l'Irlande, la France, les pays slaves et divers pays d'Europe centrale et des Balkans. Descendant pour la plupart de ceux qui sont arrivés au milieu du XIXe siècle et lors des vagues d'immigration ultérieures, les membres de la minorité assimilée, en raison de leurs affinités raciales et culturelles avec les éléments nord-européens ou nordiques de la population, ont été en grande partie absorbés dans la matrice démographique de la majorité.

Dans les sections suivantes, qui énumèrent et examinent brièvement les minorités assimilées, aucun groupe de population d'Europe du Nord, à l'exception des Irlandais et des Finlandais, n'est mentionné. Cela peut sembler étrange, étant donné que de nombreux Allemands, Néerlandais et Belges, et plus d'un certain nombre de Scandinaves et de Britanniques qui sont venus en Amérique étaient des Alpins et faisaient partie de la nouvelle immigration. Mais l'alpinisme en soi n'est pas un obstacle sérieux au processus d'assimilation. L'arrivée tardive non plus. Ce qui retarde ou entrave l'assimilation, c'est une combinaison ou, plus précisément, une combinaison d'alpinisme, d'arrivée tardive, de différences religieuses et linguistiques, d'une tradition d'absolutisme politique et de péonage et, dans le cas des groupes slaves, d'un héritage culturel d'Europe de l'Est plutôt que d'Occident.

Parce que les Alpins d'origine nord-européenne n'ont pas eu à faire face à cette multiplicité d'obstacles pour s'assimiler, la plupart d'entre eux ont reçu le statut de majorité automatique et ont été considérés comme assimilés. La même dispense a été accordée aux Alpins d'origine suisse, autrichienne et française du Nord. Mais cela ne veut pas dire que tous les Américains d'origine nord-européenne, nordique ou alpine, sont des membres de la majorité en règle. Certains Irlandais et d'autres Américains d'origine tout aussi authentiquement nord-européenne conservent encore un soupçon de

---

[234] Voir tableau II, p. 60.

clans, votent en bloc[235] et s'accrochent à demi-mot à leurs traditions populaires du Vieux Continent. Les Hollandais de Pennsylvanie sont un autre exemple de clans persistants. Certains Européens de l'Est, en particulier ceux qui ont été minoritaires dans leur propre pays, ont apporté avec eux une conscience de minorité qui n'a été que partiellement éradiquée. De nombreux Français de Louisiane et de Nouvelle-Angleterre parlent encore le patois de leurs ancêtres européens. Certaines sectes religieuses enseignent à leurs membres la nécessité de se séparer moralement ou physiquement de la société dans son ensemble. Cependant, tous ces groupes de population ont perdu en partie ou en grande partie leur appartenance à l'Ancien Monde et, s'ils ne sont pas encore complètement assimilés, ils pourraient bien l'être dans quelques décennies. En raison de leur nombre décroissant et de leur taux d'américanisation accéléré, il est probablement plus juste de les classer comme des tribus, des clans ou des cultes que comme de véritables minorités. La pression et les défis croissants des minorités inassimilables incitent parfois les membres des minorités assimilées à dépoussiérer certains de leurs liens avec l'Ancien Monde, mais en général, ils resserrent les rangs en tant que Blancs, et non en tant que Polonais, Français ou autres.

L'Américain d'origine nord-européenne que l'on ne peut qualifier de totalement assimilé est celui de la première génération et, moins souvent, celui de la deuxième génération, originaire de Grande-Bretagne, d'Allemagne, des Pays-Bas, de Scandinavie ou du Canada. Même s'il se rapproche le plus possible de la norme raciale et culturelle de la majorité, le nouvel arrivant, contrairement au retardataire, conserve presque toujours des traces de conscience minoritaire — une conscience qu'il parvient souvent à transmettre à ses enfants et parfois, en fonction de son intensité, à ses petits-enfants. La naissance à l'étranger de personnalités publiques contemporaines de gauche telles que Cyrus Eaton, John Galbraith et James Reston a probablement eu plus d'influence qu'elles ne l'admettraient sur leurs attitudes politiques et sociales. Si le père d'Earl Warren était né en Amérique plutôt qu'en Norvège et s'il n'avait pas été un socialiste aussi intransigeant, il est possible que son fils, lorsqu'il était président de la Cour suprême, se

---

[235] Un vote allemand national, mais indécis a été constaté jusqu'à la Seconde Guerre mondiale, lorsque certains Américains d'origine allemande se sont retournés contre le président Roosevelt en raison de ses politiques interventionnistes. Les protestants et les catholiques allemands ont voté en grand nombre pour Eisenhower, mais beaucoup de ces derniers sont revenus au parti démocrate lorsque le catholique John Kennedy s'est présenté à la présidence. Kevin Phillips, *The Emerging Republican Majority*, Arlington House, New Rochelle, New York, 1969, pp. 296, 314, 339.

serait davantage préoccupé des intérêts de la majorité que de ceux des minorités.[236]

Puisque ce n'est qu'une question de temps avant que la progéniture des quelques survivants d'Europe du Nord ne fasse partie intégrante de la majorité, l'attention se portera désormais sur les minorités assimilées. Il s'agit des groupes de population qui, à un moment ou à un autre dans le passé, ont été réticents à l'égard de l'assimilation, processus qu'ils considéraient comme un saut culturel dans l'inconnu, voire comme une forme de capitulation ethnique.

IRLANDAIS :[237] L'une des principales ironies de l'histoire américaine est que le groupe de population qui a exercé tant de pouvoir politique aux États-Unis au cours de la première moitié du vingtième siècle avait, jusqu'à son arrivée dans le Nouveau Monde, une expérience très limitée du processus démocratique.[238] Bien que cette inexpérience ne soit pas nécessairement due à une défaillance personnelle ou à une antipathie innée pour la démocratie — leurs maîtres britanniques distribuaient la liberté avec parcimonie —, les Irlandais n'ont jamais été en mesure d'établir un gouvernement représentatif permanent en Irlande jusqu'à une date relativement récente. Ce n'est qu'en 1948, alors que les grandes migrations irlandaises vers l'Amérique avaient pris fin depuis longtemps, que l'Irlande, après quelques décennies de statut de Commonwealth, est devenue totalement indépendante.

L'Irlande ou l'Eire est peut-être aujourd'hui une république, mais les ancêtres des Américains d'origine irlandaise d'aujourd'hui n'ont, pour la plupart, jamais traversé le cycle long, exaspérant, mais riche d'enseignements, de l'apprentissage politique qui va de l'aristocratie féodale à la démocratie représentative, en passant par la monarchie absolue.

Dans l'étude raciale détaillée de 10 000 hommes irlandais en Irlande réalisée par E. A. Hooton, 28,9 % ont été classés comme nordiques-méditerranéens, 25,3 comme celtiques, 18,6 comme dinariques, 18,4 comme nordiques-alpins, 6,8 comme nordiques prédominants, 1,1 comme baltes orientaux, 0,6

---

[236] Reston est né en Écosse. Eaton et Galbraith sont nés au Canada. Comme Warren, le sénateur Henry Jackson et le candidat à la présidence de 1980, John Anderson, avaient des pères immigrés scandinaves.

[237] Pour la distinction entre les Irlandais catholiques et les Irlandais écossais protestants d'Ulster, voir la note 9, p. 43.

[238] "L'importance des groupes d'immigrants dans l'histoire de la politique américaine peut difficilement être surestimée. Dans cette histoire, les Irlandais ont joué le rôle principal". One America, Francis J. Brown, édité par Prentice-Hall, Englewood Cliffs, N. J., p. 61.

comme nordiques purs, 0,3 comme méditerranéens purs.[239] Carleton Coon, dont la terminologie raciale diffère souvent de celle du Dr. Hooton, a constaté que la composition raciale irlandaise comportait une part relativement importante de traces du Paléolithique supérieur.[240] Les types physiques irlandais vont donc d'un mélange racial de type nordique, qui se distingue à peine de celui de la plupart des autres Européens du Nord ([241]), au type paléolithique supérieur, à l'ossature lourde, au visage large et au cadre large, vraisemblablement les restes génétiques d'une race européenne plus ancienne qui s'est réfugiée dans les régions les plus éloignées de l'Europe occidentale pour échapper aux Kelts et à d'autres envahisseurs. Une autre race distinctive est celle des "Irlandais noirs", les habitants de l'île d'Émeraude au caractère méditerranéen le plus prononcé, descendants présumés d'atlantico-méditerranéens préhistoriques qui remontaient la côte atlantique depuis Gibraltar et le Portugal. Selon les légendes qui circulent depuis des siècles sur l'Ould Sod, les Irlandais noirs seraient les lointains descendants des marins naufragés de l'Armada espagnole.

L'équilibre racial de l'Irlande a été reproduit assez fidèlement par les Américains d'origine irlandaise, même si l'accent est peut-être moins mis sur l'élément nordique. L'exode irlandais était principalement composé des segments les plus pauvres de la population — les métayers et les Irlandais de l'Ouest vivant dans les tourbières, qui étaient les plus éloignés dans le temps et dans l'espace des Irlandais plus nordiques de l'Est, où les Vikings, les Normands et les Anglais s'étaient installés depuis des siècles. Un ensemble de traits physiques — nez de carotte, taches de rousseur, cheveux roux et "les yeux les plus bleus du monde" — bien qu'ils ne soient pas exclusivement irlandais, en sont venus à être considérés, du moins en Amérique, comme l'ingrédient de base d'un stéréotype irlandais commun. [242]

Si les études raciales d'E. A. Hooton sont exactes, les Alpins nordiques, les Nordiques prédominants et les Nordiques purs représentent 25,8 % des Irlandais d'Irlande. Ce chiffre pourrait être ramené à 20 % pour

---

[239] E. A. Hooton et C. W. Dupertuis, *The Physical Anthropology of Ireland*, Papers of the Peabody Museum of Archaeology and Ethnology, Harvard University, Vol. XXX, Nos. 1–2, p. 143.

[240] Coon, *The Races of Europe*, pp. 376-84.

[241] Wyndham Lewis, décrivant une manifestation mixte anglo-irlandaise à Londres, a écrit : "Je n'ai jamais pu découvrir qui était irlandais et qui était anglais... ils me semblaient exactement les mêmes". *Pale Face*, pp. 284-85.

[242] Coon, op. cit. p. 371, 381, 383. Les sourcils broussailleux, les grosses têtes, les mentons proéminents, les lèvres supérieures longues et convexes et la grande largeur des malaires sont d'autres traits irlandais assez courants.

l'immigration irlandaise, afin de tenir compte de la plus faible proportion d'éléments nordiques. Au total, près de 22 millions d'Américains d'origine irlandaise vivent aux États-Unis.[243]

Les résultats électoraux des Irlandais illustrent de manière éloquente leur passage du statut d'assimilable à celui d'assimilé. Lors de la course à la présidence de 1952, on estime qu'environ 38 % des votes catholiques sont allés à Eisenhower. Un pourcentage encore plus élevé de catholiques a voté républicain lors de l'élection de 1956.[244] En 1960, cependant, un sondage Gallup a révélé que trois catholiques sur cinq qui avaient voté pour Eisenhower se sont tournés vers Kennedy.[245] Si l'on applique ces pourcentages au segment irlandais de la population catholique et à l'ensemble de la population irlando-américaine, ainsi qu'aux électeurs irlandais, 6,8 millions d'Irlandais (38 %) se sont retrouvés dans les rangs républicains en 1952, et peut-être même 7 millions en 1956. En 1960, 60 % de ces républicains temporaires sont retournés dans les rangs démocrates. Il restait donc 2,8 millions d'Irlandais à voter pour Nixon, le perdant non catholique. Un nombre bien plus important d'Irlandais a voté pour Ronald Reagan, dont le père était irlandais, lors de ses deux candidatures à la présidence, ce qui a eu pour effet secondaire de balayer certaines machines politiques irlandaises des grandes villes. En 1992, les Irlandais ont reconquis la mairie de Chicago, mais en 1993, mettant fin à un règne de 68 ans, ils ont perdu celle de Boston au profit d'un Italien. Les Irlandais votent toujours en tant qu'Irlandais dans certaines grandes villes du Nord, mais ils ne peuvent plus être considérés comme un bloc électoral solide à l'échelle nationale.[246]

Cela ne signifie pas que les Irlandais, parce qu'ils ont changé leurs habitudes de vote, ont changé leur caractère, que Carl Wittke a décrit comme étant un "caractère".

> un mélange d'ego flamboyant, de tempérament chaud, d'entêtement, de charme personnel et de chaleur, et d'un esprit qui brille dans l'adversité. Un dynamisme irrépressible, un esprit vif, une gentillesse et une tolérance

---

[243] Voir tableau 2, annexe B.

[244] William Shannon, *The American Irish*, Macmillan, N. Y., 1963, pp. 410-11.

[245] Ibid.

[246] Lors de l'élection présidentielle de 1960, Nixon a rarement parlé de ses ancêtres irlandais, qui n'étaient pas catholiques, tandis que Kennedy, avec son apparence celte inimitable, a joué à fond la carte de ses origines ethniques et religieuses dans les zones urbaines du Nord. Toutefois, lors de la campagne électorale de 1970, Nixon, qui envisageait de se lancer à nouveau dans la course à la présidence, s'est rendu en Irlande, où l'on a beaucoup parlé de ses ancêtres irlandais.

à l'égard des faiblesses communes des hommes… prompt à la colère et prompt à pardonner, souvent dupé… généreux, hospitalier et loyal.

Wittke a également affirmé que les Irlandais, bien que faisant preuve d'un talent pour l'art et la littérature, n'ont jamais été particulièrement brillants dans les domaines de la science et de l'invention.[247]

C'est la grande famine de la pomme de terre des années 1840 qui a amené les Irlandais en grand nombre en Amérique. Ils emportaient avec eux des souvenirs amers de famine, d'humiliation et de répression sous le joug des Anglais. Une fois leur apprentissage de la pioche et de la pelle sur le canal Érié et les chemins de fer terminé, ils se sont regroupés dans les grandes villes et ont souvent renouvelé leur querelle avec l'Empire britannique en l'étendant aux Américains d'origine anglaise.

Lorsque les Irlando-Américains ont commencé à contrôler les machines politiques démocrates dans les villes du Nord, ils les ont souvent utilisées comme armes de défense et de vengeance contre le parti républicain, qui, aux yeux de nombreux Irlando-Américains, représentait les intérêts de l'establishment d'origine anglaise. La promesse très médiatisée du maire de Chicago, "Big Bill" Thompson, en 1927, de "faire en sorte que le roi d'Angleterre ne mette pas son nez en Amérique" était un appel typique à l'anglophobie gaélique.[248] Cette hostilité centenaire s'est manifestée plus tard, lors de la grève du métro de New York en 1966, au cours de laquelle Michael Quill, chef du syndicat des travailleurs des transports, a tenté de transformer le débrayage en une vendetta personnelle contre le maire John Lindsay, qui, malgré son ultralibéralisme gracquien, était considéré comme étant, sinon aussi mauvais qu'un Orangeman, du moins aussi mauvais qu'un WASP.[249]

Il est pratiquement impossible d'écrire sur les Irlandais en Amérique sans évoquer l'Église catholique romaine. Le catholicisme irlandais, où les hommes comme les femmes assistent aux offices, est très différent du catholicisme en Espagne, en France et en Italie, où les congrégations sont presque entièrement composées de femmes et où l'anticléricalisme est une prérogative masculine traditionnelle. La place précieuse que les Irlandais réservent à l'Église dans leur cœur est en grande partie due à la participation de cette dernière à la longue lutte pour l'indépendance de l'Irlande. Les

---

[247] Carl Wittke, *The Irish in America*, Louisiana State University Press, Baton Rouge, 1956, p. 233.

[248] *Literary Digest*, 5 novembre 1927, p. 5.

[249] *New York Times*, 2 janvier 1966, p. 1, et 4 janvier 1966, p. 14, 17. Selon un journaliste du Times, toute l'atmosphère entourant les pourparlers de grève était la suivante : "À bas les protestants anglais ! En avant les Irlandais !"

prêtres irlandais ont souvent eu à payer un prix aussi élevé que les patriotes laïcs, car l'Église a utilisé toutes ses ressources pour empêcher le moral des Irlandais de s'effondrer pendant les jours les plus sombres de l'occupation protestante. Par conséquent, il existe un lien séculier et religieux entre l'Église catholique et la plupart des Américains d'origine irlandaise. Dans les pays latins où, pendant de longues périodes de l'histoire médiévale et moderne, les prélats catholiques se sont alliés aux aristocrates, aux monarques et aux ploutocrates, le lien séculier est beaucoup plus faible.

Ayant contribué à maintenir l'Irlande en vie pendant tant de siècles, l'Église catholique a mené un combat acharné, d'arrière-garde, mais perdu d'avance, pour protéger ses fidèles irlando-américains contre les attraits et les pressions de l'assimilation. L'Église craignait que le fait de se marier, voire de fréquenter des membres de la majorité non irlandaise et non catholique ne soit le premier pas vers l'abandon de la foi — la foi qui remplit les bancs et les boîtes de collecte jusqu'à l'excès. Bien que les Irlandais représentent moins de la moitié des catholiques américains, ils restent la congrégation catholique dominante, fournissant la majeure partie de l'argent et de la hiérarchie. Outre les implications culturelles et financières, un déclin de l'ethnocentrisme irlandais et de la ferveur religieuse qui l'accompagne pourrait exposer la branche américaine de l'Église à une prise de contrôle par des Italiens, des Polonais ou des Hispaniques.

Pour éviter une telle évolution, l'Église s'est efforcée d'entretenir la flamme de l'ethnicité irlandaise par un réseau d'écoles paroissiales, des campagnes bien organisées contre le contrôle des naissances, des restrictions contre les mariages extraconjugaux et le subventionnement et la promotion d'une multitude d'activités irlandaises. Pour ces raisons, le catholicisme doit porter une grande part de responsabilité dans la persistance du statut de trait d'union d'un nombre décroissant d'Irlando-Américains. Malgré les réticences des prêtres, la plupart des Irlandais, lorsqu'ils ont rejoint les rangs de la majorité, ont réussi à emmener leur religion avec eux.

Pour des raisons évidentes, l'Église catholique est officiellement opposée au marxisme et au communisme. L'athéisme n'est pas l'isme préféré de la hiérarchie. Mais il ne s'ensuit pas que tous les Américains d'origine irlandaise soient des capitalistes enragés. Inspirés tant par des antagonismes nationaux et raciaux usés par le temps que par des antipathies de classe, les dirigeants irlandais sont entrés et sortis des mouvements socialistes et communistes américains presque dès le premier jour où ils sont arrivés sur ces côtes. William Z. Foster, dont le père était un "immigrant irlandais détestant l'anglais", a été pendant de nombreuses années le Grand Old Man du communisme américain et Elizabeth Gurley Flynn, la Grand Old Lady.[250] Jim. Larkin, éminent émeutier communiste des années 1920, a purgé une peine à Sing Sing avant d'être gracié par Al Smith, le gouverneur catholique de New York. Vincent Sheean, qui devint plus tard un fidèle du Mahatma Gandhi, écrivit un livre, *Personal History*, qui attira probablement plus d'Américains sous la bannière de la faucille et du marteau que n'importe quel opus ou tract d'Engels, de Marx, de Lénine, de Trotsky ou de Staline.[251]

Comme on peut s'y attendre de la part d'un groupe d'immigrants extrêmement verbaux, à poigne et travailleurs, les Irlandais ont été profondément impliqués dans le syndicalisme américain, allant des organisations syndicales les plus radicales ([252]) aux plus conservatrices. John Mitchell est l'un des fondateurs de l'United Mine Workers, et P. J. McGuire a contribué à l'organisation de l'American Federation of Labor. Autres dirigeants syndicaux irlando-américains de renom : Joseph Curran de la National Maritime Union, P. H. Morrissey de la Brotherhood of Railway Firemen, Teddy Gleason de l'International Longshoremen's Association, James O'Connell de l'International Association of Machinists, Michael Quill de la Transport Workers Union et, enfin, George Meany, qui a dirigé l'AFL-CIO pendant un quart de siècle.

La force irlandaise a contribué à la construction de l'Amérique industrielle et le sang irlandais à sa défense. Il y a eu de grands Américains d'origine irlandaise à chaque époque de l'histoire de l'Amérique et dans tous les secteurs de l'activité américaine. Bien qu'il soit impossible de déterminer l'ampleur et la portée de la contribution irlandaise, l'historien Samuel Eliot Morison affirme qu'elle a été inférieure à celle de l'Allemagne.[253] Quoi qu'il en soit, elle a été à la fois considérable et significative. Sans elle, l'Amérique d'aujourd'hui serait sensiblement différente.

---

[250] Elizabeth Flynn a écrit un jour : "La conscience d'être Irlandais nous est venue dès notre enfance, par le biais de chants plaintifs et d'histoires héroïques... nous avons puisé dans le lait de notre mère une haine ardente de la domination britannique". Shannon, *The American Irish*, pp. 166-67. Kate Millett, mariée à un Japonais, est une femme irlando-américaine plus moderne, radicale et "philosophe" du mouvement de libération des femmes. *New York Times*, 27 août 1970, p. 30.

[251] Sheean a sauté de l'express soviétique après la signature du pacte de non-agression russo-allemand. Il a un jour admis à Granville Hicks qu'il avait délibérément dissimulé des faits préjudiciables à l'U.R.S.S. lorsqu'il écrivait sur les gloires du stalinisme. Granville Hicks, *Part of the Truth*, Harcourt, Brace, N.Y., 1965, p. 187.

[252] Pour les plus radicaux d'entre eux, les Molly Maguires, voir la note de bas de page 1, chapitre 26.

[253] Samuel Eliot Morison, *The Oxford History of the American People*, Oxford University Press, New York, 1965, pp. 480-81.

Si les passions politiques irlando-américaines ont été vives, les normes politiques irlandaises ont souvent été basses. Les scandales de maires tels que Jimmy Walker et William O'Dwyer à New York, James Curley à Boston et John Houlihan à Oakland, en Californie, témoignent du succès des Irlandais dans l'obtention d'une fonction publique et de leur incapacité occasionnelle à en assurer la dignité. Pendant de nombreuses années, Boston, New York, Chicago, San Francisco et plusieurs autres grandes villes américaines n'étaient guère plus que des fiefs politiques irlandais, où les chefs de parti faisaient voter les candidats de leur choix à une écrasante majorité, quels que soient les enjeux. Récemment, cependant, les Irlandais ont été contraints de partager leurs bailliages urbains avec d'autres minorités. Dans de nombreuses villes, leur contrôle politique autrefois incontesté a pris fin.

Les catholiques irlandais, comme indiqué précédemment, ont quitté le parti démocrate en grand nombre en 1952, lorsqu'ils ont contribué à faire basculer l'élection en faveur de Dwight Eisenhower. L'allégeance démocrate des dirigeants du parti est restée inébranlable, mais le libéralisme du candidat à la présidence Adlai Stevenson, qui s'orientait de plus en plus vers l'apaisement de l'Union soviétique, était trop fort pour de nombreux fidèles, qui avaient atteint un certain degré de respectabilité et d'aisance dans la classe moyenne grâce à l'essor économique de l'après-guerre. C'est cette même respectabilité et cette même aisance, lorsqu'elles sont répandues parmi d'autres minorités assimilées, qui donnent si souvent naissance aux habitudes de vote républicaines.

Comme indiqué précédemment, la plupart des Irlandais ont à nouveau serré les rangs lors de l'élection présidentielle de 1960, lorsqu'ils ont eu l'occasion de voter pour l'un des leurs, héros de guerre de surcroît. John F. Kennedy, avec l'aide de la grande richesse de son père et de sa prolifération de parents, a donné un coup de pouce dans les urnes à la politique irlando-américaine. L'émergence de la dynastie Kennedy, malgré l'assassinat de ses deux membres les plus éminents en l'espace de six ans, n'a pas semblé entamer l'affection des Irlandais et des non-Irlandais pour les dynasties de moindre importance.

La nomination de George McGovern comme porte-drapeau du parti démocrate en 1972 a toutefois provoqué une nouvelle défection massive en faveur du parti républicain. Plus pragmatique qu'idéologique, le politicien irlandais typique de la machine veut les votes du peuple, pas son esprit. Bien que le libéralisme soit la théologie acceptée par le parti démocrate, les patrons irlandais le considèrent essentiellement comme un moyen d'obtenir des voix, étant entendu que, dans l'intimité de leur foyer, leurs propres convictions politiques sont susceptibles d'avoir une tonalité nettement antilibérale. Lorsqu'il s'agit de politique étrangère, ces convictions sont souvent révélées au grand jour. Dans l'ensemble, les Américains d'origine irlandaise ont exercé une influence stable et conservatrice sur les relations internationales américaines pendant la majeure partie de ce siècle, d'abord en contribuant à préserver la neutralité américaine pendant la guerre civile espagnole,[254] ensuite en soutenant les partis catholiques anticommunistes en Europe occidentale après la Seconde Guerre mondiale. Sans ce soutien, une partie bien plus importante du continent européen aurait pu être soviétisée.

Dans leur pays, la peur et la haine du communisme ont incité certains irréductibles irlando-américains à franchir les frontières des partis et à attaquer le marxisme et ses apologistes avec les insinuations démagogiques qui avaient été jusqu'alors le monopole des communistes et des libéraux au vitriol. Le père Charles Coughlin, prêtre radiophonique de l'époque du New Deal, et le sénateur Joseph McCarthy, à ne pas confondre avec Eugene McCarthy, l'érudit sénateur irlando-scandinave du Minnesota, en sont deux exemples. William F. Buckley, Jr, fils d'un multimillionnaire irlandais comme le président Kennedy, donnait un ton intellectuel plus élevé. Son esprit acerbe et ses poses réconfortantes rappelaient des conservateurs français comme Léon Daudet et Charles Maurras de l'Action française.[255] Fidèles aux prêches égalitaires de leur église, Buckley et de nombreux autres conservateurs irlando-américains de premier plan ont fermement soutenu l'intégration raciale. En parlant de la composante irlandaise du conservatisme, il ne faut pas oublier que le président Nixon, d'origine irlandaise non catholique, "a été élu à la présidence lors d'une campagne planifiée en grande partie par les conservateurs irlandais de New York".[256] Il ne faut pas non plus oublier que Reagan avait un père irlandais catholique et que le président Clinton est partiellement considéré comme ayant des liens avec l'Ould Sod du fait que le nom de jeune fille de sa mère était Kelley.

En raison de leurs affinités raciales et culturelles avec l'Europe du Nord, parce qu'ils sont devenus à bien des égards si typiquement et si

---

[254] Joseph Kennedy, alors ambassadeur en Grande-Bretagne, a pris l'initiative de défendre l'embargo, qui interdisait l'envoi de matériel de guerre aux forces nationalistes et républicaines à un moment où la plupart des responsables américains étaient prêts à le lever. Hugh Thomas, *The Spanish Civil War*, Harper & Row, N.Y., 1961, pp. 536, 614.

[255] James Buckley, le frère de William, qui a été sénateur de New York, est un membre éminent d'une clique de conservateurs irlandais au sein du parti républicain, qui cherche à contrebalancer le pouvoir de ce que l'on appelle la mafia irlandaise ou la faction Kennedy au sein du parti démocrate.

[256] Phillips, op. cit. p. 174-75. Le directeur de campagne de Nixon en 1968 était John N. Mitchell, plus tard procureur général, et finalement l'un des principaux responsables du Watergate. Presbytérien et de mère irlandaise, Mitchell avait un adjoint du nom de Peter Marcus Flanigan. De nombreux anciens conseillers de Nixon, notamment Patrick Buchanan, sont également d'origine irlandaise.

génériquement américains, il est difficile de prétendre que les Américains d'origine irlandaise appartiennent encore à une minorité. En surface comme en profondeur, l'Américain d'origine irlandaise est un prototype de la majorité. Il est patriote. Il est prêt à vivre et à laisser vivre. Il n'est pas aussi envahissant ou possessif que les membres d'autres groupes de population. Il n'est pas très présent dans les professions libérales. Son patrimoine n'est pas supérieur à la moyenne. Ce n'est que lorsque les questions de foi, de fierté, de politique machinale et d'Irlande entrent en jeu — des questions auxquelles les Irlandais sont encore très sensibles — qu'un nombre décroissant d'Irlando-Américains affichent avec défi ce que l'on pourrait appeler les couleurs d'une minorité. Presque toutes les raisons autrefois convaincantes de la séparation des Irlando-Américains se sont aujourd'hui évaporées. Le temps, la distance, le déclin et la chute de l'Empire britannique ont adouci la vieille rancune à l'égard de l'Angleterre. Seule l'Ulster reste une plaie vive et un rappel trop fréquent de l'ancienne querelle. La majorité américaine, dans laquelle les Irlandais trouvaient tant de caractéristiques et de coutumes anglaises déplaisantes, n'est plus uniquement anglo-saxonne et a acquis une base de population nord-européenne plus uniformément répartie. En ce qui concerne les différences religieuses, une grande partie du protestantisme pur et dur de la frontière, en résonance avec les accents anti-catholiques et anti-papal de la Réforme, se dissout dans un déisme "vivre et laisser vivre" dont les principales préoccupations sont la tolérance et la justice sociale. Les directives libéralisantes de Rome, les questions sur l'infaillibilité papale, les demandes pour mettre fin au célibat des prêtres, le nombre croissant de prêtres radicaux, la messe dé-latinisée, l'âpre controverse sur le contrôle des naissances et l'avortement — tous ces éléments du mouvement œcuménique sapent la structure monolithique séculaire du catholicisme,[257] et, ce faisant, diminuent le prestige de l'Église aux yeux et aux oreilles de ceux qui préfèrent prendre leur religion avec une bonne dose de dogme, de dramaturgie et de rituel.

Avant l'arrivée des Romains en Grande-Bretagne, les Kelts (premiers Nordiques) d'Irlande et de Grande-Bretagne étaient semblables en termes de culture, de civilisation et de race. Après le départ des Romains et l'arrivée des missionnaires chrétiens, l'Irlande et la Grande-Bretagne ont partagé la

---

[257] Le lien entre le peuple irlandais et le catholicisme romain n'est ni congénital ni indéfectible. Nombre des plus grands Irlandais, voire les plus grands, étaient protestants ou non-croyants. La liste comprend Charles Parnell, le fervent combattant de la liberté irlandais du XIXe siècle, Douglas Hyde, le premier président de l'Irlande, Swift, Goldsmith, Sheridan, Wilde, Shaw, Yeats, Joyce, Synge et O'Casey. Paul Carroll, un dramaturge irlandais moderne, se fait l'écho dans son *White Steed* des sentiments de nombre de ses compatriotes lorsque son héroïne invective les prêtres et les "petits hommes" pour avoir privé les Irlandais de leur fierté et de leur virilité primitives.

même religion pendant plus de mille ans, même si, pendant au moins la moitié de cette période, le catholicisme irlandais était plus celte que romain. Si les deux peuples continuent d'éprouver des difficultés à tirer parti de leurs similitudes dans l'Ancien Monde, leurs descendants dans le Nouveau ont montré que les vieilles haines et divisions n'avaient plus beaucoup de sens. Quel intérêt pour un Irlando-Américain d'attacher son bien-être à des dynastes ethniques irresponsables, dont la seule fonction restante est de servir de cheval de bataille politique au libéralisme et au racisme des minorités ?

Il est dans le plus grand intérêt des Irlandais, qui sont désormais de véritables membres de la majorité américaine, de veiller à ce que la majorité protège et préserve son moule racial et culturel. Si ce moule est brisé, les Américains d'origine irlandaise risquent de perdre autant que tous les autres Américains d'origine nord-européenne.

MINORITÉS FINLANDAISES ET BALTES : Certains Finlandais ont été associés à l'immigration suédoise d'origine, qui a eu lieu lorsque les Américains étaient encore des colons britanniques. Mais ce n'est qu'en 1864 qu'un nombre appréciable d'entre eux est arrivé aux États-Unis. Beaucoup sont allés dans le Michigan pour devenir mineurs ; d'autres ont créé des fermes dans le Minnesota. La répression politique russe de la fin du XIXe siècle a poussé davantage de Finlandais vers l'Amérique. Une étude du Bureau du recensement estime à 615 872 le nombre d'Américains d'origine finlandaise ou partiellement finlandaise.[258]

Malgré leur langue difficile et agglutinante et leur origine eurasienne supposée, la plupart des Américains d'origine finlandaise ne se distinguent guère de leurs voisins de l'Ancien Monde, les Suédois. Ils sont presque aussi nordiques et tout aussi protestants (luthériens). Après la Première Guerre mondiale, les Américains d'origine finlandaise se sont vus accorder une sorte de statut de membre honoraire de la majorité lorsque la Finlande a été saluée comme la seule nation européenne à avoir payé l'intégralité de sa dette de guerre. L'éthique protestante est peut-être morte à Boston, mais elle a survécu à Helsinki. La popularité de la Finlande aux États-Unis a gagné quelques points supplémentaires lorsque les Finlandais ont opposé une résistance courageuse, quoique quelque peu désespérée, aux envahisseurs russes en 1939-1940, l'une des conséquences brutales du pacte Hitler-Staline. Toutefois, lorsque l'Allemagne a attaqué l'Union soviétique en 1941 et que les Finlandais sont devenus bon gré mal gré des alliés allemands, le soutien américain à la Finlande s'est rapidement tari. La cession à Staline

---

[258] Sauf indication contraire, tous les chiffres de population figurant dans ce chapitre sont tirés de l'étude des groupes d'ascendance réalisée par le Census Bureau en 1980. Voir l'annexe B.

des territoires stratégiques finlandais à la fin de la Seconde Guerre mondiale a suscité peu de sentiments de sympathie chez les Américains. Aujourd'hui, la Finlande s'en tient à une politique étrangère strictement neutre afin d'éviter de donner aux Russes un prétexte pour accroître la pression sur le pays, d'autant plus que certains nationalistes moscovites à la langue bien pendue parlent de "réincorporer" ce qui était autrefois le Grand-Duché de Finlande des tsars dans un Empire russe renaissant.

Les exigences actuelles de la Russie à l'égard des trois États baltes, qui ont déclaré leur indépendance à la suite de l'éclatement de l'Union soviétique, sont moins rhétoriques et plus spécifiques. Contrairement à la Lituanie, qui est catholique et a des liens culturels avec la Pologne, l'Estonie et la Lettonie sont protestantes et plus proches culturellement de la Scandinavie. Les trois pays baltes, qui comptent chacun une importante minorité russe, ont connu une brève période d'indépendance entre les deux guerres mondiales. Le succès de leur nouvelle tentative de création d'une nation dépendra probablement moins de ce que feront les Lettons, les Estoniens et les Lituaniens que de la politique étrangère de Moscou, qui a déjà menacé de mettre fin aux livraisons de pétrole aux États baltes si les minorités russes sont la cible de discriminations.

Les quelque 25 994 Estoniens, 92 141 Lettons et 742 776 Lituaniens vivant aux États-Unis se réjouissent de leur patrie nouvellement libérée. Nombreux sont ceux qui sont retournés dans leurs pays ancestraux pour les aider à se hisser au niveau des pays occidentaux. Comme les Baltes sont nordiques, alpins ou un mélange des deux, ils ont les qualités raciales requises pour être assimilés. Les Estoniens, les Lettons et leurs descendants à l'étranger sont souvent blonds et ont les yeux clairs, bien que les Lituaniens soient généralement un peu plus foncés. Au fil des siècles, l'impérialisme russe et soviétique a nourri et ravivé l'irrédentisme balte. Mais ici, au cours de la dernière décennie de ce siècle, on peut dire que les immigrants baltes qui sont restés aux États-Unis, malgré leur arrivée relativement tardive, sont passés du stade de l'assimilable à celui de l'assimilé.

LES MINORITÉS SLAVES : Les Russes ont été les seuls Blancs à émigrer en Amérique par la route de l'Est, arrivant d'abord en Alaska, puis descendant le long des côtes de Washington, de l'Oregon et de la Californie. Toutefois, à l'époque de la folie de Seward en 1867, l'expansion tsariste en Amérique du Nord avait perdu presque tout son élan et reculait vers la Sibérie. La migration russe à grande échelle, cette fois par le passage conventionnel de l'Atlantique, n'a pas commencé avant le point culminant de la nouvelle immigration. Après les deux guerres mondiales, des dizaines de milliers d'anticommunistes russes ont cherché à entrer aux États-Unis, souvent sans succès.

Étant donné qu'un très grand nombre d'immigrants non slaves, en particulier des Juifs, ont indiqué la Russie comme leur pays d'origine, il est assez difficile d'obtenir un chiffre précis concernant les Américains d'origine russe authentique. Une estimation assez fiable fait état de 350 000 personnes.[259] La plupart des Américains d'origine russe sont des agriculteurs et des ouvriers industriels, bien qu'il y ait eu quelques artistes et scientifiques très compétents parmi les rescapés de la révolution de 1917.

Le nationalisme ukrainien, intensifié par mille ans de domination russe et d'autres pays étrangers, est souvent aussi ardent en Amérique qu'il l'est — ou l'était — en Union soviétique avant que l'État communiste ne s'effondre et que l'Ukraine n'obtienne enfin l'indépendance qu'elle recherchait depuis longtemps. Néanmoins, ce qui a été dit au sujet de la minorité russe en Amérique s'applique généralement à la minorité ukrainienne, si ce n'est que cette dernière, qui compte quelque 730 056 membres, est plus nombreuse. Les Américains d'origine ukrainienne se réjouissent de l'indépendance nouvellement acquise de leur patrie, mais leurs mains et leurs cœurs sont fermement ancrés, du moins pour le moment, de ce côté-ci de l'Atlantique.

Les Polonais sont arrivés plus tôt et ont joué un rôle plus actif dans l'histoire américaine que les autres minorités slaves. Quelque 10 000 dissidents polonais sont arrivés aux États-Unis depuis l'époque coloniale jusqu'à la guerre de Sécession. Deux officiers polonais, Thaddeus Kosciusko et le comte Casimir Pulaski, ont combattu courageusement sous les ordres de Washington. La grande migration polonaise vers l'Amérique n'a cependant pas eu lieu avant les treize premières années de ce siècle, lorsque 1,5 million de Polonais sont passés par Ellis Island. Aujourd'hui, la nation compte environ 5,1 millions de personnes d'origine polonaise, un chiffre qui n'inclut pas les Juifs polonais. Cela fait du contingent polonais la minorité slave la plus importante et la plus influente.

Comme les Ukrainiens, les Polonais sont anti-russes par habitude et par instinct, comme l'a montré la tentative du mouvement Solidarité de se détacher de l'orbite soviétique alors que les autres satellites soviétiques étaient encore à l'étroit dans les années 1980. Contrairement aux Ukrainiens[260] et aux Russes, ils sont catholiques. Comme en Pologne, l'Église catholique des États-Unis s'efforce d'entretenir les sentiments ethniques polonais et encourage officiellement la préservation de la langue

---

[259] Le chiffre de 2 781 432 du Bureau du recensement est considéré comme très exagéré. Il doit inclure les Juifs et les non-Russes de nombreuses autres régions de l'ex-Union soviétique.

[260] Les Ukrainiens de l'Ouest de l'URSS, pour la plupart des Uniates (catholiques grecs liés à Rome), ont été convertis de force à l'Église orthodoxe de l'Est en 1945-46.

polonaise, "la langue de l'âme". Bien qu'un faible pourcentage d'Américains d'origine polonaise soient des agriculteurs, la plupart d'entre eux résident dans les grandes villes et se répartissent assez uniformément dans l'industrie, le commerce et les professions libérales. Il y a cinquante ans, les Américains d'origine polonaise votaient pour le parti démocrate. Mais au cours des dernières décennies, de nombreux Polonais, certains ayant été séduits par la position antisoviétique des Républicains pendant la guerre froide, d'autres par les émeutes de Noirs, se sont tournés vers le G.O.P., bien que l'incroyable remarque de Gerald Ford lors de la course à la présidence de 1976, selon laquelle la Pologne était une nation indépendante, ne lui ait pas valu beaucoup de voix de la part des groupes de population d'Europe de l'Est de l'Amérique.

Certains Tchèques, notamment des membres de la confrérie morave, ont débarqué en Amérique à l'époque coloniale. Mais la grande vague d'immigration tchèque et slovaque n'a commencé qu'au début des années 1900, lorsque le ferment nationaliste de l'Empire austro-hongrois était le plus fort. Aujourd'hui au nombre de 1,75 million, les minorités tchèques et slovaques, qui se mélangent aussi peu dans le Nouveau Monde que dans la Tchécoslovaquie aujourd'hui divisée, sont fortement concentrées dans les grandes villes du Midwest. En moyenne, les Tchèques et les Slovaques, dont la plupart sont catholiques, ont le teint plus foncé que les Polonais et les Russes.

Les Slaves du Sud se composent principalement de Serbes, de Croates et de Slovènes, autrefois connus sous le nom de Yougoslaves, mais qui ne le sont plus. À l'heure actuelle, les États-Unis comptent quelque 500 000 Croates, 300 000 Slovènes et 200 000 Serbes, dont la plupart des ancêtres sont arrivés à la fin du XIXe siècle et au début du XXe siècle. Les Croates et les Slovènes sont catholiques. Les Serbes sont orthodoxes. La plupart des soutiens de famille travaillaient — et beaucoup travaillent encore — dans l'industrie lourde, les mines et les carrières.

Certains Slaves présentent des traits physiques nord-européens, en particulier ceux dont les origines ancestrales se situent dans le nord-ouest de la Russie et le nord de la Pologne. Une bonne partie des Américains d'origine russe ont les yeux bleus, les cheveux blonds et la tête longue des Varangiens suédois qui ont fondé la Russie il y a un millénaire. Mais en général, les Slaves ont le visage large, les pommettes hautes, la tête ronde et le nez retroussé. Bien que certains traits mongols, physiques et mentaux, soient parfois présents, les groupes de population slaves en Amérique n'ont pas rencontré d'obstacles raciaux ou culturels insurmontables sur la voie de leur assimilation. Même les Américains d'origine polonaise qui, il y a quelques décennies, avaient des centaines de sociétés littéraires, dramatiques, chantantes, sociales, religieuses et sportives aux États-Unis, sont en train de devenir lentement, mais complètement "majoritaires".

HONGROIS : les Américains d'origine hongroise couvrent un large spectre racial. Originaires des steppes asiatiques il y a bien longtemps, les proto-Hongrois sont aujourd'hui considérés comme appartenant à la race blanche plutôt qu'à la race jaune. Aujourd'hui, sans plus de questions sur leur blancheur, ils sont désignés sous le nom d'Alpins. En ce qui concerne le nombre d'Américains d'origine hongroise, le pot-pourri racial de l'ancien empire austro-hongrois a rendu extrêmement difficile l'obtention d'un décompte fiable des arrivées en provenance d'Europe centrale. Si l'on inclut les 35 000 personnes qui ont fui de l'autre côté de l'Atlantique après le soulèvement avorté de 1956, on estime qu'il y a aujourd'hui 310 000 Américains d'origine hongroise.

LES CANADIENS FRANCAIS ET LES FRANÇAIS DE LOUISIANE : Les Français constituent l'une des minorités américaines les plus difficiles à classer. Du côté de la majorité, on trouve les huguenots, des protestants d'obédience calviniste qui ont commencé à émigrer aux États-Unis lorsque Louis XIV a révoqué l'édit de Nantes en 1685. Paul Revere et John Jay sont les deux huguenots les plus célèbres de l'époque révolutionnaire. Bien qu'ils ne représentent que 0,5 % de la population coloniale blanche d'origine, on compte aujourd'hui environ 2 millions d'Américains d'origine huguenote, auxquels s'ajoutent 1,2 million de descendants de Français catholiques. Les Français d'Amérique ont tendance à avoir le teint plus clair que les Français de France, il est donc normal de leur attribuer une petite composante nordique. La plupart des Français, cependant, devraient appartenir à la race alpine, avec un soupçon de gènes méditerranéens. Le plus remarquable des arrivants du début du XIXe siècle est Pierre Samuel du Pont de Nemours, fondateur de l'empire industriel Du Pont.

Quant aux Canadiens français, ils sont environ 1,5 million aux États-Unis, la plupart étant concentrés dans les régions rurales et industrielles de la Nouvelle-Angleterre. Peu agressifs sur le plan économique et peu enclins à dominer la pensée ou la politique des autres, les Canadiens français s'accrochent avec ténacité à leur héritage culturel et à leur dialecte français. Comme les Mexicains, ils posent aux Américains le problème d'une minorité sur le modèle européen : un groupe de population frontalière ayant des liens émotionnels et historiques avec l'autre côté et le côté proche de la frontière nationale. En 1886, à Rutland, dans le Vermont, des délégués ont tenté d'organiser une "nationalité" canadienne-française avec son propre drapeau et son propre hymne national, qui devait servir d'organisation faîtière pour tous les francophones, tant au Canada qu'aux États-Unis.[261] Ce projet ne s'est jamais concrétisé, mais il est symptomatique de la raison pour laquelle un diplomate américain a déclaré que les Canadiens français étaient "la plus difficile de toutes les races d'immigrants à assimiler".[262] Mais ces paroles ont été prononcées il y a plus d'un demi-siècle. Bien qu'ils soient peut-être un ou deux tons plus foncés que la norme de la population américaine, tous les Canadiens français, à l'exception d'une poignée d'irréductibles, peuvent être classés sans risque dans la catégorie des assimilés. Cela ne veut pas dire, cependant, que si le désordre racial aux États-Unis continue d'augmenter, un nombre considérable de personnes ne retourneront pas à leur point de départ initial au Québec, qui sera peut-être devenu un pays indépendant à ce moment-là.

Sur les 800 000 Louisianais d'origine française, environ 300 000 parlent encore un patois français hérité de leurs ancêtres, les exilés acadiens de Nouvelle-Écosse dont Longfellow a fait le portrait.[263] Certains de ces "Cajuns" ont des visages qui présentent une coloration méditerranéenne,[264] mais pas foncée au point de rendre leurs propriétaires inassimilables. Travaillant dans de petites exploitations agricoles et pêchant dans des bayous éloignés, ils menaient jusqu'à récemment une existence isolée qui offrait peu de possibilités d'assimilation. Mais les changements économiques rapides qui se produisent actuellement en Louisiane les poussent à sortir de leur isolement et modifient considérablement leurs habitudes de mariage endogamique et leurs coutumes provinciales. Beaucoup d'entre eux, sinon la plupart, ont déjà acquis le statut d'assimilés, et les autres les suivront probablement avant la fin du siècle.

Il n'est pas convenable de terminer une discussion sur les minorités assimilées sans dire qu'à certains égards, elles sont plus dynamiquement américaines que la majorité prise dans son ensemble. La plupart des membres des minorités assimilées *croient* encore en l'Amérique avec une intensité démodée qui s'est pratiquement évanouie dans le cœur de ceux qui ont des racines plus profondes dans le passé américain. En outre, de nombreux membres de la minorité assimilée parviennent à conserver cette

---

[261] Wilfred Bovey, *Canadien*, J. M. Dent, Toronto, 1934, p. 100.

[262] Ibid, p. 187.

[263] Le gouverneur de Louisiane, Edwin Edwards, affirme que sa mère avait des gènes cajuns.

[264] Alexis Carrel, biologiste français décédé et lauréat du prix Nobel, a déclaré que les éléments méditerranéens de la population française sont inférieurs aux éléments nordiques. Il attribue cette situation au fait que l'acclimatation des Blancs à la chaleur se fait au détriment du développement du système nerveux et de l'intellect. *L'homme, cet inconnu*, p. 300.

croyance, même si, en tant qu'ouvriers et employés, ils vivent et travaillent dans le tumulte des grandes villes, où ils ont appris beaucoup plus rapidement que les Américains des campagnes et des banlieues ce qu'il advient de leur pays.

Comme les minorités assimilées ont beaucoup plus souffert de la déségrégation des écoles, de la criminalité et de la détérioration des quartiers que les autres éléments de la majorité, il est tout à fait possible que le leadership d'une résurgence de la majorité provienne des rangs des minorités assimilées, des groupes de population dont la vie et les moyens de subsistance ont été plus ouvertement menacés que ceux des Américains des banlieues et des zones rurales. L'exposition directe aux problèmes suscite souvent un plus grand intérêt pour les solutions.

Mais il est également possible, si la torpeur actuelle de la plupart des membres de la majorité se poursuit et que les minorités assimilées sont abandonnées et livrées à elles-mêmes, que pour survivre dans la jungle mégapolitaine, elles renouent avec leurs anciennes loyautés ethniques. Une telle réaction pourrait facilement faire pencher la balance dans la détermination de l'irréversibilité de la dépossession de la majorité. [265]

---

[265] Au printemps 1972, Michael Novak, dans *The Rise of the Unmeltable Ethnics* (Macmillan, New York), préconisait une alliance politique entre les Noirs et les minorités assimilables. Selon lui (p. 20), ce dernier groupe comprend 70 000 000 d'Américains d'origine irlandaise, italienne, slave, espagnole, grecque et arménienne. Jerome Rosow, ancien secrétaire adjoint au travail, a été cité comme source de ce chiffre. Or, Rosow s'était contenté de dire que 70 000 000 d'Américains appartenaient à des familles à "revenu moyen inférieur". Plus tard, peut-être en récompense de l'exploit scientifique consistant à transformer un groupe de revenus en un agglomérat de groupes ethniques, le professeur Novak a fait surface en tant que rédacteur de discours pour Sargent Shriver lors de la campagne présidentielle de 1972. En réalité, il y a au moins 2 000 000 de Noirs dans la tranche des "revenus moyens inférieurs", ainsi que des dizaines de millions de membres de la majorité. Voir Jerome Rosow, *Overcoming Middle-Class Rage*, Westminster Press, Philadelphie, 1971, p. 87. Après avoir travaillé pour la Fondation Rockefeller, Novak est devenu le rédacteur en chef d'un bulletin ethnique et un chroniqueur syndiqué au niveau national, dont les écrits et les opinions sont de plus en plus conservateurs.

CHAPITRE 14

Minorités blanches inassimilables

C ontrairement aux minorités assimilées, dont les différences raciales et culturelles n'étaient pas suffisamment importantes pour empêcher l'assimilation, les minorités inassimilables sont définitivement exclues du statut de majorité. La ligne de couleur, dans le cas des non-Blancs, est en soi un obstacle insurmontable. En ce qui concerne les minorités blanches inassimilables, les causes qui empêchent l'assimilation peuvent être soit culturelles, soit biologiques, soit les deux.

Cela ne signifie pas que les minorités inassimilables sont liées par des origines raciales ou culturelles similaires ou par un statut économique ou social commun. Au contraire, certaines minorités inassimilables, blanches et non blanches, sont susceptibles de différer davantage les unes des autres qu'elles ne diffèrent de certaines minorités assimilées. Parmi les minorités inassimilables, on trouve les groupes de population américains les plus riches et les plus pauvres, les plus loquaces et les plus taciturnes, les plus religieux et les plus irréligieux. En fait, les divisions qui affectent les minorités inassimilables sont suffisamment importantes pour donner lieu à des confrontations raciales intestines. L'un de ces cas est le meurtre, en 1992 à Crown Heights, d'un juif hassidique par une foule noire, en représailles au fait qu'un rabbin avait perdu le contrôle de sa voiture et avait renversé et tué un jeune Noir. La grève des enseignants de New York en 1968, largement soutenue par les Noirs, pour obtenir une augmentation de salaire, et le renvoi d'Andrew Young, ambassadeur aux Nations unies, pour avoir parlé à un représentant de l'Organisation de libération de la Palestine, ont été des causes antérieures de ce clivage racial.

Malgré leurs divergences marquées, les minorités inassimilables ont constitué une alliance politique, économique et culturelle qui, avec l'aide active de ceux qui divisent les rangs de la majorité, a orienté la marche des événements américains pendant la plus grande partie du siècle. En plus de combiner leurs votes pour des candidats politiques soigneusement sélectionnés, les plus dynamiques de ces minorités ont surmonté leurs différences polaires pour forger le front idéologique qui est en train de renverser une à une les institutions américaines les plus sacro-saintes.

Quelle est donc la force unificatrice suffisamment puissante pour l'emporter sur toute cette diversité, la force centripète suffisamment puissante pour arrêter la centrifugeuse raciale dans laquelle ces minorités devraient logiquement tourner en rond ? Pour paraphraser Nietzsche, c'est probablement lié à la fois à la volonté de puissance et à la volonté d'impuissance — le désir de puissance des minorités inassimilables qui ont peu, le désir de plus de puissance de ceux qui ont beaucoup, et le désir d'abandonner la puissance des membres déracinés de la majorité. Ces désirs sont alimentés par de vieux impondérables et intangibles psychologiques tels que l'envie, l'insécurité, la peur, la haine et même la haine de soi. Ces désirs ont également été considérablement nourris par l'économie. Ces dernières années, dans les ghettos des grandes villes, bien qu'une minorité ait pillé, volé et brûlé les biens d'une autre, cette dernière continue à mettre à la disposition de la première une part importante de sa matière grise et de son argent.

La seule hypothèse sûre concernant la force qui unifie et galvanise les minorités inassimilables est qu'elle est la plus apparente et la plus puissante lorsqu'elle est dirigée contre la majorité. En conséquence, on peut dire que la principale source d'unité et de coordination des minorités est cette grande baleine démographique malade qui vacille et qui peut être attaquée, tailladée, mordue et piquée en toute impunité. Par-dessus tout, c'est l'opposition à la majorité qui a construit l'alliance efficace, mais difficile entre les minorités inassimilables et la majorité des Gracchites, des Camionneurs, des Pussyfooters, des Vieux Croyants et des Proditors — une alliance qui bénéficie encore du soutien partiel, mais pas toujours enthousiaste de segments considérables des minorités assimilables.[266]

Avant de présenter l'ordre de bataille des minorités inassimilables, il convient de rappeler qu'il existe toujours d'innombrables exceptions à toutes les généralisations concernant des masses de quelque nature que ce soit, et en particulier des masses d'êtres humains. Il est évident qu'il y a des membres inassimilables dans chaque minorité assimilée et des membres assimilables dans chaque minorité blanche inassimilable. Mais dans ce qui suit, l'accent est mis sur les fréquences et non sur les individus, sur les moyennes statistiques et non sur les courbes à un point.

ITALIENS DU SUD : Dans l'ensemble, l'Italie est une nation biraciale. Les Alpins prédominent dans le nord et le centre, tandis que les Méditerranéens se concentrent dans la basse botte (Campanie et Calabre) et en Sicile. Ce sont

---

[266] Cette alliance, dans ses aspects purement minoritaires, a été définie par un éminent analyste politique comme étant constituée de "grandes communautés ethniques cohésives encore à moitié enracinées à Cork, en Calabre et à Cracovie". Kevin Phillips, *The Emerging Republican Majority*, p. 438. Phillips exagérait un peu en ce qui concerne Cork et avait presque raison en ce qui concerne la Calabre, le berceau des Italiens du Sud, mais se trompait s'il parlait des Polonais lorsqu'il mentionnait Cracovie, et avait raison s'il parlait des Juifs.

ces régions qui ont donné naissance à 80 % de l'immigration italienne.[267] Le nombre d'Italo-Américains étant estimé à 8 764 000,[268] les simples mathématiques et les règles d'assimilation définies précédemment dans cette étude indiqueraient qu'au moins la moitié d'entre eux sont trop foncés pour pouvoir être assimilés.

De tous les nouveaux immigrants, les Italiens étaient les plus nombreux. Bien que la plupart d'entre eux aient été des paysans dans l'ancien pays, lorsqu'ils sont arrivés en Amérique, ils se sont regroupés dans des "petites Italies" urbaines, où le langage italien, la cuisine italienne, les chansons italiennes, les coutumes italiennes et l'exubérance italienne projettent encore une saveur italienne qui résiste fortement à la dissolution dans n'importe quel creuset. L'Église catholique contribue à préserver cette saveur, mais les Italiens du Sud ne sont pas catholiques au sens irlando-américain ou franco-canadien du terme. Un auteur explique que "l'Italien moyen [est] peut-être trop proche de Rome... pour en être impressionné".[269] De nombreux Italo-Américains regardent l'Église d'un mauvais œil en raison de sa longue association avec les riches intérêts fonciers de l'Italie.

La ville de New York compte 1,3 million d'Italo-Américains,[270] dont beaucoup travaillent dans les métiers de l'aiguille. C'est la troisième plus grande ville italienne au monde, dépassée seulement par Rome et Milan. Contrairement aux Italiens du Sud, dont la plupart préféraient rester dans les villes de l'Est, les plus aventureux des Italiens du Nord et du Centre se sont dirigés vers l'Ouest, dont un bon nombre en Californie, où ils sont devenus fermiers et viticulteurs, et où l'un d'entre eux, A. P. Giannini, d'origine génoise, a fondé ce qui fut la banque la plus grande et la plus dynamique du monde.[271] Leur dispersion dans tout le pays, leur esprit industrieux et leurs

---

[267] L. F. Pisani, *The Italian in America*, Exposition Press, New York, 1957, p. 143.

[268] Rapport du Bureau of the Census, 1973. Voir également les tableaux A et B de l'annexe A. Certaines estimations farfelues, inspirées par la politique, vont jusqu'à 21 millions.

[269] Pisani, op. cit. p. 54.

[270] *New York Times Magazine*, 10 août 1969, p. 56.

[271] D'autres riches Italo-Américains, outre le défunt Giannini, appartiennent pour la plupart à la catégorie des assimilés : la famille DiGiorgio (dynastie fruitière californienne), Angelo Petri et la famille Gallo (vin), John Cuneo (propriétaire de l'une des plus grandes imprimeries du monde), Pio Crespi (roi du coton du Texas), Antonio Giaccione (papier), Louis Pagnotti (charbon), Joseph Martino (plomb), Salvatore Giordano (climatisation), Vincent Riggio (ancien président de l'American Tobacco Co.), Lee Iacocca (Chrysler Corp.), la famille Pope (journaux), Bernard Castro (meubles), Jeno Paolucci (processeur alimentaire). Voir Michael Musmanno, *The Story of the Italians in America*, Doubleday, New York, 1965, pp. 247-49.

traits raciaux alpins plutôt que méditerranéens ont fait de la plupart des Italiens du Nord et du Centre des candidats faciles à l'assimilation.

La minorité italienne méridionale compte dans ses rangs une organisation criminelle dont l'appartenance ethnique est la principale condition d'adhésion.[272] L'Italo-Américain lambda n'a cependant aucun lien avec les 5 000 Italiens du Sud, principalement des Siciliens, qui dominent le crime organisé. Pour faire passer ce message au public, les lobbyistes italiens ont tenté, pas toujours avec succès, de persuader les producteurs de télévision et de cinéma d'"alléger" leurs personnages de gangsters et de leur donner des noms non italiens.[273] C'est ainsi que Sacco et Vanzetti, les méchants radicaux des années 1920, ont été partiellement réhabilités.

Historiquement, les Italo-Américains ont toujours voté pour le parti démocrate,[274] même si, lorsqu'un crypto-communiste comme Vito Marcantonio ou un crypto-républicain comme Fiorello La Guardia apparaissait sur le bulletin de vote, les loyautés raciales prenaient le pas sur la politique.[275] Réagissant à la radicalisation d'autres minorités inassimilables plus avides de pouvoir, les Italo-Américains ont été de plus en plus nombreux à quitter le parti démocrate. En 1970, le vote italien a contribué à la surprenante surprise qui a fait de James Buckley, le candidat du parti conservateur, le jeune sénateur de New York. L'élection du

---

[272] Les antécédents de la Mafia ou de Cosa Nostra seront examinés au chapitre 30.

[273] Les sensibilités ethniques italiennes ont également été éveillées par la découverte d'une carte "viking" montrant que le "Vinland" faisait partie de l'Amérique du Nord. Les professionnels italo-américains ont qualifié cette carte d'escroquerie et d'atteinte à la réputation de Christophe Colomb. *Ency. Brit. Book of the Year*, 1967, p. 102. La carte est peut-être fausse, mais les Vikings ont débarqué dans le Nouveau Monde bien avant que les trois navires de Christophe Colomb ne jettent l'ancre au large de San Salvador.

[274] Parmi les hommes politiques italo-américains notables, en fonction ou non, figurent le gouverneur Mario Cuomo de New York, le sénateur Peter Domenici du Nouveau-Mexique, John Volpe, ancien secrétaire aux transports, Anthony Celebrezze, ancien secrétaire à la santé et à l'éducation, Jack Valenti, président de la Motion Picture Association of America, le député George Miller de Californie, les maires Hugh Addonizio de Newark et Joseph Alioto de San Francisco. Frank Carlucci a été secrétaire à la défense dans les derniers jours de la présidence Reagan. Parmi les Italo-Américains présents dans les arts et le show-business, citons le compositeur Gian Carlo Menotti, le poète John Ciardi, les réalisateurs Frank Capra et Francis F. Coppola, les chanteurs populaires Dean Martin, Frank Sinatra et Tony Bennett.

[275] Vito Marcantonio a été envoyé au Congrès par le parti travailliste américain et ses votes ont révélé l'alliance souvent étroite entre le communisme et les antipathies raciales des minorités inassimilables. Il a constitué la seule opposition lorsque la Chambre des représentants a voté, à 350 voix contre une, la loi de finances du ministère de la guerre pour 1941, afin de renforcer les défenses américaines dans un monde qui s'acheminait vers une guerre totale.

républicain Alphonse D'Amato en 1980 au siège de sénateur longtemps occupé par Jacob Javits, une figure juive de la politique de l'État, a constitué une victoire tout aussi surprenante. L'ancien gouverneur de New York, Mario Cuomo, a souvent été considéré comme un candidat à la présidence. La démocrate Geraldine Ferraro a été la première femme candidate à la vice-présidence d'un grand parti.

En général, les Italo-Américains exercent relativement peu d'influence politique et sociale, sauf dans quelques grandes villes et dans les régions où la mafia est concentrée. Ils se contentent de vivre dans une sorte de quarantaine ethnique qu'ils s'imposent à eux-mêmes et n'ont pas vraiment envie d'imposer leur mode de vie aux autres. Les femmes ont plus d'enfants que la plupart des autres mères de minorités blanches, assimilées ou non. Comme les autres Européens du Sud, elles manifestent un attachement chaleureux à la famille et à l'Église catholique romaine.

Carleton Coon a proposé que les Italiens du Sud des États-Unis soient composés de deux sous-races facilement identifiables : les Méditerranéens "grossiers" et les Arménoïdes.[276] Le membre moyen de la majorité, ignorant ces subtilités raciales, sait seulement que la pigmentation des Italiens du Sud est plus foncée que la sienne, que la plupart des Américains originaires du Sud de l'Italie et de la Sicile ont une "apparence étrangère" et qu'ils sont donc prédestinés à une séparation raciale et culturelle durable.[277]

LES MINORITÉS BLANCHES DE LANGUE ESPAGNOLE : Les Espagnols sont arrivés en Floride, en Louisiane, dans le Sud-Ouest et en Californie bien avant que les pèlerins ne débarquent dans le Massachusetts. Mais la colonisation espagnole a été si limitée qu'il n'y a probablement pas plus de 100 000 Espagnols du Vieux Monde ou Mexicains d'origine majoritairement espagnole qui se sont installés de façon permanente sur le territoire des États-Unis actuels. Le temps et le métissage ont assimilé leurs descendants, à l'exception de ceux qui, comme les Hispanos du Nouveau-Mexique, ont épousé des Indiens locaux. La plupart d'entre eux étant trop foncés pour entrer dans le moule de la majorité ou de la minorité assimilée,

---

[276] Coon, *The Races of Europe*, p. 558.

[277] Le juge Michael Musmanno écrit de manière touchante — et précise — sur la situation difficile dans laquelle se trouvent presque tous les Italiens du Sud en ce qui concerne l'assimilation. Enfant, il a demandé en mariage une jeune fille récemment arrivée d'Angleterre. Il n'avait que douze ans à l'époque, mais elle ne l'a pas refusé en raison de son âge. Elle lui dit qu'elle ne pourra jamais épouser un "étranger". Musmanno est né en Amérique. La jeune fille anglaise n'était aux États-Unis que depuis sept mois. Musmanno, op. cit. p. 7.

les 100 000 à 125 000 Espagnols arrivés lors de la nouvelle immigration sont restés largement inassimilés.

La minorité cubaine aux États-Unis s'est multipliée de manière exponentielle depuis la création du premier — et peut-être dernier — État communiste de l'hémisphère occidental par Fidel Castro en 1959. Bien que la Perle des Antilles compte une importante population noire, la première vague de réfugiés de l'île totalitaire de Castro était en grande partie blanche (méditerranéenne) et appartenait aux segments les plus aisés de la société cubaine. Les vagues ultérieures d'immigrants cubains étaient nettement plus sombres et comportaient une importante composante criminelle et homosexuelle. Aujourd'hui, on estime à 800 000 le nombre de Cubains aux États-Unis, dont la plupart sont concentrés dans le sud de la Floride, qu'ils sont en train de transformer en une petite Amérique latine. Environ un tiers d'entre eux sont des Noirs ou des mulâtres.

Une autre minorité ayant des racines en Espagne, mais dont la langue est plus ancienne que l'espagnol, est composée de 10 000 Basques, qui se concentrent principalement dans le Nevada, où ils sont devenus la caste américaine des bergers de moutons. En 1966, ils ont contribué à l'élection d'un autre Basque, Paul Laxalt, au poste de gouverneur. Laxalt est ensuite devenu sénateur et, malgré des accusations de liens avec le crime organisé, a joué un rôle important dans les victoires électorales du président Reagan en 1980 et 1984. Les Basques se situent à la frontière entre les Blancs foncés et les Blancs. Bien qu'il y ait toujours des exceptions comme Paul Laxalt, ils ont été désignés comme non assimilés, ne serait-ce que parce qu'ils n'ont jamais été assimilés avec succès par les Espagnols. Il n'est pas certain que l'Amérique ait plus de chance.

DIVERSES MINORITÉS MÉDITERRANÉENNES ET BALKANIQUES :
Les quelque 435 000 Américains d'origine portugaise — pour la plupart des pêcheurs, des agriculteurs, des éleveurs de bétail et des ouvriers du textile — ont une apparence typiquement méditerranéenne et sont par conséquent trop bruns pour être assimilés.[278] L'influence raciale méditerranéenne est également évidente chez les 70 000 Albanais,[279] 90 000 Roumains, 70 000 Bulgares, près de 100 000 Turcs et 1,4 million de Grecs,[280] ces

---

[278] Les Açoriens blonds ou roux de Gloucester, dans le Massachusetts, sont une exception à cette règle. Ils descendent de colons flamands qui se sont installés dans les Açores portugaises il y a plusieurs siècles.

[279] Il y avait autrefois 100 000 Albanais aux États-Unis, mais environ un tiers d'entre eux sont rentrés chez eux.

[280] Spiro Agnew est à moitié grec, sa mère étant Virginienne. S'il avait été un petit Méditerranéen sombre comme Aristote Onassis, il aurait peut-être épousé Jacqueline

derniers étant particulièrement actifs dans les industries du tabac, des bonbons, des éponges et du transport maritime. La peau olivâtre, les cheveux noirs et les yeux marron foncé offrent peu de chances d'assimilation aux 1,5 million d'Arabes, 75 000 Iraniens, 2 500 Afghans et à un nombre indéterminé d'autres groupes de population du Moyen-Orient et de l'Afrique du Nord.[281] Les 400 000 Arméniens d'Amérique, qui ont leur propre église apostolique arménienne, sont issus de l'un des peuples les plus anciens du monde. Pour des raisons culturelles, raciales et de pigmentation, moins de la moitié d'entre eux peuvent être considérés comme assimilables.[282]

Alors que les minorités assimilables ont généralement la culture contre elles et la race en leur faveur dans le processus d'assimilation, les minorités méditerranéennes ont à la fois la culture et la race contre elles. En Europe, les populations latines ont généralement résolu leurs différends avec leurs conquérants du Nord par des mariages mixtes, en les absorbant génétiquement. Aux États-Unis, où les Européens du Nord sont beaucoup plus nombreux que les Méditerranéens, ce processus n'est pas si facile. Son contraire ne l'est pas non plus : l'absorption des Méditerranéens par les Européens du Nord. La sensibilité à la couleur de ces derniers, aiguisée par la présence de Nègres, d'Indiens, de Mexicains et d'autres non-Blancs, est

---

Kennedy, mais il n'aurait jamais été le 39e vice-président des États-Unis. Le côté minoritaire d'Agnew s'est révélé dans son amitié chaleureuse avec Frank Sinatra et dans son association avec les trafiquants d'influence minoritaires qui se sont retournés contre lui et l'ont détruit politiquement. Peter Peterson, ancien secrétaire au commerce, est également un Américain d'origine grecque, tout comme Michael Thevis, le magnat de la pornographie qui possède un appartement de 1 200 000 dollars à Atlanta et qui a fait quelques séjours en prison. Le gouverneur du Massachusetts, Michael Dukakis, un Américain d'origine grecque marié à une Américaine d'origine juive, a été le candidat du parti démocrate à l'élection présidentielle de 1988.

[281] Danny Thomas, le showman de la télévision, Ralph Nader, la mouche du coche consumériste des grandes entreprises, et le juge Robert Merhige, qui a rendu l'ordonnance d'intégration des écoles urbaines et suburbaines à Richmond, en Virginie, comptent parmi les Américains d'origine libanaise les plus en vue. Sirhan Sirhan, qui a assassiné Robert Kennedy, est l'Américain d'origine palestinienne le plus connu.

[282] Charles Garry, l'avocat d'origine arménienne des Black Panthers et du Peoples Temple du révérend Jim Jones, a déclaré qu'il n'avait jamais oublié qu'il avait été traité de "putain d'Arménien" à l'école. *Time*, 12 janvier 1970, p. 30. L'Arménien américain le plus riche est probablement Kirk Kerkorian, un magnat du cinéma, qui a admis avoir versé 21 300 dollars à la Cosa Nostra. *New York Times*, 17 janvier 1970, p. 1. George Deukmejian, ancien gouverneur de Californie, était probablement l'homme politique arménien le plus puissant de son époque. Le nombre d'Arméniens entrant aux États-Unis augmente parce que les citoyens du nouvel État indépendant d'Arménie se voient accorder davantage de visas de sortie et que l'Amérique accepte beaucoup d'entre eux en tant que réfugiés.

beaucoup plus grande que celle des Européens du Nord en Europe et plus proche de celle des Européens du Nord en Afrique du Sud.

Il suffirait de quelques générations de mariages mixtes avec des membres de la majorité pour que la plupart des Méditerranéens obtiennent les qualifications physiques nécessaires à l'assimilation. Mais les Italiens du Sud, les Espagnols, les Portugais, les Grecs et les autres Blancs à la peau foncée sont exclus de la dérive génétique américaine par leur propre choix et par les tabous de la majorité. Dans ces conditions, il faudra un certain temps avant qu'un nombre appréciable de membres de la Majorité — les Nordiques parmi eux étant des Méditerranéens "décolorés" selon Carleton Coon[283] — ne se recombinent avec la race plus petite, plus foncée, mais par ailleurs assez semblable, dont leurs ancêtres se sont soi-disant séparés il y a cent siècles.

---

[283] "La race nordique au sens strict n'est qu'une phase pigmentaire de la race méditerranéenne. *Les races d'Europe*, p. 83.

CHAPITRE 15

Les Juifs

D E DROIT LA minorité juive aurait dû être incluse dans le chapitre précédent. Elle est blanche et inassimilable. Mais c'est aussi la minorité la plus influente, la plus organisée et la plus dynamique. À ce titre, elle mérite un chapitre à part entière.

Partout dans l'opinion publique, solidement installés au sommet de la pyramide américaine, les Juifs représentent un pourcentage étonnamment minime de 2,34 % de la population totale, soit 5 828 000 personnes sur 248 709 873.[284] Ces chiffres mettent en évidence une disproportion assez extraordinaire entre la taille du judaïsme américain et son influence, une disparité qui n'est pas nouvelle dans l'histoire, qui n'est pas limitée aux États-Unis et qui n'est pas bien comprise par les non-juifs. En effet, de nombreux Américains, impressionnés par l'omniprésence juive, sont convaincus que les Juifs sont considérablement plus nombreux qu'ils ne le sont en réalité. Une enquête menée par le B'nai B'rith auprès de 2 000 lycéens dans 21 villes, à l'exclusion de New York, a révélé que 82 % d'entre eux surestimaient la population juive, certains allant même jusqu'à 70 millions ![285] Pour expliquer cette illusion populaire généralisée et de nombreux autres phénomènes sociologiques étranges associés aux Juifs, il est à la fois utile et nécessaire de faire une brève excursion dans l'histoire juive.

Les Juifs étaient une tribu de bergers sémites qui s'est regroupée en une sorte de nation au cours du deuxième millénaire avant J.-C. Après s'être installés en Canaan, nombre d'entre eux se sont rendus en Égypte en tant que pillards du désert, colons, captifs ou réfugiés. Là, comme l'indique l'Exode 1:7, "les enfants d'Israël furent féconds, s'accrurent en abondance, se multiplièrent et devinrent extrêmement puissants, et le pays fut rempli d'eux". C'est en Égypte que les Juifs ont acquis Moïse, qui leur a donné leur loi et les a instruits dans le monothéisme. Loin d'être une invention juive ou mosaïque,

---

[284] Population américaine d'après le recensement de 1990. Population juive d'après l'*American Jewish Yearbook de* 1992. Comme toutes les statistiques compilées par des groupes privés dont les méthodes de calcul ne sont pas soumises à l'examen du public, ces chiffres doivent être acceptés avec certaines réserves, d'autant plus que la communauté juive organisée s'est opposée avec succès aux efforts du Bureau du recensement pour dénombrer les Juifs. *New York Times,* 13 décembre 1957, p. 30.

[285] *New York Post,* 20 mars 1962, p. 12.

la croyance en un dieu unique avait été brièvement imposée à l'Égypte dès le XIVe siècle avant J.-C. par le pharaon Ikhnaton.

Il est à peine possible que Moïse (nom égyptien) ait été l'un des grands prêtres d'Ikhnaton et un membre de la famille royale. Après la mort du pharaon et le rétablissement du polythéisme, Moïse est peut-être devenu un prophète sans honneur parmi ses concitoyens. À la recherche de nouveaux adeptes, il a peut-être prêché la "cause perdue" d'Ikhnaton aux Juifs, dont le statut de serviteurs obligés aurait pu les rendre très sensibles à une forme nouvelle et révolutionnaire de réconfort spirituel. Cette théorie, proposée par le célèbre juif moderne Sigmund Freud, est étayée par la naissance mystérieuse de Moïse, son éducation royale et le fait qu'il ait utilisé Aaron comme interprète.[286]

C'est au cours de leur séjour en Égypte, nous dit-on, que les Juifs ont survécu à la première de leurs innombrables persécutions, bien que, dans ce cas, les Égyptiens aient été payés en retour. Avant le début de l'Exode, Jéhovah a supprimé le premier-né de chaque famille égyptienne. Aujourd'hui, plus de trois millénaires après la première Pâque,[287] les Juifs réincarnés en Israéliens ont à nouveau châtié les Égyptiens (lors des guerres de 1967 et 1973) — cette fois non pas avec des poux, des furoncles, des nuées de sauterelles et d'autres fléaux et afflictions, mais avec des avions à réaction américains Phantom.

Quelques siècles après avoir atteint et organisé la Terre promise, les Juifs ont décidé qu'ils étaient le peuple élu et l'ethnocentrisme le plus durable de l'histoire était en plein essor. Bien que la Bible soit remplie de batailles passionnantes, de force sacerdotale, de gloire solomonique et de captivités assyriennes et babyloniennes, l'empreinte juive sur la conscience du monde ne s'est pas développée du jour au lendemain. Hérodote, l'historien grec, qui

---

[286] Sigmund Freud, *Moïse et le monothéisme*, trad. Katherine Jones, Hogarth Press, Londres, 1951. Concernant l'égyptianisation de Moïse, Freud écrit (p. 11) : "Refuser à un peuple l'homme qu'il loue comme le plus grand de ses fils n'est pas un acte à entreprendre à la légère — surtout par quelqu'un qui appartient à ce peuple". Freud ne s'est pas attardé sur le meurtre d'un Égyptien par Moïse, sur son mariage avec une Madianite et sur les instructions sanglantes qu'il a données à ses disciples juifs sur ce qu'il fallait faire avec les Madianites (Nombres : 31.17-18) : "Maintenant, tuez tous les mâles parmi les petits enfants, et tuez toutes les femmes qui ont connu un homme en couchant avec lui. Mais toutes les femmes enfants qui n'ont pas connu l'homme en couchant avec lui, gardez-les en vie pour vous".

[287] Jéhovah épargne les Juifs en "passant au-dessus" de leurs maisons, qu'ils avaient marquées avec du sang d'agneau. Quant aux Égyptiens, "il n'y avait pas une maison où il n'y eût un mort". La Pâque est célébrée chaque année comme un grand jour saint juif, bien qu'il soit difficile de trouver un contenu religieux à un acte de filicide de masse. Exode 12:35 raconte également que les Juifs, avant de partir, "empruntèrent aux Égyptiens des objets d'argent, des objets d'or et des vêtements".

a fait une longue tournée au Moyen-Orient au cinquième siècle avant J.-C. et a décrit en détail presque toutes les nations et tous les peuples de la région, n'a pas mentionné les Juifs, qu'il n'a pas pu localiser ou qu'il a jugés trop insignifiants pour écrire à leur sujet.

L'État juif a été envahi par les Perses sous Cyrus au sixième siècle avant J.-C. et par les Grecs et les Macédoniens sous Alexandre le Grand deux siècles plus tard. Les généraux qui ont succédé à Alexandre et leurs héritiers dynastiques ont continué à occuper le territoire juif, malgré des révoltes juives sporadiques, jusqu'à l'arrivée des Romains sous la direction de Pompée. De temps à autre, de violentes rébellions contre le pouvoir romain éclatent, qui aboutissent à la conquête de Jérusalem par Titus en l'an 70, et à la dispersion et à l'expulsion par Hadrien soixante-cinq ans plus tard[288] des Juifs qui n'avaient pas encore fui.

Au premier siècle avant J.-C., les Juifs avaient abandonné l'hébreu et parlaient l'araméen, la langue de Jésus. La plus ancienne version de l'Ancien Testament, la Septante, n'est ni en hébreu, ni en araméen, ni en aucune langue sémitique, mais en grec. Sa traduction a été réalisée à Alexandrie sous le règne des Ptolémées, traditionnellement par soixante-dix rabbins, qui étaient isolés dans des huttes séparées, mais qui ont néanmoins produit soixante-dix versions identiques, exactement semblables, même dans la ponctuation. Les écrits religieux des Juifs constituent leur seule contribution durable à la civilisation antique, à moins que l'on ne veuille y ajouter la philosophie chauvine de Philon et les histoires allégoriques de Josèphe.[289] De l'époque classique, il ne reste pratiquement aucune peinture ou sculpture juive, contre lesquelles il y avait des injonctions bibliques, et seulement les traces les plus infimes de la musique, de l'architecture et de la science juives.[290]

En ce qui concerne l'Ancien Testament, les cinq premiers livres, le Pentateuque, sont une collection d'histoires et de légendes, dont beaucoup sont établies depuis longtemps dans le folklore du Moyen-Orient. La loi

---

[288] C'est l'intransigeance des Juifs à l'égard de Rome et leur rejet de la Pax Romana qui ont conduit Gibbon à leur reprocher "leur haine irréconciliable de l'humanité" et à les qualifier de "race de fanatiques". *Déclin et chute de l'Empire romain*, Lippincott, Philadelphie, 1878, vol. 2, p. 4.

[289] Philon tente en vain de prouver que les philosophes grecs ont plagié les prophètes juifs. Bien que Josèphe se soit rangé du côté de Titus contre ses compatriotes, il a ensuite tenté de compenser sa trahison en écrivant des histoires philo-sémitiques.

[290] Dans l'*Ency. Brit.* (14e édition), des articles distincts sont consacrés à l'architecture, à l'art, à la littérature et à la musique grecs. Il existe également des articles distincts sur l'architecture romaine, l'art romain et la littérature latine. Les activités artistiques des Juifs ont été limitées à un seul article, la littérature hébraïque.

mosaïque, le déluge, la femme de la tribu, le jardin d'Eden, l'histoire de David, tout cela provient de sources spécifiquement non juives.[291] Les trente-quatre autres livres sont constitués de généalogies et de lois, d'histoires raciales, des fulminations et de la sagesse transcendantale des prophètes, d'événements miraculeux, de calomnies grossières et de poèmes pleins d'âme. Lorsque son personnage principal, Jéhovah, passe tous ses ennemis au fil de l'épée, l'Ancien Testament est de la littérature et de la religion à l'état brut. À d'autres moments, notamment dans Isaïe, l'Ecclésiaste, Job et les Psaumes, il résonne des plus hautes expressions du génie humain. L'Ancien Testament exerce un attrait particulier sur le monde anglophone en raison de la langue resplendissante et évocatrice de la version King James.

Les livres les plus anciens de l'Ancien Testament ne remontent pas plus loin que le neuvième siècle avant Jésus-Christ et certains ont été écrits moins de 200 ans avant la naissance du Christ, bien après que l'influence littéraire grecque soit devenue prédominante dans l'est de la Méditerranée.[292] L'Ecclésiaste a fait l'objet d'une grande animosité de la part des rabbins en raison de son style et de sa pensée grecs.

À l'époque classique, comme aujourd'hui, l'antisémitisme a traqué le sémitisme sans relâche. Bien avant le début de leur diaspora officielle, les Juifs avaient migré à travers la Méditerranée et le Proche-Orient. Où qu'ils aillent, comme le montre clairement le livre d'Esther, l'antisémite est rapidement devenu une figure familière. Les premiers pogroms et bagarres antijuives historiquement documentés ont eu lieu à Alexandrie, capitale de l'Égypte ptolémaïque, où les Juifs étaient beaucoup plus nombreux qu'à Jérusalem.[293] En l'an 19, peut-être en raison de leur hostilité constante à l'égard de tout ce qui est romain, Tibère les a expulsés de sa capitale.[294] Mais

---

[291] P. E. Cleator, *Lost Languages*, Mentor Books, New York, 1962, pp. 109, 112.

[292] L'Ancien Testament est antérieur de plus d'un siècle ou deux aux poèmes homériques... Hérodote était contemporain de Malachie et d'Abdias... Théocrite chantait en Sicile tandis que le Cantique des Cantiques était compilé en Palestine...". "T. Eric Peet, *A Comparative Study of the Literature of Egypt, Palestine and Mesopotamia*, Oxford University Press, 1931, pp. 1–2. Peet affirme que lorsque les premiers fragments de l'Ancien Testament ont pris leur forme actuelle vers 850 avant J.-C., "les littératures d'Égypte et de Babylonie avaient déjà des centaines, voire des milliers d'années d'existence".

[293] Les traités antisémites abondaient à l'époque grecque et romaine et un ouvrage (aujourd'hui disparu) du Grec Apion était si connu et si influent que Josèphe a consacré un livre entier à sa réfutation.

[294] "Seuls de toutes les nations, ils évitaient de traiter avec d'autres peuples et considéraient tous les hommes comme leurs ennemis". *Diodore de Sicile*, trad. F. R. Walton, Loeb Classical Library, Harvard University Press, Cambridge, 1967, Vol. XII, p. 53.

cette interdiction n'est que temporaire. Moins d'un siècle plus tard, on dit de Trajan qu'il est entouré de "Juifs impies".[295] Au deuxième siècle de notre ère, les Juifs poussent leur antihellénisme traditionnel jusqu'au génocide. "À Cyrène, écrit Gibbon, ils massacrèrent 220 000 Grecs, à Chypre 240 000 et en Égypte une très grande multitude. [296]

L'une des principales sources d'antisémitisme dans le monde classique était la forte participation des Juifs dans le domaine de la banque et du prêt d'argent. En Égypte, pour reprendre les termes d'E. M. Forster, "ils spéculaient sur la théologie et le grain…".[297] Décrivant les conditions économiques de l'Italie à l'époque de Jules César, Theodor Mommsen, spécialiste de cette période de l'histoire romaine, a écrit : "À côté de l'élevage qui prospère anormalement sur la ruine des petits paysans, la banque privée prend des proportions énormes, car les marchands italiens, en concurrence avec les Juifs, s'étendent à toutes les provinces et à tous les protectorats de l'empire".[298]

Mais ce sont les pratiques religieuses des Juifs et leur esprit de clan endémique, plutôt que leur sens financier, qui ont suscité les commentaires acides de "vieux Romains" tels que Cicéron, Juvénal, Tacite et Sénèque.[299] La même critique a été formulée à l'encontre des Juifs bien plus tard, dans la civilisation arabe naissante, où Mahomet a tant emprunté à leur religion, mais les a harcelés sans pitié. Dans les grands *souks* et centres commerciaux d'Arabie, cependant, où "les Juifs contrôlaient de nombreuses banques locales",[300] les raisons financières de l'antisémitisme l'emportaient probablement sur toutes les autres.

L'avènement du christianisme a été une bénédiction mitigée pour les Juifs. Il leur a conféré une importance particulière en tant que "peuple du Livre", en tant qu'ancêtres physiques et spirituels de Jésus. Mais il les a aussi rendus complices de la crucifixion. C'est Caïphe, les grands prêtres et les anciens qui ont incité la foule à réclamer la mort du Christ et la libération de Barabbas. Aujourd'hui, la participation juive à l'exécution de Jésus a été

---

[295] *Papyri d'Oxyrhynque*, X, 1242, 42.

[296] Gibbon, op. cit. vol. 2, p. 4, y compris les notes de bas de page.

[297] E. M. Forster, *Pharos et Pharillon*, Knopf, New York, 1961, p. 17.

[298] Theodor Mommsen, *The History of Rome*, édité par Saunders et Collins, Meridian, New York, 1961, p. 539.

[299] Les sentiments de Sénèque concernant la grande influence du judaïsme sur ses concitoyens romains ont été exprimés dans son épigramme, *Victi victoribus leges dederunt*. Sénèque, *Opera*, Teubner, Leipzig, 1878, Vol. III, p. 427.

[300] R. V. C. Bodley, *The Messenger*, Doubleday, New York, 1946, p. 166.

minimisée au point qu'une encyclique papale a absous les Juifs du déicide. Mais les absolutions les plus solennelles des Saint-Pères les plus solennels n'auront probablement pas beaucoup d'effet tant que Matthieu (27, 24-25) citera Pilate déclarant : "Je suis innocent du sang de ce juste", et les Juifs répondant : "Que son sang retombe sur nous et sur nos enfants".

Au tout début, il était possible que le christianisme et le judaïsme fusionnent, mais dès que les premiers chrétiens juifs ont admis des païens aux offices chrétiens, l'ethnocentrisme juif a imposé un clivage permanent entre les deux religions. À l'époque du Christ, les Juifs attendaient un Messie qui punirait leurs ennemis, et non un Fils de l'homme tolérant qui pardonnerait les péchés de chacun et accueillerait tout le monde, juifs et non-juifs, dans une Église universelle. En l'espace d'un siècle, le fossé entre les deux religions était si profond que quelques allusions antisémites ont été intégrées dans les Évangiles. Jésus lui-même dit de Nathanaël (Jean 1:47) : "Voici un Israélite, en qui il n'y a pas de ruse".

En définitive, le christianisme a fourni aux non-juifs de nouvelles raisons de respecter les Juifs et de nouvelles raisons de les persécuter. En fin de compte, les Juifs ont peut-être gagné plus qu'ils n'ont perdu. Le christianisme a été leur passeport pour la civilisation occidentale, dans laquelle ils ont périodiquement dégringolé jusqu'aux plus basses profondeurs de la dégradation et se sont élevés jusqu'aux hauteurs empyréennes de la prééminence. En outre, c'est en faisant appel aux enseignements sociaux et moraux de Jésus, principalement aux ramifications démocratiques et libérales du message bouleversant du Sermon sur la montagne, que les Juifs sont parvenus à sortir de leurs ghettos européens dans les années qui ont suivi les révolutions française et russe.

Les Juifs ont survécu à la chute de Rome aussi bien qu'à celle de Jérusalem. Au cours de l'âge des ténèbres, ils ont été tour à tour tolérés et persécutés par les envahisseurs teutons. En Espagne, ils ont obtenu les plus hautes fonctions publiques dans le royaume maure de Grenade au XIe siècle, et ont dominé le commerce et possédé un tiers des biens immobiliers de la Barcelone chrétienne au XIIe siècle.[301] En Angleterre, Aaron de Lincoln, précurseur médiéval des Rothschild, a amassé suffisamment de richesses pour financer la construction de neuf monastères cisterciens et d'abbaye.[302] Mais la fortune des juifs a décliné lorsque l'Europe a été saisie par la ferveur — souvent plus gothique que chrétienne — qui a permis la construction des grandes cathédrales et déclenché les croisades. Depuis la Rhénanie allemande, où des croisés trop zélés ont organisé une série de pogroms, une violente réaction

---

[301] Durant, *The Age of Faith*, pp. 371-73.

[302] Ibid, pp. 377-78.

antijuive s'est irrésistiblement répandue dans l'Europe du Moyen Âge et de la Renaissance.[303] L'Angleterre a expulsé ses Juifs en 1290, la France en 1306, l'Autriche en 1420, l'Espagne en 1492, Florence en 1495, le Portugal en 1496-97, Naples en 1541 et Milan en 1597. [304]

Emportant avec eux un dialecte teutonique rudimentaire qui s'est ensuite transformé en yiddish, la plupart des Juifs d'Allemagne et d'Europe centrale se sont dirigés vers l'est, en direction de la Pologne, le grand havre médiéval du judaïsme. Ceux qui ont poussé plus loin vers l'est ont pu rencontrer et se mélanger avec des contingents juifs qui, depuis des siècles, remontaient vers le nord depuis le Caucase, se mariant en chemin avec des non-juifs qu'ils convertissaient ensuite au judaïsme. Les Juifs d'Europe de l'Est, les Ashkénazes, se distinguent des Séfarades, les Juifs méditerranéens au sang pur, expulsés d'Espagne par Ferdinand et Isabelle l'année même de la découverte de l'Amérique par Christophe Colomb. Les Sépharades ont trouvé refuge en Hollande, à Leghorn (Italie) et en Turquie, quelques-uns parvenant même jusqu'au Brésil, d'où ils ont ensuite été déportés par les Portugais. Vingt-quatre de ces déportés, capturés par les Français alors qu'ils retournaient en Hollande, ont été déposés à Nieuw Amsterdam (New York) en 1654.[305]

La composition raciale des Ashkénazes et des Sépharades a déjà été examinée, de même que les nombreux changements génétiques importants provoqués par 2 500 ans de métissage intermittent avec des peuples non juifs.[306] Néanmoins, les Juifs modernes d'origine séfarade ou ashkénaze, qu'ils soient français, américains, russes, iraniens, yéménites ou de toute autre nationalité, pensent qu'ils descendent tous directement des anciens Hébreux de Palestine. Il convient de répéter que cette croyance en une

---

[303] Au Moyen Âge, les Juifs soutenaient généralement les monarchies, car il était plus facile de traiter avec un seul roi qu'avec des dizaines de nobles. Ils étaient également favorables à la papauté, qui les protégeait et les humiliait tour à tour. En 1215, Innocent III ordonne à tous les Juifs, hommes et femmes, de porter un badge jaune. Darlington, *The Evolution of Man and Society*, p. 459. La tension entre les Juifs et l'aristocratie anglaise a été révélée par la Grande Charte, qui contenait des restrictions spécifiques concernant le paiement de dettes et d'intérêts aux Juifs.

[304] Les dates d'expulsion sont tirées des articles sur les pays et villes concernés dans l'*Encyclopédie juive*, Ktav Publishing, New York, 1904.

[305] Peter Stuyvesant, le gouverneur, ne veut pas les laisser rester, mais les directeurs juifs de la Compagnie néerlandaise des Indes occidentales le font changer d'avis. Howard M. Sachar, *The Course of Modern Jewish History*, World Publishing, Cleveland, 1958, p. 161. Voir également Stephen Birmingham, *The Grandees*, Harper & Row, New York, 1971, chap. 4.

[306] Voir p. 30-31.

ascendance commune, renforcée par des traditions religieuses transmises depuis trente siècles, peut surmonter toutes sortes de différences biologiques héritées en soudant une forte conscience raciale.

À la fin du Moyen Âge, la plupart des Juifs européens vivaient complètement isolés dans des ghettos fortifiés. Les relations avec les chrétiens se limitaient principalement à des questions économiques. Dans de nombreux pays européens et villes libres, les Juifs ont été totalement interdits pendant des siècles. C'est pourquoi on ne trouve pratiquement aucun juif identifiable ou professant dans l'Angleterre de Chaucer et de Shakespeare, dans la Florence de Michel-Ange et dans l'Espagne de Cervantès et de Velazquez.

Les Juifs n'ont pas été autorisés à retourner en Angleterre avant l'époque de Cromwell. Ce n'est qu'en 1791 que l'Assemblée française accorde aux Juifs français la pleine citoyenneté. Dès lors, le destin des Juifs s'éclaircit. À partir des guerres napoléoniennes, Joseph Wechsberg écrit,

"La suprématie des Rothschild dans la finance internationale a duré cent ans".[307] En 1858, Lionel Rothschild est le premier juif britannique à être élu au Parlement. En 1868, Disraeli devient Premier ministre britannique. Alors que la libéralisation et la commercialisation de l'Occident se poursuivent à la fin du XIXe siècle et au début du XXe siècle, l'émancipation juive suit le même rythme.

Dans les années 1920, on peut dire que les Juifs donnaient le ton à une grande partie de la culture occidentale. Il suffit de mentionner Marx, Freud, Einstein, les philosophes Bergson et Wittgenstein, et l'anthropologue Boas. Après 500 ans d'éclipse et un rétablissement qui a pris un peu plus d'un siècle, les Juifs ont acquis plus de pouvoir et d'influence que jamais auparavant dans leur histoire.

Puis vint Hitler. Bien que la Seconde Guerre mondiale ait été une nouvelle tentative désespérée de l'Allemagne d'établir un empire continental en Europe, elle a également été une guerre acharnée entre les Allemands et les Juifs. Le nombre de Juifs européens effectivement tués par les Allemands et leurs alliés n'a jamais été correctement établi. Le chiffre accepté et largement cité de 6 millions est apparemment basé sur des ouï-dire fournis par un

---

[307] *The Merchant Bankers*, Little, Brown, Boston, 1966, p. 343. L'un des aspects du pouvoir des Rothschild a été amplement démontré lors de la campagne de Wellington contre les Français en Espagne. Le général britannique avait grand besoin d'or, que les Rothschild britanniques avaient du mal à acheminer en raison du blocus terrestre et maritime français. Les Rothschild français résolurent le problème pour leurs relations britanniques en organisant le transbordement de l'or de Wellington à travers la France. Néanmoins, Wechsberg fait l'éloge des Rothschild pour leur loyauté envers les dirigeants des pays dans lesquels ils résidaient. Ibid, pp. 338, 342.

officier SS, Wilhelm Hottl, qui a déclaré qu'Adolf Eichmann l'avait informé que 4 millions de Juifs étaient morts dans les camps d'extermination et 2 millions dans d'autres lieux.[308] L'Encyclopaedia Britannica (1963) est plus conservatrice et utilise l'expression "plus de 5 millions".[309] Un historien juif situe ce chiffre entre 4 200 000 et 4 600 000, dont un tiers est mort de maladie et de faim.[310] D'autre part, Paul Rassinier, socialiste français et ancien détenu de Buchenwald, a écrit une série de livres affirmant qu'il n'y avait eu qu'un million ou plus de victimes juives du nazisme. Il a spécifiquement nié l'existence des chambres à gaz et a affirmé qu'il s'agissait d'un canular délibéré conçu par les sionistes pour obtenir des réparations de la part des Allemands et un soutien moral et militaire à l'État d'Israël.

Robert Faurisson, professeur français de littérature à l'université de Lyon 2, Arthur Butz, professeur américain d'ingénierie électrique à l'université Northwestern, Wilhelm Staglich, juge ouest-allemand à la retraite, l'historien britannique David Irving et Fred Leuchter, expert américain en procédures d'exécution (injections létales, chaises électriques plus efficaces, conception avancée des chambres à gaz) ont défendu la thèse de Rassinier dans des livres, des articles et des conférences.[311] Leurs travaux n'ont pas été bien accueillis. La voiture de Butz a été la cible d'une bombe incendiaire, et les bureaux et l'entrepôt de son éditeur ont été réduits en cendres. Faurisson, chassé de son poste d'enseignant et victime d'une agression physique sanglante, est condamné à 90 jours de prison avec sursis et à une amende. Staglich a vu sa pension réduite, s'est vu retirer son doctorat et tous les exemplaires invendus de son livre ont été saisis par la police allemande. David Irving a été menotté et expulsé du Canada, s'est vu refuser l'entrée en

---

[308] *Procès des grands criminels de guerre devant le Tribunal militaire international,* Nuremberg, Allemagne, Vol. XXI, Doc. 2738-PS, p. 85. Un autre officier SS, Dieter von Wisliceny, a déclaré qu'Eichmann l'avait informé que 4 millions de Juifs avaient été tués. À d'autres moments, selon Wisliceny, Eichmann aurait porté le total à 5 millions. Hottl, qui a été exclu de la SS en 1942, a travaillé pour le contre-espionnage américain après la guerre. En 1953, il a été arrêté à Vienne et accusé d'espionnage.

[309] Vol. 13, p. 64.

[310] Sachar, op. cit. p. 457.

[311] Voir Paul Rassinier, *Debunking the Genocide Myth*, trans. Adam Robbins, Noontide Press, Torrance, Calif. 1978 ; Arthur Butz, *The Hoax of the Twentieth Century*, Noontide Press, 1977 ; Wilhelm Staglich, *Der Auschwitz Mythos*, Grabert Verlag, Tubingen, 1979. Un résumé des arguments de Robert Faurisson est donné dans *Vérité historique ou vérité politique* de Serge Thion, La Vieille Taupe, Paris, 1980. L'Institute for Historical Review, basé à Torrance, en Californie, publie une revue qui, au fil des ans, a suivi les activités des principaux sceptiques de l'Holocauste. C'est probablement la meilleure source d'informations sur les expériences de Zündel et d'Irving avec les forces de l'ordre sur trois continents.

Australie et a reçu l'ordre de quitter l'Allemagne et l'Autriche. Début 1994, Leuchter a passé près d'un mois en prison en Allemagne pour incitation à la haine raciale. Il a été arrêté quelques instants avant de participer à une émission d'interview télévisée. Ernst Zundel, un Allemand vivant au Canada, a été condamné à 15 mois de prison pour ses publications mettant en doute l'existence des chambres à gaz d'Auschwitz. (James Keegstra, un enseignant canadien, perd son emploi pour avoir nié l'existence de l'Holocauste devant ses élèves.

Comme il n'y a pas eu de débat public approfondi sur ce qui s'est passé dans les camps de concentration nazis pendant la Seconde Guerre mondiale, il faudra peut-être attendre un certain temps avant que les faits soient enfin établis. La propagande de la Première Guerre mondiale sur les Huns mutilant les infirmières, coupant les mains des bébés belges, donnant des bonbons empoisonnés aux enfants, profanant les autels, crucifiant les soldats canadiens — tous ces récits d'atrocités, parfois accompagnés de fausses photographies, ont été démentis quelques années seulement après la guerre, et définitivement enterrés en 1928 par la publication de *Falsehood in Wartime* d'Arthur Ponsonby. La propagande de la Seconde Guerre mondiale, à l'inverse et de manière perverse, est toujours d'actualité après près de cinquante ans, bien qu'elle soit trop souvent basée sur des aveux forcés, des preuves falsifiées et des témoins répétés.

La Seconde Guerre mondiale a été désastreuse pour les Juifs d'Allemagne et de la plupart des pays d'Europe. Mais en renforçant l'unité juive en dehors des zones contrôlées par l'Axe, l'antisémitisme nazi a contribué à sceller la défaite de l'Allemagne. Le soutien massif et sans réserve de la communauté juive mondiale, et en particulier de la communauté juive américaine, dans la guerre contre Hitler a été un facteur essentiel de la victoire finale des Alliés.[312]

Dans l'après-guerre, les Juifs atteignent de nouveaux niveaux de prospérité dans le monde non communiste. En Espagne, pour la première fois depuis 1492, les Juifs sont autorisés à ouvrir des synagogues. Même en Allemagne, où 30 000 Juifs vivaient encore, des communautés juives se sont reconstituées dans de nombreuses grandes villes. Le plus grand triomphe de la juiverie moderne fut cependant la création d'Israël, qui apporta aux Juifs un soutien psychologique qu'ils n'avaient pas connu depuis l'époque de Juda

---

[312] Le rôle prépondérant joué par les Juifs américains dans la mise au point de la bombe atomique, dans la demande de capitulation inconditionnelle de l'Allemagne pendant la Seconde Guerre mondiale et dans l'organisation des procès de Nuremberg sera abordé plus loin.

Maccabée et de Bar Cocheba.[313] À la grande surprise des non-juifs et des Juifs, le stéréotype historique du Juif s'est transformé presque du jour au lendemain, passant du changeur de monnaie sournois et frileux à l'intrépide combattant du désert.[314] Mais la colonisation et la conquête de la Palestine ont entraîné une nouvelle vague d'antisémitisme dans une région, le Moyen-Orient, qui en avait été relativement épargnée pendant des siècles.

Bien qu'Israël soit le foyer spirituel du judaïsme, les États-Unis en restent le centre de gravité. De même que personne ne peut comprendre pleinement les affaires mondiales actuelles sans tenir compte des Juifs, aucun membre de la majorité américaine ne peut même commencer à comprendre le schéma des événements américains du 20e siècle sans une connaissance rudimentaire des objectifs, des habitudes et du statut politique, économique et social des Juifs américains.

C'est pendant la guerre de Sécession que les Juifs ont commencé à attirer l'attention du grand public américain. Le premier Juif américain à attirer l'attention internationale fut Judah Benjamin, le secrétaire d'État confédéré, qui s'enfuit en Angleterre après Appomattox.[315] Du côté nordiste, alors que l'administration Lincoln s'appuyait fortement sur les Rothschild pour obtenir un soutien financier, le général Grant ([316]) a suscité une vague d'antisémitisme en ordonnant à ses commandants subalternes d'expulser les colporteurs et les commissionnaires juifs de l'arrière des lignes de l'Union.[317] Pourtant, c'est Grant, lorsqu'il était président, qui avait

---

[313] L'influence d'Israël sur la politique étrangère américaine sera abordée au chapitre 35. Judah Maccabee et Bar Cocheba étaient des héros juifs qui ont mené des rébellions armées contre les forces d'occupation grecques et romaines.

[314] Les pionniers sionistes de Palestine étaient pour la plupart des Ashkénazes, un groupe sélect, comme le sont généralement les pionniers, ce qui contribue à expliquer leur surprenante démonstration de valeur martiale. Le tempérament et le caractère "non juifs" de nombre de ces sionistes étaient illustrés par leur apparence "non juive".

[315] David Levy Yulee, élu en Floride en 1845, a été le premier sénateur juif.

[316] August Belmont, l'agent américain des Rothschild, "a pu, grâce à l'immensité du réservoir de capitaux des Rothschild, commencer à faire fonctionner en Amérique son propre système de réserve fédérale". Belmont fut l'un des premiers juifs à pénétrer dans le sanctuaire de la haute société américaine en épousant la fille du héros naval Commodore Perry. Birmingham, *Our Crowd*, pp. 27, 79–80, 101.

[317] Ibid, p. 98. Jusqu'à présent, l'histoire de l'antisémitisme américain a été peu impressionnante et gonflée. Il y a eu quelques incidents sociaux notoires, comme le refus du Grand Union Hotel de Saratoga d'accueillir Joseph Seligman (1877) ; quelques procès aux accents dreyfusards dans lesquels les tribunaux américains ont été accusés de condamner à tort des Juifs, comme l'affaire du viol de Leo Frank, qui a conduit à son lynchage à Atlanta (1913-15), et l'affaire de l'espion atomique Rosenberg après la

sérieusement envisagé de nommer son ami proche, Joseph Seligman, secrétaire au Trésor. Lorsque le président Garfield fut abattu en 1881, il fut emmené à Elberon, dans le New Jersey, où Jesse Seligman, le frère de Joseph, ouvrit sa maison à la famille du mourant. Lors d'une réunion du samedi des Seligman à Elberon, "il n'a jamais été surprenant de trouver un ancien président des États-Unis, un juge de la Cour suprême, plusieurs sénateurs et un ou deux membres du Congrès".[318]

Les Juifs séfarades, relativement peu nombreux, et les Juifs allemands, beaucoup plus nombreux, ont accueilli avec des sentiments mitigés l'afflux massif de Juifs qui a commencé dans les années 1890 et qui provenait en grande partie du vaste domaine des tsars russes antisémites. S'ils n'ont pas ouvert leur cœur aux nouveaux arrivants ou ne les ont pas acceptés socialement, les anciens immigrants juifs ont ouvert leur porte-monnaie. Ce capital de départ, rapidement complété par le flair financier des nouveaux immigrants, a permis à la plupart d'entre eux de quitter leurs tènements du Lower East Side en l'espace d'une génération. Aujourd'hui, alors que les Juifs d'Europe occidentale et centrale conservent une grande partie de leurs richesses, les Juifs d'Europe de l'Est, en plus d'être riches, ont pris la tête non seulement du judaïsme américain, mais aussi du judaïsme mondial.

Seconde Guerre mondiale ; quelques flambées anti-juives, comme le Ku Klux Klan ressuscité et le *Dearborn Independent* d'Henry Ford dans les années 1920, et l'oratoire radiophonique du père Coughlin et le magazine *Social Justice* à la fin des années 1930 ; quelques mouvements anti-guerre, comme le Christian Front et le Bund germano-américain. Huey Long est le seul dirigeant politique américain suffisamment perspicace pour avoir réussi à faire passer l'antisémitisme dans la politique nationale, mais il a été assassiné par le Dr Carl Weiss en 1935. Feu Gerald L. K. Smith, l'un des principaux assistants de Long, a publié un large éventail d'ouvrages antisémites pendant plusieurs décennies. Dans un discours radiodiffusé national en 1941, Charles Lindbergh a accusé les Juifs d'être bellicistes et a réitéré cette accusation dans ses mémoires de guerre publiés 29 ans plus tard. Quelques organisations éparses — certains groupes du Klan, certaines unités nazies américaines — ont encouragé l'antisémitisme dans la période qui a suivi la Seconde Guerre mondiale. Liberty Lobby, une organisation conservatrice basée à Washington, D.C., et le tabloïd *Spotlight* ont mené de fortes campagnes antisionistes à la fin du siècle. David Duke, autrefois associé à certains groupes du Klan, après avoir remporté un siège à l'assemblée législative de Louisiane, s'est présenté aux élections sénatoriales, puis au poste de gouverneur. Dans chaque cas, il a réalisé des performances assez respectables, bien que l'establishment politique et médiatique l'ait attaqué sans ménagement. Lors de sa candidature au poste de gouverneur, il a obtenu plus de votes blancs que le vainqueur, l'ancien gouverneur Edwin Edwards.

[318] Birmingham, op. cit. p. 126, 308-9.

L'administration de Franklin Roosevelt a été la première à introduire des dizaines de Juifs dans les échelons décisionnels du gouvernement.[319] Il est vrai que Théodore Roosevelt a nommé Oscar Straus secrétaire au commerce et au travail, tout comme il est vrai qu'il y a eu des nominations éparses de Juifs aux époques de Wilson et Hoover, y compris des figures notables comme Paul Warburg, Louis Brandeis, Benjamin Cardozo et Felix Frankfurter.[320] Mais la liste des New Dealers contenait beaucoup plus de noms juifs, même s'ils étaient moins distingués : Henry Morgenthau Jr, Benjamin Cohen, Sol Bloom, Emanuel Celler, Herbert Lehman, David Niles, Samuel Rosenman, Isador Lubin, Mordecai Ezekiel, Anna Rosenberg, Morris Ernst, Nathan Straus, Donald Richberg, Lawrence Steinhardt et Robert Nathan. Bernard Baruch, dans l'appartement new-yorkais duquel Winston Churchill passait la nuit lors de ses visites d'État aux États-Unis pendant la Seconde Guerre mondiale, semblait chevaucher toutes les administrations, ayant été le conseiller de cinq présidents américains.[321] Comme Baruch, les banquiers Alexander Sachs et Sidney Weinberg ont participé à d'importantes sessions politiques des administrations républicaines et démocrates.

Après la Seconde Guerre mondiale, David Lilienthal et Lewis Strauss ont présidé la Commission de l'énergie atomique et ont contribué à faire entrer les États-Unis dans l'ère nucléaire. Dans les années 1950, le sénateur Joseph McCarthy a braqué les projecteurs sur ses deux jeunes assistants juifs, David Schine et Roy Cohn.[322]

Le président Truman a maintenu de nombreuses personnes juives nommées par Roosevelt sur les listes de paie fédérales. Mais le président Eisenhower, qui n'a obtenu qu'une petite fraction du vote juif, a laissé partir la plupart d'entre eux. Eisenhower a toutefois nommé Douglas Dillon à un poste élevé du département d'État. Pendant ce temps, les sénateurs républicains Barry

---

[319] Les Juifs étaient particulièrement présents au sein de la Securities and Exchange Commission, du National Labor Relations Board, du Social Security Board et des départements du travail et de la justice. *Reader's Digest*, septembre 1946, pp. 2-3. Les trois gouverneurs juifs de l'ère Roosevelt étaient Henry Horner de l'Illinois, Julius Meier de l'Oregon et Herbert Lehman de New York. À la mort de Roosevelt, un rabbin l'a comparé à Moïse. Barnet Litvinoff, *A Particular People*, Weybright and Talley, New York, 1969, p. 41.

[320] Warburg est en partie responsable de la conception du système de la Réserve fédérale et a été nommé vice-président du Conseil de la Réserve fédérale.

[321] Baruch a gagné la plupart de ses millions en spéculant sur les valeurs du cuivre. Lorsque les États-Unis sont entrés dans la Première Guerre mondiale, Wilson l'a nommé à la tête du War Industries Board.

[322] Pour la suite de la carrière de Cohn, voir le chapitre 30.

Goldwater et Jacob Javits, l'ancien candidat malheureux du parti à l'élection présidentielle de 1964, ont acquis une notoriété nationale et internationale.[323]

Les Juifs reviennent en force à Washington lorsque John F. Kennedy accède à la présidence en 1961. Arthur Goldberg est nommé secrétaire au travail et le sénateur Abraham Ribicoff, secrétaire à la santé, à l'éducation et à la protection sociale. Lorsque Goldberg accède à la Cour suprême, Willard Wirtz lui succède. Parmi les autres personnes nommées par Kennedy figurent Newton Minow, directeur de la Commission fédérale des communications, Mortimer Caplin, directeur de l'Internal Revenue Service, et Pierre Salinger, attaché de presse du président. Dillon est resté secrétaire au Trésor de Kennedy. Arthur Schlesinger Jr, Theodore Chaikin Sorensen et Richard Goodwin font partie de ceux qui ont chuchoté le plus fort à l'oreille de Kennedy.[324]

Lorsque Lyndon Johnson est devenu président après l'assassinat de Kennedy, il a transféré Goldberg de la Cour suprême aux Nations unies. Autres nominations de Johnson : Walt Rostow, principal conseiller présidentiel pour les affaires étrangères ; Wilbur Cohen, secrétaire à la santé, à l'éducation et au bien-être ; Abe Fortas, juge associé à la Cour suprême.[325]

---

[323] Est-il vraiment exact de dire que des hommes comme Dillon et Goldwater sont juifs ? Leurs grands-pères paternels étaient tous deux juifs polonais : Samuel Lapowski (pour Dillon) est arrivé au Texas comme drapier et Michael Goldwasser (pour Goldwater) est arrivé dans le Sud-Ouest comme colporteur. Dillon et Goldwater, comme leurs pères avant eux, ont épousé des non-juifs. Tous deux ont mené une vie de membres aisés de la majorité — Dillon, le banquier, étant plus aisé que Goldwater. Mais les résidus de la conscience raciale juive sont profonds. Il est extrêmement difficile, dans un milieu où les divisions raciales sont intenses, comme dans l'Amérique d'aujourd'hui, de déterminer exactement à quel moment un Juif cesse d'être Juif. Même si un individu ne souhaite plus se considérer comme juif, le monde peut l'obliger à l'être. L'origine raciale de Goldwater, par exemple, pourrait expliquer ses amitiés mystificatrices avec des gangsters juifs. Pour les antécédents de Dillon et de Goldwater, voir *Time*, 18 août 1961, p. 13 et 24 juillet 1964, p. 22. Pour les amis gangsters de Goldwater, voir le chapitre 30.

[324] En tant que conseiller de Kennedy pour les affaires caribéennes lors des primaires de 1968 pour l'investiture démocrate à l'élection présidentielle, Goodwin, qui a joué un rôle important dans le fiasco de la Baie des Cochons, était partagé entre Eugene McCarthy et Robert Kennedy. "Le problème, c'est que je ne sais pas lequel des deux je dois nommer président", explique-t-il. Il dit à Seymour Hersch, l'attaché de presse de McCarthy : "Juste toi et moi et deux machines à écrire, Sy, et nous ferons tomber le gouvernement." *San Francisco Sunday Examiner & Chronicle, Sunday Punch*, 14 juillet 1968, p. 2.

[325] Avant et après l'entrée en fonction de Johnson, Abe Fortas était "au téléphone [avec Johnson] au moins une fois par jour et souvent jusqu'à trois ou quatre fois". *Esquire*, juin 1965, p. 86. Le téléphone a continué à sonner après l'entrée de Fortas à la Cour suprême. Cette relation étroite et quelque peu inconstitutionnelle entre l'exécutif et le judiciaire est l'une des principales raisons pour lesquelles le Sénat a refusé de confirmer la nomination

Edwin Weisl, président du comité exécutif de Paramount Pictures, est le conseiller financier personnel de Johnson.

Richard Nixon, malgré son attitude ambivalente à l'égard des Juifs, a continué à entourer la présidence de membres juifs du cabinet et de conseillers de haut niveau. Henry Kissinger était secrétaire d'État et pratiquement assistant du président au moment du Watergate ; James Schlesinger, converti au luthéranisme, était chef de la CIA et plus tard secrétaire à la défense ; Arthur F. Burns,[326] président de la Réserve fédérale ; Herbert Stein, conseiller économique principal ; Laurence Silberman, procureur général adjoint ; Leonard Garment, responsable du département des droits civiques de la Maison-Blanche.[327]

En tant que premier président nommé, Gerald Ford a conservé Kissinger, renvoyé Schlesinger, nommé Edward Levi, un vieux compagnon de route stalinien, au poste de procureur général, et remplacé Stein par Alan Greenspan.

En ce qui concerne les perdants des courses présidentielles de 1968 et 1972, Hubert Humphrey avait pour plus proche conseiller E. F. Berman, et ses onze plus gros contributeurs à la campagne étaient juifs.[328] La candidature de George McGovern à l'élection présidentielle de 1972 a également été largement financée par des Juifs. Son principal conseiller était Frank Mankiewicz.

L'administration Carter, bien que pas tous en même temps, compte Harold Brown comme secrétaire à la défense, James Schlesinger comme secrétaire à l'énergie (comme Dillon, il a servi les deux partis), Michael Blumenthal, secrétaire au trésor, Neil Goldschmidt, secrétaire aux transports, Philip Klutznick, secrétaire au commerce, Stuart Eizenstat, conseiller principal pour les affaires intérieures, Robert Strauss, qui a dirigé la campagne présidentielle démocrate de 1980, Robert Lipshutz, conseiller présidentiel, et Gerald Rafshoon, consultant en matière de médias. Sol Linowitz, moteur des négociations sur le canal de Panama, a ensuite été chargé de la mise en

---

de Fortas au poste de président de la Cour suprême par Johnson. On ne sait pas si Johnson était au courant des transactions monétaires de Fortas avec Louis Wolfson, condamné pour détournement d'actions, qui ont conduit plus tard à la démission de Fortas. Voir le chapitre 30.

[326] "Le président de la Réserve fédérale a une plus grande influence sur la vie quotidienne de tous les citoyens américains que presque n'importe qui d'autre, à l'exception du président..." *Time*, 24 octobre 1969, p. 89.

[327] *Newsweek*, 18 novembre 1968, p. 44. Par conséquent, toutes les communications concernant les problèmes des minorités devaient passer par le bureau de Garment.

[328] *San Francisco Chronicle*, 23 novembre 1968, p. 9.

œuvre des accords de Camp David. À un moment ou à un autre de la présidence Carter, des Juifs ont dirigé l'Internal Revenue Service, la Securities and Exchange Commission, la Federal Trade Commission, le Bureau of the Census, la General Services Administration, le Congressional Budget Office et la Library of Congress. Des Juifs ont également occupé les postes de numéro deux ou trois dans les départements de l'État, du Trésor, de l'Agriculture, de l'Intérieur, du Travail, du Commerce, des Transports, du Logement et du Développement urbain, et de la Santé, de l'Éducation et de la Protection sociale. Plusieurs agences fédérales et groupes consultatifs gouvernementaux étaient également aux mains des Juifs. Le Conseil national de sécurité était particulièrement réputé pour le nombre de Juifs qu'il comptait dans son personnel.

Les résultats de l'élection présidentielle de 1980 laissaient présager une forte réduction de la proportion des minorités au sein de l'exécutif, bien que de nombreux Juifs aient été attirés par la plate-forme républicaine qui a souvent fait mieux que les Démocrates en ce qui concerne Israël. Une seule personne d'origine juive, Caspar Weinberger, un épiscopalien dont le grand-père était juif, a obtenu un poste (secrétaire à la défense) dans le cabinet de Reagan ; Murray Weidenbaum a été nommé conseiller économique principal ; Henry Kissinger est désormais l'homme d'État le plus âgé de l'Amérique. Reagan a terminé son second mandat avec Kenneth Duberstein comme homme du vendredi et chef du personnel de la Maison-Blanche.

L'administration Bush comptait également relativement peu de Juifs. Alan Greenspan est resté président de la Réserve fédérale et Robert Mosbacher, un collecteur de fonds républicain très en vue,[329] a été nommé secrétaire au commerce.

La composante juive du gouvernement américain a fait un bond en avant avec l'avènement de l'administration Clinton. Robert Reich, un professeur de Harvard intensément libéral, devient secrétaire au travail ; Madeleine Albright, ambassadrice à l'ONU ; Bernard Nussbaum (contraint de démissionner plus tard pour avoir tenté de dissimuler les papiers de Vincent Foster, l'ami intime de Clinton, qui s'est suicidé) ; Abner Mikva, le successeur de Nussbaum ; Mickey Kantor, représentant commercial ; Ruth Ginsburg, premier juge juif à la Cour suprême depuis la démission de Fortas en 1976 ; Stephen Breyer, deuxième Juif nommé par Clinton à la magistrature suprême ; Robert Rubin, secrétaire au Trésor ; John Deutch, directeur de la CIA. Clinton a déclaré qu'il voulait que son gouvernement

---

[329] "Les Juifs donnent plus de la moitié de l'argent collecté par le parti démocrate et jusqu'à un quart des fonds républicains", selon une étude de 1985 parrainée par le Congrès juif américain. *Washington Post*, 6 mars 1985, p. A5.

"ressemble davantage à l'Amérique". Ce qu'il a fait, en ce qui concerne ses nominations, c'est de le faire "ressembler davantage à Israël".

Étant donné que les Juifs ne représentent que 2,3 % de la population (*American Jewish Yearbook* 1992), leur nombre au Congrès (33 à la Chambre, 11 au Sénat en 1994) est manifestement disproportionné. Mais là où la surreprésentation juive est écrasante, c'est dans les sanctuaires de formation de l'opinion de l'ordre social américain. En théorie, l'homme politique est au service du public. Dans la pratique, il est trop souvent le serviteur des médias.

Les grandes chaînes de journaux et les tabloïds à grand tirage ont une part de responsabilité dans la formation de l'esprit du public. Mais seuls quelques journaux triés sur le volet, la presse dite "à fort impact", façonnent l'esprit de ceux qui gouvernent le public. Les plus importants sont de loin le *New York Times* et le *Washington Post*. Ce qu'ils impriment et la manière dont ils le présentent déterminent dans une large mesure ce que les dirigeants américains disent, pensent et font. Les intérêts majoritaires dans ces deux publications sont détenus par des Juifs. Le *New York Times,* qui se targue d'être le journal national de référence,[330] est la propriété chérie des Ochese et des Sulzberger[331] depuis plusieurs générations, tout comme le *Chattanooga Times.*[332] La plupart des actions avec droit de vote du Washington Post Co. sont détenues par Katharine Graham, la fille d'Eugene Meyer, un banquier juif. Mme Graham, décrite comme "la patronne du monolithe de l'édition", contrôle également *Newsweek* et une station de télévision stratégiquement située à Washington.[333] L'autre quotidien de la capitale, le *Washington Times*, bien que constamment conservateur et parfois même patriotique, est financé par l'évangéliste coréen et fraudeur fiscal Sun Myung Moon.

---

[330] Cinquante exemplaires du *Times* sont envoyés chaque jour à la Maison-Blanche. Il est distribué dans 11 464 villes américaines. Talese, *The Kingdom and the Power*, pp. 72, 346.

[331] George, le frère d'Adolph Ochs, le fondateur de la dynastie, a partiellement anglicisé son nom en Ochs-Oakes. John Oakes, son fils, a supervisé la page éditoriale *du Times*. Lorsque d'autres éditorialistes ont des "opinions [qui] sont en conflit avec les siennes, elles ne sont pas publiées". Talese, op. cit. p. 72, 79, 81.

[332] En 1970, le *Chattanooga Times a fait l'objet d'*un procès antitrust pour "tentatives illégales" de monopoliser le marché de la presse dans la ville du Tennessee. *New York Times*, 8 mai 1970, p. 9.

[333] Les informations concernant Mme Graham, comme beaucoup d'autres données sur les médias d'information et de communication dans ces pages, sont tirées de l'article "America's Media Baronies", paru dans *Atlantic*, juillet 1969.

Parmi les journaux moins importants, dans la mesure où leur influence est plus régionale que nationale, on peut citer : le St. Louis Post-Dispatch, dominé par un petit-fils de Joseph Pulitzer, l'éditeur juif hongrois à qui l'on attribue l'invention du journalisme jaune ;[334] le *San Francisco Chronicle*, deuxième journal le plus influent de Californie, détenu et géré par la famille Thieriot, descendants de Charles et Michael de Jung, les fondateurs juifs du journal ; et le *Post-Gazette* et le *Press de* Pittsburgh, ainsi que le *Blade* et le *Times* de Toledo, détenus par la famille Block. Les vingt-six quotidiens des deux frères Newhouse constituent un empire journalistique qui occupe la troisième place en termes de diffusion nationale et la première en termes de bénéfices. Le New York *Daily News*, qui était autrefois le premier tabloïd du pays et un phare de l'isolationnisme, a été racheté en 1992 par Mortimer Zuckerman et bat aujourd'hui les tambours pour Israël. Le *Wall Street Journal* (Peter Kann, éditeur), dont l'influence s'étend bien au-delà du monde des affaires, appartient à Dow Jones & Co. dont le président, Warren Phillips, né juif, est aujourd'hui chrétien.

De nombreux petits journaux sont détenus, gérés ou édités par des Juifs, sans parler des journaux en yiddish ou en anglais destinés à des communautés juives spécifiques. De même, certains des plus grands journaux ou chaînes de journaux qui ne sont pas détenus ou contrôlés par des Juifs ont des cadres, des directeurs, des rédacteurs, des reporters ou des chroniqueurs juifs. L'*International Herald-Tribune*, publié à Paris et lu quotidiennement par de nombreux hauts fonctionnaires des gouvernements européens, appartient à un consortium dans lequel le *New York Times* et le *Washington Post ont un* investissement important.

La liste des magazines contrôlés ou édités par des Juifs est volumineuse. Elle comprend : *Vogue, Glamour, Mademoiselle, House and Garden, New Yorker, Vanity Fair* (tous appartenant à la chaîne Newhouse), *American Home, Consumer Reports, Family Circle, Ladies' Home Journal, McCall's, Redbook, Seventeen, Woman's Day, American Heritage, Atlantic, Commentary, Daedalus, Dissent, Esquire, Human Events, High Times, Ms, Nation, National Journal, New Republic,* New *York Review of Books, Newsweek, Partisan Review, The Public Interest, Rolling Stone, Village Voice, New York Observer* et *U.S. News & World Report. TV Guide,* qui a le plus grand tirage d'Amérique (20 000 000) et le plus grand revenu publicitaire annuel (près de 200 000 000 $), a été pendant des années, jusqu'à ce qu'il le vende pour une somme énorme à Rupert Murdoch, la propriété de Walter Annenberg.

---

[334] Beard, op. cit. vol. 2, p. 461. Harry Truman a défini Joseph Pulitzer comme "le plus méchant assassin de toute l'histoire des menteurs".

En 1991, Time, Inc. (*Time, Fortune, Sports Illustrated, Money, People,* 13 chaînes de télévision, Home Box Office, Little, Brown book publishers, et d'importantes participations dans Metro-Goldwyn-Mayer) a fusionné avec Warner Communications, contrôlé par le défunt artiste juif Steven Ross, pour devenir Time Warner, actuellement le deuxième plus grand empire mondial des médias et du divertissement. Le PDG est Gerald Levin ; le rédacteur en chef est Norman Pearlstine. En 1969, en tant que directeur de la rédaction de *Time*, Henry Grunwald, né en Allemagne de parents juifs, était peut-être le "journaliste linéaire le plus influent au monde".[335]

Qu'elles soient ou non contrôlées par des Juifs, pratiquement toutes les publications de premier plan rivalisent pour s'attacher les services d'experts juifs. Au niveau des lettrés ou des semi-lettrés, on trouve ou on a trouvé des noms tels que : Walter Lippman, David Lawrence, Max Lerner, Arthur Krock, David Broder, Richard Cohen, Anthony et Flora Lewis, Joseph Kraft, Midge Decter, Paul Goodman, Irving Howe, Barbara Ehrenreich, Irving et William Kristol, Victor Navasky, William Phillips, Norman et John Podhoretz, Philip Rahv, Susan Sontag, William Safire, Frank Rich et Art Buchwald ; au niveau du judas, Walter Winchell, Drew Pearson, Leonard Lyons, Irv Kupcinet et Herb Caen ;[336] au niveau des cœurs solitaires, Ann Landers et Abigail van Buren ; au niveau de la sexologie, Dr. Ruth Westheimer, ancienne membre de la Haganah. L'un des dessinateurs de presse les plus influents et les plus féroces du pays est Herblock (Herbert Block) du *Washington Post*. L'une des bandes dessinées les plus populaires : *L'il Abner* d'Al Capp.[337]

Dans le domaine de l'édition, l'empire Newhouse possède Random House, The Modern Library, Knopf, Pantheon et Ballantine Books. Columbia Broadcasting System possède Popular Library, Fawcett Publications et Holt, Rinehart and Winston. Music Corporation of America possède G. P. Putnam's Sons. Gulf and Western possède Simon and Schuster. Les autres maisons d'édition juives sont Grosset and Dunlap, Lyle Stuart, Viking Press, Stein and Day, Grove Press, Crown, Schocken Books et Farrar, Straus and

---

[335] *Atlantic*, juillet 1969, p. 43.

[336] Lorsqu'un journal de la côte Ouest titre " Un ouragan meurtrier s'approche du Texas ", Caen fait un malheur dans sa profession en commentant : " Des promesses, des promesses ". *San Francisco Chronicle*, 20 septembre, p. 24.

[337] *L'il Abner, de loin la* bande dessinée la plus amusante, est néanmoins une attaque en série contre les coutumes de la majorité, une version inversée d'Ésope dans laquelle la souris de la ville triomphe de sa cousine de la campagne, mais dans le personnage de Daisy Mae, Capp prend soin d'obéir à la prophétie esthétique. En 1972, le dessinateur plaide coupable à une accusation de tentative de viol et est condamné à une amende de 500 dollars par un juge du Wisconsin. *Facts on File*, 1972, p. 335.

Giroux. Presque toutes les grandes maisons d'édition, juives et non juives, promeuvent les œuvres d'auteurs juifs et emploient des Juifs à des postes de direction ou de rédaction.

Ancorp National Services d'Henry Garfinkle détient un quasi-monopole sur la distribution des journaux, des magazines et des livres de poche à New York et reçoit ce que le *Wall Street Journal* a décrit comme des "pots-de-vin" de 30 000 et 26 000 dollars par an de la part du *New York Times* et du *Daily News*, respectivement. Proche de la mafia, Garfinkle s'est vanté d'avoir "des éditeurs dans ma poche".[338]

Une force puissante dans le domaine de la distribution de livres est le Book-of-theMonth Club (BOMC), créé par feu Harry Scherman, né de parents juifs anglo-gallois à Montréal. Aujourd'hui intégré au conglomérat Time Warner, le BOMC a expédié plus de 250 millions de livres au cours de ses 40 premières années d'existence. Les grossistes en livres sont tout aussi influents, deux des plus importants étant Bookazine et Diamondstein, tous deux détenus par des Juifs. Les critiques littéraires jouent également un rôle important dans le secteur du livre.[339] Comme on pouvait s'y attendre, la *New York Times Book Review* et la *New York Review of Books*, les deux principales publications de ce genre, fonctionnent sous l'égide d'éditeurs juifs. En effet, la critique littéraire juive est un élément essentiel de presque tous les magazines dits intellectuels.

La preuve la plus concluante de leur emprise sur les médias est peut-être la position dominante des Juifs dans les secteurs de la télévision, de la radio et du cinéma. Laurence Tisch a dirigé d'une main de fer le Columbia Broadcasting System jusqu'à ce qu'il le vende à Westinghouse Electric en 1995. Capital Cities Communications Inc, une société majoritaire, possédait l'American Broadcasting Co. jusqu'à ce qu'elle soit vendue au colosse du divertissement Disney, contrôlé par les Juifs. General Electric, une société majoritaire, est la société mère de la National Broadcasting Company, qui semble souvent être à vendre. Le Public Broadcasting System est en grande partie financé par le gouvernement fédéral, mais cela ne le soustrait pas à l'influence juive sur ses programmes de divertissement et d'éducation. Le fait que le réseau Fox appartienne à l'Australo-Américain Rupert Murdoch ne le met pas non plus à l'abri d'une influence juive écrasante. Il n'est pas nécessaire d'ajouter que les producteurs et les réalisateurs de tous les programmes de divertissement, d'information, de documentaires et de débats, qu'ils soient locaux ou de réseau, sont juifs de manière

---

[338] *Wall Street Journal*, 3 juillet 1969, p. 43.

[339] Pour simplifier leurs procédures comptables, de nombreuses grandes librairies ne commandent qu'à des grossistes en livres.

disproportionnée. En outre, il est juste de dire que les Juifs sont les principaux responsables de la plupart des émissions spéciales, documentaires, docudrames et sitcoms télévisés, dont la prépondérance dépeint les membres des minorités avec sympathie et les membres de la majorité comme des méchants, des ploucs ignorants ou des fanatiques d'extrême-droite.[340] Don Hewitt est le producteur de l'émission très cotée *60 Minutes*, dont les piliers sont Mike Wallace, Morley Safer et Leslie Stahl. Michael Kinsley, Robert Novak, Maury Povich, Geraldo Rivera et Larry King animent certains des talk-shows les plus populaires. Barbara Walters est la reine des intervieweuses. Daniel Schorr et Bob Simon sont deux des journalistes les plus occupés de la télévision.

Dès sa création, Hollywood a été incontestablement juif. Il suffit de citer des sociétés comme Metro-Goldwyn-Mayer, 20 th Century-Fox, Paramount Pictures, Warner Brothers, Universal, Columbia Pictures, United Artists, et des personnalités mythiques comme Samuel Goldwyn, William Fox, Carl Laemmle, Joe Schenck, Jesse Lasky, Adolph Zukor, Irving Thalberg, Harry Cohn, Louis Mayer, David Selznick et les trois frères Warner. [341]

Ces magnats du cinéma appartiennent bien sûr à l'ancienne génération hollywoodienne. Mais la nouvelle génération est aussi en grande partie juive : Ted Ashley, Gordon Stulberg, Dan Melnick, Jennings Lang, Robert Evans et David Begelman. Parmi les principaux producteurs-réalisateurs

---

[340] Ben Stein, essayiste juif qui a fait une étude exhaustive de la télévision, souligne que la télévision de divertissement est entre les mains de quelques centaines de bourgeois juifs, aidés par un petit nombre d'Irlandais et d'Italiens, tous âgés de plus de trente-cinq ans et pratiquement tous originaires de New York et vivant à l'ouest de Los Angeles. Leurs salaires atteignent souvent 10 000 dollars par semaine, mais ils penchent fortement en faveur du socialisme, aiment les pauvres et détestent les petites villes, les militaires, les hommes d'affaires et les policiers. Dans leurs sitcoms et leurs récits d'aventures, peu de membres de minorités vivent de l'aide sociale et peu commettent des crimes. Le méchant est presque toujours un blanc, plus il est blond et plus il ressemble à un WASP, mieux c'est. Ces producteurs-écrivains de télévision "croient en fait que le monde est dirigé par un consortium d'anciens nazis et de cadres de sociétés multinationales". Ben Stein, *The View from Sunset Boulevard*, Basic Books, New York, 1979.

[341] Les quelques décideurs non juifs importants d'Hollywood étaient également issus de minorités, comme Darryl Zanuck, d'origine hongroise, et Spyros Skouras, d'origine grecque. Cependant, l'un des grands pionniers du cinéma, D. W. Griffith, n'était pas juif. Il en va de même pour les deux autres grands acteurs d'Hollywood, Greta Garbo et Charlie Chaplin. L'affirmation selon laquelle Chaplin serait en partie juif est une fiction en roue libre des pro- et antisémites les plus exubérants. Sa mère était aux trois quarts irlandaise et au quart tzigane. Son père était un descendant de huguenots français installés en Angleterre depuis des siècles. Charles Chaplin, *My Autobiography*, Simon and Schuster, New York, 1964, pp. 18–19, 37, 45, 109. Chaplin a admis avoir un jour prétendu être juif pour progresser dans l'industrie cinématographique. J. L. de Vilalengue, *Gold Gotha*, Paris, 1972.

figurent Peter Bogdanovich, Sidney Lumet, Woody Allen, John Frankenheimer, Arthur Penn, Stanley Kubrick, Stanley Kramer, Oliver Stone, Mike Nichols et Steven Spielberg. Le lien entre Hollywood et Broadway a toujours été étroit et, là encore, on constate une surreprésentation presque fantastique des Juifs.[342] Une brève idée de la domination juive sur le show-business américain, hier et aujourd'hui, est fournie par la liste des "géants" du divertissement tels que les producteurs David Belasco, Daniel Frohman, Florenz Ziegfeld, Jed Harris, Billy Rose, Mike Todd, Hal Prince, David Merrick et Joseph Papp ;[343] des chansonniers tels que Irving Berlin, Richard Rodgers et Lorenz Hart, Oscar Hammerstein II, Ira Gershwin, Harold Arlen, Burton Lane, Burt Bacharach, E.Y. Harburg, Jerry Bock, Jerry Bock, et bien d'autres encore. Harburg, Jerry Bock, Sheldon Harnick, Stephen Sondheim, et Lerner et Loewe ;[344] des personnalités du show-business aussi râpeuses qu'Al Jolson, Fanny Brice, Eddie Cantor, Sophie Tucker, Ethel Merman, Sammy Davis Jr. (converti) et Barbra Streisand ; des comédiens célèbres, la plupart du temps de la variété "standup", comme Jack Benny, Bert Lahr, George Jessel, Shelley Berman, Joey Bishop, Morey Amsterdam, Myron Cohen, Henny Youngman, Buddy Hackett, Victor Borge, Marx Brothers, Ed Wynn, George Burns, Don Rickles, Mort Sahl, Alan King, Jerry Lewis, Red Buttons, Lenny Bruce, Milton Berle, Joan Rivers, Sid Caesar, Rodney Dangerfield, et Howard Stern. Grâce aux humoristes cités ci-dessus, les blagues juives sont devenues les pierres de touche de l'humour américain contemporain. [345]

Les industries de l'édition et du divertissement se nourrissent d'idées autant que d'événements, et dans le domaine des idées, les Juifs américains sont tout aussi fermement implantés qu'ailleurs. Ce qui suit est un échantillon de Juifs qui, dans la seconde moitié du siècle, ont joué un rôle important dans

---

[342] Les dramaturges sérieux, juifs ou non, seront abordés au chapitre 18. Les auteurs de pièces à message et de tracts politiques et sociologiques dramatisés ne sont pas du tout répertoriés, mais une consultation rapide des dossiers des journaux montrera que leurs producteurs et auteurs sont presque tous des membres de minorités, principalement des Juifs. En ce qui concerne les drames pornographiques, il suffit de dire que les pièces les plus sales de ces dernières décennies — *Ché, Geese* et *Oh, Calcutta* — ont toutes été écrites, mises en scène ou produites par des Juifs, de même qu'un grand nombre de films pornographiques et d'exploitation des Noirs ("hate whitey").

[343] "Le show-business américain doit la plupart de son esprit, de son animation et de sa franchise émotionnelle à l'ébullition du talent juif", a écrit le regretté Kenneth Tynan, critique dramatique le mieux payé de Grande-Bretagne et lui-même en partie juif, dans le magazine *Holiday* (juin 1961). Tynan était le producteur de *Oh, Calcutta* !

[344] Tin Pan Alley est presque à 100 % juif. *High Fidelity*, juillet 1977, pp. 27-29.

[345] Les Juifs représentent 80 % des humoristes professionnels du pays. *Time*, 2 octobre 1978.

les diverses sciences sociales et autres disciplines universitaires. Certains de ces érudits ont concentré leurs activités dans des pays étrangers, principalement en Grande-Bretagne et dans l'Allemagne d'avant et d'après Hitler.

PHILOSOPHES : Mortimer Adler, Hannah Arendt, Morris Cohen, Irwin Edman, Sidney Hook, Abraham Kaplan, Herbert Marcuse, Robert Nozick, Murray Rothbard, Paul Weiss, Walter Kaufman, Karl Popper, Leo Strauss, Nathaniel Brandon, Horace Kallen, Robert Nozick, Martin Buber, Jacob Bronowski, Ernest Cassirer.

HISTORIENS : Daniel Boorstin, Herbert Feis, Peter Gay, Eric Goldman, Oscar Handlin, Gertrude Himmelfarb, Richard Hofstadter, Bernard Lewis, Richard Morris, Arthur Schlesinger, Jr, Barbara Tuchman, Louis Hacker, Richard Pipes, Bertram Wolfe, Walter Laqueur, Arno Mayer, George Mosse, Allen Weinstein, Lewis Namier.

DES POLITOLOGUES : Stanley Hoffman, Hans Kohn, Hans Morgenthau, Saul Padover, Adam Ulam, Paul Green, Michael Walzer, Morton Kaplan, Richard Neustadt, Isaiah Berlin, Max Beloff.

SOCIOLOGUES : Daniel Bell, Peter Drucker, Amitai Etzioni, Nathan Glazer, Philip Hauser, Paul Lazarsfeld, Seymour Lipset, Robert Merton, David Riesman, Lewis S. Feuer, Arnold Ross, Theodor Adorno, Melville Tumin.

ÉCONOMISTES : Kenneth Arrow, Abraham Becker, Mordecai Ezekiel, Alfred Kahn, Ludwig von Mises, Arthur Okun, Paul Samuelson, Milton Friedman, Alan Greenspan, Morton Feldstein, Otto Eckstein, Arthur Burns, Robert Lekachman, Simon Kuznets, Leon Keyserling, Wassily Leonief, Murray Weidenbaum, Robert Heilbroner, Lawrence Klein, Robert Solomon, Peter Bernstein, Solomon Fabricant, Allan Meltzer, Herbert Stein.

PSYCHOLOGUES OU PSYCHIATRES : Franz Alexander, Bruno Bettelheim, Eric Berne, Erik Enkson, Victor Frankl, Sigmund et Anna Freud, Erich Fromm, Haim Ginott, Robert Jay Lifton, Abraham Maslow, Thomas Szasz, Melanie Klein, Lawrence Kubie, Wilhelm Reich, Gregory Zilboorg Marvin Opler, Otto Rank, Theodor Reik.

ANTHROPOLOGUES : Franz Boas, Melville Herskovits, Oscar Lewis, Ashley Montagu, Edward Sapir, Sol Tax, Lionel Tiger, Saul Riesenberg, Geza Roheim, Melford Spiro, Morton Freed, Robert Lowie, Morris Opler, David Mandelbaum, Paul Radin, Lucien Levy-Bruhl, Claude Levi-Strauss, Phillip Tobias.

Les Juifs sont également fortement représentés dans les professions libérales et les sciences physiques, comme en témoigne leur longue série de prix

Nobel.[346] Ils sont incroyablement surreprésentés dans l'enseignement supérieur, puisqu'ils sont présidents des trois plus prestigieuses universités de l'Ivy League : Neil Rudenstine (Harvard), Richard C. Levin (Yale), Harold T. Shapiro (Princeton).

Avant d'explorer d'autres domaines de l'influence et du pouvoir juifs, il serait bon de mentionner l'un des nombreux effets secondaires de l'ascension juive. Il s'agit de la vague de publicité favorable qui déferle sur les Juifs, en partie en raison de leur position stratégique dans les médias, et en partie parce que la publicité défavorable est souvent condamnée comme étant de l'antisémitisme. Le résultat inévitable de ce protectionnisme et de ce polissage de l'image est que lorsqu'un juif et un non-juif ont des réalisations similaires dans le même domaine d'activité, le premier est susceptible de recevoir plus d'attention et de reconnaissance que le second.

C'est le cas de Max Planck et d'Albert Einstein, les deux hommes qui ont donné à la physique moderne ses deux hypothèses fondamentales, la théorie des quanta et la relativité. Planck, qui n'était pas juif, n'était guère connu en Amérique que dans les milieux scientifiques, alors qu'Einstein, même lorsqu'il était un partisan non critique de Joseph Staline, était l'objet de l'estime la plus chaleureuse de la part du public américain.[347] Un autre exemple d'adulation déplacée est celui de Sigmund Freud, considéré comme un semi-charlatan dans de nombreuses régions d'Europe, mais qui, jusqu'à une date récente, a été si vigoureusement salué aux États-Unis que l'opinion publique le considérait comme un génie universel. Carl Jung, en revanche, le plus éminent psychiatre non-juif n'a reçu qu'une fraction de la publicité de Freud, parfois extrêmement hostile. La large reconnaissance accordée à un anthropologue juif comme Ashley Montagu et la faible reconnaissance accordée à un anthropologue non juif beaucoup plus important, comme Carleton Coon, est une preuve supplémentaire de l'inclinaison sémite dans les canaux d'information publics.[348]

---

[346] Au cours de la période 1901-1962, 16 % des 225 scientifiques ayant obtenu un prix Nobel étaient juifs. Weyl et Possony, *Géographie de l'intellect*, p. 143.

[347] Pour le rôle d'Einstein dans la promotion et la construction de la bombe atomique, voir le chapitre 38. Pour quelques critiques méconnues de la physique einsteinienne, voir le chapitre 21.

[348] Le "penchant" sémite des relations publiques actuelles est encore illustré par l'avalanche d'articles de magazines et de livres soulignant l'enrichissement juif de la culture américaine, mais omettant des noms comme Arnold Rothstein, les frères Minsky, Mickey Cohen, Meyer Lansky, Abe Fortas, Louis Wolfson, Fred Silverman, Serge Rubinstein, Julius et Ethel Rosenberg, Bugsy Siegel, Bernard Goldfine, Michael Milken, Ivan Boesky, Jack Ruby, et la cohorte des pilleurs d'entreprises juifs. Parfois, cette

Ce même parti pris a été transposé dans le domaine des relations internationales, notamment dans la "bonne presse" accordée à Israël, qui n'a été que légèrement tempérée par les invasions répétées du Liban, les bombardements de Beyrouth, l'attaque dévastatrice contre le *U. S. S. Liberty, le massacre des Palestiniens dans les camps de Sabra et Shatilah par les Phalangistes, alliés d'Israël, et, peut-être le plus horrible de tous, l'assassinat de 30 Palestiniens dans les camps de Shatilah.S.S. Liberty,* le massacre de Palestiniens dans les camps de Sabra et Shatilah par les Phalangistes, alliés d'Israël et, peut-être le plus horrible de tous, l'assassinat de 30 musulmans en prière dans la mosquée d'Hébron par un colon juif américain.

La propriété ou le contrôle par les juifs d'un grand nombre des principales canalisations de la pensée moderne a peut-être supplanté le judaïsme lui-même en tant que cause secondaire la plus importante de la survie, de l'unité et du pouvoir des juifs. La cause première reste, comme toujours, la richesse juive. Depuis la diaspora et même avant, le financier, le faiseur d'argent et le prêteur juifs ont été identifiés par les non-juifs comme des types quasi-biologiques. Depuis 2000 ans d'histoire juive, la survie du plus fort a souvent signifié la survie du plus riche.[349]

La richesse juive est une question extrêmement délicate. Il n'y a pas eu d'étude sérieuse, objective et complète sur le sujet aux États-Unis depuis que Fortune s'est penché sur le problème, de façon quelque peu timide, en février 1936. Même en 1936, *Fortune* avait constaté que les Juifs américains étaient solidement implantés dans certains secteurs économiques. Aujourd'hui, plus

---

approche unilatérale se dissout dans la pure flagornerie littéraire, comme dans le cas d'une "biographie" d'Albert Lasker. L'un des premiers magnats de la publicité, et certainement le plus riche, Lasker est le héros d'un long livre encensé par un journaliste de renommée internationale, bien que les points forts de la carrière de Lasker aient été l'organisation des premiers feuilletons et l'initiation de millions de femmes au tabagisme ("Reach for a Lucky instead of a sweet"). John Gunther, *Taken at the Flood, The Story of Albert D. Lasker,* Harper, New York, 1960, pp. 4–5.

[349] Au chapitre 10 de ce livre, J. K. Galbraith a été cité comme ayant déclaré que la richesse n'est plus équivalente au pouvoir. Dans la mesure où il faisait référence à la richesse de la majorité, il avait raison. Comme indiqué précédemment, la plupart des grandes fortunes de la majorité ont été dispersées, gaspillées ou transmises à des fondations qui soutiennent des projets allant souvent à l'encontre des intérêts de la majorité. La plupart des richesses juives, en revanche, sont mises en commun et concentrées sur des objectifs ethniques spécifiques — Israël, la lutte contre l'antisémitisme, les causes des minorités et les campagnes politiques, économiques et sociales visant à éliminer les derniers vestiges des privilèges de la majorité. Pour le professeur Galbraith, au contraire, une grande richesse orientée vers *l'avantage d'un groupe n'*est pas seulement équivalente au pouvoir, mais à un grand pouvoir.

de cinq décennies plus tard, il est temps de se pencher à nouveau sur la question.

Une enquête nationale a tenté d'établir une corrélation entre le revenu et la confession religieuse, ce qui a permis de se faire une idée de la richesse juive en Amérique. Il en ressort que 18,9 % des Américains disposant d'un revenu annuel supérieur à 10 000 dollars sont juifs. Les épiscopaliens représentaient 14,1 %, les personnes sans affiliation religieuse 11,6 %, les presbytériens 8,7 %, les catholiques 4,6 % et les baptistes 2,1 %.[350] Traduit en termes raciaux, le sondage indique que les juifs sont les Américains les plus aisés, les membres de la majorité viennent ensuite, les membres de la minorité blanche assimilés et inassimilables viennent ensuite, et les noirs, traditionnellement baptistes, sont les plus pauvres.

Des résultats similaires ont été obtenus par un rapport spécial du recensement fédéral de 1950 qui a révélé que sur trente-neuf groupes différents de la population américaine, les "Russes nés à l'étranger" avaient le revenu médian le plus élevé. Le revenu médian des Américains de race blanche était inférieur de 40 %. Le rapport du recensement explique la réussite économique des Russes nés à l'étranger par le fait que "le groupe russe contient d'importantes composantes de réfugiés et de juifs".[351]

Comme les Juifs représentent 2,3 % de la population américaine, un statisticien imprudent pourrait être assez fou pour prédire que 2,3 % des millionnaires américains seraient juifs et que les Juifs posséderaient 2,3 % de la richesse du pays. En 1955, le magazine *Look a* publié une liste des 400 Américains les plus riches (100 millions de dollars ou plus). Environ 25 % des personnes figurant sur cette liste portaient des noms juifs identifiables.

La meilleure preuve de l'expansion constante du pouvoir financier juif aux États-Unis est peut-être fournie par les activités des grandes banques d'investissement juives. D'année en année, Goldman Sachs, Shearson Lehman, Lazard Frères, Salomon Brothers, Warburg Paribas Becker, Wertheim & Co., Oppenheimer & Co. et d'autres étendent leur emprise financière sur des segments plus importants de l'économie. Personne ne peut déterminer l'étendue de ce contrôle, mais on peut en avoir une idée en examinant la liste des directeurs des principales sociétés américaines. Chaque fois qu'un associé ou un dirigeant de ces sociétés d'investissement apparaît comme administrateur d'une grande entreprise, c'est le signe qu'il représente un intérêt financier important, même s'il n'est pas nécessairement

---

[350] D. J. Bogue, *The Population of the U. S.*, The Free Press of Glencoe, Illinois, 1959, p. 706.

[351] Ibid, pp. 367-69, 371.

contrôlant.[352] On pourrait ajouter que, bien que ces "banquiers marchands", comme les appellent les Britanniques, puissent avoir plusieurs partenaires non juifs, ce sont généralement les partenaires juifs qui ont le dernier mot."[353]

Il devrait maintenant être évident que les Juifs ont plus qu'un pied dans la construction automobile, la sidérurgie, les services publics, les chemins de fer, les compagnies aériennes, les assurances, le pétrole et les produits chimiques — dans un grand nombre de ces mêmes entreprises de premier ordre qui étaient censées avoir le mieux réussi à résister à l'infiltration

---

[352] Henry Ford, protestant pur et dur, n'aimait pas Wall Street, les libéraux, les étrangers, les juifs et les non-protestants en général. On peut imaginer sa réaction s'il revenait sur terre et découvrait : (1) Joseph Cullman, un magnat juif du tabac, administrateur de Ford Motor Co.(3) son petit-fils, Henry Ford II, converti au catholicisme, marié en secondes noces à une Italienne de la jet-set, qui divorcera plus tard ; (4) ses deux arrière-petites-filles, Anne et Charlotte, mariées à un moment donné à des étrangers, la première à un magnat grec du transport maritime, la seconde à un juif florentin qui travaille à Wall Street ; (5) son arrière-petit-fils Alfred, adepte de Hare Krishna, marié à une jeune femme de Bombay.

[353] *Le Standard and Poor's Register of Corporations, Directors and Executives* (1980) répertorie les associés de Goldman, Sachs en tant qu'administrateurs des sociétés suivantes : Associated Dry Goods, Capital Holding Corp, Kraft, Knight-Ridder Newspapers, Witco Chemical, TWA, Franklin Mint, Corning, Pillsbury, Brown Group, Eagle-Picher, B. F. Goodrich, Cluett Peabody, Cowles Communications, J. P. Stevens. Lehman Brothers et Kuhn, Loeb ont fusionné en 1977 et ont été rachetés par American Express en 1983. Sanford Weil a été chargé de ce qui s'est appelé Shearson Lehman, qui a vraisemblablement hérité des anciens mandats d'administrateur de Lehman Brothers et de Kuhn, Loeb dans les sociétés suivantes : Goebel Brothers, Twentieth Century-Fox, United Fruit, Commercial Solvents, Chesebrough Pond's, Paramount Pictures, Beckman Instruments, Singer Sewing Machine, Bristol-Myers, General Cable, RCA, Federated Department Stores, Bulova Watch, Western Union, Shell Oil, General Analine and Film, Standard Oil of California, Greyhound, FMC, Jones & Laughlin Steel, Anchor-Hocking, Times-Mirror, United California Bank, Union Oil, Wells Fargo Bank, Hertz, Litton Industries, General Motors, Allied Chemical, Continental Can, United States Lines, Caterpillar Tractor, IBM, Southern Pacific, Chase Manhattan Bank, Pacific Gas and Electric, Air Reduction, Northern Pacific, Bendix, Smith-Corona Marchant, Flintkote, Sperry-Rand, Allied Stores. Dans les années 1960, les partenaires de Kuhn, Loeb étaient directeurs de : Westinghouse Electric, Sears Industries, U.S. Rubber, Anglo-Israel Bank, Revlon, Benrus Watch, Tishman Realty, American Export Lines, Polaroid, C.I.T. Financial, Brush-Beryllium, Getty Oil, A & P, Kennecott Corp, Marine Midland Trust, Metromedia, Buckeye Pipe, General American Transportation. Les *Poor's de* 1964 et 1968, qui contenaient beaucoup plus d'informations sur Lazard Frères que les éditions actuelles, indiquaient que les associés de la société étaient administrateurs de : Jones & Laughlin Steel, National Fire Insurance, Olivetti-Underwood, Owens-Illinois, Manufacturers Life Insurance, Chemical Bank-New York Trust, Harcourt Brace, Harper and Row, Libby-Owens-Ford Glass, Warner Lambert Pharmaceutical, Sun Insurance, RCA, Engelhard Minerals & Chemicals Corp. et ITT.

juive.[354] Dans certains cas, des juifs sont devenus directeurs généraux des entreprises les plus anciennes ou les plus innovantes — par exemple, Irving Shapiro, pendant de nombreuses années directeur général de Du Pont, et Michael Blumenthal, qui a d'abord dirigé Bendix, puis Burroughs et enfin Unisys. Dans certains secteurs importants de l'entreprise, les Juifs exercent un contrôle à la fois managérial et financier. Les deux plus grands distillateurs (Seagram et Schenley) appartiennent à cette catégorie, de même que certaines des plus grandes entreprises textiles, des firmes de chaussures, des producteurs d'ordinateurs et de logiciels, deux grandes sociétés de tabac (P. Lorillard et Philip Morris) et l'une des plus grandes brasseries (Miller). Le principal actionnaire de Pabst Brewing est ou était le pilleur d'entreprises Irwin Jacob. L'industrie de l'habillement, au niveau de la fabrication, de la vente en gros et de la vente au détail, est essentiellement juive. Les juifs contrôlent ou possèdent un grand nombre des plus grands magasins du pays et sont devenus une force puissante dans la publicité (Saatchi et Saatchi). La bijouterie et les pierres précieuses sont pratiquement un monopole juif, tout comme les cosmétiques et les produits pour animaux de compagnie.

L'anonymat qui entoure les opérations des banques d'affaires et des sociétés de bourse est parfois rompu par des références élogieuses à la richesse de leurs principaux associés. Robert Lehman, de Lehman Brothers, a révélé avant sa mort qu'il possédait une collection d'œuvres d'art d'une valeur de plus de 150 millions de dollars.[355] Gustave Levy, associé de Goldman Sachs, a été décrit comme "le plus grand homme d'argent de Wall Street".[356] Feu André Meyer de Lazard Frères, fondé il y a plus de cent ans par un négociant en or franco-juif de la Nouvelle-Orléans, ne s'est installé aux États-Unis qu'en 1940, mais il était "le banquier d'affaires le plus important du monde".[357]

Meyer était administrateur de RCA et d'Allied Chemical aux États-Unis, ainsi que de Fiat et de Montecatini Edison en Italie. Le président Kennedy l'a nommé à des postes gouvernementaux importants et ses amis proches comprenaient Robert McNamara, Henry Fowler, ancien secrétaire au Trésor, Eugene Black, ancien directeur de la Banque mondiale, et Jacqueline Kennedy. Lyndon Johnson consulte régulièrement Meyer. David

---

[354] En 1980, des rumeurs à Wall Street affirmaient que les Rothschild européens détenaient des intérêts substantiels dans Kaiser Aluminum, Atlas Steel, Bethlehem Steel, Anaconda, U.S. Borax, Aetna Life, Litton Industries, Standard Oil of California et Rand Corporation.

[355] Joseph Wechsberg, *The Merchant Bankers*, Little, Brown, Boston, 1966, p. 333.

[356] Martin Mayer, *Wall Street*, Harper, New York, 1955, p. 193.

[357] *Fortune*, août 1968, p. 101.

Rockefeller l'a rejoint dans plusieurs projets immobiliers. La succursale new-yorkaise de Lazard Frères a participé à de vastes transactions financières impliquant American Metal Climax, Minnesota Mining et Lockheed Aircraft. En 1966, Lazard a organisé la fusion McDonnell-Douglas pour un montant d'un million de dollars. Lazard a ou avait une participation de 40 millions de dollars dans International Telephone and Telegraph, l'un des plus grands conglomérats du pays. Les succursales de Lazard à New York, Londres et Paris ont supervisé des investissements totalisant 3 milliards de dollars.[358]

Bien qu'ils n'aient pas le pouvoir des hommes d'argent comme Meyer, les fonds mutuels, les fonds de pension et les sociétés de courtage, qui détiennent d'énormes blocs d'actions dans les plus grandes sociétés, exercent également une grande influence sur les plus hautes sphères du monde des affaires américain. La position juive dans ce secteur de la communauté financière est très forte. Il existe d'énormes fonds communs de placement contrôlés par les juifs, comme le Fonds Dreyfus, et de grandes sociétés de courtage juives, comme Salomon Brothers, dont les deux principaux dirigeants juifs ont été démis de leurs fonctions pour mauvaise gestion en 1991 et remplacés temporairement par Warren Buffet, un non-juif. Des Juifs sont administrateurs ou dirigeants de quelques-unes des plus grandes banques commerciales, bien qu'il faille admettre que leur influence est relativement faible. Des juifs ont été présidents de la Bourse de New York et d'autres bourses plus petites. Des Juifs siègent dans les commissions du Sénat et de la Chambre des représentants qui rédigent la législation régissant le financement des entreprises. Tout aussi important, les juifs dominent souvent la Securities and Exchange Commission, qui a le pouvoir de faire ou défaire toute société dont elle estime qu'elle a violé les règles et réglementations de la SEC. Le poste le plus important du système bancaire américain est sans aucun doute celui d'Alan Greenspan, président de longue date de la Réserve fédérale. L'émission télévisée "Wall Street Week", présidée par Louis Rukeyser, est regardée par des dizaines, voire des centaines de milliers d'investisseurs ou d'investisseurs potentiels.

Dans la liste *Forbes de* 1993 des 400 Américains les plus riches, au moins 26 % étaient juifs. Parmi ceux qui ont atteint la catégorie des milliardaires, on peut citer

John W. Kluge (7,05 milliards de dollars). Allemand converti au catholicisme. A fait don de 110 millions de dollars à l'université de Columbia pour des bourses d'études destinées aux minorités. On ne sait

---

[358] Dans l'article cité dans la note de bas de page précédente, *Fortune* déclare : "Le noyau financier dur du capitalisme dans le monde libre est composé de pas plus de 60 entreprises, partenariats et sociétés détenus ou contrôlés par un millier d'hommes".

pas ce qu'il était avant sa conversion, mais ses relations commerciales et politiques, sa vie sociale et ses mariages indiquent qu'il y a au moins une ou deux branches juives dans son arbre généalogique. A gagné de l'argent grâce aux films, à la radio et aux téléphones portables.

Sumner M. Redstone (5,6 milliards de dollars). Salles de cinéma, télévision par câble. Sa société Viacom a remporté le concours pour Paramount Communications (studios de cinéma, Simon & Shuster) en février 1994.

Ted Arison (3,65 milliards de dollars). Ancien lieutenant-colonel israélien. Paquebots de croisière, équipe de basket-ball Miami Heat.

Ronald Perelman (3,6 milliards de dollars). Cosmétiques Revlon, divertissement Marvel, équipement de plein air, S&L, produits de santé.

Les frères Newhouse, Donald et Samuel Jr (3,5 milliards de dollars chacun). Vingt et un quotidiens, cinq magazines, six chaînes de télévision, quatre stations de radio, vingt systèmes de télévision par câble, Random House, Condé Nast.

Edgar Bronfman (2,3 milliards de dollars). Baron de l'alcool, fils d'un bootlegger canadien. Premier actionnaire de la compagnie Seagram, qui possédait 24,3 % de Du Pont et 5,7 % de Time Warner. Son fils Edgar Jr, héritier présomptif, magnat d'Hollywood, a épousé et divorcé d'une Noire, qui lui a donné trois enfants.

Les frères Pritzker, Jay Arthur et Robert Alan (2,2 milliards de dollars chacun). Hôtels Hyatt, sociétés de production et de services, 33 % de Royal Caribbean Cruises.

Lester Crown (2,2 milliards de dollars). General Dynamics, Material Service Corp, participations dans des stations de ski, N.Y. Yankees, Chicago Bulls.

Walter Annenberg (2,2 milliards de dollars). Ambassadeur de Nixon en Grande-Bretagne, Triangle Publications, actions GM, a vendu TV Guide à Rupert Murdoch, a payé 57 millions de dollars pour un Van Gogh. Le père Moses a été emprisonné pour fraude.

Marvin H. Davis (1,7 milliard de dollars). Davis Oil Co., concessions pétrolières, immobilier.

Lawrence J. Ellison (1,6 milliard de dollars). Fils d'immigrés russes, il a abandonné ses études et travaille dans le domaine des logiciels informatiques.

Leslie H. Wexner (1,6 milliard de dollars). Vêtements pour femmes, Victoria's Secret, Lane Bryant, constructeur de maisons, grand défenseur des causes juives.

William B. Ziff Jr. (1,5 milliard de dollars). Magazines professionnels et grand public.

Peter E. Haas, père (1,4 milliard de dollars). Levi Strauss & Co, la plus grande entreprise de vêtements au monde.

Frères Tisch, Laurence Alan et Preston Robert (1,3 milliard de dollars chacun). CBS, Loews Corp, Bulova Watch, participations dans Macy's Dept. Store, tabac Lorillard, 50 % des New York Giants.

Donald L. Bren (1,3 milliard de dollars). Promoteur immobilier, en partie propriétaire d'Irvine Ranch.

Samuel J. LeFrak (1,3 milliard de dollars). Promoteur immobilier et de centres commerciaux, plus grand propriétaire privé d'appartements aux États-Unis.

Milton Petrie (1,1 milliard de dollars). Fils d'immigrés russes, 1 729 magasins de vêtements dans 50 États.

George Soros (1,1 milliard de dollars). Gestionnaire de fonds, spéculateur sur les devises, il a créé le Quantum Fund, qui vaut aujourd'hui 4,2 milliards de dollars. A presque réussi à lui seul à dévaluer la livre sterling.

Famille Lauder, Estée, Leonard Alan et Ronald Steven (1 milliard de dollars chacun). Cosmétiques.

Michel Fribourg (1 milliard de dollars). Négociant en céréales.

Au total, la liste *Forbes compte* exactement 100 milliardaires. Comme indiqué précédemment, 26 % d'entre eux étaient juifs. Le même pourcentage, à quelques points près, s'applique au reste des 400 Américains les plus riches de la liste *Forbes. Les* juifs ont également figuré dans les premiers rangs des personnes percevant les plus gros salaires et les primes annuelles les plus élevées. L'Américain le mieux rémunéré en 1943 était Louis Mayer de MGM (949 765 dollars) ; en 1979, Frank Rosenfelt de MGM (5,1 millions de dollars) ; en 1981, Steven Ross de Warner Communications (22,5 millions de dollars).

Les familles juives établies de longue date (dont certains membres sont devenus chrétiens) telles que les Seligmans, les Warburgs et les Kahns, ainsi que les Strauses, les Gimbels, les Kaufmanns et les Magnins, plus *récents, figurent* toujours aux échelons supérieurs de l'aisance américaine. Les familles juives d'élite de San Francisco — Hellmans (Wells Fargo Bank), Fleishhackers, Sutros et Schwabachers — méritent également d'être mentionnées dans tout recensement exhaustif de la richesse héritée.

Alors que les grandes entreprises industrielles américaines deviennent de plus en plus lourdes et que les coûts d'exploitation échappent à tout contrôle, que la comptabilité, le financement, les relations sociales et gouvernementales et la discrimination positive prennent le pas sur l'invention, la production et le contrôle de la qualité, les Juifs se sont rués vers les pâturages lucratifs de l'arbitrage, de la spéculation foncière[359], des lotissements, des centres commerciaux, des chaînes de magasins à prix réduits, des cartes de crédit et de diverses entreprises technologiques telles que les puces électroniques et l'épissage des gènes. Parmi eux figurent Armand Hammer de Occidental Petroleum, les Levitt de Levittown, Louis Aronson des briquets Ronson, Alfred Bloomingdale du Diners Club, Eugene Ferkauf des grands magasins E. J. Korvette, Stanley Marcus de Nieman-Marcus, Herbert Siegel de ChrisCraft Industries et Irving Feist, l'agent immobilier de Newark qui a exercé plusieurs mandats de président des Boy Scouts of America. L'un des plus grands noms de ces marchands ambulants est Meshulam Ricklis, né à Istanbul, élevé en Israël, naturalisé américain, qui, en une semaine, a gagné 2 millions de dollars sur le marché boursier.[360] Parmi les multimillionnaires juifs ayant des ambitions politiques, on peut citer le républicain Lew Lehrman de Rite-Aid Drugs, le sénateur démocrate Frank Lautenberg du New Jersey, dont la fortune provient de la société Automatic Data Processing, et le sénateur démocrate Herbert Koch du Wisconsin, ancien magnat de l'assurance. Felix Rohatyn, associé de Lazard Frères, né à Vienne, qui a aidé à démêler les finances enchevêtrées de la ville de New York, techniquement en faillite, est un juif à tendance politique qui préfère travailler dans les coulisses.[361]

Une autre source importante de richesse juive est la préférence apparemment congénitale des Juifs pour les professions les mieux rémunérées. Quelque 35 à 40 % des adultes juifs actifs travaillent dans le commerce, contre 13,8 % des non-juifs ; 10 à 12 % exercent une profession libérale, contre 6,8 % des non-juifs ; 73 % sont des "cols blancs", contre 43 % des protestants et 33 % des catholiques ; 48 % sont des travailleurs indépendants, contre 19 % des protestants et 10 % des catholiques.

Prévoyant une mainmise juive sur les professions libérales, de nombreuses écoles de médecine et de droit américaines ont mis en place un système de quotas au début du siècle. Sous la pression des libéraux et des minorités, le

---

[359] La plupart des Wall Streeters reconnus coupables de délits d'initiés et d'autres crimes financiers, de Michael Milken à Ivan Boesky, sont juifs.

[360] Schenley Industries, le distillateur géant, est une filiale de Rapid American Corp. de Ricklis.

[361] Nathan Ruck dans *Economic Trends in the American Jew*, ed. Oscar Janovsky, Harper, New York, 1942, pp. 162, 165.

numerus clausus pour les Juifs a été largement abandonné.[362] À l'heure actuelle, les facultés de médecine reçoivent environ 14 000 demandes d'admission par an, dont 5 000 à 7 000 émanent de Juifs.[363] À New York, la moitié des 15 000 médecins sont juifs. La montée en flèche des frais d'inscription dans les écoles de médecine et de droit a donné aux Juifs un avantage supplémentaire dans la course aux diplômes professionnels. Appartenant au groupe le plus riche de la population américaine, les Juifs peuvent plus facilement se permettre de payer les coûts élevés de l'enseignement supérieur.

Pour résumer le phénomène de la richesse juive, ce qui se passe aujourd'hui aux États-Unis est la même chose que ce qui s'est passé pendant une grande partie de l'histoire occidentale. Les Juifs, qui se trouvent sans restriction et sans entrave dans un pays riche en ressources et en main-d'œuvre, acquièrent rapidement une part tout à fait disproportionnée de ses richesses. Il s'agit presque certainement du même processus historique qui s'est déroulé dans l'Espagne wisigothique, arabe et catholique, dans l'Angleterre, la France et l'Allemagne médiévales et, plus récemment, dans l'Allemagne du vingtième siècle. Pourtant, presque personne ne se soucie — ou n'ose — le remarquer. Ceux qui sont si préoccupés par les cartels pétroliers, la prolifération des conglomérats, l'influence de l'Église catholique romaine, le complexe militaro-industriel, le SIDA et la discrimination raciale et sexuelle sont étrangement silencieux et totalement indifférents aux activités d'un ethnocentrisme supranational de plus en plus puissant et de plus en plus dominant, disposant de ressources financières illimitées.

Mais ce silence n'est pas si étrange quand on réfléchit à ce que le regretté analyste politique britannique R. H. S. Crossman a décrit comme "le veto anti-antisémite qui a réussi à supprimer tout écrit franc et efficace sur le problème juif…"[364] Toute discussion critique de la richesse juive — ou d'ailleurs toute critique objective de n'importe quel aspect du pouvoir juif — expose immédiatement l'orateur à des accusations d'antisémitisme. L'antisémitisme étant la grande hérésie des temps modernes, une personne ainsi accusée est immédiatement soumise à de telles doses d'ostracisme social et d'usure économique qu'une carrière publique réussie lui est à jamais interdite. Il n'est donc pas étonnant que la quasi-totalité de l'establishment

---

[362] L'essor de la discrimination positive a toutefois entraîné des complications. Les quotas autrefois imposés aux Juifs ont été transformés en "objectifs" parrainés par le gouvernement pour les non-Blancs au détriment des Blancs, une catégorie qui inclut les Juifs. L'ambivalence des Juifs à l'égard de ce programme gouvernemental de préférence raciale sera examinée plus loin dans ce livre.

[363] Simpson et Yinger, op. cit. p. 677-79.

[364] R. H. S. Crossman, *Partisan Review*, automne 1964, p. 565.

intellectuel occidental se soit dérobé à une tâche aussi ingrate et peu rentable. Dans l'Occident d'aujourd'hui, on ne peut être véritablement objectif à l'égard des Juifs que si l'on est Juif. Quelques rares juifs antisionistes, qui estiment que le sionisme nuit au judaïsme en révélant les loyautés bipolaires des juifs, s'élèvent contre Israël. Quelques rares penseurs et scientifiques juifs, et quelques rares romanciers juifs qui se laissent emporter par leurs personnages, présentent occasionnellement des symptômes de l'ancienne névrose juive de *Selbsthass* et expriment leurs sentiments d'une manière incompatible avec l'effort juif généralisé pour garder l'antisémitisme sous un voile impénétrable.[365]

Le retrait de tout ce qui est juif de l'arène de la discussion rationnelle relègue automatiquement les opinions défavorables aux Juifs aux chuchotements feutrés du bureau, du salon et du country club, aux "feuilles de haine" clandestines et aux rêveries verbales de cinglés hantés par des visions de vieillards barbus complotant la conquête du monde. Tout cela confère à l'antisémitisme une aura de mysticisme et d'obscurantisme romantique qu'il ne mérite pas et qui le dote d'une sorte de diabolisme cinétique et souterrain. Le jour où l'antisémitisme réapparaîtra au grand jour — comme les idéologies refoulées ont l'habitude de le faire — il ne pourra pas ne pas devenir le fonds de commerce du vengeur apocalyptique qui sait que l'émotion et le dogme déplacent plus de montagnes que la raison. La libération soudaine des tensions et des haines accumulées pendant des décennies de censure et d'endoctrinement peut empêcher toute issue moins explosive. Au lieu de soumettre l'antisémitisme au libre jeu des idées, au lieu d'en faire un sujet de débat public auquel tout le monde peut participer, les Juifs et leurs partisans libéraux ont réussi à organiser une inquisition dans laquelle tous les actes, les écrits et même les pensées critiques à l'égard de la juiverie sont traités comme une menace pour l'ordre moral de l'humanité. Le pro-sémite est ainsi devenu le miroir de l'antisémite. Le Tartuffe de l'époque contemporaine s'avère être l'intellectuel juif qui croit passionnément au droit à la liberté d'expression et de réunion pacifique pour tous, mais qui se réjouit lorsque des autorisations sont refusées pour des réunions antisémites et que des pierres se brisent sur le crâne d'orateurs antisémites.

---

[365] C'est le cas de Simone Weil, poétesse-philosophe juive française, qui a assimilé l'esprit du judaïsme à l'esprit du nazisme et s'est plainte que le culte du "Jéhovah terrestre, cruel et exclusif avait transformé les Juifs en une nation d'esclaves fugitifs". Karl Landsteiner, lauréat du prix Nobel, a demandé en vain une injonction contre le Who's Who in American Jewry pour l'avoir qualifié de juif. Sachar, *The Course of Modern Jewish History*, p. 404. Philip Roth, auteur de *Portnoy's Complaint*, est l'un de ces romanciers.

Si l'on admet la disparité presque incroyable entre le nombre de Juifs et leur influence aux États-Unis — et il est de plus en plus difficile pour quiconque de ne pas l'admettre — comment les chercheurs modernes l'expliquent-ils ? La réponse immédiate est que la plupart des chercheurs modernes n'essaient pas du tout de l'expliquer ou, s'ils le font, nient simplement que le problème juif n'est guère plus qu'une série de coïncidences historiques. Ceux qui ont l'esprit plus curieux ou qui ont une dent particulière à faire valoir ont proposé quelques théories intéressantes sur le sujet — des théories, cependant, qui sont essentiellement des excuses puisqu'elles sont circonscrites par la mise en garde actuelle selon laquelle toute discussion sur les Juifs ne doit jamais les présenter sous un jour défavorable.

Une théorie très répandue, avancée par l'érudit juif Ludwig Lewisohn, est que les Juifs étaient avant tout un peuple agricole qui a été poussé vers la banque et le commerce par des édits papaux interdisant à tous les Chrétiens de pratiquer l'usure.[366] L'implication est que les Juifs, contre leurs inclinations naturelles, ont été forcés de devenir riches en étant contraints de créer une caste ploutocratique héréditaire. Cette proposition est cependant indéfendable pour la raison évidente que les Juifs étaient très actifs dans le domaine du prêt d'argent bien avant que le christianisme — sans parler de la papauté — n'entre dans l'arène de l'histoire.

Le regretté A. L. Kroeber, chef respecté du département d'anthropologie de l'université de Californie, a abordé la question juive avec sérénité. Soulignant la "participation extrêmement sporadique des Juifs aux grandes civilisations", Kroeber a défini l'ascension actuelle des Juifs comme un "phénomène transitoire". Selon lui, c'est la "mobilité libérée" des Juifs qui a eu pour effet de les propulser "plus rapidement que les Gentils dans des domaines où ils sont entrés récemment, et temporairement avec un succès éclatant".[367] Au fil des années, cependant, et alors que la courbe ascendante des Juifs ne montre que peu de signes de stabilisation, la thèse de Kroeber perd une grande partie de sa pertinence.

Une thèse plus plausible repose sur une base darwinienne. C'est le juif le plus riche qui avait le plus de chances de survivre aux pogroms et aux autres persécutions qui ont frappé les juifs au cours des siècles. Dans la plupart des cas, il pouvait acheter sa liberté. Mais le Juif le plus riche était généralement

---

[366] Sachar, op. cit. p. 533. Lewisohn, qui a enseigné dans plusieurs universités américaines avant de devenir professeur de littérature comparée à Brandeis, était un suprématiste juif qui invectivait les Allemands, les Slaves, les Nègres et la "barbarie" anglo-saxonne. On peut s'interroger sur la réaction des médias face à un professeur de la majorité qui s'insurge contre la "barbarie" juive.

[367] A. L. Kroeber, *Configurations of Cultural Growth*, University of California, Berkeley, 1969, p. 740.

le Juif le plus adroit, le plus apte et le mieux adapté aux conditions et exigences particulières de la vie urbaine et du ghetto. Le juif aisé et citadin d'aujourd'hui est le produit final de 2 000 ans d'une forme particulière de sélection naturelle, l'heureux détenteur d'un cosmopolitisme consanguin qui constitue un grand avantage concurrentiel dans les sociétés décadentes et urbanisées incapables de protéger leurs citoyens contre le dynamisme racial des intrus.

Richard Swartzbaugh, professeur adjoint d'anthropologie à l'Eastern Illinois University, estime qu'une société multiraciale fragmentée, divisée et rongée par les classes sociales ne peut survivre sans un apport massif de médiation. Étant donné que les Juifs ont toujours été des médiateurs compétents, que leur statut d'étrangers les qualifie hautement en tant qu'intermédiaires professionnels, en particulier dans les domaines des relations de travail, du droit et de la politique, ils ont presque automatiquement été élevés au sommet d'un ordre social qui doit résoudre ses conflits internes qui se multiplient par l'arbitrage et les "accords" ou se dissoudre dans la guerre et l'anarchie.[368]

La théorie la plus originale qui tente de rendre compte de l'actuelle ascendance juive dans les sciences sociales a été avancée par John Murray Cuddihy, professeur adjoint de sociologie et descendant d'une importante famille irlando-américaine. Selon Cuddihy, les écrits de Freud, Marx, Claude Lévi-Strauss et des autres éminents juifs de la diaspora qui ont tant contribué à meurtrir la culture occidentale n'étaient pas motivés par l'amour de la vérité ou le désir d'améliorer l'humanité, mais par la peur et le dégoût que leur inspirait la civilité occidentale, ce comportement réprimé et contrôlé incompréhensible pour un peuple irrépressible. Comme ils ne pouvaient évidemment pas s'en tirer en s'attaquant directement au comportement des Gentils, ils ont consciemment ou inconsciemment élaboré des interprétations très ramifiées de l'histoire, de l'économie, de la politique, de la psychologie et de l'anthropologie pour les saper. Le communisme était l'arme idéale pour diviser et détruire l'ordre politique et économique occidental. Le freudisme a attaqué la moralité occidentale en mettant l'accent sur la névrose sexuelle et en conférant une respectabilité aux pulsions des instincts les plus bas. L'anthropologie de Lévi-Strauss comparait les sociétés sauvages et civilisées, au détriment de ces dernières. Cuddihy laisse même entendre que la physique d'Einstein a été inspirée en partie par un désir de choquer et de briser plutôt que de raffiner et de faire progresser la science occidentale. [369]

---

[368] Richard Swartzbaugh, *The Mediator*, Howard Allen, Cape Canaveral, Floride, 1973.

[369] John M. Cuddihy, *The Ordeal of Civility*, Dell Publishing, New York, 1976.

Il n'y a qu'un pas entre la reconnaissance que des peuples ou des races ont des aptitudes particulières pour réussir dans certaines professions et l'élaboration de théories sur l'infériorité ou la supériorité raciale. Nathaniel Weyl, ardent défenseur contemporain de la suprématie juive, affirme que les Juifs sont intrinsèquement plus intelligents que les autres peuples parce qu'ils se sont reproduits pour l'intelligence depuis le début de la diaspora. Selon Weyl, les ecclésiastiques païens, la crème de l'intelligentsia médiévale non juive, étaient généralement célibataires et mouraient sans descendance, tandis que les rabbins et les érudits talmudiques, moins inhibés sexuellement, étaient ardemment recherchés par les filles d'éminents marchands juifs.[370] L'argument de Weyl concernant la combinaison et la recombinaison synergiques plutôt que la stupeur ascétique des gènes juifs intelligents serait plus valable s'il ne confondait pas l'intelligence avec le verbalisme et l'éclat intellectuel.[371] La plupart des rois, artistes, écrivains, architectes et guerriers du Moyen-Âge, ainsi que plus d'un pape, n'étaient-ils pas aussi luxuriants et prolifiques que ses rabbins et magnats du ghetto ?

Dans *The Geography of Intellect*, qu'il a écrit avec Stefan T. Possony, Weyl étaye ses affirmations sur l'intelligence juive en se référant à dix-sept études : "Onze ont trouvé que les Juifs étaient supérieurs en termes de résultats aux tests mentaux, quatre ont trouvé qu'ils étaient égaux et deux ont trouvé qu'ils étaient inférieurs.[372] Les auteurs n'ont donné de détails que sur une seule étude, une série de tests portant sur près de 2 000 enfants juifs et non juifs dans trois écoles londoniennes : l'une de classe supérieure, l'autre

---

[370] *L'élite créative en Amérique*, Chap. XVII. Boccace et Rabelais auraient souri aux affirmations de Weyl concernant le célibat et l'intelligence du clergé. Une partie du thème de Weyl a été reprise de Sir Francis Galton, qui était tout aussi amer au sujet de la dysgénésie du célibat religieux. Mais dans ses propres évaluations de l'intelligence, Galton excluait les Juifs et donnait la première place aux Athéniens, qu'il plaçait deux niveaux au-dessus des Britanniques du XIXe siècle et quatre niveaux au-dessus des Noirs. Francis Galton, *Hereditary Genius*, Macmillan, Londres, 1869, en particulier les pages 42, 257, 342, 357.

[371] "Toute intellectualité est à la longue superficielle ; elle ne permet jamais de sonder les racines d'une question, ni d'atteindre les profondeurs de l'âme ou de l'univers. C'est pourquoi l'intellectualité permet de passer facilement d'un extrême à l'autre. C'est pourquoi on trouve chez les Juifs, côte à côte, l'orthodoxie fanatique et le doute non éclairé, tous deux issus d'une même source". Werner Sombart, *Les Juifs et le capitalisme moderne*, trad. M. Epstein, Dutton, N. Y., 1914, p. 269.

[372] L'analyse par Carl Brigham des tests d'intelligence de l'armée pendant la Première Guerre mondiale est l'une des études qui a conclu à l'infériorité mentale des Juifs. Pour en savoir plus sur Brigham, voir l'annexe A.

pauvre et la troisième très pauvre. Les résultats des juifs étaient significativement plus élevés.[373]

Weyl ne l'a pas mentionné, mais il devait être conscient que les tests visant à comparer l'intelligence des Juifs à celle de groupes aussi divers que les Blancs, les Gentils ou les Chrétiens sont nécessairement biaisés en faveur des Juifs. Étant donné que la population juive est presque entièrement concentrée dans les grandes villes ou leurs environs, les tests impliquant un grand nombre de Juifs doivent être effectués dans des zones où la population blanche est extrêmement hétérogène, avec un fort accent sur les groupes d'origine autre que nord-européenne. Beaucoup de ces "Blancs" peuvent en fait être des non-Blancs. Lorsqu'il est contraint de classer les Américains dans la catégorie des Blancs ou des non-Blancs, le Bureau du recensement place souvent de nombreux Portoricains et presque tous les Mexicains dans la catégorie des Caucasiens.

Pour obtenir une mesure précise de l'intelligence juive, il semblerait raisonnable de comparer les Juifs, un groupe sélectionné au sein de la population blanche, avec d'autres groupes sélectionnés de la population blanche, et non avec la population blanche dans son ensemble. Un test d'intelligence limité aux Juifs et aux Américains d'origine nord-européenne pourrait donner des résultats sensiblement différents des tests cités par Weyl. En outre, étant donné que certains tests de Q.I. révèlent autant d'informations sur l'agilité verbale, la rapidité de mémorisation et le niveau d'éducation que sur l'intelligence elle-même, il convient de prendre en considération le fait que les Juifs, qui constituent le groupe de population le plus riche et le plus cosmopolite, ont plus facilement accès que les autres Américains à l'éducation et à des produits éducatifs tels que l'entraînement de la mémoire et l'enrichissement du vocabulaire. Bien que cela puisse sembler hérétique à notre époque, un diplôme universitaire, un abonnement au *New York Times* et un penchant pour la médecine légale ne sont pas des preuves concluantes d'une intelligence supérieure.

Ce sont des juifs urbains éduqués, et non des péquenauds, qui ont alimenté les feux du communisme mondial, un credo malencontreux qui, tout en promettant l'égalité et la liberté, a établi de nouveaux records en matière d'inégalité et d'oppression, transformant tous les pays qui l'ont adopté en un cas désespéré sur le plan économique.

---

[373] Nathaniel Weyl et Stefan T. Possony, *The Geography of Intellect*, Henry Regnery, Chicago, 1963, pp. 162-63. Les auteurs ont également omis de mentionner une étude détaillée du Dr. Audrey Shuey, qui a montré que les étudiants protestants obtenaient de meilleurs résultats que leurs homologues juifs dans les tests d'intelligence. Voir *The Journal of Social Psychology*, 1942, Vol. 15, pp. 221-43.

Ce sont les juifs instruits des villes, et non les péquenauds, qui ont largement contribué à imposer à la population américaine la discrimination positive, le busing forcé, l'intégration des lieux de travail et d'apprentissage.

Ce sont des Juifs instruits, et non des péquenauds, qui ont composé, financé et distribué les sitcoms télévisés de mauvais goût et sans âme, qui ont géré les affaires commerciales et se sont partagé les riches gains des rappeurs nègres de l'âge de pierre.

Ce sont des juifs urbains instruits, et non des péquenauds, qui ont persuadé les États-Unis de contribuer à hauteur d'au moins 50 milliards de dollars à la conquête et à l'occupation sionistes de la Palestine, faisant ainsi des Américains, qu'ils le veuillent ou non, les ennemis jurés d'une grande partie du monde arabe et musulman et un participant automatique aux guerres passées et futures du Moyen-Orient, guerres qui pourraient un jour devenir nucléaires lorsque le milliard d'adeptes de l'islam lancera sa *reconquête*.

En dépit de ces exploits d'homme d'État qui ne sont pas vraiment brillants, la thèse de la supériorité intellectuelle des Juifs continue de prendre de l'ampleur. Ernest van den Haag a consacré le premier chapitre de son best-seller, *La mystique juive,* à de vastes généralisations sur l'appareil cérébral plus fin des Juifs.[374] Bien qu'il n'ait fourni qu'une seule fois des documents à l'appui de ses allégations[375] et qu'il n'ait jamais mentionné Weyl par son nom, le professeur van den Haag développait manifestement l'hypothèse de la "sélection pour l'intelligence" de Weyl et ses écrits respiraient l'esprit des arguments de ce dernier.

Néanmoins, la thèse de la supériorité génétique de l'intelligence juive n'a pas été mise en avant au niveau national avant une interview accordée en 1969 au scientifique britannique devenu romancier, C. P. Snow. Citant un discours qu'il s'apprêtait à prononcer au Hebrew Union College, Snow

---

[374] Les remarques de Van den Haag sur la domination culturelle juive ont été citées à la page 91.

[375] *La mystique juive,* p. 24. L'auteur s'est appuyé sur une vieille étude de Lewis Terman qui, lors de tests effectués sur des écoliers californiens, a constaté qu'il y avait deux fois plus d'élèves juifs doués que leur proportion dans la population ne le justifiait. Là encore, les tests ont été effectués dans les plus grandes villes — San Francisco, Oakland et Los Angeles — où les Juifs de Californie étaient concentrés et où la Majorité était sous-représentée, tant en quantité qu'en qualité. D'autres groupes de population ont obtenu des scores extrêmement élevés, mais Van den Haag ne les a pas mentionnés. Les Écossais ont même fait mieux que les Juifs en termes de pourcentage. L'enseignement le plus important de l'étude de Terman est la piètre performance des enfants noirs et mexicains. Lewis Terman, *Genetic Studies of Genius,* Stanford University Press, 1925, Vol. 1, pp. 55–56.

déclarait que les Juifs étaient incontestablement plus intelligents que les autres peuples vivants et attribuait cette supériorité à la consanguinité.[376]

Ironiquement, les théories de la suprématie raciale aryenne, nordique ou teutonique, qui plaçaient les Juifs au bas de l'échelle raciale blanche, ont été complètement inversées. Dans les cinquante ans qui ont suivi la mort d'Adolf Hitler et après l'exécution, l'emprisonnement ou l'ostracisme social de tous les suprémacistes raciaux d'Europe du Nord, en Allemagne ou ailleurs, un écrivain de renommée internationale, comme C. P. Snow, a reçu une belle allocation et a été traité très généreusement par la presse américaine après avoir publiquement proclamé une théorie de la supériorité raciale. Mais tout bien considéré, le raisonnement de Snow, van den Haag et Weyl ne prouve pas tant la prééminence intellectuelle juive que le remaniement de la structure du pouvoir racial en Occident.

Lorsqu'il s'agit d'évaluer l'intelligence raciale, les archives historiques, les preuves accumulées de l'expérience humaine dans son ensemble semblent plus fiables que quelques *obiter dicta* académiques épars, souvent intéressés, et que les scores de QI. Si les Juifs sont vraiment supérieurs au reste de l'humanité, on peut se demander pourquoi, à une ou deux exceptions près, les plus grandes réalisations culturelles de l'homme occidental ont eu lieu exactement dans les régions où les Juifs étaient inconnus, ségrégués, interdits ou activement persécutés.[377] Si la supériorité doit être mesurée en termes politiques et économiques plutôt que culturels, comment se fait-il que les empires, les républiques et les cités-États les plus grands et les plus durables de la civilisation occidentale aient été fondés sans l'aide des Juifs et aient atteint leur apogée avant l'apparition d'établissements juifs influents à

---

[376] *Pittsburgh Post-Gazette*, 1er avril 1969, p. 26. Dans la même interview, Snow refusa de se laisser entraîner dans une discussion sur l'intelligence des Noirs. En éludant la question des Noirs, Snow s'est montré moins courageux que Weyl, qui, après avoir quitté le parti communiste, a abondamment écrit sur le sujet de l'infériorité intellectuelle des Noirs. Le professeur van den Haag, qui a également des idées bien arrêtées sur les capacités des Noirs, a témoigné en faveur des enfants blancs du Sud dans le cadre d'une procédure judiciaire engagée en 1963 pour renverser (sans succès, pourrait-on ajouter) l'arrêt de la Cour suprême de 1954 sur la déségrégation des écoles. Putnam, *Race and Reality*, pp. 87–88.

[377] La liste des pays et des villes interdits aux Juifs à différentes époques a été donnée plus haut dans ce chapitre. On peut allonger cette liste en ajoutant qu'il n'y avait pas de Juifs influents dans l'Athènes de Périclès et que la participation juive à la vie culturelle de la République romaine et de l'Empire (à leur grande époque) était minime. Dans l'Allemagne de Goethe et la Russie de Dostoïevski, les Juifs commençaient à peine à sortir de leur cocon ghettoïsé. Le seul exemple d'une culture hébraïque importante et unique, bien que quelque peu restreinte dans la mesure où le judaïsme interdisait spécifiquement la peinture et la sculpture, s'est développé dans l'ancienne Palestine, où les Hébreux étaient majoritaires sur leur propre terre.

l'intérieur de leurs frontières ?[378] Aucun juif n'a signé la Grande Charte ou la Déclaration d'indépendance. Aucun Juif n'a participé au Long Parlement, à la Convention constitutionnelle de Philadelphie ou à la plupart des autres grandes délibérations qui ont donné forme et substance aux expériences les plus réussies de l'homme en matière de gouvernement représentatif.

Les quelques cas, du moins dans l'histoire récente, où des groupes de Juifs ont assumé un contrôle politique pur et simple — le régime de Kurt Eisner en Bavière (fin 1919), l'éphémère soulèvement de Spartacus à Berlin (décembre 1918-janvier 1919), l'orgie sadique de Bela Kun à Budapest (mars-août 1919) — peuvent difficilement être considérés comme des âges d'or de l'art de l'État. Il en va de même pour la révolution russe, dans laquelle les Juifs ont joué un rôle de premier plan jusqu'aux purges de Staline. La région autonome juive de Birobidzhan, dans l'Extrême-Orient de l'Union soviétique, s'est éteinte presque avant d'avoir commencé.[379] Israël est en état de guerre depuis sa création en 1948.

Quant aux avantages économiques que les Juifs sont censés conférer à leurs pays d'accueil, il ne fait aucun doute qu'ils apportent avec eux beaucoup d'argent et d'expertise financière. Mais un flux croissant d'argent s'accompagne souvent d'inflation, de criminalité financière et d'un flot de spéculation. Si les Juifs sont aussi intrinsèques à la bonne vie économique que le prétendent certains économistes, il semble étrange que la République de Weimar, avec sa pléthore de financiers juifs, ait été un miasme économique, alors que le miracle économique de l'Allemagne de l'Ouest s'est produit dans la seule grande nation occidentale presque exempte de domination financière juive et au moment même (1952-1962) où elle versait 900 millions de dollars à Israël à titre de réparations et des milliards d'autres à des Juifs individuels dans le monde entier. Un pays à l'économie tout aussi dynamique depuis la fin de la Seconde Guerre mondiale, le Japon, n'a aucun juif. [380]

Une autre façon de mesurer la contribution juive à la civilisation est d'examiner les conditions politiques, économiques et sociales des régions où

---

[378] Le zénith ne signifie pas l'époque de la plus grande expansion territoriale ou de la plus grande richesse, mais le moment de l'apogée du moral, de l'objectif et de l'unité de la nation. En ce sens, les plus grands jours de l'Angleterre ont eu lieu au XVIe siècle plutôt qu'au XIXe siècle. L'Amérique a largement dépassé son apogée ou en est très éloignée.

[379] Pour la débâcle du Birobidzhan, voir *Encyclopedia of Russia and the Soviet Union*, McGraw-Hill, New York, 1961, p. 258.

[380] Les échanges commerciaux très rentables du Japon avec l'Occident impliquent toutefois de nombreuses entreprises d'importation juives. Pour tenter d'expliquer pourquoi les Juifs ont une si grande influence aux États-Unis, plusieurs livres antisémites ont été publiés au Japon au milieu des années 1980.

les Juifs sont fortement concentrés. Les deux principaux centres de pouvoir et de population juifs dans le monde moderne sont New York et Israël. La première, en faillite financière et morale, ne peut être décrite que comme l'une des grandes catastrophes municipales de l'époque, un amas scabreux de laideur, de mauvais goût et d'anarchie, et certainement pas la brillante capitale mondiale d'un peuple aux dons civilisateurs supérieurs. S'ils n'ont pas réussi à faire fleurir New York, les Juifs ont néanmoins accompli des merveilles technologiques dans le désert palestinien. Mais la véritable mesure du génie d'un peuple n'est pas déterminée par sa capacité à cultiver la terre, à construire des villes et à mener une série de guerres victorieuses. La place ultime d'une nation dans l'histoire est déterminée par son art de gouverner, par sa capacité à créer un environnement fertilisant spécial dans lequel les citoyens peuvent développer leurs ressources culturelles distinctives au plus haut niveau possible.

Les Juifs modernes sont peut-être plus doués que tous les autres peuples. Ils peuvent aussi être, comme l'affirme Toynbee, les vestiges d'une civilisation fossilisée.[381] Ou encore, comme l'affirment les antisémites, ils peuvent être un organisme social parasite qui survit en se nourrissant d'autres organismes sociaux. Il est trop tôt pour dire laquelle de ces descriptions est la plus réaliste. Les Juifs modernes sont émancipés depuis moins de deux siècles et les données recueillies ne sont pas suffisantes. Mais s'il s'avère que les Juifs sont des êtres supérieurs, comme beaucoup d'entre eux le ressentent et comme leurs érudits et bienfaiteurs les plus enthousiastes tentent toujours de le prouver, il est temps de faire une démonstration plus concluante de leurs capacités.

C'est une chose de remodeler les habitudes de pensée et les modes de vie d'une Amérique décadente. C'en est une autre de donner au monde un écrivain plus grand que Shakespeare, un compositeur plus grand que Mozart, un artiste plus grand que Michel-Ange. Il n'est pas facile pour Israël d'exister en tant que minuscule oasis militaire au milieu d'un environnement humain et naturel hostile. Mais c'est une tâche beaucoup plus difficile que d'entreprendre au Moyen-Orient une mission civilisatrice comparable à celle de l'Espagne en Amérique latine, de la Grande-Bretagne en Amérique du Nord et de la France en Afrique du Nord. Comme preuve finale de la supériorité juive, les théories d'Einstein doivent devenir les lois d'Einstein, et l'effet net sur le processus d'évolution de Marx, Freud et autres prophètes et sages juifs modernes doit être positif et non pas négatif, constructif et non pas destructif.

---

[381] Pour avoir énoncé cette idée, Toynbee a été accusé par l'historien juif Maurice Samuel de perpétuer un "antisémitisme démonologique". Toynbee, *A Study of History*, Vol. V, p. 76, et Samuel, *The Professor and the Fossil*, Knopf, N.Y., 1956, p. 194.

Jusqu'à ce que toutes les preuves soient réunies, l'explication la plus logique de l'hégémonie juive aux États-Unis est la simple vérité qu'une minorité organisée dotée d'une certaine intelligence peut obtenir la suprématie sur une majorité désorganisée d'intelligence égale. Un groupe de population conscient de sa race est beaucoup plus efficace et prospère dans la plupart des domaines qu'un groupe de population non conscient de sa race. L'esprit racial, comme l'esprit d'équipe, stimule la victoire dans tous les types de compétition, sportive ou politique, intellectuelle ou sociale. Si la majorité était aussi consciente de la race que la minorité juive et si elle disposait de la moitié des organisations qui travaillent pour elle, la prédominance juive en Amérique disparaîtrait du jour au lendemain.

Là où les Juifs divergent le plus nettement de la majorité, en dehors d'importantes différences de personnalité,[382] c'est dans leur degré plus élevé d'ethnocentrisme, et non dans leur degré plus élevé d'intelligence. En d'autres termes, le pouvoir juif peut dériver autant, voire plus, de la faiblesse et de la désorganisation de la majorité que de la force juive.

---

[382] Selon James Yaffe, les Juifs s'intéressent plus au sexe que les non-juifs, s'intéressent moins à l'athlétisme, croient moins en une vie après la mort, ont un taux de natalité plus faible, prennent des vacances beaucoup plus coûteuses, vivent plus longtemps, passent plus de temps en psychanalyse et sont beaucoup plus susceptibles d'être des hippies. À Hollywood, les Juifs divorcent davantage, commettent plus d'adultères et boivent moins que leurs voisins non juifs. Les Juifs font appel à des médecins juifs dans 95 % des cas et à des avocats juifs dans 87 % des cas. Bien qu'ils essaient parfois de s'imposer dans les country clubs non juifs, ils sont très exclusifs en ce qui concerne les leurs. L'un d'entre eux, le Hillcrest à Los Angeles, impose les frais d'entrée les plus élevés (22 000 dollars) de tous les clubs de golf des États-Unis et interdit l'accès aux non-juifs, à l'exception de quelques personnalités du monde des affaires qui sont admises en tant que "Juifs honoraires". Les Juifs, poursuit M. Yaffe, sont connus pour leur "peur, leur obséquiosité, leur isolationnisme et leur belligérance" — un gouffre psychologique entre Juifs et non-juifs qui ne pourra jamais être comblé. Traditionnellement dogmatiques eux-mêmes, ils exigent le rationalisme des autres. Pour le Juif, "l'intellect ne peut pas être un simple outil… il doit aussi être une arme". Il ne l'utilise pas simplement pour découvrir à quoi ressemble le monde, pour créer quelque chose de beau ou pour communiquer ses idées. Il doit s'en servir pour battre ses concurrents, pour prouver sa supériorité. Pour lui, la controverse est inséparable de l'activité intellectuelle. Observez-le lors d'une soirée ; notez le plaisir vicieux avec lequel il met au pied du mur les intellectuels de moindre importance. Il est implacable ; ni le décorum social ni la compassion humaine ne peuvent adoucir son attaque. Si vous voulez observer ce trait de caractère à une distance plus sûre, lisez ce qu'il écrit dans les pages "courrier des lecteurs". Dans toutes les publications juives, de *Commentary* à l'hebdomadaire yiddish le plus obscur, ces pages baignent le lecteur dans le vitriol. Comme son père, le fabricant de vêtements, l'intellectuel juif n'a pas le commerce facile". *The American Jews*, pp. 38, 65, 68, 234-35, 268-69, 292-93.

Puisque le tabou antisémite a rendu impossible la soumission de la question juive à la libre discussion et à l'enquête ouverte, les Juifs de[383] ne peuvent s'en prendre qu'à eux-mêmes pour s'être placés au-dessus et en dehors des règles de la conduite démocratique conventionnelle. Compte tenu de leur histoire et de leur mémoire, il est humain que les Juifs aient agi de la sorte. Mais il est également humain de la part des membres de la majorité de s'opposer au type de comportement de groupe organisé pour lequel leurs institutions n'ont jamais été conçues. Lorsque l'occasion se présente, les Juifs peuvent faire appel au fair-play et à la tolérance pour eux-mêmes, mais lorsque le débat est centré sur la communauté juive, ils étendent rarement ces prérogatives démocratiques traditionnelles à d'autres. Si les membres de la majorité qui pensent différemment faisaient ne serait-ce que le premier pas vers un groupe de protection raciale comme l'Anti-Defamation League du B'nai B'rith,[384] ils seraient chassés de la vie publique du jour au lendemain par les médias, les enquêteurs "privés", les forces de l'ordre et, si nécessaire, les commissions du Congrès, tous poussés à agir par une avalanche de protestations juives à l'échelle nationale.

---

[383] Ces conspirations du silence s'étendent également aux écoles de pensée et aux pistes de recherche susceptibles de renforcer l'unité de la majorité et donc, en fin de compte, de jouer en défaveur des Juifs — par exemple, l'interprétation raciale de l'histoire américaine, les arguments génétiques en faveur de la ségrégation dans l'éducation, les études statistiques sur la criminalité financière, et ainsi de suite.

[384] Lors de son 50e anniversaire en 1963, la Ligue anti-diffamation pouvait s'enorgueillir d'un siège à New York, de bureaux régionaux dans trente villes et d'une équipe de 150 juristes, spécialistes en sciences sociales, éducateurs et spécialistes des relations publiques travaillant à temps plein. Son budget pour 1960 s'élevait à 3 940 000 dollars. Thomas B. Morgan, "The Fight Against Prejudice", Look, 4 juin 1963. Bien qu'exonérée d'impôts, l'ADL joue un rôle hautement politique et usurpe parfois le pouvoir de la police. Le directeur régional de l'ADL pour La Nouvelle-Orléans a financé en grande partie les informateurs que le FBI a utilisés pour piéger un poseur de bombe présumé contre des synagogues dans le Mississippi. Une jeune institutrice a été tuée par balle lors de l'arrestation, mais l'ADL a échappé à l'enquête habituelle à laquelle est soumis tout individu ou groupe impliqué dans un homicide. Los Angeles Times, 13 février 1970. Quant au B'nai B'rith lui-même, fondé en 1843 et dirigé par un Grand Saar, il compte 205 000 membres masculins dans 1 350 loges réparties dans quarante-trois pays et 130 000 membres féminins dans 600 chapitres. Edward Grusd, B'nai B'nth, Appleton-Century, New York, 1966, pp. 283, 286. Le B'nai B'rith est le seul organisme privé à avoir reçu le "statut de consultation" officiel des Nations unies, où il agit comme un puissant lobby pour Israël et d'autres intérêts juifs, bien qu'il n'ait jamais été enregistré en tant qu'agent d'un gouvernement étranger. New York Times, 28 mai 1970, p. 21. En 1993, la branche de l'ADL à San Francisco, échappant de justesse à des poursuites pénales, a dû payer une amende de 50 000 dollars pour avoir reçu des dossiers confidentiels de la police de la part de l'un de ses agents rémunérés.

À long terme, la place des Juifs dans la vie américaine ne peut reposer sur le caractère sacré des institutions, sur des dogmes datés, sur l'*argumenta ad misericordiam ou sur le* droit divin des minorités. Elle doit reposer sur la relation de cause à effet entre la montée de l'establishment juif et le démantèlement de la majorité. Si les Juifs sont les principaux responsables de l'assaut actuel contre l'épine dorsale raciale de la nation, alors la minorité juive doit faire l'objet d'un examen public. L'Amérique pourrait survivre éternellement sans les Juifs. Elle ne pourrait pas tenir un seul jour sans la majorité.

Pendant ce temps, le bilan cyclique qui a marqué le rythme de la survie juive dans le passé se referme sur le judaïsme américain. Bien que l'accumulation et la préservation de la richesse juive ne soient possibles que dans une société ordonnée où la propriété privée est un droit et non un crime, les Juifs semblent déterminés à détruire le climat politique, économique et social qui a rendu leur succès possible.[385] Comme sous l'emprise d'une frénésie semblable à celle d'un lemming, ils ont été à l'avant-garde de toutes les forces de division de l'ère moderne, de l'agitation des classes au racisme des minorités, de la pire exploitation capitaliste au collectivisme le plus brutal, de l'orthodoxie religieuse aveugle à l'athéisme et à la psychanalyse, de l'intolérance forcenée à la permissivité totale.

En outre, à mesure que la domination juive s'est accentuée, le séparatisme juif s'est développé — une tendance dangereuse pour une minorité qui prospère mieux en dissimulant ses divergences par rapport à la norme raciale. Des stimuli historiques récents tels que l'antisémitisme nazi, l'expérience israélienne, l'antisionisme soviétique et le rythme accéléré de la désintégration sociale ont rempli à ras bord les réserves juives de conscience raciale. L'apparition d'un nombre toujours plus important de Juifs dans les strates supérieures de la vie publique entraîne inévitablement une augmentation de l'auto-identification juive, ainsi qu'une prise de conscience beaucoup plus grande des Juifs de la part des non-juifs. L'intensification de la publicité, tout en révélant l'extrême culture de quelques Juifs, attire également l'attention sur des traits juifs aussi peu attrayants que l'intrusion,

---

[385] L'effet final d'une économie détenue et dirigée par l'État sur les Juifs a été largement incompris, non seulement par la plupart des Juifs, mais aussi par la plupart des antisémites. Après que le régime communiste russe eut confisqué les fortunes juives et interdit le capitalisme financier, les Juifs russes n'avaient plus aucune des défenses juives habituelles sur lesquelles s'appuyer lorsque Staline décidait de se retourner contre eux — pas de presse appartenant à des Juifs, pas d'opinion publique orientée vers les Juifs, pas de réseau de lobbies juifs richement financés. Après l'effondrement de l'Union soviétique, un État marxiste créé en grande partie par la propagande juive, un grand nombre de Juifs ont fui vers Israël et les États-Unis.

la contestation, le marchandage, et sur le luxe tape-à-l'œil qui imprègne les Catskills, Miami Beach, Las Vegas et d'autres centres de villégiature juifs.

La même dynamique raciale qui a sporadiquement élevé les Juifs au sommet de la société les a également précipités dans l'abîme. Le mouvement de balancier de l'histoire juive, qui va du chiffon à la richesse, a conduit aussi bien aux châteaux féeriques des Rothschild qu'aux barbelés de Buchenwald et d'Auschwitz. Vue de l'Olympe, l'histoire des errances juives à travers le temps et l'espace est à la fois fascinante et répugnante, ennoblissante et dégradante — en partie comique, en grande partie tragique.

Le seul dernier mot que l'on puisse dire sur les Juifs est qu'il n'y a pas de dernier mot. Les Juifs sont une telle masse de contradictions et englobent de tels extrêmes du comportement humain qu'ils sont tout simplement hors de portée des formules toutes faites, des généralisations occasionnelles ou des clichés prophétiques. Ils sont à la fois le "peuple du livre" et les exploiteurs du strip-tease.[386] Ils ont été et sont les champions de la ploutocratie et du socialisme. Ils sont à l'origine du concept de peuple élu et vivent selon ce concept, tout en prétendant être les antiracistes les plus véhéments. Ils sont à la fois ceux qui craignent Dieu et ceux qui le détestent, ceux qui sont les plus rigides et ceux qui sont les plus hédonistes, ceux qui sont les plus généreux et ceux qui sont les plus dépensiers, ceux qui sont les plus cosmopolites et ceux qui sont les plus étroits d'esprit, ceux qui sont les plus cultivés et ceux qui sont les plus vulgaires. Les sabras juifs d'Israël se sont battus (jusqu'à la guerre de 1973) comme 10 000 Lawrences d'Arabie. En Europe, à quelques exceptions près, comme l'insurrection de Varsovie, leurs frères ont été parqués comme des moutons dans les enclos des camps de concentration.[387] Enfin, dernier paradoxe, il faut souligner que beaucoup des plus grands Juifs, peut-être les plus grands, ont été des renégats juifs, des demi-Juifs ou des pseudo-Juifs.[388]

---

[386] *New York Times*, 25 février 1937, p. 10.

[387] La docilité des Juifs dans les camps de concentration hitlériens a suscité l'ire des Juifs militants, en particulier des Israéliens. "A Auschwitz, le rapport entre les prisonniers et les gardiens variait de 20 à 1 à 35 à 1. [Pourtant] les Juifs acceptaient docilement tous les ordres successifs qui les rendaient impuissants, ils faisaient la queue dans les trains de déportation...".

[388] Renégats dans la mesure où ils ont embrassé le christianisme (Berenson, Disraeli, Heine, Husserl, Mahler, Mendelssohn, Saints Pierre et Paul) ou sont devenus athées (Marx, Trotsky et d'autres matérialistes dialectiques de premier plan). La possibilité que Moïse ait été égyptien et le fait que Josèphe ait été un traître ont été mentionnés précédemment. Spinoza, le plus grand philosophe juif, a été expulsé de la communauté juive d'Amsterdam en 1656 sur ordre rabbinique. Beaucoup de juifs orthodoxes et

A travers toute cette montagne d'incohérences, il y a une mince veine de logique, à peine visible. Le système nerveux juif est chargé de nombreuses obsessions, dont la principale est une hostilité implacable, presque innée, à l'égard des peuples qui, à différentes époques, les ont abrités ou persécutés, enrichis ou appauvris, déifiés ou satanisés. La fascination juive pour les expériences politiques, économiques et sociales n'est peut-être pas, comme on le suppose souvent, la preuve d'un désir noble et désintéressé de sauver l'humanité par une coterie de messies professionnels, mais la preuve d'une vendetta profondément enracinée, semi-consciente et semi-coordonnée — Francis Bacon l'a qualifiée de "secrète rancœur consanguine"[389] — contre tout ce qui n'est pas juif et, dans le compte à rebours final, peut-être aussi contre tout ce qui est juif.

Si le passé est une indication, si ce que Lord Acton a dit à propos des individus s'applique aux groupes, une forte réduction du vecteur racial juif est en vue. C'est par l'assimilation que l'on y parviendrait le plus facilement et le moins douloureusement. Mais il n'y a pas de signes convaincants à l'horizon, malgré la baisse de la natalité et l'augmentation du nombre de mariages juifs à l'étranger. Le record de 3000 ans de non-assimilation juive n'a été battu qu'une seule fois.[390] L'alternative à l'assimilation est la répression, dont l'histoire fournit de nombreux modèles : la servitude égyptienne, les captivités assyrienne et babylonienne, les déportations massives, le baptême forcé, les ghettos en quarantaine, les pogroms russes et les camps de concentration allemands.

Si une majorité américaine ressuscitée a la force et la volonté de mettre un terme à l'enveloppement juif de l'Amérique, l'histoire ne doit pas se répéter. L'opération devrait être accomplie avec une finesse qui fait honneur aux deux parties. L'objectif directeur devrait être moral, culturel et politique — transcender, pour la première fois, les anciennes querelles raciales en affrontant le problème avec la tête et le cœur, et non avec la massue et le knout.

Les solutions aux problèmes découlant des confrontations raciales massives à l'intérieur des frontières d'un pays requièrent toutes les gouttes de raison et d'imagination qui existent dans le puits débordant de l'esprit humain. La

---

d'antisémites sont d'accord — ou espèrent — que Jésus n'était pas juif parce qu'il venait de la "Galilée des Gentils". Une tradition talmudique dominante veut que Jésus soit le fils illégitime de Joseph Panthera, un centurion romain, et de Miriam, la femme d'un charpentier. *Jüdische Enzyklopädie*, Judischer Verlag, Berlin, 1930, Band IV/I, pp. 772-73.

[389] *New Atlantis*, Great Books, Chicago, 1952, Vol. 30, p. 209.

[390] Voir note de bas de page 4, p. 64.

séparation fait manifestement partie de la solution. Mais comment réussir cette opération sociale la plus dangereuse qui soit ? Comment la mener à bien sans bouleversements insupportables sur les terres d'exode et sans sacrifices intolérables sur les terres de rassemblement ?

En théorie, la réponse est Israël. Mais Israël est la mèche d'un holocauste au Moyen-Orient.[391]

---

[391] La mèche a grillé un peu plus que d'habitude à l'occasion de l'attaque aérienne israélienne contre le réacteur nucléaire irakien en juin 1981 et du massacre de 29 musulmans en prière par un fondamentaliste juif obsédé dans la mosquée d'Hébron au début de l'année 1994.

CHAPITRE 16

Minorités non blanches

HISPANIQUE EST UN terme assez vague que les médias et le Bureau du recensement ont accolé aux minorités de toute race ou combinaison de races dont les membres parlent en grande partie l'espagnol ou le portugais et adhèrent à une certaine forme de culture espagnole. Presque tous les soi-disant Hispaniques, à l'exception d'un petit contingent de Blancs arrivés directement d'Espagne, ont leur point d'origine en Amérique centrale, en Amérique du Sud et dans les Caraïbes, le plus grand nombre d'entre eux étant arrivé après la Seconde Guerre mondiale. Le Bureau du recensement indique qu'en 1990, les États-Unis comptaient 22 354 059 Hispaniques. Les pages suivantes tenteront d'examiner les Hispaniques d'un point de vue racial et géographique. Le reste du chapitre sera consacré aux minorités asiatiques, suivi d'un chapitre distinct sur la plus grande minorité non blanche de toutes — les Noirs.

MEXICAINS : Le Mexicain typique n'est ni espagnol, ni asiatique, ni blanc, ni jaune.[392] Bien qu'hispanophone et héritier d'une culture espagnole stratifiée, il ne rêve pas de l'Espagne et des gloires du passé espagnol. Il n'a conscience d'aucun lien avec l'Asie du Nord-Est, point de départ de ses ancêtres mongoloïdes. Avant tout métis, croisement ou hybride hispano-indien, le Mexicain se considère comme un spécimen racial unique.

Outre la distinction génétique, c'est dans l'art de vivre que les Mexicains se distinguent le plus des membres de la majorité. Avec ses fêtes et ses fleurs, ses formes d'art anciennes et modernes, ses ressources minérales et pétrolières riches et variées, ses *mesetas* et *barrancas* escarpées et ses plages tropicales flamboyantes, le vrai Mexique, pas les horribles nuées de gens qui font des grandes villes des fourmilières humaines, pas la pollution industrielle qui rend l'air urbain irrespirable et gris, mais le vrai Mexique qui ajoute de la grâce et de la beauté à un monde de plus en plus terne. Après les révolutions et contre-révolutions du début du XXe siècle, une intense vague de nativisme a déferlé sur le pays, apportant avec elle des splendeurs culturelles telles que les peintures murales d'Orozco, certainement l'art pictural le plus magnifique et le plus éblouissant du Nouveau Monde.

---

[392] *Focus*, une publication de la National Geographic Society, indique que la population du Mexique est composée de 55 % de métis, 29 % d'Indiens, 15 % d'Européens et moins de 1 % de Noirs et de Mulâtres. Pour le visiteur occasionnel, l'estimation européenne semble élevée.

L'ennemi juré de cet art est le kitsch de Madison Avenue et d'Hollywood exporté au Mexique depuis les États-Unis, une culture fallacieuse qui vulgarise et dégrade les exportateurs comme les importateurs.

Le recensement de 1990 a dénombré 13 495 938 personnes d'origine mexicaine aux États-Unis. Ce chiffre représente 60 % de l'ensemble des Hispaniques répartis dans les 50 États. La plupart d'entre eux vivent en Californie, au Texas, au Colorado et dans le Sud-Ouest, bien que d'importantes concentrations s'installent dans de nombreuses villes du Nord.[393] Les *pochos* (citoyens nés dans le pays) et les *cholos* (immigrants légaux) représentent une part importante du recensement. Personne ne sait combien d'illégaux ou de "travailleurs sans papiers" ont été inclus. Membres de la deuxième plus grande minorité non blanche, les Américains d'origine mexicaine sont souvent aussi peu éduqués et économiquement défavorisés que les Noirs. Leur taux d'abandon scolaire est élevé et leur revenu par habitant est faible.[394] Malgré cela, le niveau de vie de la plupart des Américains d'origine mexicaine est bien supérieur à celui des Mexicains du Mexique.

Toujours inassimilables en raison de leur coloration et de leurs traits mongoloïdes ou indiens, les Américains d'origine mexicaine accentuent leur statut de minorité en s'accrochant à leur langue (de vastes étendues du Sud-Ouest américain sont aujourd'hui bilingues), en votant pour le ticket démocrate,[395] en se syndiquant et en faisant de l'agitation racialiste et de classe.

À l'instar des Noirs, les Américains d'origine mexicaine se sont lancés dans une politique ethnique musclée. Les vallées californiennes et les plaines texanes, les barrios de Los Angeles et de Denver ont déjà été le théâtre de quelques affrontements sérieux avec les Anglos, bien que "la révolte chicano [mexico-américaine] contre l'establishment anglo soit encore à l'état de projet".[396] L'ethnocentrisme mexicain-américain se nourrit également de rappels constants de l'agression américaine contre leur patrie et d'une démagogie selon laquelle les Mexicains-Américains sont désormais des

---

[393] Venus du Mexique il y a plusieurs siècles, les quelque 250 000 "Hispanos" du Nouveau-Mexique, qui considèrent les nouveaux arrivants comme des intrus, perpétuent une sous-culture hispanophone à l'abri de l'assimilation.

[394] *New York Times*, 20 avril 1969, p. 54.

[395] Un bloc solide de votes mexicains-américains, certains provenant d'électeurs décédés depuis longtemps, a permis à Lyndon Johnson de remporter les primaires sénatoriales très disputées de 1948 au Texas, à un moment crucial de sa carrière politique. Voir pp. 428-29.

[396] *New York Times*, 20 avril 1969, p. 1.

citoyens de seconde zone dans une région de l'Amérique du Nord qui appartenait autrefois à leurs ancêtres.

Il est tout à fait possible que, si l'afflux légal et illégal constant de gènes mexicains à travers le Rio Grande se poursuit et si les taux de natalité mexicain-américain et mexicain se maintiennent à leurs niveaux élevés actuels, les Américains d'origine mexicaine regagnent leurs territoires perdus de la Haute Californie et du Texas — déjà désignés par des irrédentistes fanatiques sous le nom d'Aztlan — non pas par la violence ou la politique des minorités, mais simplement par l'exercice des droits des squatters.

CUBANS : En dépit de sa forte composante noire et de sa dictature persistante, Cuba, dans son style négligé et miteux, conserve plus que tout autre pays d'Amérique latine l'ambiance de l'ancienne colonie espagnole. Quant aux relations de l'île avec les États-Unis, elles ont soufflé le chaud et le froid. Après le naufrage du cuirassé *Maine* dans le port de La Havane en 1898, les troupes américaines ont activement aidé Cuba à gagner son indépendance vis-à-vis de l'Espagne. Avec l'entrée en scène de Fidel Castro, le pays a tourné le dos ou a été contraint de tourner le dos à son géant voisin du nord et est passé du côté rouge de l'échiquier politique et économique. L'échec désastreux d'une bande hétéroclite d'anticommunistes et d'ennemis de Castro à la Baie des Cochons n'a pas contribué à améliorer les relations cubano-américaines. L'apparition inattendue de bombes atomiques soviétiques dans la Perle des Antilles a failli, plus que tout autre événement jusqu'alors, provoquer une guerre nucléaire, guerre qui a été évitée lorsque Khrouchtchev a cligné des yeux et renvoyé ses bombes chez elles.

Depuis plusieurs décennies, Cuba et les États-Unis, bien que séparés par seulement 90 miles, agissent comme s'ils se trouvaient dans deux mondes différents, leur principal contact étant l'exode des anti-castristes vers les États-Unis, principalement vers le sud de la Floride, où la plupart des 1 043 932 Cubains sont restés et où ils ont établi une enclave cubaine prospère. Comme de nombreux Cubains appartenaient à la classe moyenne, voire supérieure, et possédaient diverses compétences commerciales, ils ont prospéré dans leur nouveau pays. Contrairement à d'autres immigrants hispaniques, la plupart d'entre eux ont adhéré au parti républicain et ont fait de la politique avec une telle assiduité qu'ils constituent aujourd'hui la première force politique de la région de Miami. Un Cubano-Américain a été élu maire, membre du Congrès et chef de la police. Il est difficile pour un politicien blanc ou noir d'être élu à un poste local ou même à l'échelle de l'État de Floride sans le soutien des Cubains. Contrairement à la plupart des autres immigrants hispaniques, une grande partie de l'immigration cubaine, en particulier à ses débuts, était blanche, ce qui a contribué à atténuer la méfiance à l'égard des étrangers à la peau foncée. Ce n'est que dans les phases ultérieures que le flux d'immigrants a été composé en grande partie de Noirs et de mulâtres. Les métis (croisements hispano-indiens) et les Indiens purs, qui constituent une grande partie des Mexicains aux États-Unis, étaient presque invisibles dans l'immigration cubaine.

Le premier groupe de Cubains fuyant Castro a été accueilli chaleureusement dans le sud de la Floride. Ils étaient considérés comme des réfugiés et échappaient donc aux quotas d'immigration. Les arrivées ultérieures ont inclus les détenus des prisons cubaines, ce qui a mis à rude épreuve les forces de l'ordre. Après de longues négociations, Castro a accepté de reprendre certains d'entre eux.

Que feront les Cubains aux États-Unis lorsque Castro partira ? Il est certain que beaucoup d'entre eux rentreront chez eux. Mais beaucoup d'autres resteront, en particulier ceux qui sont partis depuis 30 ans ou plus. Les éléments les plus riches (les plus blancs) partiront probablement si la situation politique et économique se stabilise. Les éléments plus pauvres (plus noirs), qui représentent aujourd'hui près de la moitié des Cubains aux États-Unis, resteront probablement. Les Blancs restants, qui sont suffisamment blancs, pourraient lentement se glisser dans les rangs de la majorité. Dans l'ensemble, cependant, les familles cubaines, quelle que soit la couleur de leur peau, sont si soudées que leur potentiel d'assimilation restera probablement faible pendant un certain temps encore.

PUERTO RICANS : Les premiers Portoricains, 20 000 à 50 000 Indiens arawaks, se sont éteints au XVIe siècle après quelques révoltes infructueuses contre les Espagnols, qui les avaient surmenés dans les mines d'or. Le manque de main-d'œuvre a été comblé par les esclaves nègres venus d'Afrique. Étant donné que la plupart des Portoricains vivant aux États-Unis sont issus des éléments les plus pauvres de la population — contrairement aux premières vagues d'immigration cubaine — la fréquence élevée de leurs traits négroïdes les rend non seulement inassimilables, mais aussi difficiles à ne pas confondre avec les Noirs.

En tant que citoyens américains, les Portoricains ne sont soumis à aucun quota d'immigration. Avec peu de complications juridiques entravant leur entrée et un taux de natalité extrêmement élevé, les Américains de naissance ou d'origine portoricaine, selon le recensement de 1990, sont au nombre de 2 727 754. Plus de la moitié d'entre eux sont concentrés dans la ville de New York et ses environs. Comme les Mexicains, les Portoricains ont apporté avec eux une culture espagnole à fleur de peau. Tout comme les Mexicains, les Portoricains ont placé leur fortune politique entre les mains du parti démocrate. Afin d'obtenir rapidement ces votes, les politiciens new-yorkais ont modifié le test d'alphabétisation des électeurs en permettant qu'il soit passé en espagnol. En conséquence, les Portoricains peuvent arriver à New

York sans connaître un mot d'anglais et bénéficier presque immédiatement de l'aide sociale.

Originaires de l'une des plus belles îles du monde et des climats les plus accueillants, les Portoricains parviennent à s'adapter à l'un des bidonvilles les plus laids et à l'une des zones climatiques les plus cruelles de la planète. Leur statut économique se rapproche de celui des Noirs, qu'ils méprisent en dépit de leur propre ascendance partiellement africaine. Toutefois, ceux qui franchissent la barrière de la langue dépassent rapidement les Noirs de souche dans la plupart des domaines.

Les Portoricains de Porto Rico, aujourd'hui un Commonwealth des États-Unis, se sont jusqu'à présent révélés trop fiers pour devenir un État, mais pas assez pour devenir indépendants ou autosuffisants (la moitié de l'île reçoit des bons d'alimentation). Le nationalisme fervent qui anime certains segments de la population a poussé un groupe de "patriotes" à tenter d'assassiner le président Truman en 1950, un autre à abattre cinq membres du Congrès en 1954, et un autre encore à lancer des attaques terroristes à la bombe dans plusieurs villes des États-Unis dans les années 1970. Il est impossible de prévoir à l'heure actuelle si les sentiments séparatistes des Portoricains s'apaiseront et aboutiront à la naissance du cinquante et unième État ou si les Portoricains, à l'instar des Philippins, opteront pour l'indépendance. Ce que l'on peut prédire, c'est que la plupart d'entre eux n'ont pas plus de chance d'être assimilés que les habitants des autres îles des Caraïbes.

D'AUTRES MINORITÉS LATINO-AMÉRICAINES INCONTRÔLABLES : Les petites îles des Caraïbes sont majoritairement peuplées de Noirs et de mulâtres, avec une mince couche de Blancs au sommet. L'exception est Haïti, la moitié occidentale de la grande île d'Hispaniola. Haïti n'est pas seulement majoritairement noire, mais elle adhère à un lointain héritage colonial français et à un patois français dégradé en guise de langue. De nombreux Haïtiens ont mis le cap sur la Floride à bord de bateaux surpeuplés, non étanches et construits à la main, certains se noyant avant d'atteindre les plages de la Terre promise. Au total, l'immigration caribéenne, y compris Cuba et Porto Rico, dépasse largement les 5 millions de personnes. Elle pèse si lourdement sur l'économie de la Floride que le gouverneur Lawton Chiles estime que les nouveaux arrivants coûtent à son État un milliard de dollars par an, somme pour laquelle il poursuit le gouvernement fédéral, au motif que le Service de l'immigration et de la naturalisation n'a pas fait respecter les lois sur l'immigration.

L'Amérique centrale a également fourni un grand nombre d'immigrants, légaux et illégaux, dont la plupart sont des métis. En général, la population indienne non diluée est restée chez elle. Le seul pays d'Amérique centrale dont la population est majoritairement blanche est le Costa Rica, dont la plupart des citoyens sont de race méditerranéenne, ce qui signifie que la plupart d'entre eux sont trop foncés pour pouvoir prétendre au statut de majorité. Les soulèvements révolutionnaires et les guerres de guérilla dans certaines de ces petites nations ont accéléré l'émigration vers le nord, et rien à l'horizon politique de ces régions n'indique une stabilité à long terme. D'un point de vue stratégique et idéal, les Caraïbes devraient être un lac américain bien surveillé. Les États-Unis disposent d'une base à Guantanamo Bay, à l'extrémité orientale de Cuba. Le canal de Panama restera aux mains des États-Unis jusqu'en 1999. Néanmoins, les Caraïbes sont devenues une voie d'eau très fréquentée par les métis, les mulâtres et les blancs méditerranéens qui fuient vers le nord. Il ne serait pas difficile d'interdire ce trafic à l'aide de la technologie navale moderne, mais jusqu'à présent, les tentatives en ce sens ont été au mieux timides. La situation est d'autant plus complexe que de nombreux immigrants d'Amérique centrale empruntent la voie terrestre à travers le Mexique. Les plus fortunés paient des "voyagistes" pour les conduire en bus jusqu'à la frontière américaine.

Le recensement américain de 1990, sans tenir compte des Mexicains, des Cubains et des Portoricains, dénombre 5 086 435 Hispaniques originaires d'Amérique centrale et d'Amérique du Sud. Les non-Blancs des États du nord de l'Amérique du Sud sont pour la plupart des métis ; ceux du Brésil lusophone sont principalement des mulâtres. L'Argentine, l'Uruguay et le Chili ont à peu près la même composition raciale que les populations d'Italie et d'Espagne. Par conséquent, une grande partie des immigrés de ces pays devrait être affectée à la catégorie raciale méditerranéenne, largement inassimilable.

En résumé, l'Amérique latine, c'est-à-dire l'ensemble du Nouveau Monde depuis le Rio Grande jusqu'au sud, connaît des taux de natalité relativement élevés qui exercent de fortes pressions démographiques en faveur d'un changement de la composition raciale des États-Unis.[397] Les Hispaniques, qui ont déjà "pris le contrôle" de vastes zones du sud de la Floride, du sud du Texas et du sud de la Californie, sont également en train de devenir une force politique dans certaines grandes villes du nord. Lorsque, dans ces régions, les Noirs et les Hispaniques uniront leurs forces politiques et sociales, les Blancs ne pourront pas faire grand-chose d'autre que de s'appuyer sur les anciennes garanties constitutionnelles pour se protéger.

Chaque jour, les Hispaniques déjà présents sur le territoire dépassent en nombre les Blancs majoritaires. Chaque jour, d'innombrables métis et mulâtres, venus par bateau ou à pied, entrent illégalement aux États-Unis, où

---

[397] Une façon indirecte de comparer les taux de natalité est de dire qu'un tiers de tous les bébés nés aux États-Unis en 1993 sont nés grâce à Medicaid.

nombre d'entre eux s'installeront bientôt et élèveront leurs propres enfants, qui deviendront automatiquement des citoyens américains. Il n'est pas étonnant que les démographes prédisent que d'ici un demi-siècle environ, la population blanche américaine, qui comprend déjà un grand nombre d'inassimilables, deviendra une minorité dans ce qui était autrefois sa propre terre.

CHINOIS : Le premier contingent important d'immigrants chinois (13 100) arrive en Californie en 1854.[398] Issus d'une civilisation totalement étrangère et totalement étrangers à l'environnement américain, les Chinois ont commencé par subir les handicaps culturels et économiques les plus graves. Membres d'une véritable classe servile du XIXe siècle, ils posent des voies ferrées dans tout l'Ouest, travaillent laborieusement dans les mines placériennes et fournissent une grande partie de l'aide ménagère aux colons blancs. Le Chinois à la queue courte dans l'arrière-boutique était une institution qui a perduré à San Francisco pendant plus d'un demi-siècle.

Une fois que le boom de l'or s'est calmé et que les chemins de fer ont été mis en place, le Congrès a répondu à la pression des Occidentaux qui craignaient la concurrence de la main-d'œuvre coolie et la marée montante de la couleur (123 201 Chinois sont arrivés en Californie dans les années 1870) en adoptant la loi d'exclusion de 1882 : Exclusion Act de 1882. Il s'agissait de la première tentative du Congrès en matière de législation sur l'immigration, précédant de près de quarante ans l'établissement de quotas globaux.[399] La loi de 1923 prévoyait un quota annuel de 124.

Le recensement de 1970 faisait état de 435 062 Américains d'origine chinoise, dont 52 039 résidaient dans les îles Hawaï. Le recensement de 1990 a porté ce chiffre à 1 645 472, ce qui montre que la population chinoise, concentrée principalement en Californie, à New York et à Hawaï, a presque triplé en trois décennies. Si les relations avec la Chine continentale se stabilisent, les Américains d'origine chinoise pourraient recommencer à voyager vers leur pays d'origine à travers le Pacifique, une migration vers l'ouest qui leur a permis de maintenir un taux de croissance inférieur à celui de la plupart des autres minorités.

Les Américains d'origine chinoise sont l'exemple même de la minorité autosuffisante et statique. Bien qu'ils aient été autrefois victimes de

---

[398] Davie, *World Immigration*, p. 308.

[399] Ibid, p. 313. Pour plus d'informations sur les quotas, voir les chapitres 5 et 6.

persécutions et de discriminations presque intolérables,[400] ils ont aujourd'hui enterré une grande partie de leur ressentiment et évité de recourir à l'agitation raciale et au lobbying en faveur des minorités.[401] Plutôt fiers de leur statut de trait d'union, ils conservent leurs noms de famille, beaucoup de leurs coutumes d'Extrême-Orient et restent entre eux. Leur vie est caractérisée par la moralité et la respectabilité de la classe moyenne. Lorsque la plupart des autres minorités non blanches s'installent dans une zone urbaine, celle-ci se dégrade généralement en bidonville. Les enclaves chinoises, en revanche, deviennent souvent des centres d'attraction. Le quartier chinois de San Francisco, le plus grand du Nouveau Monde, est l'un des quartiers les plus propres et les mieux entretenus de la ville. Autrefois champ de bataille de tongs rivales, il se targuait d'une faible incidence de la criminalité violente et de la délinquance juvénile dans les années qui ont suivi la Seconde Guerre mondiale, jusqu'à la forte augmentation de l'immigration asiatique. Dans les années 1970, des gangs de Taïwan et de Hong Kong ont commencé à terroriser les Chinois respectueux de la loi en Californie et à New York. En 1983, une tuerie a éclaté dans un tripot chinois de Seattle.

La minorité chinoise, du moins sur le continent, est une minorité recluse. Elle préserve et développe sa propre culture sans chercher à l'imposer aux autres, bien que, comme d'autres groupes asiatiques, elle soit une "minorité protégée". Dans la boule de cristal de l'avenir sino-américain, on peut déceler un point sombre. Si la ferveur révolutionnaire ou raciale devait inciter la Chine à entrer à nouveau en guerre contre les États-Unis — elle a mené une guerre non déclarée en Corée en 1950-1951 — la position de la minorité chinoise pourrait devenir aussi précaire que celle des Japonais pendant la Seconde Guerre mondiale. Entre-temps, les pressions démographiques en Chine et l'existence de réseaux de contrebande hautement professionnels font que le nombre de Chinois aux États-Unis ne cesse d'augmenter.

JAPONAIS : Une grande partie de ce qui a été écrit sur les Américains d'origine chinoise s'applique aux Américains d'origine japonaise, ou du moins aux Américains d'origine japonaise qui ne résident pas dans les îles Hawaï. Les Japonais sont arrivés en Amérique plus tard que les Chinois, mais

---

[400] En 1878, toute la population chinoise (1 000 personnes) a été impitoyablement chassée de Truckee, en Californie. L'année précédente, à San Francisco, les Irlandais et les Chinois s'étaient presque livrés à une guerre ouverte. Davie, op. cit. p. 318-21.

[401] À Hawaï, où les non-Blancs sont majoritaires, les Chinois sont plus actifs politiquement, comme en témoigne la présence au Sénat (1959-1977) du millionnaire républicain Hiram Fong. Sur le continent américain, la minorité chinoise se démarque de la coalition libérale-minoritaire en votant souvent pour des candidats conservateurs et en adoptant une position agressive contre le busing des enfants scolarisés.

ils ont rencontré le même degré d'hostilité. Bien que le Japon lui-même ait banni tous les étrangers, à l'exception de quelques Hollandais, pendant 230 ans (1638-1868) et ait interdit à ses citoyens de se rendre à l'étranger sous peine de mort, le gouvernement japonais s'est vivement opposé aux projets du Congrès d'inclure les Japonais dans l'interdiction de l'immigration chinoise.[402] Pour apaiser la fierté japonaise, le président Theodore Roosevelt a négocié un "Gentleman's Agreement" en 1907, par lequel le Japon acceptait de mettre un terme à l'exode japonais, à condition que le Congrès n'adopte aucune loi restrictive sur l'immigration mentionnant nommément les Japonais. En 1940, quelque 140 000 Japonais vivaient sur le continent américain, dont 86 % dans le Far West, où nombre d'entre eux étaient devenus de prospères exploitants agricoles. En 1990, le nombre d'Américains d'origine japonaise était passé à 847 562, la plupart d'entre eux vivant en Californie (312 959), à Hawaï (247 486), à New York (35 281) et à Washington (34 366). [403]

Peu après Pearl Harbor, qui a révélé les dangers de la bravade militaire japonaise, plus de 110 000 Japonais de la côte ouest, dont la majorité étaient des citoyens américains, ont été chassés de leurs maisons, de leurs fermes et de leurs entreprises et transportés dans des "camps de réinstallation" à l'ouest, pour une perte moyenne de 10 000 dollars par famille.[404] Les Japonais d'Hawaï, où ils étaient plus concentrés et où la menace potentielle pour la sécurité nationale était beaucoup plus grande, ont été laissés en paix. En 1944, la 442e équipe de combat du régiment, composée en grande partie de Nisei, des Américains d'origine japonaise de deuxième génération originaires d'Oahu, s'est battue vaillamment contre les troupes allemandes lors de la campagne d'Italie et a accumulé l'un des plus beaux palmarès des annales militaires américaines.

Tranquilles et discrets sur le continent, où certains votent républicain, les Japonais jouent la carte de la politique raciale à Hawaï. Les Japonais, qui constituent le groupe de population le plus nombreux dans les îles, votent démocrate. Les deux sénateurs d'Hawaï sont japonais, tout comme l'un de ses deux représentants et son gouverneur. Ce vote en bloc dément l'affirmation selon laquelle il n'y a pas de tensions raciales à Hawaï.

Au désespoir des familles japonaises les plus anciennes et les plus insulaires, un nombre considérable de leurs descendants, hommes et femmes, se marient

---

[402] Davis, op. cit. p. 321.

[403] Ibid, p. 324. Chiffres de population tirés du recensement de 1990. L'augmentation de la population est largement attribuée au programme d'unification familiale.

[404] Simpson et Yinger, op. cit. p. 132-33. Après la guerre, les demandes ont été réglées à un taux moyen de dix cents par dollar. *Washington Post,* 5 octobre 1965, p. 1.

avec des Blancs. Les Orientaux de toutes tailles et de toutes formes sont très attirés par les blondes, une attirance qui motive également les agents japonais et les proxénètes de l'ancien pays à recruter des showgirls blondes pour les faire apparaître au Japon, où certaines d'entre elles sont ensuite persuadées ou forcées de se prostituer.

Le Japon est une nation terriblement surpeuplée, le premier pays asiatique à se remettre de la Seconde Guerre mondiale, en partie grâce à l'industrie de son peuple et à l'aide constructive de l'occupation militaire américaine. Sa prospérité est toutefois menacée par d'autres nations asiatiques, en particulier la Corée et la Chine, qui souhaitent également participer à l'expansion économique. Avec un budget de défense minuscule et protégé par le parapluie nucléaire américain et les tarifs douaniers occidentaux, le Japon a pu accumuler un excédent commercial sans précédent après avoir copié et amélioré des produits issus de l'ingéniosité occidentale tels que les appareils photo, les automobiles, le matériel informatique, les photocopieuses et toutes sortes de produits pour la maison et le bureau. L'amélioration de la qualité japonaise s'est accompagnée d'une baisse de la qualité américaine.

Mais la fin du miracle économique japonais est déjà en vue. La concurrence asiatique et les fortes réductions des importations japonaises dues à d'énormes déséquilibres commerciaux, ainsi que les troubles sociaux concomitants, finiront par provoquer des troubles intérieurs et par accroître l'émigration vers d'autres pays, en particulier vers les États-Unis.

La visite du commodore Perry et de sa flottille américaine en 1853 a plongé le Japon féodal dans une frénésie de modernisation. Après avoir remporté la guerre russo-japonaise, la première fois qu'une nation blanche a été vaincue par une nation orientale dans un conflit à part entière, le Japon a rejoint le camp des vainqueurs (alliés) lors de la Première Guerre mondiale. Quelques années plus tard, il a commencé à se déchaîner sur une grande partie de l'Asie orientale — Corée du Sud, Chine, Indonésie, jusqu'aux frontières de l'Inde — jusqu'à ce qu'il soit finalement mis au pas lors de la Seconde Guerre mondiale par deux bombes à fission américaines. Le soleil levant s'est levé et le soleil levant a coulé. Mais pas pour longtemps. En quelques années seulement, la menace militaire japonaise d'antan s'est transformée en une menace économique tout aussi sérieuse, mais heureusement plus facile à contenir. La puissance économique japonaise aura certainement du mal à maintenir sa prospérité florissante, car les pays occidentaux, y compris les États-Unis, sont contraints d'imposer des droits de douane plus élevés sur les produits japonais et d'autres produits d'Asie de l'Est afin de sauver leur propre base manufacturière.

AUTRES MINORITÉS DE L'OCÉAN PACIFIQUE ET DE L'ASIE : L'histoire nous rappelle que jusqu'à très récemment, Hawaï, le 50e État, était un territoire gouverné d'une main de fer par les planteurs blancs et les forces armées américaines. Le fait que les minorités américaines les plus virulentes ne soient pas présentes en grand nombre à Hawaï,[405] ne signifie pas que le racisme n'existe pas ou que les différents groupes ethniques ne se livreront pas à l'avenir à une lutte acharnée pour le pouvoir. Les îles paradisiaques ne sont pas des exceptions aux lois de la dynamique raciale.

À partir de 1979, les crimes à motivation raciale contre les résidents blancs et les touristes sont devenus un sujet récurrent dans les nouvelles hawaïennes. De nombreux étudiants blancs ne vont pas en classe le dernier jour de l'année scolaire, que de nombreux Hawaïens observent en proférant des menaces et des intimidations — jusqu'à présent largement limitées à des mots et non à des actes — telles que "tuer un haole [blanc] par jour".

Les statistiques du recensement montrent le déroulement d'une tragédie raciale à Hawaï, le seul État où les non-Blancs sont plus nombreux que les Blancs. L'une des minorités les plus colorées et les plus romantiques d'Amérique, les Polynésiens, est en train de disparaître rapidement. Sur les 211 014 Hawaïens ou partiellement Hawaïens recensés en 1990, il ne reste peut-être que 10 000 ou 15 000 spécimens "purs". Un effort concerté est fait pour les sauver en maintenant un refuge subventionné sur l'île de Niihau, où ils vivent en quarantaine volontaire, parlent l'ancienne langue hawaïenne et n'ont pas accès à la télévision, aux automobiles, aux magasins d'alcool et aux fast-foods.

Les Philippins constituent une minorité non blanche très nombreuse dans les îles Hawaï et sur le continent. En 1990, les États-Unis comptaient 1 406 770 personnes dont le point d'origine était les îles Philippines, soit un bond de plus de 600 000 personnes en seulement vingt ans. Les Philippins avaient facilement accès à l'Amérique lorsque leur pays était une possession américaine, mais ils ont été soumis à un quota lorsqu'ils ont accédé à l'indépendance en 1946. À toutes fins utiles, la loi sur l'immigration de 1965 a levé ce quota.

Comme le Japon, la Corée du Sud est devenue un quasi-protectorat américain. Les forces armées américaines, qui ont défendu le pays avec succès contre un assaut nord-coréen puis chinois en 1950-1951, sont prêtes à recommencer. Cette collaboration militaire, associée à un changement

---

[405] Le recensement de 1990 a montré que les îles Hawaï comptaient 1 108 229 habitants répartis comme suit : Blancs, 369 616 ; Japonais, 247 486 ; Hawaïens, 211 014 (moins de 10 % de sang pur) ; Philippins, 168 682 ; Chinois, 68 804 ; Nègres, 27 195 ; Autres, 15 432. Beaucoup de Blancs appartiennent à des familles de militaires.

radical de la politique d'immigration, a déclenché une migration transpacifique massive de civils sud-coréens. Une fois arrivés aux États-Unis, les Coréens se sont spécialisés dans l'ouverture de petites épiceries à proximité ou dans les centres-villes, où nombre d'entre eux ont été impitoyablement dévalisés et abattus par des Noirs.

Au lendemain de la guerre du Vietnam et de la conquête d'une grande partie de l'Indochine par le Nord-Vietnam communiste, le gouvernement des États-Unis s'est soudain trouvé confronté aux "boat people", des centaines de milliers de Sud-Vietnamiens (dont beaucoup d'origine chinoise) fuyant le Sud-Vietnam par la mer. Après les avoir abandonnés sur le champ de bataille, le Congrès et les médias se sont sentis obligés de les accueillir — ils étaient plus d'un million en 1990. Ils ont ensuite été rejoints par un plus petit nombre de Cambodgiens dont la nation, autrefois paisible, a été déchirée par des purges inspirées par les communistes, qui se sont rapprochées d'un génocide. À l'heure où nous écrivons ces lignes, les Khmers rouges, adeptes du marxisme et de la populace, ont été repoussés dans la jungle. Personne ne sait pour combien de temps.

Des millions d'Asiatiques du Sud-Est aimeraient suivre les traces de ceux qui ont déjà trouvé refuge dans ce pays. Le nombre de ceux qui seront autorisés à s'installer ici dépendra des intentions démographiques des différents gouvernements indochinois et de la politique d'immigration, ou de l'absence de politique d'immigration, de la Maison-Blanche et du Congrès.

Parmi les autres minorités asiatiques ou mongoloïdes, on compte 62 964 Samoans, 49 345 Guaméens, 815 447 Indiens d'Asie du sous-continent indien, 81 371 Pakistanais,[406] 57 152 Esquimaux et 23 797 Aléoutes[407] (anciens immigrants asiatiques). Les questions relatives à la probabilité d'assimilation de ces groupes trouvent leur meilleure réponse dans les lignes bien connues de Kipling.

INDIENS D'AMÉRIQUE : Plusieurs théories ont été élaborées pour expliquer les origines raciales des plus anciens habitants du Nouveau Monde. La plus acceptable pour l'anthropologie contemporaine est qu'ils sont les descendants de tribus mongoles portant des fourrures, des lances et mangeant des mammouths, qui ont traversé le détroit de Béring à pied ou à cheval il y

---

[406] Les Pakistanais se sont lancés à corps perdu dans le secteur des motels.

[407] Les Aléoutes ont fait partie des premières migrations en provenance de Sibérie, mais ils ne sont jamais allés plus loin à l'est que les îles Aléoutiennes. C'est là, il y a environ 200 ans, que les marchands de fourrures russes ont trouvé 25 000 de leurs descendants. Lorsque les Russes sont partis, après avoir vendu l'Alaska aux États-Unis en 1867, il ne restait plus que 2 950 Aléoutes en vie. Si le recensement de 1990 est exact, leur nombre est en train de remonter.

a 10 000 à 20 000 ans, alors que la plus grande partie du territoire n'était qu'une plaine herbeuse. Quelques anthropologues dissidents évoquent la possibilité d'une descendance partielle de Polynésiens et de Mélanésiens qui auraient atteint l'Amérique du Sud à partir de l'île de Pâques. Il existe également des légendes de réfugiés de l'Atlantide et du continent perdu de Mu, ainsi que de marins naufragés de jonques chinoises échoués sur la côte du Pacifique.[408] D'étranges poches de groupe sanguin A peuvent être expliquées par des éléments australoïdes, et il existe même une lointaine possibilité de parenté avec les Ainus du Japon.

En 1500, l'Amérique du Nord (au-dessus du Rio Grande) comptait environ 850 000 Indiens.[409] En 1900, la population indienne des États-Unis était tombée à 237 196 personnes,[410] un déclin qui semblait confirmer la théorie du "Vanishing American" et la demi-vérité de l'historien Arnold Toynbee, selon laquelle les peuples anglophones ont colonisé par dépossession et génocide.[411] Mais le recensement de 1990 a dénombré 1 878 285 Indiens, soit plusieurs centaines de milliers de plus qu'avant l'arrivée des Européens. Environ 70 % de ces Indiens vivent dans 399 réserves gouvernementales.[412]

Les Indiens des États-Unis et du Canada ne sont jamais devenus une population métisse comme l'ont été de nombreux Indiens d'Amérique latine. Le colon anglais, qui amenait souvent sa famille avec lui, n'était pas aussi enclin au métissage que le soldat espagnol solitaire. En outre, les Indiens d'Amérique du Nord étaient des chasseurs, des nomades, des agriculteurs isolés et des pêcheurs, moins aptes à se socialiser que les Mongoloïdes des agglomérations plus urbaines des empires aztèque et inca. Cela ne veut pas dire qu'il n'y a pas eu de métissage entre les Indiens et les trappeurs, commerçants et autres "squaw men" blancs dans l'Ouest, ainsi qu'avec les

---

[408] *The American Heritage Book of Indians*, American Heritage Publishing Co., New York, 1961, pp. 9, 25.

[409] *Our American Indians at a Glance*, Pacific Coast Publications, Menlo Park, Californie, 1961, p. 6.

[410] *Encyclopédie de Harvard sur les groupes ethniques américains*, p. 58-59. Aujourd'hui, la tribu indienne la plus nombreuse est celle des Navajos, avec une population de 160 000 personnes. Au XVIIe siècle, les Navajos étaient au nombre de 9 000.

[411] *A Study of History*, Vol. V, p. 46. Dans la même veine exagérée, Toynbee aurait pu décrire la guerre éternelle entre les tribus indiennes nomades comme tout aussi génocidaire.

[412] *Time*, 3 septembre 1965, p. 72. Un auteur indien, Vine Deloria Jr, n'est pas d'accord avec ces chiffres. Il estime que la moitié des Indiens des États-Unis vivent dans les villes de l'Est et que 100 000 autres sont dispersés dans les zones rurales de l'Est. *New York Times Magazine*, 7 décembre 1969.

esclaves noirs dans les États du Sud.[413] En Amérique latine, le métissage entre Européens du Sud a dilué les stocks d'Indiens et de Noirs. En Amérique du Nord, le métissage des Européens du Nord s'est fait principalement avec les Noirs du Sud. À l'époque des frontières, malgré la notion bien connue de "noble sauvage" de Rousseau et les Mohicans plutarquiens de Cooper, les Indiens étaient considérés comme les humanoïdes les plus bas et les plus avilis.[414] Maintenant que les deux camps ont quitté le sentier de la guerre et qu'il n'y a plus guère de contact direct entre eux, sauf dans leurs tripots tribaux, ils sont flattés et cajolés par leurs nouveaux amis blancs, la génération moderne d'idéologues élémosynaires, et oubliés par leurs anciens ennemis. En effet, il est devenu courant — et c'est une mesure du déclin de leur conscience raciale — que certains Blancs se vantent de leur "sang indien". Pas trop, bien sûr, mais suffisamment pour évoquer des visions de grands espaces et de scouts Remington. Halfbreed, qui fut un temps l'expression la plus méprisante de l'anglais américain, a été édulcorée jusqu'à devenir un péjoratif si anémique qu'il ne suscite presque plus de froncement de sourcils.

Si la véhémence d'une minorité était proportionnelle à ses souffrances passées, les Indiens auraient toutes les raisons d'être les plus revendicatifs de tous les groupes de population américains. Autrefois maître unique et incontesté de tout ce qu'il arpentait, l'homme rouge a chuté et a été rabaissé au bas de l'échelle sociale américaine, où il demeure. Il a été parqué dans des réserves, drogué à l'alcool, décimé par la variole et n'a obtenu ses pleins droits de citoyen qu'en 1924. En 1966, l'Indien moyen avait le revenu le plus bas de tous les Américains et un taux de chômage de près de 40 %. Quatre-vingt-dix pour cent des logements étaient inférieurs aux normes acceptables. Son espérance de vie était inférieure de 21 ans à celle de la population générale.[415] Les Indiens des réserves sont toujours sous la tutelle du Bureau des affaires indiennes, une organisation de 16 000 fonctionnaires qui se distingue par une longue série d'inepties administratives. [416]

---

[413] Au moins 200 communautés de l'est des États-Unis sont composées en grande partie d'hybrides triraciaux d'ascendance mixte indienne, noire et blanche. Coon, op. cit. p. 307. Madison Grant pense que la moitié de la population amérindienne a du sang blanc.

[414] En 1866, trois ans après la libération des esclaves par Lincoln, un comté de l'Arizona offrait encore 250 dollars pour un scalp apache. *American Heritage Book of Indians*, p. 384. La description détaillée par Francis Parkman du cannibalisme indien et des habitudes des Indiens de torturer les prisonniers blancs des deux sexes rend plus compréhensibles les réactions féroces des hommes de la frontière. *The Works of Francis Parkman*, Little Brown, Boston, 1892, Vol. III, en particulier le chapitre XVII.

[415] *Time*, 15 mars 1968, p. 20.

[416] *San Francisco Examiner*, This World, 14 avril 1968, p. 19.

Prenant exemple sur des minorités plus dynamiques, les Indiens ont récemment fait quelques efforts pour resserrer les rangs, tâche quelque peu redoutable dans la mesure où ils parlent encore plus de cent langues différentes et appartiennent à plus de 250 tribus. Comme ils ont rarement été capables de s'unir lorsque les Blancs les expulsaient de leurs champs et de leurs terrains de chasse, leur tribalisme endémique continuera certainement à entraver l'organisation d'un lobby national efficace. La dernière grande tentative de renaissance indienne fut la Ghost Dance (1889-90), lorsque Wovoka, un homme-médecine Paiute, promit le retour de l'âge d'or. Des troupeaux de bisons aux millions de pieds repeupleraient les prairies. Les braves morts se relèveraient avec leurs grands chefs et partiraient sur un dernier sentier de guerre, ce qui aurait pour effet d'éradiquer les visages pâles de la terre. Le mouvement fut facilement réprimé par la septième cavalerie.[417] Les agitations des Indiens des derniers jours, telles que le saccage du bureau des Indiens à Washington et le "soulèvement" de 1973 à Wounded Knee, tout en prouvant que le racisme indien était en hausse, sont plus précisément décrites comme des événements médiatiques que comme des tentatives sérieuses d'indépendance.

Noblesse oblige, un certain respect, même si leurs actes et leur comportement actuels ne le méritent pas, doit être accordé aux Américains les plus anciens, à cette majorité d'un jour devenue depuis des siècles une minorité, au seul groupe de population américain dont la culture est en grande partie non dérivée. L'Indien, bien qu'il ait rarement été à la hauteur de son rôle, est le héros tragique de l'épopée américaine. Il a été l'ennemi pendant plus de 250 ans.[418] Il est normal que les honneurs de la défaite assurent à la fois sa survie physique et sa continuité spirituelle.

---

[417] *American Heritage Book of Indians,* p. 371.

[418] Les guerres indiennes prennent fin en 1891 avec la pacification définitive des Sioux. Ibid, p. 400. Comparées à la lutte séculaire contre les Indiens, les guerres de l'Amérique contre la France pendant la période coloniale, la Grande-Bretagne à l'époque révolutionnaire, le Mexique et l'Espagne au XIXe siècle, l'Allemagne, le Japon, la Corée du Nord, le Nord-Vietnam et l'Irak au XXe siècle ont été relativement brèves.

CHAPITRE 17

Les Nègres

L A MINORITÉ NÈGRE, la plus importante et la plus violente, mérite un chapitre spécial parce qu'elle pose aux États-Unis un problème qui semble souvent sans solution. Attisé et surchauffé par des agitateurs blancs et noirs à des fins idéologiques différentes, le racisme nègre a atteint un point tel qu'il a littéralement mis à terre le *Zeitgeist* américain, jadis en plein essor, et menace de le mutiler au point de le rendre méconnaissable. Pour la première fois depuis la pacification des Indiens, qui eux-mêmes ont maintenant recours à de rares épisodes de résistance localisée, les leaders autoproclamés d'une minorité américaine parlent sérieusement de prendre les armes contre l'autorité de l'État. Simultanément, une importante caste criminelle se multiplie au sein de la communauté noire, ainsi qu'une caste encore plus importante d'assistés et de toxicomanes déshumanisés. Une classe moyenne noire s'est également constituée, mais aussi une population ghettoïsée de familles sans père dont les enfants illégitimes sont désormais plus nombreux que les enfants des familles noires biparentales.

Les premiers Noirs à arriver dans les possessions britanniques d'Amérique du Nord furent vingt serviteurs sous contrat qui débarquèrent d'un navire hollandais à Jamestown, en Virginie, en 1619. Il faut savoir que les Noirs sont en Amérique depuis aussi longtemps que la majorité et depuis plus longtemps que toutes les autres minorités, à l'exception des Indiens. Submergés par la culture blanche, les Noirs ont rapidement troqué leurs dialectes tribaux contre l'anglais, leurs dieux tribaux contre le christianisme et leurs noms tribaux contre ceux de leurs maîtres blancs. Mais ils n'ont jamais pu échanger leur peau.

L'esclavage des nègres, l'une des institutions humaines les plus anciennes et les plus durables, a été introduit dans le Nouveau Monde à la demande du pieux évêque chrétien Bartolomé de las Casas, qui a prêché que seuls les nègres pouvaient survivre au joug du péonage que les Espagnols avaient imposé aux Indiens.[419] Bien que l'"institution particulière" ait été fermement établie dans les colonies du Sud à la fin du XVIIe siècle, l'esclavage n'est pas devenu une affaire importante avant les prémices de la révolution industrielle. Lorsque le coton est devenu roi et que les "sombres moulins

---

[419] Davie, op. cit. p. 587. La proposition de De las Casas a été adoptée trop tard. La quasi-totalité des indigènes des grandes îles antillaises ont été exterminés avant l'arrivée de leurs remplaçants noirs.

sataniques" de Blake ont commencé à marquer les paysages de la Nouvelle et de la Vieille Angleterre, seuls les Noirs étaient capables, et disponibles, pour supporter les rigueurs des travaux des champs dans les plantations du Sud.

Contrairement aux théories conspirationnistes de l'histoire des Noirs qui imputent entièrement les malheurs des Noirs aux Blancs, les chefs de tribus africaines ont joué un rôle clé dans la traite des esclaves. Ils étaient les agents d'approvisionnement qui rassemblaient les membres des tribus voisines, ainsi que nombre de leurs propres sujets, et les emmenaient sur les navires négriers.[420] Le rhum était l'aliment de base de ce commerce douteux et passait pour de la monnaie sur la côte ouest de l'Afrique. Là, écrit Charles Beard, "pour assouvir leur appétit féroce, [les Nègres] vendaient leurs ennemis, leurs amis, leurs mères, leurs pères, leurs épouses, leurs filles et leurs fils pour la potion brûlante de la Nouvelle-Angleterre".[421]

L'esclavage, c'est l'inhumanité des Blancs envers les Noirs. Mais c'est aussi l'inhumanité des Noirs à l'égard de leur propre espèce. Pour de nombreux Noirs, le transport vers l'Amérique se résumait à abandonner une forme de servitude pour une autre. Souvent, il s'agissait d'une échappatoire fortuite à la famine, à la maladie, aux sacrifices humains et au cannibalisme. Les Blancs qui se sentent coupables de l'esclavage devraient tenir compte du fait que, bien qu'il soit interdit depuis plus d'un siècle aux États-Unis, il est toujours répandu en Afrique. Dans les années 1960, 5,60 dollars permettaient d'acheter un bébé métis en bonne santé en Somalie et 2 200 dollars une jeune fille séduisante au Soudan.[422] En 1980, le gouvernement mauritanien a adopté une loi abolissant l'esclavage, comme il l'avait fait à plusieurs reprises auparavant, sans grand effet. La question de l'esclavage a commencé à diviser les Américains dès leur indépendance. Les meilleurs esprits de l'époque — Franklin, Patrick Henry, Washington, Hamilton, Jefferson, Madison — étaient opposés à l'esclavage, mais ne voulaient pas en venir à bout parce qu'il était plus urgent d'unifier la jeune

---

[420] L'historien noir John Hope Franklin souligne que "l'esclavage était une fonction importante de la vie sociale et économique africaine". *From Slavery to Freedom*, Knopf, New York, 1967, p. 31. L'une des méthodes de rafle préférées consistait à incendier un village pendant la nuit et à capturer les habitants qui s'enfuyaient. *Ency. Brit.*, vol. 20, p. 780.

[421] Beard, *Rise of American Civilization*, Vol. I, pp. 93–94. Les esclaves sont transportés dans des navires dont les caisses ont été temporairement retirées.

[422] Sean O'Callaghan, *The Slave Trade Today*, publié dans le *San Francisco Chronicle*, This World, 27 mai 1962. Ces dernières années aux États-Unis, ce sont les Noirs, et non les Blancs, qui ont été arrêtés pour avoir commis le crime de péonage. *Miami Herald*, 22 mars 1973, p. 1.

république. Il convient de noter que l'opposition à l'esclavage ne signifiait pas nécessairement une croyance en l'égalité prônée avec tant d'éloquence dans la Déclaration d'indépendance. Thomas Jefferson, l'auteur de la majeure partie de ce document, a suggéré que "les Noirs, qu'ils soient à l'origine une race distincte ou qu'ils aient été rendus distincts par le temps et les circonstances, sont inférieurs aux Blancs en ce qui concerne les facultés du corps et de l'esprit".[423] Jefferson était particulièrement pessimiste quant aux capacités intellectuelles des Noirs.

> En les comparant d'après leurs facultés de mémoire, de raison et d'imagination, il me semble qu'ils sont égaux aux Blancs pour ce qui est de la mémoire ; qu'ils sont très inférieurs pour ce qui est de la raison, car je pense qu'on pourrait difficilement les trouver capables de tracer et de comprendre les recherches d'Euclide ; et qu'en ce qui concerne l'imagination, ils sont ennuyeux, insipides et anormaux… Ils vous étonnent par des traits de l'art oratoire le plus sublime… Mais jamais je n'ai pu trouver un Noir qui ait exprimé une pensée dépassant le niveau d'une simple narration…"[424]

Après que la question de l'esclavage eut atteint le stade de l'inflammation, le juge en chef Roger B. Taney, originaire du Maryland, rédigeant l'opinion majoritaire dans l'arrêt Dred Scott (1857), a pris acte du fait que les Noirs étaient "des êtres d'un ordre inférieur". Abraham Lincoln, qui ne croyait pas non plus à l'égalité génétique des Noirs, était fermement attaché à la séparation des deux races et soutenait vigoureusement la loi de l'Illinois qui faisait du mariage entre Blancs et Noirs un crime.[425]

---

[423] *The Life and Selected Writings of Thomas Jefferson*, Modern Library, N.Y., 1944, p. 262. Jefferson est favorable à l'émancipation des Noirs, mais prévient que le Noir, "une fois libéré… doit être mis hors de portée du mélange…". Ibid. La façon dont les idées de Jefferson ont été modifiées pour correspondre aux notions libérales modernes d'égalitarisme est illustrée par l'inscription sur le Jefferson Memorial à Washington, qui dit : "Rien n'est plus certainement écrit dans le livre du destin que ce peuple doit être libre". Le tailleur de pierre a mis un point à la place du point-virgule original. La phrase de Jefferson se poursuit ainsi : "Il n'est pas moins certain que les deux races, également libres, ne peuvent pas vivre sous le même gouvernement". George Washington, dont l'intérêt pour les Noirs n'était pas aussi verbal que celui de Jefferson, mais peut-être plus généreux, a fait en sorte que ses esclaves soient libérés à sa mort. Jefferson, qui en a eu 212 à un moment donné, ne l'a pas fait.

[424] Ibid. p. 257-58.

[425] Benjamin Quarles, *Lincoln and the Negro*, Oxford University Press, N.Y., 1962, pp. 36–37. Lors de l'un de ses débats de 1858 avec Stephen Douglas, Lincoln aurait déclaré : "Ce que je souhaite le plus, c'est la séparation des races blanche et noire". En 1862, Lincoln invite des Noirs libres à la Maison-Blanche pour expliquer les raisons de l'un de ses projets favoris, le rapatriement des Noirs américains en Afrique. "Nous avons entre

Comme nous l'avons déjà souligné dans cette étude, le nombre de Noirs aux États-Unis est passé d'environ 750 000 à près de 4 500 000 dans les années (1790-1860) où près de 90 % des Noirs étaient esclaves.[426] L'esclavage était abominable pour le corps et l'esprit, mais comme le montre la multiplication par près de six de la population noire en soixante-dix ans, il ne s'agissait pas d'un génocide. Le Congrès ayant interdit la traite des esclaves en 1808, la majeure partie de cette augmentation ne peut être attribuée qu'à la fécondité des Noirs.

Les pertes énormes de la guerre civile prouvent que la malédiction de l'esclavage s'est abattue sur les Blancs aussi bien que sur les Noirs. Après la fin de la guerre et l'abolition de l'esclavage par le 13e amendement, vingt représentants et deux sénateurs noirs ont été envoyés au Congrès. Dans le même temps, les capitales des États du Sud étaient envahies par des Noirs qui occupaient ou cherchaient à occuper des fonctions officielles. Pendant un certain temps, il semble que la puissance militaire et la vindicte des Yankees, ajoutées au nombre de Noirs et à la démoralisation du Sud, puissent changer la couleur et le caractère de la civilisation sudiste. Mais les Blancs du Sud entrèrent dans la clandestinité et organisèrent le Ku Klux Klan, dont les cavaliers de nuit apprirent aux forces d'occupation et à leurs collaborateurs blancs et noirs quelques notions sur les tactiques de terreur et la guérilla. Le Nord, de plus en plus plongé dans la spéculation financière et l'expansion industrielle, finit par se lasser d'essayer d'imposer l'égalité là où elle n'existe pas. Le président Rutherford B. Hayes, un républicain modéré, retire les dernières troupes fédérales en 1877, et le Sud est rendu aux Sudistes. Alors que le Noir retombe dans le servage et le métayage, la Cour suprême reconnaît la constitutionnalité de la ségrégation postbellum dans la doctrine "séparé mais égal" de l'arrêt *Plessy v. Ferguson* (1896).

Un visiteur occasionnel du Mississippi ou de l'Alabama à la fin du siècle aurait pu conclure qu'à l'exception de quelques formalités légales, l'esclavage avait été rétabli. Il aurait eu raison, mais pas pour longtemps. La révolution industrielle, qui en était à sa phase intermédiaire, s'apprêtait à donner une nouvelle orientation au destin des Noirs. L'entrée des États-Unis dans la Première Guerre mondiale s'accompagne d'une grave pénurie

---

nous une différence plus grande que celle qui existe entre presque toutes les autres races... Cette différence physique est un grand désavantage pour nous deux... Votre race souffre beaucoup... de vivre parmi nous, tandis que la nôtre souffre de votre présence... Si l'on admet cela, cela fournit une raison, au moins, pour laquelle nous devrions être séparés." Carl Sandburg, *Abraham Lincoln, The War Years*, Harcourt Brace, N.Y., 1939, Vol. 1, p. 574. Pour un résumé de l'attitude de Lincoln à l'égard des Noirs, voir la déclaration de Ludwell H. Johnson, professeur associé au College of William and Mary, dans Putnam's *Race and Reality*, pp. 134-37.

[426] Franklin, op. cit. p. 186, 217.

d'ouvriers d'usine. Des dizaines de milliers de métayers et d'ouvriers noirs entendent l'appel et entament une migration massive vers les villes du Nord, qui ne s'arrêtera qu'à la fin des années 70. En 1900, 90 % de la population noire vivait en dessous de la ligne Mason-Dixon ; en 1950, 70 %. Aujourd'hui, sur les 29 986 060 Noirs recensés en 1990, un peu plus de la moitié vit dans le Sud.

La transformation de la minorité noire en une population urbaine a mis fin à l'isolement politique des Noirs et les a mis pour la première fois à la portée de la coalition libérale-minoritaire, qui a dominé la politique américaine pendant la majeure partie de ce siècle. Dans le Nord, et plus tard dans le Sud, les Noirs ont appris le secret du vote en bloc.[427] Au fur et à mesure que les carrières politiques dépendaient de ces votes, les citadelles de la résistance blanche se sont effondrées les unes après les autres. Les principales clés du succès du mouvement des droits civiques ont été les énormes contributions financières des fondations, des églises et des organisations de minorités blanches aisées, ainsi que les manœuvres juridiques et le lobbying des organisations noires financées et en grande partie dirigées par des libéraux et des juifs blancs.[428] La Cour suprême a apporté son concours en annulant

---

[427] Lors de l'élection présidentielle de 1964, les Noirs ont voté à 95 % pour Lyndon Johnson. *Time*, 4 novembre 1964, p. 4. Vingt-huit ans plus tard, lors de l'élection présidentielle de 1992, Clinton, le vainqueur démocrate, a obtenu 83 % des votes noirs. Onze pour cent des Noirs ont choisi Bush ; sept pour cent ont voté pour Perot. *Voter Research and Survey*, étude ABC portant sur 15 214 électeurs.

[428] Julius Rosenwald, de Sears, Roebuck, a été pendant de nombreuses années le plus grand contributeur financier à la cause des Noirs. Le premier président de l'Urban League, la deuxième plus grande organisation noire, était le banquier new-yorkais Edwin Seligman. Pendant un quart de siècle, les présidents de la National Association for the Advancement of Colored People (400 000 membres et 13 millions de dollars de budget annuel en 1992) ont été juifs, le dernier étant Kivie Kaplan, dont cinquante-huit membres de la famille étaient membres à vie pour un montant de 500 dollars. Jack Greenberg est le directeur permanent du NAACP Legal Defense Fund. Yaffe, *The American Jews*, p. 257, et Arnold Rose, *The Negro in America*, Beacon, Boston, 1961, p. 267. Avant d'être assassiné par des séparatistes noirs, l'activiste noir Malcolm X a écrit : "J'ai reconnu au Juif le mérite d'avoir été, parmi tous les autres Blancs, le financier, le "leader" et le "libéral" le plus actif et le plus bruyant du mouvement pour les droits civiques des Noirs. *Autobiographie de Malcolm X*, p. 372. Le soutien intellectuel et financier juif était tout aussi généreux pour les organisations noires radicales qu'il l'avait été pour l'Urban League et la NAACP. Des groupes tels que le CORE et le SNCC vivaient pratiquement des contributions juives. En janvier 1970, Leonard Bernstein organisa une fête dans son appartement de Park Avenue et récolta 3 000 dollars, auxquels il ajouta le cachet de son prochain concert, pour vingt-et-un Black Panthers arrêtés pour avoir comploté de tuer des policiers et de dynamiter un commissariat de police, des grands magasins et une emprise de chemin de fer. *Time*, 26 janvier 1970, p. 14. Une semaine plus tard, l'ancien juge de la Cour suprême Goldberg a participé à la formation d'une commission spéciale chargée de

la taxe électorale et les tests d'alphabétisation, deux garde-fous politiques que le Sud avait érigés pour éviter que ne se reproduise le Black Power de l'époque de la Reconstruction. À la fin des années 1950, il semblait que la guerre de Sécession allait être reprise en miniature. Les marcheurs de la liberté, les marshals fédéraux, les avocats du ministère de la Justice, les prédicateurs, les enseignants, les kibitzers, les libéraux, les ultralibéraux — bref, toute une nouvelle génération de "carpetbaggers" — ont convergé vers le Sud pour accroître la tension et alimenter la violence qui a accueilli la décision de la Cour suprême sur la déségrégation des écoles (1954). Mais les temps et la géopolitique ont changé. La désolation sordide des ghettos du Nord rappelle chaque jour que le problème des Noirs ne peut plus être relégué dans la moitié inférieure d'une zone géographique bien délimitée.

Les libéraux blancs et les membres des minorités qui, dans la tradition des abolitionnistes du XIXe siècle, avaient utilisé avec enthousiasme les privations des Noirs comme une massue politique et économique pour battre le Sud détesté, dernier bastion du racisme majoritaire, n'étaient pas aussi enthousiastes lorsqu'ils se sont retrouvés face aux Noirs du Sud qui émigraient *en masse* vers les villes du Nord. Il est plus réconfortant de dire aux autres comment remédier à leurs erreurs que de corriger les siennes. Une partie de la solution des minorités libérales à la situation difficile des Noirs consistait à leur inculquer la haine des Blancs du Sud. Mais pour le Noir du Nord, tous les Blancs se ressemblent. Ironiquement, les boucs émissaires devenaient les boucs émissaires.

Le vent avait été semé et la tornade s'est levée lorsque les Noirs ont enfin perçu l'hypocrisie et la lâcheté de leurs alliés blancs. De 1964 à la première moitié de 1968, les émeutes raciales noires,[429] la plupart dans les grandes villes du Nord, ont fait 215 morts, 8 950 blessés et 285 millions de dollars

---

déterminer si la police de Chicago avait violé les droits des Black Panthers. Auparavant, la presse avait rapporté que les Panthères avaient tué cinq policiers et en avaient blessé quarante-deux autres lors de "fusillades" dans vingt États. *Human Events*, 7 février 1970, p. 10. L'argent juif a joué un rôle essentiel dans les campagnes électorales des maires noirs Carl Stokes de Cleveland et Richard Hatcher de Gary, dans l'Indiana. Phillips, *The Emerging Republican Majority*, p. 350.

[429] Le sociologue suédois Gunnar Myrdal, dont le traité intégrationniste en deux volumes, *An American Dilemma* (1944), a allumé la mèche intellectuelle du Black Power, a prédit qu'il n'y aurait plus "d'émeutes d'un degré de violence significatif dans le Nord". Son coauteur, Arnold Rose, a déclaré en 1962 que la ségrégation et la discrimination officielles prendraient fin dans une décennie et que la ségrégation informelle "se réduirait à l'état d'ombre" dans deux ans. *New York Times Magazine*, 7 décembre 1969, p. 152.

d'indemnités d'assurance.[430] L'émeute de 1992 à Los Angeles a été la plus importante à ce jour, coûtant plus d'un milliard de dollars et 58 vies. Bien que les médias n'en fassent pas grand cas, les émeutes, dont certaines pourraient être qualifiées d'insurrections, n'étaient pas toujours des actes fous et irrationnels d'auto-immolation. Elles peuvent également être considérées comme une stratégie bien conçue visant à éliminer les marchands, en particulier les Coréens, qui, de l'avis des habitants du ghetto, les escroquaient et les surfacturaient.[431] Le fait que les émeutes n'aient pas été menées par les pauvres ou les défavorisés, mais par les Noirs les plus riches et les mieux éduqués, n'est pas non plus très connu.[432]

En 1969, des cadres paramilitaires noirs cherchant à s'imposer comme la garde d'élite de la révolution raciale ont lancé des attaques contre des policiers, leur tendant des embuscades dans les rues des ghettos ou les abattant à bout portant lorsqu'ils arrêtaient des militants noirs pour infraction au code de la route. Des bandes armées noires ont occupé les bâtiments ou les salles de classe de plusieurs collèges, pris en otage des responsables administratifs et des professeurs, puis ont été amnistiées après avoir forcé des présidents, des doyens et des facultés tremblants à se plier à leurs exigences. D'autres groupes noirs prélèvent un tribut sur les églises en guise de "réparations" pour les mauvais traitements subis pendant la période de l'esclavage.[433] Les péchés des pères se répercutent sur les enfants bien au-

---

[430] *U.S. News & World Report*, 15 juillet 1968, p. 31. D'autres explosions de pillages et de meurtres ont eu lieu dans les années 1970. L'émeute de Miami, l'une des plus sanglantes, a eu lieu en 1980.

[431] Fin 1968, après plusieurs années d'incendies criminels et de pillages, 39 % des magasins des quinze plus grands ghettos appartenaient encore à des Juifs. *Wall St. Journal*, 31 décembre 1968, pp. 1, 12. Les militants noirs accompagnent leurs attaques contre les commerces juifs de quelques poussées d'antisémitisme. Will Maslow, alors directeur exécutif de l'American Jewish Congress, a démissionné du comité exécutif du CORE après avoir assisté à une réunion scolaire à Mount Vernon, dans l'État de New York, au cours de laquelle un éducateur de Nego a déclaré qu'Hitler n'avait pas tué assez de Juifs. La plupart des Juifs étaient bien trop dévoués à la cause des Noirs pour approuver l'acte de Maslow. Yaffe, op. cit. p. 261. Ce n'est qu'en 1979, lorsque les dirigeants noirs ont ouvertement attaqué le sionisme, après le renvoi par Carter de l'ambassadeur des Nations unies Andrew Young pour avoir parlé à un membre du P.L.O., que la rupture de l'alliance entre Noirs et Juifs est devenue un sujet des journaux télévisés du soir.

[432] Les suspects de la séance d'identification de la police après les émeutes de Washington en 1968 ont été jugés "étonnamment respectables". La plupart d'entre eux n'avaient jamais eu de problèmes avec la justice. Plus de la moitié d'entre eux étaient des pères de famille. *U.S. News & World Report*, 22 avril 1968, p. 29.

[433] La question des réparations a été abordée par des membres noirs du Congrès qui ont introduit à la Chambre des représentants le projet de loi H. R. 40 visant à créer une

delà des troisième et quatrième générations. Les libéraux de la majorité et les racistes de la minorité qui ne pouvaient pas accepter les lois de Nuremberg d'Hitler étaient invités à accepter — et beaucoup l'ont fait — une loi morale rendant les races responsables d'actes commis par des individus décédés depuis longtemps.

Lorsqu'il n'est pas attribué à la malveillance délibérée du "racisme blanc", le militantisme noir[434] est souvent expliqué comme la conséquence attendue et excusable du statut économique inférieur des Noirs. Il est fait référence aux statistiques gouvernementales qui montrent l'existence d'une sous-classe noire énorme et croissante.[435] Les statistiques de 1978, cependant, montrent des progrès économiques des Noirs qui auraient été impensables quelques décennies plus tôt. Le taux d'emploi des Noirs dans les professions libérales et techniques est passé de 6,7 % en 1970 à 8,7 % en 1978. Le revenu médian des femmes noires actives était de 8 097 dollars, contre 8 672 dollars pour les femmes blanches actives. Dans le travail de bureau, les femmes noires gagnaient en fait plus que les femmes blanches (169 dollars par semaine contre 165 dollars). Les diplômés noirs de l'enseignement secondaire gagnaient 77 % du revenu de leurs homologues blancs (contre 69 % en 1967). Les diplômés noirs de l'enseignement supérieur gagnaient 80 à 85 % des revenus des diplômés blancs (contre 54 % en 1967). Les familles noires à deux revenus du Nord et de l'Ouest gagnaient plus que les familles blanches à deux revenus (14 995 dollars contre 14 030 dollars en

---

commission chargée de recommander, entre autres, le montant des réparations dues aux Noirs pour le temps que leurs ancêtres ont passé en tant qu'esclaves depuis l'époque coloniale jusqu'à l'adoption du treizième amendement.

[434] Le racisme blanc a été spécifiquement désigné comme le principal responsable de la situation critique des Noirs américains dans le *rapport Kerner* (1967) parrainé par le gouvernement et rédigé par le juge fédéral Otto Kerner qui, avec son ancien associé, Theodore Isaacs, a ensuite été reconnu coupable de corruption, de fraude et d'extorsion. *Time*, 13 décembre 1971, p. 15. Ces dénonciations officielles intensifient inévitablement la haine des Blancs en tant que groupe, ce qui durcit les sentiments des Blancs à l'égard des Noirs. Malcolm X a illustré le point final de l'hostilité raciale suscitée lorsqu'il a déclaré, à propos d'un accident d'avion qui avait tué une trentaine d'Américains blancs, pour la plupart originaires d'Atlanta : "Je viens d'entendre de bonnes nouvelles ! *Autobiographie de Malcolm X*, p. 394. Une telle véhémence raciale n'est évidemment pas l'apanage des Noirs. Une tendance similaire était perceptible chez le regretté Ben Hecht, qui écrivait qu'il avait une "fête dans son cœur" chaque fois qu'un sioniste tuait un soldat britannique. *New York Times*, 20 mai 1947, p. 1.

[435] Néanmoins, le revenu de la famille noire moyenne aux États-Unis dépasse le revenu de la famille britannique moyenne. *Economist*, Londres, 10 mai 1969, p. 19.

1974).[436] Il s'avère que le militantisme noir est autant une fonction du progrès économique noir que de la privation noire.

Il existe également de nombreuses preuves historiques que la violence et la pauvreté des Noirs n'ont pas de lien de causalité étroit. Personne ne peut nier que la situation économique des Noirs était bien pire à l'époque de l'esclavage et du métayage qu'aujourd'hui. Pourtant, durant toute cette période, seules trois révoltes de Noirs ont eu lieu, et même celles-ci n'ont eu que peu de conséquences. La plus importante a été menée par Nat Turner dans le comté de Southampton, en Virginie, en 1831. Si cet événement plutôt ignoble (dix hommes, quatorze femmes et trente-et-un enfants tués par des Blancs) a été la plus grande explosion de fureur nègre sur le continent nord-américain en trois siècles, on peut conclure sans risque que les Noirs n'ont pas été poussés à la violence par les propriétaires d'esclaves WASP.[437]

Ailleurs, le bilan des Noirs est différent. L'expérience française en Haïti, où le massacre de la population blanche a été presque total, et la récente guerre entre le Nigeria et le Biafra, au cours de laquelle un million de Noirs ont trouvé la mort, n'indiquent pas que les Noirs soient enclins au pacifisme. Pas plus que le bain de sang intertribal de 1994 au Rwanda, où plus de 500 000 hommes, femmes et enfants ont été massacrés. Ce qui est indiqué, en revanche, c'est que les Noirs sont plus susceptibles de se révolter ou de se livrer à des émeutes, non pas lorsqu'ils sont opprimés, mais lorsqu'ils sont attisés par la ferveur tribale, les discours racistes de radicaux noirs et blancs et les possibilités de pillage de masse qui s'offrent à eux.

L'affaiblissement de la résistance des Blancs est une cause indéniable de la violence des Noirs. Tout au long de l'histoire américaine, la suprématie blanche a été un principe de base des relations sociales du pays. Même les abolitionnistes les plus fougueux respiraient l'air du Grand Père Blanc. En fait, la suprématie blanche était si largement acceptée, si fermement ancrée et si profondément institutionnalisée que les Noirs n'osaient guère la critiquer, et encore moins prendre des mesures plus énergiques. Aujourd'hui,

---

[436] The *Sunday Oregonian*, 14 septembre 1980. Ces gains sont évidemment contrebalancés par le chômage élevé des Blancs et des Noirs et par la détérioration des conditions sociales des ghettos noirs. En 1992, 67 % des bébés noirs sont nés de mères célibataires. Plus de la moitié des familles dirigées par une femme vivaient en dessous du seuil de pauvreté. En ce qui concerne les jeunes Noirs au chômage, certaines études indiquent que s'ils se voient offrir un emploi, un grand nombre d'entre eux le refusent ou sont bientôt licenciés pour incompétence ou absentéisme.

[437] Deux de ces trois rébellions ont été trahies par des esclaves domestiques nègres. Chacune a été inspirée par la Révolution française ou par des passages appropriés de l'Ancien et du Nouveau Testament. Franklin Frazier, *The Negro in the United States*, Macmillan, New York, 1957, pp. 87–91.

cependant, la suprématie blanche ou, pour lui donner son nom moderne, le racisme blanc, est tellement affaiblie que le militantisme nègre est non seulement possible, mais rentable. L'idée qu'il s'arrêterait une fois que les Noirs auraient atteint l'égalité des chances et des résultats est la forme la plus pure du vœu pieux. Qui seraient les juges ? Les militants noirs ? Les politiciens noirs militants ? Et comment mesurer l'égalité des résultats ?

Si les membres de la majorité comprenaient que le but, la motivation et l'essence même du racisme des minorités n'est pas d'obtenir l'égalité, mais la supériorité, la plupart des malentendus et des interprétations erronées du comportement des Noirs contemporains seraient évités. Le racisme ne peut tout simplement pas être racheté par des nominations symboliques au cabinet, des sièges à la Cour suprême ou des quotas raciaux. Dans sa phase dynamique, le racisme ne peut être contrôlé ou supprimé que par une force supérieure, une force qui est le plus efficacement fournie par un racisme opposé ou compensatoire. Ce qui est indiscutable, c'est que le seul moyen de ne pas arrêter le militantisme noir est de le récompenser.

Il n'y a pas de meilleure preuve du déclin de la majorité américaine que les succès continus du racisme noir. Les Noirs appartiennent à la race la plus arriérée du monde et à la plus arriérée des grands groupes de population d'Amérique. Néanmoins, au cours des dernières décennies, ils ont réussi à ériger une sorte d'État dans l'État et, au nom de l'égalité, ils ont atteint une sorte de supériorité qui a conduit à l'établissement d'une double norme — une pour eux, une pour les Blancs — dans les secteurs judiciaire, éducatif et économique de la société américaine. Le fait que ce que l'on appelle aujourd'hui l'affirmative action ait été accompli si rapidement est une confirmation éclatante du pouvoir du racisme. Les Noirs, comme certains de leurs propres dirigeants l'admettent en privé, n'ont pas grand-chose d'autre à leur disposition. Plusieurs théories ont été avancées pour expliquer le retard des Noirs. L'une des plus médiatisées a été avancée par Arnold Toynbee, dont l'étude monumentale de *l'histoire* recense vingt et une civilisations, la plupart créées par des hommes blancs, quelques-unes par des hommes jaunes, aucune par des hommes noirs.[438] Toynbee explique le manque de civilisation du Noir par la théorie du défi et de la réponse. Entouré par les richesses de la nature dans les tropiques luxuriants de l'Afrique, le Noir, selon Toynbee, n'avait qu'à lever la main pour récolter sa subsistance. Avec un minimum de défi, il y avait un minimum de réponse. Étant, pour ainsi dire, nourri à la cuillère par Mère Nature, le nègre n'était pas suffisamment stimulé pour développer son appareil mental à son plein potentiel.[439]

---

[438] Vol. 1, p. 232.

[439] Vol. 2, pp. 26-29.

Une autre hypothèse, basée sur ce que le regretté A. L. Kroeber a appelé la diffusion culturelle, affirme que le Noir, ayant été écarté de la voie principale du progrès social par la géographie, a souffert d'un manque de contact avec d'autres civilisations et, par conséquent, a été programmé pour endurer la barbarie. Une théorie plus nette, si nette qu'elle est pratiquement sans réponse, affirme que le sort du Noir est simplement dû à la malchance, que le destin de toutes les races n'est que le résultat d'un hasard aveugle et d'un accident historique, que si la fortune n'avait pas été si clémente avec les Blancs, ils vivraient encore dans des cavernes. Un autre point de vue, plus rationnel que rationnel, prétend que la condition actuelle des Noirs est due à un complot habilement monté par les Blancs. Les marchands d'esclaves blancs sont accusés d'avoir délibérément anéanti les civilisations nègres florissantes en Afrique, et les bâtisseurs d'empire blancs qui les ont suivis sont accusés d'avoir transformé les États tribaux survivants en enclaves financières sordides et en plantations dirigées par des patrons.

Comme on pouvait s'y attendre, certaines de ces conjectures, voire toutes, ont trouvé grâce auprès des écoles écologistes de sciences sociales, bien qu'elles soient truffées de non sequiturs, de conjectures et de triturations raciales. L'hypothèse du défi et de la réponse de Toynbee perd beaucoup de sa crédibilité si l'on se souvient que de nombreuses zones géographiques occupées par les Nègres africains — comme les hauts plateaux d'Afrique de l'Est — sont tout à fait non tropicales et similaires en termes de climat, de flore et de faune aux régions qui ont produit certaines des vingt-et-une civilisations de Toynbee.[440] En ce qui concerne la théorie de la diffusion culturelle, étant donné qu'un grand nombre de Noirs vivaient depuis des temps immémoriaux à la frontière sud de l'Égypte ancienne, ils étaient par conséquent les plus proches de tous les peuples — à quelques encablures sur le Nil — de l'une des premières et des plus grandes civilisations du monde. Compte tenu de cette avance, les Noirs devraient être bien plus avancés que les autres races sur le plan culturel. Quant à la théorie de l'accident historique, tout ce que l'on peut dire, c'est qu'en 6 000 ans, la chance des Noirs aurait dû tourner au moins une fois.

Ceux qui trouvent des raisons génétiques au retard des Noirs semblent avoir des arguments beaucoup plus solides que les comportementalistes et les égalitaristes. Ils s'appuient sur la thèse de Carleton Coon selon laquelle la

---

[440] C'est peut-être la maladie, et non un défi insuffisant, qui a rendu les Noirs si léthargiques. La moitié des Noirs africains souffrent de drépanocytose, une maladie endémique qui contribue à les immuniser contre le paludisme, mais qui ralentit les fonctions corporelles et mentales. La drépanocytose touche 50 000 Américains, dont la plupart sont des Noirs.

race noire est plus jeune que les autres races sur le plan de l'évolution.[441] Ils produisent des études médicales démontrant que les nourrissons noirs ont un taux de maturation plus rapide que les nourrissons blancs, tout comme les animaux ont un taux de maturation plus rapide que les êtres humains. En ce qui concerne la fissuration, l'épaisseur de la couche supragranulaire et le nombre de neurones pyramidaux, ils ont constaté que le lobe frontal et le cortex du cerveau sont moins développés chez les Noirs que chez les Blancs.[442]

Ceux qui croient davantage aux gènes qu'à l'environnement présentent également une masse de documents issus de décennies de tests d'intelligence montrant que le QI moyen des Noirs est inférieur de 15 à 20 points à celui des Blancs.[443] Ils se réfèrent à des études attribuant les mauvais résultats scolaires des Noirs à des difficultés d'apprentissage inhérentes.[444] Ils juxtaposent l'émancipation des Noirs aux États-Unis à l'émancipation contemporaine des serfs russes, opposant la mobilité sociale des descendants de ces derniers à la léthargie prolongée des Noirs américains après l'esclavage.[445] Ils citent l'exemple des coolies chinois qui, à leur arrivée en Amérique, étaient aussi illettrés et sans le sou que les Noirs de l'après-guerre et beaucoup moins familiarisés avec les coutumes américaines. Néanmoins, il ne leur a pas fallu plus d'un siècle pour atteindre et dépasser le niveau de revenu médian. Ils citent Hegel, Conrad, Schweitzer et Faulkner pour

---

[441] Voir p. 19.

[442] Pour les taux de maturation, voir Marcelle Geber, *The Lancet*, 15 juin 1957, Vol. 272, No. 6981, pp. 1216-19. Pour les études sur le lobe frontal et le cortex, voir C. J. Connolly, *External Morphology of the Primate Brain*, 1950, Springfield, Illinois, pp. 146, 203-4 ; C. W. M. Pynter et J. J. Keegan, "A Study of the American Negro Brain", 1915 ; *Journal of Comparative Neurology*, Vol. 25, pp. 183–212 ; Ward C. Halstead, *Brains and Intelligence*, 1947, Chicago, p. 149 ; F. W. Vint, "The Brain of the Kenya Native", 1934, *Journal of Anatomy*, Vol. 68, pp. 216-23.

[443] Audrey M. Shuey, *The Testing of Negro Intelligence*, Social Science Press, New York, 1966. L'ouvrage analyse 380 tests de ce type réalisés sur une période de quarante ans.

[444] Les études les plus notables sont celles du Dr Arthur R. Jensen, qui a constaté que les étudiants blancs avaient une "capacité nettement plus grande à saisir les concepts abstraits". Voir le chapitre 20.

[445] À propos de la postérité des serfs russes, Pitirim Sorokin écrit qu'ils "ont donné un nombre considérable de génies du premier degré, sans parler des personnes éminentes d'un calibre moindre... les nègres américains n'ont pas produit jusqu'à ce jour un seul génie de grand calibre". Théories sociologiques contemporaines, p. 298, note 162.

suggérer que les différences entre Noirs sont dues à la nature et non à l'éducation.[446]

Les défenseurs de l'hérédité étayent encore leur argumentation en se référant aux antécédents politiques et culturels des Noirs. Ils soulignent que ni dans l'Ancien ni dans le Nouveau Monde, le Noir n'a jamais produit un système de gouvernement allant au-delà des formes les plus élémentaires de l'absolutisme ; que les sociétés indigènes noires n'ont laissé derrière elles aucune littérature, aucune inscription ou document, aucun corpus de lois, aucune philosophie, aucune science — en bref, aucune histoire. Même dans les domaines artistiques où les Noirs ont fait preuve de créativité et d'originalité, l'effet final, du moins en Occident, a été anticulturel : la laideur contorsionnée de la peinture et de la sculpture modernes, le cri de la jungle du jazz et de la musique rock, le traînage et le tissage grotesques des dernières danses à la mode.

Il serait superflu de dire que les intellectuels nègres et leurs partisans blancs ne sont pas d'accord avec ces arguments biologiquement inclinés. En revanche, ils n'hésitent pas à retoucher l'histoire. Les ruines de pierre du Zimbabwe, en Rhodésie du Sud, sont présentées comme la preuve qu'une civilisation nègre ancienne et sophistiquée était en plein essor à l'époque où les Européens avançaient à tâtons dans l'âge des ténèbres. Un peu plus tard, les "royaumes" du Ghana, du Mali et du Songhaï auraient inauguré un âge d'or en Afrique de l'Ouest, où deux nouvelles nations émergentes ont été nommées en leur honneur. Le fait que la "forteresse" en pierre du Zimbabwe ait probablement été construite par des marchands arabes au XIe siècle avec la main-d'œuvre hottentote ne doit pas gâcher une bonne légende. Quant au Ghana, au Mali et au Songhaï, ils ont été fondés par des Berbères hamitiques et des Arabes sémitiques et ne se trouvaient pas en Afrique de l'Ouest, mais plus à l'est.[447] En fait, les enclaves culturelles entièrement noires les plus évoluées se trouvaient dans l'ouest du Nigeria et n'ont pas besoin d'une

---

[446] Hegel, le philosophe fétiche de Marx, mettait les Noirs sur le même plan que les animaux. *Vorlesungen tiber die Philosophie der Geschichte*, Stuttgart, 1971, pp. 137-44. Pour l'éclairage par Conrad des sombres recoins de la psyché noire, voir *Au cœur des ténèbres*. Schweitzer, qui a passé une grande partie de sa vie en Afrique, disait que l'homme blanc était le "frère aîné" du Noir. Il considérait le Noir moyen comme un enfant, ajoutant qu'"avec les enfants, rien ne peut être fait sans le recours à l'autorité". Putnam, *Race and Reason*, p. 76, et *Newsweek*, 8 avril 1963, p. 21. Bien qu'il apprécie et respecte les Noirs, Faulkner a déclaré que si l'agitation raciale antiblanche s'intensifiait, il serait contraint de rejoindre son État natal du Mississippi contre les États-Unis et de tirer sur les Noirs dans la rue. *Reporter*, 22 mars 1956, pp. 18-19.

[447] R. Gayre, "Negrophile Falsification of Racial History", *The Mankind Quarterly*, janvier-mars 1967, pp. 131-43. Voir également "Zimbabwe" du même auteur dans le numéro d'avril-juin 1965.

histoire brodée par ceux qui insistent pour mesurer les réalisations des Noirs à l'aune des Blancs.

Dans un excès de zèle visant à porter l'orgueil nègre à son comble, un historien ghanéen a écrit que Moïse et Bouddha étaient des nègres égyptiens, que le christianisme était né au Soudan et que les écrits de Nietzsche, Bergson, Marx et des existentialistes étaient le reflet de la pensée bantoue. Dans le même ordre d'idées, les "Hébreux originels" et Saint Paul sont décrits comme des Noirs, et Spinoza est qualifié de "Juif noir espagnol".[448] La 25e dynastie nubienne, apparue au crépuscule de l'histoire de l'Égypte ancienne (730-663 av. J.-C.), est considérée comme la preuve que les brillantes civilisations égyptiennes de l'Ancien et du Moyen Empire sont l'œuvre de Noirs.[449] Pour les téléspectateurs, Cléopâtre est parfois dépeinte comme une négresse,[450] et une émission de télévision noire a informé ses téléspectateurs qu'un roi d'Afrique de l'Ouest avait envoyé une centaine de navires en Amérique du Sud 200 ans avant Christophe Colomb.[451] En ce qui concerne l'histoire des États-Unis, Crispus Attucks, qui pouvait être un Noir ou un Indien, est devenu un héros noir, célébré comme le premier patriote à donner sa vie dans la bataille pour l'indépendance américaine.[452]

L'exemple le plus farfelu de révisionnisme historique nègre est peut-être la version de la Genèse d'Elijah Muhammad, le défunt prophète des Black Muslims, qui affirme qu'il y a 6 600 ans, alors que tous les hommes étaient nègres, un scientifique noir nommé Yacub a été exilé de la Mecque avec 59 999 adeptes. Aigri par Allah, Yacub décida de créer une race diabolique de "Blancs décolorés". Élevés scientifiquement pour devenir aveugles, les disciples de Yacub devinrent, par étapes successives de 200 ans, bruns, rouges, jaunes et finalement "des diables blonds, à la peau pâle, aux yeux bleus et froids, des sauvages, nus et sans vergogne, poilus, comme des animaux [marchant] à quatre pattes et [vivant] dans les arbres". Plus tard, ces Blancs ont été rassemblés par des Nègres et envoyés dans des grottes européennes où, après 2 000 ans, Moïse est allé les apprivoiser et les civiliser. Ils sont alors partis régner sur la terre pendant 6 000 ans.

---

[448] *Autobiographie de Malcolm X*, p. 180, 190.

[449] L'Ancien Empire a construit des forts pour repousser les Nubiens. L'Empire du Milieu empêche l'entrée de tous les Nubiens, à l'exception des esclaves. Darlington, The Evolution of Man and Society, p. 121.

[450] Cléopâtre n'était même pas égyptienne de naissance, "étant d'origine mi-grecque et mi-macédonienne". John Buchan, Augustus, Houghton Mifflin, Boston, 1937, p. 77.

[451] Extrait de l'émission *Soul*, WNET, New York, 21 août 1969.

[452] Lors du massacre de Boston en 1770. *New York Times Magazine*, 20 avril 1969, pp. 33, 109-110.

L'interrègne blanc devait prendre fin lorsqu'un sauveur, Maître W. D. Fard, un vendeur de soie mi-blanc, mi-noir, apporta le message d'Allah et les conseils divins à Elijah Muhammad en 1931.[453]

La dorure du passé nègre par des passionnés de religion et d'histoire n'apporte que peu d'éclairage constructif au grand débat sur les différences raciales entre les Noirs. Si les écologistes ont raison, les Noirs devraient rattraper les Blancs dès qu'ils bénéficieront de l'égalité des droits politiques et juridiques, ainsi que de l'égalité des chances en matière d'éducation et d'économie. Si, comme le soutenait le regretté Marshall McLuhan, le Noir est en fait un être supérieur, le décalage devrait être très court.[454] Pourtant, chaque jour, le problème des Noirs devient plus grave. Plus les Noirs sont aidés, plus ils semblent avoir besoin d'aide et plus ils la réclament. Plus ils progressent, plus l'Amérique en tant que nation semble régresser.

Si, en revanche, ceux qui avancent l'argument génétique ont raison, alors tous les gains à court terme réalisés par les Noirs au cours des dernières décennies s'additionneront pour aboutir à un désastre à long terme. Au lieu d'essayer d'être les égaux des Blancs, les Noirs devraient essayer d'être de meilleurs Noirs. Au lieu de jouer le jeu de l'homme blanc avec des dés que l'hérédité a chargés contre eux, ils devraient développer leurs propres talents spéciaux de leurs propres façons. Les frustrations des Noirs, disent les héréditaristes, ne disparaîtront que lorsque les Noirs américains mèneront une vie de Noirs plutôt que de Blancs.

Ce sont les Noirs américains eux-mêmes qui ont le plus ardemment soutenu l'idée que les différences raciales entre les Noirs sont si marquées qu'elles rendent l'intégration pratiquement impossible. Booker T. Washington a conseillé à son peuple d'accepter la ségrégation et de rester à l'écart des principaux courants de la civilisation blanche.[455] Marcus Garvey, qui, après la Première Guerre mondiale, a organisé le premier mouvement de masse authentiquement noir, a décidé que la solution était de retourner en

---

[453] *Autobiographie de Malcolm X*, pp. 164-67. À la mort d'Elijah Muhammad, son fils Wallace a hérité de la direction des Black Muslims et a atténué la rhétorique antiblanche.

[454] Les théories raciales de McLuhan accordent la première place à l'Indien et au Noir. Le critique social d'origine canadienne a écrit que "le Noir et l'Indien... sont en fait psychiquement et socialement supérieurs à l'homme fragmenté, aliéné et dissocié de la civilisation occidentale... Le triste sort du Noir et de l'Indien a été... d'être nés en avance plutôt qu'en retard sur leur temps". Julius Lester, *Search for the New Land*, Dial Press, New York, 1969, pp. 57–58.

[455] "Dans tous les domaines purement sociaux, a déclaré Washington, nous pouvons être séparés comme les doigts, mais unis comme la main dans tout ce qui est essentiel au progrès mutuel. Putnam, *Race and Reason*, p. 90.

Afrique.[456] Le Père Divine, bien que Mère Divine soit une blonde canadienne, insiste pour déplacer sa congrégation dans des communautés cloisonnées, hors de portée de la contamination blanche.

Les défenseurs les plus récents du séparatisme noir sont les musulmans noirs et quelques groupes nationalistes noirs, qui réclament soit un retour en Afrique, soit la création d'un ou de plusieurs États noirs indépendants sur le sol américain. Mais en s'alignant sur des groupes marginaux blancs et des régimes étrangers hostiles, les dirigeants noirs ne font qu'aggraver leurs problèmes.

Le grand obstacle au séparatisme noir n'est pas les aspirations intégrationnistes des marxistes noirs et des arrivistes noirs, mais toute la superstructure de la pensée libérale moderne. Si la notion d'égalité raciale est abandonnée au profit du séparatisme, qui reconnaît et institutionnalise les différences raciales, l'environnementalisme, le behaviorisme, le déterminisme économique et même la démocratie elle-même seront bientôt remis en question. Les orthodoxies occidentales dominantes pourraient alors se dissoudre dans l'air, et l'esprit occidental pourrait devoir s'engager sur une voie entièrement nouvelle ou retrouver un chemin ancien. D'un point de vue politique, le séparatisme noir serait une perte écrasante pour la coalition libérale-minoritaire. La séparation raciale, quelle qu'elle soit, n'étant pas du tout désagréable pour les Blancs à l'esprit racial, il n'est pas inconcevable que les membres de la majorité, particulièrement dans le Sud profond, ainsi que les membres de la minorité assimilable dans les plus grandes villes du pays, se joignent aux séparatistes noirs dans un pacte visant à libérer les Blancs et les Noirs d'une administration libérale intégrationniste à Washington. En outre, si le séparatisme noir devenait l'ordre du jour, d'autres minorités inassimilables pourraient suivre l'exemple, laissant le libéralisme comme une idéologie à la recherche d'un parti. À l'autre extrême, l'intégration totale porterait un coup tout aussi fatal au pouvoir politique de gauche en annonçant la mort de toutes les minorités et, avec elles, la principale raison d'être du libéralisme d'aujourd'hui.[457] Ce n'est que dans la zone frontière entre la société ségréguée et la société intégrée, entre la réalité et l'utopie, que le libéral d'aujourd'hui se sent vraiment chez lui.

---

[456] Il est significatif que Garvey ait été un Noir de plein sang qui a dirigé son appel vers les éléments les plus noirs de la population noire. Il était une exception à la règle douteuse selon laquelle les dirigeants des mouvements noirs doivent être des mulâtres, dont le statut hybride fait d'eux des médiateurs idéaux entre les Blancs et les Noirs.

[457] Ce à quoi nous arrivons, c'est que "l'intégration", socialement, n'est bonne pour aucune des parties. L'intégration, en fin de compte, détruirait la race blanche… et détruirait la race noire". *Autobiographie de Malcolm X*, p. 276.

Parce que l'enjeu est bien plus important que le sort des Noirs américains, la coalition libérale-minoritaire, soutenue par un contingent non négligeable de soi-disant conservateurs, poursuit l'intégration à tout prix. Comme toujours, ceux qui ont le courage d'exprimer des opinions divergentes sont soit ignorés, soit soumis à un assassinat immédiat.

Mais si le libéralisme domine encore la pensée du pays en matière de politique sociale, il n'a guère de prise sur les processus organiques de la société. En tant qu'habitant d'une tribu, le Noir était membre de la famille tribale. En tant qu'esclave, il avait la famille de son maître. En tant que métayer, il avait sa propre famille. En tant qu'ouvrier industriel ou chômeur endurci, il n'a plus de famille du tout, puisque le système de protection sociale actuel prévoit des aides financières pour les ménages sans père et pour chaque enfant illégitime. Le résultat est que le Noir urbain se trouve aujourd'hui dans une impasse où il ne lui reste plus que sa couleur et son sentiment d'oppression. Ayant perdu son foyer, ses racines, sa religion et sa voie, il perd rapidement les quelques engagements sociaux qu'il conserve encore.[458]

Le pire ayant été fait, les Nègres les plus dynamiques demandent réparation, un peu comme des enfants indisciplinés ayant perdu leur innocence peuvent demander réparation à des parents qui les ont abandonnés. A ces demandes, les Blancs ont le choix entre quatre réponses : l'oppression, qui est immorale ;[459] l'intégration sans mariages mixtes, qui est impossible ; l'intégration avec mariages mixtes, qui est inconcevable ; et la séparation, qui est irréalisable.

De ces quatre options intenables, la dernière, qui impliquerait le rapatriement en Afrique ou l'établissement de communautés nègres indépendantes tangentes aux communautés blanches dans les États comptant un grand nombre de Noirs, est peut-être celle qui est la plus tenable. Quoi qu'il en soit, le Noir américain sortira tôt ou tard de sa nature sauvage. Soit il retournera dans sa patrie de l'Ancien Monde, soit on lui assignera une patrie dans le Nouveau, soit il n'y aura plus de patrie pour personne, qu'il soit blanc ou non, dans l'Amérique urbaine.

---

[458] Charles Murray, dans *Losing Ground* (Basic Books, 1984), a analysé les programmes fédéraux qui, selon lui, ont conduit directement à la situation critique actuelle des Noirs.

[459] Il est beaucoup trop tard pour la tactique que Tacite met dans la bouche d'un général romain cherchant à réprimer une révolte des Gaulois. "Nunc hostis, quia molle servitium ; cum spoliati exutique fuerint, amicos fore." *Historiarum*, IV, lvii. "Ils sont maintenant nos ennemis parce que le fardeau de leur servitude est léger ; quand nous les aurons dépouillés, ils seront nos amis.

PARTIE V

Le choc des cultures

CHAPITRE 18

La dissolution de l'art

L E THÈME PRINCIPAL des parties I à IV est le déclin de la majorité et la montée des minorités non assimilées. Le thème mineur était le conflit entre la majorité et les minorités, y compris les origines, les motivations et le nombre de combattants. La suite de cette étude examinera l'extension de ce conflit dans les domaines de l'art, de la religion, de l'éducation, de la politique, de l'économie, du droit et de la politique étrangère. Ce chapitre, le premier d'une série de trois à traiter des incursions des minorités dans la culture de la nation, s'intéressera à la phase artistique de la lutte.[460] Dans la dépossession de la majorité, c'est l'artiste de la majorité qui a été la plus grande victime.

L'un des postulats de base de la pensée occidentale contemporaine est que la démocratie est la forme politique et le libéralisme l'idéologie politique la plus génératrice d'art. Il est généralement admis que plus il y a de démocratie et de libéralisme, plus la production artistique sera importante, tant sur le plan quantitatif que qualitatif. L'hypothèse corollaire est qu'une fois que l'art aura été libéré du poids mort des castes, des classes et de la bigoterie religieuse et raciale, son horizon deviendra illimité.

De tous les mythes modernes, c'est peut-être le plus trompeur. L'art, ou du moins le grand art, semble dépendre de deux phénomènes sociaux distincts de la démocratie et du libéralisme. Il s'agit de

(1) un groupe de population dominant et homogène qui a résidé suffisamment longtemps dans le pays pour élever dans ses rangs une aristocratie responsable et fonctionnelle ;[461] (2) une ou plusieurs écoles

---

[460] La culture est "la recherche de notre perfection totale en apprenant à connaître... le meilleur de ce qui a été pensé et dit dans le monde ; et grâce à cette connaissance, en tournant un courant de pensée fraîche et libre vers nos notions et habitudes de base, que nous suivons maintenant fermement, mais mécaniquement, imaginant vainement qu'il y a une vertu à les suivre fermement, qui compense le malheur de les suivre mécaniquement". Matthew Arnold, *Culture and Anarchy*, Cambridge University Press, Angleterre, 1961, p. 6.

[461] L'aristocratie désigne ici le règne des gens bien nés. Son sens n'est pas limité aux familles de haut rang social ou aux produits d'une ou deux générations de prééminence politique ou financière. On trouve des aristocrates de ce type dans tous les États, y compris dans les sociétés prolétariennes et ploutocratiques. Pour ceux qui sont convaincus qu'il

d'écrivains, de peintres, de sculpteurs, d'architectes ou de compositeurs qui appartiennent à ce groupe de population et dont les impulsions créatrices cristallisent les goûts, le ton et les manières de la direction aristocratique en une continuité culturelle rayonnante.

Rares sont ceux qui contestent que les sociétés de la Grèce homérique, de la Rome augustéenne, de l'Europe occidentale médiévale, de l'Angleterre élisabéthaine, de l'Espagne des XVIe et XVIIe siècles, de la France de Louis XIV, de la Vienne de Mozart, du Weimar de Goethe et de la Russie du XIXe siècle reposaient sur une base aristocratique. Rares sont ceux qui contestent le fait que ces sociétés ont produit de grandes œuvres d'art.[462] Mais qu'en est-il d'Athènes, théâtre de la plus magnifique efflorescence artistique de tous les temps, et de Florence, où le génie par habitant est le plus élevé de la Renaissance ? Ces cités-États n'étaient-elles pas dépourvues de noblesse ou d'aristocratie formelle ? N'est-il pas vrai que ni Périclès ni Cosimo de' Medici n'étaient des princes ?

Avant toute conclusion, il convient de replacer ces deux villes et leurs deux plus grands hommes d'État dans une perspective historique plus précise. Si Athènes était la gloire de la Grèce, l'époque de Périclès — artistiquement parlant — était la gloire d'Athènes. En 431 avant J.-C., deux ans avant la mort de Périclès, la population masculine adulte d'Athènes comptait 50 000 citoyens, 25 000 métis ou étrangers résidents et 55 000 esclaves.[463] Étant donné que les esclaves n'avaient que peu ou pas de droits, que les métis et les femmes ne pouvaient pas voter et que la citoyenneté était limitée à ceux dont les deux parents étaient athéniens, un historien, Cyril Robinson, a décrit Athènes comme "une aristocratie d'une classe de demi-légionnaires".[464] Cette aristocratie, dont Périclès était un membre éminent, remontait à la guerre de Troie.[465]

En ce qui concerne Florence, il ne faut pas s'étonner d'apprendre qu'en 1494, lorsque la constitution la plus libérale de la ville était en vigueur, il n'y avait

---

existe un fossé infranchissable entre l'aristocratie et la liberté, Alexis de Tocqueville a écrit la mise en garde suivante : "Parmi toutes les sociétés du monde, celles qui auront toujours le plus de peine à échapper pendant longtemps au gouvernement absolu seront précisément ces sociétés où l'aristocratie n'est plus et ne peut plus être. *L'ancien régime et la révolution*. Michel Lévy Frères, Paris, 1856, p. xvi.

[462] Dans ce contexte, le grand art est considéré comme intemporel et non comme daté ; les grands artistes sont créatifs et non des génies de l'interprétation.

[463] Cyril Robinson, *A History of Greece*, Barnes & Noble, New York, 1957, p. 83.

[464] Ibid. p. 82.

[465] La mère de Périclès était issue d'une ancienne famille athénienne, les Alcméonides, et son père était un commandant naval victorieux.

pas plus de 3 200 citoyens sur une population totale de 90 000 habitants".[466] Depuis l'époque de Dante jusqu'à l'avènement des Médicis, à l'exception de quelques brèves tentatives de gouvernement populaire par les marchands et les guildes, Florence a été en grande partie le jouet politique de deux factions aristocratiques rivales, les Guelfes (favorables au pape) et les Gibelins (favorables à l'empereur). Quant à Cosimo de' Medici, le mécène de Donatello, Ghiberti, Brunelleschi et Luca della Robbia, il pouvait s'enorgueillir d'une lignée qui s'étendait sur dix générations de l'histoire florentine. Bien que Cosimo lui-même évite les titres, des cardinaux, des princes, des ducs régnants et même deux papes porteront plus tard le nom de Médicis.

Si l'on admet que Florence et Athènes sont des semi-aristocraties ou au moins des républiques aristocratiques, il est évident que toutes les grandes époques artistiques de l'Occident se sont déroulées dans des sociétés aristocratiques. Il y a eu de l'art dans les sociétés non aristocratiques, souvent de l'art de qualité, mais jamais rien d'approchant la sculpture et le théâtre grecs, les cathédrales gothiques, la peinture de la Renaissance, les pièces de Shakespeare, la musique allemande ou les romans russes. La simple existence d'une aristocratie ne garantit pas le grand art. Il doit s'agir d'une aristocratie vivante, dont les attitudes, les manières et les modes de vie sont fermement ancrés dans la société dans laquelle elle évolue. Il n'est pas nécessaire qu'elle soit trop riche, et en fait elle ne devrait pas l'être. Ce qui est plus important, c'est la possession d'une conscience culturelle, ainsi que le loisir et la volonté d'exprimer cette conscience sous la forme de l'art. Pour l'artiste, une aristocratie est d'une immense valeur pratique, car elle lui fournit un public cultivé et avisé qui le *maintient* dans un état d'esprit créatif, ainsi qu'un sens du raffinement et un ensemble de normes critiques qui sont à la fois un modèle et une incitation à la plus haute qualité de l'artisanat artistique.

Paradoxalement, les relations entre l'artiste et le mécène sont généralement plus "démocratiques" dans une aristocratie que dans une démocratie.[467]

---

[466] Pasquale Villari, *Life and Times of Machiavelli*, Fisher, Unwin, Londres, p. 4.

[467] Périclès, Auguste et les Médicis se sont librement mêlés aux grands artistes de leur temps. Virgile lut à Auguste les *Géorgiques* qu'il avait achevées lors du retour d'Égypte de ce dernier en 30 avant J.-C. Cette rencontre fut capitale, car les vers de Virgile ont peut-être ravivé l'italianisme latent d'Auguste. Buchan, *Augustus*, p. 124. Lincoln, en dehors d'une brève poignée de main lors d'une réception à la Maison-Blanche, n'a jamais rencontré Melville. Raymond Weaver, *Herman Melville*, Pageant Books, N.Y., 1961, p. 375. Franklin D. Roosevelt n'a pas non plus rencontré Faulkner ou T. S. Eliot. John F. Kennedy a peut-être accordé quelques minutes d'amitié à Robert Frost, mais ce n'est pas comparable à l'attention que Louis XIV portait à Racine et à Molière. Le Roi-Soleil a

L'aristocrate, ayant acquis par sa naissance et son éducation une familiarité aisée avec l'art, est tout à fait à l'aise en compagnie des artistes et prend généralement l'habitude de les rechercher. Le self-made-man, en revanche, quelle que soit son ascension dans la politique ou les affaires, ne peut jamais se défaire de son philistinisme. Il peut s'intéresser à l'art, souvent subrepticement pour éviter d'être accusé d'efféminement, mais il aura toujours du mal à évoluer librement dans les cercles artistiques.

L'alliance étroite entre l'art et l'aristocratie est également avantageuse pour l'artiste dans la mesure où elle lui permet de connaître personnellement un grand nombre d'hommes importants de son époque. Aristote nous dit que la tragédie ne réussit vraiment que lorsqu'elle concerne la chute d'un grand ou d'un noble homme — une théorie qui n'est toujours pas contredite par les plus vaillants efforts des dramaturges libéraux et marxistes. L'histoire ou l'actualité peuvent fournir des noms et des intrigues, mais seul un contact étroit avec les couches dirigeantes de son époque permet au dramaturge de s'attaquer à la grande tragédie avec la chair et le nerf d'une représentation et d'une caractérisation crédibles.

Le fait que les grands artistes doivent appartenir au groupe de population dominant d'une nation semble aussi inattaquable que la loi selon laquelle le grand art pousse mieux en terre aristocratique. Une origine raciale et culturelle similaire à celle de son mécène permet à l'artiste d'éviter les obstacles psychologiques et sociaux habituels qui ralentissent ou interrompent souvent la communication entre les membres de groupes humains différenciés sur le plan racial et culturel.

Le défaut fatal qui prive l'artiste minoritaire d'une place parmi les grands artistes est son aliénation inhérente. Parce qu'il n'est pas vraiment à sa place, parce qu'il écrit, peint ou compose pour "d'autres personnes", il pousse un peu trop fort, élève la voix un peu trop haut, fait valoir son point de vue de manière un peu trop désespérée. Il est, inévitablement, un peu outré — dans le pays, mais pas du pays. Son art semble toujours encombré d'une dimension artificielle — la preuve de son appartenance.[468]

---

même joué le rôle d'"avanceur" pour l'*Esther* de Racine et a même joué un rôle dans l'une des productions de Molière. Racine, *Théâtre complet*, Édition Garnier Frères, Paris, 1960, p. 598 ; H. C. Chatfield-Taylor, *Molière*, Duffield, New York, 1906, pp. 189-90.

[468] Quelques exemples viennent rapidement à l'esprit : les lieder allemands super-romantiques de Heine, les hymnes chrétiens tonitruants de Mendelssohn, les paysages espagnols hyperboliques et les saints hommes allongés du Greco, les *Wahnschaffe* chrétiens de Jakob Wasserman, les synthétiques *Mémoires d'un chasseur de renards* de Siegfried Sassoon, et l'*Oklahoma* totalement contrefait de Rodgers et Hammerstein. Pour mieux comprendre la différence entre l'authentique et l'inauthentique dans l'art, comparez le *Faust* de Goethe avec le *Doktor Faust* de Heine.

Dans une société non aristocratique, hétérogène et fragmentée, dans une arène où s'affrontent des cultures ou des sous-cultures, l'artiste minoritaire peut s'attacher à prouver sa "non-appartenance". Au lieu d'adopter la culture d'accueil, il la rejette et sombre dans le nihilisme ou retourne aux traditions culturelles de son propre groupe ethnique. Ce faisant, son art devient une arme. Ayant sacrifié son talent à l'immédiateté et l'ayant privé de la proportion et de la subtilité qui font de l'art un art, l'artiste minoritaire abaisse non seulement ses propres normes artistiques, mais aussi celles de la société dans son ensemble. Tout ce qui reste, c'est la force brute de sa stridence et de son "message".[469]

La preuve la plus évidente des qualités de l'aristocratie et de l'homogénéité raciale en matière de construction et d'alimentation de l'art se trouve peut-être dans l'histoire des nations qui ont traversé des phases aristocratiques et démocratiques, homogènes et hétérogènes. Ce n'est pas sous la première, la deuxième, la troisième ou la quatrième République française que les cathédrales de Chartres et de Reims ont été construites, mais dans la France féodale, lorsqu'il y avait un groupe ethnique dominant (les Teutoniques) et que la structure de la société était aristocratique. Les plus grandes envolées du génie anglais ont eu lieu sous le règne de monarques absolus, et non constitutionnels, bien avant que les Anglais ne soient absorbés dans la population élargie et plus hétérogène du Royaume-Uni de Grande-Bretagne et d'Irlande. La Rome d'Auguste, qui favorisait et enrichissait les patriciens et imposait des restrictions aux plébéiens, aux non-Romains et aux esclaves, a donné naissance à l'âge d'or de la littérature latine. La Rome de Caracalla, qui en l'an 211 étendit la citoyenneté à tous les habitants libres de l'Empire romain, n'a pas laissé grand-chose d'important sur le plan artistique. L'Espagne de Philippe II, III et IV, avec toute sa bigoterie religieuse et son zèle inquisitorial, a été l'ère de Cervantès et de Calderon, des artistes d'un calibre que l'on ne retrouve pas dans les époques plus libérales de l'histoire espagnole. Dostoïevski et Tolstoï, l'apogée du génie littéraire russe, ont prospéré sous les tsars, et non sous les commissaires des minorités.

Contrairement au dogme libéral, des objectifs aussi populaires que l'alphabétisation universelle ne sont pas nécessairement propices à la grande littérature. L'Angleterre de Shakespeare, outre le fait qu'elle était beaucoup moins peuplée, avait un taux d'analphabétisme beaucoup plus élevé que la

---

[469] La musique de Darius Milhaud, la sculpture de Jacques Lipchitz, la poésie d'Allen Ginsberg et les pièces de théâtre de LeRoi Jones sont autant d'exemples de la stridence des minorités contemporaines.

Grande-Bretagne actuelle.[470] Le suffrage universel ne semble pas non plus améliorer la qualité de la production artistique. Lorsque Bach était *Konzertmeister* à Weimar et composait une nouvelle cantate chaque mois, personne ne pouvait voter. Quelque 220 ans plus tard, dans la République de Weimar, il y avait des dizaines de millions d'électeurs, mais pas de Bach.

Le grand théâtre, qui intègre généralement une grande poésie, est la forme la plus rare du grand art. Les critiques d'art et les historiens ont été quelque peu désemparés pour expliquer pourquoi les grandes pièces de théâtre sont apparues si rarement dans l'histoire et seulement par groupes — Athènes du Ve siècle (avant J.-C.), Angleterre de la fin du XVIe siècle et du début du XVIIe siècle, Espagne et France du XVIIe siècle. La réponse est peut-être que les conditions d'un grand drame ne sont réunies que lorsque l'artiste et le public sont en relation biologique et linguistique. Malheureusement, ce rapport est voué à être de courte durée, car l'époque du grand théâtre s'accompagne généralement de progrès économiques et matériels à grande échelle qui tendent à adoucir le caractère national, à accentuer les divisions entre les classes et à attirer des éléments raciaux et culturels étrangers. Pour le grand dramaturge, un public hétérogène ou divisé n'est pas un public du tout.

Ce n'est pas seulement le grand art, mais tout l'art qui semble stagner dans un environnement de minorités qui se disputent, de religions diverses, de traditions qui s'affrontent et d'habitudes qui s'opposent. C'est probablement la raison pour laquelle, malgré leur richesse et leur puissance considérables, des villes mondiales comme Alexandrie et Antioche dans l'Antiquité et New York et Rio de Janeiro à l'époque moderne n'ont rien produit qui puisse se comparer à l'art de municipalités d'une fraction de leur taille. L'artiste a besoin d'un public qui le comprenne — un public de son propre peuple. L'artiste a besoin d'un public pour écrire, peindre et composer — une aristocratie de son propre peuple. Ce sont là les *deux conditions sine qua non* du grand art. Chaque fois qu'elles sont absentes, le grand art est absent.

Comment expliquer autrement l'art intemporel du Moyen-Âge "malheureux" et l'art déjà daté du vingtième siècle "avancé" ? Comment se fait-il que toutes les ressources culturelles d'une superpuissance du *dernier cri* comme les États-Unis ne puissent produire une seule œuvre musicale comparable à une composition mineure de Mozart ? Comment se fait-il que

---

[470] L'alphabétisation signifie ici la simple capacité de lire et d'écrire. La richesse du langage de la littérature et du théâtre élisabéthains indique que si peu de gens savaient écrire à cette époque, ceux qui le pouvaient écrivaient bien mieux que les Anglais d'aujourd'hui. Même les "analphabètes" de l'époque semblaient avoir une appréciation plus profonde et une meilleure compréhension de la littérature que leurs successeurs lettrés.

la plus grande contribution à la littérature anglaise du XXe siècle ait été apportée non pas par les Anglais, les Américains, les Australiens ou les Canadiens, mais par les Irlandais — les plus nationalistes, les plus tribaux, les plus religieux et les plus racistes de tous les peuples anglophones d'aujourd'hui ? L'Angleterre moderne a peut-être eu son D. H. Lawrence et les États-Unis son Faulkner, mais seule l'Irlande, au cours de ce siècle, a réuni un éventail littéraire aussi formidable que Yeats, Synge, Shaw, Joyce, O'Casey, Elizabeth Bowen, Paul Vincent Carroll, Joyce Carey et James Stephens. Si, comme le veut l'opinion courante, la démocratie libérale, l'internationalisme et le pluralisme culturel enrichissent le sol de l'art, alors ces artistes irlandais ont fleuri dans un jardin très improbable.

La séquence historique des communautés humaines semble être la construction de la race, la construction de la nation, la construction de l'art et la construction de l'empire. Plus le pays se rapproche de l'impérialisme, plus les gens s'éloignent les uns des autres. Les forces contraignantes de l'État sont affaiblies par la guerre, les conflits civils et l'entropie, à mesure que l'enveloppe culturelle est pénétrée par des étrangers. L'aristocratie se retire dans une décadence isolée, remplacée par une ploutocratie. Les membres du groupe de population autrefois dominant se mêlent aux nouveaux venus et, pour être compétitifs, sont contraints d'adopter nombre de leurs habitudes. L'art devient multiracial, multinational, multidirectionnel et multiforme.

Une grande partie de l'art occidental, en particulier aux États-Unis, se trouve actuellement dans une telle phase de dissolution. Les peintres surréalistes, les musicologues du jazz atonal, les poètes prosaïques, les romanciers émétiques, les crypto-pornographes et les pamphlétaires revanchards disent qu'ils cherchent de nouvelles formes parce que les anciennes sont épuisées. En réalité, ils exhument les formes les plus anciennes qui soient : formes géométriques simples, taches de couleur, battements de tambour, organes génitaux, mots de quatre lettres et phrases de quatre mots. Les anciennes formes ne sont pas épuisées. L'artiste minoritaire ne les ressent tout simplement pas, car ce ne sont pas ses formes. Comme le style n'est pas une marchandise qui peut être achetée ou inventée, l'*avant-garde*, qui n'a pas de style propre, ne peut que se replier sur un primitivisme sans style.

La dissolution de l'art se caractérise par l'émergence du faux artiste[471] — l'homme sans talent ni formation qui devient un artiste en s'autoproclamant et en faisant de l'autopromotion. Il prospère dans une culture fissipare car

---

[471] Le faux artiste n'est pas sans rapport avec l'anti-artiste, le type d'individu qui a fait exploser *Le Penseur* devant le musée de Cleveland au printemps 1970. Il s'agissait de l'un des onze moulages réalisés sous la supervision personnelle de Rodin. *New York Times*, 17 juillet 1970.

c'est un jeu d'enfant de déconcerter les sensibilités artistiques des *nouveaux riches* hétéroclites, des vautours de la culture, des critiques d'art sexuellement ambivalents et des agents artistiques minoritaires qui dictent les niveaux du goût moderne. Il n'est pas aussi facile de tromper ceux dont les normes de goût se sont développées au fil des générations.

Dans une société homogène, l'artiste doit faire face à moins de préjugés. Il n'a pas besoin de peser et d'équilibrer son art pour être "juste". Il n'a pas à craindre mortellement de blesser les sentiments religieux et raciaux des autres. Bien que ses instincts, ses opinions et ses jugements s'ajoutent souvent aux préjugés, pour l'artiste lui-même, ils peuvent être les forces motrices de sa créativité. Ce qui limite et dévitalise réellement l'art, ce ne sont pas les préjugés de l'artiste, mais ceux de son public, dont la variété est infinie dans une vaste société hétérogène comme les États-Unis. L'artiste a déjà du mal avec un seul censeur. Lorsqu'il en a vingt, son art se transforme en un accommodement quotidien.

Les aristocraties ont été vivement critiquées pour avoir figé les roturiers en castes et en classes. Pourtant, il est presque certain que les artistes ont de meilleures chances dans un État dirigé par une noblesse cultivée que dans un État dirigé par un congrès de Babbitts. Homère, Virgile, Dante, Chaucer, Michel-Ange, Shakespeare, Cervantès, Molière, Mozart, Beethoven, Wagner et Dostoïevski, qui ne sont pas nés au manoir, ont réussi à acquérir suffisamment de mobilité sociale dans des sociétés aristocratiques pour se hisser au sommet de la perfection artistique. La question de savoir combien de ces génies auraient été écrasés par les pressions de nivellement de l'Amérique de la fin du vingtième siècle reste ouverte.

Les aristocraties ont été attaquées pour avoir étouffé l'art, même si les artistes travaillant ou croyant dans des sociétés orientées vers la tradition ont fait beaucoup plus de percées artistiques que les artistes libéraux ou progressistes soi-disant. Aristophane, qui a révolutionné la comédie, Wagner, qui a révolutionné la musique, Dostoïevski, qui a révolutionné le roman, et T. S. Eliot, qui a révolutionné la poésie moderne,[472] n'étaient certainement pas des libéraux. L'artiste prolétarien ou égalitaire, quant à lui, ne va guère au-delà du naturalisme photographique ou du gribouillage

---

[472] Comparez l'effet étonnamment nouveau de la poésie d'Eliot, qui se déclarait royaliste et anglo-catholique, avec les vers presque classiques des meilleures œuvres du poète marxiste français Louis Aragon. William Butler Yeats, l'autre grand poète des temps modernes, peut difficilement être qualifié de gauchiste.

enfantin — l'art obligatoire des tracteurs de la fin de l'Union soviétique, et l'op art, le pop art et la peinture à la bombe du "monde libre".[473]

Aucun grand art n'a jamais émergé de l'isolement et aucun grand artiste n'a jamais jailli tout entier du front de Zeus. Les grands artistes sont les produits d'écoles d'art. Leurs œuvres sont les sommets qui s'élèvent au-dessus d'un haut plateau culturel. Les "premières familles", dont les attitudes et les goûts ont été façonnés par des siècles de participation aux échelons supérieurs de la vie nationale, ne se contentent pas de collectionner les œuvres d'art anciennes. Elles maintiennent des écoles d'artistes occupées à élaborer et à améliorer ce qui a été fait auparavant, ce qui constitue l'approche la plus sûre de l'évolution artistique. À l'inverse, le ramassis actuel de millionnaires semi-analphabètes, qui spéculent sur l'art comme ils le feraient sur les contrats à terme sur le cuivre ou le bétail,[474] dépense son argent dans les vieux maîtres et les artistes "de renom" dont les œuvres peuvent être revendues avec un beau bénéfice ou données pour obtenir une belle déduction fiscale. Comme il n'y a plus de demande de continuité dans l'art, les écoles d'artistes disparaissent rapidement pour être remplacées par des cliques artistiques.[475] L'arbitre du goût n'est plus l'amateur d'art, mais le marchand d'art.[476] L'art se transforme en artiness.

---

[473] La peinture d'une boîte de soupe Campbell par Andy Warhol, un homosexuel américain d'origine polonaise, a été vendue pour 60 000 dollars lors d'une vente aux enchères à New York en 1970, et son prix a augmenté par la suite. Le critique d'art britannique Herbert Read, aujourd'hui décédé, possédait deux peintures réalisées par un couple de chimpanzés qui, expliquait-il, laissaient "leurs pinceaux être guidés par des gestes instinctifs, tout comme les "action painters "américains". *Times Literary Supplement*, 28 août 1970.

[474] À propos de Joseph Hirshhorn, le roi de l'uranium, James Yaffe écrit : "Lorsqu'il aime le travail d'un peintre, il l'achète souvent en gros et insiste pour obtenir une réduction du prix, comme n'importe quel fabricant de vêtements qui achète des tissus". Yaffe, *Les Juifs américains*, p. 233.

[475] Picasso, souvent considéré comme le plus grand peintre du vingtième siècle, aurait dit ceci à propos de son rôle dans l'art moderne : "Je ne suis qu'un amuseur public qui a compris son époque et qui a épuisé du mieux qu'il a pu l'imbécillité, la vanité, la cupidité de ses contemporains. Mon aveu est amer, plus douloureux qu'il n'y paraît, mais il a le mérite d'être sincère". Il n'a pas été possible de vérifier si Picasso a réellement prononcé ces mots. Néanmoins, *Life*, à l'époque où il était le magazine américain le plus diffusé, les a attribuées à Picasso (27 décembre 1968, p. 134). Voir également *Picasso, Order and Destiny* de Michael Huffington.

[476] Frank Lloyd, un entrepreneur pétrolier de Vienne, a exploité une chaîne de galeries d'art à Londres, Rome et New York qui, dans le monde de l'art, se distinguait "comme U.S. Steel [dans] une communauté de forgerons". Un concurrent a dit de M. Lloyd, qui ne collectionne pas lui-même les tableaux, "qu'il pourrait tout aussi bien être dans le

Les modèles de croissance et de déclin artistiques décrits dans les paragraphes précédents ont déjà étouffé la majeure partie de la créativité des artistes de la majorité. Aujourd'hui, l'Américain juif écrit sur le Juif et son héritage, le Noir sur le Noir, l'Américain italien sur l'Italien, etc. Mais de qui l'Américain américain, l'écrivain de la majorité, écrit-il ? Des Nordiques et des Anglo-Saxons ? S'il le faisait et s'il les dépeignait comme des héros aux cheveux clairs, la littérature américaine moderne se moquerait de lui. La conscience de son peuple, l'une des grandes réserves émotionnelles, l'un des grands stimulants artistiques, est refusée à l'artiste de la majorité au moment même où le peintre, le compositeur et l'écrivain de la minorité s'en nourrissent si avidement. Outre ses autres handicaps psychologiques, cette censure sélective unilatérale érige manifestement un haut mur de frustration autour du libre jeu de l'imagination.

Conscients ou non des forces qui s'exercent contre eux, de nombreux artistes de la majorité ont fui à l'étranger pour rechercher les liens culturels qui leur manquaient dans leur pays. Stephen Crane est mort en Angleterre. Eliot est devenu citoyen britannique. Robert Frost a été découvert et publié pour la première fois alors qu'il vivait dans l'Île au Sceptre. Pound, qui a probablement exercé plus d'influence que quiconque sur la littérature anglaise moderne, s'est installé à Rapallo, en Italie, où il s'est lancé dans la politique de droite. Hemingway a déménagé en France, en Italie, en Espagne, en Afrique et à Cuba, avant de se suicider dans l'Idaho. Thomas Wolfe et F. Scott Fitzgerald ont passé une grande partie de leurs années les plus créatives à l'étranger. De retour chez eux, ils ont tous deux connu une mort prématurée, aidée ou provoquée par un empoisonnement à l'alcool. Le génie du cinéma D.W. Griffith a lui aussi été victime de la bouteille.

Certains artistes de la Majorité ont tenté d'échapper au dilemme du déracinement par une forme d'émigration spirituelle. Le poète Robert Lowell, des Lowell de Boston qui ne parlaient qu'aux Cabot, s'est converti au catholicisme romain.[477] D'autres ont pris des mesures plus désespérées. Hart Crane, poète prometteur, saute d'un bateau et se noie dans les Caraïbes.[478] Ross Lockridge Jr. a écrit un excellent premier roman, *Raintree County*, puis a fermé la porte de son garage, est monté dans sa voiture et a

---

commerce des voitures d'occasion...". *Wall Street Journal*, 31 décembre 1968, pp. 1, 10. Aux dernières nouvelles, Lloyd était un fugitif vivant aux Bahamas. Pour les rackets artistiques de Bernard Berenson et de Lord Duveen, tous deux juifs, voir Colin Simpson, *The Partnership*, Bodley Head, Londres, 1987.

[477] *Time*, 17 juin 1965, p. 29.

[478] *New York Times*, 28 avril 1932, p. 4.

démarré le moteur.[479] Thomas Heggen, un autre jeune auteur qui a appris la vacuité du succès dans une société étrangère, a écrit *Mister Roberts*, puis a pris une overdose de somnifères dans un appartement loué à New York.[480] F. O. Matthiesen, brillant critique littéraire moderne, a entendu le chant des sirènes du communisme et s'est jeté dans la mort depuis une chambre d'hôtel de Boston.[481] W. J. Cash, essayiste né en Caroline et doté d'une grande intelligence, a fustigé son Sud natal pour le plus grand plaisir des critiques libéraux, mais apparemment pas pour le sien. Il a été retrouvé pendu par sa cravate dans la salle de bain d'un hôtel de Mexico.[482] D'autres écrivains talentueux de la majorité se réfugient dans la stérilité et la barbarie des campus universitaires, où ils évitent le problème du contenu en se concentrant sur la forme, dans une tentative désespérée et infructueuse de séparer l'inséparable.

Tous les artistes de la majorité font nécessairement l'expérience de la dépression déchirante qui découle de l'absence forcée de culture. De toutes les personnes, l'artiste est la moins capable de travailler dans le vide. Empêché d'exercer sa propre "humanité", l'artiste de la majorité cherche des substituts dans le racisme des minorités, dans les religions exotiques et les cultes orientaux, dans les exploits abracadabrants de désobéissance civile, dans l'art africain et précolombien, dans la psychanalyse, dans les narcotiques et dans l'homosexualité. Sur ce dernier sujet, Susan Sontag, la célèbre intellectuelle juive, a dit ceci :

> Les juifs et les homosexuels sont les minorités créatives par excellence de la culture urbaine contemporaine. Créatives, au sens propre du terme : elles sont créatrices de sensibilités. Les deux forces pionnières de la

---

[479] *New York Times*, 8 mars 1948, p. 1. Autres écrivains de la majorité qui ont mis fin à leurs jours : les poètes John Berryman et Sylvia Plath ; Laird Goldsborough, auteur de Time foreign affairs ; Parker Lloyd-Smith, génie de Fortune.

[480] *New York Times*, 20 mai 1949, p. 1.

[481] *Time*, 10 avril 1950, p. 43. Howard Rushmore est un autre écrivain de talent qui a entendu la même chanson et qui symbolise peut-être mieux que quiconque le destin tragique de l'artiste de la majorité dans une société obsédée par les minorités. Américain de la dixième génération né dans le Dakota du Sud, Rushmore écrivit d'abord pour le *Daily Worker*, et finit par perdre son emploi pour avoir refusé d'injecter des sentiments négrophiles dans ses critiques de films. Il est ensuite passé à la propagande anticommuniste pour les journaux de Hearst. Son dernier emploi fut pour le magazine de ragots diffamatoires *Confidential,* pour lequel, à son insu et à celui de son éditeur, il écrivit quelques-unes des meilleures satires de la littérature américaine. En 1958, il s'est tué avec sa femme sur le siège arrière d'un taxi. *Newsweek,* 13 janvier 1958, pp. 19-20.

[482] W. J. Cash, *The Mind of the South*, Knopf, New York, 1941. Voir également Joseph L. Morrison, W. J. Cash, Knopf, New York, 1967, p. 131.

sensibilité moderne sont le sérieux moral juif et l'esthétique et l'ironie homosexuelles.[483]

George Steiner, un journaliste juif, est tout à fait d'accord :

> Le judaïsme et l'homosexualité (plus intensément là où ils se chevauchent, comme chez un Proust ou un Wittgenstein) peuvent être considérés comme les deux principaux générateurs de l'ensemble du tissu et de la saveur de la modernité urbaine en Occident.[484]

L'interdiction d'afficher l'ethnocentrisme de la majorité dans l'art — interdiction gravée dans le marbre de la culture américaine actuelle — remonte également au passé culturel de la majorité. Chaucer et Shakespeare ont été coupés et écrits au crayon bleu, et certaines de leurs œuvres ont été mises à l'index des minorités.[485] Le film Oliver Twist de Charles Dickens a eu du mal à sortir en raison des traits juifs reconnaissables de Fagin.[486] Le chef-d'œuvre du cinéma muet américain, *La naissance d'une nation*, ne peut plus être projeté en public sans être menacé par des piquets de grève, tandis que des films noirs de "sexploitation" produits par des juifs, comme *Mandingo* (1975), truffés d'insultes raciales les plus grossières à l'encontre des Blancs, sont diffusés dans tout le pays. *Huckleberry Finn* a été retiré de la bibliothèque de la Mark Twain Intermediate School en Virginie.[487]

---

[483] Susan Sontag, "Notes on Camp" dans *Against InterprÉtation*, Dell, New York, 1969, pp. 291-92.

[484] George Steiner, "The Cleric of Treason", *New Yorker,* 8 décembre 1980, p. 180.

[485] Après que le New York Board of Rabbis a protesté contre la diffusion télévisée du *Marchand de Venise,* celui-ci a été retiré du programme d'anglais des lycées de la ville de New York. *Time,* 29 juin 1962, p. 32. Une présentation télévisée du *Marchand de Venise* sur ABC (16 novembre 1974) se termine par le fait que Rachel se détourne de la maison de son mari tandis qu'un cantor juif chante à l'arrière-plan. Chez Shakespeare, elle entre dans la maison. En 1941, une édition Simon and Schuster des *Contes de Canterbury* de Chaucer a été publiée avec une préface de Mark Van Doren, mais sans *le conte des prieures,* qui raconte un meurtre odieux commis par des Juifs. Le *jeu de la Passion d*'Oberammergau, qui fait partie intégrante de la culture européenne depuis 1634, a été constamment attaqué par le Congrès juif américain pour son "texte notoirement antisémite". En 1980, les visites organisées de la pièce pour les militaires stationnés en Allemagne de l'Ouest ont été interdites par le secrétaire de l'armée.

[486] *The Saturday Review of Literature,* 26 février 1949, pp. 9–10.

[487] Le Conseil de l'éducation de Philadelphie a banni Huckleberry Finn du système scolaire public de la ville et l'a remplacé par une version dans laquelle toutes les références désobligeantes aux Nègres ont été supprimées. *San Francisco Chronicle, This World,* 27 mai 1962, p. 16 et 27 avril 1963, p. 8.

Tropique du Capricorne d'Henry Miller a été attaqué par le romancier millionnaire Leon Uris qui l'a qualifié d'"antisémite".[488] Les orchestres des lycées et collèges du Sud se sont vus interdire de jouer du Dixie lors de rassemblements publics. Même les comptines et les chansons de Stephen Foster sont réécrites et édulcorées.[489] Une école privée de Chicago a même changé le titre de la représentation théâtrale de *Blanche-Neige* en *Princesse des bois, de peur* d'être accusée de racisme. Pendant ce temps, une inlassable vendetta littéraire clandestine est toujours menée contre des écrivains, compositeurs et savants modernes, américains et européens, tels qu'Eliot, Dreiser, Pound, Toynbee, Ernst Junger, D. H. Lawrence, Céline, Roy Campbell, Wyndham Lewis, Kipling, Knut Hamsun, Franz Lehar et Richard Strauss. Leur crime est d'avoir laissé échapper une remarque fortuite, d'avoir écrit un poème, un roman ou un essai[490], d'avoir adhéré, ou du moins de ne pas s'être opposé, à un mouvement politique offensant pour une ou plusieurs minorités. Inutile de dire qu'il n'y a pas eu de contre-vendetta notable de la part des critiques littéraires de la majorité contre les artistes qui se livrent au racisme des minorités.

Il convient d'ajouter ici que pratiquement tous les grands chefs d'orchestre, musiciens et artistes lyriques qui sont restés en Allemagne ou se sont produits en Allemagne pendant la Seconde Guerre mondiale ont été victimes des boycotts juifs après la fin de la guerre. La liste comprend : Wilhelm Furtwangler, Herbert von Karajan, Walter Gieseking et Elisabeth Schwarzkopf.[491] La censure la plus radicale a peut-être été exercée par des

---

[488] *Los Angeles Times*, 16 février 1962, Letter Section. L'attaque d'Uris était particulièrement disgracieuse parce qu'il est l'écrivain raciste minoritaire *par excellence*. Son best-seller, Exodus, qui encourage la conquête israélienne de la Palestine, est un Kipling de cinquième ordre.

[489] Dans *My Old Kentucky Home*, l'hymne national du Kentucky, des expressions telles que "Massa", "Darkies" et "Mammy" ont été soigneusement supprimées. L'hymne de l'État de Virginie, *Carry Me Back to Old Virginny*, a été attaqué par un sénateur noir comme étant "odieux pour sa race". Un membre du Congrès du Sud a prédit, non sans malice, que le lobbying des minorités finira par débaptiser la Maison-Blanche. *U.S. News & World Report*, 9 août 1957, p. 43 et *New York Times*, 2 mars 1970, p. 28.

[490] Random House a exclu toutes les œuvres de Pound d'une anthologie de poésie, bien que Conrad Aiken, l'un des éditeurs, ait spécifiquement choisi douze poèmes de Pound pour les inclure. Charles Norman, *Ezra Pound*, Macmillan, N.Y., 1960, p. 416.

[491] Pendant des années, les "moniteurs" juifs de l'après-SecondeGuerre mondiale ont également été responsables de la privation du public américain du célèbre ballet Bolchoï, dont la tournée américaine a été annulée en 1970 après une série d'attaques sionistes, y compris un attentat à la bombe, contre des installations soviétiques à New York. Il s'agissait de punir les Russes pour l'antisémitisme supposé de certains hauts fonctionnaires du Kremlin et pour avoir apporté aide et réconfort à la cause palestinienne.

universitaires réfugiés qui, pendant des années, ont réussi à "exclure" ou à rabaisser Martin Heidegger, l'un des penseurs les plus originaux et les plus dérangeants de l'ère moderne. Ils n'ont permis aux idées du philosophe allemand de s'infiltrer que dans les adaptations amincies et mimétiques de Sartre.

Pour en revenir au thème principal de ce chapitre, le pouvoir et le soutien qu'un artiste tire de son appartenance à une communauté racialement et culturellement homogène contribuent à expliquer le succès de William Faulkner, le seul écrivain majoritaire de premier ordre qui ait survécu, en tant qu'individu et artiste, au déracinement national de son héritage culturel. Faulkner est né, a vécu, s'est épanoui et est enterré dans le Mississippi, considéré comme le quatrième État le plus analphabète.[492] Parce qu'ils doivent ignorer la nature communautaire de l'art, les libéraux et les marxistes ne peuvent traiter Faulkner que comme un paradoxe.[493] La logique écologiste ne peut pas plus expliquer pourquoi un État prétendument arriéré du Sud profond a produit le plus grand romancier américain du XXe siècle que la nation la plus lettrée d'Europe n'a succombé à Hitler.

En dehors du Sud, l'art américain a été envahi par des membres de minorités. Pour donner corps à l'allégation selon laquelle le ton de base de la vie intellectuelle créative américaine est devenu juif, il suffit de dérouler la liste presque sans fin des Juifs et des demi-Juifs dans le domaine des arts.[494] Le

---

[492] Estimation de 1960 par le Bureau of Census.

[493] De même qu'ils considèrent comme un paradoxe le fait qu'un nombre disproportionné de toutes les figures littéraires de la majorité moderne sont des Sudistes : James Agee, Flannery O'Connor, Katherine Anne Porter, John Crowe Ransom, Robert Penn Warren, Thomas Wolfe, Walker Percy, James Dickey, Stark Young, Carson McCullers, Eudora Welty, Allen Tate, Tom Wolfe, pour n'en citer que quelques-uns.

[494] *Écrivains* : Edna Ferber, Gertrude Stein, Fannie Hurst, Mary McCarthy, Nathanael West, Bruce Jay Friedman, J. D. Salinger, Herbert Gold, Harvey Swados, Bernard Malamud, Saul Bellow, Norman Mailer, Irving Stone, Jerome Weidman, Irwin Shaw, Howard Fast, Budd Schulberg, Ben Hecht, Irving Wallace, Harold Robbins, Philip Roth, Joseph Heller, Herman Wouk, Meyer Levin, S. J. Perelman, Alexander King, E. L. Doctorow, Rona Jaffe, William Goldman.
Poètes : Louis Untermeyer, Dorothy Parker, Delmore Schwartz, Kenneth Fearing, Babette Deutsch, Karl Shapiro, Allen Ginsberg, Joseph Auslander, Howard Nemerov, Muriel Rukeyser.
Dramaturges : Elmer Rice, George S. Kaufman, Moss Hart, Lillian Hellman, Sidney Kingsley, Clifford Odets, Sam et Bella Spewack, Arthur Miller, J. Howard Lawson, Neil Simon, Jack Gerber, Arthur Kopit, Paddy Chayefsky, Abe Burrows, Murray Schisgal, S. N. Behrman.
Critiques : Charles Angoff, Clifton Fadiman, Leslie Fiedler, John Gassner, Milton Hindus, Alfred Kazin, Louis Kronenberger, Norman Podhoretz, George Steiner, Diana

contingent d'artistes, d'écrivains, de et de compositeurs noirs et d'autres minorités, bien qu'il ne soit pas comparable à l'agrégat juif, augmente chaque jour.[495]

La domination des minorités sur la scène artistique contemporaine est compliquée par la présence d'une autre minorité, non encore mentionnée, qui a la particularité d'être composée à la fois de membres de la majorité et de membres de la minorité. Il s'agit de la secte des homosexuels. Les homosexuels, comme chacun sait, sont l'un des deux principaux accessoires du théâtre américain, le second étant les Juifs.[496] Les Juifs possèdent presque toutes les grandes salles de théâtre, comprennent la plupart des producteurs

Trilling, Lionel Trilling, Irving Kristol, Paul Goodman, Paul Jacobs, William Phillips, Irving Howe, Joseph Wechsberg, Midge Decter.

Peintres et sculpteurs : George Grosz, Saul Steinberg, Moses et Raphael Soyer, Leon Kroll, Saul Raskin, Jacques Lipchitz, Jacob Epstein, Larry Rivers, Chaim Gross, Helen Frankenthaler, Mark Rothko, Jack Levine, Ben Shahn, Abraham Walkowitz, Milton Avery, Leonard Baskin, Eugene Berman, Leonid Berman, Hyman Bloom, Jim Dine, Louis Eilshemius, Adolph Gottlieb, Philip Guston, Hans Hoffman, Morris Louis, Louise Nevelson, Barnett Newman, Jules Olitski, Philip Pearlstein, George Segal.

Compositeurs : Aaron Copland, Ernest Bloch, Darius Milhaud, George Gershwin, Leonard Bernstein, Jerome Kern, Sigmund Romberg, André Previn, Marc Blitzstein.

Chefs d'orchestre, virtuoses et chanteurs : Bruno Walter, Serge Koussevitsky, Pierre Monteux, Erich Leinsdorf, Eugene Ormandy, George Szell, Mischa Elman, Jascha Heifetz, Yehudi Menuhin, Rudolf Serkin, Artur Schnabel, Alexander Kipnis, Nathan Milstein, Artur Rubinstein, Jan Peerce, George London, Robert Merrill, Vladimir Horowitz, Gregor Piatorgorsky, Arthur Fiedler, George Solti, Richard Tucker, Michael Tilson-Thomas, James Levine, Antal Dorati, Otto Klemperer, Roberta Peters, Regina Resnik, Beverly Sills, Wanda Landowska, Emil Gilels, Dame Myra Hess, Isaac Stern, Joseph Szigeti.

[495] Les romanciers et poètes noirs comprennent : Ralph Ellison, Frank Yerby, Langston Hughes, Countee Cullen, Claude McKay, Richard Wright, James Baldwin, Lorraine Hansberry, Claude Brown, James Weldon Johnson, Maya Angelou et Rita Dove, poète lauréate. Bien qu'ils puissent difficilement être considérés comme des membres de la majorité, *Time* (17 mars 1980, p. 84) a qualifié Vladimir Nabokov, né en Russie et qui a fini en Suisse, de plus grand romancier américain vivant, et Isami Noguchi, de "sculpteur américain prééminent".

[496] "Sans l'un ou l'autre [juifs ou homosexuels], Broadway serait désespérément affaiblie ; sans les deux, ce serait un cas évident d'éviscération". William Goldman, *The Season*, Harcourt, Brace & World, New York, 1969, p. 12. Dans son analyse statistique des cinquante-huit pièces de la saison 1967-68 de Broadway, Goldman affirme que les homosexuels en ont produit dix-huit et en ont dirigé vingt-deux. Ibid, p. 237. La part juive de Broadway est indiquée par le fait que sur les trente membres du Dramatist's Guild Council, au moins deux tiers sont juifs. Ibid, p.148. Au sujet de David Merrick et Hal Prince, les producteurs juifs qui ont engrangé 40 % des recettes brutes de la saison, Goldman écrit : " Le fait est que ni l'un ni l'autre n'a le moindre intérêt, temps, goût, compétence ou connaissance pour produire une pièce américaine originale. " Ibid, p. 111.

et près de la moitié des metteurs en scène, et fournissent la moitié du public et des dramaturges. Les autres dramaturges sont pour la plupart des homosexuels connus de la majorité.[497] Si l'on combine ces deux ingrédients, si l'on y ajoute le gonflement des salaires, les pots-de-vin, la vente à la sauvette de billets et les plumes syndicales qui affligent tous les producteurs de Broadway, on comprend aisément pourquoi à New York, qui reste le noyau rayonnant du théâtre américain, la plus grande de toutes les formes d'art a dégénéré en pornographie homosexuelle ou hétérosexuelle,[498] en pièces à message gauchistes et marxistes, en importations étrangères et en comédies musicales criardes et réglées comme du papier à musique.[499] Il est douteux qu'un nouvel Eschyle, Shakespeare ou Pirandello puisse survivre une minute dans le Broadway d'aujourd'hui.

La pénétration des minorités dans les moyens de communication renforce considérablement la domination culturelle des minorités, car la presse, les magazines et la télévision sont les courroies de transmission de l'art et, à ce titre, son arbitre suprême. En faisant l'éloge, en condamnant, en présentant, en sous-estimant ou en ignorant les livres,[500] les peintures, les sculptures, la musique et les autres œuvres artistiques, les médias décident, en fait, de ce qui sera distribué (et deviendra connu) et de ce qui ne sera pas distribué (et restera inconnu). Un livre qui fait l'objet d'une critique défavorable ou qui n'est pas critiqué du tout dans les colonnes influentes et formatrices d'opinion du *New York Times*, du *New York Times Book Review*, de *Time*,

---

[497] La principale contribution dramatique du dramaturge homosexuel a été l'héroïne sensible dans une société insensible et l'héroïne garce dans une société dépravée, la première représentant ce que l'auteur ressent, la seconde ce qu'il fait. Les homosexuels conçoivent la plupart des décors tape-à-l'œil et des danses fantaisistes des extravagances musicales.

[498] *Che*, du dramaturge minoritaire Lennox Raphael, a été la première pièce américaine à présenter l'acte de copulation sur scène.

[499] "La comédie musicale américaine... semble parfois être en grande partie l'invention des Juifs". Yaffe, op. cit. p. 225. Owen Wister, décrivant l'offre musicale de Boston à la fin des années 1870 et la comparant à celle de New York cinquante ans plus tard, écrit : "*Pinafore* avait récemment tracé son sillon d'airs et de rires sur toute notre carte, de jolis opéras comiques pleins d'esprit venus de Paris et de Vienne attiraient des salles bondées, mais aucun spectacle musical n'avait encore été concocté par le Juif de Broadway pour l'abruti américain...". Owen Wister, *Roosevelt, The Story of a Friendship*, Macmillan, New York, 1930, pp. 17–18.

[500] En ce qui concerne les livres, plus de la moitié des grandes maisons d'édition américaines ont aujourd'hui des propriétaires ou des rédacteurs en chef juifs.

de *Newsweek* et de quelques publications dites "cocktailtables"[501] a peu ou pas de chance d'être distribué dans les bibliothèques ou les meilleures librairies.

Ce processus de triage littéraire s'étend également à la publicité. La plupart des journaux et des magazines acceptent les publicités pour les livres promouvant le racisme des minorités. Les publicités pour les livres promouvant le racisme de la majorité ne le sont pas. Non seulement aucun grand journal ou magazine n'a critiqué *The Dispossessed Majority*, mais aucun des principaux hebdomadaires d'information n'a accepté de publicité payée pour ce livre.[502] La sollicitation de la presse sous forme d'éloges de la part de chroniqueurs et de personnalités de la télévision est un autre moyen éprouvé de prêter main-forte aux artistes des minorités ou aux artistes de la Majorité qui se spécialisent dans les thèmes des minorités. L'exemple le plus banal de la société d'admiration mutuelle des minorités dans le domaine des arts est peut-être la pratique adoptée par le *New York Times Book Review*, qui consiste à faire chroniquer les livres épousant le racisme nègre par des racistes nègres. *Die Nigger Die!* de H. Rap Brown, un fugitif arrêté à nouveau après avoir tenu un saloon à New York, a reçu une critique généralement favorable, bien que Brown ait écrit qu'il "ne voyait pas l'intérêt de lire Shakespeare", qui était un "raciste" et une "pédale".[503]

Tout au long de sa vie et de sa carrière, l'artiste conscient des minorités s'identifie à un groupe d'Américains, son groupe. Ce faisant, il s'en prend souvent à la majorité et à la tradition culturelle de l'Europe du Nord pour la simple raison que l'Amérique de la majorité n'est pas la sienne. Les puritains sont réduits à des chasseurs de sorcières, à des piétistes réactionnaires et à des bigots plus saints que nature. Le Sud d'avant et d'après la guerre est transformé en un vaste camp de concentration. Les géants de l'industrie sont décrits comme des barons voleurs. Les premiers pionniers et colons sont présentés comme des spécialistes du génocide. Les policiers sont des

---

[501] Les magazines littéraires et politiques américains "highbrow" offrent l'exemple le plus clair de cette prédominance [juive]. Ici, un parti pris, curieusement assez inconscient, sélectionne les sujets, le traitement et les auteurs les plus attrayants pour la sensibilité juive (ou qui s'y adaptent le mieux). On peut dire à juste titre que ces magazines sont dominés par ce que l'on peut appeler l'establishment culturel juif". Van den Haag, *The Jewish Mystique*, p. 129.

[502] Voir Wilmot Robertson, *Ventilations*, chapitre 3. Certains journaux ont accepté une annonce édulcorée une fois, mais n'ont pas permis qu'elle soit répétée.

[503] *New York Times Book Review*, 15 juin 1969, pp. 6, 38. Brown, semble dire le critique, a volé quelques articles à la Maison-Blanche lors d'une rencontre avec le président Johnson. Il a voulu voler un tableau, mais n'a pas réussi à le dissimuler sous son manteau.

"porcs". Les membres de la majorité sont des "goys", des "rednecks", des "honkies" ou tout simplement des "bêtes".

Pour satisfaire le *Kulturkampf des* minorités, une pièce de théâtre de Broadway transforme les Indiens en une race d'êtres supérieurs vertueux, tandis que les Blancs sont dépeints comme d'ignobles sauvages, et que la figure héroïque de Custer se pavane sur scène comme un gangster de seconde zone.[504] Un film hollywoodien montre des cavaliers américains violant et mutilant des jeunes filles indiennes.[505] Une pièce de théâtre télévisée se déroulant dans les années de dépression des années 1930 rejette la responsabilité des maux de l'Amérique sur la Majorité et se termine par une tirade spécifique contre les "Anglo-Saxons".[506]

Mais cela va bien au-delà. Le viol des femmes de la majorité est l'un des principaux thèmes de l'écriture moderne des Noirs. Dans son best-seller, *Soul on Ice,* dont la lecture est obligatoire dans les cours d'anglais de centaines d'universités, le militant noir Eldridge Cleaver, un Noir en liberté sous caution qui, aux dernières nouvelles, travaillait dans le circuit des chrétiens born-again, dit ce qu'il ressent à l'idée de "spolier consciemment, délibérément, volontairement, méthodiquement" les femmes blanches. "Je me réjouissais de défier et de piétiner la loi de l'homme blanc... de souiller ses femmes... J'avais l'impression de me venger... [je voulais envoyer des vagues de consternation dans toute la race blanche]."[507]

Sur la même page, Cleaver cite avec approbation quelques lignes d'un poème du Noir LeRoi Jones : "Violez les filles blanches. Violez leurs pères. Coupez la gorge de leurs mères". Les rapports avec les femmes de la majorité, bien qu'à une échelle un peu plus sédentaire et contrôlée, sont un thème qui apparaît également fréquemment dans les écrits de ce que l'on appelle la renaissance littéraire juive. Les héros des romans juifs recherchent souvent des filles païennes car "il y a moins besoin de respect, et donc plus de possibilités... de faire des choses qui ne pourraient pas être faites avec une personne que l'on doit respecter".[508]

---

[504] *Les Indiens d*'Arthur Kopit.

[505] *Bleu soldat.*

[506] Millard Lampell's *Hard Travelin',* WNET, New York, 16 octobre 1969.

[507] Eldridge Cleaver, *Soul on Ice,* McGraw-Hill, New York, 1968, p.14.

[508] Van den Haag, op. cit. p. 217. L'auteur se réfère notamment au roman de Philip Roth, *Portnoy's Complaint* (Random House, New York, 1969), dans lequel figure ce passage (pp. 143-44) : "Mais les shikses ah, les shikses, c'est encore autre chose... la vue de leurs cheveux blonds frais et froids débordant de leurs kerchiefs et de leurs bonnets...

Les efforts artistiques contemporains des Blancs sont qualifiés de "pimp art" par LeRoi Jones en première page (deuxième section) du *New York Times du* dimanche.[509] Un auteur juif déclare : "La famille est le fascisme américain". Un critique littéraire juif qualifie le regretté Thomas Wolfe, qui a égalé ou dépassé le talent de tout romancier issu d'une minorité, de "péquenaud professionnel". Un grand écrivain noir qualifie l'Amérique de "quatrième Reich". Comme mentionné précédemment, une Juive littéraire décrit la race blanche comme "le cancer de l'histoire de l'humanité".[510]

Mais l'objectif ultime va au-delà de l'élimination de la culture de la majorité. Les écrits des minorités ont de plus en plus tendance à lancer des appels, subtils ou non, à l'agression physique, voire au massacre pur et simple des Blancs. Tel était le message de la pièce de LeRoi Jones, *Slave Ship*.[511] Avec le même élan vitriolique, Eldridge Cleaver écrit en approuvant "les jeunes Noirs qui égorgent les Blancs en ce moment même".[512] Une poétesse noire, Nikki Giovanni, a publié un poème dans une anthologie noire populaire qui contient ces lignes : "Peut-on tuer/peut-on écraser un protestant avec son El Dorado de 68/... Peut-on [obscénité] sur une tête blonde/peut-on la couper".[513] Ice-T, exemple parfait de ce que l'on appelle un rappeur "gangsta", a écrit une chanson à succès pour Time Warner, son payeur, intitulée Cop Killer, dans laquelle il exhorte ses fans à commencer à "dépoussiérer les flics".[514] Les propos d'une rappeuse noire, Sister Souljah, visaient non seulement les policiers, mais aussi les Blancs en général. "Si les Noirs tuent des Noirs tous les jours, pourquoi ne pas passer une semaine à tuer des Blancs ?[515] Dans la même veine, mais en passant du verbal au pictural, le non-blanc Andres Serrano, financé par une bourse de 15 000 dollars de la National Endowment for the Arts, plongea un crucifix

---

Comment font-ils pour être si beaux, si sains, si blonds ! Mon mépris pour ce en quoi ils croient est plus que neutralisé par mon admiration pour leur apparence..."

[509] 16 novembre 1969, Sec. 2, p. 1.

[510] Les auteurs de ces citations sont, dans l'ordre, Paul Goodman, Alfred Kazin, James Baldwin et Susan Sontag : Paul Goodman, Alfred Kazin, James Baldwin et Susan Sontag. Voir Benjamin De Mott, *Supergrow*, pp. 74-75 et *Partisan Review*, hiver 1967. James Agee, camionneur de talent, préférait les Chinois et les Noirs à son propre peuple, méprisait les Irlandais et les Allemands et avait épousé une Juive, *Letters of James Agee to Father Flye*, G. Braziller, N. Y., 1962, p. 151.

[511] Voir note de bas de page 23, p. 92.

[512] Cleaver, op. cit. p. 15.

[513] *The Black Poets*, Bantam Books, New York, 1971, pp. 318-19.

[514] *Los Angeles Times*, 23 mars 1993, p. D6.

[515] *USA Today*, 15 juin 1992, p. 2A.

dans un verre d'urine, intitula son chef-d'œuvre photographique "Piss Christ" et l'offrit à des exposants avides de le voir.[516] Parmi les autres bénéficiaires, citons Annie Sprinkle (60 000 dollars), une artiste juive dont le numéro culminait lorsqu'elle urinait sur scène ; l'homosexuel Robert Mapplethorpe, qui a reçu 30 000 dollars de la NEA pour une exposition itinérante de ses photos sadiques et homoérotiques ; 15 000 dollars pour une exposition artistique itinérante intitulée Tongues of Flame (les notes de programme qualifiaient Jésus de toxicomane et décrivaient le cardinal John O'Connor comme un "gros cannibale de cette maison de croix gammées ambulantes de la Cinquième Avenue"[517]).

Ce qui a été décrit ci-dessus n'a bien sûr pas grand-chose à voir avec l'art. On pourrait plutôt parler d'anti-art. Les personnes incapables de produire ou d'apprécier de l'art de haut niveau envient ceux qui en sont capables. Mais au lieu de développer leur art rudimentaire vers des formes plus élevées, ils se concentrent sur la perversion et la banalisation de tout ce qui leur tombe sous la main. C'est leur façon de montrer leur haine de l'artiste authentique et de toutes ses œuvres. Julius Lester, un ancien littéraire nègre très applaudi, a identifié, peut-être sans le savoir, la véritable rancune de l'artiste minoritaire — l'art occidental radieux qui semble à jamais hors de portée des Nègres — lorsque, allant jusqu'à Paris, il a appelé à la destruction de Notre-Dame "parce qu'elle séparait l'homme de lui-même".[518]

Les moyens de communication et les principaux forums académiques lui étant largement fermés, l'artiste majoritaire n'a pas de défense adéquate contre les assauts foudroyants des minorités contre sa culture. Il doit éviter de faire l'éloge de son propre peuple *en tant que peuple et il* doit éviter de fustiger les autres peuples, en particulier les minorités les plus dynamiques. L'artiste minoritaire, quant à lui, ne porte pas ce carcan culturel. Il loue librement ceux qu'il aime et fustige librement ceux qu'il n'aime pas, aussi bien en tant qu'individus qu'en tant que groupes. L'artiste de la majorité, avec un choix plus restreint de héros et de méchants, a un choix plus restreint de thèmes. Dépourvu du dynamisme et de la force brute du racisme minoritaire, l'art de la majorité tend à devenir fade, inoffensif, dépourvu d'émotion, stérile et ennuyeux.[519] Interdit d'explorer le texte et le contexte

---

[516] *Washington Times*, 22 février 1992, p. A 7.

[517] Ibid.

[518] Lester, *Search for a New Land*, p. 144.

[519] Un historien de l'art du futur, n'ayant à sa disposition que des listes de best-sellers, d'expositions d'art et de récitals musicaux pour le dernier tiers du vingtième siècle, pourrait conclure que la majorité américaine a cessé d'exister. Comme le rapporte *Time* (19 mai 1969, p. 12), les cinq principaux best-sellers de fiction du pays sont les suivants :

de sa conscience collective, l'artiste de la majorité se réfugie dans le surréalisme, la science-fiction, les meurtres mystérieux, le fantastique, les guides de voyage et la pornographie.[520] Ce faisant, il devient le souffre-douleur de l'activiste minoritaire, qui considère que "la lutte essentielle de l'homme est sociale, contre d'autres hommes, plutôt que morale, contre lui-même".[521]

De nombreux artistes potentiels de la majorité[522] sentent probablement bien à l'avance les obstacles à une carrière artistique réussie et se tournent vers la science, où leur créativité est moins entravée. Des situations similaires dans le passé peuvent illustrer pourquoi, dans la vie des nations, l'efflorescence artistique a généralement précédé l'efflorescence scientifique — pourquoi

---

#1, *Portnoy's Complaint*, dont le héros ou l'antihéros est juif ; #2, *The Godfather*, un roman italo-américain sur les Italo-Américains et la mafia ; #3, *The Salzburg Connection*, un récit d'espionnage avec des méchants nazis de souche, écrit par une Anglaise ; #4, *Slaughterhouse Five*, un roman sur la Seconde Guerre mondiale écrit par un camionneur de la Majorité ; #5, *Sunday the Rabbi Came Home*. Les trois meilleures ventes de fiction, telles que rapportées par le *New York Times* (5 septembre 1976), sont les suivantes : #1, *Trinity* de Leon Unis ; #2, *Dolores* de Jacqueline Susann ; #3, *The Lonely Lady* de Harold Robbins. Ces trois auteurs sont juifs. Lorsque l'on sait que seuls 17 % des adultes américains lisent un livre par an, que 50 % des diplômés des universités américaines ne lisent pas un livre par an et que 50 % des Américains n'ont jamais lu un seul livre, les habitudes de lecture des Américains sont encore plus tragiques que ce qu'indiquent les listes de best-sellers. Voir Nancy Polette et Marjorie Hamlin, *Reading Guidance in a Media Age*, Scarecrow Press, Metuchen, New Jersey, 1976.

[520] La pornographie occupe une place de plus en plus grande dans les époques de rupture culturelle, non pas, comme certains apôtres de la permissivité aiment à le prétendre, parce qu'elle élargit les horizons artistiques, mais parce qu'elle les rétrécit. Comme la mauvaise monnaie chasse la bonne, l'art des parties intimes chasse l'art du cœur et de l'esprit. De toutes les activités artistiques de l'homme, la pornographie, si elle peut être qualifiée d'art, est celle qui exige le moins d'effort mental. Rien n'a peut-être fait plus de mal au tissu déchiré de la civilisation américaine que l'arrêt rendu par la Cour suprême en 1957 dans l'*affaire Roth v. U.S.*, qui définissait l'obscénité comme quelque chose "d'absolument dépourvu d'importance sociale rédemptrice". Comme un avocat avisé peut trouver au moins une trace d'"importance sociale" dans n'importe quel type d'ordure, la boîte de Pandore a été ouverte et les magnats minoritaires d'Hollywood, de Broadway et de Publishers' Row n'ont pas tardé à saisir l'occasion — et à en tirer profit.

[521] John Leggett, "The Wasp Novel", *New York Times Book Review*, 30 novembre 1969, p. 2.

[522] Le génie baigné dans ce que Matthew Arnold a appelé "l'éclat national" a moins de difficultés à se frayer un chemin que le génie dans une culture fragmentée, qui impose à chacun une forme ou une autre d'esprit partisan. Comme l'a dit Goethe, "Bedauert doch den ausserordentlichen Menschen, dass er in einer so erbärmlichen Zeit leben, dass er immerfort polemisch wirken musste". Eckermann, *Gespräche mit Goethe* (7 février 1827).

Sophocle est arrivé avant Archimède, Dante avant Galilée, Shakespeare avant Newton et Faraday, Goethe avant Planck. Les mathématiques, la physique et la chimie, mais pas les sciences de la vie, sont moins controversées que l'art.[523] Dans une société divisée et pluraliste, elles peuvent être le dernier refuge de la libre expression et de la libre recherche. Ortega y Gasset a dit que "les gens lisent pour prononcer un jugement". On pourrait élargir l'aphorisme en disant qu'au fur et à mesure que les nations vieillissent et deviennent plus divergentes en matière de politique, de religion, de classe et de race, les gens lisent pour apaiser ou exciter leurs préjugés.

Les prémices d'une grande ère artistique sont apparues aux États-Unis dans la première moitié du dix-neuvième siècle. En Nouvelle-Angleterre, à New York, à Philadelphie et dans le Sud, une aristocratie américaine autochtone naissait de générations de propriétaires terriens, de magnats du transport maritime, d'officiers de l'armée et de la marine, et de dirigeants du gouvernement, de l'église et de l'enseignement. Dans le même temps, des écoles d'artistes de la majorité émergeaient, leur taux de croissance étant synchronisé avec celui de l'aristocratie naissante. Ce n'est peut-être pas une coïncidence si la vallée de l'Hudson, terre d'élection des premiers aristocrates américains, a donné naissance au premier grand écrivain américain, Washington Irving, au plus grand écrivain américain, Herman Melville, et à la première école de peinture américaine. Les patrons hollandais de la Nouvelle-Amsterdam s'étaient taillé des domaines sur le fleuve des décennies avant la création des plantations de Virginie et alors que Boston n'était encore qu'une théocratie de cabanes en rondins.[524]

---

[523] La musique est l'art le moins controversé et, par conséquent, le dernier à être dévitalisé par la censure. Le seul art qui reste encore aux mains de la majorité est la musique country, et même celle-ci subit le triple assaut du jazz nègre, de la drogue et des promoteurs cyniques du show-business. Le critique Richard Goldstein, écrivant pour les jeunes lectrices de *Mademoiselle* (juin 1973), a accusé la musique country d'être "menaçante" pour les sensibilités juives. À la place, il recommande l'onctuosité des rythmes nègres. Les festivals de rock, qui attirent un public gigantesque et bénéficient d'une attention gigantesque de la part des médias, sont en partie une tentative confuse de sauver la musique populaire de Tin Pan Alley. Mais ils ne sont en aucun cas aussi impromptus que la presse le laisse entendre. Le festival de Woodstock a vendu à l'avance 1 400 000 dollars de billets, grâce aux 200 000 dollars que ses deux producteurs juifs, John Roberts et Mike Lang, ont dépensés en publicité à la radio et dans les journaux. *New York Times Magazine*, 7 septembre 1969, pp. 122, 124.

[524] La mère de Melville, Maria Gansevoort, descendante d'une vieille famille hollandaise, était une "femme froide et fière, arrogante au sens de son nom, de son sang et de l'aisance de ses ancêtres". Raymond M. Weaver, *Herman Melville*, p. 34. Voir également Morison, *Oxford History of the American People*, pp. 1777, 487, pour une comparaison chronologique des aristocraties de New York et de Nouvelle-Angleterre.

L'expérience traumatisante de la guerre de Sécession n'a pas été la seule responsable de la fin de la grande promesse artistique de l'Amérique. Il y a eu la fluidité sociale débordante qui a suivi la guerre et a rendu possible la colonisation de l'Ouest. Il y avait des fortunes à gagner — dans le commerce, l'industrie, l'exploitation minière, la terre — et tandis que la ploutocratie se développait, l'art s'étiolait.[525] Il y a aussi la nouvelle immigration, qui a perturbé les processus normaux et organiques de l'évolution artistique.

Au dernier moment de la République romaine, alors que la culture romaine montrait des signes de rigidité cadavérique, Auguste arrêta la dissolution de l'art romain en stoppant la dépossession de la majorité romaine. Il en résulte l'âge d'or de la littérature latine. Ce n'est que lorsque le déclin de Rome a véritablement commencé — selon Gibbon, à l'avènement de Commode en 180 après J.-C. — que l'art romain et la majorité romaine se sont engagés sur la voie irréversible de l'extinction.

Pour le bien de la majorité américaine et de l'art américain, il faut espérer que les États-Unis en sont à leur stade pré-augustéen, et non à leur stade pré-commodien."[526]

---

[525] "La véritable révolution [aux États-Unis] n'a pas été ce qu'on appelle la Révolution dans les livres d'histoire, mais une conséquence de la guerre civile, à la suite de laquelle une élite ploutocratique a vu le jour. T. S. Eliot, *Notes towards the Definition of Culture*, Harcourt Brace, New York, 1949, p. 44.

[526] Les moyens adoptés par Auguste pour réhabiliter les "vieux Romains" devraient fournir à ceux qui souhaitent inverser la tendance à la dépossession de la majorité de nombreux éléments de réflexion. Le point de départ d'Auguste était "que la race italienne était incommensurablement supérieure à toutes les autres et qu'il ne souhaitait pas la voir se perdre dans un mélange polyglotte". Buchan, *Augustus*, p. 20. "Considérant qu'il était également très important de garder le peuple pur et non souillé par une quelconque tache de sang étranger ou servile, il se montra très prudent lorsqu'il s'agissait de conférer la citoyenneté romaine et fixa une limite à la manumission." Suétone, *Divus Augustus*, trad. J. C. Rolfe, XL, 3.

CHAPITRE 19

La sécularisation de la religion

L'ART EST L'UN DES CHAMPS DE BATAILLE de l'affrontement culturel qui se déroule actuellement aux États-Unis. La religion en est un autre. L'intention de ce chapitre n'est cependant pas de se livrer à des spéculations théologiques ou de remettre en question la vérité ou l'erreur d'une foi particulière, mais d'examiner l'aspect purement social et pragmatique de la religion et son adéquation avec les marées actuelles de changements politiques, économiques et sociaux.

Dieu est peut-être mort, comme on a annoncé un jour la mort de Great Pan, et comme le proclament de nombreux ecclésiastiques du vingtième siècle, reprenant les vœux pieux de Nietzsche. Mais l'instinct religieux est bien vivant. Bien que la science soit loin de le confirmer, il semble souvent que les hommes naissent avec un gène religieux. Le magnétisme spirituel et l'élévation de la religion formelle ont peut-être diminué de façon alarmante dans les temps modernes, mais les hommes ont compensé cette baisse en déplaçant leur religiosité innée vers des croyances plus terre-à-terre — démocratie, libéralisme, capitalisme, nationalisme, fascisme, socialisme et communisme. Si l'abondance de saints, de démons, de martyrs et de prophètes est un signe de zèle religieux, le vingtième siècle devrait être le plus religieux de tous les siècles. Jamais, depuis l'époque de Rome, autant de chefs d'État, vivants ou morts, n'ont été déifiés ou diabolisés à une telle échelle. La croyance dans les anciens dieux est peut-être vacillante, mais la croyance dans les divinités plus mondaines du présent est brillante comme un laser.

Un examen de la religion organisée en Amérique devrait commencer par une discussion sur le christianisme. Jusqu'à une date récente, les États-Unis étaient considérés comme une nation chrétienne et, statistiquement, environ 60 % des Américains appartiennent encore à une église chrétienne.[527] Mais

---

[527] L'*Almanach mondial de* 1980 recense 169 confessions religieuses aux États-Unis, avec un total de 170 185 693 membres, soit 78 % de la population. Parmi eux, 49 836 176 sont catholiques romains, 3 970 735 orthodoxes orientaux, 1 850 000 juifs, 2 000 000 musulmans et 21 000 bouddhistes. Parmi les 112 507 782 restants, la plupart sont des protestants, des quasi-protestants et des membres de sectes chrétiennes non affiliées. Le nombre de catholiques romains est assez trompeur, car l'Église catholique compte parmi ses membres tous ceux qui sont baptisés. Le chiffre des juifs a été inexplicablement porté à 3 985 000 dans l'*Almanach mondial de* 1981, bien que les juifs

qu'est-ce qu'un chrétien ? La définition semble dépendre de la confession religieuse de celui qui la donne. Aux yeux des catholiques romains, saint François, l'un des rares à avoir pris le Christ au pied de la lettre, et Boniface VIII, plus césar que pape, étaient tous deux chrétiens. Aux yeux des protestants, il en va de même pour le capitaine (plus tard révérend) John Newton, qui a composé l'hymne populaire "How Sweet the Name of Jesus Sounds", alors que le navire qu'il commandait attendait au large des côtes guinéennes pour récupérer une cargaison d'esclaves de l'intérieur du pays.[528] Parmi les autres chrétiens, on trouve des Syriens assis sur des colonnes, des Norvégiens brandissant des épées, des Noirs cannibales, des impératrices en proie à la luxure et des religieuses à la piété exacerbée.

La difficulté de définir un chrétien provient en partie des polarisations massives et des réconciliations cycliques du christianisme au cours de ses presque deux millénaires d'existence. Aucune religion n'a été autant de choses pour autant de croyants et de théologiens. Aucune n'a provoqué autant d'hérésies et de schismes, autant de guerres et de paix, autant d'animosité et d'amour, autant de pinaillages et d'extase. La seule époque où le christianisme a été véritablement unifié et a constitué une seule religion est peut-être celle de ses débuts, lorsqu'il n'était qu'une simple ramification du judaïsme — l'une des nombreuses sectes qui ont prospéré dans le ferment spirituel suscité par les empiètements romains sur l'État juif.

Le premier grand problème du christianisme était purement racial. S'agissait-il d'une religion pour les juifs ou pour les païens ? Jésus lui-même était un Galiléen de la "Galilée des Gentils". Il n'y a pas de preuve formelle qu'il était juif, mais il est presque certain qu'il a été élevé dans une ambiance culturelle juive.[529] Au début, de nombreux Juifs le considéraient comme un

---

soient connus pour être le groupe de population américain le plus irréligieux. La plupart des grandes églises protestantes, en revanche, ne comptent que les pratiquants actifs et les communiants. La répartition des grandes confessions protestantes est la suivante : 15 862 749 baptistes, 12 486 912 méthodistes, 10 331 405 luthériens, 3 745 526 presbytériens, 2 818 130 épiscopaliens, 2 237 721 pentecôtistes.

[528] *Times Literary Supplement*, 9 janvier 1964, p. 25.

[529] L'expression "Galilée des nations" se trouve dans Matthieu 4:15. À l'époque de la naissance de Jésus, la Galilée, province romaine du nord de la Palestine, avait une population mixte juive et assyrienne et était considérée comme juive depuis moins d'un siècle. Toynbee, *Study of History*, Vol. II, pp. 73–74, et *Ency. Brit.*, Vol. 9, p. 978. Les ultra- et antisémites ont parfois tenté de faire de Jésus autre chose qu'un Juif. La tradition talmudique d'une ascendance en partie romaine a été mentionnée dans la note 105, p. 199. Un aryanisateur de Jésus indique une descendance de "Proto-Nordiques" qui vivaient autrefois en Galilée et dans ses environs. C. G. Campbell, *Race and Religion*, Peter Nevill, Londres, 1973, p. 151. Houston Stewart Chamberlain, dans son ouvrage *Foundations of the Nineteenth Century*, a également remis en question la judéité de Jésus.

Messie possible, venu pour satisfaire leur désir de retour aux gloires temporelles de Salomon. Plus tard, lorsque le ministère de Jésus a commencé à attirer des étrangers et qu'il a manifesté plus d'intérêt pour un royaume d'un autre monde que pour un royaume du monde, les Juifs ont rapidement fermé leurs cœurs et leurs bourses.[530] Pour reprendre les termes d'Arnold Toynbee, "ce rejeton juif inspiré de païens galiléens convertis de force a ensuite été rejeté et mis à mort par les chefs judéens de la juiverie de son époque".[531]

Le problème suivant auquel le christianisme a été confronté, une fois qu'il s'est éloigné du judaïsme, a été de savoir dans quelle mesure l'arrière-plan et la tradition juifs d'origine allaient ou devaient être préservés. Une faction, les Marcionites, a tenté de purger l'Église primitive de toute influence juive, allant jusqu'à considérer l'Ancien Testament comme l'œuvre du diable. L'Église pétrinienne a pris le contre-pied en acceptant la Bible juive, en canonisant une grande partie de la théologie et de la loi juives et en considérant les juifs comme les sages-femmes du christianisme. En effet, l'Église catholique de Rome et l'Église orthodoxe orientale de Constantinople ont absorbé presque tout ce qui était juif, à l'exception des Juifs eux-mêmes. Les judaïsants finirent par vaincre pratiquement tous leurs rivaux, bien que des vestiges de l'influence marcionite aient persisté jusqu'à ce que les cathares du sud de la France soient liquidés par des auxiliaires pontificaux au XIIe siècle.[532] Si les marcionites l'avaient emporté, il n'y aurait pas eu de judéo dans l'héritage judéo-chrétien de la civilisation occidentale.[533]

---

[530] Le philosophe espagnol Miguel de Unamuno a donné une autre raison pour laquelle les Juifs ont tourné le dos à Jésus. Il prêchait l'immortalité, ce qui n'intéresse guère les Juifs. Unamuno, *Del Sentimiento Tragico de la Vida*, Las Americas Publishing, New York, 1966, chapitre IIT.

[531] *A Study of History*, Vol. V, p. 658.

[532] *Ency. Brit.*, Vol. 5, p. 72, et Vol. 14, p. 868.

[533] Certaines manifestations raciales peuvent être décelées dans cet héritage divisé. Marcion, originaire du nord de l'Asie mineure, est né en dehors de l'écoumène sémitique. Les saints Pierre et Paul et de nombreux autres dirigeants de l'Église pétrinienne étaient des juifs convertis. La doctrine du péché originel, fortement soutenue par saint Augustin, un Nord-Africain, et fortement combattue par Pélage, originaire des îles britanniques, dans l'une des plus graves querelles théologiques de la chrétienté, constitue un important héritage juif pour le christianisme. Les trois sages du Nouveau Testament, la tentation sur la montagne, le baptême, le paradis et la résurrection sont étrangers à la pensée et à la tradition hébraïques, mais trop bien établis pour être purgés par les judaïsants les plus fanatiques. Ce côté non juif du christianisme, selon un point de vue, a été créé par le prophète perse Zoroastre, dont les enseignements étaient devenus familiers à Jésus en

L'un des principaux thèmes de la magnifique nécrologie de Gibbon sur l'Empire romain est le rôle important du christianisme dans sa décadence et sa dissolution.[534] Si le grand historien avait exploré de manière plus approfondie le fonctionnement de l'Église primitive, il aurait peut-être découvert que le véritable coupable n'était pas la religion chrétienne en tant que telle, mais ceux qui jouaient sur les éléments égalitaires et insurrectionnels du christianisme aux dépens du concept chrétien plus fondamental de l'immortalité. D'une part, le pouvoir et les privilèges de l'élite romaine en déclin ont été sapés par l'accent mis par le Nouveau Testament sur la fraternité et le renoncement. D'autre part, les races soumises étaient poussées à la violence par les sermons enflammés des premiers Pères, dont les sévices contre le paganisme romain exigeaient la destruction de tous et de tout ce qui était lié à l'ancienne religion. En l'an 310, la répression païenne connaît une dernière flambée lorsque l'empereur Galère fait couler du plomb fondu dans la gorge des chrétiens et donne aux lions le dernier repas des martyrs dans le Colisée. Deux ans plus tard, Constantin vit la croix flamboyante et Rome eut bientôt un empereur chrétien.

Lorsque le christianisme est devenu une religion d'État, les évêques ont changé leur fusil d'épaule. Au lieu de s'opposer au gouvernement, l'Église en est devenue la gardienne. Au lieu d'attaquer le service militaire, elle le préconise. Autrefois opprimés, les chrétiens étaient désormais les oppresseurs. Les flammes des temples grecs et romains illuminent le ciel nocturne de Rome mourante. Bien qu'il ait été trop tard pour empêcher l'effondrement de l'Empire, les évêques ont réussi à convertir, d'une certaine

---

raison de son association avec les Amorites, qui avaient des contacts étroits avec les Perses, et peut-être de son lien de sang avec eux. C. G. Campbell, op. cit. chapitre II. En ce qui concerne les différences apparemment congénitales entre les sensibilités religieuses des sémites et des non-sémites, T. E. Lawrence avait ceci à dire : J'avais cru les Sémites incapables d'utiliser l'amour comme lien entre eux et Dieu... Le christianisme m'avait semblé le premier credo à proclamer l'amour dans ce monde supérieur d'où le désert et les Sémites (de Moïse à Zénon) l'avaient exclu... Sa naissance en Galilée lui avait évité de n'être qu'une révélation de plus parmi les innombrables révélations des Sémites. La Galilée était la province non sémite de la Syrie, dont le contact était presque impur pour le Juif parfait... Le Christ, par choix, a accompli son ministère dans cette liberté intellectuelle..." *Seven Pillars of Wisdom*, Doubleday, Doran, Garden City, N.Y., 1935, p. 356. Il est également possible que les païens aient éprouvé une répulsion raciale à l'égard de certaines pratiques religieuses juives, en particulier cet aspect du rituel de la circoncision dans lequel un "invité vénérable et honoré est prié d'appliquer sa bouche sur le pénis et d'aspirer la première goutte de sang". Ernest Van den Haag, *La mystique juive*, p. 160.

[534] *Déclin et chute de l'Empire romain*, chapitres 15 et 16.

manière, les conquérants teutons, qui ont ensuite sauvé la chrétienté occidentale des Huns, des Arabes, des Turcs et d'autres maraudeurs païens.

À l'époque des croisades, la chrétienté s'était divisée entre l'Église catholique romaine et l'Église orthodoxe grecque. Elle s'est à nouveau divisée lorsque l'Europe du Nord, sous l'impulsion de princes et de potentats qui convoitaient les richesses du Saint-Siège, a rompu avec l'absolutisme spirituel et la *Realpolitik* temporelle des papes latinisés. La Réforme a tracé les frontières religieuses qui séparent encore l'Europe protestante de l'Europe catholique et les frontières raciales qui, dans de nombreuses régions, séparent encore les Nordiques des Alpins.

Le regretté professeur Guignebert de l'université de Paris, expert en sciences bibliques, a apporté un éclairage intéressant sur le développement du christianisme en notant l'évolution de l'"apparence" de Jésus à travers les âges.[535] Les premières représentations de Jésus le montraient poilu, laid et abject. Plus tard, dans les rosaces et les statues gothiques, ainsi que dans les peintures et les fresques de la Renaissance, le Christ a été doté de traits nordiques et ressemblait parfois davantage à Siegfried qu'au fils d'un charpentier méditerranéen. De nombreuses peintures de la Sainte Famille représentent la Vierge et l'Enfant Jésus avec des cheveux blonds et des yeux bleus. La Propagande Esthétique était partout visible dans les plus grands chefs-d'œuvre de l'art chrétien.

Le christianisme a été transporté aux États-Unis par des membres de pratiquement toutes les confessions chrétiennes : anglicans et anabaptistes, catholiques et mennonites, luthériens, quakers et shakers, orthodoxes grecs et doukhobors. L'Église épiscopale — deux tiers des signataires de la Déclaration d'indépendance étaient épiscopaliens[536] — et les Églises calvinistes (principalement congrégationaliste et presbytérienne) sont restées dominantes jusqu'à la montée des sectes revivalistes et évangéliques au début du dix-neuvième siècle. La question de l'esclavage a dissous l'unité chrétienne qui existait entre le Nord et le Sud, détournant de nombreux Yankees de la morale "œil pour œil" et de la prédestination sans faille du calvinisme[537] vers l'unitarisme et d'autres religions moins rigoureuses et

---

[535] Charles Guignebert, *Jésus*, la Renaissance du Livre, Paris, 1933, pp. 189-96. Dans *The Everlasting Gospel (L'Évangile éternel)*, Blake s'est étendu sur deux visages différents de Jésus : "La vision du Christ que tu vois est le plus grand ennemi de ma vision./La tienne a un grand nez crochu comme le tien/La mienne a un nez retroussé comme le mien.

[536] *Ency. Brit.*, Vol. 18, p. 612.

[537] Le calviniste de la Nouvelle-Angleterre de la fin du XVIIIe siècle est incarné par Samuel Adams, qui "n'était pas un révolutionnaire, mais un raciste, un anti-catholique, qui n'avait aucune faveur pour les minorités". Samuel Morison, *Oxford History of the American People*, p. 211.

moins sélectives. Au cours des mêmes années, les églises du Sud ont imposé aux États esclavagistes un christianisme stratifié et racialement séparé, justifiant leurs actions par des passages bibliques obscurs sur la servitude humaine.[538]

Peu avant la guerre de Sécession, le catholicisme romain a commencé à jouer un rôle important dans les affaires nationales. Outre sa fonction religieuse, l'Église catholique a servi d'immense organisation de services sociaux pour l'afflux massif d'immigrants irlandais affamés et en mal de vivre. Des décennies plus tard, elle est devenue le berger spirituel et, parfois, politique des millions de catholiques d'Europe centrale et méridionale qui ont constitué l'essentiel de la nouvelle immigration. Au début des années 1930, l'Église catholique était le corps religieux le plus important et le plus puissant des États-Unis. En 1928, Alfred E. Smith a perdu l'élection présidentielle en partie parce qu'il était catholique. En 1960, John F. Kennedy a remporté la présidence en partie parce qu'il était catholique. Au cours du 97e Congrès (1981-82), plus de membres du Congrès appartenaient à l'Église catholique qu'à toute autre confession religieuse.

Aujourd'hui, le christianisme aux États-Unis — à l'exception des fondamentalistes — a détourné son attention de Dieu vers l'homme et est devenu le champion des minorités. De nombreux pasteurs protestants prennent l'argent de leur collecte et le dépensent dans des projets pour les Noirs et les Hispaniques qui sont souvent plus politiques que charitables. Les églises sont transformées en lieux de rencontre pour les gangs noirs.[539] Les ecclésiastiques expriment leur "profonde gratitude" au militant noir qui a fait irruption dans l'église Riverside de Manhattan et a exigé 500 millions de dollars de "réparations".[540] Longtemps tolérants à l'égard du communisme

---

[538] La plus citée est Genèse 9:22-27. Cham, considéré par certains théologiens comme le géniteur de la race noire, voit son père, Noé, nu dans son ivresse. Lorsque Noé l'apprend, il jette une malédiction sur Canaan, le fils de Cham, le destinant à être un "serviteur des serviteurs". Sem (le premier sémite) et Japhet (le premier non sémite ?), les deux frères de Cham, devaient par la suite être servis pour l'éternité par Canaan, selon les interprètes pro-esclavagistes de l'Ancien Testament.

[539] En vain, comme l'avait prédit Nietzsche il y a un siècle : "Il n'y a rien de plus terrible qu'une classe d'esclaves barbares qui a appris à considérer son existence comme une injustice et qui se prépare maintenant à se venger, non seulement d'elle-même, mais de toutes les générations futures. Face à de telles tempêtes menaçantes, qui ose faire appel avec quelque confiance à nos religions pâles et épuisées..." *La naissance de la tragédie*, extrait de *La philosophie de Nietzsche*, trad. Clifton Fadiman, Modern Library, New York, p. 1048.

[540] *Time*, 16 mai 1969, p. 94.

sous ses diverses formes stalinienne, titiste et maoïste,[541] de nombreux ecclésiastiques soutiennent aujourd'hui ouvertement la révolution en Amérique centrale,[542] font entrer clandestinement des étrangers, font de la propagande en faveur d'un désarmement unilatéral,[543] augmentent la caution des voyous des Black Panthers,[544] et conspirent contre un futur appel sous les drapeaux comme ils ont conspiré contre l'effort de guerre des États-Unis au Viêt-Nam.[545] Certains prêtres catholiques ont joué un rôle actif dans l'incitation à la grève des travailleurs agricoles migrants mexicains-américains contre les fermiers californiens.[546] D'autres, notamment les frères Berrigan, se sont introduits dans les bureaux du Selective Service et ont détruit des dossiers d'enrôlement.[547] D'autres encore sont descendus dans la

---

[541] Selon l'enquêteur du Congrès J. B. Matthews, 7 000 ecclésiastiques américains ont un jour épousé la ligne du parti communiste. Au fur et à mesure que l'Union soviétique devenait plus agressive et belliqueuse, nombre d'entre eux ont adopté des formes de marxisme plus sûres et plus acceptables. Pour l'estimation de Matthews, voir Walter Goodman, *The Committee*, Farrar Straus, New York, 1968, p. 335.

[542] Un conclave organisé à Londres par le Conseil œcuménique des Églises (protestantes) a publié un rapport affirmant que "les guérilleros luttant contre les régimes racistes doivent recevoir le soutien de l'Église si toutes les autres mesures ont échoué". Le rapport précise également que, dans certaines circonstances, "l'Église doit soutenir les mouvements de résistance, y compris les révolutions, qui visent à éliminer la tyrannie politique ou économique qui rend le racisme possible". La conférence était présidée par le sénateur George McGovern, délégué laïc méthodiste. *Time*, 6 juin 1969, p. 88. Au fil des ans, le Conseil mondial, auquel appartiennent la plupart des confessions protestantes américaines, a continué à soutenir les groupes terroristes noirs en Afrique par des sermons et de l'argent liquide.

[543] Comme l'a fait la Conférence nationale des évêques catholiques en 1985.

[544] *New York Times*, 31 janvier 1970, p. 9. En septembre 1970, la militante noire Angela Davis, alors qu'elle figurait sur la liste des dix personnes les plus recherchées par le FBI pour avoir possédé les armes qui ont tué un juge californien, a été honorée par l'affichage de son portrait en bonne place lors du dimanche annuel de la libération de l'église épiscopale Saint-Étienne de Saint-Louis. *Miami Herald*, 27 septembre 1970, p. 30A. Mlle Davis, une stalinienne enragée, a été plus tard disculpée par un jury entièrement blanc.

[545] L'aumônier de l'université de Yale, William Sloane Coffin Jr, autrefois marié à la fille ballerine d'Artur Rubinstein, a été condamné à deux ans de prison en 1968 pour avoir conseillé à de jeunes Américains de se soustraire à l'appel sous les drapeaux. Le verdict du jury a ensuite été annulé par une juridiction supérieure. *Almanach mondial* 1970, p. 922.

[546] *Time*, 10 décembre 1965, p. 96.

[547] *New York Times*, 9 août 1970, Sec. 4, p. 7. En janvier 1971, les Berrigans ont été accusés d'avoir projeté de faire exploser les systèmes de chauffage de cinq bâtiments gouvernementaux à Washington et de kidnapper Henry Kissinger. Selon *Time*, les deux

rue et ont mené des sit-in de masse, défiant ouvertement les lois nationales et locales, ainsi que les restrictions imposées par le pape Jean-Paul II à l'encontre des prêtres en politique.

Pour diverses raisons, la version actuelle du christianisme en Amérique, fondée sur les minorités libérales, manque de crédibilité et a des relents de dilettantisme. Jésus était un outsider. Sa pauvreté et son statut de minorité ont stimulé une préoccupation honnête pour les opprimés et les opprimés. L'ecclésiastique bien nourri, bien financé, qui fait un ou deux kilomètres dans une "marche pour la liberté", qui reçoit le tapis rouge à Hanoï et qui passe de temps en temps voir comment vont ses amis noirs dans les bidonvilles, semble un peu contrefait. Il en va de même pour la "conscience sociale" du Vatican (80 milliards de dollars d'actifs, dont un portefeuille d'actions de 5,6 milliards de dollars)[548] et de l'establishment religieux américain (dont les biens immobiliers sont évalués à 102 milliards de dollars).[549] Une telle richesse, qui n'est pas nouvelle dans l'histoire de l'Église, a toujours rendu le christianisme suspect aux yeux des radicaux de gauche. Cela explique pourquoi, malgré tout ce que les libéraux chrétiens ont fait pour préparer le terrain, dans les trois grandes révolutions de l'histoire moderne — française, russe et chinoise — le christianisme a été officiellement ou officieusement proscrit.

Bien que les chrétiens soient près d'un milliard, leur foi se refroidit.[550] Les papes ne commandent plus les armées, n'excommunient plus les rois,

---

frères étaient des "rebelles au berceau". Leur père, Tom Berrigan, organisateur syndical, était le fils d'immigrants irlandais qui s'étaient réfugiés aux États-Unis pour échapper à la pauvreté de l'Ould Sod. *Time*, 25 janvier 1971, pp. 14-15.

[548] Nino Lo Bello, *The Vatican Empire*, Fireside, Simon and Schuster, New York, 1970, pp. 23, 135. Le Saint-Siège, qui a connu sa part de scandales financiers, a formellement démenti ces estimations, tout en admettant qu'il est tellement impliqué dans la haute finance qu'il a établi des relations étroites avec les Rothschild. *New York Times*, 22 juillet 1970, p. 8. Le pape Jean-Paul II a révélé que l'Église avait un déficit budgétaire de 20 millions de dollars en 1979. Rapport de l'UPI, 10 novembre 1979.

[549] *Time*, 18 mai 1970, p. 44. Sur les 17,6 milliards de dollars que des particuliers ou des organisations américaines ont versés à des œuvres de bienfaisance en 1969, 7,9 milliards de dollars ont été affectés à des fins religieuses. *U.S. News & World Report*, 13 juillet 1970, p. 65. Les dons caritatifs ont atteint 124,3 milliards de dollars en 1992.

[550] Selon l'*Almanach mondial de* 1994, il y a 1 833 022 100 chrétiens, contre 971 328 000 musulmans, 732 812 000 hindous, 314 939 000 bouddhistes, 187 107 000 adeptes de la religion populaire chinoise, 18 800 000 sikhs, 17 822 000 juifs, 10 493 000 chamanistes, 6 028 000 confucianistes et 6 028 000 bahá'ís. Malgré le nombre considérable de chrétiens, le rabbin Arthur Hertzberg, président de la Ligue juive américaine, est connu pour avoir déclaré : "Je pense que le christianisme est mort". *New York Daily News*, 13 mai 1975, p. 44.

n'exécutent plus les hérétiques et n'organisent plus de croisades. Il n'y a plus de Sainte-Chapelle en construction et plus d'artistes ayant un iota de l'intensité religieuse que l'on trouve dans une peinture de Fra Angelico. Les plumes de Luther et de Milton sont toujours là. Les hymnes protestants entraînants d'antan ont perdu leur punch dominical et sont de moins en moins chantés. Les réunions de réveil sous les tentes et à la télévision continuent d'attirer de grandes foules, mais les conversions de lèvres sont plus nombreuses que celles de cœurs. La religion d'antan est encore bien vivante dans certaines régions, mais elle répond davantage aux ambitions temporelles des évangélistes qui battent le pavé qu'à Dieu. Les prédicateurs catholiques et protestants peuvent obtenir des tonnes de publicité favorable dans la presse lorsqu'ils abandonnent leurs troupeaux pour répandre leur "bonne nouvelle" parmi les minorités, mais cela ne leur rapporte que peu de points auprès des fidèles de leur ville natale. Les leaders de la soi-disant majorité morale ont gagné une certaine reconnaissance, non pas, cependant, pour avoir prêché l'évangile, mais pour avoir attaqué la corruption et l'immoralité pandémiques des puissances de ce monde. Ironiquement, une partie de cette corruption peut être attribuée aux prêtres et aux prédicateurs qui la dénoncent avec véhémence.

La déformation de la religion en Amérique, le passage de l'empreinte de l'Ancien Testament des premiers colons blancs au christianisme social permissif d'aujourd'hui, soulève l'éternelle question de l'efficacité avec laquelle la religion façonne le caractère et de l'efficacité avec laquelle le caractère façonne la religion. Selon les normes modernes, l'Américain colonial, son fusil dans une main, sa Bible dans l'autre, était une caricature de chrétien. Il lisait peut-être le Bon Livre à sa famille une fois par semaine, mais il allait rarement à l'église. On sait que les pèlerins n'ont pas eu de pasteur pendant les neuf années qui ont suivi leur arrivée. En Virginie, moins d'un habitant sur dix-neuf était membre de l'église. Parmi les colons de la baie du Massachusetts, seul un cinquième d'entre eux étaient des chrétiens professants.[551] Joshua, mais peut-être pas le regretté évêque Pike,[552] aurait

---

[551] William W. Sweet, *The Story of Religion in America*, Harper, New York, 1950, pp. 5, 45, 48.

[552] L'immoralité publique de nombreux responsables d'églises modernes est la meilleure preuve du changement profond qui s'est produit dans la religion américaine. L'évêque Pike, par exemple, était presque l'antithèse du divin puritain du XVIIe siècle. Né catholique à Hollywood, Pike a fréquenté une école jésuite et est devenu avocat avant d'être ordonné prêtre épiscopalien. Alcoolique lorsqu'il est promu évêque, Pike est marié trois fois et divorcé deux fois. Son fils et sa secrétaire préférée se sont suicidés ; sa fille a fait une tentative de suicide. Avant de mourir en Israël, il a démissionné de son évêché sous le feu des critiques et s'est consacré au spiritisme. *Time*, 11 novembre 1966, p. 56, et *New York Times*, 8 septembre 1969, p. 1. Deux éminents ecclésiastiques noirs ont

été fier des Pèlerins. Lorsqu'ils parvinrent à se rendre à l'église de Plymouth, ils marchèrent à trois de front, leurs mousquets et leurs bouches à feu prêts à l'emploi, tandis que d'autres membres de la congrégation s'occupaient de six canons sur le toit, chacun capable de tirer des boulets de fer de quatre à cinq livres.[553] S'agissait-il d'un autre type de christianisme ? Ou était-ce un autre type de chrétien ?

De nombreux autres aspects du christianisme américain primitif sont tout aussi détestables pour les responsables d'églises modernes. John Winthrop, le premier gouverneur de la colonie de la baie du Massachusetts, a probablement parlé au nom de tous les anciens puritains lorsqu'il a déclaré que la démocratie "a toujours été considérée comme la plus méchante et la pire de toutes les formes de gouvernement".[554] Dans le Connecticut et le Massachusetts, le droit de vote a été limité aux membres de l'Église, ce qui peut déranger ceux qui pensent que la tradition politique américaine est

---

donné des exemples tout aussi médiocres. Adam Clayton Powell, avec ses salaires gonflés et ses magouilles de comptes de dépenses, et Martin Luther King, Jr. avec ses tentatives de diriger le cours de la politique étrangère et intérieure américaine, se sont comportés davantage comme des cardinaux de la Renaissance que comme des pasteurs baptistes. *New York Times*, 4 janvier 1969, p. 1 et *Time*, 17 août 1970, p. 13. Même le "prophète" des Black Muslims, Elijah Muhammad, qui a purgé une peine de trois ans de prison pour avoir évité la conscription, a scandalisé son principal lieutenant par sa liaison avec l'employée de bureau. *Autobiographie de Malcolm X*, pp. 209-10, 299. Dean Moorehouse, ancien pasteur méthodiste, a été emprisonné pour avoir donné du LSD à des mineurs. Il était l'ami de Charles Manson, chef d'une secte de la côte ouest qui a commis au moins neuf meurtres. Moorehouse est resté l'ami de Manson, même après que ce dernier a "adopté" la fille de Moorehouse, âgée de 15 ans, dans son groupe meurtrier. *New York Times Magazine*, 4 janvier 1970, p. 32. Lorsque l'évêque épiscopalien Robert Hatch a été informé que sa fille apparaissait nue dans un théâtre de San Francisco, il a déclaré : "Je suis heureux qu'elle ait une chance de s'exprimer". *Time*, 8 juin 1970, p. 40. Le révérend Ted McIlvenna, pasteur méthodiste de San Francisco, a réalisé soixante-quatre films sexuels explicites et les a vendus entre 150 et 250 dollars chacun à 8 000 clients, "l'un de nos plus gros clients étant le gouvernement fédéral". Il utilisait un casting de dix couples bénévoles non rémunérés. *New York Times*, 18 mai 1980. Quelques années plus tôt, quatre-vingt-dix prêtres épiscopaux de premier plan avaient reconnu que les actes homosexuels entre adultes consentants étaient "moralement neutres" et pouvaient même être une bonne chose. *New York Times*, 29 novembre 1967, p. 1. Le point le plus bas de la religion en Amérique a peut-être été atteint à Jonestown, en Guyane, où le révérend psychopathe Jim Jones a ordonné le suicide collectif de 911 de ses fidèles, en grande partie noirs, en 1978. Un autre divin fou, David Koresh, a présidé à l'immolation de 85 de ses disciples semi-hypnotisés lors de son affrontement avec les agents fédéraux à Waco en 1993. Pour ceux qui ont la mémoire courte, dans les années 80 et au début des années 90, un nombre considérable de prêtres catholiques ont avoué être homosexuels ou agresseurs d'enfants.

[553] Sweet, op. cit. p. 46–47.

[554] Ibid, p. 51.

indéfectiblement liée à la séparation de l'Église et de l'État.[555] Il est tout aussi troublant de constater que l'Église de la Nouvelle-Angleterre a prospéré grâce au commerce des esclaves et du rhum, et que de nombreux ministres congrégationalistes bien connus étaient des propriétaires d'esclaves.[556]

La religion protestante est passée par sa phase pionnière de l'Ancien Testament et, malgré de nombreux fondamentalistes bruyants, par sa phase évangélique du Nouveau Testament. Elle est maintenant bien engagée dans sa phase libérale. La religion catholique en Amérique suit un calendrier quelque peu similaire, mais plus tardif.[557] La foi ardente apportée par les immigrants d'Irlande et d'Europe centrale et méridionale s'est progressivement refroidie. Nombre de leurs descendants obéissent aujourd'hui à un code moins rigide et plus tolérant, qui leur permet de défier l'interdiction des contraceptifs et du divorce imposée par leur Église, de sauter la messe pour aller jouer au golf, et de s'échapper ou d'envisager de s'échapper de la chaude protection de leur cocon religieux pour entrer dans les espaces inexplorés de l'agnosticisme.

Des prêtres et même des religieuses se marient, pas toujours au sein de l'Église.[558] Les écoles paroissiales ferment par manque de fonds. Des membres de la hiérarchie contestent l'infaillibilité du pape. Alors que la possibilité d'un nouveau grand schisme se profile, l'Église a de plus en plus de mal à garder sous un même toit ses fidèles de moins en moins dévots. Si l'Église s'oriente trop à gauche pour apaiser son contingent hispanique croissant, elle s'aliène ses Irlandais et autres catholiques blancs assimilés. Alors que les divisions raciales s'accentuent dans ses rangs, que l'ancienne bataille externe contre les protestants se transforme en une lutte interne pour le pouvoir, l'unité catholique, qui était autrefois une force politique si puissante aux États-Unis, pourrait bientôt décliner au point que les catholiques ne voteront plus en fonction de leur religion, mais en fonction de leur race.[559]

---

[555] Ibid, p. 53.

[556] Ibid, pp. 285-86. Le Massachusetts comptait 6 000 esclaves en 1776.

[557] La colonie "catholique" du Maryland était en grande partie une fiction. Pendant la majeure partie de son existence, les immigrants catholiques étaient interdits d'entrée et le culte catholique prohibé. Beard, *The Rise of American Civilization*, Vol. I, p. 65.

[558] Sœur Jacqueline Grennan a épousé le veuf juif Paul Wexler. Mme Wexler est devenue présidente du Hunter College. Philip Berrigan, le prêtre radical défroqué, a épousé une religieuse qui a ensuite été arrêtée pour vol à l'étalage. *Time*, 18 septembre 1973, p. 46.

[559] Une enquête réalisée en 1992 par le Princeton Religion Research Center a révélé que 26 % des Américains adhéraient à l'Église catholique romaine et 56 % à diverses confessions protestantes.

Le judaïsme américain a suivi la même voie hylothéiste que le protestantisme et le catholicisme. Le zèle orthodoxe des séfarades d'avant la Révolution et de la Révolution se compare à la religiosité plus rationnelle du judaïsme réformé et conservateur contemporain comme une torche à acétylène se compare à une bougie. À l'heure actuelle, pas plus de 10 % des juifs américains observent les lois alimentaires. Les sondages suggèrent que les étudiants juifs sont beaucoup moins religieux que les étudiants non juifs.[560] Il existe quelque 4 000 congrégations juives aux États-Unis, qui représentent environ 70 % de l'ensemble des familles juives. Néanmoins, la plupart des Juifs affiliés à des synagogues peuvent difficilement être qualifiés de pieux. Seuls 19 % des Juifs américains se rendent au temple une fois par semaine.[561]

La création d'Israël a inversé ou du moins ralenti cette tendance séculière, ramenant certains Juifs dans le giron religieux en renouvelant leur intérêt pour l'histoire juive.[562] Le judaïsme continue également d'attirer de nombreux Juifs pour une raison qui n'a rien à voir avec la religion et beaucoup à voir avec la politique pratique. Comme l'a expliqué un éminent juif américain, "lorsqu'il s'agit de défendre la cause des droits des juifs à l'étranger, l'approche religieuse est généralement celle que les dirigeants juifs jugent la plus souhaitable d'adopter".[563] Il aurait pu ajouter que le judaïsme sert également de camouflage utile à l'activité juive dans les affaires intérieures. Entre-temps, leur vieille animosité religieuse à l'égard du christianisme s'est apaisée au fur et à mesure que les Juifs découvraient les avantages qu'ils pouvaient tirer de l'accent mis par les chrétiens libéraux

---

[560] Albert L. Gordon, *Intermarriage*, Beacon, Boston, 1964, pp. 42, 47–48, 50, 97.

[561] Sondage Gallup, 13 janvier 1974.

[562] En termes de chiffres, le judaïsme religieux se maintient à peine, malgré l'arrivée récente d'importants groupes de juifs russes en provenance de l'Union soviétique fragmentée. Dans le meilleur des cas, il y a quelque 3 000 conversions par an, essentiellement des femmes païennes qui se préparent à épouser des hommes juifs orientés vers la tradition. Peu d'entre elles, cependant, se convertissent à la branche orthodoxe du judaïsme, un processus qui consiste à s'asseoir dans une baignoire remplie d'eau jusqu'au cou pendant que deux anciens érudits discutent des commandements majeurs et mineurs. Litvinoff, *A Particular People*, p. 26, et Yaffe, op. cit. p. 46, 100, 102. La diminution du nombre de Juifs a amené le rabbin Alexander Schindler, président de l'Union des congrégations hébraïques américaines, à proposer un remède radical. Normalement, la loi juive ne considère comme juif que l'enfant d'une mère juive. Compte tenu du nombre croissant de mariages mixtes, le rabbin Schindler a suggéré que l'enfant d'un père juif et d'une mère païenne soit reconnu comme juif. Les conservateurs et les juifs réformés n'ont pas semblé gênés par cette suggestion. Les juifs orthodoxes ont été scandalisés. *Chicago Sentinel*, 20 décembre 1979, p. 6.

[563] Israël Goldstein, *La communauté juive américaine*, Block Publishing, 1960.

sur la tolérance sélective et du soutien des chrétiens conservateurs à l'égard d'Israël.

Le mouvement œcuménique, bien qu'il ait réussi à rapprocher les protestants et les catholiques comme jamais depuis la Réforme, a été impuissant à empêcher les différentes confessions chrétiennes d'abandonner leur ascendant moral sur la vie américaine. Si la sécularisation se poursuit à son rythme actuel, le christianisme n'aura bientôt plus, dans l'ordre des choses américain, la même signification que le sport. En fait, le protestantisme est devenu si tiède que même la question de l'aide fédérale à l'éducation ne sécrète plus de quantités excessives d'adrénaline dans les glandes baptistes ou méthodistes. Sans tenir compte des petites voix de protestation éparses, les gouvernements nationaux, étatiques et locaux subventionnent souvent les écoles paroissiales en leur offrant des repas et des transports gratuits. Les institutions paroissiales d'enseignement supérieur reçoivent des subventions à cinq ou six chiffres pour les sciences physiques et sociales. On n'entend guère de protestations lorsque le jésuite libéral Robert Drinan, col blanc resplendissant sous les projecteurs de la télévision, se présente à des fonctions publiques.[564]

Ces dernières années, le domaine le plus sensible des relations entre l'Église et l'État n'a pas été le mélange de la religion et de la politique, mais la pratique publique de la religion. Les arrêts de la Cour suprême contre les prières dans les écoles publiques[565] et l'affichage de symboles religieux dans les lieux publics,[566] les attaques des minorités contre les spectacles de Noël dans les salles de classe,[567] les plaintes des minorités contre les timbres de

---

[564] Mais il y a un tollé public, ou plutôt médiatique, lorsque des prédicateurs fondamentalistes font des sermons politiques. Le père Drinan a renoncé à son siège au Congrès sur ordre du pape Jean-Paul II en 1980, mais il a été immédiatement élu président de l'Americans for Democratic Action.

[565] En 1962, la Cour a décidé que la récitation du Notre Père ou de versets bibliques dans les écoles publiques était inconstitutionnelle, rendant ainsi, selon le sénateur Ervin de Caroline du Nord, Dieu lui-même inconstitutionnel. L. A. Huston, *Pathway to Judgment*, Chilton Press, Philadelphie, 1966, p. 4. La prière sur laquelle la Cour s'est prononcée disait simplement : "Dieu tout-puissant, nous reconnaissons notre dépendance envers Toi et nous implorons Ta bénédiction sur nous, nos parents, nos enseignants et notre pays".

[566] La Cour a statué par cinq voix contre deux en interdisant l'érection d'une croix dans un parc municipal d'Eugene, dans l'Oregon. *New York Times*, 5 octobre 1969, p. 68.

[567] En 1969, le directeur de l'école publique de Marblehead, dans le Massachusetts, a interdit toute mention de Noël, mais il est revenu sur sa décision après une série de manifestations d'enfants de la majorité. *Washington Evening Star*, 1er décembre 1969, p. 4.

Noël à thème religieux[568] — tout cela est le résultat de ce qui est essentiellement une controverse raciale grandissante.

Autrefois, la séparation de l'Église et de l'État signifiait que les Églises devaient être autonomes, sans aide financière, juridique ou autre de la part du gouvernement. Aujourd'hui, elle tend à signifier que la religion doit être isolée, voire mise en quarantaine, de tout contact avec le public. Cela pourrait être interprété comme une restriction plutôt qu'une extension de la liberté religieuse. Le libre exercice de la religion n'est guère possible sans la liberté d'expression religieuse.

La campagne contre les célébrations publiques de la religion de la majorité,[569] outre son iconoclasme intrinsèque, ne peut éviter de devenir une campagne contre la culture de la majorité. Indépendamment de sa signification religieuse, Noël — sapin décoratif, bûche de Noël, Père Noël, elfes, rennes et traîneau volant — est une manifestation exubérante, peut-être la plus exubérante, des traditions populaires de la majorité.

Les membres de la majorité ont déjà permis que leur plus grande fête soit transformée en un bazar oriental surcommercialisé par les grands magasins et les magasins à prix réduits, dont beaucoup appartiennent à des non-chrétiens. Toute nouvelle censure ou perversion de Noël constituerait une nouvelle atteinte, non seulement à la liberté religieuse de la majorité, mais aussi à l'accès à sa culture. Le juge Potter Stewart, seul dissident dans l'arrêt de la Cour suprême sur la prière à l'école, a clairement exprimé ce point en déclarant que la Cour, au lieu d'être neutre à l'égard de la religion, était en

---

[568] La poste américaine a été amèrement condamnée par le Congrès juif américain pour avoir émis un timbre contenant une reproduction de la grande peinture de la Renaissance de Hans Memling, la *Madone et l'Enfant. New York Times,* 17 juillet 1966. Sous la pression des Noirs, des Pères Noël noirs et des "anges intégrés" apparaissent maintenant presque partout pendant la période de Noël.

[569] Le christianisme peut être considéré comme la religion nationale des États-Unis, dans la mesure où seuls 4 % au maximum de la population appartiennent à des églises non chrétiennes et où les 96 % restants, par affiliation religieuse, tendance ecclésiale, naissance, baptême, tradition ou inclination, affichent un certain degré d'attachement aux croyances chrétiennes. Bien qu'un sondage Gallup de 1968 ait révélé que seuls 50 000 000 d'Américains fréquentent régulièrement l'église, la plupart des Américains qui ne vont pas à l'église se considèrent toujours comme des chrétiens. *San Francisco Sunday Examiner & Chronicle, This World,* 29 décembre 1968, p. 10. Un sondage Gallup de 1974 indique que 55 % des catholiques, 37 % des protestants et 19 % des juifs vont à l'église chaque semaine.

fait hostile en refusant aux élèves "la possibilité de partager l'héritage spirituel de la nation".[570]

T. S. Eliot a écrit que "la culture d'un peuple est l'incarnation de sa religion" et qu'"aucune culture n'est apparue ou ne s'est développée sans être accompagnée d'une religion".[571] Cela revient à dire que la religion et la culture sont indissociables, que l'une ne peut être isolée de l'autre sans que les deux n'en pâtissent gravement. Pour Eliot, ce n'est pas une coïncidence si les plus grandes réalisations artistiques de l'humanité ont eu lieu lorsque l'Église et l'État travaillaient ensemble, et non séparément.

Dans la tradition des mères patries européennes, neuf des treize colonies avaient établi des églises, tout comme l'Angleterre et les pays scandinaves pendant la plus grande partie de leur histoire. En Amérique, le démantèlement des églises est apparu pendant la guerre d'indépendance, qui a rompu les liens entre les colonies et l'Église d'Angleterre. Elle a été officialisée par le premier amendement, principalement l'œuvre de Franklin, Jefferson et Madison, dont beaucoup d'idées religieuses (ou irréligieuses) avaient été empruntées au siècle des Lumières français.

Si les Grecs avaient été désétablis, il n'y aurait pas eu de Parthénon, construit avec des fonds publics, ni de grandes pièces d'Eschyle, de Sophocle, d'Euripide et d'Aristophane, mises en scène dans un amphithéâtre public, subventionnées en partie par le trésor de l'État et offertes au public lors de festivités religieuses parrainées par l'État. Si l'Église et l'État avaient été séparés au Moyen Âge et à la Renaissance, il n'y aurait pas eu d'abbaye de Cluny, de cathédrales gothiques, de baptistère florentin, de chapelle Sixtine ni de *Cène*. On peut ajouter que Bach a passé une grande partie de sa vie musicale dans des églises subventionnées par l'État. Enfin, puisque les plus ardents défenseurs de la séparation de l'Église et de l'État sont souvent ceux qui considèrent que chaque mot de la Bible est une révélation divine, il convient de leur rappeler que l'Ancien Testament était le livre des anciens Hébreux qui, plus que tout autre peuple, pensaient que l'Église et l'État ne faisaient qu'un.

Il est ironique que la Cour suprême, qui est actuellement le plus puissant opposant à l'unité Église-État, siège dans une imitation de temple grec, dont les originaux n'auraient jamais été construits sans les subventions d'une

---

[570] *New York Times*, 26 juin 1962, p. 16, et 18 juin 1963, p. 28. À Boston, le Jewish Advocate, dans un éditorial approuvant la décision relative à la prière, a suggéré qu'elle pourrait logiquement être étendue à l'interdiction de l'exposition traditionnelle, à Noël, de la scène de la Nativité et d'autres symboles religieux lors de toute réunion ou fête publique. *Wall Street Journal*, 6 juillet 1962, p. 1.

[571] *Notes pour la définition de la culture*, pp. 32, 13.

Église établie.[572] Se pourrait-il que la pauvreté et le manque d'originalité de l'architecture de Washington — avec son monument le plus élevé copié sur un obélisque égyptien et ses points de repère les plus célèbres reproduisant servilement les styles de construction grecs, hellénistiques et romains — aient quelque chose à voir avec le fait qu'il s'agit de la capitale de la seule grande nation où l'Église et l'État ont été séparés pendant plus de cent ans ? Selon Miguel de Unamuno, le plus grand attrait de la religion est la promesse d'immortalité.[573] Les cérémonies religieuses, les rites, les sacrements, les liturgies et les jours de fête, points d'intersection entre la religion et les traditions populaires, entre la foi et l'art, sont tout aussi attrayants, si l'endurance et la survie sont des signes d'attractivité. Les dieux du Nord sont partis au Valhalla, mais la bûche de Noël brûle toujours. En Union soviétique, l'Église orthodoxe de l'Est a été privée de sa primauté et de ses privilèges, mais les spectaculaires services de Pâques russes ont continué à enthousiasmer les croyants et les non-croyants. (Maintenant que 70 ans de persécution ont pris fin, l'Église est de retour aux affaires, même si elle a

---

[572] L'anachronisme de l'imitation de styles architecturaux anciens à une époque où l'on dispose de nouveaux matériaux de construction intéressants est apparu clairement à tous lorsque les colonnes corinthiennes du bâtiment de la Cour suprême ont été installées après la pose du toit.

[573] *Del sentimiento trágico de la vida*, p. 42. Outre son impact purement religieux, le concept d'une vie après la mort a évidemment une énorme utilité sociale. Il est plus facile pour les individus et les races de supporter les inégalités de l'existence terrestre s'ils croient, ou peuvent être persuadés de croire, qu'ils auront une autre — et meilleure — existence dans le Grand Au-delà. Dans ce contexte, la promesse d'immortalité ne peut qu'exercer un effet apaisant et stabilisateur sur la société dans son ensemble. D'un autre côté, l'effet peut être trop apaisant et stabilisant, peut-être jusqu'à la stagnation sociale. Selon Martin Heidegger, dont les enseignements ont été déformés au-delà de toute compréhension par l'école philosophique dite existentialiste, l'immortalité tend à dévaloriser la vie. C'est la conscience de la mort et de sa finalité qui intensifie l'existence humaine et lui donne son sens le plus profond. De même que le drame sans rideau final n'est pas un drame, de même le temps infini et incommensurable n'est pas du temps. La philosophie de Heidegger accroît l'individualité de l'homme jusqu'à la rendre presque divine — et presque insupportable. Elle s'accorde cependant avec la nouvelle vision anti-copernicienne. L'homme, dont la taille a été fortement réduite lorsque la terre a été rétrogradée du centre de l'univers au rang de tache galactique, est maintenant redevenu grand, peut-être même plus grand qu'avant. Il est fort possible que l'homme soit le seul être intelligent dans tout l'espace, statut exalté qui lui a été accordé jusqu'à la Renaissance. S'il existe des formes de vie supérieures dans le cosmos, il est presque mathématiquement certain que certaines d'entre elles sont suffisamment en avance sur l'homme dans le processus d'évolution pour lui envoyer des signaux simples qui pourraient être captés par des radiotélescopes et d'autres appareils d'écoute électroniques sophistiqués. Pour l'instant, l'espace extra-atmosphérique est très calme. En ce qui concerne les fortes chances de voir apparaître une vie extraterrestre intelligente, voir *Science News*, 24 février 1979, et *Natural History magazine*, mai 1979.

encore beaucoup de retard à rattraper pour retrouver l'influence et la position spéciale qu'elle occupait sous les tsars). Au Mexique, les prêtres ne sont pas censés porter la soutane dans la rue. Pourtant, chaque année, des centaines de milliers de Mexicains se rendent en pèlerinage, certains se couvrant même la tête de couronnes d'épines lors d'effroyables reconstitutions du chemin de croix.

Unamuno au contraire, la plupart des gens veulent vivre dans le présent et dans l'au-delà. Les émanations immédiatement compréhensibles et agréables de la religion — en particulier sa dramaturgie — semblent aussi nécessaires à l'homme occidental et à l'esthétique occidentale que sa théologie. Comme si elle le sentait, la coalition libérale-minoritaire s'attaque aux manifestations du christianisme plutôt qu'au christianisme lui-même. Ceux qui sont à l'avant-garde de cette attaque trouvent déjà qu'il est plus simple de faire taire les prières dans les écoles publiques que de faire taire les chants de Noël.

De nombreux chrétiens dévots, ayant pris note de l'ouverture de l'intelligentsia sur la religion et les pratiques religieuses, en concluent qu'ils vivent à une époque profane. Ils ont raison dans la mesure où l'époque n'est pas propice à la religion organisée. Mais, comme nous l'avons déjà souligné, le réservoir de la foi humaine est toujours plein. Ce n'est pas la quantité de foi qui change, c'est sa direction. Les époques religieuses ne succèdent pas aux époques de scepticisme, comme le prétendent certains historiens. Les anciennes croyances établies cèdent simplement la place à de nouvelles croyances inchoatives. Une grande partie du sentiment religieux qui règne aujourd'hui dans le monde se trouve dans le cœur de ceux qui refusent le plus d'être qualifiés de religieux.

Le déclin de la religion officielle s'accompagne souvent de la réapparition du chaman ou du sorcier, dont la panoplie de potions magiques et de remèdes est aussi vieille que l'humanité elle-même. À l'époque de l'Église établie, le chaman doit travailler dans l'ombre. Mais à l'ère de la "liberté" religieuse, il est partout à la fois, rassemblant des adeptes ici, collectant des dons là, et répandant les nouvelles de sa métaphysique particulière à travers le pays. Parfois, le chaman opère en marge d'une religion universelle. Parfois, il fait passer son troupeau d'une religion universelle à une autre, comme l'a fait Elijah Muhammad des Black Muslims. Parfois, il se dissocie de toutes les manifestations religieuses contemporaines et retourne au fondement primitif de la religion, à l'animisme et à l'anthropomorphisme.

La résurgence phénoménale de l'astrologie et de la divination est un exemple de cette tendance. Mais la preuve la plus frappante de la descente de la religion du sublime au subliminal est fournie par cette branche spéciale et quelque peu illégitime de la psychologie connue sous le nom de psychanalyse. On y trouve, dans un emballage séduisant, presque tout le stock religieux de l'homme antique : expulsion des démons, interprétation des rêves, mythes de l'inceste, téléologies sexuelles obsessionnelles et confessions déchirantes. Le metteur en scène du spectacle ? Sigmund Freud, le grand chaman lui-même.

En tant que méthode scientifique d'investigation de l'homme intérieur, en tant qu'outil thérapeutique pour les maladies mentales, la psychanalyse peut difficilement être prise au sérieux par une personne rationnelle. Pourtant, ce chef-d'œuvre de primitivisme spirituel a été élevé à de telles hauteurs psychologiques, philosophiques et même religieuses qu'il a exercé et continue d'exercer un effet profondément corrosif sur les mœurs et la morale occidentales. Dans le domaine de l'art et de l'esthétique, où elle a probablement fait le plus de mal, la psychanalyse s'est intéressée à l'homme, autrefois considéré comme un peu plus bas que les anges, et l'a désescaladé jusqu'à le ramener au niveau de la brute.

Pour connaître le fonctionnement du cerveau humain, il aurait semblé plus judicieux d'étudier le neurone, un fait physiologique, plutôt que le ça, le moi et le surmoi, qui ne sont guère plus que des fantaisies psychologiques ou, plus exactement, psychomantiques. Le fait que Freud n'ait pas adopté l'approche la plus difficile est l'un des secrets de sa popularité. L'intuition et la révélation, dont l'euphémisme scientifique est la synthèse, attirent un public beaucoup plus large que de longues heures d'expériences contrôlées en laboratoire.[574] Pour établir et préserver son statut professionnel, Freud a enrobé ses enseignements de suffisamment de connaissances psychologiques pour convaincre les personnes imprudentes, instables et non instruites qu'il n'était pas un charlatan. Malgré ses prétentions scientifiques, il opérait davantage dans la tradition de Joseph et Daniel, ses lointains ancêtres, que sur les traces de ceux qui ont effectué les recherches laborieuses et douloureuses à l'origine des avancées authentiques dans l'étude du comportement humain. [575]

---

[574] La tendance des scientifiques juifs à s'appuyer sur des lois mathématiques plutôt que physiques, sur des sauts inductifs plutôt que sur l'accumulation laborieuse de preuves empiriques, est si prononcée qu'elle peut presque être décrite comme un trait racial. Einstein en est le cas le plus célèbre. Spengler a écrit que Hertz, qui était à moitié juif, était le seul scientifique moderne important à avoir tenté d'éliminer le concept de force de sa physique. *Le déclin de l'Occident*, vol. 1, p. 414.

[575] Alors que Freud postulait sur les névroses et les psychoses, John Houghlings Jackson (1835-1911), un célèbre neurologue britannique, a passé sa vie à étudier la fonction et le développement du système nerveux. La théorie évolutionniste de Jackson sur le développement du cerveau est fondamentale pour l'étude du fonctionnement ou du

En lisant Freud, on a du mal à imaginer comment le monde a pu s'en sortir jusqu'à l'avènement de la psychanalyse. Soit les victimes de névroses pré-freudiennes n'ont jamais su de quoi elles souffraient, soit le mal n'était pas plus ancien que le diagnostic. Bien que seuls les riches puissent se permettre d'être psychanalysés, l'homme de la rue subit quotidiennement un processus similaire à des prix avantageux en s'exposant à l'énorme reflux freudien dans les arts. Il n'est probablement pas nécessaire de souligner que les plus grands écrivains de la littérature anglaise moderne — Eliot, Yeats et D. H. Lawrence, pour n'en citer que trois — ont abhorré Freud. Lawrence s'est même donné la peine d'écrire deux traités anti-freudiens, *Fantasia of the Unconscious* et *Psychoanalysis and the Unconscious*. Des écrivains de second plan ont cependant fait du freudisme un élément central de leur œuvre. James Joyce et Thomas Mann sont deux des meilleurs romanciers qui se sont largement inspirés de Freud, bien que Mann ait mis en garde dans *La montagne magique* contre un aspect de la psychanalyse qui "mutile la vie à la racine".

Le libéralisme a élevé l'environnement au rang de dieu. Freud a prêché l'inconscient, le ça, cette masse bouillonnante d'instincts et de pulsions sexuels, ce diable intérieur qui ne peut être exorcisé efficacement que par la prêtrise freudienne. Théoriquement, le libéralisme moderne et la psychanalyse ne devraient pas avoir un centimètre carré de terrain d'entente. Le premier fait appel, ou prétend faire appel, au rationnel de l'homme, le second à l'irrationnel. Pourtant, il existe des liens souterrains qui établissent une bien curieuse symbiose. Lui-même autoritaire de la première heure, Freud a rarement laissé ses écrits s'éloigner de l'égalitarisme pour entrer dans le domaine politique de la race. Libéral en politique, membre d'une minorité et ennemi fanatique du nazisme, il a probablement contribué autant que quiconque à changer la forme de la civilisation occidentale, en particulier aux États-Unis, où on lui a pardonné son historicisme illibéral, son déterminisme et son insistance maladive sur les aspects reptiliens et mammifères du comportement humain, et où on l'a accueilli au sein du club.

Freud a affiné son attaque contre la liberté de la volonté en classant plusieurs manifestations importantes de l'individualité dans la catégorie des refoulements, qu'il définit comme des signes avant-coureurs de névroses, de psychoses, voire pire. L'un de ces refoulements est la culpabilité, le croquemitaine préféré de Freud, dont l'élimination est l'un des principaux

---

dysfonctionnement de l'intellect humain. Mais combien de personnes ont entendu parler de John Houghlings Jackson ?

objectifs de la psychothérapie.[576] Mais en se débarrassant de la culpabilité, on se débarrasse aussi d'un rempart de la stabilité et de l'ordre social, le plus pratique, et peut-être le moins coûteux, de tous les moyens connus de dissuasion du crime. Si elle avait le choix, que préférerait la société : des meurtriers qui se sentent coupables ou des meurtriers qui ne se sentent pas coupables ?

Le plaidoyer de Freud en faveur d'une adaptation conforme à l'environnement n'est pas sans rapport avec le conformisme intellectuel généralisé qui s'est abattu sur l'Amérique. Son approche cloacale des racines de la pensée et de l'action humaines a ouvert une toute nouvelle dimension de vulgarité et d'insipidité et a contribué à ouvrir la voie à l'ère actuelle de la pornographie. L'antidote freudien au déséquilibre mental causé par la technologie, le déracinement et la centrifugeuse sociale contemporaine consiste à fouiller les événements de son enfance à la recherche de fantômes sexuels. La préoccupation bouillonnante du bon docteur pour le bizarre, le banal et le pervers[577] a attiré dans son camp tant de personnalités névrosées qu'il est souvent difficile de faire la distinction entre le patient et l'analyste.

Douglas Kelley, l'un des psychiatres nommés par le tribunal lors des procès de Nuremberg, a écrit un best-seller sur les tendances névrotiques des dirigeants nazis incarcérés, consacrant une grande partie de l'espace à l'analyse d'Hermann Goering. Plus tard, Kelley, comme Goering, s'est suicidé en avalant une pilule de cyanure.[578] Un autre médecin freudien,

---

[576] Lorsqu'il s'agit de la culpabilité des membres de la majorité à l'égard des Noirs et d'autres minorités ou des Allemands à l'égard des Juifs, les freudiens font souvent des écarts dogmatiques commodes et se détournent des enseignements de la psychanalyse pour se tourner vers l'Ancien Testament.

[577] Seul un spécialiste de la perversité pouvait prendre de telles libertés avec les belles légendes grecques du phénix et de Prométhée. À propos de la première, Freud écrit : "La signification la plus ancienne du phénix était probablement celle du pénis revivifié après son état de flaccidité, plutôt que celle du soleil se couchant dans la lueur du soir et se levant à nouveau". Freud a rejeté Prométhée en tant que "symbole du pénis" et a donné sa propre version de la découverte du feu. "Je suppose maintenant que, pour s'approprier le feu, l'homme a dû renoncer au désir, teinté d'homosexualité, de l'éteindre par un jet d'urine… Pour l'homme primitif, la tentative d'éteindre le feu au moyen de sa propre eau signifiait une lutte plaisante avec un autre phallus". C'est pour ces raisons, selon Freud, que les sociétés primitives ont confié aux femmes la responsabilité du feu, car leur anatomie ne leur permettait pas de céder à la tentation des hommes. Freud, *Collected Papers*, Hogarth Press, Londres, 1950, Vol. 5, pp. 288, 291-92, et *Civilization and its Discontents*, trans. Joan Riviere, Jonathan Cape et Harrison Smith, New York, 1930, p. 50, note 1.

[578] Douglas Kelley, *22 Cells in Nuremberg*, Greenberg, New York, 1947, pp. 76–77. Ben Swearingen, auteur de *The Mystery of Hermann Goering's Suicide* (Harcourt Brace

Wilhelm Reich, mort au pénitencier fédéral de Lewisburg en 1957 alors qu'il purgeait une peine pour fraude postale, a fondé et dirigé une secte psychanalytique schismatique consacrée à la connaissance, à la fonction et aux ramifications psychologiques de l'orgasme.[579]

Dans ses tentatives aberrantes de guérir ou de contrôler les troubles mentaux, la psychanalyse a réussi à obscurcir, mais non à enterrer, certaines vérités axiomatiques. L'esprit s'effondre de façon permanente ou temporaire à la suite d'un surmenage ou d'un surmenage. Certains esprits naissent avec des défauts. D'autres les développent. Si l'esprit vit seul, s'il essaie de survivre avec ses propres déchets, il devient désordonné. La santé est fonction de l'objectif. Si l'on retire les appuis spirituels, les renforcements culturels, les bâtisseurs de moral éprouvés, l'assurance quadridimensionnelle de la famille, de la race, de la nation et de l'église, la mentalité humaine délicatement équilibrée peut facilement se fissurer. Même un cerveau aussi puissant que celui de Nietzsche n'a pas pu résister à l'épreuve d'un isolement permanent.

La psychanalyse reconnaît le déracinement comme une cause de trouble mental, mais elle évite le sujet du déracinement racial, le cas extrême du déracinement. Elle souligne l'importance du sentiment d'appartenance pour la santé mentale, mais ignore la conscience de race, l'une des expressions les plus intenses de ce sentiment. Pour ces raisons et d'autres encore, la psychanalyse passe totalement à côté de son sujet lorsqu'elle tente d'expliquer les origines de l'affliction mentale la plus pernicieuse qui soit, l'état d'esprit qui conduit au suicide.

Le suicide est la neuvième cause de décès aux États-Unis dans la population générale, la troisième cause dans la tranche d'âge des 15-19 ans et la deuxième cause chez les étudiants.[580] Certains des taux de suicide les plus bas se trouvent dans des États moins riches comme le Mississippi et la Caroline du Sud ; certains des taux les plus élevés se trouvent dans les États plus riches du Pacifique. Une étude de 1992 a révélé que le taux de suicide des Blancs américains était 2,5 fois plus élevé que celui des Noirs

---

Jovanovich, New York, 1985), affirme que le lieutenant Jack White a fait passer la pilule au commandant en second nazi quelques heures avant son exécution programmée. Il l'avait récupérée des mois plus tôt dans les bagages de Goering.

[579] Wilhelm Reich, *Selected Writings*, Noonday Press, New York, 1956. Reich a créé une entreprise florissante en vendant des "boîtes à orgone" à son groupe de fidèles.

[580] *Time*, 25 novembre 1966, p. 48, et 1994 *World Almanac*, p 956.

américains.[581] Entre 1950 et 1977, le taux de suicide annuel des jeunes hommes blancs est passé de 3,5/100 000 à 15,3/100 000, soit une augmentation de 437 %. En 1992, 3 360 hommes américains de la tranche d'âge 15-24 ans se sont donné la mort.

Les corrélations raciales qui ressortent de ces statistiques semblent être presque totalement perdues pour les psychanalystes, qui continuent d'expliquer le suicide en termes de souhaits de mort, d'états dépressifs, de frustration d'attentes élevées et d'implosion d'instincts agressifs. Les statistiques sont également en contradiction flagrante avec les théories marxistes et écologistes qui prédisent que les riches, avec leurs plus grandes richesses matérielles, sont moins enclins à se suicider que les pauvres.

C'est bien sûr le contraire qui se produit. Le plus grand nombre de suicides ne se produit pas dans les régions les plus arriérées du monde, mais dans les régions les plus avancées. C'est parmi les riches et ceux qui ont "réussi" que l'on trouve généralement les taux de suicide les plus élevés, et non parmi les pauvres. Là où il y a plus de racisme, il est probable qu'il y ait moins de suicides. L'urbanisation, la perte de la religion, les échecs professionnels et l'épuisement intellectuel sont des facteurs qui contribuent au suicide, mais la corrélation la plus importante reste le "moral racial" d'un groupe de population donné à un moment donné.

Presque tous ceux qui ont étudié les origines de la psychanalyse savent qu'elle est le produit de l'esprit d'une minorité. Non seulement Freud était juif, mais pratiquement tous ses associés l'étaient aussi.[582] Cependant, peu

---

[581] Le faible taux de suicide chez les non-Blancs est presque entièrement dû aux Noirs, puisque le taux pour les Amérindiens est de 11,5, pour les Américains d'origine japonaise de 6,9 et pour les Américains d'origine chinoise de 13,1. Louis Dublin, *Suicide*, Ronald Press, New York, 1963, pp. 33–35.

[582] Sachar, *The Course of Modern Jewish History*, p. 400. Le premier cercle freudien comprenait Kahane, Reitler, Heller, Graf, Sadger, Steiner, Sachs et Silberer. Parmi les principaux disciples de Sigmund Freud, bien que certains se soient éloignés des frontières doctrinales du fondateur, on trouve Adler, Rank, Abraham, Stekel, Federn, Klein, Reich, Horney et Fromm. Ruth L. Monroe, *Schools of Psychoanalytic Thought*, Dryden Press, New York, 1955, p. 14. Les trois psychanalystes non juifs les plus éminents étaient Ernest Jones, le Gallois désinvolte et doué connu comme "l'apôtre de Freud auprès des Anglo-Saxons", qui avait une femme juive ; Harry Stack Sullivan, d'origine irlandaise, le seul psychanalyste américain de premier plan ; et Carl Jung, un Suisse. Freud souhaitait tellement éviter que la psychanalyse ne soit considérée comme une "science juive" qu'il a toléré Jung à la tête de la Société psychanalytique internationale, malgré le désaccord fondamental de ce dernier avec le dogme freudien. Jung finit par s'intéresser à l'inconscient collectif plutôt qu'individuel et flirte avec les problèmes de la mémoire raciale et des archétypes raciaux. Pour cela et pour avoir fait quelques remarques pas trop désagréables sur l'Allemagne nationale-socialiste, il a été qualifié de fasciste. Weyl, *The*

de gens savent que la psychanalyse est également le produit de l'animosité d'une minorité. Selon Howard Sachar, un érudit juif de renom, l'une des principales motivations des pionniers freudiens

> était le désir inconscient des Juifs de démasquer la respectabilité de la société européenne qui les avait exclus. Il n'y avait pas d'autre moyen d'y parvenir que de déterrer de la psyché humaine les aberrations sexuelles sordides et infantiles... Même les Juifs qui n'étaient pas psychiatres ont dû prendre plaisir à l'exploit d'égalisation sociale réalisé par la "nouvelle pensée" de Freud. La Loge B'nai B'rith de Vienne, par exemple, se réjouissait d'entendre Freud exposer ses théories...[583]

Freud pouvait compter sur un grand nombre d'éminents spécialistes des sciences sociales parmi ses disciples. Claude Lévi-Strauss, l'"anthropologue structural", a injecté le schéma freudien dans l'anthropologie moderne, écrivant dans un jargon psychanalytique typique : "Dans le langage [...] du mythe, le vomissement est le terme corrélatif et inverse du coït, et la défécation est le terme corrélatif et inverse de la communication auditive."[584]

Herbert Marcuse, le défunt mentor de la Nouvelle Gauche, a construit une synthèse de Marx et de Freud, modifiant et réarrangeant le complexe d'Œdipe de telle sorte que le père représente le capitalisme et le fils parricide, le prolétariat.[585] Ces absurdités fantaisistes feraient l'objet de notes de bas de page intéressantes dans l'histoire de l'érudition, si elles n'étaient pas prises au sérieux par tant d'intellectuels libéraux.

C'est aux praticiens freudiens que le membre de la majorité s'adresse souvent lorsqu'il cherche à se soulager d'une maladie mentale réelle ou imaginaire. Il est immédiatement soumis à un interrogatoire sordide, avilissant, démoralisant et déracinant qui éteint les quelques étincelles d'amour-propre qu'il lui reste.[586] Le cœur de son problème n'est pas touché,

---

Creative Elite in America, p. 95, et la *Saturday Review of Literature*, 6 septembre 1947, p. 21, et 11 juin 1949, p. 10. Bien qu'il n'ait jamais tout à fait échappé à la tare freudienne, le travail le plus important de Jung pourrait finalement s'avérer avoir été dans les domaines de la mythologie et de l'histoire de la culture plutôt que dans la plomberie de la psyché.

[583] Sachar, op. cit. p. 400-401.

[584] Edmund Leach, *Lévi-Strauss*, Fontana/Collins, Londres, 1970, p. 81.

[585] Alasdair MacIntyre, *Marcuse*, Fontana/Collins, Londres, 1970, pp. 41-54 et *New York Times Book Review*, 26 octobre 1969, p. 66.

[586] Les patients juifs ne s'en sortent guère mieux, même si leur conscience ethnique élevée leur offre une plus grande résistance au déracinement. Alors qu'ils se détournent du judaïsme, les Juifs sont de plus en plus nombreux à se tourner vers l'analyse, car "des

et le problème lui-même est exacerbé. Pour le patient de la majorité, comme il ne le découvrira peut-être pas à temps, le divan du psychanalyste est le lit de Procruste. Dans aucun domaine du choc culturel, le bilan des psychismes majoritaires n'a été aussi lourd.[587]

La ferveur religieuse peut être un formidable catalyseur de l'énergie humaine. Mais une pseudo-religion comme le freudisme, lorsqu'elle est pratiquée par une minorité de prêtres dans une assemblée majoritaire, ne peut qu'induire un hédonisme léthargique qui fait ressortir ce qu'il y a de pire en chacun. Qu'est-ce qui peut bien ressortir de ce que Jung a appelé ces "dieux effrayants [qui] ont seulement changé de nom et qui maintenant... riment avec "isme"" ?[588]

Percival Bailey, directeur de recherche à l'Institut psychiatrique de l'Illinois, dans l'attaque peut-être la plus dévastatrice jamais écrite contre le freudisme, a prédit qu'à long terme, on se souviendra probablement de la psychanalyse comme de quelque chose qui s'apparente au magnétisme animal.[589] Pour

---

concepts tels que l'égalité, la fraternité et l'internationalisme ont exercé un attrait différentiel sur les Juifs". L'analyse était particulièrement "attrayante pour les Juifs d'origine est-européenne... imprégnés de traditions talmudiques, parce qu'elle impliquait une manipulation très abstraite de concepts abstrus et un minimum d'expérimentation scientifique". Weyl, op. cit. p. 96.

[587] "C'est donc une erreur tout à fait impardonnable", a écrit Carl Jung, "d'accepter les conclusions d'une psychologie juive comme généralement valables. Personne ne songerait à considérer la psychologie chinoise ou indienne comme obligatoire pour nous. L'accusation bon marché d'antisémitisme qui a été portée contre moi sur la base de cette critique est à peu près aussi intelligente que de m'accuser d'un préjugé anti-chinois. Sans doute, à un niveau antérieur et plus profond de développement psychique, où il est encore impossible de distinguer entre une mentalité aryenne, sémitique, hamitique ou mongole, toutes les races humaines ont une psyché collective commune. Mais avec le début de la différenciation raciale, des différences essentielles se développent également dans le psychisme collectif. C'est pourquoi nous ne pouvons pas transplanter l'esprit d'une race étrangère *in globo* dans notre propre mentalité sans porter une atteinte sensible à cette dernière, ce qui n'empêche pas diverses natures à l'instinct faible d'affecter la philosophie indienne et d'autres choses semblables". *Collected Works,* trans. R. F. C. Hull, Pantheon Books, New York, 1953, Vol. 7, p. 149, note 8.

[588] *Psychological Reflections,* Harper & Row, New York, 1961, p. 134.

[589] Percival Bailey, "A Rigged Radio Interview-with Illustrations of Various Ego-Ideals", *Perspectives in Biology and Medicine,* The University of Chicago Press, Winter, 1961, pp. 199–265. Un autre anti-freudien de premier plan est le Dr Thomas Szasz, qui considère que la maladie mentale n'est pas tant une maladie qu'une forme de jeu de rôle dans lequel le patient agit délibérément de manière irrationnelle afin de parvenir à ses fins. Thomas Szasz, *Le mythe de la maladie mentale,* Hoeber-Harper, New York, 1961, chapitre 13. R. D. Laing, psychiatre très en vue, affirme que chaque psychose porte en elle le germe de sa propre guérison et que certaines formes de folie constituent une

éviter le cul-de-sac freudien qui, selon lui, n'a jamais empêché un patient psychiatrique de sortir d'un asile, et pour mettre en garde les membres de la majorité en quête d'une religion, le Dr Bailey invoque quelques mots mémorables de D. H. Lawrence :

> L'âme ne doit pas s'entourer de défenses. Elle ne doit pas se retirer et chercher ses cieux intérieurement, dans des extases mystiques. Elle ne doit pas crier à un Dieu de l'au-delà pour obtenir le salut. Elle doit suivre la route ouverte, comme la route s'ouvre, vers l'inconnu, en compagnie de ceux dont l'âme les attire près d'elle, n'accomplissant rien d'autre que le voyage, et les œuvres accessoires au voyage, dans la longue vie-voyage vers l'inconnu, l'âme, dans ses sympathies subtiles, s'accomplissant elle-même en chemin.[590]

Le psychologue Franz Winkler a dressé un bilan moins poétique de la psychanalyse freudienne : "Presque invariablement, une indifférence croissante aux besoins d'autrui, un déplacement des symptômes vers des affections psychosomatiques graves et un mal-être profond remplaçaient les conflits et les luttes émotionnelles qui avaient été "guéris".[591]

---

expérience humaine extrêmement enrichissante si on les laisse suivre leur cours. Pour en savoir plus sur les théories de Laing, voir *Time*, 7 février 1969, p. 63. Le philosophe Alfred North Whitehead a trouvé plus de défauts aux freudiens qu'à Freud lui-même. "Les idées de Freud ont été popularisées par des gens qui ne les comprenaient qu'imparfaitement, qui étaient incapables du grand effort nécessaire pour les saisir dans leur relation avec des vérités plus vastes, et qui leur ont donc attribué une importance disproportionnée par rapport à leur importance réelle." *Dialogues d'Alfred N. Whitehead*, Little, Brown, Boston, 1954, p. 211. Henri Ellenberger, auteur de *The Discovery of the Unconscious* (Basic Books, New York, 1970), a montré que nombre de ces "idées de Freud" ont été empruntées et que Freud s'en est vu attribuer le mérite en raison de son génie d'autopopopularisation. Il est certain que les médias ont traité Freud avec beaucoup de gentillesse. Ce n'est qu'à la fin des années 1970 que le grand public a appris que le fondateur de la psychanalyse avait été cocaïnomane et qu'en 1885, il avait en fait "publié un essai sur les gloires de la cocaïne...". Martin Gross, *The Psychological Society* Random House, New York, 1978, p. 235.

[590] D. H. Lawrence, *Studies in Classical American Literature*, Viking Press, New York, 1964, p. 173.

[591] Franz Winkler, *L'homme : The Bridge Between Two Worlds*, Harper, New York, 1960, p. 2.

CHAPITRE 20

L'atrophie de l'éducation

L'ÉDUCATION, TROISIÈME des trois principales zones de combat dans l'affrontement culturel, est le processus par lequel le bien le plus précieux de l'homme, sa culture, est transmis à la postérité. Si le processus est altéré, si le testament culturel d'un peuple ou d'une race est modifié, pour ainsi dire, alors qu'il est encore en cours d'homologation, l'héritage lui-même peut se perdre. C'est l'atrophie progressive des mécanismes traditionnels de transmission de la culture d'une génération à l'autre qui caractérise l'état actuel de l'éducation américaine.

Dans le dernier chapitre de *La décadence et la chute de l'Empire romain*, Edward Gibbon a dit qu'il avait décrit le triomphe de la barbarie et de la religion. Un futur historien qui ferait une étude sur la détérioration de l'éducation américaine pourrait dire, avec la même simplification excessive, qu'il a décrit le triomphe de John Dewey et de Benjamin Spock. Le Dr Spock a été distingué parce que son livre *Common Sense Book of Baby and Child Care* s'est vendu à plus de 40 millions d'exemplaires et qu'il est peut-être, à l'exception de la Bible, le best-seller de tous les temps en Amérique.[592] On estime qu'entre 1945 et 1955, un enfant américain sur quatre a été élevé selon les préceptes de Spock.[593] La phase familiale de l'éducation étant aussi importante que toutes les phases ultérieures, Spock a probablement exercé plus d'influence que toute autre personne, vivante ou décédée, sur l'éducation américaine.

En ce qui concerne les mérites ou les inconvénients d'une telle influence, il convient de préciser un point : le Dr Spock n'est pas seulement un pédiatre, mais aussi un psychiatre, et un psychiatre freudien de surcroît. Par conséquent, ses théories sont fondées sur des éléments freudiens aussi banals que le traumatisme de la naissance, la sexualité infantile, les stades oraux et anaux et l'envie de pénis.[594] Spock a centré l'éducation préscolaire de

---

[592] Alice Hackett, *70 Years of Best Sellers*, Bowker, New York, 1967, p. 12, et *American Health*, juin 1992, p. 38.

[593] *Current Biography*, 1956, pp. 599–601. Le pourcentage depuis 1956 a diminué, mais reste significatif.

[594] Spock a commencé sa carrière en tant que psychiatre et n'est devenu pédiatre que plus tard. Après la première publication de *Baby and Child Care* en 1946, il est resté professeur agrégé de psychiatrie à l'université du Minnesota. Il a ensuite rejoint le département de

l'enfant sur l'enfant plutôt que sur le parent et l'enfant en tant qu'unité, sur le maillon plutôt que sur la chaîne du continuum humain. Dans le *Weltblick* de Spock, l'expression de soi est plus importante que la discipline, l'affection plus importante que l'orientation. Le plus important, bien qu'il ne le décrive jamais exactement en ces termes, est ce que l'on pourrait appeler l'économie de l'inquiétude parentale. Spock promet que presque tout ira bien si on laisse les choses suivre leur cours. À cet égard, l'approche pédiatrique de la faune de Spock se réduit à un gigantesque remède pour soulager l'anxiété des parents. En remerciement de l'allègement du fardeau traditionnel de leurs responsabilités et du report d'une grande partie de celles-ci sur l'enfant, des millions de mères américaines ont fait de Spock un multimillionnaire.[595]

Il était évident dès le départ que les parents qui suivaient les enseignements de Spock chouchoutaient et gâtaient leurs enfants de peur de blesser leur ego et d'implanter des névroses qu'ils pourraient porter avec eux pour le reste de leur vie. Les fruits de cette permissivité sont visibles dans les activités des "flower children", des hippies et des étudiants insurgés, qui appartenaient tous à la première génération d'Américains formés par Spock.[596] Les résultats se retrouvent également chez le fils aîné de Spock, Michael, un enfant à problèmes qui a abandonné l'université à trois reprises et qui a passé neuf ans en analyse approfondie.[597]

Trop tard et quelque peu à contrecœur, Spock finit par comprendre, au moins partiellement, l'erreur qu'il avait commise. Admettant qu'il avait été "trop permissif", il se rétracta au point de raccourcir certaines des limites latitudinaires qu'il avait imposées à l'expression de soi. Dans les éditions ultérieures de son livre, le mot "discipline" apparaît plus fréquemment. En 1968, après avoir déplacé sa sphère d'intérêt de la pédiatrie à la guerre du

psychiatrie de l'université Case Western Reserve, poste qu'il a occupé pendant près de vingt ans. La fille de Freud, Anna, spécialisée dans l'application de la psychanalyse aux troubles de l'enfance, a eu presque autant d'influence sur Spock que Freud lui-même.

[595] La popularité de Spock peut être attribuée en partie à ce qu'Alexis Carrel a décrit comme "la trahison des femmes" — faire passer la carrière, les plaisirs sexuels, les jeux de ponts et le cinéma avant l'éducation des enfants. Il exhorte les femmes "non seulement à faire des enfants, mais de les élever". *L'homme, cet inconnu*, pp. 372, 431.

[596] On peut se demander dans quelle mesure le discours de Jerry Rubin, l'un des "7 de Chicago", devant une assemblée d'étudiants de l'Ohio, peut être attribué à Spock. Les remarques de Rubin incluaient : "La première partie du programme des Yippies, vous le savez, est de tuer vos parents. Et je le dis très sérieusement, car si vous n'êtes pas prêts à tuer vos parents, vous n'êtes pas vraiment prêts à changer le pays..." *Human Events*, 16 mai 1970, p. 31.

[597] Michael Spock, "My Father", *Ladies Home Journal*, mai 1968, p. 72. Michael a également révélé — de façon plutôt surprenante compte tenu de l'importance que son père accordait à l'amour parental — que son père ne l'avait jamais embrassé.

Viêt Nam, Spock est condamné à une peine de prison pour conspiration en vue de conseiller l'évasion de l'armée. Il est enfin devenu un martyr, même si ce n'est que de courte durée. Le verdict a été annulé par la suite.[598]

Après que Spock eut commencé à consacrer la majeure partie de son temps aux mouvements de protestation et au théâtre de rue, sa place a été occupée en partie par le Dr Haim Ginott, né en Israël et décrit comme le "Dr Spock des émotions". La thèse principale de Ginott est que les parents devraient devenir des psychologues amateurs afin de "décoder" le comportement de leurs enfants. Le mauvais comportement peut être toléré mais pas sanctionné. L'équilibre entre la sévérité et l'indulgence est mieux réalisé par une stratégie de sympathie.[599]

L'emprise de la minorité sur l'éducation des enfants de la majorité a été encore renforcée par les experts des journaux et des magazines dont les lecteurs se comptent par millions. Les chroniqueurs qui ont le plus d'autorité sur les attitudes des parents et des adolescents sont ceux qui traitent de problèmes personnels sous la forme de réponses à des lettres, dont certaines sont authentiques et d'autres manifestement inventées ou recyclées. Les deux "sob sisters" les plus lues sont Abigail van Buren ("Dear Abby") et Ann Landers, deux jumelles juives.[600] La créatrice de *Sesame Street*, l'émission de télévision qui enseigne l'intégration aux enfants d'âge préscolaire, est Joan Ganz Cooney, également d'origine juive. Le Dr Ruth Westheimer, la sexologue de la télévision, a été membre de la Haganah Underground en Israël.

Une fois que l'enfant quitte la maison pour l'école, les attraits dogmatiques des pédopsychiatres, amateurs et professionnels, sont remplacés par ceux des pédagogues. Ici, même en première année, les enfants tomberont sous l'ombre longue et quichottesque de feu John Dewey, la force motrice de ce que l'on a appelé l'éducation progressive. Pour Spock, l'enfant est le

---

[598] Il convient de souligner que Spock est un pacifiste sélectif. Il a admis : "Si un autre Hitler se présentait, j'irais tout aussi bien à la guerre et prendrais le risque d'être tué." Mais lorsqu'il a eu l'occasion de combattre le vivant Hitler pendant la Seconde Guerre mondiale, il a passé la majeure partie de son temps à servir dans un centre médical naval de San Francisco, écrivant son best-seller le soir. Jessica Mitford, *The Trial of Dr. Spock*, Knopf, New York, 1969, pp. 8, 10–12.

[599] *Time*, 30 mai 1969, pp. 62-63. Ginott a catégoriquement refusé de dire s'il avait lui-même des enfants. Son livre, *Between Parent and Child* (Macmillan, New York, 1965), a été traduit en treize langues.

[600] Née le 4 juillet 1918 de M. et Mme Abraham Friedman de Sioux City, Iowa. Dans sa chronique du *Miami Herald* (28 janvier 1974, p. 3D), Ann Landers souscrit à la théorie de la supériorité raciale des Juifs.

partenaire principal du parent. Pour Dewey, l'élève est le partenaire principal de l'enseignant.

Selon Dewey, le sujet de l'éducation n'est pas aussi important que la méthode. La formation du caractère et la formation morale doivent céder la place à la résolution de problèmes et à l'apprentissage par la pratique. L'utilisation d'exemples religieux et historiques pour inculquer le courage, la loyauté, la fierté et le civisme est découragée. Le véritable objectif de l'éducation est défini comme la recherche d'un meilleur ordre social. La discipline en classe est relâchée au profit d'un dialogue entre l'enseignant et l'élève. L'instructeur se préoccupe davantage du *comment* de l'apprentissage que du *quoi*.

Comme on pouvait s'y attendre, l'éducation progressive a rapidement évolué vers un état d'anarchie éducative. C'était une noble tentative, comme tant de grands idéaux du libéralisme et de la démocratie qui sont nobles en théorie avant que leur application sans discernement ne les rende ignobles en pratique. Malheureusement, l'homme, qui appartient à l'*Homo sapiens* et non à une race de dieux, n'est ni mentalement, ni moralement, ni physiquement autosuffisant. La société la plus intelligente, la plus avancée et la plus responsable de l'histoire aurait difficilement pu tirer profit de ces tentatives expérimentales incontrôlées et non coordonnées sur le processus d'apprentissage. Pourtant, ils ont été imposés à des hordes croissantes d'enfants déracinés vivant dans des bidonvilles, dont l'éducation, l'environnement et les capacités éducatives ne dépassaient guère le niveau de Neandertal. En peu de temps, tous les grands espoirs et les bonnes intentions ont été réduits à des schibboleths d'agitateurs raciaux et de classe, tandis que dans les grandes zones urbaines, l'absence d'enseignement éthique et la dépréciation incessante des valeurs sociétales éprouvées ont produit toute une génération de nihilistes mentalement anesthésiés et moralement désorientés.

Même Dewey a commencé à voir la lumière à la fin de sa vie. Comme Spock, il a réduit ses voiles en préconisant le rétablissement d'une certaine discipline éducative.[601] Mais c'était bien trop peu et bien trop tard. La jungle des tableaux noirs, les agressions d'étudiants contre les enseignants, la violence et les sit-in sur les campus, la destruction insensée des laboratoires et des bibliothèques, tout cela signait l'agonie d'un système éducatif autrefois formidable. Si Dewey avait vécu, il aurait été contraint, en tant que vieux croyant et pragmatique honnête qui savait que la preuve de la théorie

---

[601] *Ency. Brit.*, Vol. 7, p. 347.

se trouvait dans les tests, d'abandonner presque toutes ses idées éducatives.[602] *Si monumentum requiris, circumspice.*

L'assassinat en masse de huit infirmières à Chicago en 1966 est un exemple extrême de l'incapacité totale de l'éducation à préparer les jeunes Américains à affronter les épreuves et les tribulations de la vie moderne. Une neuvième infirmière, une Philippine, fut la seule à s'échapper. Ce n'est pas un hasard si elle était celle qui avait été le moins exposée aux techniques éducatives contemporaines. Elle s'est cachée sous le lit pendant que les autres étaient emmenées une à une pour être tuées au couteau. Les autres infirmières n'ont pas résisté parce qu'elles pensaient pouvoir raisonner le meurtrier. Elles pensaient pouvoir le calmer avec les procédures qu'elles avaient apprises en classe. Elles "avaient toutes un psychologue et elles étaient plutôt futées", a rapporté un journal.[603]

Bien que l'éducation américaine soit *en danger*, il y a eu peu de tentatives pour la sauver. L'une des propositions a été de ramener les "grands livres" et de les considérer comme des guides permanents pour l'apprentissage.[604]

Mais les problèmes de l'éducation américaine sont beaucoup trop complexes pour être résolus par la simple substitution du très ancien au très nouveau. Une autre proposition a été avancée par les pédagogues "essentialistes" qui se sont mis d'accord sur un tronc commun d'apprentissage à assimiler par tous, indépendamment des capacités ou des objectifs personnels.[605] Quelques éducateurs se tournent vers Platon, qui croyait que l'éducation consistait à tirer parti des idées innées et qui n'insistait jamais assez sur les aspects moraux de l'enseignement.

[Si l'on se demande universellement quel avantage considérable la ville tire de l'éducation des personnes instruites, la réponse est facile.

---

[602] Il est regrettable que les brillants esprits qui tentent si souvent de pousser la société vers de nouvelles voies éducatives aient l'habitude d'avertir leurs cobayes sociaux des pièges évidents *après* plutôt qu'*avant* l'événement. Tout en reconnaissant le flair épistémologique de Dewey et ses contributions à la philosophie moderne, il n'y a tout simplement aucune excuse pour qu'il évite le facteur racial dans l'éducation et pour qu'il déclare, comme il l'a fait, que toute activité d'apprentissage "effectuée sous une contrainte ou une dictée extérieure... n'a aucune signification pour l'esprit de celui qui l'accomplit". *Intelligence in the Modern World, John Dewey's Philosophy*, Modern Library, New York, 1939, pp. 607-8. Dans quelle mesure le chaos de l'éducation moderne découle-t-il d'un tel postulat ?

[603] *San Francisco Chronicle*, 23 juillet 1966, p. 7.

[604] S. E. Frost, Jr, *Introduction to American Education*, Doubleday, Garden City, N.Y., 1962, p. 42.

[605] Ibid, pp. 26-27.

> L'éducation est le moyen de produire des hommes bons et, une fois produits, ces hommes vivront noblement…[606]

Aristote, autrefois considéré comme la plus grande autorité en matière d'éducation, a été largement abandonné par les pédagogues occidentaux. Le philosophe grec affirmait que l'objectif principal de l'éducation était de modeler les citoyens en fonction de la forme de gouvernement sous laquelle ils vivaient, de développer en eux un sentiment d'affection pour l'État et d'encourager la croissance et l'épanouissement de l'intelligence humaine.[607] Les théories éducatives de Locke, qui mettaient l'accent sur l'enseignement de la tolérance et de la liberté civile, sont toujours d'actualité, mais en grande partie pour de mauvaises raisons. Plus populaires sont les idées de Rousseau, qui a abandonné ses cinq enfants, mais dont l'Émile a eu plus d'influence sur l'éducation des enfants que n'importe quel autre ouvrage jusqu'à l'*opus magnum* du Dr Spock. Bien que Rousseau ait déclaré que les Noirs étaient intellectuellement inférieurs aux Européens,[608] il est l'un des théoriciens préférés de ceux qui font le plus pression en faveur de la déségrégation scolaire. Alors que Platon suggérait que la bonté soit implantée dans l'élève par l'éducation, Rousseau a décidé que la bonté était déjà présente et que le travail de l'enseignant consistait à la faire remonter à la surface.

À l'époque coloniale et dans les premiers temps de l'indépendance, l'éducation américaine était avant tout une entreprise religieuse. Elle n'est devenue publique, laïque, obligatoire et "universelle" que dans la seconde moitié du XIXe siècle. À l'heure actuelle, le contrôle et le parrainage religieux de l'éducation se limitent aux écoles paroissiales et à quelques autres écoles privées. En 1990-91, l'Église catholique romaine gérait 8 731 écoles paroissiales. Au cours de la même période, 2 555 930 élèves fréquentaient les écoles paroissiales,[609] un chiffre qui devrait diminuer au cours de la prochaine génération. L'enseignement catholique est favorisé par le fait que des milliers de membres d'ordres religieux acceptent d'enseigner pour un salaire dérisoire. Il va sans dire que l'augmentation constante du coût

---

[606] *Lois*, I, 641c.

[607] Platon était plus favorable qu'Aristote au système éducatif spartiate, qui retirait tous les enfants de sexe masculin de leur foyer à l'âge de sept ans et les plaçait dans des institutions d'État, où ils recevaient un cours d'endoctrinement de onze ans sur des qualités militaires telles que la bravoure et le courage. Parce que le ROTC a commencé si tôt à Sparte, les Spartiates ont été considérés comme arriérés en matière d'éducation, même s'ils étaient les seuls Grecs à assurer l'éducation des femmes. Pour les réflexions d'Aristote sur l'éducation, voir *Politique*, VIII, 1, et *Ency. Brit.*, vol. 7, p. 983-84.

[608] *Émile*, Éditions Garnier Frères, Paris, 1964, p. 27.

[609] *Almanach mondial 1994*, p.197.

de la vie et la diminution constante de la foi menacent sérieusement l'avenir de la profession d'enseignant catholique.

Alors que le nombre d'écoles catholiques a diminué, les inscriptions dans d'autres écoles privées, en particulier dans les académies chrétiennes du Sud, ont nettement augmenté au cours de cette période, les familles blanches de toutes confessions ayant transféré leurs enfants des écoles publiques déségréguées.

Comme nous l'avons suggéré précédemment, le déclin de la religion formelle n'aboutit pas nécessairement à une nation d'athées. L'instinct religieux ne se mortifie pas. Il emprunte des voies différentes à la recherche de divinités différentes. Dans le système scolaire, comme dans tant d'autres institutions américaines, le christianisme est tout simplement éliminé par le syncrétisme religieux moderne de la démocratie, de l'égalité et du racisme des minorités. Quiconque connaît les programmes scolaires et universitaires contemporains ne peut manquer de déceler une tonalité théologique dans la plupart des sujets abordés. Quoi qu'il en soit, les cours de sciences politiques sont de plus en plus difficiles à distinguer des sermons.

Aucune attaque contre l'éducation américaine — pas même les attentats à la bombe, le trafic de drogue dans les cours de récréation ou l'incroyable vandalisme — n'a été aussi bouleversante que la déségrégation des écoles. L'arrêt de la Cour suprême de 1954 dans l'affaire *Brown v. Board of Education of Topeka sera* peut-être un jour considéré comme le Fort Sumter de la deuxième guerre civile américaine. Bien que la Constitution ne dise rien sur l'éducation, la Cour a ordonné la déségrégation de toutes les écoles publiques au motif que la ségrégation prive les minorités de l'égalité des chances. Même si les établissements scolaires étaient égaux — certains l'étaient, mais la plupart ne l'étaient certainement pas — le fait même de la séparation, selon la Cour, générait chez les enfants noirs "un sentiment d'infériorité quant à leur statut au sein de la communauté, susceptible d'affecter leur cœur et leur esprit d'une manière qu'il est peu probable de pouvoir jamais réparer". La Cour a fondé son argumentation sur la clause d'égale protection du 14e amendement.[610]

Pour rendre sa décision, la Cour suprême a pris connaissance de preuves sociologiques qui n'avaient pas été entendues par les juridictions inférieures, preuves introduites au cours des audiences par une technique juridique connue sous le nom de "Brandeis brief". Normalement, les cours d'appel n'autorisent pas l'introduction de nouveaux faits ou de nouvelles preuves. Mais Brandeis, lorsqu'il était juge à la Cour suprême, a rompu ce précédent de longue date en encourageant l'admission de mémoires contenant des

---

[610] Frost, op. cit. p. 305-6.

éléments qu'il considérait comme incontestables et non ouvertement préjudiciables à l'une ou l'autre des parties au litige. Il s'est avéré que le mémoire de Brandeis entendu par la Cour suprême dans l'affaire Brown n'était que la répétition et l'élaboration de la thèse libérale-minoritaire de l'égalitarisme racial. L'aspect génétique de l'argument et l'effet de l'intégration sur l'éducation des enfants blancs ont été totalement ignorés.[611] La défense n'a eu droit à aucune réfutation "scientifique".[612]

La déségrégation impliquant la mixité sociale entre Blancs et Noirs, la résistance à l'arrêt de la Cour suprême s'est immédiatement manifestée dans le Sud.[613] Elle a mis plus de temps à se développer dans le Nord, où la ségrégation de fait dans les ghettos permettait aux autorités de fermer les yeux. Cependant, au Nord comme au Sud, l'intégration signifiait l'abandon du concept d'école de quartier, puisqu'elle ne pouvait être réalisée que par le découpage éducatif de districts scolaires entiers et par le busing forcé.[614] Une fois que ces mesures ont été prises ou envisagées sérieusement par les conseils scolaires locaux, le Nord s'est souvent montré moins coopératif et plus hostile que le Sud.

La déségrégation scolaire, ralentie par le refus massif des Blancs de s'y plier, a provoqué un exode des Blancs vers les banlieues. Dans le berceau de l'intégration, Washington, D.C., le système scolaire public est aujourd'hui presque entièrement noir. Bien que l'on puisse s'attendre à ce que les promoteurs gouvernementaux de la déségrégation fassent au moins semblant de faire ce qu'ils essaient de forcer les autres à faire, il n'existe que très peu de cas authentifiés de membres blancs haut placés des pouvoirs exécutif,

---

[611] Dans son avis, la Cour suprême a cité nommément le sociologue suédois Gunnar Myrdal. L'ouvrage de Myrdal, *An American Dilemma, entretient avec la* révolution noire américaine contemporaine une relation comparable à celle que l'*Encyclopédie* de Diderot entretenait avec la Révolution française. La méprise presque risible de Myrdal sur les tendances sociales aux États-Unis a déjà été notée dans la note de bas de page 11, p. 223.

[612] Une tentative de renverser *Brown* en introduisant de telles preuves dans une autre affaire de déségrégation, *Stell v. Savannah Board of Éducation,* a échoué lorsque la Cour suprême a refusé de donner suite à un appel de la Cour d'appel du cinquième circuit. Pour une description détaillée du procès *Stell,* ainsi qu'une analyse des erreurs factuelles dans les témoignages présentés dans l'affaire *Brown,* voir Putnam, *Race and Reality,* chapitre IV.

[613] L'arrêt *Brown* "a couronné le travail d'une génération du Congrès juif américain dans les affaires intérieures, consommant l'alliance entre les deux minorités, mais suscitant un profond ressentiment parmi les conservateurs blancs". Litvinoff, *A Particular People,* p. 51.

[614] Tous les présidents récents, y compris Clinton, ont continué à appliquer le busing forcé, bien qu'un sondage Gallup ait montré que les Américains s'y opposaient à huit contre un. *New York Times,* 5 avril 1970.

législatif ou judiciaire ayant envoyé leurs propres enfants dans des écoles publiques déségréguées.

Avant que la Cour suprême ne rende son arrêt dans l'affaire *Bakke*, il a été démontré que des candidats noirs et hispaniques moins qualifiés à l'école de médecine de l'université de Californie à Davis avaient été acceptés alors que des candidats blancs plus qualifiés avaient été rejetés. Bien que les juges aient admis que c'était une erreur, ils ont décidé que la race pouvait être prise en considération par les commissions d'admission des établissements d'enseignement supérieur. En conséquence, ces commissions poursuivent les mêmes politiques d'admission raciale qu'auparavant, mais se gardent bien de les qualifier de quotas, ce qui est exactement le cas. Ils préfèrent les appeler des objectifs. Au mépris de la Constitution, la Cour suprême a fait de la race un facteur d'admission dans les universités.

Dans les écoles autrefois entièrement blanches où sont inscrits près de la moitié des élèves noirs du pays, les résultats de la déségrégation sont loin d'être satisfaisants.[615] Les élèves de chaque race ont eu tendance à adopter les pires coutumes, habitudes, morales et discours de l'autre. Les élèves brillants, noirs et blancs, sont partis ou ont tenté de partir, et dans de nombreuses écoles, toutes les activités sociales ont dû être abandonnées.[616] La violence et le vandalisme dans les classes ont réduit la qualité de l'enseignement autant qu'ils en ont augmenté le coût (environ 181 milliards de dollars en 1980-81).[617]

Le déclin constant des moyennes nationales des tests d'aptitudes scolaires passés par des millions de candidats à l'université est un exemple dramatique de ce qui est arrivé à l'éducation américaine. En 1962, la moyenne nationale pour le SAT verbal était de 478 ; en 1991, elle était de 422. La moyenne nationale pour le test de mathématiques du SAT est passée de 502 à 474 au

---

[615] Vingt-cinq ans après l'arrêt *Brown*, 60 % des élèves noirs fréquentaient des écoles composées au moins à moitié de Noirs. Plutôt que d'envoyer leurs enfants dans des écoles urbaines déségréguées, des millions et des millions d'Américains blancs ont perdu des centaines et des centaines de millions de dollars en déménageant dans les banlieues ou ailleurs. Lorsque les Noirs de la classe moyenne les ont suivis, de nombreuses familles blanches ont à nouveau déménagé. Au grand dam de ses fervents partisans, *Brown s'est avéré* être l'outil social le plus efficace jamais conçu pour la séparation résidentielle des races.

[616] *Los Angeles Herald-Examiner*, 10 octobre 1980, p. 19.

[617] Une étude du Sénat portant sur 757 districts scolaires publics a révélé qu'en trois ans, le vandalisme dans les écoles avait coûté 500 millions de dollars aux contribuables américains, qu'il y avait eu 70 000 agressions contre des administrateurs et des enseignants, et plusieurs centaines de milliers contre des élèves, et que plus d'une centaine d'élèves avaient été assassinés. *Christian Science Monitor*, 10 avril 1975, p. 5.

cours de la même période. Toute personne ayant la moindre compréhension des différences raciales en matière d'intelligence aurait pu prédire ces résultats, mais les experts ont trouvé toutes les raisons, sauf la bonne. La diminution des résultats de ces examens sur un demi-siècle est presque exactement proportionnelle à la diminution du pourcentage de Blancs passant l'examen.[618] En 1972, les non-Blancs représentaient 13 % des étudiants qui passaient l'examen ; en 1994, ils représentaient 30 %. Pour ne plus laisser entendre que le Standard Aptitude Test mesurait une capacité d'apprentissage innée, son deuxième nom a été remplacé par Assessment au début de l'année 1994. La même année, pour que les élèves ayant obtenu de mauvais résultats se sentent mieux dans leur peau, la moyenne des notes obtenues aux épreuves verbales et mathématiques a été arbitrairement portée à 500, de manière à ce que tout le monde puisse obtenir une note plus élevée. Cette pratique s'apparente à celle de certains établissements d'enseignement supérieur qui donnent un A ou un B à pratiquement tous les étudiants. (Stanford a promis de recommencer à recaler les étudiants à partir de l'année universitaire 1995-96 en leur donnant des notes NP ou des notes nulles).

Le mélange d'enfants caucasiens avec des Noirs ayant deux à trois ans de retard sur eux en termes de niveau scolaire et quinze à vingt points de moins en termes de Q.I. a non seulement considérablement ralenti les progrès de l'ensemble des élèves, mais a également augmenté le nombre d'abandons scolaires en poussant les élèves noirs à se surpasser. La célèbre étude Jensen, qui affirme que l'hérédité est à l'origine d'environ 80 % des variations individuelles du QI, a conclu que les élèves noirs, tout en étant aussi doués que les blancs pour l'apprentissage par cœur, sont beaucoup moins doués pour l'apprentissage cognitif.[619] Bien que ces conclusions appellent

---

[618] Un commentaire plus dévastateur et décourageant sur l'état actuel de l'éducation américaine a été fourni par le National Center for Health Statistics qui a déclaré dans un rapport de 1974 qu'un million d'Américains dans la tranche d'âge de 12 à 17 ans étaient analphabètes.

[619] Arthur R. Jensen est professeur de psychologie de l'éducation à l'université de Californie à Berkeley. La *Harvard Educational Review* (hiver 1969) a été largement consacrée à l'examen statistique de Jensen sur l'incapacité de l'éducation à corriger les différences génétiques entre l'intelligence des Noirs et celle des Blancs. Après la publication, Jensen a reçu une quantité sans précédent de courrier venimeux, y compris quelques menaces de mort. À Berkeley, les Étudiants pour une société démocratique ont fait appel à un camion sonorisé pour exiger le renvoi de Jensen, puis ont envahi sa salle de classe et l'ont contraint à tenir ses cours en secret. Il a finalement dû faire appel à la police pour protéger ses dossiers et a dû garder les lumières allumées dans son bureau toute la nuit pour décourager les pillards. Un certain nombre de ses collègues libéraux l'ont traduit devant une commission d'enquête spécialement organisée avec tous les attributs d'un procès médiéval en sorcellerie. C'était la première fois dans l'histoire universitaire américaine qu'un professeur devait défendre un article savant devant une

clairement à des programmes différents pour les élèves noirs, le mouvement de conformisation de l'enseignement à l'échelle nationale se poursuit sans relâche.

Pour les aider à "rattraper leur retard", les élèves noirs sont souvent promus en fonction de leur âge et non de leurs résultats, ce qui fait que certains élèves ayant un niveau de lecture de troisième année se retrouvent en neuvième et dixième année.[620] En ce qui concerne l'enseignement supérieur, seule la moitié environ des Noirs diplômés de l'enseignement secondaire sont tout à fait capables de suivre un programme d'études universitaires.[621] Une fois à l'université, les Noirs peuvent se voir attribuer des notes plus élevées que les Blancs pour le même travail.[622] Il est arrivé que des professeurs fassent passer tout le monde dans leur classe pour ne pas faire échouer les étudiants noirs.[623] Ce même système de notation à deux niveaux est appliqué par d'autres enseignants pour éviter les accusations de préjugés raciaux. L'envie, la frustration, la méfiance et le cynisme suscités par ces pratiques, y compris la tricherie généralisée, sont plus visibles dans les universités et les collèges qui, dans leur empressement à inscrire des Noirs, ont abandonné leurs conditions d'admission traditionnelles.[624] Insistant pour que cette pratique devienne universelle, les minorités ont même fermé le City College de New York pour imposer leurs exigences. Après la capitulation du maire John Lindsay et de son conseil de l'éducation, une politique d'inscription ouverte

procédure inquisitoire comprenant des caméras vidéo. *New York Times Magazine*, 31 août 1969, p. 11. En 1970, un groupe d'étudiants de Harvard a demandé à la *Harvard Educational Review* de remettre au fonds juridique des Panthères noires tous les revenus provenant de la vente ou de la distribution de l'article de Jensen. Ils ont également demandé que toutes les copies et réimpressions en circulation soient détruites et qu'aucune autre reproduction ou distribution ne soit autorisée. Outre l'hérésie du racisme, l'accusation fondamentale portée contre Jensen était que les tests de QI étaient culturellement biaisés au détriment des non-Blancs, même si les Orientaux obtenaient parfois de meilleurs résultats que les "Blancs" (une catégorie qui incluait souvent les Hispaniques) et même si les Indiens d'Amérique obtenaient également de meilleurs résultats que les Noirs. Jensen a démoli ces allégations dans son livre, *Bias in Mental Testing*, The Free Press, New York, 1980. Entre-temps, un juge de la cour fédérale de San Francisco a statué que les tests I.Q. étaient biaisés, et un autre juge fédéral de Chicago a statué qu'ils ne l'étaient pas.

[620] *San Francisco Sunday Examiner*, 20 mai 1967, p. 2.

[621] Selon Fred Crossland, expert en éducation de la Fondation Ford. D'autres estimations sont beaucoup plus basses.

[622] Un cas de ce type à l'université de New York a été rapporté par James Burnham dans son *Suicide of the West*, John Day, New York, 1964, p. 197.

[623] *New York Times Magazine*, 28 juillet 1969, p. 49.

[624] En 1964, 234 000 Noirs étaient inscrits à l'université ; en 1980, ils étaient 1 100 000.

pour le City College a été mise en place en 1970. Tout New-Yorkais ayant terminé ses études secondaires, quelles que soient ses notes, pouvait y entrer. En 1978, après que le City College soit devenu une monstruosité académique, la porte a été partiellement fermée à l'inscription ouverte. Les diplômés du secondaire dont les compétences en mathématiques et en lecture étaient inférieures au niveau de la huitième année ont été exclus ![625]

L'admission à l'université sans les crédits académiques appropriés est une idée nouvelle dans l'éducation américaine. Si elle est poursuivie, elle pourrait entraîner certaines complications, notamment dans le domaine des études scientifiques. Si les étudiants peuvent entrer à l'université avec une préparation insuffisante, recevront-ils des diplômes même s'ils échouent à la plupart de leurs cours ? Et s'ils obtiennent ces diplômes, pourront-ils ensuite les utiliser pour obtenir un emploi dans la conception de gratte-ciel, de ponts et d'avions ? Les réponses ont une incidence directe non seulement sur la sécurité nationale — la plupart des autres pays délivrent des diplômes d'ingénieur sur la base des notes et non de la couleur de peau — mais aussi sur la sécurité de chaque citoyen qui doit travailler dans ces gratte-ciel, traverser ces ponts et voler dans ces avions.

L'invasion des Noirs dans l'éducation américaine a amené avec elle les programmes d'études noires, qui enseignent le racisme minoritaire dans des salles de classe où toute allusion positive au racisme majoritaire est interdite. Mais l'injection du racisme des minorités dans les programmes des collèges et des lycées n'est pas exclusivement le fait de groupes nègres. Les organisations juives et hispaniques sont également à l'affût des "insultes raciales" dans les cours et les manuels qui n'abordent pas en détail les contributions des minorités à l'histoire américaine ou la persécution des minorités à l'étranger.[626] Sur l'insistance de ces groupes, qui frise souvent la coercition pure et simple, de nombreux manuels ont été réécrits et d'autres ont été remplacés.[627] Dans le même temps, les établissements

---

[625] *Time*, 16 mai 1969, p. 59, et *New York Times*, 8 février 1970, p. 25. En 1971, la moitié des étudiants du City College étaient drogués. *New York Daily News*, 24 février 1971, p. 4. Voir aussi *Chicago Tribune*, 29 avril 1979, Sect.

[626] En octobre 1960, le Conseil de l'éducation de la ville de New York a envoyé une lettre à 100 éditeurs de manuels scolaires demandant des "révisions substantielles" des livres d'histoire afin de mettre davantage l'accent sur les atrocités commises par les Allemands à l'encontre des minorités au cours de la Seconde Guerre mondiale. *Overview*, octobre 1961, p. 53.

[627] En Californie, les lobbies des minorités ont imposé au conseil de l'éducation d'Oakland une résolution visant à acheter des manuels scolaires qui "décrivent avec précision la contribution des groupes minoritaires en Amérique". *San Francisco Chronicle*, 23 janvier 1963, p. 30.

d'enseignement public ont été mis à la disposition des groupes minoritaires pour des projets de recherche très critiques à l'égard des institutions de la majorité.[628]

Bien que les minorités aient généralement soutenu les Britanniques ou soient restées neutres pendant la guerre d'indépendance,[629] une lecture des textes récemment publiés dans les écoles et les universités indiquerait que, sans l'aide des minorités, les Américains seraient peut-être en train de prêter serment d'allégeance à la Reine d'Angleterre. Crispus Attucks est devenu un personnage tellement important de l'histoire américaine qu'une histoire illustrée de l'époque coloniale destinée aux enfants lui accorde plus de place qu'à George Washington.[630] Haym Salomon, un marchand juif né en Pologne, s'est vu attribuer un article à son nom dans l'*Encyclopaedia Britannica*, bien que ce "héros" minoritaire de la révolution ait été plus d'une fois accueilli derrière les lignes britanniques.[631] En revanche, les Noirs de la guerre d'indépendance qui ont approvisionné les navires de guerre britanniques au large des côtes du Sud et qui sont restés à bord en tant que volontaires sont rarement mentionnés dans la "nouvelle histoire".[632]

Quoi que l'on puisse dire de l'éducation américaine, son état actuel est bien loin des années 1660, lorsque l'ensemble des étudiants et des professeurs de Harvard conversaient librement en latin.[633] On est encore plus loin du sérieux discipliné de l'éducation occidentale, résumé par l'admonestation latine avec laquelle l'école de Winchester accueillait ses nouveaux élèves il y a six siècles : *"Aut disce aut discede ; manet sors tertia caedi"*.[634] *Il y avait un air de Benito Cereno de Melville*[635] dans la bande armée de militants noirs qui

---

[628] L'Anti-Defamation League a accordé 500 000 dollars à l'Université de Californie, une université d'État, pour enquêter sur le rôle joué par les églises chrétiennes dans la promotion de l'antisémitisme. *Look*, 4 juin 1963, p. 78.

[629] William H. Nelson, *The American Tory*, Beacon Press, Boston, 1968. p. 89.

[630] *Critique de An Album of Colonial America* dans le *New York Times Book Review*, 6 juillet 1969, p. 16.

[631] *Ency. Brit.*, Vol. 19, p. 2.

[632] Nelson, op. cit. p. 11.

[633] *Ency. Brit.*, Vol. 5, p. 876.

[634] "Apprendre ou partir ; une troisième alternative est la flagellation.

[635] Le personnage de Benito Cereno, capitaine espagnol fait prisonnier sur son propre navire par des Noirs, est reproduit sur la scène éducative moderne par Kingman Brewster, ancien président de l'université de Yale. Brewster a interdit à George Wallace l'accès au campus de Yale en 1963, mais l'a ouvert à une réunion des Black Panthers à l'occasion du 1er mai 1970. *New York Times*, 30 avril 1970, p. 38. Brewster, qui affirmait que les

ont occupé le centre syndical des étudiants de l'université de Cornell pendant trente-quatre heures, avant de quitter les lieux, les armes à la main, pour recevoir une amnistie générale de la part de l'administration et de la faculté.[636] Il y avait un air de surréalisme dans le fait que Princeton ait nommé Brent Henry administrateur après que ce jeune Noir de 21 ans se soit distingué dans la prise d'un bâtiment du campus.[637]

Si le but de l'éducation est la transmission de la culture, comme l'a dit un grand poète moderne,[638] le devoir des éducateurs est de sauvegarder la culture. C'est là que l'échec de l'éducation américaine est le plus flagrant. L'un des nombreux exemples de cet échec est la carrière du Dr Hsue Shen-tsien. Grâce à des bourses payées en partie par le gouvernement américain, le Dr Hsue a obtenu sa maîtrise au Massachusetts Institute of Technology et son doctorat au California Institute of Technology. Il est ensuite retourné dans son pays où il a été chargé de la conception et de la production de systèmes de fusées pour les nouvelles bombes H de la Chine rouge.[639]

Le concept de l'éducation américaine comme banque de données dénationalisée dont les dépôts appartiennent à tout le monde et doivent être transmis par tout le monde à tout le monde n'est pas très réaliste, surtout dans un monde où la plupart des nations ont une idée totalement différente du processus d'apprentissage. La Chine communiste et l'Allemagne capitaliste s'accrochent à l'idée démodée selon laquelle le rôle de l'éducation est de renforcer l'État et que toute instruction, euphémisme marxiste pour endoctrinement, devrait en fin de compte être orientée vers cet objectif. Cette attitude est essentiellement aristotélicienne,[640] en dépit de ce que peuvent dire les héritiers mécontents de Lénine, et elle est partagée par les membres des minorités américaines dont le cri pour des opportunités éducatives

---

Noirs ne pouvaient pas bénéficier d'un procès équitable aux États-Unis, a largement participé au deuil national des "4 de Kent State", présentés par la presse comme des étudiants américains typiques, bien que trois d'entre eux fussent juifs et que la jeune fille agenouillée à côté de l'étudiant mort sur la photo largement diffusée fût une fugueuse de 15 ans originaire de Floride, arrêtée par la suite pour prostitution. Brewster et ses soi-disant électeurs de la Nouvelle Gauche n'ont pas protesté lorsqu'un étudiant a été assassiné et d'autres étudiants blessés lors de l'attentat à la bombe perpétré par la gauche contre un centre de physique et de mathématiques de l'Université du Wisconsin. *Time*, 7 septembre 1970, p. 9.

[636] *Time*, 2 mai 1969, pp. 37-38.

[637] *New York Times*, 8 juin 1969, p. 1.

[638] Eliot, *Notes Towards the Definition of Culture*, p. 98.

[639] *Life*, 28 mai 1965, pp. 92, 94.

[640] *Politique*, 1337.

spéciales est en réalité une demande de pouvoir, et non d'apprentissage pour l'amour de l'apprentissage.

L'Union soviétique, avant de disparaître, a choyé ses groupes de nationalités non russes en leur donnant leurs propres écoles et universités où ils pouvaient poursuivre l'étude de leur histoire et de leur littérature dans leur langue maternelle.[641] Jusqu'à présent, l'État ressuscité de Russie a fait de même. Toutefois, les étudiants ne sont plus tenus d'obéir au dicton du huitième congrès du parti (1919) selon lequel les écoles russes devaient être transformées en "arme de la renaissance communiste de la société".[642]

En général, les écoles américaines accordent beaucoup moins d'importance aux sciences et à la formation professionnelle que les autres pays avancés. De plus, les universitaires américains continuent à prendre Freud beaucoup plus au sérieux que les établissements d'enseignement supérieur européens comparables. Dans les tests auxquels ont participé les équipes de lycéens américains et onze autres équipes de lycéens des pays avancés, le contingent américain s'est classé dernier dans les divisions scientifiques et académiques.

Certains attribuent la crise de l'éducation américaine au fossé des générations, un phénomène social qui a toujours existé dans une certaine mesure dans les sociétés fragmentées. Mais dans l'Amérique contemporaine, le fossé est plus médiatisé que réel. Ceux qui correspondent à la description d'une jeune génération aliénée — la génération actuelle s'appelle la génération X — ne se sont pas tant retournés que retournés contre leurs parents, souvent par des intellectuels minoritaires assez âgés pour être leurs grands-pères. C'est le philosophe réfugié allemand septuagénaire, Herbert Marcuse (1907-79), qui a donné l'essentiel de l'impulsion idéologique à ce segment du corps enseignant qui cherche non seulement à dresser les élèves de la majorité contre leur famille, mais aussi contre leur histoire, leurs institutions, leur race et même contre eux-mêmes. Ayant décidé que la révolution n'était plus possible selon la vieille formule marxiste de la guerre des classes, Marcuse a proposé de construire une nouvelle base révolutionnaire sur une alliance entre les étudiants et les Noirs.[643] Il a

---

[641] Nicholas Hans, *Comparative Éducation*, Routledge, Londres, 1949, pp. 28, 31, 58.

[642] *Encyclopédie de la Russie et de l'Union soviétique*, p. 150. Il convient de noter que les Russes ont mis au point un système éducatif spécial pour leurs *bezprizorny*, les nombreux enfants sans abri qui vivaient d'expédients et de crimes pendant le tumulte et le chaos qui ont suivi la révolution d'octobre 1917. Pour un nombre tout aussi important d'enfants sans-abri des ghettos, qui présentent des symptômes criminels similaires, les éducateurs américains, plutôt que de les placer dans des écoles de rattrapage, tentent souvent de résoudre le problème en les plaçant dans la même classe que des enfants normaux.

[643] MacIntyre, *Marcuse*, p. 88.

également proposé de retirer le droit constitutionnel à la liberté d'expression à ceux qui prônent la guerre, le racisme, l'exploitation et la brutalité.[644]

En dépit d'un lavage de cerveau intensif de la part de leurs départements de sciences politiques et sociales, 22 % des étudiants américains n'ont pas hésité à s'identifier en 1970 comme étant "à droite du centre".[645] Ce n'est évidemment pas ce groupe qui a provoqué la violence sur les campus qui s'est abattue sur le pays. Les étudiants radicaux n'ont pas non plus toujours été à l'origine de ces violences. Les étudiants ne se sont pas emparés d'un ordinateur de l'université de New York et n'ont pas menacé de le détruire si 100 000 dollars n'étaient pas versés aux Black Panthers. Il s'agissait, selon le procureur de la ville de New York, de l'acte de deux professeurs appartenant à une minorité, Robert Wolfe et Nicholas Unger.[646] Ce n'est pas un fusil de chasse d'étudiant qui a abattu un juge à San Rafael, en Californie, lors d'un enlèvement avorté dans une salle d'audience. Il avait été acheté deux jours auparavant par Angela Davis, professeur de philosophie noire, que Marcuse avait décrite comme sa "meilleure" élève.[647] Ce n'est pas le corps étudiant dans son ensemble qui a transformé l'Université de Californie à Berkeley, autrefois fierté de l'éducation publique américaine, en un lieu de dérapage intellectuel. Il s'agissait d'une clique de non-étudiants, d'étudiants issus de minorités, d'étudiants ayant abandonné leurs études, de membres du corps enseignant radicalisés et d'administrateurs veules.

Il n'est pas difficile de trouver une meilleure explication que le fossé des générations pour le changement qui s'est opéré dans l'éducation américaine. Au cours de l'année qui a précédé la mort des quatre étudiants de Kent State, les inscriptions des minorités dans les universités du Midwest ont augmenté de 25 %.[648] La faculté de Harvard, l'un des plus grands centres d'agitation, est désormais "dominée par les Juifs", et 15 à 25 % des professeurs d'autres grandes universités sont juifs.[649] Les Juifs représentent désormais 25 % des

---

[644] Rapport de l'UPI, 18 mai 1964.

[645] Gallup Poll, *Baltimore Evening Sun*, 26 mai 1975. Comme on pouvait s'y attendre, plus les étudiants restaient à l'université, plus ils se déplaçaient vers la gauche. Seuls 40 % des étudiants de première année s'identifient comme étant "à gauche du centre" ou "à l'extrême gauche". Cinquante-trois pour cent des seniors s'identifiaient ainsi.

[646] *New York Times*, 30 juillet 1970, p. 54.

[647] *Life*, 11 septembre 1970, pp. 26-27.

[648] *New York Times*, 20 mai 1970, p. 1.

[649] Yaffe, op. cit. p. 51. Les pourcentages sont probablement plus élevés dans les départements de sciences sociales, où les éducateurs juifs se rassemblent. C'est cette forte concentration de Juifs dans les domaines les plus sensibles du processus éducatif qui

étudiants de premier cycle à Harvard, 18 % à Yale, 15 % à Princeton et 40 % à Columbia.[650]

Pour résumer l'état actuel de l'enseignement américain, il convient de souligner ce point : Comme la plupart des institutions établies, le système éducatif américain est le fruit d'une concrescence spécifique de personnes, d'environnement et d'histoire. Supposer que ce système fonctionnerait efficacement, dans des conditions étonnamment différentes pour des groupes ethniques étonnamment différents, c'est demander à l'homme de construire des macrocosmes intemporels à partir de microcosmes éphémères. Un État multiracial, en particulier un État qui autorise et défend le pluralisme culturel, devrait logiquement exiger un programme éducatif multiracial, non seulement parce que les groupes de population diffèrent dans leurs capacités d'apprentissage, mais aussi parce qu'ils diffèrent dans leurs objectifs d'apprentissage. Nourrir de force les étudiants des minorités et de la majorité avec une soupe de programme composée d'une partie de dogme libéral, d'une partie de rabaissement de la majorité et d'une partie de mythologie de la minorité, c'est fournir peu de nourriture éducative à qui que ce soit.

Les résultats d'un test réalisé dans quatorze pays auprès d'enfants de 13 ans montrent à quel point cette nourriture est insuffisante. Les élèves américains sont arrivés à l'avant-dernière place en mathématiques et n'ont guère fait mieux en sciences. Les Sud-Coréens sont arrivés en tête dans les deux catégories. Apparemment, les garçons et les filles américains les plus intelligents recevront encore moins de nourriture éducative à l'avenir. La nouvelle mode en matière d'apprentissage est ce que l'on appelle l'éducation basée sur les résultats, qui consiste à "abêtir" les élèves brillants afin que les moins brillants ne se sentent pas malheureux d'avoir de moins bonnes notes. Cette "prouesse" est accomplie en abolissant les notes et en ralentissant le processus d'enseignement afin que les élèves moins brillants puissent rattraper leur retard. Pendant la période de rattrapage, les élèves brillants ne reçoivent aucun enseignement. Ils doivent passer leur temps en classe à donner des cours particuliers aux élèves plus lents.[651]

Les séparatistes noirs, à la confusion et à la consternation des intégrationnistes noirs et blancs, réclament plus, et non moins, de ségrégation dans l'éducation afin de pouvoir développer plus pleinement leur identité raciale et culturelle. Accéder à cette proposition pourrait conduire à la

---

donne du poids au commentaire de van den Haag : "L'esprit américain alphabétisé en est venu, dans une certaine mesure, à penser juif, à répondre de manière juive. On le lui a appris et il était prêt à le faire". *La mystique juive*, p. 98.

[650] Yaffe, op. cit. p. 52.

[651] Pete du Pont, *Washington Times*, 31 mai 1994, p. A 13.

création d'écoles et de collèges séparés pour toutes les minorités inassimilables qui, par définition, ne peuvent jamais être assimilées par l'éducation ou par tout autre moyen. Cela permettrait d'officialiser le caractère distinct de toutes ces minorités et, en même temps, de percer le déguisement assimilationniste de certaines d'entre elles. En tout état de cause, une telle mesure ne pourrait que donner un nouvel élan à l'enseignement majoritaire en le soustrayant au contrôle de ses détracteurs et spoliateurs.

En définitive, le grand échec d'un système scolaire hétérogène réside dans son incapacité à mettre efficacement l'accent sur les aspects moraux de l'éducation. Il n'y a pas d'incitation plus forte à l'apprentissage que l'estime de soi qui découle spontanément de la conscience d'un grand passé — une conscience qui ne provient pas des directives publiées par le ministère de l'Éducation ou des manuels aseptisés conçus pour plaire à tout le monde et n'éduquer personne.

Le type d'apprentissage qui prépare un peuple à vaincre et à durer doit être préparé par des siècles d'histoire commune et des millénaires d'ascendance commune. La déségrégation le tue en détruisant sa force contraignante — l'homogénéité de l'enseignant et de l'élève. La disparition de ce lien vital dans les salles de classe américaines pourrait s'avérer être la plus grande tragédie éducative qui soit.

PARTIE VI

L'affrontement politique

CHAPITRE 21

L'adaptabilité du dogme

S I LA PHASE CULTURELLE de la dépossession de la majorité peut être décrite comme l'assaut contre l'âme de la majorité, la phase politique est l'assaut contre l'esprit de la majorité. Le pouvoir politique peut émaner du canon d'un fusil, comme l'a proposé un jour le président Mao.[652] Cependant, un fusil n'est guère efficace sans la volonté de tirer, un ingrédient fourni par cette forme de programmation intellectuelle connue sous le nom de dogme.

L'esprit se nourrit voracement de dogmes parce que les êtres humains ont faim d'un système de pensée, d'un cadre de référence, avec lequel ils voient le monde. Seules quelques rares âmes solitaires ont l'endurance, le courage et la sagesse de développer leurs propres convictions à partir d'une observation indépendante. Et il y en a de moins en moins chaque jour. Plus les frontières de la connaissance sont repoussées, plus cette connaissance devient insaisissable et plus elle s'éloigne de la portée de l'individu. Désespérés par la vérité, ravagés par le doute, même les meilleurs esprits se replient sur le dogme, le grand ennemi du doute, qui est toujours prêt, mais rarement qualifié, pour combler le vide intellectuel. Ponce Pilate n'a pas reçu de réponse immédiate lorsqu'il a posé sa célèbre question.[653] Lorsque la chrétienté a été correctement organisée, l'Église lui a répondu — par le dogme.

Parmi les principales composantes du dogme — la vérité, le mensonge, l'opinion et l'autorité — la plus importante est l'autorité. L'une des plus anciennes habitudes humaines, encouragée par l'incommensurable inertie du cerveau, consiste à s'abandonner à un dogme particulier, simplement en raison de son ancien pedigree. C'est l'autorité de l'âge qui a permis que des faussetés facilement détectables dans l'Ancien Testament et la philosophie naturelle aristotélicienne soient tenues pour des vérités pendant plus de 1 500 ans.

Les quelques personnes qui refusent d'accepter les dogmes à moitié plutôt que de bon cœur choisissent dans une certaine mesure. Mais le dogme qu'ils finissent par retenir n'est généralement pas choisi pour sa pertinence ou sa

---

[652] Voir le chapitre 34 pour d'autres déclarations nietzschéennes du père fondateur du communisme chinois.

[653] Jean 18:38.

correspondance avec les faits, mais parce qu'il coïncide avec leur propre ensemble de préjugés, d'animosités et de peurs. Les intellectuels modernes ont continué à souscrire au dogme communiste longtemps après avoir reconnu ses contradictions, ses persiflages et ses erreurs. En fait, ils ont semblé le vénérer le plus au moment même (l'apogée des grandes purges staliniennes des années 1930) où ils étaient le plus trompés. Ils voulaient croire, ils ont donc cru. *Credo quia absurdum.*[654]

Malheureusement pour la race humaine, l'intellectuel a un quasi-monopole dans la formulation et la propagation du dogme en raison de sa formation verbale et de ses capacités linguistiques. La langue (ou la plume) facile et le dogme semblent se générer mutuellement. C'est ce lien étroit, presque prédestiné, entre le dogme et l'intellectuel qui a conduit Brunetière, critique littéraire français, à définir l'intellectuel comme celui qui se mêle dogmatiquement de ce qu'il ignore.[655]

On pourrait logiquement supposer que plus on est instruit, moins on est sensible aux dogmes. C'est tout le contraire. L'éducation, en dehors des sciences physiques, qui elles-mêmes ne sont pas toujours exemptes, a été l'un des exemples les plus notoires d'endoctrinement organisé. En effet, la personne la mieux éduquée ou, plus précisément, la personne "la plus éduquée" est trop souvent la plus dogmatique. Le professeur qui passe sa vie à enseigner le dogme est devenu, pour ainsi dire, aveugle au dogme. Il est prompt à attaquer les dogmes adverses, mais lent à condamner ou même à reconnaître les siens.

Seuls les esprits non avertis, qui sont légion, et les grands esprits, qui sont *rares, ont* développé une certaine immunité face au dogme qui sous-tend l'idéologie politique et sociale occidentale dominante. Les premiers ne sont équipés ni par leur éducation, ni par leur formation, ni par leur inclination pour comprendre ce dogme, tandis que les seconds hésitent à l'avaler parce qu'ils ne le comprennent que trop bien.

Il n'est donc pas surprenant de découvrir que l'homme "éduqué" peut être plus nuisible à la société que l'homme sans instruction. Le lettré a la possibilité de répandre son ignorance à l'étranger, de vendre son dogme en

---

[654] Tertullien est moderne à plus d'un titre. Avocat carthaginois et le plus dogmatique des premiers pères de l'Église, il a conseillé aux chrétiens de refuser le service militaire sous les empereurs romains et de ne pas obéir aux lois qu'ils jugeaient injustes. Will Durant, *Caesar and Christ*, p. 647. Pour les mots exacts de Tertullien, voir Toynbee, *Study of History*, Vol. V, p. 56.

[655] *Times Literary Supplement*, 22 juin 1962, p. 462. La différence entre un intellectuel et un homme intelligent pourrait être décrite comme la différence entre quelqu'un qui utilise son esprit et quelqu'un qui utilise son esprit avec sagesse.

gros. L'individu non instruit ne peut transmettre ses croyances qu'à son entourage immédiat.

Il arrive que les dogmes politiques soient si solidement ancrés dans l'esprit des hommes qu'il suffit de les remettre en question pour se mettre hors d'état de nuire. Souvent, l'ensemble de l'establishment intellectuel d'une culture rentrera la tête dans les épaules, à la manière d'une tortue, à la moindre tentative de jeter une lumière objective sur les recoins obscurs du dogme avec lequel il en est venu à vivre et à s'accommoder. La moindre trace de critique sera jugée comme un mélange cynique et antisocial d'iconoclasme et de désacralisation. Si le critique travaille en secret, il finit par se sentir comme un criminel. S'il apparaît au grand jour, il est considéré comme tel. Pour reprendre les mots de Charles Peirce, "faites savoir que vous défendez sérieusement une croyance taboue, et vous pouvez être parfaitement sûr d'être traité avec une cruauté moins brutale, mais plus raffinée que celle qui consiste à vous chasser comme un loup".[656]

Les dogmes politiques, comme tous les dogmes, reposent en fin de compte sur des opinions et des sentiments plutôt que sur des faits. Il ne peut être testé objectivement que par la méthode presque impossible qui consiste à placer des groupes de population similaires dans des environnements similaires sur une période de plusieurs générations tout en soumettant chacun d'eux à un système politique différent. Même dans ce cas, les résultats de ces tests longs et compliqués devraient être mesurés selon des critères douteux tels que le progrès économique, la réussite culturelle, la stabilité gouvernementale et la sécurité publique, autant d'éléments qui se prêtent facilement à des interprétations diverses.

Il n'est pas surprenant, compte tenu de l'incurable "dogmatite" de l'homme, que le dogme scientifique reçoive souvent les mêmes acclamations et la même acceptation non critique que le dogme politique, comme le démontrent amplement la vie et l'œuvre d'Albert Einstein. Le physicien juif allemand est universellement reconnu comme le père de la relativité, bien qu'en 1904, l'année précédant la publication par Einstein de son article sur la théorie spéciale de la relativité, Henri Poincaré, physicien français, ait donné une conférence à Saint-Louis sur "Le principe de relativité".[657] En outre, les différentes parties de la théorie spéciale qui se sont avérées relativement fiables reposent en grande partie sur les équations mathématiques de deux physiciens théoriques, l'Irlandais George FitzGerald et le Néerlandais

---

[656] *The Fixation of Belief, Collected Papers*, Harvard University Press, Cambridge, Mass. 1934, pp. 245-46.

[657] *The Einstein Myth and the Ives Papers*, eds. Richard Hazelett et Dean Turner Devin-Adair, Old Greenwich, Conn. 1979, p. 154.

Hendrik Lorentz. Il s'agit de la contraction FitzGerald-Lorentz et des transformations de Lorentz.

En 1916, lorsque Einstein a présenté sa théorie générale de la relativité, il était encore pratiquement inconnu dans le monde de la physique. En fait, chaque fois que l'on parlait de relativité, on avait tendance à l'associer au nom de Lorentz.[658] Puis, en 1919, survient la fameuse expédition scientifique britannique pour étudier l'éclipse totale de soleil. La courbure de la lumière traversant le champ gravitationnel du soleil correspondait à peu près aux mesures prédites par Einstein. Presque du jour au lendemain, les médias, avec l'aide du célèbre scientifique britannique Sir Arthur Eddington, ont fait d'Einstein une célébrité internationale. En 1921, le physicien, désormais connu dans le monde entier, effectue une tournée triomphale aux États-Unis, non pas toutefois pour prêcher sa nouvelle physique, mais pour collecter des fonds pour le sionisme.

Dans la République de Weimar, l'enthousiasme est plus modéré. Quelques physiciens allemands de premier plan convoquent un congrès contre la relativité, au cours duquel Einstein est accusé de détourner la science occidentale de la voie de l'expérimentation pour l'entraîner dans l'univers sauvage du mysticisme, de l'abstraction et de la spéculation. Une centaine de scientifiques et de notables ont contribué à un livre qui dénonce Einstein pour avoir développé une physique qui n'est plus en contact avec la réalité physique.[659] Lorsque Hitler est entré en scène et que l'attaque s'est transformée en une vaste campagne contre la "physique juive", Einstein est parti pour l'Amérique.

Les Allemands n'étaient pas les seuls à critiquer la relativité. D'éminents physiciens britanniques et américains étaient en désaccord avec tout ou partie des idées d'Einstein et n'avaient pas peur de le dire. Parmi eux se trouvaient des personnalités telles que : Dayton C. Miller, président de la Société américaine de physique, Herbert Dingle, président de la Société royale d'astronomie de Grande-Bretagne, Herbert Ives, physicien optique américain qui a contribué au développement de la télévision, et, après la Seconde Guerre mondiale, Louis Essen, expert britannique en horloges atomiques. Mais à mesure que la renommée d'Einstein grandit, ces voix s'estompent. FitzGerald, Lorentz, Poincaré et d'autres pionniers ont été largement oubliés alors que les médias accordaient à Einstein un brevet exclusif et non critiquable sur la relativité.

La relativité restreinte postule que rien ne peut aller plus vite que la vitesse de la lumière et que la masse augmente avec la vitesse et devient infinie à

---

[658] Ibid, p. 266.

[659] *Hundert Autoren Gegen Einstein*, R. Voigtlander Verlag, Leipzig, 1931.

186 282 miles/sec. Tout comme il y avait un mur du son, il y a maintenant un mur de la lumière. Qui sait combien de temps la barrière lumineuse d'Einstein tiendra ? À l'heure où nous écrivons ces lignes, quatre sources radio extragalactiques ont été observées comme étant en expansion à des vitesses allant de deux à vingt fois celle de la lumière.[660] Les adeptes de la relativité ont considéré ces observations comme des illusions, le même terme que les géocentristes ont appliqué à la découverte des lunes de Jupiter par Galilée.

Contrairement à la théorie spéciale, la théorie générale de la relativité n'a été confirmée que rarement et de façon ténue. Chaque fois qu'une éclipse solaire se produit ou qu'un objet mystérieux est détecté dans l'espace lointain, les médias, mais pas nécessairement les astronomes, annoncent de façon spectaculaire qu'Einstein a une fois de plus raison. Si la théorie générale est si solide, pourquoi doit-elle être prouvée de manière aussi répétée ? Le fait est qu'il existe plusieurs autres théories plausibles sur la gravité, le thème de base de la théorie générale. L'une d'entre elles, la théorie de Brans-Dicke, a parfois donné d'aussi bons résultats que la théorie générale lorsqu'elle a été mise à l'épreuve.[661] Malgré le taux de mortalité croissant de plusieurs lois physiques fermement établies,[662] la relativité générale reste inattaquable. L'une des bonnes raisons est que si un scientifique s'élevait trop bruyamment contre Einstein, il risquerait de compromettre sa carrière.

Les méandres politiques d'Einstein — son soutien à la coalition des communistes et des gauchistes pendant la guerre civile espagnole, son socialisme utopique, son association avec au moins onze organisations dirigées par des communistes aux États-Unis, le prêt de son nom à d'innombrables manifestes staliniens,[663] son rôle de "vendeur" de la bombe atomique,[664] son amitié pour l'Allemagne de l'Est communiste après la

---

[660] *Scientific American*, août 1980, p. 82B.

[661] *Scientific American*, novembre 1974, p. 25–33.

[662] En 1962, une théorie plus solidement ancrée dans le décalogue scientifique que la relativité a été abandonnée lorsque le professeur Bartlett de l'université de Colombie-Britannique a fabriqué de l'hexafluorure de xénon et de platine. Jusqu'alors, une loi "immuable" de la chimie voulait que le platine et le xénon, un métal noble et un gaz noble, soient totalement résistants à la combinaison chimique. *San Francisco Chronicle, This World*, 9 décembre 1962, p. 25.

[663] Pour le flirt durable d'Einstein avec le stalinisme, voir le *cinquième rapport de la commission sénatoriale d'enquête sur les activités non américaines*, assemblée législative de Californie, 1949.

[664] Voir pp. 542-43.

Seconde Guerre mondiale — tout cela lui a valu de mauvaises notes de la part d'un Occidental aussi éminent qu'Ortega y Gasset :

> Albert Einstein s'est arrogé le droit d'émettre un avis sur la guerre civile espagnole et de prendre une position unilatérale à ce sujet. Albert Einstein fait preuve d'une profonde ignorance de ce qui s'est passé en Espagne aujourd'hui, il y a des siècles et depuis toujours. L'esprit qui a inspiré cette intervention insolente est le même que celui qui a jeté le discrédit universel sur d'autres intellectuels, car ils ont fait dériver le monde en le privant de *pouvoir spirituel*.[665]

H. L. Mencken a été encore plus sévère :

> [Aucun scientifique juif n'a jamais égalé Newton, Darwin, Pasteur ou Mendel... les exceptions apparentes comme Ehrlich, Freud et Einstein ne sont qu'apparentes... Freud était un charlatan aux neuf dixièmes, et il y a de bonnes raisons de croire qu'Einstein ne tiendra pas le coup ; à long terme, son espace courbe pourrait être classé parmi les bosses psychosomatiques de Gall et de Spurzheim.[666]

Quelle que soit la façon dont l'histoire traite Einstein, quelle que soit la façon dont ses réalisations résistent à l'épreuve du temps, il est incontestable qu'il a reçu beaucoup plus d'éloges qu'il n'en méritait. Ce qui l'a fait passer, c'est sa capacité à s'adapter si bien au dogme dominant des minorités libérales, à l'humanitarisme débridé, à l'internationalisme sans racines, à l'antinazisme, au sionisme, à la tolérance et parfois à l'affection pure et simple pour Marx et Freud. Tous ces ingrédients ont été combinés en une recette irrésistible pour les médias. Einstein a baigné dans un océan de publicité favorable bien plus important que celui accordé à ses contemporains, à l'exception peut-être de Franklin D. Roosevelt et de Churchill. Un physicien ingénieux qui s'adonnait sans cesse et de manière confuse à la science politique s'est transformé en le plus grand cerveau du vingtième siècle, voire de tous les siècles.

Comme l'aurait admis Einstein lui-même, il existe une différence marquée entre les dogmes scientifiques et les dogmes politiques. Le premier peut être testé dans des conditions de laboratoire contrôlées.[667] Une fois validé, il

---

[665] *La rebelión de las masas*, p. 189. Ce paragraphe a été traduit par l'auteur de cette étude.

[666] *Minority Report, H. L. Mencken's Notebooks*, Knopf, New York, 1956, pp. 273-74.

[667] Macaulay est l'un des rares hommes politiques à être favorable à l'application de la méthode scientifique à la politique : "Comment, alors, arriver à des conclusions justes sur un sujet aussi important pour le bonheur de l'humanité ? Sûrement par cette méthode qui, dans toutes les sciences expérimentales auxquelles elle a été appliquée, par cette méthode

devient une loi, un statut exalté rarement atteint par un dogme ou une idéologie politique. Lorsqu'un dogme scientifique est renversé, une vague d'étonnement parcourt la communauté scientifique, et c'est tout. Mais lorsqu'un dogme politique est renversé — il peut être réduit par la raison, mais il ne peut être supplanté que par un autre dogme — sa disparition s'accompagne souvent d'un chaos social, d'une révolution et de la destruction de milliers, voire de millions de vies.

Les dogmes les plus puissants sont ceux qui exercent un attrait intemporel et universel sur le cœur et l'esprit de tous les hommes. Pourtant, c'est l'universalité même des grands dogmes qui les rend si inconstants et imprévisibles, qui leur permet de jouer avec les espoirs et les aspirations de leurs auteurs. Les déclarations dogmatiques concernant les droits inaliénables de l'humanité ont un effet politique et social totalement différent dans les sociétés monoraciales et dans les sociétés multiraciales. Le même dogme religieux qui a contribué à détruire l'Empire romain a contribué à préserver le Saint Empire romain. Le même dogme politique qui a incité une race à construire la société américaine inspire aujourd'hui d'autres races à la déchirer.

Il semble raisonnable de supposer que les grands dogmes n'ont pas survécu pendant des siècles, voire des millénaires, grâce à leur seul contenu. Leur vitalité a dû aussi dépendre fortement de leur adaptabilité, de leur capacité à soulager tant de chagrins humains, à satisfaire tant d'objectifs humains contradictoires. Le don d'adapter le dogme à la croissance et au progrès national est certainement l'un des plus grands qu'un peuple puisse posséder. Un don encore plus grand, cependant, est la capacité de rejeter les dogmes qui ne peuvent plus être utilisés de manière constructive.

à laquelle nos nouveaux philosophes substitueraient des arguties à peine dignes des barbares répondants et opposants du Moyen Âge par la méthode de l'induction en observant l'état actuel du monde en étudiant assidûment l'histoire des âges passés en triant l'évidence des faits en combinant et en opposant soigneusement ceux qui sont authentiques en généralisant avec jugement et circonspection en soumettant perpétuellement la théorie que nous avons construite à l'épreuve des faits nouveaux en la corrigeant ou en l'abandonnant tout à fait, en la soumettant à l'épreuve des faits nouveaux, ou en l'abandonnant, selon que ces faits nouveaux se révèlent partiellement ou fondamentalement erronés. En procédant ainsi, avec patience, diligence et franchise, nous pouvons espérer former un système aussi inférieur en prétention à celui que nous avons examiné, et aussi supérieur à lui en utilité réelle, que les prescriptions d'un grand médecin, variant avec chaque stade de chaque maladie et avec la constitution de chaque patient, à la pilule du charlatan publicitaire qui est de guérir tous les êtres humains, dans tous les climats, de toutes les maladies". *The Miscellaneous Works of Lord Macaulay*, "Mill on Government", Universal Library Association, Philadelphie, Pennsylvanie, Vol. 1, p. 399.

Du point de vue de la majorité américaine, le dogme politique qui l'a si bien servie pendant la plus grande partie de l'histoire américaine est devenu l'un des principaux agents de son déclin. Du point de vue des minorités, ce même dogme est devenu un outil puissant pour leur promotion, puisque presque chaque acte politique, passé et présent, est maintenant mesuré à l'aune des intérêts des minorités et assigné à une station de passage sur la Marche de la Démocratie. Cela conduit à l'idée trompeuse et déformée que la lutte politique contemporaine oppose le libéralisme et le conservatisme, les exploités et les exploiteurs, la tolérance et l'intolérance, l'égalité et l'inégalité, la liberté et l'oppression. Puisque la nature réelle de ce qui se passe et les intentions réelles des dogmatiques sont ainsi dissimulées, les membres intelligents de la majorité doivent comprendre qu'ils vivent à une époque et dans un monde où l'interprétation du dogme est devenue une force aussi puissante que le dogme lui-même.

CHAPITRE 22

Les trois phases de la démocratie

L e sociologue William Graham Sumner a dit un jour de la démocratie : "Il est impossible d'en discuter ou de la critiquer... Personne ne la traite avec une franchise et une sincérité totales".[668] Depuis que Sumner a écrit ces lignes, le climat d'objectivité ne s'est pas sensiblement amélioré. Pourtant, sans une compréhension plus claire de la démocratie que celle qui existe dans l'esprit populaire, on ne peut guère comprendre la politique américaine d'aujourd'hui.

La plupart des politologues contemporains placent volontiers la démocratie au sommet de l'échelle de l'évolution politique, même si l'on en trouve des traces dans les organisations tribales des peuples les plus arriérés et les plus anciens. Selon Robert Marrett, donateur d'Oxford et anthropologue réputé, "là où la société est la plus primitive, elle est la plus démocratique..."[669]

Historiquement, la démocratie n'est pas apparue comme une forme reconnue de gouvernement avant l'épanouissement des cités-États grecques, lorsqu'elle a acquis un statut suffisant pour être incluse parmi les cinq taxons politiques de Platon. Dans l'ordre de préséance, il s'agit de (1) l'aristocratie, le règne des meilleurs ; (2) la timocratie, le règne des honorables ; (3) l'oligarchie, le règne de quelques-uns ; (4) la démocratie, le règne du peuple ; (5) la tyrannie, le règne du despote ou de l'arriviste.[670] Les classifications de Platon constituaient les cinq marches d'un escalier descendant que la plupart des cités-États grecques étaient condamnées à emprunter. L'escalier pouvait être remonté, en partie ou en totalité, mais il y avait inévitablement une autre descente, peut-être même après la création de l'État parfait, cet exploit suprême de l'utopie platonicienne, la polis de rêve où "soit les philosophes deviennent rois... soit ceux que nous appelons aujourd'hui nos rois et nos gouvernants se mettent à la recherche de la philosophie..."[671]

Aristote a constaté qu'un processus de dégénérescence similaire était à l'œuvre dans la politique. Il a divisé le gouvernement en trois formes bonnes et trois formes mauvaises. Les bonnes formes sont la monarchie,

---

[668] *Folkways*, p. 77.

[669] *Ency. Brit.*, Vol. 19, p. 105.

[670] *République*, trad. Paul Shorey, VIII, 544-45.

[671] Ibid, V, 473 d.

l'aristocratie et le gouvernement constitutionnel, qui sont "pervertis" respectivement en tyrannie, oligarchie et démocratie.[672] Dans la science politique d'Aristote, il existait cinq variétés différentes de démocratie, qu'il avait du mal à définir. Il faisait cependant une distinction très nette entre les démocraties où la loi est au-dessus du peuple et les démocraties où le peuple est au-dessus de la loi.[673]

La politique d'Aristote a été façonnée en partie par sa foi dans la classe moyenne, à laquelle il appartenait. L'État qu'il préférait était une république de la classe moyenne qui ne différait pas trop du gouvernement représentatif limité des États-Unis dans les premières années de leur indépendance.[674] Mais Aristote était aussi un relativiste politique, qui pensait que le meilleur gouvernement pouvait être celui qui convenait le mieux au peuple, à l'époque et aux circonstances. Il n'était pas un fanatique croyant en la supériorité inhérente d'un système politique particulier.[675]

L'aristocrate Platon était plus hostile qu'Aristote à la démocratie, dont il décrivait les étapes finales en des termes curieusement modernes :

> Ceux qui obéissent aux règles [...] sont vilipendés comme des esclaves volontaires et des hommes de rien, mais ils louent et honorent en public et en privé les dirigeants qui ressemblent à des sujets et les sujets qui ressemblent à des dirigeants [...] Le père essaie habituellement de ressembler à l'enfant et a peur de ses fils, et le fils se compare au père et n'éprouve ni crainte ni peur de ses parents [...] L'étranger résident se sent égal au citoyen et le citoyen à lui, et l'étranger de même [...]. Et l'étranger résident se sent égal au citoyen et le citoyen à lui, et l'étranger de même... Dans ce cas, le maître craint ses élèves et les flatte, et les élèves ne tiennent compte ni du maître, ni de leurs surveillants. Et en général, les jeunes imitent leurs aînés et rivalisent avec eux en paroles et en actions, tandis que les vieux, s'accommodant des jeunes, sont pleins d'amabilités et de gracieusetés, imitant les jeunes de peur d'être considérés comme désagréables et autoritaires... Et j'ai presque oublié de mentionner la liberté et l'égalité des droits dans les relations des hommes avec les femmes et des femmes avec les hommes...[676]

---

[672] Politique, trad. Jowett, II, 7.

[673] Ibid, IV, 4.

[674] Ibid, IV, 11.

[675] Ibid.

[676] République, trad. Shorey, VIII, 562-64. L'une des plaintes les plus éloquentes de Platon à l'encontre de la démocratie est son incapacité à encourager l'émergence d'hommes d'État vertueux : "Sauf dans le cas de dons naturels transcendants, personne

Comme nous l'avons suggéré au chapitre 18, la démocratie grecque n'avait pas grand-chose en commun avec le type de démocratie des régimes démocratiques actuels. Dans leurs phases démocratiques, presque toutes les cités-états grecques se sont accrochées avec ténacité à l'institution de l'esclavage et ont refusé le droit de vote aux femmes, aux étrangers et aux métis — privant même de leur droit de vote un grand nombre de personnes nées dans le pays par le biais de critères raciaux et patrimoniaux. D'autre part, certaines villes comme Athènes ont poussé la démocratie à l'extrême en pratiquant la sortition, qui consistait à sélectionner les titulaires d'une charge publique non pas par vote, mais par tirage au sort. Le tirage au sort, sorte de bingo démocratique, n'est concevable que lorsqu'un petit nombre de citoyens homogènes et très intelligents possède un haut degré de sophistication politique.

La République romaine a connu des moments démocratiques. Les expériences démocratiques grecques étant bien connues des politiciens romains, avec le temps, la plèbe a arraché concession sur concession aux familles dirigeantes, y compris le contrôle du tribunat. Le Sénat, cependant, l'institution politique romaine la plus durable et la plus prestigieuse, était congénitalement autoritaire et dépositaire de privilèges. Lorsque la bougie vacillante de la démocratie a finalement été éteinte par les Gracques et les dictateurs qui ont enterré la République,[677] elle n'a brûlé à nouveau qu'au XVIIe siècle.

Au cours de cette longue interruption, quelques timides élans démocratiques se sont manifestés. En l'an 930, l'*Althing* islandais a tenu sa première session. Comme cet organe parlementaire siège encore aujourd'hui, les Islandais peuvent se targuer d'être les fondateurs du gouvernement représentatif le plus durable de l'histoire.[678]

D'autres manifestations médiocres de la démocratie peuvent être détectées dans les premiers temps du Parlement anglais, dans les cantons suisses et dans les communes médiévales, "le principal parent de la démocratie moderne".[679]

---

ne peut devenir un homme de bien si, dès l'enfance, ses jeux et toutes ses activités ne sont pas axés sur les choses justes et bonnes. La démocratie piétine superbement tous ces idéaux, sans se soucier des pratiques et du mode de vie d'un homme qui se tourne vers la politique, mais en l'honorant s'il dit seulement qu'il aime le peuple. Ibid, 558b.

[677] C'est peut-être Tibère qui a le mieux résumé le régime impérial romain en écrivant que "le rôle d'un bon berger est de tondre son troupeau et non de l'écorcher". Suétone, *Tibère*, trad. J. C. Rolfe, Loeb Classical Library, XXXII.

[678] *Ency. Brit.*, Vol. 12, p. 45.

[679] Durant, *The Age of Faith*, p. 641.

Il est généralement admis que la démocratie moderne est née au cours de la réaction populaire contre la dynastie des Stuart en Angleterre. Sa sage-femme était John Locke, dont les traités sur le gouvernement civil contenaient de nombreuses idées démocratiques fondamentales. Dans une phraséologie qui fut plus tard retravaillée et en partie plagiée par Jefferson dans la Déclaration d'indépendance, Locke affirmait que les hommes, qui possédaient tous certains droits naturels, étaient "libres, égaux et indépendants" et que "personne ne devait nuire à autrui dans sa vie, sa santé, sa liberté ou ses possessions".[680]

Mais Locke a ensuite adopté une approche dogmatique qui l'a éloigné à jamais des oracles de la pensée démocratique contemporaine. L'objectif fondamental du gouvernement, déclarait-il, était la préservation de la propriété.[681] Si les monarques ne pouvaient pas protéger les biens matériels de leurs sujets, les gens avaient le droit de chercher ailleurs une protection, même si c'était nécessaire pour eux-mêmes.[682]

Selon Locke, la préservation de la propriété équivaut à la préservation de la liberté humaine. Pour sauvegarder cette liberté, il préconisait la division du gouvernement en deux pouvoirs, le législatif et l'exécutif. Plus tard, le philosophe français Montesquieu a élargi la séparation des pouvoirs de Locke en y ajoutant une troisième branche, le pouvoir judiciaire.[683] Jean-Jacques Rousseau a complété la structure de base de la théorie démocratique pré-marxiste en faisant de l'homme un être intrinsèquement bon, c'est-à-dire capable et digne de contrôler son propre destin sans interférence ou réglementation extérieure.[684] Pour Rousseau, né dans l'atmosphère morale relativement pure de Genève, c'était moins une contrainte mentale que pour les philosophes élevés dans les bas-fonds de Paris ou de Londres que

---

[680] Locke, *Du gouvernement civil*, Premier traité, préface, p. 3. Voir aussi Ency. Brit., vol. 16, p. 172D et vol. 7, p. 217. Il convient de noter que dans la constitution qu'on lui a demandé de rédiger pour la Caroline, Locke a inclus des éléments démocratiques aussi étranges que le servage héréditaire et la primogéniture. Beard, *Rise of American Civilization*, Vol. 1, p. 66.

[681] Locke, op. cit. *deuxième traité*, n° 94.

[682] Ibid, n° 228-29.

[683] *L'esprit des lois*, XI, vi.

[684] C'est du moins l'impression qui se dégage de la lecture des premières pages de *Du contrat social* de Rousseau. Dans cette dernière partie, le citoyen est menacé de mort s'il ne croit pas aux articles de la religion de l'État dans lequel il réside. Entre parenthèses, Rousseau considérait qu'un mélange d'aristocratie et de démocratie était la meilleure forme de gouvernement. Il estimait que la démocratie directe était impossible et que les personnes vivant dans des zones arctiques ou tropicales pouvaient avoir besoin d'un régime absolu. Durant, *Rousseau et la révolution*, pp. 173-74.

d'entretenir de telles vues heuristiques. La démocratie anglaise, bien qu'elle ait fait d'importants progrès après que les Stuarts eurent été renvoyés une seconde et dernière fois, n'a pas perdu sa saveur aristocratique avant la loi de réforme de 1832. Mais de l'autre côté de l'Atlantique, en Amérique du Nord, les colons britanniques, plus à l'abri de la contrainte conservatrice du roi et du seigneur, ont donné plus de liberté à la démocratie. En Nouvelle-Angleterre, après le relâchement de la théocratie puritaine, ces colons ont exigé et, dans certains cas, obtenu le droit d'intervenir dans les affaires publiques, de demander aux magistrats de rendre compte publiquement de leurs actions, d'être jugés par un jury de pairs et de bénéficier de garanties statutaires de liberté personnelle, et, ce qui est peut-être le plus spectaculaire et le plus controversé, de laisser les citoyens fixer le taux d'imposition. L'ensemble de cette législation radicale, qui faisait pâlir d'envie les Britanniques en Grande-Bretagne, en vint peu à peu à être considérée comme le droit de naissance de la plupart des Blancs dans les treize colonies.[685]

L'exubérance démocratique des assemblées municipales de la Nouvelle-Angleterre ne s'est toutefois pas étendue à l'ensemble de la nouvelle nation lorsque les colonies ont obtenu leur indépendance.[686] Certains intellectuels parmi les Pères fondateurs, notamment dans le Sud, souscrivaient à nombre d'idées, de truismes et de platitudes qui donnaient naissance à la Révolution française. Cette doctrine de nivellement politique et social différait toutefois fortement de la démocratie évolutive et pragmatique de la plupart des Américains attachés à leur indépendance. S'il est vrai que les appels à la liberté humaine lancés par Jefferson ont contribué à renforcer le penchant des colons pour la guerre, ils n'étaient que des ombres rhétoriques comparées aux réalisations démocratiques substantielles des pionniers et des colons de la majorité qui n'avaient jamais entendu parler de lois naturelles, de contrats sociaux ou de "droits inaliénables" et à qui la "poursuite du bonheur" aurait semblé blasphématoire et carrément hédoniste.

Peut-être plus que tout autre Américain, Thomas Jefferson doit assumer la responsabilité d'avoir chargé la démocratie américaine de l'ambiguïté et du flou qui l'ont poursuivie au fil des ans. Lorsque l'un des plus grands propriétaires d'esclaves de Virginie écrit solennellement "tous les hommes sont créés égaux", sa sémantique ou son intégrité doivent être remises en question. Ce que Jefferson et la plupart des autres signataires de la

---

[685] De Tocqueville, *De la démocratie en Amérique*, Tome 1, p. 38, Tome 2, p. 298.

[686] Lorsque les États-Unis sont devenus une nation souveraine en 1776, la population comptait moins de quatre millions d'habitants, dont seulement six pour cent votaient. *Time*, 22 mars 1963, p. 96. Étant donné que la participation des citoyens au gouvernement était beaucoup plus élevée en Nouvelle-Angleterre qu'ailleurs, elle devait être extrêmement faible dans la plupart des autres colonies.

Déclaration d'indépendance entendaient par égalité, c'était que les colons anglais avaient le même droit naturel à l'autonomie que les Anglais de la mère patrie.[687] Mais ce n'est pas ce qui a été écrit. Et c'est ce qui a été écrit qui, reporté au siècle présent et utilisé dans un autre contexte, s'est avéré être une bombe à retardement si efficace entre les mains de ceux qui défendent des projets et des politiques totalement contraires à la démocratie jeffersonienne.

Pour se faire une idée plus précise de l'interprétation de l'égalité par Jefferson, il suffit de lire la Déclaration d'indépendance jusqu'au bout. Au début, le ton est égalitaire. Mais plus loin, Jefferson parle des "sauvages indiens sans pitié, dont la règle de guerre connue est la destruction sans distinction de tous les âges, de tous les sexes et de toutes les conditions".[688] D'autres signes d'une disposition fondamentalement anti-égalitaire sont fournis par la croyance de Jefferson en une "aristocratie naturelle" et par son insistance sur la suprématie innée du yeoman ou du petit fermier américain. Malgré ses fortes sympathies pour la Révolution française, il écrit à Lafayette : "La yeomanry des États-Unis n'est pas la canaille de Paris".[689]

Jefferson ne donnait à la démocratie américaine une chance de survie que tant que le pays restait essentiellement agricole. Il était convaincu que les marchands et les spéculateurs étaient corrompus, que les villes étaient "pestilentielles", que les foules urbaines étaient "les pandores du vice et les instruments par lesquels les libertés d'un pays sont généralement renversées".[690] Paradoxalement, ce même Jefferson est aujourd'hui, avec Lincoln, l'idole du peuple qu'il abominait. Le paradoxe a été aggravé par le parti démocrate qui, malgré sa base de pouvoir dans les grandes villes, s'est autoproclamé héritier politique de Jefferson.

---

[687] Richard Hofstadter, *The American Political Tradition*, p. 12. Stephen Douglas a déclaré (1858) : "les signataires de la Déclaration ne faisaient aucunement référence au Noir... [ils faisaient référence] aux hommes blancs, aux hommes de naissance européenne et de descendance européenne... le fait qu'ils aient compris cela est dû au fait que... chacune des treize colonies était une colonie esclavagiste, chaque signataire de la Déclaration représentait une circonscription esclavagiste... s'ils avaient l'intention de déclarer que le Noir était l'égal de l'homme blanc... ils étaient tenus, en tant qu'honnêtes hommes, ce jour-là et à cette heure-là, de mettre leurs Nègres sur un pied d'égalité avec eux-mêmes.

[688] Pour les remarques de Jefferson sur les Noirs, voir p. 219.

[689] Hofstadter, op. cit. p. 22.

[690] Ibid, pp. 31-32.

Jefferson était en France lors de la rédaction de la Constitution[691] — une bonne raison pour que le mot démocratie n'apparaisse nulle part dans ce document. Les Pères fondateurs, dont la plupart étaient de tendance conservatrice, étaient déterminés à faire des États-Unis une république, ce qui, à l'époque, signifiait presque tout gouvernement qui n'était pas une monarchie".[692] Les quelques délégués à la Convention constitutionnelle qui professaient des sentiments démocratiques avaient des opinions plus proches des concepts grecs et romains de la démocratie que des notions niveleuses des régicides parisiens utopiques. John Adams représentait probablement les sentiments de la plupart de ses collègues lorsqu'il déclara : "Souvenez-vous que la démocratie ne dure jamais longtemps. Elle ne tarde pas à se gaspiller, à s'épuiser et à s'assassiner elle-même. Il n'y a jamais eu de démocratie qui ne se soit pas suicidée".[693]

Ce prophétisme est en grande partie responsable de la peur de la démocratie inhérente à de nombreuses lois et procédures qui ont façonné la position et le comportement politiques de la nation pendant son enfance et son adolescence. Les sénateurs étaient choisis par les assemblées législatives des différents États, et non par un vote populaire direct.[694] Dans presque tous les États, le droit de vote était subordonné à des conditions de fortune, parfois même à des conditions religieuses. À des fins statistiques, un Noir était compté pour trois cinquièmes d'un Blanc. L'esclavage est reconnu et protégé par le gouvernement fédéral et par la plupart des États.[695] La protection des droits des citoyens suscitait beaucoup d'intérêt, comme en témoigne la Déclaration des droits, mais l'encouragement des citoyens à participer de manière indépendante au processus gouvernemental suscitait beaucoup

---

[691] Les hommes qui ont inscrit "Nous, le peuple" dans la Constitution, à quelques exceptions près peut-être, craignaient le pouvoir du peuple et auraient été horrifiés s'ils avaient pu prévoir tout ce qui allait se passer dans le cadre de leur Constitution au cours des 150 années suivantes. Beard, *La République*, p. 4. La Constitution, pourrait-on ajouter, a même été créée dans une atmosphère non démocratique, puisque toutes les sessions de la Convention étaient secrètes.

[692] Il va sans dire que des nuances démocratiques ont été introduites dans le mot. *Le troisième dictionnaire international de Webster* propose une autre définition de la république : "une communauté d'êtres... caractérisée par une égalité générale entre ses membres".

[693] Hofstadter, op. cit. p. 13. Hamilton, qui qualifiait le peuple de "grande bête", était encore plus pessimiste qu'Adams au sujet de la démocratie. Charles Beard, *The Republic*, p. 11.

[694] Constitution, Art. I, Sec. 3, Par. 1.

[695] Art. I, Sec. 2, Par. 3 ; art. IV, Sec. 2, Par. 3. L'esclavage a été interdit dans le Territoire du Nord-Ouest en 1787. Le dernier État du Nord à l'avoir aboli est le New Jersey, qui a commencé à supprimer progressivement l'esclavage en 1804.

moins d'intérêt, comme en témoigne l'émergence de la politique des machines.

Néanmoins, la graine démocratique avait été plantée. La campagne qui a suivi pour élargir la base électorale, pour faire de chacun un citoyen et de chaque citoyen adulte un électeur, est l'un des fils conducteurs les plus perceptibles de l'histoire américaine. Au début, l'évolution électorale s'est faite assez lentement. Dans certains États, l'obligation de posséder des biens pour pouvoir voter a persisté jusqu'en 1856.[696] Les esclaves ont été libérés en 1863, mais le droit de vote des Noirs n'a pas été explicitement défini avant 1870.[697] Les sénateurs n'ont pas été élus directement avant le 17e amendement (1913). Les femmes n'ont obtenu le droit de vote qu'avec le 19e amendement (1919). Le processus électoral de sélection des présidents est toujours en vigueur, mais il dépend désormais presque entièrement du vote populaire. La poll tax n'a été interdite qu'avec le 24e amendement (1962). Les décisions prises par la Cour suprême en 1962, 1964 et 1968 dans le cadre du principe "un homme, une voix" ont rendu obligatoire l'égalité substantielle de la population entre les circonscriptions qui élisent les représentants des villes, des comtés et des communes légalement constitués.[698] Si les circonscriptions des représentants d'un même organe législatif différaient trop en termes de population, elles devaient être alignées par le biais d'une nouvelle répartition. Seuls les sénateurs, dont certains représentent aujourd'hui des États dont la population est dix à vingt fois supérieure à celle d'autres États, sont exemptés de cette règle.[699]

Le fait que le suffrage universel et l'égalité de représentation existent aujourd'hui en théorie aux États-Unis ne signifie pas que tout le monde vote.[700] Lors des élections présidentielles, par exemple, un peu plus de la moitié des électeurs se rendent aux urnes.[701] Lors des élections législatives qui n'ont pas lieu tous les ans, le taux de participation n'est parfois que de 10 à 15 %.[702]

---

[696] *Ency. Brit.*, Vol. 7, p. 218.

[697] Le 15e amendement (1870) interdit de refuser le droit de vote à tout citoyen en raison de "sa race, de sa couleur ou de ses conditions antérieures de servitude".

[698] *Time*, 6 juillet 1969, pp. 62-63.

[699] L'exemption est prévue par le 17e amendement et l'art. 1, Sec. 3, Par. I de la Constitution.

[700] Il existe encore certaines restrictions en matière de résidence, d'âge de vote et de tests d'alphabétisation, lorsque ces tests n'impliquent pas de discrimination raciale.

[701] *Almanach mondial* 1980, p. 280.

[702] Ferdinand Lundberg, *La trahison du peuple*, pp. 9-10.

L'une des explications de ces mauvais résultats est que les candidats à des fonctions publiques abordent rarement les questions qui préoccupent le plus les électeurs. Si les gens ne peuvent pas exprimer leur opinion sur les problèmes nationaux et locaux qui les intéressent le plus, pourquoi se donneraient-ils la peine de voter ? Il faut également blâmer les candidats peu convaincants qui, bien qu'appartenant à des partis différents, semblent souvent parler le même langage politique, une rhétorique fade et soporifique dont le seul effet est d'accroître l'apathie des électeurs. Si l'on ajoute à cela le désespoir de vaincre des machines politiques dont le concept de suffrage universel s'étend à l'inscription d'électeurs récidivistes, décédés ou fictifs[703], on obtient un cynisme général assorti d'une incrédulité croissante à l'égard du système politique. On ne peut guère attendre de ceux qui ont perdu leur confiance dans le gouvernement démocratique qu'ils participent sans réserve au processus de vote, mécanisme fondamental du gouvernement démocratique.

La Belgique, l'Australie et quelques autres pays attirent les électeurs aux urnes en imposant des amendes aux absents. Sans aller jusqu'à de telles extrémités, les hommes politiques américains pourraient atteindre le même objectif en présentant à leurs électeurs des questions claires qu'ils peuvent soutenir ou auxquelles ils peuvent s'opposer. L'habitude bien ancrée des candidats de se diviser sur des questions secondaires plutôt que primaires est l'un des grands échecs de la démocratie américaine.

Lors de l'élection présidentielle de 1940, alors que la question primordiale était celle de l'intervention ou de la non-intervention dans la Seconde Guerre mondiale, les deux principaux candidats ont promis de maintenir les États-Unis en dehors du conflit, bien qu'ils fussent tous deux interventionnistes dans l'âme. En fait, alors qu'il faisait campagne pour son troisième mandat, le président Roosevelt mettait déjà en œuvre une politique d'aide militaire à la Grande-Bretagne qui rendait l'implication américaine presque inévitable.[704]

Plus d'un quart de siècle plus tard, la situation était similaire en ce qui concerne la discrimination positive. Presque tous les candidats républicains et démocrates à la présidence l'ont soutenue ou l'ont passée sous silence,

---

[703] Lors de l'élection présidentielle de 1960, 150 000 votes "fantômes" ont été enregistrés dans 5 199 circonscriptions du comté de Cook (Chicago). Au cours de la même élection, les juges du Texas ont rejeté environ 100 000 bulletins de vote pour des raisons techniques. Un changement de 23 117 voix au Texas et de 4 430 voix dans l'Illinois aurait donné la présidence à Nixon, et non à John. F. Kennedy. En l'occurrence, Nixon a dû attendre 12 ans de plus avant d'accéder à la Maison-Blanche. *Reader's Digest*, juillet 1969, pp. 37–43.

[704] Beard, *President Roosevelt and the Coming of the War*, 1941, pp. 5, 413.

bien que les sondages aient montré qu'une majorité d'électeurs y étaient opposés. Dans les années 1970, au moins 75 % des Américains étaient opposés au busing forcé, que les dirigeants des deux partis ont décidé d'étendre au lieu de le réduire. Les deux grands partis ont soutenu d'énormes quantités d'aide militaire et financière à Israël avant, pendant et après l'embargo pétrolier arabe de 1973, qui a fait grimper en flèche le prix de l'essence. Là encore, les électeurs ne disposaient d'aucun moyen efficace pour approuver ou désapprouver des politiques d'une importance cruciale.

En 1964, lors de l'élection même où le président Johnson, ardent défenseur des droits civiques, a remporté la Californie avec 1,2 million de voix, les habitants de cet État ont voté à deux voix contre une l'abrogation d'une loi sur le logement ouvert dans le cadre d'un référendum national, qui a ensuite été rapidement déclaré inconstitutionnel par la Cour suprême de l'État.[705] La proposition 13, qui prévoyait une réduction des impôts fonciers, est un autre référendum californien qui a reçu le soutien massif des électeurs, bien qu'il ait été combattu bec et ongles par le gouvernement de l'État, les médias et les magnats de l'argent. Jusqu'à présent, malgré une certaine agitation, les tribunaux ne l'ont pas annulé. Entre-temps, les amendements constitutionnels visant à rendre illégal le busing forcé et à interdire les quotas raciaux ne peuvent sortir des commissions du Congrès, bien que le Sénat et la Chambre aient tous deux approuvé, par les deux tiers des voix nécessaires, les amendements libéraux en faveur de l'égalité des droits pour les femmes (ERA) et du statut d'État pour le district de Columbia. Dans les assemblées législatives des États, en revanche, ils ont suscité beaucoup moins d'enthousiasme. L'une des plus grandes fermetures d'électeurs s'est produite pendant la guerre du Viêt Nam. Lors de la campagne présidentielle de 1968, les deux principaux candidats ont proposé une stratégie de désengagement lent. Les Américains qui voulaient gagner la guerre ou qui souhaitaient un retrait immédiat n'ont tout simplement pas pu voter, ou leur vote n'a pas compté. Le seul candidat à avoir promis une ligne plus dure à la fois sur la guerre et sur la question raciale était George Wallace, dont le parti indépendant américain a obtenu 9 897 141 voix, soit 13,53 % du total des suffrages exprimés, le plus grand pourcentage obtenu par un tiers parti depuis

---

[705] *Time*, 13 novembre 1964, pp. 39, 43. Le fait que les tribunaux puissent annuler un référendum — l'expression la plus pure de la démocratie après le scrutin — soulève des questions sur le caractère réellement démocratique de la forme américaine de la démocratie. Étant donné que le logement ouvert était presque universellement soutenu par les médias, le référendum a également servi à démontrer que l'opinion éditoriale est généralement beaucoup plus proche de l'opinion de la minorité que de celle de la majorité.

que le sénateur La Follette s'est présenté sous l'étiquette progressiste en 1924.[706]

Wallace a accompli ce petit miracle alors que l'ensemble de l'establishment politique et du réseau de communication américains étaient solidement dressés contre lui. Même dans le Sud, aucun journal important ne l'a soutenu.[707] Si Wallace avait eu la machine politique d'un grand parti, si même 10 % de la presse l'avait soutenu, si les républicains n'avaient pas essayé de lui voler la vedette au fur et à mesure de la campagne, il aurait pu gagner presque autant de voix que Nixon ou Humphrey.[708]

Lors de la course au poste de gouverneur de Louisiane en 1991, David Duke a obtenu plus de votes blancs (55 %) que le vainqueur, Edwin Edwards, bien qu'Edwards ait une réputation extrêmement médiocre et que Duke ait été violemment attaqué dans tout le pays par les dirigeants des deux partis politiques (il s'est présenté en tant que républicain). La puissance du pouvoir déployé contre lui était incommensurable.

Tout cela tend à prouver que la démocratie, telle qu'elle fonctionne actuellement aux États-Unis, ne reflète pas véritablement les souhaits du public. L'électeur et le candidat n'ont tout simplement pas une chance équitable de faire connaître leurs opinions, si elles s'écartent de la ligne acceptée par les grands partis. Même dans les rares cas où les électeurs parviennent à élire quelqu'un qui semble défendre leurs intérêts, dès qu'il entre au Congrès, il est probable qu'il revienne sur ses engagements de campagne les plus solennels dès qu'il sentira le souffle chaud des médias, des politiciens chevronnés et des lobbies des minorités libérales.

L'une des principales causes de cet élément antidémocratique puissant et omniprésent dans la démocratie américaine moderne est que les élections ont lieu tous les deux, quatre ou six ans, alors que la presse et les groupes de pression font de la propagande tous les jours. Il est très difficile pour une personnalité politique de résister longtemps aux assauts combinés de la presse, des centaines de stations de radio et de télévision et des dizaines de périodiques politiques. Pour tous les hommes politiques, à l'exception des plus courageux, la trahison partielle de leur électorat ou même la perte d'une élection est préférable à la Sibérie sociale réservée au franc-tireur qui insiste pour faire passer les intérêts de la société dans son ensemble avant les intérêts

---

[706] *San Francisco Chronicle*, 12 décembre 1968, p. 11.

[707] *Time*, 18 octobre 1968, p. 70.

[708] Wallace a réalisé des performances plus spectaculaires lors des primaires de 1972, arrivant en tête dans le Michigan, avant d'être immobilisé physiquement par une balle dans la colonne vertébrale et politiquement par le rouleau compresseur McGovern lors de la convention démocrate de Miami.

particuliers. Le triste sort de James Forrestal et du sénateur Joseph McCarthy devrait constituer une leçon de choses inoubliable sur le danger de promouvoir des politiques qui s'adressent largement au peuple, mais qui ne s'adressent que très peu à ceux qui comptent.[709]

Permettre à l'électeur un choix limité ou pas de choix du tout a eu pour effet de faire évoluer le gouvernement vers une "démocratie d'entreprise" — Mussolini l'aurait appelé un État d'entreprise — dans laquelle les professions, les religions, les économies régionales, les groupes d'entreprises et de travailleurs, les classes et les races supplantent l'individu en tant qu'unité de vote de base. Tout homme politique est extrêmement sensible au vote ouvrier, au vote religieux, au vote agricole et au vote des minorités. Ses réflexes politiques répondent cependant plus lentement aux souhaits de l'électeur individuel de la majorité qui ne bénéficie pas de l'accès facile aux médias de l'électeur du bloc. C'est ce système corporatif de représentation — le vote organisé ou, plus précisément, la crainte d'un tel vote — qui inspire la plupart des politiques et des décisions des élus actuels.

Les blocs économiques qui surgissent sous le toit protecteur du gouvernement représentatif sont des signaux d'orage de la deuxième étape du cycle démocratique, la progression de la démocratie politique vers la démocratie économique.[710] Les principaux contributeurs au développement de la démocratie politique — Locke, les parlementaires britanniques du XVIIIe siècle, quelques philosophes des Lumières et les auteurs de la Constitution américaine — ont généralement méprisé la démocratie économique et l'ont rejetée comme la fantaisie d'esprits désordonnés et dangereux. Mais nombreux sont ceux qui prétendent — et si l'on admet les prémisses égalitaires de la démocratie, leur logique peut difficilement être réfutée — que sans une répartition "équitable" des richesses, il ne peut y

---

[709] Une série extraordinaire d'attaques personnelles de la part d'éditorialistes et de commentateurs radio a contribué à pousser le premier secrétaire d'État à la défense du pays au suicide en 1949. Un commentateur, Ira Hirschman, est allé jusqu'à accuser Forrestal d'avoir empêché le bombardement d'une usine chimique d'I. G. Farben en Allemagne pendant la Seconde Guerre mondiale parce qu'il possédait des actions dans cette société. Un autre, Walter Winchell, a accusé Forrestal de s'être enfui alors que sa femme était victime d'un vol. Forrestal s'était attiré les foudres de la juiverie organisée parce qu'il s'opposait au soutien américain à la prise de contrôle de la Palestine par les sionistes et au soulèvement du monde arabe contre les États-Unis. Arnold Rogow, *Victim of Duty*, Rupert Hart-Davis, Londres, 1966, p. 24. La vendetta des médias contre McCarthy, ainsi que sa censure presque sans précédent par le Sénat, ont semblé l'affaiblir physiquement et mentalement et ont certainement joué un rôle important dans sa mort prématurée en 1957. *Time*, 30 mai 1949, pp. 13-14, et *U.S. News & World Report*, 7 juin 1957, p. 143.

[710] D'autres aspects économiques des trois types de démocratie seront examinés plus en détail dans la partie VI, L'affrontement économique.

avoir de démocratie du tout. La pierre d'achoppement de ce raisonnement est généralement passée sous silence. Pour empêcher l'accumulation de vastes quantités de biens dans des mains individuelles et pour aplanir efficacement les hauts et les bas de la courbe du revenu national, il faut un contrôle centralisé qui n'est qu'à un pas de l'absolutisme.

La démocratie économique hante les salles de gouvernement depuis presque aussi longtemps que la démocratie politique. Les Niveleurs, dont on dit qu'ils ont fondé le premier parti politique de l'histoire moderne, étaient d'ardents partisans de Cromwell au début de la guerre civile anglaise, bien que leurs revendications économiques, qui incluaient l'abolition des monopoles commerciaux, aient finalement amené Cromwell à se retourner contre eux.[711] Par la suite, tant en Angleterre que sur le continent, il y a eu peu d'exemples de démocratie économique jusqu'à la Révolution française. L'absence d'un corps de doctrine élaboré, d'un corpus comme celui de Locke, pour lui donner une orientation et une cohérence, a contribué à la contenir.

Si Locke était l'apôtre de la démocratie politique, Marx était le prophète de la démocratie économique. Empruntant bon nombre de ses idées et de ses méthodes à la faction jacobine française qui prônait le "partage des richesses", Marx a élaboré un programme passionné et encyclopédique d'eschatologie utopique, de matérialisme obsessionnel et de nivellement économique brutal qui s'est heurté si violemment à la théorie démocratique classique que cette dernière ne s'est jamais complètement rétablie. "Passionné par la réalisation de la démocratie économique telle qu'il la concevait, [Marx] ne s'intéressait pas vraiment aux problèmes de la politique démocratique et ne les comprenait pas.[712] L'absence de cette compréhension chez ses disciples s'est manifestée clairement lors de la révolution bolchevique.

La démocratie économique est devenue un élément permanent de la scène politique américaine avec l'avènement du populisme. Bryan n'a peut-être pas empêché l'humanité d'être crucifiée sur une croix d'or, mais lui et le parti populiste qui le soutenait ont fermement implanté une conscience économique durable dans la conscience politique américaine. Theodore Roosevelt, le briseur de confiance, le sénateur La Follette et son parti progressiste, Woodrow Wilson et son impôt progressif sur le revenu et, surtout, la montée en puissance du Big Labor — tous ces éléments ont donné à la démocratie un ton économique qui a culminé avec le New Deal, qui, dans ses premières années, s'est préoccupé presque exclusivement de trouver des solutions démocratiques aux problèmes économiques. La protection

---

[711] *Ency. Brit.*, Vol. 13, p. 964.

[712] Frederick M. Watkins dans l'article "Democracy", *Ency. Brit.*, Vol. 7, p. 222.

sociale sous forme de sécurité pour les personnes âgées, le salaire minimum, l'assurance médicale et l'assurance chômage, ainsi que toutes les autres législations des administrations récentes, sont autant d'exemples supplémentaires de l'accent que la démocratie continue de mettre sur les questions économiques.

La troisième phase de la démocratie est la phase sociale. Comme la démocratie politique et économique, la démocratie sociale n'est pas nouvelle. Mais elle vient en dernier dans le cycle de croissance (ou de décadence) de la démocratie. Parce qu'elle exploite les courants profonds et instinctifs du comportement humain, ses manifestations historiques ne sont pas toujours faciles à reconnaître et ne pénètrent pas souvent dans les livres d'histoire conventionnels. Sa genèse théorique, cependant, n'est pas difficile à retracer, étant un composite du concept religieux de la fraternité de l'homme, des affirmations lockéennes et jeffersoniennes sur les droits de l'homme, de l'agitation de classe marxiste et des déclarations des anthropologues et sociologues modernes sur l'uniformité de l'homme.

Une fois que les formes politiques et économiques de la démocratie s'installent dans une société, la pression en faveur de la démocratie sociale ne peut que s'accentuer. C'est particulièrement vrai dans un État multiracial. Inévitablement, les laissés-pour-compte, les défavorisés et les envieux commenceront à demander, ou seront invités à demander par des politiciens ambitieux : "Pourquoi, si l'homme est politiquement égal et s'apprête à être économiquement égal, ne devrait-il pas être socialement égal ? Dans le contexte de la politique démocratique contemporaine, une telle question n'a qu'une seule réponse.

La démocratie sociale est le stade le plus épineux de la démocratie, en particulier dans un État multiracial, car elle élargit considérablement la zone de contact, l'interface sociale, des différents éléments démographiques. La démocratie politique ordonne que les membres des différents groupes de population votent ensemble et légifèrent ensemble. La démocratie économique exige qu'ils travaillent ensemble. Ce que l'on appelle la démocratie sociale élargit de manière exponentielle la zone de contact en obligeant les éléments les plus divers de la population à vivre ensemble. Actuellement, cette mixité sociale se limite principalement à l'école, à l'emploi, à l'administration et à l'armée.[713] Mais des forces sont à l'œuvre

---

[713] Les Juifs, qui disposent proportionnellement d'un nombre beaucoup plus important de clubs et d'organisations que tout autre groupe de population, ont mené une campagne incessante sous la direction de l'American Jewish Committee pour forcer les clubs non juifs à les accepter en tant que membres, au motif que l'exclusion constitue une discrimination à leur égard, tant sur le plan financier que sur le plan social. De nombreux

— l'émission de télévision d'hier soir, l'éditorial du journal d'hier, la dernière réglementation fédérale — qui transportent la démocratie sociale dans le dernier rempart de l'individualisme et de la vie privée, le foyer.

Les contradictions internes des trois phases de la démocratie ancienne et moderne deviennent évidentes lorsqu'on se souvient que la démocratie politique a commencé comme un moyen de protéger la propriété, alors que la démocratie économique cherche à la distribuer et que la démocratie sociale encourage son vol. Dans l'enchaînement ironique des événements qui régissent le cycle démocratique, les mêmes droits qui ont été obtenus et reconnus, souvent avec beaucoup de difficultés, dans la phase politique de la démocratie, sont fréquemment révoqués dans les phases économique et sociale. Il est difficile de croire que le droit à la vie privée, le droit de choisir ses amis, ses voisins et ses camarades de classe, d'adhérer à des organisations fraternelles ou sociales, d'exprimer ses opinions en public et le droit d'accès à sa propre culture ne sont pas aussi fondamentaux pour la liberté humaine que n'importe quel autre droit. Pourtant, ce sont précisément les droits les moins estimés par les plus ardents défenseurs de la social-démocratie.

Le recul et une certaine rationalisation historique permettent de considérer les trois phases de la démocratie en Amérique comme trois étapes de la dépossession de la majorité. La démocratie politique a divisé la majorité en partis représentant divers intérêts géographiques, régionaux et sectoriels. La démocratie économique et son cortège d'inflation, de subventions sociales et d'impôts élevés ont épuisé les richesses de la majorité. Comme le nivellement économique, du moins dans ses premiers stades, renforce la conscience de classe, la majorité a été encore plus affaiblie par l'accentuation de ses divisions de classe.

Privée d'une grande partie de son pouvoir politique et économique, la majorité est ensuite soumise au type d'attaque qui plaît le plus à ses adversaires. Elle est attaquée en tant que race. La stratégie, parfois consciente, parfois inconsciente, toujours subconsciente, consistait à porter le racisme des minorités à ébullition tout en soumettant la conscience raciale de la majorité à l'idéologie abrutissante du libéralisme. Le plan secondaire consistait à mettre au point une technique raffinée pour étouffer toute tentative de résistance de la part de la majorité. Il y avait deux façons d'y parvenir : (1) contrôler les votes par la gestion des informations, l'endoctrinement éducatif et la nomination de candidats soigneusement

---

hommes politiques de premier plan et d'autres personnalités publiques ont été persuadés de démissionner de ces clubs afin d'échapper aux accusations d'antisémitisme. Plus récemment, des candidats à de hautes fonctions gouvernementales ont démissionné de clubs "exclusivement blancs" pour prouver à diverses commissions sénatoriales qu'ils n'avaient pas de préjugés à l'égard des Noirs.

sélectionnés ; (2) contourner le vote, si nécessaire, par des arrêts de la Cour suprême et des engagements secrets en matière de politique étrangère. Si la social-démocratie devait aller trop loin, trop vite, et qu'une étincelle de résistance se manifestait, le contretemps pourrait être réglé par l'assassinat de personnalités, l'intimidation des militants de la majorité, l'interruption de leurs réunions et manifestations, l'occupation d'usines, de bureaux gouvernementaux et de centres d'apprentissage ou, au pire, le recours au piégeage et la diffusion d'un nouveau docudrame sur les chaînes de télévision.

Bien que l'essor de la social-démocratie semble inarrêtable, les minorités ont toujours la crainte tenace qu'un jour la majorité ne prenne vie et ne forme un parti politique majoritaire. Dans ce cas, l'infrastructure libérale-minoritaire laborieusement mise en place s'effondrerait comme un château de cartes. Pour éviter cela, les prophètes de la social-démocratie ont formulé des antidotes doctrinaux à toute manifestation possible de ce qu'ils appellent nerveusement la "tyrannie de la majorité", une expression empruntée à John Stuart Mill. L'une des propositions consiste à faire en sorte que les votes des minorités comptent plus que les votes de la majorité, en permettant aux groupes ethniques et économiques d'avoir leurs propres représentants, en plus des représentants choisis de manière traditionnelle. Cela permettrait aux délégués des minorités, des conglomérats urbains et des groupes de protection sociale d'exercer autant de pouvoir que les délégués de l'ensemble de la population.[714] Le vote cumulatif est une autre tactique visant à faire échec à la volonté de la majorité. Il s'agit d'une idée de Lani Guinier, une femme mi-noire, mi-juive, dont la nomination au poste de procureur général adjoint pour les droits civiques a été retirée par le président Clinton lorsque ses opinions agitatrices sont devenues plus connues. Dans une élection pour sept commissaires de comté, par exemple, Mme Guinier donnerait à chaque électeur le droit de voter sept fois. Cela permettrait aux électeurs issus des minorités de combiner tous leurs votes en faveur d'un seul candidat, ce qui empêcherait les Blancs de remporter les sept sièges, comme c'est souvent le cas dans le système classique "un homme, une voix", lorsqu'ils sont plus nombreux que les Noirs et les autres minorités dans toutes les circonscriptions électorales.[715] Un autre effort pour renforcer le pouvoir électoral des minorités, déjà inscrit dans la loi sur le droit de vote, consiste à

---

[714] *New York Times Magazine*, 3 août 1969. Le fait que cette proposition ait été publiée sous la forme d'un long article dans le journal le plus réputé des États-Unis signifiait qu'elle devait être prise au sérieux. L'auteur est Herbert J. Gans, un éminent sociologue. Dans son argumentation, Gans suggère que l'approbation de 25 % d'un corps législatif serait suffisante pour l'introduction d'une législation parrainée par une minorité, tandis que 76 % seraient nécessaires pour en empêcher l'adoption.

[715] *Time*, 25 avril 1994.

supposer que des pratiques électorales illégales ont eu lieu lorsque des Blancs sont élus dans des circonscriptions fortement peuplées de non-Blancs.[716]

La démocratie américaine, même dans sa phase sociale ou "dépravée"[717], pourrait difficilement survivre à un trop grand découpage des minorités. Tout bien considéré, la seule possibilité réelle de renouveau démocratique réside dans la création d'un bloc de vote majoritaire uni. Mais avant que cela ne se produise, il faut comprendre, comme on l'a compris autrefois, que la démocratie authentique impose de sérieuses exigences mentales et morales à ses participants. Elle limite son offre de liberté à ceux qui sont capables de l'assumer. La démocratie ne fonctionne bien que lorsqu'elle est la règle d'un peuple et non de plusieurs peuples. La démocratie est la forme politique la plus utopique et la plus chimérique, elle peut être l'expression d'une aptitude raciale. Si tel est le cas, les chercheurs en sciences sociales de la catégorie du métissage ont été les plus grands prospecteurs d'or dans l'histoire de la politique.

---

[716] Certains politiciens minoritaires ont jeté un regard affectueux sur la représentation proportionnelle qui a été adoptée par certains pays européens. Les partis qui remportent au moins 5 % des suffrages ont droit à des sièges au sein du corps législatif national proportionnellement à leur part de voix. Par conséquent, les candidats minoritaires ne sont pas exclus par le système du "winner-take-all". Parfois, la représentation proportionnelle donne aux partis minoritaires plus de pouvoir que leur nombre ne le laisserait supposer, en particulier lorsque les électeurs qui changent d'avis peuvent adopter ou rejeter un texte législatif d'une importance capitale.

[717] De Tocqueville a utilisé le mot à bon escient lorsqu'il a prédit que l'avenir politique des Américains "se situait entre deux maux inévitables ; que la question avait cessé d'être de savoir s'il y aurait une aristocratie ou une démocratie, et qu'elle se situait maintenant entre une démocratie sans poésie ni élévation, mais avec de l'ordre et de la moralité, et une démocratie indisciplinée et dépravée". Lettre à M. Stoffels, Alexis de Tocqueville, *La démocratie en Amérique*, trad. Phillips Bradley, Knopf, New York, 1963, Vol. I, pp. xx, xxi.

CHAPITRE 23

Les métamorphoses du libéralisme

L orsqu'on parle à la fois de démocratie et de libéralisme, il est difficile de faire la distinction entre les deux. Une façon de résoudre la difficulté est de considérer la démocratie comme un système politique plutôt que comme une théologie politique, comme l'expression d'un dogme plutôt que comme le dogme lui-même. Le libéralisme peut alors être considéré comme le credo démocratique, l'idéologie qui fournit à la démocratie sa justification intellectuelle et son moteur émotionnel.

Le troisième dictionnaire international de Webster définit le libéralisme comme "une philosophie politique fondée sur la croyance au progrès, à la bonté essentielle de l'homme et à l'autonomie de l'individu, qui prône la tolérance et la liberté de l'individu par rapport à l'autorité arbitraire dans tous les domaines de la vie...". Avec moins d'élaboration et de grandiloquence, et dans un meilleur anglais, un dictionnaire populaire décrit le libéral comme étant "exempt de préjugés ou de bigoterie".[718] Si une référence historique permet de mieux cerner le caractère insaisissable du libéralisme, le premier libéral, selon Walter Bagehot, fut Jéroboam, sans doute parce qu'il nomma "les plus humbles du peuple prêtres dans les hauts lieux" et demanda au roi Roboam de "rendre plus léger le joug que ton père a fait peser sur nous".[719] Dans une veine plus irrévérencieuse, un libéral moderne pourrait être défini comme quelqu'un qui, tout en professant son horreur du totalitarisme, favorise une forme de totalitarisme plutôt qu'une autre ;[720] qui, professant son horreur du racisme, promeut activement le racisme des minorités ; qui, professant son horreur des grandes entreprises, est un partisan enthousiaste des grands syndicats. Champion intolérant de la tolérance, le libéral moderne est l'ennemi bigot de la bigoterie. Il est vrai qu'il est prêt à aller de l'avant,

---

[718] *The American Everyday Dictionary*, Random House, New York, 1955.

[719] Walter Bagehot, *Physics and Politics*, Knopf, New York, 1948, p. 31. En réponse, Roboam promit de châtier Jéroboam, non pas avec des fouets, mais avec des scorpions. Jéroboam divise alors définitivement l'État juif en deux en créant le royaume d'Israël du Nord, où il adore deux veaux d'or. I Rois 12:4-19 ; 13:33.

[720] En août 1939, le mois de la signature du pacte de non-agression russo-allemand qui a ouvert la voie à la Seconde Guerre mondiale, les noms de 400 libéraux américains de premier plan figuraient sur un manifeste affirmant que la Russie était un rempart de la paix et que les citoyens soviétiques jouissaient d'autant de libertés civiles que les Américains. *Nation*, 26 août 1939, p. 228.

avec témérité, dans la recherche de nouveaux moyens de promouvoir l'égalitarisme en politique, dans l'éducation et dans les relations entre les groupes. Mais il n'est pas aussi progressiste en ce qui concerne l'exploration spatiale,[721] la science politique (la seule forme de gouvernement qu'il entendra face à la gauche) et l'anthropologie (à l'exception des écoles de Boas et de Lévi-Strauss). Inutile d'ajouter qu'il est très méfiant à l'égard de la génétique et qu'il garde l'esprit fermé sur le sujet de l'eugénisme.

Les divergences marquées entre les prétentions libérales et le comportement libéral, entre la pose libérale et la performance libérale, sont des phénomènes relativement récents et ne sont pas typiques du libéralisme qui existait il y a deux siècles ou même deux millénaires. Comme la démocratie, le libéralisme a fait une brève apparition en Grèce et à Rome, où les philosophes cyniques et stoïciens lançaient parfois des épigrammes contre les rois et les dictateurs. On trouve des sentiments libéraux dans certaines paroles de Jésus,[722] et une vision libérale dans certains écrits de Spinoza.[723] Mais le libéralisme n'a jamais vraiment trouvé sa voix avant l'époque de John Locke — une voix qui s'est transformée en chœur lorsqu'elle a été rejointe par les déclarations tonitruantes d'autres sages libéraux tels que Hume, Voltaire, Rousseau, Adam Smith et Thomas Jefferson. Le mot "libéralisme" a pris corps avec les gouvernements whigs du XVIIIe siècle en Angleterre, la fondation des États-Unis et l'*Aufklärung* européenne.

Mais l'ancien libéralisme de Locke et de Jefferson était une idéologie totalement différente du nouveau libéralisme d'aujourd'hui. L'ancien libéralisme mettait l'accent sur l'entreprise individuelle et non collective, sur moins de gouvernement et non sur plus, sur les droits des États et non sur le contrôle fédéral, sur le laissez-faire et non sur l'aide sociale, sur la liberté et non sur la sécurité, sur l'évolution et non sur la révolution. En outre, très peu

---

[721] Le lauréat du prix Nobel Linus Pauling, pilier du libéralisme américain moderne, a qualifié le projet Apollo, bien avant qu'il ne démarre, de "pitoyable démonstration". *Science*, 1er novembre 1963, p. 560.

[722] Les libéraux et les conservateurs peuvent citer les Écritures, mais le ton actuel du christianisme dans le monde est résolument libéral — sur le Jésus radical et anti-familial qui a dressé le père contre le fils et la mère contre la fille (Luc 13:53), pas sur le Jésus apolitique du "rendez à César", ni sur le Jésus autoritaire qui a dit : "Mais mes ennemis, qui ne veulent pas que je règne sur eux, amenez-les ici, et tuez-les devant moi" (Luc 19:27). Si les fondamentalistes occupent les ondes aux États-Unis, les théologiens libéraux bénéficient d'une bien meilleure presse.

[723] "La philosophie politique de Spinoza est la première déclaration dans l'histoire du point de vue d'un libéralisme démocratique". Lewis Feuer, *Spinoza and the Rise of Liberalism*, Beacon Press, Boston, 1966, p. 65.

de grands libéraux du passé, malgré leurs appels retentissants à l'égalité, étaient prêts à concéder l'égalité des races.

Aujourd'hui, entre les mains de ceux qui se qualifient de libéraux modernes, le grand dessein humaniste du libéralisme des XVIIIe et XIXe siècles a été réduit à un catéchisme mécanique de "l'attention à l'autre". Les artistes libéraux contemporains se soucient davantage de ce que les autres pensent de leur travail que de ce qu'ils pensent eux-mêmes. Les hommes d'État et les politiciens libéraux n'agissent pas. Ils réagissent. Les gardiens libéraux de la sécurité nationale placent la défense au-dessus de l'offensive et fondent leur stratégie nucléaire sur des représailles massives et l'anéantissement aveugle des populations urbaines, et non sur une attaque préventive contre les installations de missiles balistiques intercontinentaux (ICBM) de l'ennemi. Les rares fois où leurs pensées se tournent vers Dieu, les intellectuels libéraux préfèrent le blâmer pour le mal de l'homme plutôt que de le louer pour le bien.[724] Encore et encore, l'attention se déplace du cœur du problème vers la périphérie.

Bien que l'extraversion obsessionnelle du libéral ne lui laisse guère l'occasion de résoudre ses propres problèmes, il se sent néanmoins obligé de dire aux siens et à tous les autres groupes de population comment résoudre les leurs. Des personnalités publiques dont la vie privée a été un véritable capharnaüm et qui se sont révélées tout à fait incapables d'élever leurs propres enfants se permettent d'écrire de nombreuses colonnes de journaux et articles de magazines sur la vie de famille, les problèmes conjugaux et l'éducation des enfants. La mère d'une fille délinquante, au lieu d'améliorer la situation dans son propre foyer, devient assistante sociale et tente d'aider d'autres familles dont les filles sont délinquantes.

Dans le schéma libéral, le fossé se creuse entre la personne et l'acte, entre la pensée et l'action. L'homme politique qui se bat pour l'intégration scolaire envoie ses propres enfants dans des écoles privées. Le criminel n'est pas vraiment en faute. Il a simplement commis un acte malheureux causé par un environnement défavorable ou hostile. C'est quelqu'un d'autre ou quelque chose d'autre qui est coupable. Les millionnaires d'obédience libérale sont souvent plus intéressés par l'aide aux étrangers pauvres qu'aux Américains pauvres. Le libéral aime tout le monde, quelle que soit la race, mais il se réfugie dans les banlieues où il préfère vivre parmi les Blancs, même les Blancs conservateurs.

---

[724] "Dieu a fait mon corps, et s'il est sale, c'est le fabricant qui est responsable de l'imperfection, pas le produit. La citation est de feu Lenny Bruce, un humoriste que de nombreux écrivains libéraux se sont efforcés d'élever au rang de martyr, voire de saint. *Holiday*, Nov. 1968, p. 74.

Ce n'est un secret pour personne que les libéraux sont plus attachés à l'humanité qu'à l'homme. La vision tragique de la vie — la lutte d'un homme, et non d'une masse d'hommes, contre l'irréversibilité du destin — ne s'intègre pas facilement dans la pensée libérale. Il en va de même pour le patriotisme. Alors que l'Américain moyen considère les États-Unis comme son pays, ni plus ni moins, le libéral préfère les considérer comme le dépositaire des principes libéraux.

C'est cette habitude de réification, cette peur de la touche personnelle dans les affaires humaines, qui peut expliquer pourquoi le panthéon libéral moderne n'a de place que pour les héros qui ont fait preuve d'une tendance antihéroïque marquée. Woodrow Wilson et Franklin Roosevelt ont gagné deux guerres importantes, mais ont perdu deux places tout aussi importantes. Winston Churchill, qui, en tant que conservateur britannique, était à peu près l'équivalent d'un républicain libéral aux États-Unis, a repoussé les Allemands, mais a présidé à la liquidation de l'Empire britannique.[725] Charles de Gaulle, salué comme un grand croisé libéral lorsqu'il menait les Français libres contre Hitler, a cédé après la guerre la plus riche possession de la France, l'Algérie. C'est le démocrate libéral déifié, le président John Kennedy, qui a permis à Cuba, autrefois avant-poste économique américain, de devenir un État client de la Russie.

Pour résumer, la métamorphose du libéralisme classique — le libéralisme de Locke, Jefferson et Lincoln — en libéralisme moderne a été aussi miraculeuse et complète que la transmogrification du têtard en hoptoad. Ce qui était centré sur l'homme est devenu centré sur l'État ; ce qui était dédié à la protection de la propriété la menace désormais ; ce qui tentait de soulager l'homme du poids écrasant de l'absolutisme l'alourdit désormais avec l'enrégimentation ; ce qui était autrefois progressiste au sens propre du terme est devenu la béquille idéologique des nihilistes, des grincheux, des obscurantistes et, bien sûr, des réactionnaires.

Comment expliquer ce virage à 180 degrés de l'orthodoxie libérale ? Comment ce libéralisme sophistiqué, schizophrénique, nouveau style,

---

[725] Le phrasé et la cadence de Churchill ont pu ressembler à du Gibbon et du Macaulay pour ceux qui aiment leur art oratoire servi avec du maïs sonore, mais le mot "héros" n'est guère approprié pour un brillant opportuniste politique qui prend la barre du navire de l'État pendant une tempête et qui, en dépit de quelques bravades, le laisse comme une carcasse à la dérive. Dans certains des moments les plus éprouvants de la Seconde Guerre mondiale, Churchill a fait grand cas de son ascendance américaine, pour des raisons qu'il n'est pas difficile de déchiffrer. Sa mère, Jennie, était la fille de Leonard Jerome, un play-boy promoteur de la ville de New York. Mais Churchill a peu parlé du sang indien qui a pu lui être transmis par la famille Jerome. Ralph Martin, *Jennie : the Life of Lady Randolph Churchill*, Prentice-Hall, Englewood Cliffs, New Jersey, 1969, Vol. 1, pp. 2, 12.

illibéral, a-t-il réussi à se faire passer pour le produit authentique ? Pourquoi cet état d'esprit tordu et inchoatif n'a-t-il pas été contesté ou ridiculisé ? Et surtout, comment se fait-il qu'il garde une telle emprise sur l'esprit des Américains ?

L'une des réponses tient à la ténacité de la tradition. En tant que credo de la démocratie, le libéralisme a suivi le même chemin que la démocratie. Ses articles de foi ont nourri et inspiré les mouvements populaires qui ont libéré les Européens de l'Ancien Monde et les colons européens du Nouveau de l'autorité étouffante des monarques, princes et papes décadents. Ses prises de position sur la nature de l'homme ont produit certaines des plus belles heures du Parlement britannique et du Congrès américain. À son apogée, le libéralisme classique a transformé l'âme politique du monde occidental.

Mais à mesure que les temps changeaient, que le propriétaire de quarante acres et d'une mule déménageait dans un appartement loué au bord de l'eau froide, que le monopole financier et industriel dépassait les limites du raisonnable, que la population doublait et redoublait, les libéraux ont commencé à se concentrer sur les problèmes économiques. Ils ont expliqué, en s'excusant quelque peu, qu'un gouvernement décentralisé de contrôle et d'équilibre, le type de gouvernement qu'ils avaient toujours défendu dans le passé, n'avait pas le pouvoir de promulguer et d'appliquer la législation et le contrôle économiques qu'exigeaient les injustices et les inepties du chômage de masse, des cycles d'expansion et de ralentissement des affaires et de l'exploitation effrénée de l'environnement. Accusés de négliger les droits de propriété, ils ont pointé du doigt le fléau de la pauvreté et déclaré que les "droits de l'homme" devaient désormais primer.

C'est ce nouveau libéralisme mangeur de lotus, qui ne se distingue guère d'une forme édulcorée de socialisme, qui a ouvert la voie à l'État-providence et aux services sociaux rendus possibles par le financement par le déficit. Sans l'inflation et le pacifisme qui l'accompagnent et qui laissent les nations qui l'adoptent en proie à des voisins plus rustiques, plus frugaux et plus agressifs, la fête pourrait durer éternellement.

Dans son attachement au collectivisme, le libéralisme moderne a pris la même direction que le socialisme et le communisme, sans aller aussi loin. Continuellement attaqués et insultés par les marxistes purs et durs pour leur tiédeur à l'égard de la révolution, les libéraux ont tendu l'autre joue et ont continué à apporter leur soutien et leur respectabilité à toute une série de causes d'ultra-gauche. Lorsque la politique du Kremlin le permettait, les libéraux européens ont rejoint les communistes dans les gouvernements du Front populaire. Sous les administrations Roosevelt et Truman, il est devenu si difficile de faire la différence entre les libéraux et les communistes que leurs opposants pouvaient être pardonnés de les considérer souvent comme des jumeaux identiques.

Ces dernières années, le libéralisme et la version léniniste du communisme ont eu tendance à s'éloigner l'un de l'autre, même si leur hostilité au laissez-faire économique reste plus forte que jamais. La raison en est que le libéralisme s'est récemment concentré sur la social-démocratie et le nivellement racial plutôt que sur le nivellement économique, ainsi que sur les droits de l'homme, un sujet négligé par les gouvernements marxistes.

Au cours des dernières décennies aux États-Unis, le libéralisme moderne s'est transformé en un programme de parti pour le racisme des minorités. Avec seulement quelques changements de *formulation* — la race pour les *hommes*, la *sécurité* pour la *liberté*, les *droits des minorités* pour les *droits de l'homme* — tout l'appareil de la pensée libérale occidentale s'est déplacé sac au dos dans le camp des minorités. L'ennemi — toujours la figure la plus importante dans toute idéologie agressive — n'est plus les monarques européens dissolus, les réactionnaires hamiltoniens, les propriétaires d'esclaves du Sud, les magnats de l'industrie du dix-neuvième siècle, les fascistes italiens et allemands ou les militaristes japonais. Il s'agit désormais de l'élite des entreprises, du complexe militaro-industriel, de la structure du pouvoir blanc, du racisme blanc, des WASP — en bref, de la majorité américaine.

Le libéralisme moderne, bien sûr, n'admet pas être raciste. Au contraire, il prétend être antiraciste. Mais chaque mot qu'il prononce, chaque politique qu'il soutient, chaque programme qu'il rend public, chaque cause qu'il soutient, chaque texte de loi qu'il introduit est susceptible d'avoir une connotation raciale directe ou ténue. Le libéralisme classique en Amérique, malgré l'accent qu'il mettait sur l'humanité, se préoccupait principalement des intérêts et des aspirations de la majorité à une époque où les Noirs, les Indiens et les autres minorités comptaient à peine. Le libéralisme moderne, malgré ses clichés œcuméniques envoûtants, se consacre également à un segment de la population américaine, les minorités inassimilables.

Subverti dans sa finalité première, détourné et réinterprété dans ses idéaux originels, le libéralisme est devenu un masque grotesque où les acteurs ne veulent ni ne peuvent accorder l'action à la parole et où les platitudes du scénario occultent presque totalement l'intrigue qui se noue autour de la soif de pouvoir des protagonistes. Ce choc incessant du dialogue et du motif est à l'origine des contradictions dramatiques entre la pensée libérale moderne et le comportement libéral moderne, contradictions non résolues par des soliloques fustigateurs sur l'humanitarisme destinés à dissimuler l'étroite collaboration entre le libéralisme et le racisme minoritaire dans les domaines majeurs de la politique, de l'économie, de la société et de la politique étrangère.[726]

Le libéralisme moderne est particulièrement utile aux minorités parce qu'il a pour effet d'assombrir et de déformer la perspective raciale de la majorité. Son idéalisme ambigu et son faux bon samaritain encouragent les membres de la majorité à soutenir les minorités sans se rendre compte qu'ils travaillent contre les intérêts de leur propre peuple. Tout aussi important, il permet également aux membres de la majorité qui sont tout à fait conscients de ce qu'ils font de rationaliser leur comportement anti-majoritaire.

L'une des curiosités notables du libéralisme moderne est la différence frappante entre la majorité et la minorité libérale — une différence d'intention, pas de contenu. Les libéraux majoritaires et minoritaires n'ont pas seulement des motivations différentes ; ils se voient accorder des privilèges sensiblement différents. Pour le libéral majoritaire, le libéralisme est au mieux une foi chaleureuse dans la bonté et l'intelligence humaines, au pire un ensemble douteux de jugements de valeur qu'il est plus sage et plus sûr d'accepter que de rejeter. Pour le libéral minoritaire, le libéralisme représente un ensemble de réalisations solides qui lui ont permis non seulement de mettre de l'argent dans sa poche, mais qui l'ont armé d'une idéologie avec laquelle il peut s'attaquer à la majorité, l'ennemi traditionnel. Le libéralisme est donc pour le membre de la minorité un programme pragmatique d'avancement, un moyen de revanche et une croisade idéaliste. Il l'enveloppe dans une robe étincelante de généralités brillantes, tout en lui accordant le privilège d'être raciste. Le libéral de la majorité n'a pas droit à de tels vêtements. Un raciste minoritaire peut être un bon libéral. Un raciste de la majorité ne peut pas être libéral du tout et est frappé d'anathème en tant que nazi en herbe.

La question a déjà été posée de savoir comment le libéralisme, avec ses incohérences et ses aberrations monumentales, pouvait survivre dans l'Amérique d'aujourd'hui. Il est désormais possible de répondre à cette question en termes spécifiques et non plus généraux. Le libéralisme a survécu et même prospéré parce qu'il s'est directement attaché à la cause du racisme des minorités, le mouvement le plus dynamique de la vie américaine contemporaine. Il continuera à survivre et à prospérer jusqu'à ce que le racisme minoritaire n'ait plus besoin de lui, jusqu'à ce qu'il ne puisse plus servir de "couverture émotionnelle" aux libéraux de la majorité dans leur rôle de compagnons de route des minorités.

---

[726] "Le libéralisme est la religion laïque du juif américain", a écrit James Yaffe, qui a souligné que la moitié des membres du Peace Corps, peut-être l'agence la plus libérale du gouvernement américain, est juive. Yaffe, op. cit. p. 245-46.

Au fur et à mesure que les années passent et que la lutte raciale se durcit en Amérique, le libéral de la majorité deviendra de plus en plus suspect, non seulement pour les membres de la majorité en général, mais aussi pour les membres des minorités qui, en bons racistes, ne peuvent qu'avoir du mépris pour les renégats raciaux. Si le libéral majoritaire continue à perdre la face, s'il trouve de plus en plus difficile et humiliant de vanter le racisme des autres, il n'aura probablement pas d'autre choix que de se replier sur le conservatisme qui, sous sa forme actuelle, comme le montrera le chapitre suivant, n'est qu'un remaniement sélectif et expéditif du libéralisme classique inspiré par des personnes, dont beaucoup sont d'anciens marxistes, dont les motivations sont loin d'être pures.

Au sens le plus large, la métamorphose du libéralisme signifie la transformation d'une lutte intraraciale pour les droits individuels et la liberté en une lutte interraciale pour le pouvoir. Cette lutte est totale. Elle englobe tous les domaines de l'activité américaine, des niveaux les plus bas de la brutalité aux niveaux les plus élevés de l'art, de la religion, de l'éducation et de la philosophie. Ce n'est pas Socrate — *comme* Nietzsche — qui a mis fin à la créativité grecque. Il a été le semeur et le faucheur du conflit intra-racial. Les grandes œuvres de Platon et d'Aristote sont venues plus tard. Ce qui a marqué le déclin de la Grèce et la métamorphose du libéralisme qui l'a accompagné, c'est la création, encore plus tardive, des écoles philosophiques cynique, épicurienne et stoïcienne.[727] Ceux qui connaissent le fonctionnement des dynamiques raciales ne seront pas surpris d'apprendre que les fondateurs de ces écoles ne venaient pas de Grèce proprement dite, mais d'Asie mineure.

Diogène, le plus cynique des cyniques et l'archétype du hippie, était un faussaire avoué de Sinope, une colonie semi-grecque située loin sur la côte de la mer Noire en Asie mineure. Se considérant comme un "citoyen du monde", il célébrait la "liberté d'expression" avant tous les autres droits de l'homme. Il s'est également prononcé avec force en faveur du cannibalisme et de l'inceste. Ménippe, un autre grand cynique, était originaire de Cœlé-Syrie. Bien qu'il ait commencé sa vie comme prêteur, il enseignait que les riches devaient partager leurs richesses avec les pauvres "vertueux". Épicure, le pivot de la philosophie épicurienne, est né à Samos, une île située à un kilomètre du rivage de l'Asie mineure. Selon Will Durant, "il ne faisait aucune distinction de statut ou de race...". Zénon, le premier stoïcien, était

---

[727] Socrate est mort en 399 avant J.-C. ; Platon, en 347 avant J.-C. ; Aristote, en 322 avant J.-C. Les philosophies cynique, épicurienne et stoïcienne ont commencé à s'épanouir après la mort d'Aristote. Les stoïciens proposaient "une vaste société dans laquelle il n'y aurait ni nations, ni classes, ni riches, ni pauvres, ni maîtres, ni esclaves..." Durant, *The Life of Greece*, pp. 506-7, 656.

originaire de Citium, une ville phénicienne de Chypre. L'un des hommes les plus riches de son époque, il a peut-être été le premier à dire que "tous les hommes sont égaux par nature". Le stoïcisme, écrit Durant, dérive du "panthéisme sémitique, du fatalisme et de la résignation..."[728] Épictète, l'apôtre du stoïcisme chez les Romains, était à l'origine un esclave phrygien.[729]

Tant sur le plan du contenu que sur celui du calendrier, les dernières écoles de philosophie grecque sont à bien des égards analogues aux doctrines "occidentales" de Marx, Freud et Boas. Bien qu'une forte tendance égalitaire les traverse toutes, le résultat final n'est jamais l'égalité, mais la création de nouvelles hiérarchies de classes ou de races. Distribuées sous une étiquette universelle, ces doctrines anciennes et modernes, bien qu'elles semblent s'adresser à tous les hommes, ont un attrait particulier pour ceux qui veulent révolutionner l'ordre social. Il n'est pas nécessaire d'ajouter que dans les rangs des principaux prosélytes et des principaux prosélytes, les membres de la majorité font défaut.

La métamorphose du libéralisme se produit lorsque les défenses normales de la société sont abaissées, lorsque l'euphorie et l'exultation de la conquête, de la colonisation et de l'édification de la nation cèdent la place à l'absence de race et à l'insouciance qui sont les fruits amers d'une tâche bien accomplie. La prospérité entraîne le matérialisme, qui à son tour entraîne ce que Gustave Le Bon a judicieusement décrit comme "l'affaiblissement du caractère".[730] La situation peut être comparée à celle d'une feuille d'air dont la pression diminue à mesure que la vitesse du vent augmente. Au fur et à mesure que les vents de Babbittry soufflent plus fort, les minorités s'écoulent dans le vide.

---

[728] Ibid. p. 644-45.

[729] Données biographiques tirées de Diogène Laertius, *The Lives and Opinions of the Eminent Philosophers*, trad. C. D. Yonge, Bohn's Classical Library, Londres, 1904.

[730] "Or ce fût toujours par cet affaiblissement du caractère, et non par celui de l'intelligence, que de grands peuples disparurent de l'histoire." *Psychologie Politique*, Flammarion, Paris, 1919, p. 295.

CHAPITRE 24

Le conservatisme redéfini

MAINTENANT QUE L'INDIEN n'a plus droit à l'étiquette, le conservateur classique est devenu l'Américain en voie de disparition. Compte tenu de ses convictions et de l'époque, il n'y a rien d'étonnant à cela. Le conservateur classique défend la mystique de l'autorité et du rang dans la société. C'est un aristocrate de naissance, antidémocratique par nature, et ses principales préoccupations sont la famille, la race et la continuité. Pour lui, la chaîne est plus importante que les maillons. Il perçoit l'afflux divin dans l'homme, mais il reconnaît aussi les obstacles auxquels il se heurte. Il place la sagesse collective de l'espèce (traditions et institutions) au-dessus de la sagesse des gouvernements et des individus (lois et politique).

Le conservateur moderne n'a pas grand-chose en commun avec ces points de vue. Il est favorable à la démocratie jusqu'à un certain point, croit en l'égalité raciale — ou dit qu'il y croit — et veut moins de gouvernement, pas plus. Il est tout à fait favorable aux droits de l'homme, mais il est tout aussi enthousiaste, si ce n'est plus, à l'égard des droits de propriété. Se considérant comme une personne rationnelle et sensée, il prend sa religion avec un grain de sel. Il est, en somme, un libéral classique[731] et s'est autant éloigné des sources du conservatisme classique — Platon, Dante et Hobbes — que le libéral moderne s'est éloigné de Locke. Là où le conservatisme moderne diffère du libéralisme moderne — dans sa sollicitude pour la propriété, le gouvernement décentralisé et le laissez-faire — c'est précisément là où le libéralisme classique se sépare du libéralisme moderne.

Le conservatisme moderne a été détourné de ce que l'on pourrait appeler la ligne conservatrice du monde par Edmund Burke à la fin du dix-huitième siècle. Burke, protestant irlandais ayant épousé une catholique romaine et fréquenté une école quaker anglaise, avait des références surprenantes pour un leader de la pensée conservatrice. Il appartenait au parti whig, était un conciliateur et un apaiseur dans le conflit avec les colonies américaines, et s'opposait fermement à la politique du roi George III et à l'impérialisme britannique. C'est l'anarchisme de la Révolution française qui a propulsé Burke dans les hautes sphères de la philosophie politique. Il fut l'un des

---

[731] "Le libéralisme classique, qui a pris sa forme caractéristique aux XVIIIe et XIXe siècles, est devenu, avec des modifications, le conservatisme de notre époque". Henry Girvetz, *The Evolution of Liberalism*, Collier Books, New York, 1963.

premiers à réaliser que la fureur jacobine était mortelle pour l'ordre social européen existant. Dans ses *Réflexions sur la Révolution française*, Burke, comme Locke avant lui, prône la responsabilité individuelle, le caractère sacré de la propriété et des contrôles politiques et économiques minimaux. Contrairement à Locke, il met l'accent sur la religion, la tradition et la prescription, c'est-à-dire l'ensemble des anciens droits, préceptes moraux et coutumes d'un peuple.[732]

Malgré la perte de l'élément le plus aristocratique de la population américaine, les 100 000 loyalistes qui ont été expulsés ou se sont retirés volontairement au Canada et ailleurs pendant la guerre d'indépendance, le conservatisme américain a pris un assez bon départ. Le président Washington, le parti fédéraliste et son principal intellectuel, Alexander Hamilton, ainsi que la majeure partie du pouvoir judiciaire, étaient tous des conservateurs au sens de Burke, tandis que la Constitution était un document aussi conservateur que l'on pouvait s'y attendre de la part d'hommes qui venaient d'établir un gouvernement représentatif qui ressemblait à une ochlocratie enragée pour les autocrates européens horrifiés. John Adams, le deuxième président, bien que n'étant pas un aussi bon chrétien que Burke, était un peu plus à droite. Grâce à ses hautes fonctions, il a pu, à l'occasion, manifester son conservatisme par des décrets, ce que Burke, malgré sa brillante carrière oraculaire à la Chambre des communes, n'a jamais pu faire.

Au fil des années, le conservatisme américain a suivi la dérive libérale de l'histoire américaine, mais généralement avec un décalage d'une ou plusieurs décennies. Les démocraties de Jefferson et de Jackson ont porté quelques coups durs au conservatisme, mais le coup le plus dur a été la guerre civile, qui a divisé les conservateurs du Nord et du Sud et a coupé court au rêve du Sudiste John Calhoun d'une république aristocratique, raciale et esclavagiste sur le modèle péricléen.[733]

La grande expansion industrielle de la seconde moitié du XIXe siècle, ainsi que la conquête de l'Ouest, aident indirectement le conservatisme par la stabilité politique inhérente à la prospérité et à la croissance économique. À

---

[732] *Reflections on the Revolution in France*, Dolphin Books, N.Y., 1961, pp. 71, 167.

[733] Dans la période postbellum, après que le Sud meurtri ait sombré dans un nativisme hermétique, des Nordistes naturellement conservateurs comme Herman Melville, Henry Adams et Brooks Adams ont fini par tourner le dos au rêve américain. Dans ses dernières œuvres, Melville s'est polarisé entre un sombre pessimisme (*Clarel*) et un mysticisme religieux aigu (*Billy Budd*). Henry Adams concentre son attention et son imagination sur le Moyen-Âge (*Mont-Saint-Michel et Chartres*) et sur l'effroyable avenir (*The Education of Henry Adams*), tandis que son frère Brooks jette l'éponge en prédisant et même en planifiant le triomphe inévitable d'un déterminisme scientifique froid et sans entrailles (*The Law of Civilization and Decay*).

l'inverse, la cause conservatrice a souffert des raz-de-marée de la nouvelle immigration, qui a amené des millions de recrues libérales. Malgré certaines tendances libérales, le mélange dynamique de patriotisme éclairé, de vie difficile et de politique étrangère "America First" de Theodore Roosevelt a peut-être été la dernière expression d'un conservatisme américain doté d'un sens élevé de l'objectif national. (Lorsqu'il n'était plus à la Maison-Blanche et qu'il cherchait vainement à se faire élire comme candidat d'un tiers parti, Bull Moose, Roosevelt chantait une autre chanson. Son appel à l'intervention dans la Première Guerre mondiale préfigurait l'aventurisme international tragique et désastreux de Woodrow Wilson, Franklin D. Roosevelt et de la plupart des chefs d'État et de gouvernement qui ont suivi).

La Grande Dépression a été un revers presque catastrophique pour le conservatisme. En tant que champions de la propriété, du capitalisme sans restriction et d'un marché boursier non réglementé, les conservateurs ont été directement tenus pour responsables du chaos financier et de la misère des années de dépression. En revanche, les libéraux modernes, qui s'étaient débarrassés depuis longtemps de leur attachement à la propriété, ont pu profiter politiquement de la peur et de la confusion, et s'attribuer le mérite d'avoir imposé les contre-mesures économiques urgentes. Alors que le New Deal s'attaquait hardiment aux problèmes effrayants de la production et de la distribution dans la société la plus industrialisée du monde, les conservateurs ont aggravé la situation par leurs critiques destructrices, par leur doctrine financière réactionnaire et par leurs appels désuets et pathétiques à un retour au "bon vieux temps".

La montée du fascisme européen a fourni aux libéraux une nouvelle occasion de rabaisser et de démoraliser l'opposition conservatrice. Il existe, bien sûr, de vagues liens de sang qui relient certains aspects du conservatisme à l'attitude nietzschéenne d'Hitler, tout comme il existe des liens historiques qui relient certains aspects du libéralisme à la politique démoniaque de Lénine.[734] Les libéraux et les conservateurs ont souvent profité de ces analogies ténues pour se calomnier mutuellement. Mais comme les libéraux ont tenu les rênes du pouvoir à partir des années 1930, ils étaient mieux à même de faire passer leurs calomnies.[735] Ces calomnies, rendues encore plus crédibles par les événements et les prétendus événements de la Seconde Guerre mondiale, ainsi que par les souvenirs persistants de la dépression, ont

---

[734] Il est également possible d'affirmer que le conservatisme classique et le libéralisme moderne, par la haute considération qu'ils portent à l'autorité gouvernementale, sont plus proches l'un de l'autre et de Lénine et Hitler que du libéralisme classique et du conservatisme moderne.

[735] "... pour l'esprit juif, la *Gestalt de* la droite exige l'antisémitisme". Van den Haag, op. cit. p. 139.

permis à des millions d'électeurs normalement conservateurs de rester dans le giron du parti démocrate. Ce n'est qu'au milieu du siècle, lorsque les échecs cruciaux des libéraux en matière d'affaires étrangères et leurs incroyables défaillances en matière de sécurité nationale n'ont plus pu être dissimulés, qu'une résurgence du conservatisme est devenue perceptible. Dans les années 1960 et 1970, la cause conservatrice a largement profité de la réaction des Blancs face aux émeutes de Noirs, à la discrimination à rebours, à l'accélération de la criminalité et à l'immigration illégale et légale massive.[736] L'inflation, cependant, a probablement été la cause principale de la victoire électorale de Reagan en 1980.

Ironiquement, la résurgence conservatrice a également été une victoire libérale. Le libéralisme moderne était désormais si bien implanté qu'il était en mesure de dicter les arguments et même les tactiques de ses détracteurs. Avant de pouvoir bénéficier d'une tribune nationale, le conservateur moderne devait démontrer qu'il était un membre de l'opposition loyale et que, sur les questions "sensibles", il était du même avis que le libéral lui-même. Aucune manifestation publique du conservatisme classique — c'est-à-dire aucune attaque directe contre la démocratie et le racisme des minorités — n'était tolérée. Si les feux de l'illibéralisme et du racisme des minorités ne pouvaient pas être éteints par des appels modestes et à faible décibel à la bienséance, il fallait les laisser se déchaîner. Les seules notes de désaccord permises au conservateur moderne étaient celles qui étaient sûres. Il peut être plus respectueux des grandes entreprises, de la propriété, du patriotisme, de la religion, de la décentralisation du gouvernement et de la loi et de l'ordre. Il peut être plus critique à l'égard du socialisme, du marxisme, de Castro, de la surréglementation, des syndicats et des déficits budgétaires. Mais les différences admissibles sont des différences de degré et non de nature. Sur les grandes questions, les questions qui se cachent derrière les questions, le

---

[736] Le conservatisme n'a plus guère de leadership intellectuel après la prise de contrôle du New Deal. Les travaux des historiens raciaux, Madison Grant et Lothrop Stoddard, sont tombés dans le discrédit et les voix de deux professeurs d'université, Paul Elmer More et Irving Babbitt, qui ont tenté de réhabiliter Burke, ont été à peine audibles. Après la Seconde Guerre mondiale, les idées de trois économistes d'Europe centrale, Wilhelm Röpke, Ludwig von Mises et F. A. Hayek, qui proposaient tous la suppression des contrôles économiques et le rétablissement d'un marché libre, n'ont reçu qu'une attention superficielle. Le monarchisme et l'anglo-catholicisme de l'expatrié T. S. Eliot n'ont pas eu d'impact perceptible sur la pensée américaine. Il en va de même pour les théories économiques et raciales d'Ezra Pound. Les deux intellectuels conservateurs les plus influents du troisième quart du siècle sont William F. Buckley Jr. et Russell Kirk, dont la pensée est purement burkéenne et qui s'éloigne désespérément de la question raciale. Kirk, d'ailleurs, s'est attaqué à l'entraînement militaire universel avec autant d'acharnement que n'importe quel libéral. *The Conservative Mind*, Henry Regnery, Chicago, 1960, p. 378.

libéralisme moderne et le conservatisme moderne devenaient souvent synonymes.[737]

Telles étaient et telles sont toujours les règles de conduite libérales, les limites imposées par la minorité libérale au débat politique conservateur. De mémoire récente, aucun homme politique conservateur de premier plan n'a manqué de les respecter.[738] Les trois plus éminents — feu le sénateur Robert Taft, le sénateur Barry Goldwater et Ronald Reagan — ont tous pris soin de proclamer, tout au long de leur critique de l'establishment libéral, leur engagement total en faveur du processus démocratique, de l'égalité raciale et du dogme libéral en général.[739] Quant aux présidents Eisenhower et Nixon, ils ont tous deux prêché les principes fondamentaux du libéralisme moderne aussi bruyamment que n'importe quel Américain dans la vie publique. Platon, sans parler de Locke et de Jefferson, aurait probablement classé ces deux républicains parmi les radicaux aux yeux sauvages.

Il est relativement simple d'identifier les experts et les hommes politiques conservateurs modernes. Mais qui sont les membres de la base conservatrice ? Ils doivent être très nombreux, car un sondage Gallup de 1970 affirmait qu'il y avait plus de conservateurs que de libéraux aux États-Unis. Parmi ceux qui ont accepté de se donner une étiquette conservatrice ou libérale, les premiers étaient presque trois fois plus nombreux que les seconds.[740]

Par profession, les agriculteurs, les chefs d'entreprise, les officiers des forces armées, les professions libérales et les cols blancs sont censés être des

---

[737] Alors que les conservateurs devenaient des libéraux, certains communistes de premier plan de l'Union soviétique tardive devenaient également des conservateurs. "Suslov est le chef des conservateurs du parti", écrit la fille de Staline, Svetlana Alliluyeva. *Only One Year,* Harper & Row, New York, 1969, p. 47.

[738] Même le franc-tireur George Wallace s'est conformé à l'interdiction de discuter ouvertement du problème racial. Dans ses discours de campagne, il s'en remettait à la déduction plutôt qu'à l'affirmation, laissant ses auditeurs tirer leurs propres conclusions chaque fois qu'il s'attaquait à l'intégration scolaire. En décembre, Wallace, infirme, est revenu à la normale en s'excusant pour ses positions suprématistes et en votant pour Jimmy Carter.

[739] Karl Hess, rédacteur de discours et homme d'idées de confiance de Goldwater, n'a pas fait le grand saut mental que certains imaginaient en devenant un "anarchiste radical et philosophique" et en soutenant les Nord-Vietnamiens et les Étudiants pour une Société Démocratique. *New York Times*, 28 septembre 1969, p. 62.

[740] La répartition était la suivante : conservateurs, 52 % ; libéraux, 34 % ; sans opinion, 14 %. Gallup Poll, New York Times, 11 mai 1970, p. 56. Dans un sondage Gallup de 1977, 47 % des personnes interrogées se sont décrites comme étant "à droite du centre", 32 % comme étant "à gauche du centre" et 10 % comme étant "au milieu de la route".

conservateurs. Les ecclésiastiques, les professeurs d'université, les journalistes, les ouvriers et les bénéficiaires de l'aide sociale sont généralement considérés comme des libéraux. La propriété et un portefeuille d'actions sont censés faire d'un homme un conservateur. L'absence de biens et une masse de factures impayées en font un libéral.

Ces généralisations, qui sont devenues des articles de foi pour de nombreux sociologues, correspondent à certains faits, mais pas à tous. Les Juifs, le groupe de population le plus riche d'Amérique — le plus riche, c'est-à-dire par habitant — ont été presque solidement libéraux pendant la majeure partie du vingtième siècle[741] et le sont toujours en ce qui concerne la plupart des questions sociales, bien que l'antisémitisme noir à l'intérieur du pays et l'antisionisme à l'étranger en aient attiré plus d'un dans le camp néo-conservateur. De nombreux ouvriers ont développé des tendances conservatrices notables. Chaque fois qu'il y a une confrontation politique directe entre les pauvres blancs et les pauvres non blancs, les premiers deviennent généralement moins libéraux dans leurs habitudes de vote.

Géographiquement, les grandes villes sont considérées comme des territoires libéraux, les banlieues et les zones rurales comme des territoires conservateurs. La fuite des terres vers les villes, qui a commencé pendant la Première Guerre mondiale, a gonflé les rangs des libéraux urbains, tout comme la fuite des villes vers les banlieues, qui a suivi la Seconde Guerre mondiale, a gonflé le nombre de conservateurs. Changer d'adresse, c'est souvent changer de politique. Au niveau régional, le Midwest, le Sud profond et la "Sun Belt" sont considérés comme conservateurs, tandis que les États industriels du Nord, les mégalopoles et le Nord-Ouest sont libéraux.

Là encore, il y a beaucoup de vérité, mais aussi beaucoup de demi-vérité. Le Sud profond a ses Noirs "libéraux", qui votent désormais en grand nombre.

---

[741] "Toutes les données disponibles indiquent que les Juifs restent politiquement à gauche de manière disproportionnée. Ils votent démocrate à 75-85 %... L'argent juif soutient une grande partie des activités en faveur des droits civiques dans ce pays... Les mouvements radicaux en Amérique... sont à nouveau composés de manière disproportionnée de juifs." *Commentaire*, juillet 1961, p. 68. Lors de l'élection présidentielle de 1960, le vote juif était à 80 % démocrate. Yaffe, *The American Jews*, p. 240. Lors des élections de 1968, les Juifs ont voté démocrate à plus de 90 %. *Time*, 10 novembre 1968, pp. 21-22. En 1968, les électeurs de Scarsdale, New York, l'une des banlieues les plus riches des États-Unis et fortement juive, ont choisi Hubert Humphrey plutôt que Richard Nixon. Phillips, *The Emerging Republican Majority*, p. 179. Le fait que de nombreux Juifs aient voté pour Richard Nixon en 1972, Gerald Ford en 1976 et Ronald Reagan en 1980 ne signifie pas qu'ils abandonnaient le libéralisme. Ces néo-conservateurs, comme ils s'appelaient eux-mêmes, estimaient simplement que ces hommes politiques étaient "meilleurs pour Israël" et que l'accent mis par le parti républicain sur une économie et une armée fortes mettrait les États-Unis dans une meilleure position pour défendre l'État sioniste.

La Sun Belt a ses Américains d'origine mexicaine "libéraux", eux aussi de plus en plus adeptes du vote en bloc. Le Nord-Ouest, où les anciennes pluralités démocrates s'amenuisent, reste libéral, mais plus par tradition que par conviction. En raison de son degré relativement élevé d'homogénéité, le Nord-Ouest est l'une des rares régions d'Amérique à être restée relativement épargnée par la violence des minorités, en gardant à l'esprit que le terme "relativement" permet encore beaucoup de grabuge et d'agressions à Seattle et à Portland. Sans problèmes raciaux, le libéralisme se porte mieux.

La corrélation raciale du libéralisme et du conservatisme est plus nette que leurs corrélations géographiques et économiques. La majorité américaine est largement conservatrice. Les minorités inassimilables sont libérales, bien qu'un ou deux groupes de population asiatiques de la partie continentale des États-Unis ainsi que les Cubains de Floride votent républicain, tandis que les Amérindiens ont montré peu d'engagements politiques durables de quelque nature que ce soit. Le conservatisme étant, parmi de nombreux autres facteurs, une fonction de l'assimilation, les minorités assimilables sont passées du côté libéral au côté conservateur.

D'un point de vue politique, tant le libéralisme que le conservatisme ont probablement été plus entravés qu'aidés par le système bipartite. Les démocrates du Sud, qui étaient autrefois les Américains les plus conservateurs, ont longtemps freiné l'ultra-libéralisme des démocrates du Nord. Dans le même temps, l'aile libérale du parti républicain a constamment freiné le développement du conservatisme dans les rangs républicains.

Si les partis sont censés représenter les différences politiques fondamentales, le parti républicain devrait être le parti du conservatisme, et le parti démocrate celui du libéralisme. Dans une certaine mesure, ce desideratum a déjà été réalisé par les démocrates libéraux du Nord qui, au cours des dernières décennies, ont surpassé et éclipsé les membres du Sud du parti. La présence du président Carter, un nouveau camionneur libéral du Sud, n'a eu qu'un effet de freinage minime sur ce jeu de pouvoir. En 1980, on peut dire que les démocrates du Sud, au lieu de se mobiliser pour résister à l'aile nord du parti, étaient divisés en deux. La faction du Nouveau Sud s'est ralliée aux libéraux du Nord, en partie pour des raisons idéologiques, en partie pour conserver le vote des Noirs, tandis que la faction du Vieux Sud a voté soit pour les démocrates conservateurs de la vieille ligne, soit pour les républicains. Ce scénario est resté plus ou moins inchangé sous l'administration de Bill Clinton, le deuxième camionneur du Sud à accéder à la Maison-Blanche au cours du dernier tiers du siècle.

Le parti républicain, même s'il fait des bruits en ce sens, a encore un long chemin à parcourir avant de devenir le champion du conservatisme. Sa tentative d'élargir son audience dans le Sud, la stratégie dite du Sud, n'a eu et n'aura qu'un succès limité tant que les présidents républicains appliqueront les arrêts de la Cour suprême sur le busing et la discrimination à rebours. Quant à la stratégie du bonnet dur, le fait que les républicains séduisent les travailleurs en leur promettant des rues plus sûres, plus d'emplois et moins d'inflation peut séduire de nombreux électeurs issus de minorités assimilées, mais risque d'exaspérer autant de républicains de longue date, qui associent encore les syndicats aux drapeaux rouges et aux barricades dans les rues.

Même si les conservateurs républicains parvenaient à prendre le contrôle incontesté de leur parti, même si la stratégie sudiste et la stratégie du casque portaient leurs fruits, même si les républicains parvenaient à dominer la politique américaine aussi longtemps et aussi efficacement que le règne démocrate inauguré par Roosevelt, ils n'auraient toujours pas grand-chose à offrir à la majorité américaine. En combinant les abstractions humanistes du libéralisme classique avec les notions libérales modernes d'égalité et de démocratie sociale, l'effet net du conservateur moderne sur les membres de la majorité est de les anesthésier pour qu'ils baissent leur garde raciale au moment même où ils en ont le plus besoin. C'est pourquoi, de tous ceux qui s'opposent consciemment ou inconsciemment à la cause de la majorité, le conservateur moderne est le plus dangereux. Les libéraux de la majorité et de la minorité sont toujours quelque peu suspects pour le membre moyen de la majorité qui n'est pas engagé. La différence d'origine raciale ou religieuse du libéral minoritaire peut affecter sa crédibilité, tandis que le faux humanitarisme et les plaidoiries spéciales du libéral professionnel de la Majorité peuvent avoir un son creux et peu convaincant. Le conservateur moderne, en revanche, est écouté avec plus d'attention. Ses idées et ses arguments, moins axés sur les minorités (sauf lorsqu'il s'agit d'Israël), sont présentés de manière moins abrasive et ne risquent pas de froisser les membres de la majorité. Le fait que l'homme politique conservateur moderne appartienne généralement à la majorité joue également en faveur du membre de la minorité. Les gens sont plus enclins à suivre "l'un des leurs".

Le vieux croyant,[742] qui est la quintessence du conservateur moderne parce qu'il est la quintessence du libéral classique, est probablement le plus efficace de tous les Américains pour maintenir la majorité dans la congélation de l'apathie raciale. Le vieux croyant est parvenu à ses opinions politiques en toute honnêteté et ne les dégrade pas avec des arrière-pensées. Il pense sincèrement que les principes de Locke et de Burke sont toujours d'actualité aux États-Unis. Il croit encore à la bonté innée de l'homme et au

---

[742] 12. Voir pp. 110-12.

pouvoir de la raison. Contrairement au libéral moderne, il se consacre au progrès de tous les peuples, et pas seulement des minorités, et trouve encore une place dans son cœur pour la religion, bien qu'il préfère les enseignements sociaux du Christ à la théologie chrétienne. Il ne se rend pas compte qu'en publiant les nouvelles de l'égalitarisme et de la tolérance à ce moment précis, il désarme la Majorité qui est en train de se faire déposséder. De plus, comme il représente tout ce qu'il y a de meilleur dans l'expérience américaine, le raisonnement du vieux croyant est embelli par l'appel à la tradition.

Il y a, bien sûr, beaucoup de conservateurs moins idéalistes : les millionnaires et les hectomillionnaires qui soutiennent le conservatisme dans l'espoir qu'il maintiendra leurs impôts à un niveau bas et leurs profits à un niveau élevé ; les sectateurs d'Ayn Rand qui ont déifié le capitalisme et sanctifié le dollar. Il ne faut pas oublier les religieux de la variété fondamentaliste ou évangéliste, qui sont plus intéressés par le sauvetage de leur église que par celui de leur congrégation. Enfin, il y a les conservateurs craintifs, qui savent que le conservatisme moderne n'est pas suffisant, mais qui savent aussi qu'ils ne peuvent pas aller plus loin à droite sans perdre leur respectabilité ou leur gagne-pain.

Parmi les autres conservateurs, on trouve : les patriotes du soleil qui soulagent leur conscience et remplissent leur portefeuille en se spécialisant dans un conservatisme réactionnaire destiné principalement aux petites dames âgées et aux grands généraux âgés ; les anticommunistes obsessionnels qui évitent la question raciale en découvrant des bolcheviks barbus sous chaque matelas ;[743] les ex-communistes pathétiques, avidement conscients des récompenses pécuniaires de l'abjuration ; les libéraux réformés qui ont honte de leur myopie politique. Enfin, les Sudistes nostalgiques croient avec nostalgie qu'un jour viendra où le relâchement des contrôles gouvernementaux et la réaffirmation des droits des États permettront au Sud de prendre en main son propre destin.

Il n'est probablement pas nécessaire de souligner que plus d'un membre d'une minorité apparaît dans les catégories ci-dessus. Après tout, le conservatisme moderne est aujourd'hui aussi égalitaire que le libéralisme

---

[743] Il est plus facile de comprendre et d'approuver l'hypersensibilité des conservateurs et des catholiques à l'égard de la poignée de communistes américains si l'on se souvient qu'il n'y avait que 10 000 communistes porteurs d'une carte en Espagne au début de la guerre civile espagnole — au cours de laquelle le camp républicain a assassiné 12 évêques, 283 religieuses, 5 255 prêtres, 2 492 moines et 249 novices. Hugh Thomas, *The Spanish Civil War*, pp. 99, 172-74. En 1917, année de la révolution réussie de Lénine, il y avait un bolchevik russe pour 2 777 Russes. En 1947, il y avait un communiste américain pour 1 814 Américains. Goodman, *The Committee*, p. 196.

moderne et la présence d'intellectuels issus de minorités dans ses hautes sphères ne peut que contribuer à ce qu'il le reste. Parmi les principaux conservateurs juifs ou partiellement juifs, vivants ou décédés, on peut citer Ayn Rand, l'auteure d'origine russe d'*Atlas Shrugged*, un feuilleton capitaliste verbeux, vénérant des héros et mettant en scène un géant industriel poltron ;[744] David Lawrence, fondateur de *U.S. News & World Report, l'hebdomadaire de grande diffusion. News & World Report*, le magazine d'information conservateur à grand tirage ; Lionel et Diana Trilling (critique littéraire) ; Herman Kahn (futurologie) ; Alan Greenspan, président de la Réserve fédérale américaine ; Milton Friedman (économie) ; Nathaniel Weyl (histoire et critique sociale) ; Ralph de Toledano,[745] Victor Lasky, Mona Charen, Norman Podhoretz, David Horowitz, William Safire (éditorial) ; le regretté Lessing Rosenwald[746] du Conseil américain pour le judaïsme ; des idéologues et des intellectuels qui polémiquent sans relâche comme Irving Kristol, Daniel Bell, Nathan Glazer, Seymour M. Lipset, Milton Himmelfarb, Walter Laqueur, Midge Decter, Sidney Hook, Daniel Boorstin, Ben J. Wattenberg et Richard Hofstadter. Le conservateur juif le plus connu est sans doute le sénateur Barry Goldwater, ancien candidat républicain à la présidence.

Ces dernières années, les rangs des juifs conservateurs ont été renforcés par un phénomène politique connu sous le nom de néo-conservateurs. Les juifs libéraux, consternés par la tendance des gouvernements israéliens libéraux à palabrer avec Yasser Arafat sur la restitution de terres en échange de la paix, et tout aussi consternés par la montée de l'antisémitisme noir, se sont débarrassés de certains de leurs oripeaux libéraux et ont adopté une position plus conservatrice. Les néo-conservateurs juifs se sentent plus à l'aise avec les non-juifs qui se sont engagés aux côtés d'Israël qu'avec les libéraux juifs. Ils travaillent ouvertement et en coulisses pour des gouvernements conservateurs en Israël qui ont juré de garder la mainmise sur chaque pouce de terre pris aux Palestiniens. Dans de nombreux cas, les néoconservateurs

---

[744] Poltron parce que lorsque les libéraux et les communistes l'ont harcelé jusqu'au point de rupture, au lieu de riposter, le héros de Mlle Rand s'est mis en grève et s'est retiré dans la sécurité d'une forteresse des montagnes Rocheuses. Ayn Rand, *Atlas Shrugged*, Random House, New York, 1957, partie III.

[745] Le "de" a été ajouté par Toledano lui-même dans un acte d'anoblissement.

[746] Rosenwald, des Sears, Roebuck Rosenwald, était à la tête du petit groupe, presque invisible, de Juifs américains qui pensaient que le sionisme était préjudiciable aux intérêts des États-Unis, ainsi qu'aux intérêts juifs. À l'heure actuelle, les juifs antisionistes les plus connus sont Murray Rothbard et Robert Novak.

juifs se sentent plus à l'aise avec des politiciens républicains qu'avec des politiciens démocrates.[747]

Bien que les intellectuels et les politiciens de la minorité inassimilable aient infiltré le conservatisme moderne, les masses de la minorité inassimilable ont gardé leurs distances. Elles ne craignent pas du tout le conservatisme sous sa forme anémique actuelle, mais elles ont peur de ce que le conservatisme a été dans le passé et de ce qu'il pourrait être dans l'avenir. Ils peuvent difficilement oublier le conservatisme aristocratique et classique qui, pendant des siècles, a maintenu leurs ancêtres "à leur place", tant dans l'Ancien que dans le Nouveau Monde. Ils connaissent bien — et certains en ont fait l'expérience directe — le national-socialisme allemand qu'ils identifient au conservatisme, bien que le nazisme ait eu de nombreuses facettes radicales. Ils comprennent parfaitement que le racisme latent de la majorité pourrait un jour se réveiller et se retourner contre certains types de Blancs ainsi que contre toutes sortes de non-Blancs.

Malgré leur réaction excessive et sauvage au moindre signe de conservatisme sérieux à l'horizon politique américain, la plupart des minorités sont souvent bien plus conservatrices (à l'ancienne) que la majorité.[748] De nombreux Blancs appartenant à des minorités peuvent être libéraux dans l'isoloir, mais ils sont souvent réactionnaires dans leur salon. Ils gèrent leur monde intérieur selon des règles et des règlements qu'ils décrient publiquement dans le monde extérieur. Leur vie familiale est autoritaire. Le père est encore très paterfamilias et les enfants, lorsqu'ils reviennent de l'école, sont encore filiaux. C'est ce conservatisme au coin du feu, ce tribalisme actualisé, qui fait germer le racisme qui a permis à tant de minorités de remporter des victoires dans la course ethnique au pouvoir.

Le conservatisme moderne, qui n'a pas l'élan racial du libéralisme moderne, a été et continuera d'être peu utile pour unifier la majorité et l'élever au

---

[747] "Le développement du néo-conservatisme au cours des 20 dernières années a consisté en une réaction à un traumatisme majeur : la peur de l'antisémitisme. Isadore Silver, professeur de droit constitutionnel au John Jay College of Criminal Justice. *New York Times,* 4 décembre 1977, p. 73.

[748] Même les Noirs, dont les liens fragiles avec le passé sont en partie responsables du fait qu'ils sont les moins conservateurs de tous les Américains, deviennent légèrement plus conservateurs à mesure qu'ils recherchent des bribes de leur héritage africain et inventent ce qu'ils ne trouvent pas. Quelques chroniqueurs noirs colportent la ligne conservatrice moderne standard. Thomas Sowell et Walter Williams sont deux d'entre eux. Le conservateur noir le plus connu est bien sûr le juge de la Cour suprême Clarence Thomas.

niveau de performance nécessaire pour inverser son déclin actuel.[749] Une médecine plus forte est nécessaire pour ceux qui sont pris au piège d'une conflagration raciale qui échappe à tout contrôle et qui doivent combattre le feu par le feu pour éviter d'être consumés par les flammes.

Le seul conservatisme qui puisse être utile à la majorité dans son état de siège actuel est un conservatisme débarrassé du poids mort des dogmes politiques dépassés, un conservatisme qui fait appel aux jeunes comme aux vieux, au cœur comme au portefeuille, à l'imagination comme à la raison — un conservatisme, en bref, qui vitalise la tradition et construit la continuité, tout en se concentrant sur l'entretien et l'alimentation de l'éthos de la majorité.

---

[749] Certaines des attaques les plus acerbes contre le racisme de la majorité et certaines des paroles les plus aimables pour le racisme des minorités ont émané de conservateurs modernes. C'est William F. Buckley Jr, et non le sénateur Javits ou le sénateur Kennedy, qui a proposé qu'Israël devienne le cinquante et unième État.

PARTIE VII

Le choc économique

CHAPITRE 25

La biologie de la révolution

S'IL EST UNE discipline qui devrait être fondée sur la raison, et sur la raison seule, c'est bien l'économie. Pourtant, à l'instar de la politique, l'économie a été tellement théorisée et théologisée, tellement chargée de tendances et de déraison, qu'elle échappe presque complètement à l'œil indiscret de l'objectivité.[750] La prêtrise des divers cultes fiscaux qui dominent la pensée économique moderne — dont beaucoup s'éloignent des préoccupations traditionnelles de l'économie et s'immiscent dans pratiquement tous les aspects du comportement humain — est un mélange d'historicistes libéraux, de matérialistes doctrinaires, de statisticiens bureaucratiques, d'utopistes anarchiques et de ploutocrates satisfaits de l'impôt.

Tout système économique donné doit se révéler faux ou inadéquat au fil du temps, pour la raison évidente qu'aucun système économique ne peut s'adapter efficacement aux conditions économiques extrêmement fluctuantes qui harcèlent et tourmentent chaque nation au cours de sa vie. Ce qui est bon pour un pays disposant de ressources naturelles illimitées et d'une population industrieuse et en expansion peut être mauvais pour un pays dépourvu de ressources et dont le taux de natalité est en baisse. En outre, comme les guerres étrangères ou civiles ont l'habitude de bouleverser les plans économiques les mieux conçus, même un petit changement dans l'économie d'une nation dans un monde de plus en plus interdépendant peut produire une réaction en chaîne dans les économies des autres.

L'un des spectacles les plus désolants de l'histoire est celui de deux factions politiques qui déchirent un pays pour imposer à l'ensemble de la population un dogme économique qui leur est cher. Le mieux qui puisse arriver lorsque deux doctrines économiques s'opposent fortement est que l'une d'entre elles

---

[750] Un cours d'économie comparée serait un ajout extrêmement instructif au programme d'études universitaires. Tout aussi instructif serait un test obligatoire sur la méthode scientifique, que tout auteur d'articles sur des sujets économiques devrait passer et réussir *avant d'être publié*. "La méthode scientifique", selon une interprétation, "implique une manipulation habile du matériel étudié, des observations minutieuses, des expériences contrôlées, si possible, une attention particulière aux détails... l'honnêteté intellectuelle... l'ouverture d'esprit... la prudence dans les conclusions... la volonté de répéter les expériences... la vigilance quant à l'apparition d'éventuelles failles dans les hypothèses, les théories, les preuves et les conclusions". Hegner et Stiles, *College Zoology*, Macmillan, New York, 1959, p. 11.

soit juste, ou du moins mieux adaptée pour servir le pays à ce moment précis. Souvent, les deux sont erronées et totalement inappropriées. Néanmoins, des milliers, voire des millions de personnes doivent mourir pour que l'un ou l'autre camp puisse faire valoir son point de vue. Deux physiciens qui se battraient en duel à mort sur le résultat d'une expérience de laboratoire avant de la réaliser seraient considérés comme des fous irrécupérables. Mais les duels à mort entre partisans de systèmes économiques sur des hypothèses économiques non prouvées et non vérifiables sont devenus de plus en plus courants.

Il semble presque impossible pour l'homme moderne, comme pour l'homme antique, de comprendre ou d'accepter la relativité fondamentale de l'économie. En réduisant l'économie au dénominateur commun du portefeuille et en capitalisant sur les ruptures économiques qui affectent le niveau de vie et parfois même la vie elle-même, l'agitateur politique parvient à injecter de l'irrationnel, de l'émotion et du fanatisme dans un sujet qui requiert le plus haut degré de rationalité. De même que l'homme accorde sa politique au fait qu'il y a plus de roturiers que d'aristocrates, il accorde son économie au fait qu'il y a plus d'indigents que de millionnaires. Par conséquent, l'homme politique qui promet de prendre aux riches pour donner aux pauvres a toujours plus de votes ou de votes potentiels dans sa poche que son adversaire. À l'exception des rares époques où un peuple très responsable et doué se trouve au milieu d'une étendue presque illimitée de terres fertiles et non développées et est trop occupé à faire œuvre de pionnier, à explorer ou à acquérir des biens matériels pour écouter les chants des sirènes de la Loreleis économique, Robin des Bois est toujours une figure beaucoup plus populaire qu'Horatio Alger.

Si les deux grands systèmes économiques rivaux du vingtième siècle, le capitalisme et le socialisme, sont jugés sur la base de la production, le premier (dans sa version américaine) dépassera le second (dans sa version soviétique d'avant Gorbatchev) dans une proportion allant jusqu'à vingt pour un en ce qui concerne les produits de consommation.[751] En dépit de son niveau de vie inférieur, le socialisme a cependant dépassé le capitalisme pendant la majeure partie de ce siècle en gagnant des convertis ou des conscrits, en particulier en Chine et dans le tiers-monde, tandis que le capitalisme lui-même a adopté de plus en plus de contrôles socialistes.

---

[751] En 1964, après près d'un demi-siècle d'économie marxiste-léniniste, le citoyen moscovite moyen devait encore travailler 16 minutes pour une miche de pain, 315 minutes pour un poulet de deux livres, 71 minutes pour un litre de lait. Le New-Yorkais moyen, quant à lui, ne travaillait que 8 minutes pour son pain, 23 minutes pour son poulet et 7 minutes pour son lait. *San Francisco Chronicle*, 12 novembre 1964, section financière.

Les références répétées aux succès du capitalisme n'évoquent plus les réponses pollyanna du passé. Elles n'aident pas non plus à justifier les récessions et les dépressions cycliques du capitalisme, l'inflation rampante et galopante, le chômage élevé, les vastes poches de désolation et de pauvreté, et les penchants monopolistiques des grands producteurs. Mais les défauts du socialisme sont tout aussi considérables. Les économies socialistes connaissent leurs propres périodes inflationnistes déchirantes et sont continuellement en proie à de graves pénuries et dislocations économiques. Les socialistes n'ont jamais résolu l'impasse agricole créée par la collectivisation des terres et n'ont jamais réussi à éviter l'habitude d'étouffer l'initiative individuelle en favorisant la croissance de bureaucraties monstrueuses et maladroites dont l'absence de cœur et la veulerie dépassent celles de la variété capitaliste.

Le passage intermittent au socialisme, qui n'offre aucun avantage économique réel aux consommateurs, doit s'expliquer par des facteurs autres qu'économiques. Le plus important d'entre eux est que la doctrine économique socialiste — mais pas la pratique économique socialiste — est adaptée à l'esprit du temps. À l'époque de l'égalitarisme et du racisme des minorités, la politique économique se concentre sur le partage et non sur la création de richesses, sur la sécurité de l'emploi et non sur l'amélioration de l'emploi. Il ne s'agit plus de gagner un salaire décent, mais de se voir *garantir* un salaire décent, il ne s'agit plus d'accumuler des économies pour la retraite, mais de se voir accorder un revenu de retraite. Sur le plan psychologique, à mesure que le capitalisme évolue vers le socialisme, les sentiments d'envie et d'insécurité des prolétaires cèdent la place au consumérisme.

Les votes sont toujours achetés par des promesses économiques, mais ces promesses sont désormais faites à des races, des classes et des groupes de population, ainsi qu'à des individus. L'attaque contre la propriété privée s'intensifie non pas parce que, comme le veut la doctrine socialiste officielle, le contrôle par l'État des moyens de production et de distribution apportera de plus grands avantages économiques, mais parce que la propriété privée est l'une des plus grandes pierres d'achoppement sur le chemin de la démocratie moderne.[752] La coalition libérale-minoritaire ne convoite pas la propriété uniquement pour la répartir plus équitablement entre les citoyens. Les minorités aisées et la plupart des libéraux de la majorité possèdent déjà

---

[752] La propriété privée n'était pas morte à l'apogée du communisme soviétique. Les gens pouvaient encore posséder des maisons, avoir des comptes bancaires et laisser leurs biens à leurs héritiers. Mais l'élimination du système de profit a empêché l'accumulation de grandes fortunes, même si le fossé entre les hauts et les bas salaires en URSS a fait frémir les puristes marxistes.

suffisamment de biens, et les minorités pauvres sont aussi avides que nécessiteuses. La motivation première est un étrange mélange de compassion et de ressentiment. Le déclin de la fortune de ceux qui sont en bas de l'échelle semble procurer une sorte de satisfaction macabre à ceux qui sont en haut de l'échelle.

De même, les membres de la majorité ne défendent pas seulement la propriété privée pour elle-même ou pour le pouvoir et le confort physique qu'elle procure. Ils défendent une institution héritée de la grande époque de la majorité.[753] La propriété, en particulier la propriété sous forme de terres agricoles, était une fixation des colons de la Majorité qui ont transformé l'Amérique en une corne d'abondance qui nourrit aujourd'hui des populations dont les dirigeants favorisent l'agriculture collective.

Les fondements non économiques de la doctrine économique apparaissent clairement dans les révolutions, que les historiens marxistes définissent comme des guerres entre classes. Cette interprétation peut avoir une certaine pertinence lorsqu'elle se limite à des nations monoraciales, mais dans la plupart des cas de guerre de classes, le facteur racial l'a probablement emporté sur le facteur économique.[754] Dans les affrontements incessants entre les patriciens romains et les plébéiens, et entre la paysannerie médiévale et la noblesse teutonne, les parties en présence différaient tant sur le plan racial qu'économique, les différences raciales précédant plutôt que suivant l'établissement des classes et des castes.[755]

Bien que la Révolution française soit censée être le prototype de la guerre des classes moderne, il pourrait être utile de tenir compte de ce qu'une grande revue littéraire britannique a dit de Restif de la Bretonne, dont les

---

[753] Max Weber a affirmé que les grands exploits économiques du capitalisme du XIXe siècle ont été inspirés par l'éthique protestante. Il aurait pu faire remonter cette inspiration plus loin, jusqu'aux peuples d'Europe du Nord eux-mêmes, qui étaient non seulement responsables du protestantisme, mais aussi du capitalisme et de la révolution industrielle qui l'accompagnait. Weber a cependant pris soin de distinguer le capitalisme protestant, "organisation bourgeoise du travail", du capitalisme juif, "capitalisme paria spéculatif". Max Weber, *L'éthique protestante et l'esprit du capitalisme*, trad. Talcott Parsons, Allen and Unwin, Londres, 1930, notamment p. 271, note 58.

[754] Darlington constate que les révolutionnaires ont peu de motivations économiques. "La plupart [des révolutionnaires] étaient issus de groupes qui se voyaient refuser leurs chances dans la société pour des raisons nationales, raciales ou religieuses : Irlandais en Grande-Bretagne, Polonais en Russie, Juifs en Allemagne et plus tard en Russie, bâtards (comme Herzen) partout". *L'évolution de l'homme et de la société*, p. 543.

[755] "En effet, les différences de classe découlent toutes, en fin de compte, de différences génétiques et, généralement, raciales… ce sont les inégalités qui créent les progrès de la société plutôt que les progrès de la société qui créent les inégalités". Ibid, p. 547.

témoignages sur Paris au plus fort de la Terreur constituent une source presque inépuisable de matériel de base pour les historiens.

> Chez Restif aussi, on trouve des indices d'un racialisme de classe, de la peur qu'éprouvent les bourgeois et les artisans pour les hommes pâles aux cheveux sombres et négligés, aux yeux perçants et aux moustaches hirsutes... Sa canaille est toujours sombre et lugubre... Les respectables, les hommes de biens, les artisans vertueux, sont clairs et ont bon teint... Restif s'attarde sur l'innocence essentielle de Charlotte Corday, puisqu'elle est blonde et normande. Dans les années 1780, la population de Paris... est encore majoritairement claire. Dans les années 1790, les pamphlétaires royalistes font grand cas du fait que les terroristes ont tendance à être foncés et originaires du bassin méditerranéen : Marat, en particulier, a servi leur cause à cet égard. De même, les massacreurs de Restif seront presque inévitablement décrits comme des hommes du Sud.[756]

L'abbé Sieyès, qui était également originaire du Sud et qui, avec un timing parfait, est passé du catholicisme à la déesse de la raison de Robespierre et vice-versa, a révélé les motivations raciales des révolutionnaires lorsqu'il a préconisé le retour de l'aristocratie française dans les "marais allemands" d'où elle était originaire.[757] La ligne raciale de Sieyès a été reprise par des milliers de sans-culottes plus authentiques qui ont insisté pour se présenter comme des Gaulois luttant pour la libération des barbares Francs.[758]

Si la race a eu quelque chose à voir avec le renversement des rois Bourbons,[759] elle a eu beaucoup à voir avec le renversement des Romanov. Presque tous les membres de la clique dirigeante bolchevique étaient issus des minorités russes.[760] Lénine était un mélange de races. Darlington écrit

---

[756] *Times Literary Supplement*, 27 octobre 1961.

[757] Ripley, *The Races of Europe*, p. 156.

[758] Toynbee, *Study of History*, Vol. VI, p. 217.

[759] Le déracinement de la noblesse française et de l'élite de la hiérarchie catholique représente une scission aristocratique dans les rangs. Le tiers état n'aurait jamais été assez fort pour provoquer la Révolution française s'il n'avait pas été rejoint par 50 nobles, 44 évêques et 200 curés en 1789. En 1792, la Convention nationale est composée de 782 délégués, dont seulement deux ouvriers. Même Danton et Robespierre étaient si peu prolétaires qu'ils souhaitaient à l'origine être connus sous le nom de d'Anton et de Robespierre. Darlington, op. cit. p. 534.

[760] "Avec un taux de population de 1,77 %, les Juifs de la Russie de Lénine représentaient 5,2 % de l'ensemble des membres du parti, 25,7 % du Comité central du parti et de 36,8 % à 42,9 % du Politburo au pouvoir, tandis que parmi les diplomates soviétiques et en particulier les hauts responsables de la police secrète, le pourcentage de Juifs était encore

que la grand-mère de Lénine "avait épousé un médecin juif aisé à la retraite, Alexander Blank… Les quatre grands-parents de Lénine étaient… de quatre races et religions différentes…"[761]

Une fois la révolution gagnée et les expropriateurs expropriés, la théorie marxiste prévoyait qu'il n'y aurait plus de raison de se livrer à des luttes de pouvoir internes ou à des jeux machiavéliques. Les politiques réactionnaires et intestines sont les conséquences fatales de systèmes économiques primitifs tels que le féodalisme et le capitalisme. La théorie raciale, en revanche, prédit qu'une fois que les minorités auront chassé le tsar, l'aristocratie, l'Église orthodoxe et l'élite capitaliste, elles dirigeront leur racisme les unes contre les autres. Et c'est bien sûr ce qui s'est passé. Après la disparition de Lénine, Staline, membre de la minorité géorgienne de Russie, a entamé son ascension tortueuse vers le pouvoir unique, d'abord en exilant son rival, Trotski (qu'il a ensuite fait assassiner à Mexico), puis en liquidant successivement Kamenev, Rykov, Zinoviev, Yagoda, Yezhof et Radek, qui se trouvaient tous être juifs.

Pendant la Seconde Guerre mondiale, d'autres minorités ont été mises au pas : 600 000 Allemands de la Volga, ainsi que la plupart des membres des groupes nationaux tatars, kalmouks, karachaïs, balkars et tchétchènes-ingouches ont été déportés en Sibérie.[762] Au plus fort de l'attaque allemande, alors que la Russie est au bord de l'effondrement, la majorité russe revient en grâce, puisqu'elle est appelée à mener la plupart des combats.[763] Staline, décédé en 1954, a été remplacé à la tête du parti communiste par Malenkov, un Russe méridional de "souche mongole",[764] qui a été suivi par

---

plus élevé". Geoffrey Bailey, *The Conspirators*, Harper, New York, 1960, p. 129, note de bas de page.

[761] Darlington, op. cit. p. 557. L'auteur souligne également le statut minoritaire de deux autres égalitaristes historiques : Engels, le capitaliste britannique et magnat du coton qui était un Allemand d'origine huguenote française, et Rousseau, le moraliste français originaire de Suisse. Ibid, pp. 543, 545. Seuls quelques hauts fonctionnaires juifs ont échappé à un assassinat judiciaire ou à la Sibérie, parmi lesquels Maxim Litvinov et Lazar Kaganovich. L'officier soviétique de plus haut rang purgé par Staline est le maréchal Toukhatchevski, qui est à moitié italien.

[762] *Ency. of Russia and the Soviet Union*, p. 230.

[763] "Staline a aboli l'autonomie culturelle étendue dont les minorités avaient bénéficié dans les années 1920, ne leur laissant en fin de compte que le droit d'utiliser leur langue et de jouir de l'art populaire. Staline s'est senti obligé de discriminer les minorités, non seulement en ce qui concerne les nominations au sein de l'État et du parti, mais aussi dans les affaires culturelles. Ibid, p. 380.

[764] Milovan Djilas *Conversations with Stalin*, Harcourt Brace, N.Y., p. 108.

Khrouchtchev, un Ukrainien, et Brejnev, né en Ukraine.[765] C'est Malenkov qui a déposé et ordonné l'exécution de Beria, compagnon géorgien de Staline et chef de longue date de la police secrète, bien qu'il ait conservé Mikoyan, l'expert financier arménien.[766] Alexei Kosygin, un grand Russe, était Premier ministre sous Brejnev. Lorsque Kosygin a démissionné en 1980, il a été remplacé par Nikolai Tikhonov, qui avait rencontré Brejnev lorsqu'ils étaient étudiants en Ukraine. Dans les derniers jours de l'Union soviétique, la clique dirigeante était composée presque exclusivement de Slaves, avec une forte prédominance de Grands Russes. Quant aux Juifs, dans les années qui ont précédé l'effondrement de l'U.R.S.S. et comme ils l'avaient fait pendant la plus grande partie de la dictature de Staline, ils sont devenus la cible d'une campagne antisioniste officielle et d'une campagne antisémite quasi-officielle, ce qui constitue un acte suprême d'ingratitude envers Marx et d'autres pionniers juifs du communisme soviétique.[767]

Le rôle prépondérant joué par les minorités, en particulier les minorités juives, dans les révolutions avortées ou éphémères qui ont suivi la Première Guerre mondiale en Hongrie, en Bavière et en Prusse a déjà été évoqué au chapitre 15. Le maréchal Tito, architecte de la Yougoslavie communiste, appartenait à la minorité croate de son pays. La direction initiale des partis communistes polonais et tchécoslovaque était fortement juive[768] et a donc été décimée par Staline.[769] En Chine, les principaux conseillers des marxistes

---

[765] Ibid, pp. 74-45, 274, 329.

[766] Ibid, pp. 329, 355.

[767] Voir le chapitre 33 de cette étude. Youri Andropov, l'héritier de Brejnev, était peut-être en partie juif ou en partie arménien, mais il a pris soin de jouer le rôle d'un Grand Russe, tout comme son héritier, Konstantin Tchernenko, né en Sibérie. Mikhaïl Gorbatchev, l'héritier de Tchernenko, était un vrai Grand Russe et a commencé son règne en faisant preuve d'une ouverture communiste inhabituelle en matière de politique intérieure et étrangère.

[768] Parvus-Helphand, né en Hongrie de parents juifs, étudiant le marxisme en Suisse, idéologue principal de l'aile gauche du parti socialiste allemand, ami de Lénine, espion allemand, partisan des bolcheviks et enfin spéculateur foncier millionnaire, est un exemple typique des révolutionnaires qui ont pérégriné à travers l'Europe au début du siècle. Parvus-Helphand restera probablement dans les mémoires pour les paroles sans appel qu'il prononça à son arrivée en Allemagne : "Je cherche une patrie. Où puis-je en acheter une à bon marché ?" *Ich suche ein Vaterland, wo ist ein Vaterland zu haben für billiges Geld ?* Winfried Scharlan et Zbynek Zeinan, *Fretbeuter der Revolution*, Verlag Wissenschaft und Politik, Cologne, 1964, notamment p. 36.

[769] Sachar, *The Course of Modern Jewish History*, p. 545.

locaux dans les années 1920 étaient Vassili Blücher, un Russe, et Mikhaïl Borodine, un Juif russe qui avait enseigné à Chicago.[770]

Aux États-Unis, les minorités ont dominé le parti communiste dès sa création. Bien que le nombre d'Américains d'origine irlandaise dans les plus hauts conseils du parti soit important,[771] la proportion de Juifs est stupéfiante.[772] Lorsque les Juifs ont commencé à démissionner à la suite des purges de Staline et du pacte de non-agression russo-allemand de 1939, ils n'ont pas nécessairement abandonné leurs penchants radicaux traditionnels, mais les ont canalisés vers d'autres formes de marxisme non soviétiques ou antisoviétiques.[773] À la fin des années 1960, les Juifs américains représentaient "au moins la moitié des manifestants actifs de la nouvelle gauche",[774] et "la marque non populiste du radicalisme [était] bruyante, intellectuelle, idéologique et principalement juive".[775]

Dans l'esprit de Marx,[776] la révolution prolétarienne, ultime prolongement de la guerre des classes, devait d'abord se produire dans les pays hautement

---

[770] *Ency. de la Russie et de l'Union soviétique*, pp. 70, 72-73.

[771] Voir pp. 132-33.

[772] En 1947 encore, on estimait que 39,3 % des militants du parti communiste américain étaient juifs, soit environ douze fois plus que la proportion de Juifs dans la population à l'époque. Ces 39,3 % n'incluaient pas les compagnons de route juifs. Weyl, *The Creative Elite in America*, p. 103.

[773] Quelques Juifs sont devenus des anticommunistes convaincus, mais leur anticommunisme était dialectique, polémique et souvent hystérique. Certains Juifs se sont accrochés quoi qu'il arrive. Herbert Aptheker est resté le théoricien en chef de la branche américaine du Parti, en perte de vitesse. D'autres Juifs ont tempéré une sympathie persistante pour le communisme par une sympathie croissante pour Israël. Un exemple de ces sentiments mitigés, s'il n'était pas tiré du *Wall Street Journal* (3 juillet 1962), semblerait approprié aux pages les plus sauvages des *Protocoles de Sion*. L'espion communiste Robert Soblen, qui a échappé à une caution de 100 000 dollars, s'est réfugié non pas en Russie, mais en Israël. Une partie de la caution a été réunie par Mme Benjamin Buttenwieser, l'épouse d'un associé de Kuhn, Loeb, qui a prêté 60 000 dollars à Mme Soblen, étant entendu que George Kirstein, éditeur du Nation, rembourserait la moitié de la somme en cas de perte. Soblen, psychiatre, se suicida plus tard en Angleterre alors qu'elle était renvoyée aux États-Unis.

[774] Selon une estimation de Nathan Clazer, professeur de sociologie à l'université de Californie. *New York Times*, 4 mai 1969, p. 80. Un autre professeur de sociologie a formulé son estimation différemment : "Sur dix radicaux, cinq sont susceptibles d'être juifs". Van den Haag, op. cit. p. 118.

[775] Yaffe, op. cit. p. 255.

[776] Le sérieux et le respect que des générations d'esprits occidentaux ont accordé à la "pensée" de Marx et d'Engels sont un signe que l'évolution humaine ne fait que

industrialisés, à savoir, à son époque, la Grande-Bretagne et l'Allemagne.[777] Plaçant la Russie à la fin du calendrier révolutionnaire et la Chine à la toute

---

commencer ou qu'elle est déjà en train de s'achever. Comme la plupart de leurs contemporains, tous deux étaient aussi compétents en biologie et en génétique qu'un "aplatisseur" actuel l'est en mécanique céleste et en astrophysique. Bien qu'ils aient fait des remarques désobligeantes sur les Noirs et ricané sur les Slaves "tartarisés et mongolisés", les deux pères fondateurs du communisme étaient convaincus que toutes les preuves d'infériorité raciale seraient rapidement éradiquées et que tous les humains inférieurs seraient rapidement élevés au niveau des races avancées une fois que le prolétariat aurait pris le pouvoir. Weyl et Possony, *Geography of Intellect*, p. 20, et Darlington, op. cit. p. 546. Engels s'est particulièrement distingué par une forme pervertie de charabia hégélien qui serait tout à fait ridicule s'il n'était pas aujourd'hui considéré comme un texte sacré par une grande partie de l'humanité. "Les papillons, par exemple, jaillissent de l'œuf par la négation de l'œuf", écrivait Engels dans *Ant-Dühring*, trad. Emile Burns, International Publishers, New York, 1966, p. 149. "Mais si nous prenons [...] un dahlia ou une orchidée : si nous traitons la graine et la plante qui en est issue comme le fait un jardinier, nous obtenons comme résultat de cette négation de la négation non seulement davantage de graines, mais aussi des graines qualitativement meilleures [et] chaque négation répétée de la négation accroît cette amélioration." Ibid. Comme les hommes des cavernes de l'âge de pierre, qui voyaient le monde comme un champ de bataille de puissances surnaturelles rivales, Engels avait une vision tout aussi simpliste — une lutte mondiale entre exploiteurs et exploités, capitalistes et travailleurs. "Toute l'histoire passée a été l'histoire de luttes de classes... les classes belligérantes de la société sont toujours le produit des modes de production et d'échange..." Ibid. p. 33. Il n'y avait bien sûr aucune possibilité de débat rationnel avec Marx et Engels puisque "leurs adversaires ne pouvaient être que des idiots bourgeois ou des traîtres prolétariens". Ludwig von Mises, *Theory and History*, Arlington House, New Rochelle, N.Y., 1969, p. 131. Au fil du temps, les marxistes "ne fondaient plus leurs espoirs sur la puissance de leurs arguments, mais sur le ressentiment, l'envie et la haine des masses". Ibid. p. 65. Dans son *Discours sur la guerre civile en France* (1871), Marx affiche son détachement philosophique en accusant le vice-président Jules Favre de "vivre en concubinage avec la femme d'un dipsomane". Ibid, p.134. "En ce qui concerne la théorie de la conception matérialiste de l'histoire de Marx, il n'a pas ajouté une seule idée nouvelle dans ce domaine...". Pitirim Sorokin, *Théories sociologiques contemporaines*, p. 520, note de bas de page 24. Sorokin a fait remarquer qu'un économiste prussien peu connu, Georg Wilhelm von Raumer, avait formulé une théorie économique de l'histoire presque identique à celle de Marx. Ibid. p. 521-22.

[777] Le "raciste" méprisé de Gobineau était un bien meilleur prophète des événements européens que Marx. Dans une lettre de 1866, l'auteur de *L'inégalité des races* écrivait que si les tendances actuelles de la politique allemande se poursuivaient, "le pouvoir tombera au premier caporal qui, en passant, s'en emparera". Dans son roman *Les possédés*, Dostoïevski a brossé un tableau presque exact de la Russie du XXe siècle. L'anthropologue français Vacher de Lapouge, qui a prédit en 1899 l'avenir de la Russie, a été le prédicateur le plus étrange : (1) l'ascension fulgurante et la chute du Troisième Reich ; (2) le socialisme absolu en Russie ; (3) une lutte pour la suprématie mondiale entre la Russie et les États-Unis, ces derniers étant favorisés parce qu'ils possèdent 15 % de la population nordique mondiale contre 9 % pour la Russie ; (4) l'ascension juive, qui, selon

fin, il n'a accordé que peu ou pas d'attention aux influences que l'homogénéité ou l'hétérogénéité raciale pourrait avoir sur la provocation ou l'atténuation de la révolution. Les prédictions de Marx n'auraient peut-être pas été aussi erronées s'il s'était arrêté à considérer que, de même que certaines races sont plus enclines à l'industrialisation que d'autres, certaines sont plus résistantes à la révolution que d'autres, en particulier à la révolution sous sa forme prolétarienne.

Pourquoi le Japon, en dépit d'une défaite lors de la Seconde Guerre mondiale qui a entraîné une dévastation atomique, est-il la grande puissance la plus stable d'Asie et la moins sujette aux révolutions ? Le fait qu'il s'agisse de la plus homogène des grandes nations asiatiques sur le plan racial ne constitue-t-il pas une partie de la réponse ? Pourquoi le Costa Rica est-il le pays le plus prospère et le plus progressiste d'Amérique centrale ? Le fait qu'il s'agisse du seul État d'Amérique centrale dont la population est majoritairement blanche peut fournir un indice. Pourquoi l'Allemagne a-t-elle presque succombé à la révolution après sa défaite lors de la Première Guerre mondiale, et pourquoi sa partie occidentale est-elle devenue la nation la plus prospère d'Europe après la défaite allemande, bien plus grave, lors de la deuxième guerre mondiale ? Se pourrait-il que la minorité dynamique présente en grand nombre après la Première Guerre mondiale ait brillé par son absence après la Seconde ?[778]

Et cette même minorité, hyperactive pour attiser le chaos révolutionnaire qui a contribué à la défaite de la Russie lors de la Première Guerre mondiale, n'a-t-elle pas pu et voulu dégonfler le patriotisme russe lors de la Seconde Guerre mondiale ? C'est la majorité russe, et non les peuples de l'Union soviétique dans leur ensemble, comme l'a admis Staline lui-même, qui a été en grande partie responsable de la défaite des forces armées allemandes sur le front de l'Est.[779]

Les questions posées dans les paragraphes précédents ne visent pas à jeter les bases d'une interprétation raciale globale de l'histoire. Elle suggère simplement que la race peut souvent fournir une meilleure explication des

---

lui, ne pourra être brisée que par le socialisme. Antisémite convaincu, Lapouge s'opposait à l'antisémitisme français de son époque, qu'il qualifiait d'étrange compost de protectionnisme économique et de cléricalisme libéral, favorisant l'élément gaulois de la France au détriment de l'élément germanique. *L'Aryen, son rôle social*, Fontemoing, Paris, 1899, pp. 345, 371, 464, 469, 482, 510.

[778] Il y avait 600 000 Juifs en Allemagne à la fin de la Première Guerre mondiale - 25 000 en Allemagne de l'Ouest à la fin de la Seconde Guerre mondiale. Sachar, op. cit. p. 425, 489.

[779] Pour une analyse de l'éclatement de l'Union soviétique, voir le chapitre 33.

événements que la classe.[780] C'est peut-être la raison pour laquelle, dans la langue vernaculaire du libéralisme moderne, la classe est souvent devenue un euphémisme, voire un mot de code, pour la race. La race a un son laid et tend à réduire tous les arguments à une équation personnelle. La classe, en revanche, est bien adaptée à la sémantique politique et économique actuelle. Les dirigeants intelligents des minorités, qui connaissent de première main le contexte racial de la plupart des antagonismes de classe, se rendent compte qu'en faisant apparaître la race au grand jour, ils peuvent éveiller la conscience raciale de ceux qui ont été si efficacement divisés et désarmés par la propagande de classe. En outre, étant donné que dans certains pays une coalition de minorités est nécessaire pour mener à bien une lutte révolutionnaire, trop parler de la race pourrait dresser une minorité contre une autre.

Si la révolution prolétarienne tant attendue par les marxistes éclate un jour aux États-Unis, ce ne sera pas à cause du durcissement des divisions de classe ou de l'exploitation capitaliste,[781] mais à cause de l'hétérogénéité de la population américaine, du racisme des éléments minoritaires au sein de cette population et du déracinement de la majorité américaine. L'ordre de bataille est déjà établi. Du côté révolutionnaire des barricades se trouveront les militants fougueux des Minorités inassimilables, les leaders moins assimilés des Minorités assimilables et les libéraux de la Majorité les plus désespérés et les plus compromis. Du côté des contre-révolutionnaires,[782] sera composé

---

[780] La *reductio ad absurdum* du marxisme est le cas de Marx lui-même. Si le diagnostic marxiste de la motivation économique du comportement humain est correct, la carrière de Marx doit être l'exception qui confirme la règle. Fils de classe moyenne d'un avocat juif aisé qui s'est converti au protestantisme, Marx aspirait à l'aristocratie, comme en témoigne son mariage avec Jenny von Westphalen, la fille d'un fonctionnaire du gouvernement qui était membre de la petite noblesse. Quelles motivations de classe auraient pu pousser Marx à prendre fait et cause pour le prolétariat ? En tant que membre d'une minorité, son ascension sociale, son dogmatisme intéressé et sa haine de la civilisation européenne du XIXe siècle deviennent plus compréhensibles. De plus, comme tous les dogmatiques convaincus, Marx répugnait à mettre en pratique ce qu'il prêchait. Au moment même où il achevait son œuvre maîtresse, *Das Kapital*, il investissait lourdement et sottement à la bourse de Londres et dut demander à son oncle Philips, un banquier dont les descendants ont fondé le géant néerlandais de l'électronique du même nom, de le tirer d'affaire. Voir le périodique allemand *Capital*, Hambourg, juin 1970, p. 166.

[781] En contradiction directe avec la théorie marxiste et, comme nous l'avons déjà noté aux pages 224-25, le militantisme noir aux États-Unis semble augmenter en proportion directe du revenu des Noirs.

[782] Les termes "révolutionnaire" et "contre-révolutionnaire" peuvent être trompeurs lorsqu'ils sont appliqués aux partisans et aux opposants de la révolution. À long terme,

du noyau de la majorité et des minorités assimilées. Comme dans toutes les révolutions, la majeure partie de la population adoptera ou essaiera d'adopter un profil très bas et très neutre.

Une révolution prolétarienne mettrait évidemment la touche finale à la dépossession de la majorité. Pour accélérer les choses, la rhétorique incendiaire, les insurrections urbaines et la guérilla que les médias préfèrent encore appeler une vague de crimes mettent tant d'Américains dans un tel état d'esprit révolutionnaire qu'une nouvelle escalade de la violence ne sera guère nécessaire. Quelques décennies supplémentaires de ce ramollissement, de cette préparation au meurtre, pourraient être aussi préjudiciables à la majorité qu'un putsch marxiste total.

En gardant cela à l'esprit ou, malheureusement dans de nombreux cas, en ne gardant pas cela à l'esprit, de nombreux membres de la majorité, parmi les plus riches et les plus influents, continuent à donner corps à la notion de guerre des classes par leur soumission rigide au dogme économique du dix-neuvième siècle. Leurs votes, leurs lectures et leurs discours donnent souvent l'impression qu'ils sont plus intéressés par le sauvetage d'un système économique que par celui de leur peuple, de leur pays ou d'eux-mêmes. Les marxistes, qui croient également à l'association de la doctrine économique au destin des nations, se réjouissent du matérialisme paranoïaque de la vieille garde majoritaire.

Lorsque l'économie devient une vache sacrée, elle devient aussi un cheval de Troie. La seule véritable mesure d'un système économique donné est sa capacité à créer un environnement propice à l'expansion maximale de la créativité des individus. Mesurer l'économie d'une autre manière, permettre à l'économie de dégénérer en petits dogmes peureux qui désarment actuellement la résistance de la majorité, c'est hâter l'effondrement économique que la coalition libérale-minoritaire attend avec impatience.

---

une contre-révolution réussie peut renverser plus d'institutions et changer la société plus radicalement que la révolution qui l'a inspirée.

CHAPITRE 26

Le syndrome prolétarien

Une brève étude du syndicalisme américain apporte une preuve supplémentaire de la nature raciale de la lutte des classes. Quelle que soit la forme qu'ont prise les syndicats aux États-Unis — les syndicats de métier paternalistes, les révolutionnaires Industrial Workers of the World, les syndicats industriels dynamiques des années 30, les énormes conglomérats syndicaux d'aujourd'hui qui comptent des millions de membres — ils ont presque tous un dénominateur commun. Leurs dirigeants, du moins dans la période récente, n'ont pas souvent été issus des rangs de la majorité.

Il n'est pas nouveau de dire que les syndicats modernes n'ont pas grand-chose à voir avec la guilde médiévale. Les liens religieux de la guilde, les serments de fraternité, l'accent mis sur la qualité plutôt que sur la quantité, la fierté personnelle du travail fini — tout cela est très éloigné de la pratique et de la philosophie des syndicats géants d'aujourd'hui. L'artisan se souciait de ce qu'il recevait en échange de son travail. Mais il se souciait également du produit de son travail. Ce n'est pas le cas du membre typique d'un grand syndicat industriel, qui se préoccupe presque exclusivement de son salaire et de ses avantages sociaux.

L'histoire des syndicats dans l'Amérique du XIXe siècle a été mouvementée et quelque peu violente.[783] Souvent, leur existence même était jugée illégale. Au début du vingtième siècle, les tribunaux prononçaient régulièrement des injonctions contre les grèves. Les troubles économiques du début des années 1930 ont fait basculer le poids de la loi du côté du syndicat.

Au lieu de punir l'employé pour ses activités syndicales, c'est désormais l'employeur qui est pénalisé pour avoir "cassé le syndicat". L'atelier fermé étant devenu une institution sacrée, le contrat "chien jaune" (interdisant aux travailleurs d'adhérer à un syndicat) a été interdit.

Ce n'est qu'au milieu du siècle que la force apparemment irrésistible acquise par le mouvement syndical à l'époque du New Deal a été remise en question.

---

[783] Les Molly Maguires, un groupe secret de mineurs irlandais qui ont commis des meurtres et des actes de violence dans les comtés producteurs de charbon de Pennsylvanie entre 1862 et 1976, sont un exemple de syndicat racial du XIXe siècle marqué par la violence. Dix-neuf membres du groupe ont été pendus. De nombreux autres ont été emprisonnés. *Ency. Brit.*, vol. 15, p. 678.

La loi Taft-Hartley (1947), adoptée malgré le veto du président Truman, a mis un frein à certains abus syndicaux en prévoyant une période de réflexion pour les grèves affectant l'intérêt national et en autorisant les États à entraver l'activité syndicale par des lois sur le droit au travail. Les déterministes économiques qui nient automatiquement tout lien entre le syndicalisme et la race pourraient noter que les dix-neuf États qui disposaient de lois sur le droit au travail en 1966 étaient, à une ou deux exceptions près, ceux où l'influence politique de la majorité était la plus forte.[784]

L'étau de la minorité assimilable ou inassimilable sur les syndicats américains a été apparent dès le début. Les Chevaliers du travail sont devenus la première organisation syndicale nationale importante, en grande partie grâce à Terence Powderly, fils d'immigrants irlandais et avocat.[785] Les Chevaliers du travail ont ensuite évolué pour devenir la Fédération américaine du travail, dont le premier président était le fabricant de cigares Samuel Gompers, né en Grande-Bretagne de parents juifs hollandais. Eugene Debs, organisateur du premier grand syndicat des chemins de fer et éternel candidat du parti socialiste à la présidence, était le fils d'immigrants franco-alsaciens.[786]

Les énormes syndicats des métiers de l'aiguille étaient presque entièrement composés de minorités, depuis les dirigeants juifs jusqu'à la base juive et italienne. David Dubinsky et Sidney Hillman, qui dirigeaient respectivement l'International Ladies Garment Workers et l'Amalgamated Clothing Workers, étaient nés à l'étranger de parents juifs. Hillman a joué un rôle majeur avec John L. Lewis, le fils coloré d'un mineur gallois,[787] dans la

---

[784] Il s'agit des États suivants : Alabama, Arizona, Arkansas, Floride, Géorgie, Iowa, Kansas, Mississippi, Nebraska, Nevada, Caroline du Nord, Dakota du Nord, Caroline du Sud, Dakota du Sud, Tennessee, Texas, Utah, Virginie et Wyoming.

[785] Pour une liste des dirigeants syndicaux irlando-américains, voir p. 132.

[786] Les membres des minorités assimilables, dont certains sont eux-mêmes issus des minorités de leur pays d'origine de l'Ancien Monde, ont, en tant que dirigeants syndicaux, un intérêt professionnel et personnel à résister à l'assimilation. Dans une nation multiraciale comme les États-Unis, comme les syndicats peuvent difficilement éviter de se plier aux exigences des minorités, l'appartenance à une minorité est une qualification utile et souvent nécessaire pour occuper un poste de dirigeant syndical. La "pose minoritaire" soigneusement cultivée par de nombreux responsables syndicaux appartenant à des minorités assimilables ne peut que déteindre sur leurs attitudes et sentiments privés et dresser de nombreux obstacles psychologiques sur la voie de leur assimilation.

[787] Le père de Lewis était membre d'une minorité britannique. Son fils a dû laisser les sentiments minoritaires dont il a hérité et son syndicalisme retarder le processus d'assimilation généralement achevé par un Américain d'origine britannique de la

formation du CIO (Congress of Industrial Organizations). Il a incarné l'apogée du pouvoir syndical lors de la convention démocrate de 1944, lorsque le président Roosevelt a donné l'instruction que toute personne souhaitant faire des propositions concernant le programme du parti ou la stratégie politique devait d'abord "en parler à Sidney".[788]

D'autres dirigeants syndicaux de haut rang issus de minorités assimilables ou inassimilables étaient ou sont : William Green, deuxième président de la Fédération américaine du travail, fils d'un mineur gallois comme Lewis ; George Meany, président de longue date de l'AFLCIO, un Américain d'origine irlandaise ; Ike Gold, patron juif des Travailleurs unis du caoutchouc ; Sol Stetin, patron juif des Travailleurs du textile ; Caesar Petrillo de la Fédération américaine des musiciens ; Philip Murray des Métallurgistes unis, né en Écosse de parents irlandais ; Joseph Curran de l'Union maritime nationale ; Mike Quill des Travailleurs du transport ; Walter Reuther des Travailleurs unis de l'automobile, fils d'un socialiste allemand et époux d'une assistante sociale juive ; Harry Bridges, Australien, chef des Débardeurs internationaux, marié à une Japonaise ; Albert Shanker, chef juif de la Fédération américaine des enseignants ; Jerry Wurf, chef juif de la Fédération américaine des employés de l'État, des comtés et des municipalités ; Cesar Chavez des Travailleurs agricoles unis ; et Jackie Presser, chef juif des Teamsters, le plus grand syndicat du pays. En raison de ses liens avec les gangsters, Presser a eu de graves démêlés avec la justice avant sa mort en 1986.

Il y a, bien sûr, des millions de membres de la majorité dans la base des syndicats américains, mais on ne les trouve pas souvent dans les échelons supérieurs de la direction syndicale. C'est la forte concentration de membres de minorités assimilables et inassimilables dans les cercles dirigeants des syndicats qui a donné un ton minoritaire au syndicalisme et qui explique la dépense d'énormes quantités de fonds syndicaux pour des activités politiques axées sur les minorités, souvent opposées aux intérêts de l'ensemble des membres.[789] On ne peut certainement pas dire que la

---

deuxième génération. Il est douteux qu'un Américain pleinement assimilé aurait appelé à une grève nationale du charbon en 1944, alors que son pays était engagé dans une guerre mondiale.

[788] Adrian A. Paradis dans *Labor in Action*, Julian Messner, New York, 1963, p. 119.

[789] La loi interdit aux syndicats et aux entreprises de contribuer directement aux campagnes politiques nationales, mais les uns et les autres peuvent parrainer des "comités d'action politique" pour acheminer l'argent vers les candidats. Il va sans dire que la direction peut faire pression sur les employés pour qu'ils contribuent et que les dirigeants syndicaux peuvent exercer la même pression sur leur base. Il en résulte que les employés de l'entreprise et les membres du syndicat peuvent être contraints de soutenir un parti,

déségrégation des écoles, l'apaisement des militants noirs, les sanctions contre l'Afrique du Sud et la Rhodésie, les politiques interventionnistes au Moyen-Orient et les subventions monétaires aux organisations syndicales marxistes à l'étranger représentent les souhaits de l'adhérent typique du syndicat.

Les travailleurs américains, conjointement avec les entreprises américaines, ont été à l'origine de l'avalanche de biens et de services qui, jusqu'à très récemment, ont fait du niveau de vie américain le plus élevé du monde. Cependant, bien qu'il ait réussi à augmenter les revenus des travailleurs et à mettre un terme à certains des pires abus du capitalisme à dents et à griffes, le syndicalisme n'a pas eu un bilan irréprochable. La perte de production causée par le plumage, l'absentéisme massif et les grèves a été l'un des plus grands gâchis économiques de l'histoire.[790]

Les syndicats aiment toujours se placer du côté progressiste du bilan politique, mais leur attitude égoïste et craintive à l'égard de l'automatisation a fait du syndicalisme l'un des éléments les plus rétrogrades et les plus réactionnaires de la vie américaine.[791] Dans le domaine des communications, les syndicats ont réussi à accomplir ce que les seigneurs de la presse n'ont jamais pu faire — réduire certaines des plus grandes zones métropolitaines à un régime de deux quotidiens, souvent détenus par le même éditeur. Dans le domaine culturel, l'influence des syndicats a été catastrophique. Des échelles de salaires fantaisistes et l'embauche forcée de machinistes et de musiciens superflus ont transformé le théâtre, l'opéra et la salle de concert

---

une question ou un candidat auquel ils sont opposés. Il est surprenant de constater que les PAC des entreprises sont souvent prêts à financer des candidats hostiles aux entreprises et favorables aux travailleurs. Dans une tabulation préliminaire de la campagne présidentielle de 1980, 867 PAC d'entreprises enregistrées ont donné 3,8 millions de dollars aux démocrates et 3,6 millions de dollars aux républicains. Au cours de la même période, les PAC des travailleurs ont donné 4,9 millions de dollars aux démocrates et seulement 400 000 dollars aux républicains. *Wall Street Journal*, 13 octobre 1980, pp. 1, 13. Lors de la course à la présidence de 1968, les syndicats ont donné 60 millions de dollars à la campagne d'Hubert Humphrey, bien que 44 % du vote ouvrier soit allé à Nixon. Voir la chronique de Victor Riesel, 11 novembre 1968. Le syndicat des Teamsters a soutenu Nixon en 1972 après que le président eut commué la peine de prison de James Hoffa.

[790] En 1970, 66 414 000 heures de travail ont été perdues au cours de 5 716 arrêts de travail.

[791] La peur du progrès technologique chez les travailleurs pourrait être décrite comme similaire à celle de Vespasien. Lorsqu'on lui présenta une machine qui éliminerait le recours à la main-d'œuvre pour transporter de lourdes colonnes de pierre, la rumeur veut que l'empereur romain ait refusé en disant : "Laissez-moi nourrir mes pauvres communes."

en une grande entreprise commerciale, où l'art du financement a pris le pas sur l'art lui-même.

La majorité n'a pas grand-chose à craindre de la base des travailleurs américains, syndiqués ou non. La plupart des travailleurs blancs sont soit de véritables membres de la Majorité, soit en train d'être rapidement assimilés à la Majorité. Ce que la majorité a à craindre, ce sont les dirigeants syndicaux inassimilables ou camelots qui déclenchent des grèves en cas d'urgence nationale, qui utilisent leur mainmise sur divers secteurs de l'économie pour faire monter les salaires à un niveau tel que les produits américains sont hors de prix sur les marchés étrangers, qui détournent les cotisations syndicales vers des causes non syndicales et qui se préoccupent davantage de ce qui se passe dans la politique locale et nationale qu'au sein de leur propre syndicat.

Dans un pays relativement homogène comme la Grande-Bretagne, le syndicalisme est l'incarnation de la lutte des classes et ne doit pas être considéré comme le résultat d'un conflit racial, même si la composante minoritaire de la population britannique se trouve presque toujours du côté des syndicats. Le succès du mouvement syndical britannique, qui a contribué à transformer un empire en un État-providence, peut être plus précisément attribué à un processus de vieillissement, au cours duquel l'aristocratie, la noblesse terrienne et la fonction publique, amoindries jusqu'à l'extinction par des siècles d'aventures impériales et deux guerres mondiales génocidaires, ont perdu leur emprise. En d'autres termes, la guerre des classes en Grande-Bretagne n'est pas gagnée par le syndicalisme britannique. Elle est perdue par l'entropie de la classe dirigeante britannique. Comme les institutions d'une nation peuvent survivre à l'abandon du pouvoir à une autre classe, mais pas à une autre race, la Grande-Bretagne, ces dernières années, bien qu'elle n'ait pas été épargnée par la violence ouvrière, a évité la révolution.[792]

Dans un État multiracial, en revanche, le syndicalisme ne peut éviter de devenir un instrument du racisme des minorités. Heureusement pour la majorité américaine, il s'agit d'un accessoire faible en raison des différences raciales qui ont creusé un large fossé entre les dirigeants syndicaux et les membres des syndicats. Tant que les dirigeants syndicaux produisent des salaires plus élevés et des avantages sociaux plus importants pour la base du

---

[792] La Grande-Bretagne compte une population de couleur de plus en plus nombreuse et une minorité juive très riche, bien que petite. Il est tout à fait possible que ces éléments minoritaires abrasifs, avec une aide substantielle de la part des Britanniques, soient en mesure de faire passer la Grande-Bretagne d'un socialisme évolutionniste à une variété plus léniniste.

syndicat, tout va bien.[793] Mais lorsque les politiques syndicales se heurtent trop brutalement aux attitudes sociales et aux instincts politiques d'une partie considérable des membres du syndicat, la délicate alliance commence à s'effriter.

Certains éléments du mouvement ouvrier ont pris une position militante contre les empiètements de la démocratie sociale — empiètements encouragés et en partie subventionnés par les patrons du mouvement ouvrier. Alors que la plupart des membres de la majorité restent intimidés par la violence des minorités, les casques des syndicats de métier, dont beaucoup appartiennent à des minorités assimilées, ont osé combattre les gangs de rue des minorités inassimilables avec leurs propres armes, sur leur propre terrain. L'agressivité des ouvriers du bâtiment qui ont attaqué les manifestants "pacifistes" de Wall Street en 1970 n'a pas seulement porté un nouveau coup mortel à la théorie marxiste, mais a révélé que la Légion américaine et les Filles de la Révolution américaine n'ont plus la main sur le patriotisme.

Du côté des débits, nombre de ces mêmes casques de chantier sont fermement attachés, comme la plupart des autres membres des syndicats, à la spirale salaires-prix qui a fait des grandes entreprises et des grands syndicats des synonymes de monopole et d'inflation. Seules les entreprises les plus riches sont désormais en mesure de payer les salaires faramineux, les soins médicaux gratuits, l'assurance accident, les pensions de retraite, les longues vacances, les multiples périodes de repos, l'absentéisme, les ralentissements et les débrayages qui sont inévitablement associés aux contrats syndicaux. Le recul de certains grands syndicats face à la concurrence croissante du Japon ne devrait pas constituer une tendance nationale. Le fait que les augmentations salariales aient été temporairement suspendues, souvent en échange d'une participation aux bénéfices, pourrait être considéré comme un aveu de la part des grands syndicats qu'ils en demandaient trop.

Incapables de faire face à la hausse des coûts, à l'augmentation des impôts et à la multiplication des réglementations fédérales, de nombreuses petites entreprises sont dans le rouge et les petits agriculteurs sont contraints de vendre. L'entrepreneur américain d'antan, le propriétaire de magasin, l'éleveur de bétail, le prospecteur, le fermier possédant un petit troupeau, le

---

[793] Il est à la fois logique et prédestiné que les organisations syndicales américaines s'efforcent d'améliorer le niveau de vie, les conditions de travail et la sécurité de l'emploi de leurs membres. Toutefois, si le résultat final est une main-d'œuvre qui travaille péniblement 35 heures ou moins par semaine, alors que les travailleurs d'un État agressif — où le travail à la pièce et les quotas de production fleurissent et où les grèves sont interdites — travaillent en moyenne 50 heures ou plus par semaine, quelle est la sécurité économique du pays où les conditions de travail sont meilleures ?

cultivateur de terre[794] — la plupart de ceux qui exercent des professions traditionnelles de la majorité — rejoignent ou risquent de rejoindre les rangs du prolétariat.

"La véritable caractéristique du prolétaire", a écrit Toynbee, "n'est ni la pauvreté ni une naissance modeste, mais la conscience — et le ressentiment que cette conscience inspire — d'avoir été déshérité de sa place ancestrale dans la société et d'être indésirable dans une communauté qui lui revient de droit ; et ce prolétariat subjectif n'est pas incompatible avec la possession de biens matériels".[795] Si l'on applique les mots de Toynbee aux États-Unis des années 1990, le prolétaire de la majorité est une victime de l'affrontement racial en cours. Son corps est peut-être indemne, mais son esprit et sa volonté ont été temporairement ou définitivement écorchés. Et en tant que prolétaire, en tant que personne neutralisée sur le plan racial, il peut finalement être persuadé de se rallier aux forces qui l'ont humilié.

La prolétarisation s'étend souvent jusqu'aux gratte-ciel de la direction des entreprises, où les cadres de la majorité, pris dans une masse octopéenne de réglementations gouvernementales, de contrats de travail, d'impôts, d'actions positives et de paperasserie administrative, sont devenus les rouages sans visage d'une économie sans âme, au même titre que les travailleurs les plus humbles des ateliers clandestins. Leurs revenus à six chiffres, leurs notes de frais excessivement généreuses et leurs titres imposants compensent à peine la frustration de perdre le commandement, de donner moins d'ordres et d'en recevoir davantage, de s'incliner sans cesse devant les bureaucrates de Washington, les actionnaires gênants et les délégués syndicaux véhéments. Ils ont perdu ou sont en train de perdre le pouvoir de licencier et d'embaucher. L'atelier syndical a abrogé le premier. Les quotas raciaux des minorités abrogent le second.

La séparation entre la propriété et la gestion dans les grandes entreprises et la difficulté croissante de conserver la propriété dans les petites entreprises ont transformé les cadres de la majorité, autrefois travailleurs acharnés, en une caste bureaucratique nomade qui se déplace d'une entreprise à l'autre dans une migration circulaire incessante et souvent improductive. Dans de nombreuses sociétés, le chef d'entreprise qui coupe les coins ronds et crache le fouet — parfois l'homme qui a construit l'entreprise à partir de rien, dans la plupart des cas le seul homme capable de faire avancer les choses — a été remplacé par des comptables ou des avocats, avec pour résultat que la

---

[794] Les États-Unis comptaient 6 097 799 exploitations agricoles en 1940 ; 2 094 000 en 1992. *Almanach mondial* 1994, p. 121. Le nombre d'exploitations agricoles noires a diminué à un rythme encore plus rapide que celui des exploitations agricoles blanches.

[795] *A Study of History*, Vol. V, p. 63.

production de masse de qualité, la grande invention du génie commercial de la Majorité, a été subordonnée à des considérations financières et fiscales.[796] Ce qui est encore plus humiliant pour les décideurs de la vieille école de la Majorité, c'est que de nombreuses politiques critiques de l'entreprise ne sont plus formulées par la direction, mais par des agences fédérales et des "politiques publiques".[797]

Dans son attaque quotidienne contre les milieux d'affaires majoritaires, l'intelligentsia libérale-minoritaire ajoute l'insulte à l'injure en agitant constamment le spectre d'un "complexe militaro-industriel", qui est dépeint comme une sorte de conspiration générale contre le peuple américain par les hauts gradés militaires et les dirigeants industriels de la WASP.[798] Comme il suffit d'un trait de plume présidentiel pour révoquer n'importe quel officier des services armés, les présidents eux-mêmes ont dû être au courant du complot. Comme le complexe est censé se nourrir de la guerre, il a dû être bien mieux nourri sous les administrations démocrates, qui ont engagé les États-Unis dans les guerres mondiales I et II et dans les conflits de Corée et du Viêt Nam. En d'autres termes, le complexe militaro-industriel, s'il existe, doit être en partie l'œuvre de ses détracteurs. Le fait que des comploteurs aussi puissants aient si mauvaise presse et que n'importe quel commentateur de télévision, rédacteur en chef ou chroniqueur de haut vol exerce une influence dix fois supérieure à celle d'un cadre d'une grande entreprise ou d'un général du Pentagone semble militer contre la probabilité d'une telle conspiration.

---

[796] Robert McNamara, ancien président de la Ford Motor Company et plus tard secrétaire à la défense, a commencé sa carrière en tant que comptable et n'a rejoint Ford qu'à l'âge de trente ans. *Current Biography*, 1961, p. 292. Aujourd'hui, les conseils d'administration des "trois grands" de l'automobile à Detroit comptent des membres qui ne savent probablement pas comment changer un pneu.

[797] Monroe J. Rathbone, lorsqu'il était président de Standard Oil of New Jersey, a déclaré : "Nous ne faisons jamais rien d'important sans avoir d'abord examiné en détail les aspects liés aux relations publiques". Wall Street Journal, Vol. LXVII, n° 99, p. 1.

[798] L'expression est apparue pour la première fois dans le discours d'adieu du président Eisenhower à la fin de son second mandat, un discours rédigé par Malcolm Moos. *Nation*, 28 avril 1969, p. 525, et *U.S. News & World Report*, 19 septembre 1958, p. 17. En tant que directeur de l'université du Minnesota en 1969, Malcolm Moos a préféré ne pas engager de poursuites disciplinaires à l'encontre de 70 étudiants noirs qui s'étaient emparés d'un bâtiment pendant 24 heures et avaient causé 5 000 dollars de dégâts. *New York Times*, 26 octobre 1969, p. 59. Ce qui se rapproche le plus d'un complexe militaro-industriel est apparu pour la première fois pendant la Première Guerre mondiale, lorsque Bernard Baruch a enrégimenté l'industrie américaine pour qu'elle réponde aux exigences de la guerre totale. Il a été relancé pendant la Seconde Guerre mondiale dans le cadre du plan de mobilisation industrielle élaboré par Louis Johnson, secrétaire adjoint à la guerre, et approuvé par le président Roosevelt. *New York Times*, 22 mars 1970.

Le complexe militaro-industriel n'est qu'un des nombreux problèmes sémantiques — une version actualisée de l'exploiteur bourgeois, du monstre capitaliste, du royaliste économique, du gnome zurichois, du suceur de sang de Wall Street, du fasciste, du nazi et d'autres péjoratifs libéraux et marxistes — qui visent à diviser la majorité en classes, entre riches et pauvres, entre entreprises et travailleurs, entre favorisés et défavorisés. Tout cela fait partie du grand stratagème qui consiste à assigner l'homme à des catégories économiques plutôt que génétiques, une stratégie très pratique et très efficace pour les minorités qui souhaitent vaincre les majorités.

Les dirigeants syndicaux savent mieux que quiconque que la voie la plus directe vers le cœur humain est l'appel à l'intérêt personnel, qui, dans la meilleure tradition syndicale, comprend à la fois la carotte de l'augmentation de salaire et le bâton du chômage. Ils savent également qu'il y a une part de prolétariat en chacun de nous et que leur travail consiste à la maximiser et à l'amener à la surface. Ce qu'ils ne savent pas, ou feignent d'ignorer, c'est que lorsque l'homme est réduit à l'homme économique, il perd la majeure partie de son humanité.

CHAPITRE 27

Le front de bataille fiscal

E N SURFACE, l'impôt est un moyen de couvrir le coût de l'État et — en cette fin d'ère keynésienne — de réguler l'économie. En filigrane, la fiscalité est un moyen de prendre et de garder le contrôle de l'État, de choisir les occupants des sièges du pouvoir. Autrefois, les conquérants d'une nation avaient pour habitude de s'exonérer de l'impôt et de faire peser la charge fiscale sur la population soumise. L'impôt était donc le prix de la défaite. Avec l'avènement de la démocratie économique et sociale, peu de choses ont changé. L'objectif de l'impôt a été étendu de la captation de la richesse à sa péréquation et à sa redistribution. Il n'est pas surprenant que ces nouvelles fonctions fiscales, qui, sous le nom de "réforme fiscale", ont fait grimper en flèche la facture fiscale des Américains, aient exercé un attrait particulier sur la coalition libérale-minoritaire.

Les impôts qui se prêtent le mieux à la guerre fiscale sont les impôts sur le revenu des particuliers et des sociétés, ainsi que les droits de succession et de donation. Contrairement aux impôts fonciers, aux accises et aux taxes sur les ventes, ces impôts "sélectifs" ont une échelle mobile (certains diraient écrasante). L'écrasante part de toutes les recettes fiscales fédérales provient aujourd'hui de l'impôt sur le revenu des personnes physiques et morales et des "taxes d'assurance sociale" — des impôts qui n'existaient même pas au début du siècle.[799]

C'est l'administration démocrate de Woodrow Wilson qui a fait adopter l'impôt fédéral sur le revenu en 1913, l'année même où le 16e amendement sur l'impôt sur le revenu est devenu une loi.[800] Le taux était de 1 % sur les revenus supérieurs à 3 000 dollars (pour les célibataires) et à 4 000 dollars (pour les couples mariés), avec des surtaxes de 1 à 6 % sur les revenus imposables supérieurs à 20 000 dollars. Au moment de la Première Guerre

---

[799] Au cours de l'exercice 1992, l'impôt fédéral sur le revenu des personnes physiques a rapporté au département du Trésor 476 milliards de dollars ; l'impôt sur le revenu des sociétés plus de 100 milliards de dollars ; les taxes de sécurité sociale, les cotisations de retraite et de chômage plus de 413 milliards de dollars ; les droits d'accise (alcool, tabac, carburant, etc.), les droits de douane et les droits de succession et de donation environ 101 milliards de dollars. *Almanach mondial* 1994, p. 99.

[800] Il y a eu un impôt fédéral sur le revenu pendant dix ans, pendant et après la guerre civile, et un autre en 1894 qui a été jugé inconstitutionnel par la Cour suprême.

mondiale, l'impôt sur le revenu était passé de 6 à 12 %, avec des surtaxes pouvant aller jusqu'à 65 %.[801]

C'est un autre gouvernement démocrate, celui de Franklin Roosevelt, qui a augmenté l'impôt sur le revenu des particuliers à des taux destructeurs de l'épargne, allant de 23 % au minimum à 94 % au maximum. L'impôt sur les sociétés, qui était de 1 % à l'époque de Wilson, a été porté à 52 %.[802] Depuis la Seconde Guerre mondiale, il y a eu quelques réductions de l'impôt sur le revenu des personnes physiques et de l'impôt sur les sociétés, mais peu de réductions significatives, à l'exception des réductions importantes dans la partie supérieure de la tranche d'imposition des personnes physiques. Pour les Américains qui tirent profit d'investissements ou de spéculations (l'Internal Revenue Service ne fait guère de distinction entre les deux), il existe un impôt sur les plus-values, qui a été abaissé ces dernières années. Comme les salaires sont augmentés pour suivre l'augmentation du coût de la vie causée par l'inflation rampante, parfois bondissante, le contribuable passe dans des tranches d'imposition plus élevées et doit donc payer un impôt sur le revenu disproportionnellement plus élevé. L'indexation peut mettre fin à ce phénomène. Entre-temps, 38 États et au moins 40 villes ont désormais leur propre impôt sur le revenu des personnes physiques.[803]

Dans sa forme actuelle, l'impôt sur le revenu est discriminatoire à l'égard de la majorité américaine pour de nombreuses raisons subtiles et moins subtiles. L'histoire montre que l'impôt sur le revenu, une institution fiscale de l'Europe du Nord, ne fonctionne efficacement que dans les pays où prédominent les Européens du Nord ou leurs descendants.[804] Dans de nombreux pays latins, la fraude à l'impôt sur le revenu est si répandue que le recouvrement, à l'exception des retenues à la source, a été réduit à une opération de type "catch as catch can" qui est virtuellement inapplicable. Il n'est pas nécessaire d'ajouter que les habitudes fiscales de nombreux peuples de l'Ancien Monde n'ont pas été radicalement modifiées par leurs descendants du Nouveau.[805]

---

[801] *Ency. Brit.*, Vol. 12, p. 136.

[802] Ibid.

[803] *Almanach mondial* 1994, p. 148.

[804] "Le mérite de l'instauration du premier grand impôt sur le revenu au monde est généralement attribué à la Grande-Bretagne. L'impôt britannique a été introduit pour la première fois en 1779..." *Ency. Brit.*, vol. 12, p. 136.

[805] En Italie, les contribuables sont souvent imposés sur leurs revenus "apparents" plutôt que sur leurs revenus réels. C'est pourquoi ils gardent leurs voitures de sport dans leurs garages dans les jours qui précèdent l'établissement de l'impôt sur le revenu.

L'examen des cas de fraude fiscale aux États-Unis ces dernières années révèle une proportion anormalement élevée de noms de minorités.[806] L'époque des bourgeois médiévaux de Brême qui, sans l'aide de percepteurs ou de lois fiscales, payaient leurs impôts "en évaluant honnêtement leur capacité à payer et en s'acquittant volontairement d'un devoir honorifique" est révolue depuis longtemps.[807] Mais il est juste de dire que la majorité est encore sous-représentée dans la liste des fraudeurs fiscaux qui, selon une estimation de l'Internal Revenue Service, escroquent chaque année le Trésor américain de 95 milliards de dollars.[808] La mafia, bien sûr, ne paie que peu ou pas d'impôts sur son "butin" annuel estimé à 30 milliards de dollars.[809]

Étant donné que c'est précisément aux deux extrémités de l'éventail des revenus américains que les minorités sont concentrées, la charge fiscale a pesé de manière oppressive sur le milieu de l'éventail, le centre de la majorité. Les échappatoires fiscales aident les très riches et les exonérations fiscales aident les très pauvres. S'ils sont propriétaires d'un logement, les Américains de la classe moyenne peuvent déduire les intérêts hypothécaires, mais pour le reste, ils ne bénéficient guère du système fiscal. Les retenues à la source empêchent les salariés d'échapper au percepteur, mais les frais médicaux et juridiques, les émoluments perçus par les professions minoritaires, sont souvent difficiles à retracer. Quant à la réforme fiscale, dont tous les politiciens disent qu'elle est une nécessité absolue, elle dégénère généralement en une levée de boucliers contre les abris fiscaux et les revenus à six chiffres, alors que rien ou presque n'est dit sur les fondations qui fraudent le fisc, les organisations "éducatives" à motivation politique et les énormes contributions déductibles d'impôts en faveur d'Israël.

En plus d'être préjudiciable au portefeuille de la majorité, l'impôt progressif sur le revenu est également préjudiciable aux habitudes de travail de la majorité. Lorsque les impôts sont trop élevés, ils détruisent les incitations, découragent l'épargne et encouragent les dépenses — un comportement économique qui s'ajoute à une répudiation de l'éthique protestante, la ligne directrice traditionnelle des habitudes de travail de la majorité. Des siècles d'endoctrinement religieux et quelques influences génétiques possibles font qu'il est plus difficile pour les membres de la majorité que pour ceux de la minorité de s'adapter à la nouvelle éthique prodigue des comptes de

---

[806] Voir le chapitre 30.

[807] Wilhelm Ropke, *A Humane Economy*, Regnery, Chicago, 1960, p. 133.

[808] Plus d'un tiers du déficit budgétaire de l'exercice 1992, qui s'élevait à 290 204 000 000 dollars.

[809] Si la mafia payait des impôts sur ses profits illégaux, tout le monde pourrait bénéficier d'une réduction d'impôts de 10 %. *Reader's Digest*, janvier 1969, p. 225.

dépenses, des cartes de crédit et des achats à tempérament illimités — les mœurs d'une économie dépensière qui consiste à voler maintenant et à payer plus tard. Le plus durement touché est l'entrepreneur de la majorité qui, dès les premiers stades de la croissance de son entreprise, est contraint par des impôts élevés sur les bénéfices et des taux d'intérêt usuraires de trouver des capitaux extérieurs pour survivre. Si, d'une manière ou d'une autre, il parvient à rester solvable et que son entreprise se développe, il devient alors une cible privilégiée pour les raiders des entreprises minoritaires.

Les héritiers des fortunes de la majorité qui n'ont pas encore été dilapidées conservent la plupart de leurs avoirs dans les grandes sociétés fondées par leurs ancêtres. Les revenus de ces fortunes sont devenus la cible d'un système de double imposition, dans lequel les bénéfices des sociétés sont taxés à environ 35 % et les dividendes payés sur les bénéfices restants sont à nouveau taxés comme des revenus ordinaires. Les droits de succession et de donation fédéraux (plus de 50 %) sont encore plus préjudiciables à la conservation du capital de la majorité, car ils sont les principaux responsables de la création de l'escroquerie fiscale monumentale connue sous le nom de fondation exonérée d'impôt.

En 1985, les États-Unis comptaient quelque 24 000 de ces groupes qui échappent à l'impôt, dont les actifs s'élevaient à 20 milliards de dollars et qui distribuaient chaque année 1,5 milliard de dollars de subventions.[810] En créant ces fondations, de nombreux millionnaires et milliardaires de la majorité ont réussi à maintenir une grande partie de leur fortune hors de portée de l'Internal Revenue Service, mais ils n'ont pas empêché ces vaches à lait de tomber entre les mains de personnes dont les philosophies politiques et économiques sont très éloignées de celles des fondateurs. La plupart de ces organisations tombent entre les mains d'avocats et de gestionnaires de fonds professionnels, qui contribuent ensuite généreusement à des causes libérales et minoritaires.[811]

On peut imaginer le désarroi d'Henry Ford lorsqu'il découvrit que la Fondation Ford, l'une des plus riches, était dirigée par un avocat noir, Franklin Thomas. Il aurait été encore plus perplexe d'apprendre que la fondation créée grâce à son argent avait donné 175 000 dollars au Congrès

---

[810] *Encyclopedia Americana*, édition 1985, Vol, 11, p. 646.

[811] Alger Hiss a dirigé la Fondation Carnegie pour la paix internationale. Une autre fondation Carnegie, la Carnegie Corporation, a financé l'ouvrage de Gunnar Myrdal, *An American Dilemma*. Parmi les quelques fondations orientées vers la majorité, la seule fondation véritablement antilibérale dont les actifs méritent d'être soulignés est le Pioneer Fund. L'Institution Alexis de Toqueville et la Fondation John M. Olin sont considérées comme ayant un penchant pour la droite, mais leur conservatisme s'éloigne rarement du milieu de la route.

de l'égalité raciale pour aider à l'élection du premier maire noir de Cleveland, Carl Stokes.[812] La Fondation Ford a également subventionné l'écriture et la production de mélodrames racistes noirs, dont les personnages ne font que proférer des imprécations contre tout ce qui est blanc.[813] En tant qu'antisémite, Ford aurait certainement été amusé d'apprendre que sa fondation a financé une expérience de décentralisation des écoles de la ville de New York qui a précipité une division raciale amère entre les parents nègres et les enseignants juifs.[814]

Les petites fondations sont susceptibles d'avoir une orientation minoritaire encore plus prononcée que les grandes. Un nombre croissant d'entre elles sont créées par des magnats issus de minorités qui précisent que leur argent doit être utilisé uniquement pour faire avancer les causes des minorités, tant au niveau national qu'à l'étranger. Les riches appartenant à une minorité sont également plus enclins à emprunter une autre voie pour éviter les droits de succession en donnant avant leur mort une grande partie de leur patrimoine directement à des "organisations caritatives", c'est-à-dire des organisations strictement consacrées aux intérêts nationaux ou internationaux de leurs propres groupes de population.[815]

Il est ironique que les membres de la majorité, dont les ancêtres ont été les premiers à développer le concept révolutionnaire selon lequel l'imposition doit découler du consentement du contribuable et dont le cri de guerre dans la lutte contre le roi George III était "pas d'imposition sans représentation", aient renoncé si facilement à leurs prérogatives fiscales. En théorie, les membres du Congrès déterminent toujours la structure fiscale nationale. En pratique, les dépenses publiques sont devenues si énormes que, lorsque des projets de loi fiscale sont adoptés à la hâte pour y faire face, le Congrès ne

---

[812] *Time*, 19 janvier 1968, p. 16.

[813] Les pièces sponsorisées par la Fondation Ford n'étaient pas aussi mauvaises que celles montées par la Black Arts Theater School avec 44 000 dollars de fonds fédéraux destinés à la lutte contre la pauvreté. Même Sargent Shriver, beau-frère du président Kennedy, responsable en dernier ressort de l'attribution de ces fonds, a dû admettre qu'il s'agissait de "pièces ignobles et racistes". *New York Times*, 38 février 1966, p. 11, et 9 mars 1966, p. 24. En 1951, la Fondation Ford a créé le Fonds pour la République qui, parmi ses autres projets, a dépensé une petite fortune pour attaquer la Commission de la Chambre des représentants sur les activités anti-américaines. Goodman, *The Committee*, p. 379.

[814] *Wall Street Journal*, 18 février 1969, p. 16.

[815] Sur les 107 fondations exonérées d'impôts dans le Maryland en 1967, cinquante-sept étaient juives, presque toutes avec des objectifs spécifiquement juifs. *The Foundation Directory*, pp. 315-28. La proportion juive de la population du Maryland en 1970 était d'environ 5 %.

peut souvent rien faire d'autre que de les approuver sans discussion.[816] En outre, comme dans d'autres domaines de la législation, les représentants de la majorité sont si sensibles au lobbying des minorités libérales qu'ils votent souvent des impôts qui constituent une discrimination directe à l'encontre de leurs propres électeurs.

La fiscalité n'est cependant qu'un aspect de la guerre fiscale menée contre la majorité. L'aide sociale en est un autre. Les devoirs et obligations de la société envers les indigents, les malades, les personnes âgées et les chômeurs étaient autrefois assumés par la famille, le village, la charité privée et l'église. Aujourd'hui, ces fonctions ont été largement reprises par les autorités fédérales, étatiques et locales. Là encore, les bénéfices ne sont pas répartis équitablement. Les pauvres, qui sont en majorité des non-Blancs, peuvent avoir autant d'enfants qu'ils le souhaitent, puisqu'ils bénéficient de soins médicaux et hospitaliers gratuits, ainsi que de chèques d'aide sociale plus importants pour chaque enfant supplémentaire. Les Américains à revenus moyens, dont la plupart insistent encore pour payer eux-mêmes, ne peuvent plus se permettre d'avoir des familles nombreuses.

Maintenant que la charité ne commence plus à la maison, le gouvernement fédéral dépense, selon une étude, 305 milliards de dollars par an pour l'aide sociale.[817] Cette somme n'inclut pas les nombreux programmes d'aide sociale des États qui ne sont pas financés par Washington. Le programme d'aide aux enfants dépendants, qui concerne 4,5 millions de familles (exercice 1992), a coûté 21,9 milliards de dollars.[818] Le nombre de mères ayant des enfants illégitimes augmente au fur et à mesure que leurs filles à charge ont leurs propres enfants, mettant ainsi trois générations d'une même famille à la charge de l'État.[819] Dans un immeuble de New York, "toutes les filles de plus de 13 ans étaient enceintes ou avaient accouché. [À 18 ans, elles pouvaient s'attendre à recevoir leur propre chèque d'aide publique, bien craquant et traité par IBM."[820]

Le soulagement est rendu plus difficile par les attitudes de travail de la classe indigente qui prolifère en Amérique. Un chômeur peut considérer qu'un emploi est "subalterne", le refuser et avoir droit à l'assurance chômage.

---

[816] Les réductions d'impôts les plus médiatisées sont strictement politiques et suivent rarement le rythme des augmentations des retenues salariales pour la sécurité sociale.

[817] *Issues* '94, Heritage Foundation, Washington D.C., p. 55.

[818] *Almanach mondial* 1994, p. 372.

[819] *Wall Street Journal*, 7 février 1964, p. 1.

[820] Ibid. Cité dans un article de magazine par un consultant du Sénat de l'État de New York.

Pourtant, ces soi-disant emplois subalternes sont les seuls pour lesquels de nombreux chômeurs sont qualifiés.[821] Le problème du chômage a donc des racines sociales et économiques. Il peut également avoir des racines génétiques. Beaucoup trop de personnes "défavorisées" en Amérique ont toujours été "défavorisées" dans les pays où elles vivaient. Permettre et même encourager cette classe indigente à se reproduire à un rythme beaucoup plus rapide que la majorité[822], c'est simplement aggraver la crise de l'assistance et forcer l'allocation d'une part toujours plus grande du produit national brut aux non-producteurs.

L'aide sociale porte l'habit de l'humanitarisme, mais son dérapage politique est visible. Il est raisonnable de penser que l'objectif fondamental de l'aide sociale est d'assurer un niveau de vie décent et une vie décente aux personnes incapables en raison de leur âge, de leur mauvaise santé ou d'un accident. Mais les partisans les plus actifs de l'État-providence parlent de sécurité du berceau à la tombe, de revenus garantis pour chaque adulte et, à l'occasion, de prélèvements sur le capital pour redistribuer les richesses. Ils vont loin, mais souvent dans la mauvaise direction. Ils recherchent les causes économiques et sociales de la pauvreté, tout en évitant les causes génétiques. Elles exigent la résorption des bidonvilles, mais n'exigent pas la fin de l'élevage irresponsable qui porte une grande part de responsabilité dans la création et la perpétuation des bidonvilles.

La nature politique de l'aide sociale est parfaitement illustrée par la tiédeur avec laquelle les minorités noires et hispaniques acceptent le contrôle des naissances comme l'une des solutions au problème de la pauvreté. Comme l'a déclaré un haut responsable de la NAACP, les Noirs "doivent faire plus de bébés, pas moins" pour acquérir plus de poids politique.[823]

L'État providence porte en lui les germes de sa propre destruction en soutenant l'inflation comme moyen de faire face à des dépenses publiques toujours plus importantes. Pour continuer à récolter des voix et tenir leurs promesses électorales de subventions fédérales plus importantes et plus fréquentes, les politiciens de l'aide sociale — une catégorie qui comprend

---

[821] En 1964, le chômage a coûté à la nation environ 75 600 000 semaines de travail perdues, malgré les 2 000 agences pour l'emploi soutenues par l'État pour aider les chômeurs à trouver du travail. La même année, la Californie a dû importer des dizaines de milliers de Mexicains pour récolter les cultures. George Pettitt, *Prisoners of Culture*, Scribner's, New York, 1970, pp. 140, 142. En 1992, le nombre de chômeurs était de 9,3 millions, soit 7,4 % de la population active civile. *Almanach mondial* 1994, p. 130.

[822] Une classe de crétins fait également son apparition. En 1965, on comptait 1 117 800 enfants mentalement retardés, 972 000 enfants mentalement perturbés et 486 000 enfants ayant des difficultés d'apprentissage. Pettitt, op. cit. p. 221.

[823] *Time*, 25 juillet 1969, p. 21.

aujourd'hui certaines des personnalités politiques les plus puissantes des deux partis — doivent recourir à l'artifice des dépenses déficitaires. Alors que la dette nationale s'envole, la valeur du dollar diminue. Comme les syndicats refusent que les entreprises, dont certaines sont au bord de la faillite, réduisent les salaires, de plus en plus d'entreprises se tournent vers des fournisseurs et des travailleurs étrangers. En 1992, le déséquilibre commercial s'élevait à plus de 7 milliards de dollars par mois.

Tout cela est très keynésien, mais la majorité, l'élément le plus stable de la population, en pâtit plus que tout autre groupe. C'est la majorité qui, par habitude et tradition — parfois même par patriotisme — préfère les comptes d'épargne, l'assurance-vie et les obligations d'État, les investissements "sûrs" qui se déprécient le plus en période d'inflation, aux spéculations et peculations qui font la fortune des plongeurs financiers en période de dépréciation de la monnaie. Et ce sont les membres de la majorité, qui s'accrochent désespérément aux derniers lambeaux de l'éthique protestante, qui continueront sans doute à encaisser ce coup de massue économique jusqu'à ce que le dollar américain se mette à imiter le mark allemand qui, fin 1923, s'effondrait au rythme de 50 % à l'heure.[824]

Le poison de l'inflation agit lentement. Il ne détruit pas une économie aussi rapidement et radicalement que le venin ravageur d'une débâcle boursière ou d'une occupation militaire. Mais à long terme, il est tout aussi mortel. Le fait que le jour du jugement viendra certainement pour les grands dépensiers ne devrait guère réconforter la majorité. Il sera alors trop tard, tout comme il était trop tard pour la sauterelle d'Ésope lorsque l'hiver est arrivé.

L'inflation peut être ralentie en subordonnant toute augmentation de salaire à une augmentation de la production. Mais cela doit être précédé de changements profonds dans la pensée et la composition de la hiérarchie monétariste. Le système de protection sociale, qui affame l'esprit comme il nourrit le corps, pourrait être racheté en continuant à aider les nécessiteux, mais en cessant de récompenser les fainéants, les délinquants, les immigrés clandestins et les juments poulinières des ghettos. Le pouvoir de taxation peut être récupéré en le limitant au paiement des coûts du gouvernement. Les lois fiscales devraient avoir un objectif plus élevé que celui de fournir une couverture légale à des évaluations arbitraires et sélectives qui encouragent un groupe de population à vivre des revenus d'un autre. S'il doit y avoir des échappatoires fiscales, qu'elles profitent à l'agriculteur, au fabricant, à

---

[824] L'affranchissement d'une lettre locale en Allemagne coûtait 100 milliards de marks à la fin de l'année 1923. Les salaires étaient souvent versés quotidiennement, ce qui permettait aux salariés d'acheter leurs produits de première nécessité instantanément.

l'ouvrier de production, à l'ingénieur et à l'artiste — les créateurs et les gardiens de la civilisation, et non les profiteurs.

Mais aucune de ces réformes vitales ne sera accomplie tant qu'elles seront considérées comme des questions purement fiscales. Les politiques budgétaires ne sont pas l'expression ou la marque d'un système économique. Elles sont l'expression de la manière dont les différents peuples mesurent l'apport qu'ils espèrent donner à la société et la production qu'ils espèrent recevoir. Lorsque la main-d'œuvre de Détroit était d'origine européenne, l'industrie automobile américaine était en tête de la production mondiale de voitures. Lorsque la main-d'œuvre s'est obscurcie, que les comptables, les avocats et les régulateurs gouvernementaux ont remplacé les entrepreneurs et les ingénieurs en tant que PDG, le leadership est passé aux Allemands et aux Japonais.[825]

La question ne se résume pas à l'économie, mais à la race.[826] Il y a ceux qui considèrent le travail comme une fin en soi, qui conçoivent l'Amérique, le monde et même le cosmos comme une série infinie de frontières offrant des possibilités infinies de travail. Qu'ils sachent que les frontières sont limitées, que les dernières sont en vue et que leur motivation et leur initiative disparaîtront. Et puis il y a ceux qui considèrent le travail comme un moyen, comme une épreuve, souvent comme une malédiction. Leur Amérique est un cercle fermé, un projet économique qui peut et doit être achevé afin que tout travail humain soit réduit au strict minimum. Leur monde et leur imagination sont limités.[827] Même leur univers est circonscrit par la courbure einsteinienne de l'espace.

---

[825] "De 1947 à 1965, le PNB américain a augmenté de 3,4 % par an, avant de tomber à 2,3 % dans les années 70, puis à 0,9 % en 1979 et à 0,7 % en 1993. (La croissance de la productivité au Japon, en revanche, a augmenté à un taux annuel moyen d'environ 7,3 %). *Time*, 8 décembre 1980, p. 73 et 1994 *World Almanac*, p. 58.

[826] Aujourd'hui, les Allemands de l'Ouest ont l'économie capitaliste la plus performante du monde blanc. Les Allemands de l'Est, jusqu'à la réunification, avaient l'économie communiste la plus performante du monde. Pourtant, les économistes évitent soigneusement de mentionner la race ou la génétique lorsqu'ils sont appelés à expliquer ce phénomène.

[827] "Les lois et les faits fondamentaux les plus importants de la science physique ont tous été découverts et ils sont maintenant si fermement établis que la possibilité qu'ils soient un jour supplantés à la suite de nouvelles découvertes doit être recherchée à la sixième place des décimales". Albert A. Michelson, 1894, lors de l'inauguration du Ryerson Physical Laboratory, Université de Chicago. Un autre exemple de l'esprit statique est l'argument de l'école d'anthropologie de Boas, exprimé le plus bruyamment par Margaret Mead, selon lequel personne ne devrait perdre son temps à chercher les origines de la culture, une question sur laquelle "il n'y a pas et il ne peut y avoir de preuves valables".

Les dirigeants actuels de l'économie américaine ne font pas avancer la nation vers l'avenir. Ils la font reculer pour se conformer à une philosophie séculaire du travail qui n'est pas — et n'a jamais été — celle de la majorité.

Leslie A. White, *The Evolution of Culture*, McGraw-Hill, New York, 1959, p. 71. Richard Lewontin, généticien à Harvard, a poussé un cri de négativisme tout aussi strident : "Nous devons faire face à la possibilité que nous *ne* comprendrons *jamais* l'organisation du système nerveux central à un niveau autre que le plus superficiel". L'accent est mis par Lewontin. La citation est tirée d'un article qu'il a écrit pour la *New York Review of Books* (20 janvier 1983, p. 37). La déclaration la plus étroite d'esprit est peut-être celle de Max Born, physicien juif de renom, qui a prédit en 1928 : "La physique telle que nous la connaissons va disparaître : "La physique telle que nous la connaissons sera terminée dans six mois". *New York Review of Books*, 16 juin 1988. Les prophéties de Cassandre, la princesse troyenne, se sont toujours réalisées, mais personne ne l'a jamais crue. Pour Born, c'est l'inverse.

PARTIE VIII

Le conflit juridique

CHAPITRE 28

L'adultération de la loi

L a présente étude a accordé une grande attention à l'habileté des minorités inassimilables à adapter les institutions de la majorité à leur avantage. Nulle part ailleurs ce talent ne s'est manifesté de façon plus spectaculaire que dans le domaine de la jurisprudence. Les résultats ont été si bouleversants que quelques mots préliminaires sur la nature et l'origine du droit peuvent aider à présenter une image plus claire de ce qui s'est passé.

Les lois trouvent leur origine dans les coutumes de la tribu. Les premières lois sont probablement nées de tentatives rudimentaires de formaliser les normes sociales de la vie primitive. Avec le temps, certains vieux sages de la tribu, bien conscients de la peur du surnaturel de leurs concitoyens, ont reçu des instructions directes de la part de voix d'un autre monde concernant les règles de comportement. C'est ainsi que les lois ont reçu une sanction religieuse. Même lorsque le législateur ne revendiquait aucun lien avec le ciel, comme dans le cas de Lycurgue et d'Hammourabi, il était rapidement élevé au rang de semi-divin. Le droit canonique est la meilleure preuve de la relation précoce et persistante entre le juriste et le prêtre.

Au fur et à mesure que les systèmes sociaux se sont complexifiés, les lois ont été codifiées et ont commencé à tisser leur toile à travers toute l'activité humaine. Dans les sociétés les plus sophistiquées, les lois sont devenues les règles du jeu de la civilisation. Au fur et à mesure que le respect de la loi diminuait, les lois proliféraient ou plutôt dégénéraient en une masse de règlements bureaucratiques et souvent contradictoires. Tacite a décrit cette relation de cause à effet dans l'une de ses plus belles épigrammes : "Lorsque l'État est le plus corrompu, les lois sont les plus abondantes".[828]

Néanmoins, un corps de lois établi a une influence conservatrice sur la société. Plus les lois sont anciennes, plus elles acquièrent de l'inertie et plus il est difficile de les modifier, en particulier lorsqu'elles bénéficient du soutien combiné de la coutume, de la religion et de l'esprit pratique. C'est un truisme de dire que ces trois fondements d'un système juridique efficace sont beaucoup plus fréquents dans les sociétés homogènes que dans les sociétés hétérogènes. La diversité des peuples entraîne une diversité des coutumes, ce qui crée des contradictions fondamentales dans le droit. Comme l'a fait remarquer Matthew Arnold, "le mélange de personnes de

---

[828] "et corruptissima re publica plurimae leges". *Ab Excessu Divi Auvgusti*, I, xxvii.

races différentes au sein d'une même communauté, à moins qu'une race ne domine complètement, tend à confondre toutes les relations de la vie humaine et toutes les notions de bien et de mal..."[829]

Dans son article sur le droit anglais paru dans l'Encyclopaedia Britannica, Frederic Maitland a adopté une approche similaire en déclarant que "le droit était une question de race".[830] Le droit des Européens du Nord était en fait le droit germanique, qui a ensuite évolué vers le droit anglo-saxon ou common law et qui est toujours pratiqué en Grande-Bretagne, dans certaines anciennes dépendances et aux États-Unis. Elle était rare parmi les systèmes juridiques sophistiqués parce qu'elle était fondée sur des précédents plutôt que sur des codes écrits (une exception partielle doit être faite pour la Constitution américaine). Dans les affaires pénales, la common law considérait qu'un accusé était innocent jusqu'à ce qu'il soit déclaré coupable par un jury de ses pairs.[831]

La relation entre la loi et les autres symboles de l'autorité de l'État est aussi importante que la loi elle-même. De Tocqueville a déclaré que la stabilité de l'Angleterre était largement due à l'alliance entre l'aristocratie et le barreau. Il attribue l'instabilité de la France au fait que les Bourbons ont snobé les avocats français en tant que classe, provoquant ainsi leur ressentiment durable.[832] Edmund Burke était d'accord avec de Tocqueville lorsque ce dernier a critiqué l'Assemblée révolutionnaire française pour être composée "des membres inférieurs, incultes, mécaniques, simplement instrumentaux de la profession juridique... tout le train des ministres du contentieux municipal..."[833]

Aux États-Unis, a découvert de Tocqueville, il n'y avait pas d'aristocratie à laquelle les avocats pouvaient s'opposer ou se joindre, si bien qu'ils ont créé la leur et en sont devenus une *partie intégrante*, une véritable *noblesse de robe*. Décrivant la profession d'avocat américaine comme une puissante barrière contre les caprices de la démocratie, le philosophe politique français est arrivé à la conclusion qu'elle représentait un pouvoir qui était à peine remarqué, ne causait pas de grande crainte, se pliait tranquillement aux

---

[829] Cité par Walter Bagehot, *Physics and Politics*, pp. 29–30.

[830] Volume 8, p. 47.

[831] Le jugement par un jury de pairs a été introduit en Angleterre par les Normands et trouve probablement son origine en Scandinavie, où le nombre de 12 juges était toujours tenu en grande vénération. William Forsyth, *History of Trial by Jury*, John Parker, Londres, 1852, p. 4.

[832] *De la démocratie en Amérique*, Tome I, pp. 275–76.

[833] *Réflexions sur la révolution en France*, p. 54.

besoins du temps et prenait part de plein gré à tous les mouvements du corps politique, tout en pénétrant profondément dans chaque classe économique, en travaillant en secret et en agissant sans cesse pour modeler la société selon ses souhaits.[834]

La vision quelque peu romantique des avocats américains de De Tocqueville, qui s'appuie sur des castes, avait une certaine pertinence à l'époque de Patrick Henry, de Jefferson et de Lincoln — tous des avocats. Aujourd'hui, bien qu'une telle caractérisation des avocats puisse sembler absurde, de Tocqueville reste attentif aux éléments de conspiration à l'œuvre dans la profession juridique, non pas à la manière des avocats soldats Alexander Hamilton et John Marshall, qui ont conspiré avec la plume et le fusil, qui ont conspiré avec la plume et le fusil pour libérer les colonies de leurs suzerains britanniques,[835] mais à la manière de l'avocat syndicaliste et juge de la Cour suprême, Arthur Goldberg, qui s'est spécialisé dans l'opposition entre les travailleurs et les entreprises, et de feu l'avocat agitateur, Saul Alinsky,[836] qui s'est spécialisé dans l'opposition entre les Noirs et les Blancs. Quant aux autres membres contemporains de la profession juridique — y compris les nuées d'avocats spécialisés dans les divorces, les chasseurs d'ambulances, les porte-voix de la mafia et d'autres escrocs assortis dont les principales fonctions consistent à briser des familles contre des honoraires exorbitants, à intenter des procès pour négligence d'un million de dollars et à s'assurer en général que les coupables sont libres — ils ont réduit un corpus juridique autrefois important à de simples jeux de mots et à des jeux litigieux. Pendant ce temps, les quelques avocats de la majorité qui s'accrochent encore à la tradition de la *noblesse de robe se* sont pour la plupart enfermés dans des suites de gratte-ciel lambrissées de noyer où ils défendent leurs entreprises clientes contre les "class actions" pour ne pas avoir embauché ou promu suffisamment de femmes, de Noirs et d'Hispaniques.[837]

---

[834] Ce paragraphe résume vaguement le sous-chapitre "De l'esprit légiste aux États-Unis" dans *De la démocratie en Amérique*, Tome 1, pp. 274-81 de Tocqueville.

[835] Le ratio avocats/non-avocats au premier Congrès continental était de 24/45 ; au deuxième, de 26/56 ; à la Convention constitutionnelle, de 33/55. Beard, *The Rise of American Civilization*, Vol. 1, p. 101.

[836] *Time*, 2 mars 1970, pp. 56–57.

[837] Si ces mots sont durs, il convient de rappeler que même Jésus-Christ a perdu son calme lorsqu'il a parlé de la profession d'avocat. "Malheur à vous aussi, avocats, car vous chargez les hommes de fardeaux difficiles à porter, et vous ne les touchez pas d'un seul doigt... Vous avez enlevé la clé de la connaissance... " Luc I I : 46, 52. Shakespeare exprimait probablement ses sentiments personnels lorsque Dick le boucher conseille à Jack Cade qu'au moment de la révolution, "la première chose à faire, c'est de tuer tous

Les statistiques juridiques de 1990, alors que les Américains dépensaient 100 milliards de dollars pour la profession juridique, faisaient état de 755 694 avocats agréés aux États-Unis. Sur les 54 989 avocats de Washington, D.C., 20 489 travaillaient pour le gouvernement fédéral.[838] Une enquête réalisée en 1990 a révélé la présence de 192 avocats à la Chambre des représentants et de 62 au Sénat.

Le rapport entre le nombre d'avocats et la population américaine est d'environ un pour 360 ; au Japon, il est d'un pour 10 500. Le montant des indemnisations s'élevait à plus de 300 millions de dollars en 1990, ce qui représentait environ 2,4 % du PIB. Au niveau national, 20 % des avocats sont juifs, et 60 % à New York. Dans les meilleures écoles de droit, les juifs représentent aujourd'hui près d'un quart ou d'un tiers de la classe entrante. À Harvard, l'école de droit la plus influente et la plus prestigieuse (25 % des professeurs de droit du pays sont d'anciens élèves de Harvard), près de la moitié des enseignants sont juifs.

Plus l'influence des minorités s'exerce sur le système juridique américain, plus son effondrement devient évident. La common law anglaise, dérivée du droit populaire d'Europe du Nord,[839] a fonctionné de manière adéquate, et parfois superbe, aux États-Unis tant que la nation était dominée par des personnes d'origine anglaise et d'Europe du Nord. Mais lorsque les minorités sont devenues un élément important du processus d'élaboration et d'application des lois, le droit américain a subi une profonde transformation. Le système juridique, qui s'occupait principalement des relations *intragroupes* des membres de la majorité, a été contraint de s'intéresser aux relations intergroupes d'un nombre croissant d'éléments étrangers.

---

les avocats". Cade accepte volontiers, tout en se demandant pourquoi "un parchemin griffonné à l'infini devrait défaire un homme". II *Henri VI*, acte 4, sc. 1. Harold Laski, qui peut être considéré comme un expert en la matière, a déclaré que dans chaque révolution, les avocats ouvrent la voie à la guillotine ou au peloton d'exécution. Fred Rodell, *Woe Unto You, Lawyers*, Pageant Press, New York, 1957, p. 17.

[838] Les faits et chiffres mentionnés dans ce paragraphe sont tirés de Martin Mayer, *The Lawyers*, Harper & Row, New York, 1967, pp. 97-98 ; *Washington Post*, 27 août 1980, p. A 25 ; Economist, 18 juillet 1992 ; et *Washingtonian magazine*, nov. 1990. La statistique la plus inquiétante est peut-être le taux rapide de prolifération des avocats. En 1963, il y avait 43 000 étudiants en droit ; en 1990, 124 471. On pourrait ajouter que la profession d'avocat coûte aujourd'hui 500 milliards de dollars par an aux Américains. *Wall Street Journal*, 3 janvier 1991.

[839] On ne trouve pratiquement aucune trace galloise, irlandaise ou romaine dans les anciennes lois anglo-saxonnes, qui semblent avoir des origines principalement franques (teutoniques). *Ency. Brit.*, Vol. 8, pp. 546, 548.

Contrairement aux théories de l'absolutisme juridique, le droit n'est pas un ensemble abstrait de principes également applicables à tous les hommes, mais une partie organique de la culture d'un peuple, avec un style et une forme qui lui sont propres. La common law anglaise et américaine a fini par reposer sur l'axiome de la responsabilité individuelle, sur des attitudes morales et des idées communes concernant la vie et la propriété. La notion de culpabilité collective plutôt que personnelle, l'habitude de blâmer la société plutôt que l'individu pour les actes criminels sont tout à fait contraires à la substance et à la pratique de la jurisprudence américaine. Ni le droit juif, ni le droit oriental, ni les "tribunaux" tribaux nègres, ni les mœurs nègres n'ont jamais démontré une protection juridique substantielle de l'individu, dont les intérêts ont toujours été placés en dessous de ceux de la nation ou de la tribu. Cette approche collective est clairement évidente dans le droit contemporain où l'accent est mis davantage sur les droits des minorités que sur les droits individuels.

La dilution par les minorités libérales de la lignée du droit anglo-saxon a été démontrée lors des procès de Nuremberg (1945-46), que le regretté sénateur Robert Taft a qualifiés de "tache sur le bilan américain que nous regretterons longtemps". Les verdicts, a déclaré Taft, "violent ce principe fondamental du droit américain selon lequel un homme ne peut être jugé en vertu d'une loi *ex post facto*". Il a ajouté que l'objectif de ces procès était de "revêtir la vengeance de la forme d'une procédure légale".[840]

Il va sans dire que la presse a soutenu presque unanimement les procès de Nuremberg, tout comme le procès Eichmann en 1960, au cours duquel l'accusé a été condamné à mort par des juges hostiles dans le cadre d'un procès sans jury pour un crime qui n'existait dans aucun corpus de droit international reconnu au moment où il l'a prétendument commis. Eichmann, qui avait été enlevé en Argentine par des agents israéliens, a dû plaider sa cause sans le témoignage de son principal témoin à décharge, auquel le gouvernement israélien avait refusé de délivrer un sauf-conduit.[841]

De toutes les institutions juridiques américaines, celle qui a le plus souffert ces dernières années est le procès avec jury. C'est une chose d'être jugé par ses voisins et ses pairs. C'en est une autre que d'arracher un verdict unanime à douze personnes dont le niveau d'intelligence, le statut économique et les origines raciales et culturelles varient considérablement. C'est encore plus difficile lorsque des jurys mixtes sont constitués dans des affaires qui ont

---

[840] *New York Times*, 6 octobre 1946, p. 1.

[841] Yosal Rogal, *The Eichmann Trial*, Center for Study of Democratic Institutions, Santa Barbara, Californie, 1961, p. 28. La brochure (p. 25) oppose les lois rétroactives à l'attitude occidentale traditionnelle de *nullum crimen sine lege, nulla poena sine lege*.

déjà des implications raciales ou dans lesquelles des avocats peu scrupuleux peuvent injecter de telles implications. Dans un procès à San Francisco, dix jurés blancs qui avaient voté la condamnation d'un manifestant noir "sit-in" ont été menacés de violence par le public majoritairement noir de la salle d'audience, tandis que les deux jurés noirs qui avaient voté l'acquittement ont été applaudis comme des héros.[842] Dans un procès pour meurtre à Los Angeles, aucun verdict n'a pu être obtenu parce que deux jurés issus de minorités (un Noir et un Mexicain) s'estimaient victimes d'insultes raciales de la part de jurés blancs.[843] Dans les procès pour meurtre et conspiration déclenchés par la violence des Black Panthers et par les émeutes de Chicago en 1968, les avocats des droits civiques ont réussi à faire de la race la question majeure et de la justice la question mineure.[844] Dans un procès du district de Columbia, un jeune Noir de dix-sept ans a été libéré par un jury entièrement noir après avoir tenté de violer une jeune fille blanche de dix-huit ans et avoir réussi à violer une autre jeune fille blanche du même âge, les deux le même jour. Plus tard, le juge a admis que l'accusé avait volontairement avoué ses crimes à la police, mais en raison des décisions de la Cour suprême, les aveux n'ont pas pu être admis comme preuve.[845]

Aujourd'hui, la sélection des jurés aux États-Unis est devenue un véritable art. Si le procureur veut faire porter le chapeau à un accusé blanc, il essaiera de composer le jury avec des Noirs. Tel était le secret des nombreuses condamnations prononcées dans le cadre du Watergate. Les procès se sont

---

[842] *San Francisco Chronicle*, 21 mai 1964, p. 16.

[843] *Life*, 28 mars 1960, p. 76. L'admission des Noirs dans les jurys du Sud a produit une autre perversion juridique étrange : le juré analphabète. Le président d'un jury entièrement noir a signé une déclaration déclarant l'accusé innocent alors que lui-même et le reste du jury l'avaient déclaré coupable. *Time*, 27 août 1965, p. 40.

[844] Le regretté William Kunstler, juif et leader des droits civiques le plus controversé, a dirigé la défense dans le procès dit des "7 de Chicago" en 1970, au cours duquel les accusés, les avocats et le juge, presque tous membres d'une minorité, ont presque réussi à transformer la salle d'audience en une rixe ininterrompue. Condamné à quatre ans de prison pour outrage, Kunstler a en fait passé quelques jours en prison avant que la citation pour outrage ne soit annulée. Plus tard, alors qu'il venait de terminer un discours totalement irresponsable à l'université de Californie à Santa Barbara, certains de ses auditeurs ont organisé une insurrection d'une nuit, au cours de laquelle ils ont incendié la succursale locale de la Bank of America. *New York Times*, 1er octobre 1969, p. 30, et 27 février 1970, p. 1. Le dernier stratagème juridique de Kunstler est le "syndrome de la rage noire". Dans le cas de Colin Ferguson, un Noir qui, en 1993, a abattu six personnes, dont cinq Blancs, et blessé onze autres Blancs dans un train de banlieue de la Long Island Railroad, Kunstler et son partenaire juridique, Lawrence Kuby, qui ont été licenciés par l'accusé, ont excusé le massacre en invoquant le fait que la discrimination raciale a fait perdre la raison aux Noirs.

[845] *Miami Herald*, 6 décembre 1972, p. 7-A.

déroulés dans la capitale du pays, où les jurys sont majoritairement noirs. D'autre part, si les avocats de la défense veulent obtenir le meilleur sort pour les criminels noirs, ils exigent l'inclusion de jurés noirs. S'ils n'en obtiennent pas suffisamment, ils demandent un nouveau procès. Dans les affaires "sensibles", la défense fait appel à une batterie de spécialistes des sciences sociales et d'avocats spécialement formés pour les minorités afin de sélectionner les listes de jurés et les jurés à l'aide de données de recensement, d'ordinateurs, d'enquêtes téléphoniques et d'études anthropologiques sur le "langage corporel" et les styles vestimentaires.[846]

Le pire aspect du système de justice pénale actuel est peut-être le retour de la double incrimination, une astuce juridique longtemps considérée comme morte dans les pays les plus avancés. Dans l'affaire du passage à tabac de Rodney King, après qu'un jury blanc eut déclaré les policiers blancs innocents, Los Angeles a été le théâtre d'une insurrection et d'un pillage d'une valeur d'un milliard de dollars. Pour apaiser les Noirs, un second procès a été organisé à Los Angeles même, au cours duquel les policiers ont été accusés d'avoir violé les droits civils de Rodney King. Un jury mixte rend un verdict de culpabilité et deux des policiers sont condamnés à des peines de prison. Quelques mois plus tard, un autre jury mixte a accordé à King, qui avait eu au moins trois démêlés avec la justice après son passage à tabac, la somme rondelette de 3,8 millions de dollars dans le cadre de son procès en dommages et intérêts contre Los Angeles.

Aussi incroyable que cela puisse paraître, la double incrimination est devenue un moyen approuvé par les tribunaux de condamner un défendeur pour violation des droits civils s'il échappe à une condamnation lors d'un procès pénal antérieur.

Dans le passé, la présence d'éléments raciaux et culturels différents au sein d'une même société a été résolue par l'établissement de plusieurs systèmes juridiques. Les Juifs de l'Antiquité avaient un ensemble de lois pour eux-mêmes et un autre pour les Gentils qui se trouvaient parmi eux.[847] Les Romains réservaient le jus civile aux citoyens romains et utilisaient le jus gentium pour les litiges entre non-Romains de différentes provinces. Le droit romain et les édits impériaux ne prévalaient sur les lois locales que lorsque la sécurité de l'empire était en jeu.[848] Au Moyen Âge, l'Angleterre avait son

---

[846] *Miami Herald*, 5 août 1973, p. 16-A.

[847] Deut. 15:3 et 23:6-20. L'exemple le plus célèbre de ce double standard juridique est peut-être la loi qui autorisait les Juifs à prêter de l'argent avec intérêt à des étrangers, mais pas entre eux.

[848] *Ency. Brit.*, Vol. 19, pp. 447-48.

droit commun, mais aussi un droit spécial pour les juifs et les marchands étrangers.

Les États-Unis, bien qu'ils n'aient jamais reconnu formellement de systèmes juridiques distincts pour leurs minorités, n'interviennent pas avec trop de zèle lorsque les Indiens règlent leurs problèmes internes selon d'anciennes lois tribales. Les esclaves n'étant pas soumis à la common law, tout un corpus de codes spéciaux, certains issus des décisions judiciaires des propriétaires de plantations, s'est développé parallèlement à l'esclavage et a reflété non seulement les attitudes des Blancs, mais aussi les coutumes nègres importées d'Afrique. Même après l'intégration officielle des Noirs dans le système juridique américain par les 13e, 14e et 15e amendements, même après la pleine égalité juridique qui leur a été accordée au cours des dernières décennies, la justice pénale est toujours axée sur les "différences" des Noirs. Dans le Sud, les infractions mineures commises par les Noirs entre eux sont souvent passées sous silence.[849] Dans le Nord, les appels ouvertement séditieux des militants noirs à commettre des incendies criminels, à abattre les "flics blancs" et à se soulever en insurrection armée sont souvent ignorés.

Si les États-Unis ont la flexibilité juridique de reconnaître le *Code Napoléon* comme la loi de l'État de Louisiane, ne pourraient-ils pas également reconnaître le besoin de systèmes juridiques séparés pour les minorités inassimilables — le besoin de lois adaptées aux différentes attitudes que ces groupes ont toujours manifestées à l'égard de la propriété, des relations familiales, des transactions commerciales et de la citoyenneté ? Outre le fait qu'il serait impossible et injuste d'imposer la loi d'un peuple à un autre, l'objectif serait double : préserver l'identité raciale et culturelle de *tous les* Américains et mettre fin aux immenses dommages psychologiques causés par un chevauchement culturel agressif. Il est certain que la protection d'un groupe de population contre le monopole culturel d'un autre est un devoir humain aussi fondamental que la protection d'un groupe de population contre le monopole financier d'un autre.

De nos jours, même l'Américain le plus obtus commence à comprendre qu'aucun système juridique n'est assez grand ou assez large pour englober à la fois le militant urbain qui considère "la loi" comme son ennemi mortel et le fermier de Pennsylvanie qui, travaillant la même terre que ses ancêtres ont défrichée il y a huit générations, a une affinité presque génétique pour la jurisprudence anglo-saxonne. Rassembler des groupes de population très différents dans un super système juridique gigantesque, un vaste corral

---

[849] Un homme d'affaires de Géorgie, qui avait consacré sa vie à être juré, a déclaré un jour : "Dans toute mon expérience des tribunaux, je n'ai jamais vu un Noir obtenir justice : "Dans toute mon expérience des tribunaux, je n'ai jamais vu un Noir obtenir justice. Ce qu'il a obtenu, c'est de la pitié". Putnam, *Race and Reality*, p. 168.

noétique de lois incompréhensibles, de règlements incohérents et de règles inapplicables est une tâche aussi peu gratifiante et aussi dangereuse que toute autre forme d'intégration forcée. Pour sortir de l'impasse, il faut aller dans la direction opposée — des lois minoritaires pour les minorités et des lois majoritaires pour la majorité.

Une départementalisation ethnique du droit américain rendrait aux minorités les lois qu'elles ont respectées pendant des milliers d'années, tout en soustrayant les membres des minorités à la juridiction des lois qu'ils n'ont jamais appris à respecter. La loi nationale serait la *Salus populi suprema est lex*[850] des Romains, qui aurait la priorité dans les litiges entre les groupes de population, mais pas à l'intérieur de ceux-ci. La loi de la majorité serait un mélange de common law anglo-saxonne et de droit constitutionnel américain, restauré dans un climat de raison, de respect et de responsabilité, et prêt à se concentrer à nouveau sur ce qui devrait être son objectif premier : la sauvegarde et l'expansion de la liberté d'action de la majorité.

---

[850] La loi suprême est la sécurité des personnes.

CHAPITRE 29

Le pouvoir judiciaire législatif

I l était prévisible que la principale vague d'attaques juridiques contre la majorité proviendrait de la branche judiciaire du gouvernement. Il est plus facile de passer outre la volonté du plus grand nombre d'Américains en nommant neuf hommes qui ne sont responsables devant personne qu'en soumettant les législateurs à un contrôle électoral périodique. Les décisions des juges libéraux et minoritaires de la Cour suprême ont offert aux factions anti-Majorité un moyen quasi-juridique d'atteindre des objectifs sociétaux qui n'auraient jamais pu être obtenus par le biais du processus législatif normal.

La charte de la Cour suprême est la Constitution, un document dont l'existence même a violé la tradition juridique anglo-saxonne. Les ancêtres anglais des Pères fondateurs s'étaient méfiés des recettes écrites de gouvernement et avaient décidé, selon Walter Bagehot, que "la plupart d'entre elles contiennent de nombreuses erreurs… les meilleures sont remarquables pour leurs étranges omissions… toutes échoueront complètement lorsqu'elles seront appliquées à un état de choses différent de tout ce que leurs auteurs ont jamais imaginé".[851] Si la Constitution américaine n'est pas restée non écrite, comme son homologue britannique, c'est en partie grâce à l'influence de francophiles tels que Franklin et Jefferson. Lors de leur séjour à Paris, ces deux grands hommes d'État avaient attrapé la fièvre contractuelle des Lumières françaises.[852] Heureusement, la Constitution, malgré son inertie institutionnelle massive, peut être amendée et l'a été, en 1993, vingt-sept fois. Elle peut également être modifiée par la fonction interprétative de la Cour suprême, qui est en soi une forme de législation, comme l'a librement admis l'ancien président de la Cour suprême, Earl Warren.[853]

Aujourd'hui, la Constitution est devenue un objet de vénération particulière pour les conservateurs, qui la considèrent comme une pierre d'achoppement pour le libéralisme moderne, concentrant leur colère sur ce que la Cour

---

[851] *Bagehot's Historical Essays*, Anchor Books, New York, 1965, pp. 348-49.

[852] Un Français, qui n'était pas du siècle des Lumières, avait une vision anglaise des constitutions : "Dès que l'on écrit une constitution", écrivait Joseph de Maistre, "elle est morte".

[853] Comme il l'a déclaré lors d'une interview télévisée sur WNET, le 8 septembre 1969.

suprême a essayé d'en faire plutôt que sur le document lui-même. Ils ont apparemment oublié que certains des grands conservateurs américains du passé étaient très mécontents de la Constitution. Alexander Hamilton, qui a contribué plus que quiconque à son adoption, l'a qualifiée de "tissu fragile et sans valeur".[854] Patrick Henry était encore plus pessimiste : "Je considère ce document comme le projet le plus funeste qui puisse être conçu pour asservir un peuple libre".[855]

Dans leurs débats écrits et oraux souvent cités, les auteurs de la Constitution ont refusé de laisser leurs pensées ou leurs actions être dominées par des questions raciales. En lisant John Jay, le premier président de la Cour suprême, on pourrait difficilement penser que des minorités, quelles qu'elles soient, existaient dans la nouvelle nation. La Providence", écrit-il dans le deuxième article du Federalist, "s'est plu à donner ce pays à un peuple uni - un peuple descendant des mêmes ancêtres, parlant la même langue, professant la même religion, attaché aux mêmes principes de gouvernement, très semblable dans ses manières et ses coutumes...".[856]

Même si les Indiens et les Noirs représentaient une proportion plus importante de la population totale qu'aujourd'hui, la Constitution les traitait avec une indifférence étudiée. Les esclaves étaient décrits comme des "autres personnes" et, aux fins de la répartition, étaient comptés pour trois cinquièmes d'un Blanc. Les Indiens non imposés étaient traités comme des non-personnes et n'étaient pas comptés du tout.[857] La question gênante de l'esclavage a été soigneusement contournée, à deux exceptions près. Le commerce des esclaves est autorisé jusqu'en 1808 et le retour des esclaves fugitifs est rendu obligatoire.[858]

La "neutralité" de la Constitution en matière d'esclavage provoque les abolitionnistes au-delà des limites du discours civil. William Lloyd Garrison s'adressa au Nord, exigeant rien de moins que l'annulation de ce "pacte avec la mort", "accord avec l'enfer" et "refuge du mensonge".[859] Les Sudistes se rallient lentement à la défense du document. Le juge en chef Taney, fils d'un

---

[854] Frank Donovan, *Mr. Madison's Constitution*, Dodd, Mead and Co, New York, 1965, p. 1.

[855] Ibid, p. 2.

[856] *The Federalist Papers*, Mentor Books, New York, 1961, p. 38.

[857] Art. I, Sec. 2, Par. 3.

[858] Art. I, Sec. 9, Par. 1, et de l'art. IV, Sec. 2, Par. 3.

[859] Carl Becker, *La Déclaration d'indépendance*, Knopf, New York, 1956, p. 242. Les parents de Garrison, apprenti cordonnier, étaient originaires de la province britannique du Nouveau-Brunswick.

planteur du Maryland, a marqué l'étape verbale de la controverse par sa décision dans l'affaire Dred Scott (1857). Les Noirs, déclara-t-il, étaient "des êtres d'un ordre inférieur et tout à fait inaptes à s'associer à la race blanche… tellement inférieurs qu'ils n'avaient aucun droit que l'homme blanc était tenu de respecter…"[860]

La Constitution a pris un tout autre aspect après la guerre de Sécession, lorsqu'elle a été mise à jour pour se conformer à l'humeur vengeresse des vainqueurs du Nord. Les 13e, 14e et 15e amendements abolissent l'esclavage et garantissent la citoyenneté et d'autres droits aux Noirs, tout en réaffirmant que les "Indiens non taxés" ne doivent pas être pris en compte dans la répartition des représentants au Congrès. Le fait que ces amendements supplémentaires aient été nécessaires — ils avaient déjà été esquissés dans la Déclaration des droits — prouve une fois de plus que la Constitution, dans sa forme originale, n'a jamais été destinée à s'appliquer aux non-Blancs. Après la fin de la Reconstruction et le retrait des troupes d'occupation du Nord, aucun de ces amendements n'a été sérieusement appliqué dans le Sud. Une fois de plus, la Cour suprême s'est inversée et a rendu deux décisions historiques qui semblaient sanctionner la non-application de ces amendements : *Civil Rights* (1883), dans lequel elle a statué que le Congrès ne pouvait empêcher les Blancs de pratiquer une discrimination à l'encontre des Noirs dans les lieux publics, et *Plessy v. Ferguson* (1896), qui a énoncé la doctrine historique "separate but equal" (séparés, mais égaux).

La Cour suprême a accueilli son premier membre issu d'une minorité avec la nomination de Louis Brandeis par Woodrow Wilson en 1916. Avec Oliver Wendell Holmes, un relativiste constitutionnel et juridique, Brandeis a battu le record de dissidences à la Cour. Bien que plusieurs fois millionnaire, il se battit avec acharnement contre la "malédiction de la grandeur", c'est-à-dire contre les sociétés majoritaires. Il s'est également battu pour ce qu'il appelait "ses frères", se donnant beaucoup de mal sur le plan anthropologique pour établir leur spécificité biologique.

"Le pourcentage de sang étranger chez les Juifs d'aujourd'hui est très faible", écrit-il. "Aucune race européenne importante n'est probablement aussi pure. Brandeis, aujourd'hui reconnu comme l'un des grands noms de la Cour suprême, a utilisé le prestige de sa haute fonction pour exhorter les jeunes Juifs américains à "être formés au sionisme… à connaître le grand passé de leurs ancêtres [de sorte que] lorsqu'ils grandiront, ils seront eux aussi équipés pour la tâche plus difficile de la construction de la Palestine…"[861]

---

[860] Bernard Steiner, *Roger B. Taney*, Williams and Wilkins, Baltimore, 1922, p. 347.

[861] *Brandeis on Zionism*, Zionist Organization of America, 1942, p. 77.

Après que la nomination de Brandeis a brisé les liens de la coutume, le concept d'un "siège juif" permanent à la Cour suprême a commencé à capter l'imagination des éditorialistes. Lorsque le juge Holmes a démissionné en 1932, Herbert Hoover, un président républicain, a nommé Benjamin Cardozo, un démocrate libéral, pour occuper le poste vacant. Cardozo qui, comme Brandeis, avait gagné des millions en tant que chasseur d'ambulances, n'eut aucune difficulté à se faire confirmer par le Sénat "parce que la presse avait gentiment supprimé le fait déplaisant que son père avait été membre du cercle corrompu de Tweed et avait été forcé de démissionner de son poste de juge à la Cour suprême de l'État au cours de l'un des éternels scandales politiques de la ville de New York".[862]

Cardozo est décédé en 1938. Un an plus tard, Felix Frankfurter est nommé à la Cour. Frankfurter est le professeur de droit de Harvard, né à Vienne, qui a réussi à se faire connaître grâce à son action zélée en faveur de Sacco et Vanzetti, deux mondains canonisés par la presse libérale et exécutés par l'État du Massachusetts pour leur rôle dans un hold-up à Boston en 1920.[863] Frankfurter, père fondateur de l'Union américaine pour les libertés civiles, aspirait à l'étiquette de conservateur dans les dernières années de sa vie.[864] Il quitte la Cour en 1962, à l'âge de 80 ans, pour laisser la place à Arthur Goldberg, avocat du syndicat CIO. Goldberg démissionne en 1965 pour devenir ambassadeur aux Nations unies. Le président Johnson nomme alors Abe Fortas pour lui succéder.

Lorsque Johnson a tenté de promouvoir Fortas au poste de président de la Cour suprême, le Sénat a refusé de le suivre. Bien que les médias se soient déchaînés, les sénateurs ont été bien avisés. En 1969, après la révélation de

---

[862] *Dictionary of American Biography*, Vol. XXII, Supplement Two, Scribner's, New York, 1958, p. 94.

[863] Dans un article qu'il écrit pour The *Atlantic* (mars 1924), Frankfurter qualifie la décision du juge Thayer dans cette affaire de "farrago de fausses citations, de fausses représentations, de suppressions et de mutilations". Si un professeur de droit avait fait une telle déclaration en Angleterre à propos d'une affaire en appel, il aurait été envoyé en prison. *Times Literary Supplement*, 26 juillet 1963, p. 546. Un an avant Pearl Harbor, Frankfurter, alors juge à la Cour suprême, a envoyé un câble "Personal Secret" à Winston Churchill pour l'inciter à "beurrer" Roosevelt afin d'entraîner les États-Unis dans la Seconde Guerre mondiale. Chronique de Jack Anderson, 19 octobre 1973. Avant que Frankfurter ne rejoigne la Cour, il a reçu pendant des années 50 000 dollars du juge Brandeis pour transmettre les idées de ce dernier aux médias et à divers hommes politiques. Jamais la séparation des pouvoirs n'avait été aussi ténue. Bruce Murphy, *The Brandeis/Frankfurter Connection*, Oxford University Press, N.Y., 1982.

[864] Un juge de la Cour suprême authentiquement conservateur, James McReynolds, a été accusé par Frankfurter d'"antisémitisme primitif". *Felix Frankfurter Reminisces*, Reynal, New York, 1960, p. 101.

la vérité sur ses transactions financières avec l'escroc Louis Wolfson, Fortas a dû quitter la Cour.[865] Thurgood Marshall, le premier juge noir, a été nommé et confirmé en 1967.

Les votes de ces membres de la minorité inassimilable, ajoutés à ceux des juges libéraux, ont suffi à générer les décisions de grande portée qui ont si radicalement réorganisé la société américaine.[866] Les trois membres de la majorité les plus responsables de la transvaluation de l'éthique américaine par la Cour sont le président Warren et les juges Black et Douglas. Certains indices sur les motivations de ces hommes ont déjà été donnés.[867] D'autres peuvent être reconstitués en parcourant certains des paragraphes les plus sombres de leurs volumineuses biographies.

Earl Warren est un Américain de la deuxième génération, ses deux parents étant nés à l'étranger. Son père norvégien, Erik Methias Varran, dont l'éducation s'est arrêtée à la septième année, était un mécanicien impécunieux, qui devint plus tard un propriétaire californien prospère. En 1938, il est assassiné à l'aide d'un tuyau de fer, un meurtre qui n'a jamais été élucidé.[868] Earl, procureur local à l'époque, aurait partagé avec sa sœur un patrimoine de 177 653 dollars.[869]

En 1942, en tant que procureur général de Californie, Warren a préconisé l'un des actes les plus anticonstitutionnels de l'histoire américaine, à savoir l'incarcération de masses de citoyens américains d'origine japonaise dans

---

[865] Voir pp. 432-33.

[866] L'impact de la Cour sur la criminalité et les droits des criminels sera examiné au chapitre 30. Selon Warren, sa décision la plus importante et celle de ses collègues a été *Baker v. Carr* (un homme, une voix). Vient ensuite l'affaire *Brown v. Board of Éducation* (déségrégation des écoles). Viennent ensuite *Gideon v. Wainwright* (avocat gratuit pour les accusés indigents), *Mapp v. Ohio* (inadmissibilité des preuves saisies illégalement), *Escobedo v. Illinois* (droit du suspect à un avocat pendant l'interrogatoire) et *Miranda v. Arizona* (devoir de la police d'avertir l'accusé de ses droits). Warren n'a apparemment pas considéré les décisions suivantes comme suffisamment importantes pour être commentées : la décision de 1963 interdisant les prières et les lectures de la Bible dans les écoles publiques, les décisions relatives à la pornographie, l'inconstitutionnalité de l'enregistrement obligatoire des membres du parti communiste, l'annulation de la loi de Virginie sur le métissage, la définition de la diffamation comme une contre-vérité malveillante et irréfléchie plutôt que comme un mépris de la vérité. Pour un aperçu du bilan de la Cour Warren, voir *Time*, 14 juillet 1969, pp. 62-63.

[867] Voir le chapitre 11.

[868] Luther Huston, *Pathway to Judgment*, Chilton, Philadelphie, 1966, pp. 13, 15.

[869] John D. Weaver, *Warren*, Little, Brown, Boston, 1967, p. 50. Un autre biographe de Warren affirme qu'il n'a hérité que de 6 000 dollars. Huston, op. cit. p. 17.

divers "centres de relocalisation" occidentaux.[870] Deux ans plus tard, cette approche stalinienne de la sécurité intérieure a reçu l'approbation officielle de la Cour suprême dans l'affaire *Korematsu v. United States*, le juge Black rédigeant l'opinion majoritaire et le juge Douglas étant d'accord.[871] En 1952, après avoir accédé au poste de gouverneur de Californie et n'ayant pas réussi à obtenir l'investiture présidentielle, Warren a fait basculer sa délégation en faveur d'Eisenhower à un moment critique de la convention républicaine. Un an plus tard, à la mort du Chief Justice Vinson, Warren reçut sa récompense, bien qu'Eisenhower n'ait jamais admis qu'il y avait eu un paiement politique.

Lorsqu'il a été informé de l'assassinat du président Kennedy en 1963, Warren a décrit le meurtrier, dans un communiqué de presse national, comme étant un bigot de droite.[872] Bien qu'il ait préjugé de l'affaire — et l'ait préjugée à tort — Warren a été chargé de la commission nommée par le président Johnson pour enquêter sur l'assassinat. Lorsqu'un journaliste lui a demandé si tous les faits seraient un jour rendus publics, Warren a répondu : "Oui... Mais ce ne sera peut-être pas de votre vivant."[873]

Le *rapport Warren*, malgré sa longueur, comporte des lacunes. L'enquête a semblé se refroidir sensiblement lorsqu'il s'est agi du passé de gangster de Jack Ruby, de l'étrange coïncidence de son voyage à Cuba, du rôle joué par

---

[870] Voir pp. 108, 209-10.

[871] Weaver, op. cit. p. 105-6. Robert Jackson était l'un des trois juges qui n'ont pas été en mesure d'estomper *Korematsu*, bien qu'il ait par la suite pris un congé pour devenir procureur en chef lors des procès de Nuremberg. Un autre juge de la Cour suprême, Tom Clark, qui, en 1942, en tant que fonctionnaire du ministère de la Justice, a contribué à diriger la rafle des Américains d'origine japonaise, a déclaré en 1966 : "J'ai commis beaucoup d'erreurs : "J'ai commis beaucoup d'erreurs dans ma vie, mais il y en a deux que je reconnais publiquement. L'une est le rôle que j'ai joué dans l'évacuation des Japonais de Californie... et l'autre est le procès de Nuremberg. Je pense qu'ils n'ont servi à rien du tout...". Ibid, p. 113.

[872] *New York Times*, 23 novembre 1963, p. 8. La tentative des médias de faire de l'assassinat de Kennedy un complot de la suprématie blanche a lamentablement échoué lorsque la commission Warren elle-même a admis qu'avant d'abattre le président, Oswald avait tiré sur le général de droite Edwin Walker. *Report of the President's Committee on the Assassination of President John F. Kennedy*, U.S. Government Printing Office, Washington, D.C., 1964, pp. 13–14.

[873] Leo Katcher, *Earl Warren*, McGraw-Hill, New York, 1967, p. 458. Un membre éminent de la commission Warren, le sénateur Richard Russell de Géorgie, était convaincu que plus d'une personne était impliquée dans l'assassinat. "Trop d'éléments — le fait qu'il [Oswald] se trouvait à Minsk, qui était le principal centre d'éducation des étudiants cubains, certains des voyages qu'il a effectués à Mexico et un certain nombre d'incohérences dans les preuves — m'ont fait douter qu'il ait tout planifié tout seul". *Human Events*, 31 janvier 1970, p. 2.

de hauts fonctionnaires dans l'organisation du retour du transfuge Oswald en Amérique, et des liens de la famille de Marina Oswald avec la police secrète russe.[874] La Commission a ignoré la déclaration de Ruby selon laquelle il avait assassiné Oswald parce qu'"il voulait que le monde entier sache que les Juifs avaient du cran".[875]

Même les plus ardents défenseurs de Warren ont dû admettre qu'il avait fait preuve d'une grande incohérence au cours de sa carrière. Plus que tout autre Américain, il est à l'origine de la déségrégation des écoles, alors qu'il n'a jamais envoyé aucun de ses quatre enfants (dont un adopté) dans une école intégrée. Il a atteint les sommets politiques en tant que républicain, mais s'est généralement comporté comme un démocrate et a même été décrit comme tel par le président Truman.[876] Certaines décisions de la Cour Warren auraient dû reposer au moins en partie sur des preuves scientifiques, mais Warren était extrêmement réticent à prendre en considération de telles preuves, peut-être parce que, selon la rumeur, il avait failli échouer en sciences au lycée.[877]

N'étant pas du genre à se laisser entraver par les précédents, qu'ils soient juridiques ou autres, Warren n'est pas devenu un défenseur des droits des accusés avant d'avoir pris place sur le banc de la magistrature suprême. À ses débuts, en tant que procureur de district et d'État de l'État d'Or, il avait acquis une certaine notoriété pour son traitement arbitraire des suspects, qu'il détenait parfois pendant la nuit sans possibilité de libération sous caution.[878] Aujourd'hui, cependant, on se souvient de Warren comme du prophète émérite de cette école de procédure pénale qui estime que l'accusé doit non seulement bénéficier de tous les avantages du doute, mais aussi de tous les

---

[874] *Audiences de la commission présidentielle sur l'assassinat du président Kennedy*, vol. 1, p. 278. L'oncle de Marina Oswald, avec qui elle a vécu pendant de nombreuses années, était un officier de sécurité soviétique.

[875] Melvin Belli, *Dallas Justice*, David McKay, New York, 1964, p. 167. Belli était l'avocat principal de Ruby lors du procès pour meurtre. Après avoir perdu le procès pour son client, Belli a attribué son échec en partie à sa conviction que Dallas était "antisémite". *New York Times*, 16 mars 1964, p. 23.

[876] Interview télévisée sur WNET, 8 septembre 1969.

[877] Huston, op. cit. p. 25. Voir également la note de bas de page 21, p. 294, de cette étude et Putnam, *Race and Reality*, chapitre IV.

[878] Huston, op. cit. p. 47. Lorsque la commission judiciaire du Sénat débattait de la nomination de Warren en tant que président de la Cour suprême, la personne qui avait produit le plus grand nombre d'accusations contre lui, un certain R. J. Wilson, fut arrêtée après avoir quitté une session exécutive de la commission à la demande télégraphiée du chef de la police de San Francisco. Wilson a ensuite été relâché faute de preuves. Ibid, p. 99.

détails techniques de la loi. Ce n'est que dans le domaine de la religion que Warren, que l'on peut qualifier de latitudinaire, a conservé une certaine cohérence. Comme l'a déclaré l'un de ses biographes, "Warren, un méthodiste de quondam marié à une baptiste dévote dont les enfants... n'ont tracé aucune ligne dans leurs mariages entre catholiques et protestants, païens et juifs, n'a jamais été du genre à faire une démonstration publique de piété".[879]

Le raisonnement de M. Warren pour justifier son parcours à la Cour suprême était le même que celui de ses autres collègues libéraux. Il a insisté sur le fait qu'il ne faisait qu'énoncer la Déclaration des droits pour tous les Américains et non pour certains d'entre eux. Sa philosophie juridique pourrait être compréhensible si les institutions juridiques laborieusement développées par un seul peuple pouvaient être déplacées bagage après bagage à travers les siècles et fonctionner efficacement pour un mélange de population de plusieurs peuples, et ce sans enlever un "i" ou supprimer une virgule. Malheureusement, ce n'est pas le cas. Le droit d'un peuple à la vie, à la liberté et à la poursuite du bonheur peut être le droit d'un autre peuple à la criminalité. Les droits *acquis* par un groupe se transforment curieusement en texte et en contexte lorsqu'ils sont *donnés à* un autre groupe. C'est pour cette raison que la modification de la coutume par un fiat judiciaire est l'une des formes les plus nocives de la tyrannie. Warren est l'exemple classique de l'opérateur politique qui fait surface aux plus hauts niveaux du gouvernement à une époque de déclin et de désintégration — un homme assez intelligent pour nager avec la marée politique, mais pas assez pour sonder les courants évolutifs en eaux profondes. Le secret de la réussite d'un tel individu est un mélange délicat d'ignorance, d'ambition démesurée et de sensibilité aiguë aux souhaits et aux humeurs de ceux qui contrôlent l'opinion publique. Dans l'un des rebondissements les plus étranges de l'histoire de l'humanité, la célébrité de Warren repose sur sa méconnaissance presque totale de la relation univoque qui existe entre la loi et la culture.[880]

Bien qu'il enfreigne les limites de la caricature autorisée en ce qui concerne la Cour Warren et le rôle de Warren au sein de celle-ci, feu le juge Hugo Black peut être considéré comme le Jean Baptiste de Warren. Black, qui "est allé à la faculté de droit... parce qu'il était trop peu éduqué pour aller

---

[879] Weaver, op. cit. p. 268.

[880] D'autres idées fausses de Warren sont tout aussi consternantes. Dans un exemple extrême d'analphabétisme en haut lieu, diffusé sur une chaîne de télévision publique, il a donné son approbation sans réserve à la "démocratie romaine" qui, a-t-il expliqué, a duré "mille ans" en raison de la compétence des Romains en matière d'auto-gouvernement — une déclaration, inutile de le dire, qui aurait été une nouvelle pour Marius, Sulla, Jules César et Elagabalus. Émission télévisée de WNET, 8 septembre 1969.

ailleurs",[881] n'est pas né libéral. Comme Warren, il a accumulé le libéralisme au même rythme qu'il a accumulé le pouvoir. En 1923-1924, il était membre cotisant du Ku Klux Klan, prohibitionniste convaincu et avocat fortuné spécialisé dans les affaires de dommages corporels. Lorsqu'il s'est présenté au Sénat des États-Unis en 1926, Black a jugé politique de renoncer à son adhésion au Klan. Mais après avoir remporté son siège de sénateur, il a reçu le Grand Passeport du Klan, qu'il a accepté avec reconnaissance lors d'une cérémonie publique.[882]

Black a été nommé à la Cour suprême en 1937, après avoir convaincu Roosevelt qu'il était un New Dealer authentique et non klannien. La manière dont, en tant que juge de la Cour suprême, il a mis en œuvre son libéralisme nouvellement acquis a été évoquée dans la référence à l'arrêt *Korematsu*. Il *est* allé beaucoup plus loin dans l'affaire *Yamashita* (1946), lorsqu'il a confirmé la condamnation à mort d'un général japonais dans un procès pour "crimes de guerre" qui avait violé presque tous les articles et paragraphes de la Déclaration des droits, le document même dont Black était censé être le champion.[883] En 1967, le savant juge, qui, dans son exaltation métaphysique de la régularité des procédures et de la permissivité sociale, avait contribué à pousser le droit du pays jusqu'au seuil de l'anarchie, a consterné son clergé libéral et minoritaire en confirmant les condamnations de manifestants de rue reconnus coupables d'avoir souligné leurs protestations par des actes de violence.[884] À l'approche de la fin de sa carrière judiciaire, Black semble faiblement conscient de ce qu'il a fait à la loi et de ce qu'il faut défaire pour éviter sa désintégration. Mais il n'a jamais fait amende honorable pour son hyperactivisme judiciaire.

Le juge associé William Douglas, issu comme Black de la division des rangs de la majorité, était un alpiniste vigoureux, un randonneur au long cours, un globe-trotter, un défenseur de l'environnement et un bon vivant, qui surpassait souvent Black lui-même. Aussi libertin que libéral, il épousa à soixante-sept ans sa quatrième femme, une étudiante de vingt-deux ans.[885] Quelques mois plus tard, on découvre que Douglas reçoit 12 000 dollars par an d'une fondation appelée Albert Parvin Foundation, dont les revenus proviennent principalement d'hypothèques sur un hôtel et un casino de Las

---

[881] John P. Frank, *The Warren Court*, Macmillan, New York, 1964, p. 42.

[882] Leo Pfeffer, *This Honorable Court*, Beacon, Boston, 1965, pp. 326-27.

[883] Rocco J. Tresolini, *Justice and the Supreme Court*, Lippincott, Philadelphie, 1963, chapitre VIII.

[884] Weaver, op. cit. p. 337-40.

[885] *Time*, 29 juillet 1966, p. 17.

Vegas.[886] Douglas a refusé de renoncer à ce complément gratuit à ses revenus déjà importants (salaire de la Cour suprême, dépenses, honoraires de conférences, droits d'auteur de livres) jusqu'à ce que l'on découvre qu'Albert Parvin avait été désigné comme co-conspirateur avec Louis Wolfson dans l'une des nombreuses transactions financières sordides de ce dernier.[887] Bien que la relation de Douglas avec l'ami de Wolfson soit tout aussi contraire à l'éthique que celle de Fortas avec Wolfson, Douglas refuse de démissionner de son poste.[888] En 1970, à l'issue des auditions de la commission judiciaire de la Chambre des représentants visant à déterminer si une procédure de mise en accusation devait être engagée à son encontre, Douglas a été blanchi comme prévu par le président de la commission, Emanuel Celler, âgé de quatre-vingt-deux ans. La coalition libérale-minoritaire protège les siens.

Quelle que soit la cause de l'extrême ardeur de Douglas, qu'il s'agisse d'une maladie glandulaire ou d'une compensation pour une paralysie infantile, il fut sans aucun doute le juge le plus énergique de l'histoire de la Cour suprême. Il fut également l'un des juges les plus dissidents jusqu'à ce qu'il puisse rejoindre la majorité libérale qui émergea après la nomination de Warren. Dans l'arrêt *Cramer* (1945), qui trouve son origine dans une opération de sabotage allemande avortée pendant la guerre, la Cour, avec Douglas comme juge dissident, a rejeté une condamnation à mort pour trahison, car la Constitution prévoit expressément que "nul ne peut être condamné pour trahison si ce n'est sur la déposition de deux témoins du même acte manifeste".[889] Bien qu'il y ait eu deux témoins, aucun n'a présenté de preuve d'un acte manifeste. Douglas a fondé sa dissidence sur le fait que la simple présence de Cramer en compagnie de deux saboteurs allemands était suffisante pour justifier une condamnation.[890]

---

[886] *San Francisco Examiner,* 16 octobre 1966, p. 1.

[887] *Time,* 6 juin 1969, p. 23.

[888] Parmi ses autres peccadilles, Douglas a vendu en 1969 un article pour 350 dollars au magazine *Avant Garde,* dont l'éditeur, Ralph Ginzburg, avait été condamné à cinq ans de prison pour pornographie. Auparavant, lorsque l'affaire Ginzburg avait été portée devant la Cour suprême et que le verdict avait été confirmé, Douglas avait été le seul dissident. En 1970, le livre de Douglas, *Points of Rebellion, a* été publié. Il y encourage vivement les manifestations illégales, écrivant que "la violence est peut-être la seule réponse efficace" aux problèmes actuels de l'Amérique. *Human Events,* 14 février 1970, p. 4, et 14 mars 1970, p. 3.

[889] Art. III, Sec. 3, Par. 1.

[890] Frank, op. cit. pp. 60–61.

Après avoir échoué à faire électrocuter un pro-allemand, Douglas, qui se posera plus tard en ennemi juré de la peine capitale, échouera dans une autre dissidence à sauver un pro-russe de la prison. Dans l'affaire *Dennis v. United States* (1950), son opinion minoritaire a défini les appels communistes à la révolution comme étant strictement conformes à la loi.[891] Compte tenu de son inclinaison ultralibérale, il n'est pas surprenant qu'après le refus de la Cour de réexaminer l'affaire des espions atomiques Rosenberg en 1953, les avocats de la défense s'adressent directement à Douglas qui, à la dernière minute, prend sur lui de surseoir à l'exécution des Rosenberg.[892] Douglas a une fois de plus montré sa partialité pour la gauche totalitaire lorsque, emporté par l'hystérie anti-McCarthy, il a rejoint avec enthousiasme la majorité de la Cour dans l'affaire Watkins (1957), qui tentait de limiter le pouvoir des enquêtes du Congrès en libérant un compagnon de route à la bouche fermée d'une citation pour outrage émise par le House Un-American Activities Committee.[893]

Les autres membres de la Cour Warren étaient William Brennan, Byron White et John M. Harlan. Brennan, dont le père est né en Irlande, est passé du statut de pelleteur de charbon à celui d'agent syndical avant de devenir avocat. White, fervent partisan de Kennedy, était le joueur de football professionnel le mieux payé du pays en 1938. John M. Harlan était un avocat d'affaires de Wall Street, dont le grand-père, alors qu'il siégeait à la Cour suprême, a prononcé les mots autrefois célèbres (et aujourd'hui anachroniques) : "La Constitution est daltonienne". De tous les juges de la Cour Warren, seul Potter Stewart s'est parfois préoccupé des droits de la majorité. Seul dissident dans la décision sur la prière à l'école, il a été le seul juge à reconnaître le véritable enjeu de l'affaire, comme en témoignent ses commentaires selon lesquels la décision était tout autant une attaque contre les "traditions religieuses de notre peuple" que contre la religion elle-même.[894]

Lorsque Richard Nixon a accédé à la présidence en 1969, il a fait savoir qu'il comptait inverser la tendance à la dérive vers la gauche de la Cour. Bien que les deux juges conservateurs du Sud qu'il avait proposés aient été rejetés par le Sénat, sa nomination de Warren Burger au poste de président de la Cour suprême a été confirmée, de même que celles de Lewis Powell, William Rehnquist et Harry Blackmun. Avec Warren à la retraite, Black décédé,

---

[891] Ibid, pp. 58-59.

[892] Pfeffer, op. cit. p. 374-76.

[893] Katcher, op. cit. p. 365-68.

[894] Voir les profils de ces juges dans *The Warren Court* de John Frank. Pour d'autres remarques du juge Stewart sur l'affaire de la prière à l'école, voir p. 275 de cette étude.

Douglas malade et Fortas ayant démissionné en disgrâce, le pays était prêt pour un retour de bâton juridique.

Cependant, le pays a eu droit à plus de la même chose. La Cour Burger s'est avérée plus proche idéologiquement de la coalition libérale-minoritaire que de Nixon. Il y a eu un certain durcissement du système de justice pénale, un certain assouplissement des restrictions concernant les poursuites contre le gouvernement, quelques réductions des privilèges de la presse, mais en ce qui concerne les intérêts de la majorité, la Cour Burger a fait autant que Warren pour fausser la Constitution. Voici quelques-unes des décisions les plus célèbres des neuf juges Burger : (1) *Bakke* (1978), qui a ordonné à une école de médecine d'admettre un candidat blanc qualifié qui avait été refusé en faveur de membres de minorités inassimilables moins qualifiés, tout en statuant que la race pouvait être considérée comme un facteur dans la politique d'admission à l'université ; (2) *Weber* (1979), où la Cour a admis qu'un quota de 50 % de Noirs dans un programme de formation d'entreprise était légal ; (3) *Fullilove* (1980), où la Cour a statué qu'il était tout à fait constitutionnel pour le gouvernement de spécifier que 10 % des contrats d'un programme fédéral de travaux publics soient attribués à des entrepreneurs appartenant à des minorités.

En dépit de ses décisions libérales en matière de déségrégation scolaire, de pornographie, de droits criminels et de droit de vote, la Cour Warren n'est jamais allée jusqu'à introduire la notion de quotas raciaux dans ses décisions. Elle a laissé cette tâche inachevée aux soi-disant modérés et conservateurs de la Cour Burger, qui ont offert au public américain le spectacle de la plus haute juridiction du pays mettant la loi à l'envers. Le Congrès avait solennellement affirmé, dans la loi sur les droits civils de 1964, qu'il n'y aurait pas de discrimination raciale en matière d'emploi ou d'opportunités d'emploi. La Cour a sournoisement saboté ou abrogé cette loi dans les affaires *Bakke, Weber* et *Fullilove*.

Pour être juste à l'égard de Burger et de William Rehnquist, qui lui a succédé au poste de Chief Justice, il faut admettre que tous deux ont généralement voté contre les décisions les plus permissives de la Cour. Mais les nominations par les présidents Reagan et Bush de juges dits "intermédiaires", Sandra Day O'Connor, la première dame juge, et David Souter, en tant que juges associés, n'ont guère empêché la Cour de jouer au chat et à la souris avec l'affirmative action. Les nouveaux juges dits conservateurs, Anthony Kennedy, Antonin Scalia, le premier Italo-Américain de la Haute Cour, et Clarence Thomas, un républicain noir,[895] n'ont pas non plus été en mesure

---

[895] Thomas, marié à une Blanche, a occupé le "siège noir" de la Cour laissé vacant par Thurgood Marshall, le premier juge noir, qui était aussi à gauche que son successeur était à droite.

de limiter les restrictions légales sur les possibilités d'emploi et de promotion des hommes blancs. En fait, la nomination par le président Clinton de deux juges juifs, Ruth Bader Ginsburg et Stephen Breyer, a ramené la Cour à l'idéologie juridique d'Earl Warren, à l'ingénierie sociale et à la réécriture, et non à l'interprétation, des lois du pays.

L'un allant généralement de pair avec l'autre, la pénurie de justice dont a fait preuve la Cour suprême au cours de la seconde moitié de ce siècle s'est accompagnée d'une pénurie de dignité. Cette dernière a commencé en 1949 lorsque les juges Felix Frankfurter et Stanley Reed ont comparu devant un tribunal fédéral de New York en tant que témoins de moralité pour Alger Hiss.[896] Depuis lors, les querelles internes des juges, leur travail au noir sur les circuits de conférences, leur partisanerie politique et leur lâcheté morale n'ont guère contribué à restaurer la confiance déclinante du public dans ce qui était autrefois la branche la plus prestigieuse du gouvernement.[897]

Se complaisant dans l'éclat trompeur de la Weltanschauung des minorités libérales, la Cour Warren a tenté de transformer la loi organique de l'Amérique majoritaire en un code d'impératifs moraux et raciaux aussi inapplicables aux questions cruciales de l'époque qu'inappliqués. Les cours

---

[896] *New York Times*, 23 juin 1949, p. 1. Hiss a commencé comme l'un des Happy Hot Dogs de Frankfurter à la faculté de droit de Harvard. Après avoir été l'assistant du juge Reed, il a rejoint le département d'État. Reed lui-même avait été l'assistant de Brandeis.

[897] L'histoire jugera les juges des Cours Warren, Burger et Rehnquist sur leur bilan et sur leur comportement injuste en tant qu'individus :
Objet. Fortas à la solde d'un escroc notoire. Douglas à la solde d'un gangster. Brennan impliqué dans des transactions immobilières douteuses avec Fortas.
Objet. Brennan exhibant un masque grotesque de Nixon dans son bureau. Marshall interrompant un déjeuner le lundi du "film cochon" pour ne pas manquer de voir les pièces à conviction les plus dures dans les affaires d'obscénité. White ajoutant "Quel homme !" à un mémo de Burger sur Richard Speck, qui a violé et tué huit femmes.
Objet. Harlan, presque aveugle, transformant sa chambre d'hôpital en cabinet et signant son drap de lit au lieu d'un dossier juridique. Douglas, à moitié paralysé, insistant pour s'asseoir sur le banc lorsqu'il ne pouvait plus rester éveillé dans son fauteuil roulant pendant plus d'une heure ou deux.
Objet. La Cour annule la condamnation de Muhammad Ali pour avoir échappé à l'appel sous prétexte d'un vice de forme, de peur d'éveiller le ressentiment des Noirs.
Objet. La réticence de Marshall à faire ses devoirs, au point qu'il ne savait rien du contenu de certains des avis que ses collaborateurs avaient rédigés pour lui.
Point. Marshall vote pour obliger Nixon à remettre ses enregistrements au juge Sirica tout en admettant qu'il ne voudrait pas que ses propres conversations enregistrées avec le président Johnson soient rendues publiques. Powell engageant un radical juif de Harvard comme assistant juridique pour prouver qu'il n'est pas un vieux schnock.
Objet. L'avocat William Kunstler embrasse Harry Blackmun après qu'il ait soutenu la décision d'une juridiction inférieure contre le département de la police de Philadelphie. Pour tout ce qui précède et plus encore, voir Bob Woodward et Scott Armstrong, *The Brethren*, Simon and Schuster, New York, 1979.

Burger et Rehnquist n'ont jamais pris de contre-décisions significatives pour inverser la tendance. Par sa réinterprétation inopportune et mal conçue de la Déclaration des droits et d'autres garanties constitutionnelles, la Cour suprême a en fait usurpé la fonction législative du Congrès, ce qui constitue un abus flagrant du pouvoir judiciaire tel qu'il est défini par la Constitution.

Avant de s'atteler à la tâche peu pratique de changer les hommes en changeant les lois, les juges auraient pu méditer les mots de Savigny (1779-1861), qui a écrit dans sa *Théorie du* droit *organique et naturel* :

> Le droit n'est pas plus fait par les juristes que la langue par les grammairiens. Le droit est le produit moral naturel d'un peuple... les coutumes persistantes d'une nation, jaillissant organiquement de son passé et de son présent. Même le droit législatif vit dans le consensus général du peuple.[898]

Certains ont proposé que le meilleur moyen de mettre au pas une Cour suprême qui s'emballe soit la procédure compliquée et peu utilisée de l'impeachment. Mais cela n'éliminerait pas la maladie — seulement quelques porteurs. Si la Cour doit être combattue sérieusement, elle doit l'être avec ses propres armes et sur son propre terrain. Ce qui pervertit le droit peut être contesté par le droit. La Cour, il n'est pas nécessaire de le rappeler, existe et agit sous la tutelle de la Constitution. Un simple amendement pourrait limiter son pouvoir, transférer son autorité aux tribunaux d'État ou l'abolir complètement.

Lorsque l'histoire rendra son verdict final sur la Cour suprême, elle sera reconnue coupable de nombreux chefs d'accusation, mais aucun n'est plus grave que sa récente altération du droit pénal. À l'origine, la justice pénale était destinée à protéger la société contre les contrevenants. Lorsque la Cour Warren en a terminé avec elle, sa principale fonction était de protéger le contrevenant de la société. Il va sans dire que l'exagération des droits pénaux par la Cour a directement profité aux minorités qui abritent des castes criminelles dans leurs rangs. Avec des batteries d'avocats coûteux à leur disposition, les criminels organisés, qu'ils soient membres de la mafia, cadres révolutionnaires noirs, terroristes juifs ou gangs d'étudiants poseurs de bombes, ont beaucoup plus à gagner de la permissivité juridique que le criminel solitaire. En suscitant de faux espoirs de gains économiques immédiats et en convenant apparemment que la pauvreté et la médiocrité des Noirs étaient entièrement imputables à la discrimination passée et présente de la part de Blancs malveillants, la Cour a en fait exacerbé les tensions raciales.

---

[898] Cité par Carl Becker, *The Declaration of Independence*, Knopf, New York, 1942, p. 264.

Comme nous le verrons dans le chapitre suivant, la Cour suprême a ouvert une boîte de Pandore qui ne pourra pas être refermée sans des mesures répressives qui ramèneront la justice pénale et une grande partie de ce qui reste de la jurisprudence américaine plusieurs siècles en arrière. Seule la répudiation complète et l'annulation des principaux arrêts de la Cour sur les droits criminels fournira le mécanisme juridique nécessaire pour éliminer le fléau qui a pratiquement mis fin à la civilisation occidentale dans de vastes zones des plus grandes villes américaines. En attendant, alors que la criminalité violente s'accroît au-delà de toute résistance, le catalogue des criminels et de ceux qui travaillent main dans la main avec les criminels s'étoffe lui aussi. Ce catalogue est aujourd'hui si vaste et si riche en noms célèbres qu'il commence à ressembler *au Who's Who in America*.

CHAPITRE 30

La minorité souterraine

L A dimension la moins salutaire du conflit mené contre la majorité est la guerre clandestine, décrite de manière trompeuse par les responsables de l'application de la loi et les médias comme une vague de criminalité. L'étendue et la férocité de cette guerre sont révélées par les listes de victimes publiées périodiquement par le Federal Bureau of Investigation sous la forme de statistiques criminelles. Les éléments criminels présents dans toutes les sociétés et dans toutes les races sont responsables d'une partie de ces violations de la loi. Mais une part de plus en plus importante est due aux efforts calculés de groupes minoritaires et d'individus minoritaires.

La criminalité de rue aux États-Unis est une forme d'"émeute lente" et "reste astronomique par rapport à celle des autres pays industrialisés". Ces mots entre guillemets n'ont pas été écrits dans les années 1990, mais un demi-siècle plus tôt, dans le rapport de la Fondation Eisenhower (3 mars 1945). Si la criminalité était mauvaise à l'époque, qu'aurait écrit cette fondation sur la criminalité aujourd'hui ?

En 1992, 33 649 340 crimes ont été commis aux États-Unis, dont 6 621 140 ont été classés comme violents. Les crimes de violence comprenaient 140 930 viols ou tentatives de viol, 1 225 520 tentatives de vol ou vols qualifiés et 5 254 690 agressions.[899]

Que faut-il penser de ces statistiques ? Elles représentent certainement plus qu'une "émeute lente". Certaines guerres à part entière ont fait moins de victimes. Il s'agit en fait d'une guerre raciale larvée entre les Noirs et les Blancs, les premiers prenant l'offensive et les seconds opposant une défense largement infructueuse. Dans cette guerre, les Noirs, qui sont actuellement responsables de 55 % de tous les meurtres, ont tué 1 698 Blancs en 1992. Dans les cas où la race du tueur est connue, les Noirs tuent deux fois plus de Blancs que les Blancs ne tuent de Noirs. En d'autres termes, le Noir moyen a 12,38 fois plus de chances de tuer un Blanc que le Blanc moyen n'en a de tuer un Noir. En 1988, il y a eu 9 406 viols entre Noirs et Blancs et moins de dix viols entre Blancs et Noirs. Il est difficile d'obtenir des chiffres exacts

---

[899] *Enquête nationale sur les victimes de la criminalité*, 1993. Les meurtres, au nombre de 23 000 par an, n'ont pas été pris en compte car l'enquête était basée sur des entretiens avec les victimes.

sur les viols, car certains criminologues estiment que moins d'un viol sur sept est signalé. Les Noirs commettent pratiquement tous les viols des Noirs et la moitié des viols des Blancs. Un chercheur libéral, Andrew Hacker, a constaté que les hommes noirs violaient les femmes blanches 30 fois plus souvent que les hommes blancs violaient les femmes noires.[900]

En ce qui concerne les autres infractions pénales, une commission présidentielle sur la criminalité a déclaré que moins de la moitié d'entre elles sont signalées.[901] Sur la seule base des délits signalés, il est mathématiquement probable qu'un acte criminel soit commis contre une famille américaine sur cinq chaque année.[902] Selon l'ancien sénateur Kenneth Keating de New York, "chaque habitant de ce pays peut s'attendre à être victime d'un crime majeur au moins une fois dans sa vie s'il atteint l'âge de soixante ans".[903]

Plusieurs arrêts de la Cour suprême, liés à l'explosion de la criminalité et y contribuant peut-être, ont bouleversé les méthodes traditionnelles de jugement des criminels. Dans l'affaire *Gideon v. Wainwright* (1963), la Cour a confirmé le droit de l'accusé à être assisté d'un avocat, si nécessaire aux frais du contribuable. Dans l'affaire *Escobedo v. Illinois* (1964), les juges ont décidé qu'un suspect ne pouvait pas être empêché de voir son avocat pendant l'interrogatoire de la police. Dans l'affaire *Miranda v. Arizona* (1966), la Cour a déclaré que la police devait avertir le suspect de son droit de garder le silence et d'être représenté par un avocat avant l'interrogatoire.[904] Toutes ces décisions étant rétroactives, elles ont eu un effet désastreux sur les calendriers déjà surchargés des tribunaux et sur les agents chargés de l'application de la loi, déjà surchargés. Après l'arrêt Gideon, rien qu'en Floride, 976 prisonniers ont été libérés et dispensés d'un nouveau procès, tandis que 500 autres ont dû être traduits en justice une seconde fois.[905]

---

[900] Pour un aperçu plus complet des statistiques criminelles, voir Jared Taylor, *Paved With Good Intentions*, Carroll & Graf, N.Y., 1992, pp. 92-4.

[901] *San Francisco Examiner*, 4 juin 1963, p. 1. Seul un dixième des vols à l'étalage sont signalés. Les détaillants affirment qu'ils pourraient baisser leurs prix de 15 % si le vol à l'étalage cessait. *New York Times Magazine*, 15 mars 1970.

[902] Comme l'a déclaré Earl Morris, président de l'American Bar Association. *U.S. News & World Report*, 5 février 1968, p. 50.

[903] *Wall Street Journal*, Vol. LXV, n° 68, p. 1.

[904] *Time*, 4 juillet 1969, p. 63. Escobedo, qui a été libéré alors qu'il purgeait une peine pour meurtre à la suite de l'arrêt de la Cour suprême qui porte son nom, a été arrêté à nouveau pour avoir vendu 11 grammes d'héroïne. *San Francisco Chronicle*, 4 août 1967, p. 2.

[905] Anthony Lewis, *Gideon's Trumpet*, Random House, New York, 1964, p. 205.

Le fait que la Cour se soit livrée à une telle extension des droits de la défense au moment même où il devenait impossible pour des millions de citoyens américains de marcher dans les rues de leur ville la nuit relevait de l'irresponsabilité judiciaire pure et simple. Une fois de plus, comme dans ses arrêts sur le métissage, la déségrégation scolaire et la prière à l'école, la Cour a fait preuve de favoritisme. Une fois de plus, comme dans la quasi-totalité de ses décisions historiques, elle a statué en faveur de plaignants représentés par des avocats issus de minorités, dans le cadre de recours financés en grande partie par des organisations représentant des minorités.

Bien que l'augmentation marquée de la criminalité puisse être attribuée en partie à l'effondrement de l'application de la loi provoqué par la complaisance de la Cour à l'égard des criminels, elle est également due à l'apparition d'un nouveau type de criminel. La criminalité des minorités en Amérique n'avait rien de nouveau. Comme l'a écrit Samuel Eliot Morison, "l'alliance entre les politiciens urbains, le monde interlope du jeu et de la prostitution et le vote étranger était déjà établie en 1850".[906] Mais l'invasion des villes par une armée de pillards, d'incendiaires et de tireurs d'élite noirs, plus d'un siècle plus tard, a élevé la criminalité des minorités au rang de guerre urbaine.

Les pertes matérielles et le nombre de morts causés par les insurrections noires dans les grandes villes en 1964-1968 ont déjà été décrits au chapitre 17, "Les Noirs". N'étant plus un simple voleur ou agresseur, mais un révolutionnaire autoproclamé, le criminel noir commence à être considéré par son propre peuple et par certains Blancs ultralibéraux comme une sorte de Robin des Bois de la fin du vingtième siècle.[907] La prise de contrôle armée

---

[906] Morison, *The Oxford History of the American People*, p. 487.

[907] La plupart des militants noirs de premier plan ont eu un casier judiciaire bien avant de devenir des révolutionnaires. Malcolm X a été condamné pour proxénétisme, trafic de drogue et vol ; Eldridge Cleaver a été condamné pour viol ; H. Rap Brown a été condamné pour cambriolage ; Marion Barry a été réélue maire de Washington après avoir purgé une peine pour possession de cocaïne. Les crimes commis par Bobby Seale et d'autres dans le cadre de leurs activités révolutionnaires au nom des Black Panthers ont éclipsé leurs infractions antérieures. Alcee Hastings, juge à la Cour fédérale de district, mis en accusation en 1988 par le Sénat pour mauvaise conduite, a rebondi en se faisant élire au Congrès par les Floridiens. Kweisi Mfume, chef du Congressional Black Caucus et sans doute l'homme politique noir le plus puissant du pays, a été arrêté à plusieurs reprises lorsqu'il était un jeune voyou à Baltimore. Le culte du héros que la communauté noire et de nombreux libéraux blancs vouent à ces individus a probablement constitué une incitation aussi forte à la criminalité noire que les ordres des maires blancs et noirs interdisant à la police de tirer sur les pillards. Pour résumer l'attitude des habitants noirs des bidonvilles, *Time* (14 février 1969, p. 60) a déclaré : "Non seulement ils acceptent passivement le crime, mais ils admirent aussi activement les criminels, surtout si leurs

de bâtiments universitaires par des étudiants noirs et l'invasion armée d'une assemblée législative d'État par des commandos noirs virevoltants ont été accueillies comme des actes de libération.[908] Bien entendu, la criminalité entre Noirs restait importante. Mais comme les citadins et les banlieusards blancs l'apprenaient de première main, une part intolérable de la criminalité était en train de devenir une criminalité entre Noirs et Blancs.[909]

Les infractions commises par les Noirs ont été semi-militarisées dans la mesure où la plupart d'entre elles sont commises contre "l'ennemi". Un trop grand nombre de victimes ne prennent pas la peine de signaler les délits à la police, devenant simplement des "victimes" et attendant silencieusement d'autres attaques de bandes de butineurs depuis les sanctuaires inviolés des ghettos métropolitains, où les Américains blancs ne sont pas plus en sécurité qu'ils ne l'auraient été dans un bastion du Viêt-cong. La criminalité noire a également été tribalisée, en ce sens qu'elle implique des rites d'initiation et des preuves de bravoure. En 1972, des membres d'un groupe noir appelé De Mau Mau ont été accusés d'avoir tué neuf Blancs dans l'Illinois.[910] Lors du massacre du Zebra en Californie en 1973, un gang noir appelé les Death Angels a tué, selon les archives de la police, vingt-trois Blancs, en torturant l'un d'entre eux pendant près d'une journée avant de le découper en petits morceaux, de les envelopper dans un sac en plastique et de les jeter sur une plage voisine. L'auteur d'un livre sur ces meurtres macabres a affirmé que

---

victimes sont blanches". Charles Evers, un politicien noir du Sud largement loué par les médias et ses électeurs noirs, était un ancien proxénète qui négligeait fréquemment de payer ses impôts sur le revenu. Ronald Reagan a été heureux de recevoir le soutien d'Evers lors de la campagne présidentielle de 1980.

[908] En 1967, un groupe de Noirs armés de fusils chargés a pénétré dans le capitole de l'État de Sacramento, en Californie, alors que la législature était en session. Les sanctions ont été légères, voire inexistantes. *New York Times*, 3 mai 1967, p. 24.

[909] Un rapport gouvernemental de 1970 indique que les Noirs des villes sont arrêtés huit à vingt fois plus souvent que les Blancs pour homicide, viol, agression aggravée et vol. Étant donné qu'une grande partie des victimes de la criminalité noire sont des Noirs, il a été ajouté gratuitement qu'aucune conclusion raciale ne devait être tirée de ce rapport. *New York Times*, 8 septembre 1970, p. 1. Le fait qu'une race particulière ait un taux de criminalité plusieurs fois supérieur à celui des autres races n'a peut-être aucune connotation raciale pour les bureaucrates du gouvernement, mais il en a beaucoup pour les victimes blanches de la criminalité noire. À Washington, D.C., en 1959-1965, neuf violeurs sur dix étaient noirs et 59 % des femmes blanches violées l'avaient été par des Noirs. *San Francisco Chronicle*, 4 janvier 1967, p. 2. Une autre tendance inquiétante est l'enlèvement de jeunes femmes blanches en plein jour. Une femme au foyer blonde a été enlevée dans une gare routière de Birmingham et emmenée dans une maison de prostitution gérée par des Noirs. Au bout de trois jours, elle a réussi à s'échapper en sautant d'une fenêtre du deuxième étage. *Birmingham News*, 10 juin 1980, p. 1.

[910] *Miami Herald*, 16 octobre 1972, p. 2-A.

le nombre de Blancs tués s'élevait en réalité à 135 hommes, 75 femmes et 60 enfants. Les membres des Anges de la mort ont reçu des promotions spéciales et des félicitations de la part de leurs chefs pour cette tuerie.[911] Dans ce dernier État, le chef d'un gang de jeunes Noirs a dit à un membre de 22 ans : "Prouve que tu es un guerrier noir. Apporte les oreilles d'un homme blanc." Le jeune Noir a obéi, laissant un jeune Blanc de 16 ans non seulement sans oreilles, mais mort.[912] Lors de l'émeute de Miami en 1980, les Blancs qui ont eu la malchance de tomber dans la foule en émeute ont été mutilés avant et après avoir été tués.

Il est vrai qu'il y a eu quelques réactions à la violence blanche, quelques preuves de la vengeance des Blancs à l'égard des Noirs, comme quelques assassinats par des tireurs d'élite dans différentes villes. Mais le nombre de Noirs tués ou blessés est minuscule par rapport au nombre de victimes blanches. Bien que des criminels noirs aient été abattus alors qu'ils menaçaient la vie de policiers ou qu'ils fuyaient le lieu du crime, le nombre de policiers blancs abattus par des Noirs est nettement plus élevé. De 1983 à 1992, 963 agents des forces de l'ordre ont été tués, 536 par des Blancs, 397 par des Noirs et 30 par d'autres races. Quatre-vingt pour cent des policiers assassinés étaient blancs, 10 % noirs, 1 % d'une autre race.[913] Au rythme indiqué ci-dessus, il ne se passera pas beaucoup d'années avant que le nombre de policiers blancs tués par des Noirs dépasse le nombre total de Noirs victimes de lynchages dans le Sud. L'*Encyclopaedia Britannica* indique que 4 730 personnes ont été lynchées aux États-Unis entre 1882 et 1951 : 1 293 Blancs et 3 437 Noirs.[914]

Les "brutalités policières", qu'elles soient réelles ou imaginaires, sont devenues une excuse standard pour les émeutes et les pillages des Noirs. En conséquence, les officiers de police de la plupart des villes ont reçu l'ordre d'utiliser une force minimale contre les Noirs qui enfreignent la loi. La menace permanente d'émeutes noires a également incité les juges et les jurys à se pencher sur la question et à accorder aux Noirs accusés tous les avantages de la loi et la peine d'emprisonnement la plus courte possible. Une peine sévère prononcée à l'encontre d'un accusé noir dans le cadre d'un procès très médiatisé peut coûter à une ville des dizaines de millions de dollars en biens endommagés, incendiés et pillés. La même indulgence

---

[911] Clark Howard, *Zebra*, Richard Marek Publishing, New York, 1979, voir en particulier les pages 34, 173-81.

[912] Le groupe de jeunes, pourrait-on ajouter, avait reçu le soutien financier de la "respectable" Urban League, exonérée d'impôts. *New York Times*, 4 mars 1970, p. 31.

[913] *Sourcebook of Criminal Justice Statistics*, U.S. Dept. of Justice, 1993, pp. 401-05.

[914] *Ency. Brit.*, Vol. 14, p. 526.

exagérée s'applique à la peine capitale. Au milieu de l'année 1982, seuls cinq criminels avaient été exécutés aux États-Unis depuis 1967. Quatre d'entre eux étaient blancs, alors que les couloirs de la mort regorgent de Noirs.

Des crimes entre Noirs et Blancs ont été commis contre toutes les couches de la société blanche. Un juge blanc a été abattu dans sa salle d'audience en Californie par des Noirs. Un voleur noir a grièvement blessé le sénateur John Stennis devant son domicile à Washington, D.C. Mais dans l'ensemble, la plupart des victimes blanches sont des propriétaires ou des employés de fast-foods, de stations-service et de petits établissements de vente au détail. Trop souvent, après avoir vidé la caisse, les voleurs tuent les volés.

Entre-temps, une autre grande caste criminelle,[915] la Cosa Nostra, est devenue moins militante et même semi-respectable à mesure qu'elle atteignait de nouveaux sommets de prospérité, ses membres ayant abandonné leurs cravates blanches et leurs chapeaux à larges bords pour des modèles conservateurs de Brooks Brothers. Certaines cérémonies ont été abandonnées, mais le serment de sang demeure, tout comme l'exigence fondamentale pour devenir membre, le test racial de l'ascendance italienne méridionale ou sicilienne.[916]

Ce test racial n'a été suspendu que pour les Juifs, qui ont fourni à la Mafia la plupart de ses cerveaux juridiques et financiers. En effet, selon Ralph Salerno, ancien expert en criminalité de la police de New York, la direction de la mafia a toujours été un "heureux mariage d'Italiens et de Juifs". Meyer Lansky, directeur financier de Cosa Nostra pendant de nombreuses décennies, s'est un jour vanté : "Nous sommes plus importants que U.S. Steel". Les revenus bruts de la mafia étant estimés à plus de 30 milliards de dollars par an, avec des bénéfices annuels de 7 à 10 milliards de dollars, il aurait pu inclure un peu plus de sociétés.[917] La richesse de certains mafiosos dépasse presque l'entendement : 521 000 dollars en liquide ont été trouvés dans une valise appartenant au fils du boss Magaddino de Buffalo ; le boss Gambino de New York et sa famille adoptive possédaient des biens immobiliers évalués à 300 millions de dollars ; le boss Bruno de

---

[915] Les gitans peuvent également être définis comme une caste criminelle. Les gangs latino-américains qui s'emparent d'une grande partie du commerce de la drogue sont plus précisément décrits comme des "familles". Les juifs hassidiques, qui se livrent traditionnellement à la contrebande de bijoux, ne considèrent pas leur activité comme un crime parce qu'elle n'est contraire qu'à la "loi des Gentils". Yaffe, op. cit. p. 120. En ce qui concerne la criminalité juive en général, Yaffe a écrit : "Personne, aussi répréhensible soit-il, n'est jamais complètement exclu de la communauté juive". Ibid. p. 277.

[916] *Time*, 22 août 1969, pp. 19, 21.

[917] Ibid, p. 18.

Philadelphie, à qui l'on demandait de fournir des garanties pour un projet commercial, a présenté un chèque certifié de 50 millions de dollars.[918]

La Cosa Nostra prospère grâce à ce que l'on pourrait qualifier de protection politique en profondeur. À un moment donné, les mafieux exerçaient, à des degrés divers, un contrôle sur quelque vingt-cinq membres du Congrès ainsi que sur des milliers de personnalités politiques de moindre importance au niveau des États et au niveau local.[919] Les relations serviles de certains juges de New York et de Chicago avec les chefs de la mafia sont trop bien connues pour qu'il soit nécessaire de les documenter en détail. Frank Sinatra, associé à d'importantes figures de la mafia,[920] a été pendant des années l'un des principaux collecteurs de fonds du parti démocrate avant d'offrir ses talents aux républicains. Pour son travail d'organisation et de direction du bal pré-inaugural de 1961 à Washington, Sinatra a reçu les remerciements du président Kennedy et a eu droit à la première danse avec la First Lady.[921] Même Barry Goldwater, qui était présenté comme l'un des candidats présidentiels les plus honnêtes depuis des décennies, était très proche de deux membres importants de la pègre. Au sujet du gangster Gus Greenbaum, mort avec sa femme dans un double meurtre macabre à Phoenix en 1958, Goldwater a déclaré : "Je l'ai connu toute ma vie". Goldwater était également un bon ami de Willie Bioff, condamné pour trafic d'influence et extorsion de fonds, que le sénateur de l'Arizona avait ramené de Las Vegas à Phoenix dans son propre avion, deux semaines seulement avant que Bioff ne soit réduit en miettes en essayant de faire démarrer sa voiture.[922]

---

[918] Ibid, p. 21.

[919] Ibid, p. 19. Extrait par *Time* du livre *The Crime Federation*, de Ralph Salerno. Selon Salerno, Joe Zicarelli, chef de Cosa Nostra dans le New Jersey, exerçait un tel pouvoir sur le député Cornelius Gallagher qu'il pouvait le convoquer depuis le parquet de la Chambre des représentants pour répondre à ses appels téléphoniques. Gallagher était membre de la commission des opérations gouvernementales de la Chambre des représentants, qui surveille les agences fédérales qui, à leur tour, surveillent la mafia. En 1972, il a plaidé coupable d'avoir éludé 74 000 dollars d'impôts sur le revenu. *Miami Herald*, 22 décembre 1972, p. 36-A.

[920] Sinatra était un ami personnel de Lucky Luciano, autrefois le plus grand gangster du pays. Frank possédait 9 % de l'hôtel Sands de Las Vegas, contrôlé par la mafia, avant que Howard Hughes ne l'achète. Ed Reid et Ovid Demaris, *The Green Felt Jungle*, Pocket Books, New York, 1964, pp. 56, 74–76, 198. La licence de jeu de Sinatra, révoquée en 1963 en raison de son association avec le gangster Sam Giancana, a été rétablie sous une forme modifiée en 1981 par le Nevada Gaming Control Board.

[921] Victor Lasky, *JFK, The Man and the Myth*, Macmillan, New York, 1963, p. 14.

[922] Reid et Demaris, op. cit. p. 43, 144, 202.

Les liens entre les gangsters et les plus hautes sphères du gouvernement peuvent être décelés dans les grâces exécutives accordées fréquemment à d'importantes figures des gangs. Lucky Luciano, qui a succédé à Al Capone au sommet de la hiérarchie mafieuse et qui était un spécialiste des stupéfiants, du meurtre et de la prostitution, a été gracié par le gouverneur de New York, Thomas Dewey, en 1946.[923] L'influence de Luciano était tellement mondiale que, travaillant avec l'armée américaine pendant la Seconde Guerre mondiale, il a en fait contribué à rétablir la Mafia dans sa patrie sicilienne d'origine, où elle avait été dépouillée de la majeure partie de son pouvoir pendant l'ère Mussolini. Sous sa direction, des avions américains ont largué des colis spéciaux au chef de la mafia mondiale, Don Calo Vizzini, dans la ville de Villaba.[924]

Le président Kennedy accorde la grâce présidentielle à un autre gangster, Jake (le barbier) Factor, qui devait être expulsé par le ministère de la Justice, mais qui a été naturalisé après avoir versé 10 000 dollars au parti démocrate.[925] Factor lui rendit la pareille en augmentant ses dons. En 1968, il a été reconnu comme le plus grand contributeur financier à la campagne présidentielle du parti démocrate.[926] Une autre grâce douteuse a été accordée par le président Truman au magnat du cinéma Joseph Schenck, qui avait été envoyé en prison pour avoir menti sur ses liens avec la mafia.[927]

Il n'y a pas de signe plus visible de la décadence d'un pays que l'histoire à succès de Cosa Nostra, une organisation qui, entre autres, vendait pour 350 millions de dollars d'héroïne par an dans les années 60, avant que les drogues dures ne deviennent une activité commerciale importante.[928] La majorité et les minorités politiques et les personnalités publiques sont encore choquées et horrifiées par les méfaits des nazis des décennies après les faits, mais ni elles ni les médias ne sont à moitié bouleversés par les atrocités commises par les voyous de la mafia sur des milliers d'Américains. Bien que les dirigeants de Cosa Nostra aient déménagé dans des banlieues huppées et se saluent désormais en public par des poignées de main plutôt que par des baisers, certains se vantent encore d'envoyer leurs victimes dans des

---

[923] *New York Times*, 9 février 1946, p. 19.

[924] *Times Literary Supplement*, 18 juin 1964, p. 534.

[925] *New York Times*, 29 décembre 1963, p. 4.

[926] *San Francisco Sunday Examiner and Chronicle, This World*, 12 janvier 1969. Factor et sa femme auraient donné ou prêté 350 000 dollars à divers comités de campagne Humphrey-Muskie.

[927] *San Francisco Chronicle, This World*, 25 octobre 1961, p. 22. Schenck est mort multimillionnaire dans sa suite du Beverly Wilshire Hotel.

[928] Donald Cressey, *Theft of the Nation*, Harper & Row, N. Y., 1969, pp. 91–92.

boucheries de gros appartenant à la mafia, d'où elles sont distribuées aux restaurants sous la forme de "manburgers".[929] Alors que les médias se concentrent encore sur la brutalité nazie ou soviétique, la mafia a perfectionné une technique d'assassinat particulièrement douloureuse qui consiste à insérer l'extrémité d'un extincteur domestique dans les oreilles du condamné.[930] La police a mis sur écoute et enregistré une conversation téléphonique de la Mafia dans laquelle un bourreau de gang ricanant décrivait dans les moindres détails les trois derniers jours d'un homme qui avait été pendu à un crochet à viande et qui "se balançait... en criant" lorsqu'il était torturé avec un aiguillon électrique.[931]

Comme l'ont résumé deux vétérans de la presse criminelle :

Lentement, mais inexorablement, la mafia a pris une position de suprématie totale et absolue... Chaque mafioso, jeune ou vieux, croit vraiment qu'il a un droit inaliénable de faire du trafic de drogue et de la prostitution, de piller et d'assassiner. Les lois de la société organisée ne le lient pas.[932]

Le crime collectif ou organisé étant devenu le monopole d'une minorité, la loi de la moyenne voudrait que la plupart des criminels "indépendants", la plupart des criminels solitaires, soient membres de la majorité. Or, ce n'est pas le cas. Là encore, la surreprésentation des minorités est incontestable. Le fait est que chaque fois qu'un membre de la majorité, en particulier une personnalité publique bien connue de la majorité, est traduit en justice, il est surprenant de constater à quel point son partenaire ou son associé est un membre d'une minorité.

La liste suivante de peculations, de détournements de fonds, de fraudes fiscales, de crimes graves, de petits vols, de conflits d'intérêts ou de trahisons de la confiance du public est limitée aux personnes d'importance nationale ou locale. Il arrive que le catalogue des actes répréhensibles comprenne des délits pour lesquels le lien avec la minorité est ténu ou inexistant. Dans ce cas, l'intention est de démontrer la dégradation morale des dirigeants de la

---

[929] *Saturday Evening Post*, 9 novembre 1963, p. 21.

[930] Ibid.

[931] *Time*, 22 août 1969, p. 22.

[932] Reid et Demaris, op. cit. p. 186-87. Les membres de la mafia, selon C. D. Darlington, sont prisonniers de leurs gènes, "des personnes pour lesquelles il n'existe aucune possibilité de coercition, de correction ou de conversion. Rien au monde ne pourra les amener à s'adapter à la société en général. Ils sont une race à part. *L'évolution de l'homme et de la société*, p. 611.

majorité à une époque de domination des minorités — dégradation qui a été à la fois une cause et un effet de cette domination.[933]

Pour commencer par le sommet, l'un des aspects les plus horribles de la criminalité américaine a été son apparition fréquente dans le cadre de la présidence. Au cours des dernières décennies, aucune administration n'est restée indemne. La plupart des présidents ou des candidats à la présidence, si ce n'est tous, se sont livrés à un moment ou à un autre à des agissements très douteux ou ont eu pour amis, conseillers ou collecteurs de fonds des personnes connues pour leur implication dans des affaires criminelles. Un exemple typique est l'association étroite du président Truman avec la machine Pendergast, flamboyamment corrompue, qui a parrainé son entrée en politique. En 1939, Boss Tom Pendergast, l'un des amis les plus proches de Truman, a été emprisonné pour fraude à l'impôt sur le revenu. En 1945, alors que Truman est vice-président, Pendergast meurt. Truman s'est immédiatement envolé pour Saint-Louis et a prêté la dignité de la deuxième plus haute fonction du pays aux derniers sacrements d'un criminel condamné. Quelques mois plus tard, lorsqu'il devint président, Truman gracia quinze hommes de main de Pendergast qui avaient été emprisonnés pour avoir bourré des urnes.[934]

C'est Truman qui a gracié le maire de Boston, M. Curley, pour une condamnation pénale antérieure et qui a réduit la peine d'emprisonnement de M. Curley pour fraude postale.[935] C'est Truman qui a nommé le maire O'Dwyer de New York, un ami du gangster Frank Costello, ambassadeur au Mexique, et l'a fait sortir du pays juste à temps pour qu'il échappe à l'arrestation pour corruption. Truman a encore tenté d'entraver le cours de la justice en qualifiant de "faux-fuyant" l'affaire Alger Hiss, des mois avant qu'elle ne soit jugée.[936]

---

[933] Les différentes races et les différents groupes de population semblent avoir des propensions différentes à la criminalité — le Noir pour les crimes violents, le Méditerranéen pour les crimes passionnels, le Juif pour les crimes financiers. D'une manière générale, les personnes non assimilées ou partiellement assimilées sont moins dissuasives car elles ont moins d'attachement émotionnel et personnel à l'État et à la loi de l'État.

[934] Jules Abels, *The Truman Scandals*, Henry Regnery, Chicago, 1956, pp. 22, 23.

[935] Ibid, p.32.

[936] Bien qu'il ait par la suite changé d'avis sur les communistes, Truman, suivant le modèle établi par Franklin D. Roosevelt, a maintenu en fonction plusieurs bureaucrates clés que le FBI avait certifiés comme étant de véritables agents soviétiques, parmi lesquels le secrétaire adjoint au Trésor Harry Dexter White. Chambers, *Witness*, pp. 68, 510.

L'administration du président Eisenhower n'a guère produit de scandales comparables à ceux de l'ère Truman, même si Sherman Adams, principal assistant d'Eisenhower, a été contraint de démissionner lorsqu'il a été révélé qu'il avait reçu divers cadeaux et subventions de la part de Bernard Goldfine. Emprisonné en 1961 pour avoir fraudé le fisc à hauteur de 7 838 298 dollars,[937] Goldfine a été libéré sur parole en moins de deux ans, après avoir purgé une bonne partie de sa peine dans un hôpital.[938] Eisenhower lui-même a accepté des cadeaux coûteux de la part de personnes bienveillantes, mais contrairement à Adams, il n'a pas exercé d'influence en leur nom auprès des agences fédérales. Le sénateur Payne du Maine, qui a reçu plus de largesses de Goldfine qu'Adams, a subi une défaite retentissante lors de sa tentative de réélection en 1958.[939]

L'énorme escroquerie de Billie Sol Estes a commencé dans les années Eisenhower, mais a atteint son paroxysme sous l'administration Kennedy. Estes, qui bénéficiait de relations haut placées au Texas et dans la politique nationale, a réussi à escroquer 500 000 dollars au ministère de l'Agriculture en falsifiant des registres d'inventaire. Il a finalement été envoyé en prison, mais personne n'a encore pu découvrir comment il avait réussi à escroquer autant de fonctionnaires importants, non seulement une fois, mais encore et encore. Lorsque l'enquête a commencé, le principal fonctionnaire du ministère de l'Agriculture au Texas, Hilton Bates, s'est "suicidé" en se tirant cinq fois dessus avec une carabine à verrou. Le fonctionnaire du ministère de l'Agriculture qui portait la responsabilité principale des paiements à Estes s'est avéré être le sous-secrétaire Thomas Murphy, qui avait été nommé grâce aux efforts de l'ami d'Estes, Lyndon Johnson, à l'époque sénateur du Texas.[940]

L'administration du président Kennedy, hormis l'affaire Estes et le fait d'être redevable à des gens comme Frank Sinatra, était relativement propre — ou du moins c'est ce qu'il semblait à l'époque. Plus tard, on découvrit que JFK, coureur de jupons invétéré, avait eu une liaison banale avec une poupée de la mafia nommée Judith Exner, la recevant fréquemment à la Maison-Blanche en l'absence de sa femme et lui passant de nombreux appels téléphoniques longue distance à Chicago alors qu'elle était assise à côté du chef de la mafia Sam Giancana.

---

[937] *New York Times*, 30 janvier 1962, p. 12 et 6 juin, p. 20.

[938] Ibid, 21 février 1963, p. 10.

[939] Ibid, 9 septembre 1958, p. 1.

[940] Clark Mollenhoff, *Despoilers of Democracy*, Doubleday, N.Y., 1965. Chapitres 7-9.

Le mouton noir de la famille Kennedy, à l'exclusion de son père Joseph Kennedy qui a gagné des millions à Wall Street en vendant à découvert au début de la dépression,[941] est le sénateur le plus âgé du Massachusetts. Edward (Ted) a été exclu de Harvard en 1951, après avoir persuadé un camarade de classe de passer un examen d'espagnol à sa place.[942] L'influence de sa famille a permis de le réintégrer deux ans plus tard, mais des étudiants qui avaient commis des délits beaucoup moins graves ont été expulsés définitivement. Au cours de l'été 1969, la nuit précédant l'alunissage, Kennedy conduit sa voiture depuis un pont de l'île de Chappaquiddick, noyant sa jeune passagère, Mary Jo Kopechne. Quelques semaines plus tard, le sénateur, qui avait attendu dix heures avant de prévenir la police, fut condamné à deux mois de prison (avec sursis) pour avoir quitté le lieu d'un accident.

Pendant que son mari était président, Jacqueline Kennedy, dont le charme mécanique et les affectations artistiques, aussi exaspérantes soient-elles, représentaient au moins une amélioration par rapport à la médiocrité de ses prédécesseurs immédiats, a fait une longue croisière en Méditerranée sur le yacht d'Aristote Onassis, le magnat grec du transport maritime inculpé en 1953 pour conspiration en vue de frauder les États-Unis.[943] Pour éviter d'être arrêté lors de sa prochaine visite à son bureau de New York, Onassis a dû payer une amende de 7 millions de dollars. Même sous le règne des empereurs les plus dépravés, il aurait été impensable qu'une première dame de Rome fréquente ouvertement un homme qui avait reconnu avoir fraudé l'empire. Il aurait été doublement impensable que, devenue veuve, elle l'épouse. Le mariage Kennedy-Onassis en 1967 n'est cependant pas très surprenant d'un point de vue racial. L'arrière-grand-père paternel de Jacqueline était un charpentier du sud de la France. Son père, qui avait une coloration méditerranéenne plus foncée que celle d'Onassis, portait le surnom de Black Jack.[944] Après la mort de son mari grec, elle devient la

---

[941] Une opération typique de Joseph Kennedy est le pool Libbey-Owens-Ford, dans lequel lui et la banque Kuhn, Loeb avaient le plus d'intérêts. Le groupe a pris le contrôle d'un million d'actions de la société, a fait baisser le prix en vendant à découvert, puis a racheté les actions avant qu'elles n'augmentent. Kennedy a reçu 60 805 dollars pour sa participation à la transaction. Personne n'a investi un centime. Frank Cormier, *Wall Street's Shady Side*, Public Affairs Press, Washington, D.C., 1962, pp. 3, 9.

[942] *New York Times*, 31 mars 1962, p. 1.

[943] En utilisant des sociétés fictives, Onassis a acheté des Liberty ships datant de la guerre, qui, selon la loi fédérale, étaient réservés à la vente aux citoyens américains afin de construire la marine marchande américaine d'après-guerre. *New York Times*, 26 février 1963, p. 2, 9 février 1954, p. 1, et 22 décembre 1955, p. 47.

[944] *Time*, 16 mai 1969, p. E7.

maîtresse de Maurice Templesman, un marchand de bijoux sud-africain d'origine juive.

La présidence Kennedy s'est achevée par le double crime du siècle, l'assassinat du président par Lee Harvey Oswald et le meurtre subséquent de l'assassin devant des millions de téléspectateurs par Jack Ruby (Rubenstein), un petit truand et un entrepreneur de strip-tease. La motivation raciale de l'acte de Ruby a déjà été évoquée,[945] mais les motivations d'Oswald sont restées assez ténues. Barbara Garson, une dramaturge juive, a écrit une pièce, "MacBird", qui proposait que Lyndon Johnson ait organisé la mort de Kennedy pour pouvoir lui succéder à la présidence.[946] La thèse d'un complot raciste de droite, tout aussi farfelue, était risible au vu des affiliations russes et cubaines d'Oswald.[947]

L'assassinat en 1968 du frère de John Kennedy, Robert, a eu des connotations minoritaires explicites plutôt qu'implicites. Lors de sa candidature retardée à l'investiture démocrate pour l'élection présidentielle, Robert Kennedy avait exigé la réduction de l'engagement américain au Vietnam, mais avait insisté sur le maintien de l'engagement américain en faveur d'Israël. C'est après avoir insisté sur ce point lors d'une émission télévisée qu'un jeune Arabo-Américain de Palestine a été suffisamment excité pour l'abattre dans le sous-sol d'un hôtel de Los Angeles. Si Robert Kennedy s'était davantage concentré sur les intérêts de la majorité et moins sur ceux d'une minorité qui n'était même pas la sienne, il serait peut-être devenu le 37e président.

En tant que procureur général dans l'administration de son frère, Robert Kennedy avait fait preuve d'un zèle louable pour l'application de la loi. C'est lui qui a engagé la procédure judiciaire contre le Teamster James Hoffa, qui a finalement envoyé le patron du plus grand syndicat du pays en prison

---

[945] Voir p. 406.

[946] La pièce est restée à l'affiche pendant près d'un an à l'extérieur de Broadway. En 1972, le film *Executive Action* a attribué l'assassinat aux machinations d'un ploutocrate texan de droite. Le producteur hollywoodien à moitié juif, Oliver Stone, a pris une tangente conspirationniste assez similaire dans son film de 1992, *JFK*.

[947] On sait peu de choses sur le père d'Oswald, qui est décédé avant la naissance de son fils. La mère d'Oswald (née Claverie) pourrait être issue d'une famille cajun puisqu'elle a déclaré que son père était français et qu'il parlait français à la maison. *Hearings Before the President's Commission on the Assassination of President Kennedy*, Vol. 1, pp. 252, 437. Les conspirationnistes ont eu plus de facilité avec l'assassinat de Martin Luther King Jr. en 1967. James Earl Ray, le coupable, avait des liens avec les minorités ainsi qu'avec la majorité. Il est né au nord de la ligne Mason-Dixon et sa mère "venait d'une famille catholique irlandaise dévouée". *New York Daily News*, 11 mars 1969, p. 4.

pendant huit ans pour subornation de jury.[948] Le refus de Robert de choyer les criminels n'a cependant pas empêché son frère John d'accorder la grâce présidentielle à Hank Greenspun, contrebandier d'armes condamné, éditeur à Las Vegas et ancien agent publicitaire du gangster Bugsy Siegel.[949] Greenspun a profité du rétablissement de ses droits civiques pour se présenter sans succès aux primaires républicaines pour le poste de gouverneur du Nevada.[950]

Aucun président n'a été autant entaché de malversations et de scandales liés aux minorités que Lyndon Johnson. Le moment le plus fatidique et le plus angoissant de la vie politique de Johnson s'est produit lors des primaires sénatoriales de 1948 au Texas, lorsqu'il s'est retrouvé à égalité avec son adversaire, Coke Stevenson. À la toute dernière minute, alors que Stevenson semblait l'emporter avec 100 voix d'avance, 203 voix en faveur de Johnson ont soudain été découvertes, après le dépouillement officiel, dans une circonscription du sud du Texas dirigée par un patron politique du nom de George Parr. Ces 203 voix ont donné à Johnson un avantage de 87 voix, le décompte final étant de 494 191 contre 494 104.[951]

Une enquête préliminaire a montré que la plupart de ces votes provenaient d'Américains d'origine mexicaine, dont beaucoup avaient été tellement inspirés par les qualifications sénatoriales de Johnson qu'ils étaient sortis de leur tombe pour voter pour lui. Lorsqu'une enquête officielle est ouverte, les 203 bulletins disparaissent mystérieusement dans un incendie "accidentel".[952] En fin de compte, la carrière politique de Johnson fut assurée lorsque l'enquête de l'État fut annulée et que le juge de la Cour suprême Hugo Black bloqua l'ordre d'un tribunal inférieur de rouvrir l'enquête. Il est intéressant de noter que pendant cette période cruciale de la vie de Johnson, Abe Fortas a été son principal conseiller à Washington. [953]

---

[948] *Facts on File*, 1967, p. 78.

[949] La nature des activités criminelles de Greenspun peut expliquer l'indulgence de Kennedy. Voir note de bas de page 19, p. 500.

[950] *Time*, 31 août 1962, p. 18.

[951] Harry Provence, *Lyndon B. Johnson*, Fleet, New York, 1964, pp. 81, 83–84, 86. L'Américain d'origine mexicaine chargé de ce truquage a avoué plus tard son crime à la télévision.

[952] Robert Sherrill, *The Accidental President*, Grossman, N.Y., pp. 28–29, 114.

[953] Lorsqu'il était vice-président, Johnson a reçu des enveloppes "bourrées d'argent" de la part d'entreprises et de lobbyistes. Robert Caro, *Les années de Lyndon Johnson*, Vol. 1, 1982.

Dans son rôle d'éternel arrangeur politique, Fortas avait déjà reçu l'ordre du président d'étouffer le scandale Jenkins, qui avait éclaté au beau milieu de la campagne présidentielle de 1964. Walter Jenkins, l'assistant le plus écouté de Johnson, qui, en tant que secrétaire du Conseil national de sécurité, avait accès à presque tous les documents classifiés importants de Washington, a été arrêté pour comportement pervers dans les toilettes pour hommes d'un YMCA. Bien que Jenkins, un baptiste converti au catholicisme, ait été arrêté une fois auparavant pour des activités similaires, Johnson l'a maintenu en poste. Fortas, ainsi que Clark Clifford, futur secrétaire à la défense, demandent à plusieurs rédacteurs en chef de journaux de publier l'article. Certains acceptèrent, mais lorsqu'une agence de presse annonça la nouvelle, le complot de censure échoua.[954]

En ce qui concerne la probité et les relations étroites avec les minorités des récents candidats à la présidence, l'amitié étroite de Goldwater avec les gangsters Gus Greenbaum et Willie Bioff a déjà été mentionnée. Adlai Stevenson, le candidat démocrate à la présidence qui a perdu contre Eisenhower en 1952 et 1956, était la "trouvaille politique" de l'avocat Louis Kohn et de Jacob Arvey, patron à la retraite de la vénale machine démocrate de Chicago.[955]

Malgré le soutien financier des entreprises de la majorité, en grande partie illégal, le président Nixon est allé quémander de l'argent pour sa campagne auprès de péculateurs de la minorité comme Robert Vesco, dont la contribution en espèces de 200 000 dollars a conduit aux procès criminels des anciens membres du cabinet John Mitchell et Maurice Stans. Tous deux ont joué un rôle de premier plan dans l'affaire du Watergate, qui a déclenché la plus grande vague de paranoïa médiatique depuis l'attaque contre le sénateur Joseph McCarthy.[956] Dans le but de faire de l'administration Nixon un gouffre de corruption de la majorité, la presse a soigneusement souligné les origines allemandes et WASP de certains participants, tout en ignorant

---

[954] *Life*, 9 mai 1969, p. 34, et *Time*, 23 octobre 1964, p. 19-23.

[955] Kenneth S. Davis, *The Politics of Honor*, Putnam, New York, 1967, p. 178. Stevenson, aussi vénéré par la coalition libérale-minoritaire qu'Edward Kennedy bien des années plus tard, a également été impliqué dans un incident mortel. Enfant, il a involontairement tiré sur Ruth Merwin, une jeune fille qui rendait visite à sa famille pendant les vacances de Noël, et l'a tuée. Eleanor Stevenson et Hildegarde Dolson, *My Brother Adlai*, Morrow, New York, 1956, p. 72.

[956] L'une des phases du Watergate, l'opération des "plombiers" de la Maison-Blanche, a été déclenchée par feu J. Edgar Hoover, qui n'a pas voulu autoriser une enquête approfondie sur Daniel Ellsberg, le voleur des "Pentagon Papers", en raison de son amitié pour Louis Marx, le beau-père millionnaire d'Ellsberg.

les origines minoritaires d'autres tireurs de ficelles importants.[957] Henry Kissinger, James Schlesinger, William Safire, Leonard Garment et d'autres membres juifs de l'administration Nixon ont reçu un certificat de bonne santé. Kissinger et Schlesinger sont restés membres du cabinet de l'administration Ford, tandis que trois membres du cabinet de la majorité — Maurice Stans, John Mitchell et Richard Kleindienst — ont tous été reconnus coupables de divers délits, et Mitchell a été envoyé en prison.

D'une certaine manière, le Watergate (et les événements qui y sont liés) a été une purge de l'ensemble de l'administration présidentielle par les minorités libérales. Avant de se débarrasser du président lui-même, les opposants à Nixon ont jugé nécessaire d'écarter le vice-président Spiro Agnew, un ennemi tout aussi méprisé. Pour ce faire, ils ont persuadé des entrepreneurs appartenant à des minorités de témoigner au sujet des pots-de-vin qui lui avaient été versés lorsqu'il était gouverneur du Maryland. Une fois Agnew écarté, les médias se sont tournés vers Nixon, qui était le principal souffre-douleur de l'establishment intellectuel depuis ses victoires électorales sur les représentants Jerry Voorhis et Helen Gahagan Douglas et son rôle prépondérant dans la chute d'Alger Hiss. En réalité, Nixon n'avait fait ni plus ni moins que plusieurs autres présidents en violant son serment d'office. La mise sur écoute du téléphone d'un opposant politique et le vol des dossiers d'un psychiatre sont certes des actes inconvenants qu'un président peut tolérer et dissimuler, mais ils ne sont guère comparables à la fraude électorale qui a mis le président Johnson sur la carte politique ou aux méfaits semi-raisonnables de Franklin D. Roosevelt qui a empêché l'Amérique de participer à la Seconde Guerre mondiale. Mais comme l'a démontré la guerre du Viêt Nam, les médias étaient devenus tout-puissants. Alors que le président Nixon venait d'être réélu lors de l'un des plus grands glissements de terrain de l'histoire politique américaine, il fut, en moins de deux ans, tombé en disgrâce et contraint de démissionner, en grande partie grâce au *Washington Post*, aux informateurs de la Maison-Blanche et à l'œil impitoyable du tube de télévision. Si l'on se demande où se trouve le véritable pouvoir en Amérique, il suffit de se rappeler que Daniel Ellsberg, l'homme qui a volé d'importants secrets militaires au Pentagone et aux rédacteurs du *New York Times* qui les ont publiés, est resté impuni, tandis que les agents de la Maison-Blanche, Gordon Liddy et E. Howard Hunt, qui ont tenté de "mettre la main" sur Ellsberg, ont passé des années derrière les barreaux.[958]

---

[957] *Le Washington Post*, si amer à propos de l'étouffement du Watergate, avait volontiers participé à l'étouffement de l'affaire Jenkins sous l'ère Johnson.

[958] Voir note de bas de page 31, p. 95.

L'administration de Gerald Ford, premier président nommé des États-Unis, a été relativement exempte de scandales, à l'exception de la grâce présidentielle accordée à Nixon. Le retour d'une administration démocrate à Washington s'est accompagné d'une nouvelle explosion de chicaneries politiques : les frasques financières du bon ami du président Carter et directeur du budget à court terme, Bert Lance ; l'implication de collaborateurs de la Maison-Blanche dans la consommation de drogue ; les "prêts" consentis par le gouvernement libyen à son frère Billy Carter. Les années Carter ont également été marquées par les multiples crimes des membres du Congrès, dont certains ont empoché des pots-de-vin devant des caméras de télévision cachées. Bien que condamnés pour des crimes ou des délits sexuels, quelques représentants ont été réélus et ont retrouvé leur siège à la Chambre des représentants.

La présidence Reagan a débuté avec Frank Sinatra comme directeur des festivités d'inauguration, avec un représentant des Teamster lié à la mafia dans l'équipe de transition et avec deux individus douteux aux deux postes les plus élevés de la CIA. Ce n'est pas un début prometteur pour ce que la nation espérait être une administration relativement honnête. La présidence Bush a été relativement propre. L'administration Clinton, avec les détournements de fonds des affaires Whitewater et Savings and Loan, un chef d'entreprise gravement infecté par le satyriasis et les tentatives de la Maison-Blanche pour étouffer les enquêtes judiciaires sur le suicide d'un copain haut placé de Clinton, Vincent Foster, est considérée comme la plus scandaleuse de l'histoire des États-Unis.

Le déclin de la moralité dans les hautes sphères est peut-être le mieux illustré par les carrières des quatre fils du président Franklin Roosevelt. James Roosevelt, membre du Congrès de Los Angeles, la ville qui compte la deuxième plus forte concentration de Juifs aux États-Unis, a été une sorte de lobby unique pour les intérêts juifs et sionistes dans la capitale nationale. Après une succession de mésaventures conjugales, il s'est installé en Suisse en tant que cadre d'une société d'investissement à l'étranger appartenant à une minorité.[959] Franklin D. Roosevelt Jr, qui n'a pas payé ses impôts sur le revenu en 1958 pour un montant de 38 736 dollars, a été l'avocat du dictateur

---

[959] Alors qu'il travaillait pour le financier Bernard Cornfeld, James Roosevelt a été poignardé par sa troisième épouse au moment où il s'apprêtait à contracter son quatrième mariage. Time, 10 octobre 1969, p. 98. Fort d'une fortune de 150 millions de dollars jusqu'à l'effondrement de son Investors Overseas Service, Cornfeld a été accusé de tentative de viol et d'attentat à la pudeur lors d'une visite à Londres en 1973. *Miami Herald*, 10 février 1973, p. 9-A. Après un bref séjour dans une prison suisse, Cornfeld s'installe à Beverly Hills, où il organise des fêtes somptueuses pour le gratin du show-business.

Rafael Trujillo de la République dominicaine.[960] John Roosevelt, le plus jeune des frères, a pris la parole lors d'une convention des Teamsters à Miami Beach en 1961 pour soutenir la réélection du président James Hoffa, qui avait déjà à l'époque de graves problèmes avec la justice.[961] Elliott Roosevelt, dont les cinq épouses ont fait de lui le plus marié et le plus divorcé de tous les fils de FDR, a été choisi comme maire de Miami Beach par Louis Wolfson,[962] le célèbre pilleur d'entreprises et ancien détenu du pénitencier fédéral d'Atlanta.[963] C'est ce même Wolfson qui, alors qu'il faisait l'objet d'une enquête gouvernementale pour fraude boursière, s'est arrangé pour que sa fondation exonérée d'impôts verse au juge Fortas de la Cour suprême 20 000 dollars par an à vie.[964]

Le menu fretin politique des minorités ou les trafiquants d'influence n'ont pas fait grand-chose pour aider le pays qui a donné à leurs ancêtres immigrés le premier goût de liberté qu'ils aient jamais connu. La liste comprend : Morris Shenker, l'un des avocats de Hoffa, qui a versé 48 000 dollars au sénateur Edward Long du Missouri alors que la sous-commission sénatoriale de ce dernier enquêtait sur les écoutes téléphoniques, une méthode de recherche criminelle que Hoffa abhorre ;[965] Marvin L. Kline, ancien maire de Minneapolis, condamné à dix ans de prison pour vol au détriment de la Sister Kenny Foundation, une organisation caritative pour les victimes de paralysie infantile ;[966] Victor Orsinger, avocat de Washington, reconnu coupable d'avoir volé 1,5 million de dollars à un ordre de nonnes catholiques.5 millions de dollars à un ordre de religieuses

---

[960] *New York Times*, 23 mai 1963, p. 1. La troisième femme de Junior était Felicia Sarnoff, petite-fille de Jacob Schiff.

[961] John Roosevelt était associé dans une société de conseil en investissement qui gérait un nombre considérable de fonds de pension des Teamster. Clark Mollenhoff, *Tentacles of Power,* World Publishing, Cleveland, 1965, pp. 345-46.

[962] Patricia Roosevelt, *J'aime un Roosevelt*, pp. 134, 251, 328, 377, 379.

[963] *San Francisco Sunday Examiner and Chronicle, This World*, 15 décembre 1968, p. 5.

[964] Voir chapitre 29. Fortas a gardé le premier versement de 20 000 $ pendant près d'un an, bien après l'inculpation de Wolfson. Entre-temps, il a reçu 15 000 dollars pour quelques conférences au Washington College of Law de l'American University. On découvrira plus tard que ces honoraires n'ont pas été payés par l'université, mais par Maurice Lazarus, magnat des grands magasins, et Gustave Levy et John Loeb, deux des banquiers privés les plus riches du monde. Cet argent peut être interprété comme un cadeau d'amis ou comme le moyen pour la communauté bancaire internationale de garder un juge de la Cour suprême à son service. *Time*, 23 mai 1969, p. 23, et *Life*, 23 mai 1969, pp. 38-39.

[965] *Facts on File*, 1967, p. 460.

[966] *New York Times*, 14 septembre 1963, p. 10.

catholiques ;[967] John Houlihan, ancien maire d'Oakland, Californie, condamné pour avoir volé 95 000 dollars à un fonds fiduciaire dont il était l'exécuteur testamentaire ;[968] Hugh Addonizio de Newark, New Jersey, un autre ancien maire, condamné à dix ans de prison pour avoir reçu des pots-de-vin alors qu'il était en fonction.[969] Le plus grand criminel de l'histoire récente des gouverneurs est Marvin Mandel, du Maryland, qui a été envoyé dans une prison de country-club pour avoir reçu des paiements occultes de la part d'exploitants d'hippodromes. Le pire cas de trafic d'influence est peut-être celui du président de la Chambre des représentants, John McCormack, dans le bureau duquel deux arrangeurs politiques, Nathan Voloshen et Martin Sweig, ont opéré pendant des années, parfois même en utilisant le nom du président de la Chambre des représentants. Lorsque Sweig et Voloshen ont été jugés, McCormack, l'un des hommes politiques les plus intraitables de Washington, a affirmé qu'il n'était pas au courant des agissements de ses amis.[970]

À l'exception de Lowell Birrell, dont le père était pasteur protestant, et de quelques autres, tous les escrocs financiers notoires depuis la Seconde Guerre mondiale appartenaient à une minorité. Le plus grand fraudeur fiscal de tous est peut-être Samuel Cohen, de Miami Beach, qui, selon l'Internal Revenue Service, a négligé de déclarer 25 578 000 dollars de revenus imposables pour la seule année 1967.[971]

En deuxième position, on trouve peut-être Allen Glick, exploitant d'une maison de jeu au Nevada et représentant du syndicat des Teamsters, qui doit 9,5 millions de dollars à l'Internal Revenue Service au titre d'arriérés d'impôts et de pénalités pour fraude.[972] Edward Krock, également en lice et juif, s'est vu notifier son inculpation pour avoir fraudé le gouvernement de

---

[967] *Washington Post*, 4 juin 1970, p. B4.

[968] Après avoir été inculpé, mais avant d'aller en prison, Houlihan a travaillé pendant trois mois comme consultant auprès du Center for Study of Democratic Institutions, à Santa Barbara, en Californie. *New York Times*, 30 avril 1966, p. 28, et 8 septembre 1968, p. 21, et *Oakland Tribune*, 3 juin 1966, p. 22.

[969] Rapport de l'Associated Press, 23 septembre 1970.

[970] *Life*, 31 octobre 1969, p.52, et *New York Times*, 13 janvier 1970, p.1. Le représentant John Dowdy du Texas et le sénateur Daniel Brewster du Maryland sont deux membres du Congrès impliqués dans des affaires de criminalité minoritaire. Dowdy a été reconnu coupable d'avoir accepté un pot-de-vin de Nathan Cohen pour bloquer une enquête gouvernementale. Brewster a été condamné à une peine de deux à six ans pour avoir accepté de l'argent de Spiegel, une maison de vente par correspondance.

[971] Rapport du Gannett News Service, 11 juillet 1971.

[972] *New York Times*, 19 juin 1977.

1,4 million de dollars d'impôts alors qu'il effectuait une croisière estivale sur son yacht de 150 pieds. Un escroc de premier plan, Anthony De Angelis, a incroyablement escroqué ses amis, ses associés et le gouvernement pour un montant de 219 millions de dollars dans le cadre d'une fraude sur les graines de soja.[973] Comparé à De Angelis, Eddie Gilbert, qui a escroqué ses actionnaires de 1,9 million de dollars avant de s'enfuir au Brésil, n'était qu'un minable.[974] Un autre manipulateur d'actions est Morris Schwebel qui, avec quelques autres opérateurs, a fait grimper le prix des "penny stocks" canadiens à cinq dollars par action. Plus tard, lorsque les actions se sont avérées presque sans valeur, les investisseurs ont perdu 16 millions de dollars.[975] Un prédateur financier plus vicieux était le banquier international Serge Rubinstein, qui complétait ses opérations monétaires par l'évasion fiscale et a été assassiné plus tard dans le style des gangs.[976]

Louis Wolfson était relativement subtil dans ses transactions financières et s'appuyait fortement sur de hauts fonctionnaires pour obtenir leur soutien. Avec l'aide du sénateur (puis représentant) ultralibéral Claude Pepper de Floride et de l'entrepreneur millionnaire Matt McCloskey, tous deux haut placés dans les conseils du parti démocrate, Wolfson a réalisé son premier coup d'éclat en achetant un chantier naval américain, qui avait coûté 19 262 725 dollars aux contribuables, pour seulement 1 926 500 dollars.[977] Comme Wolfson, Leopold Silberstein est allé en prison pour avoir violé les règles de la Securities and Exchange Commission. Même l'aide de l'ancien secrétaire à l'intérieur Oscar Chapman n'a pu le sauver.[978]

D'autres trafiquants juifs notoires étaient : David Graiver, qui a volé 40 millions de dollars à l'American Bank & Trust Co, le principal banquier

---

[973] *Time*, 4 juin 1965, p. 20.

[974] *New York Times*, 24 avril 1964, p. 1, et 28 avril 1967, p. 1. Gilbert est revenu plus tard et s'est rendu. Bien que Benjamin Javits, le frère du sénateur new-yorkais Jacob Javits, le représente, Gilbert est envoyé en prison. La mère fortunée de Gilbert a alors versé une importante somme d'argent à Nathan Voloshen, collaborateur du président de la Chambre des représentants John McCormack, pour faire sortir son fils de prison.

[975] Lors de son procès, Schwebel était représenté par l'ancien juge fédéral Simon Rifkind, qui a expliqué que l'accusé était un philanthrope chaleureux et un leader religieux et communautaire, ajoutant que lui et sa femme avaient récemment subi des crises cardiaques. Schwebel a été condamné à une amende de 15 000 dollars et à un an et un jour de prison. La peine a été suspendue par la suite. *New York Times*, 7 juin 1964, p. 60 et 26 août 1964, p. 24.

[976] *Time*, 6 mai 1946, p. 84, et 7 février 1955, p. 16-17.

[977] Leslie Gould, *Les manipulateurs*, David McKay, New York, 1966, pp. 5-6.

[978] Benjamin Javits était également l'avocat de Silberstein. Ibid, p. 53.

des terroristes marxistes argentins ; Robert Vesco, l'héritier de l'empire financier en ruine de Bernard Cornfeld, a réussi à voler 224 millions de dollars à quatre fonds communs de placement ; Michele Sindona, un Sicilien, qui a précipité la faillite de la Franklin National Bank, le plus grand krach bancaire de l'histoire américaine, en détournant 45 millions de dollars de ses actifs ; le rabbin Bernard Bergman, qui a escroqué 1,2 million de dollars à Medicare, ce qui lui a valu une peine de prison de quatre mois ; Eli Black, président de l'Institut de la santé publique et de la sécurité sociale, qui a été condamné à une peine de prison de quatre mois.2 millions de dollars, ce qui lui a valu une peine de quatre mois de prison ; Eli Black, président de United Brands, qui a sauté de son bureau du quarante-quatrième étage après avoir été impliqué dans un scandale de corruption d'un million de dollars ;[979] Stanley Goldblum, d'Equity Funding, a supervisé la falsification de polices d'assurance d'une valeur de 200 millions de dollars.[980]

Enfin, il y a les deux plus grands péculateurs de tous : Ivan Boesky et Michael Milken. Tous deux ont purgé 22 mois de prison. Tous deux ont tellement volé dans leurs opérations boursières malhonnêtes qu'ils ont pu payer des amendes de plusieurs centaines de millions de dollars tout en conservant des centaines de millions dans le cas de Milken et des dizaines de millions dans le cas de Boesky pour assurer leurs vieux jours. Après sa sortie de prison, Milken, connu comme le roi des obligations de pacotille, a fait ce qu'il faut bien appeler un voyage triomphal en Israël.

Roy Cohn, avocat radié du barreau, est mort du sida en 1986 après avoir passé une grande partie de sa vie au tribunal à se défendre contre une série apparemment sans fin d'accusations allant de la conspiration et de la fraude postale à la corruption, l'extorsion et le chantage.[981] Si l'avocat juif Abe Fortas symbolise la corruption de la coalition libérale-minoritaire, l'avocat juif Cohn, ancien collaborateur de feu le sénateur Joseph McCarthy, est le symbole de la dessiccation spirituelle du soi-disant conservatisme américain. En 1964, après avoir été acquitté dans un procès, Cohn a reçu les félicitations du cardinal Spellman, du sénateur Dirksen et du sénateur Eastland.[982] Parmi les autres amis de Roy Cohn figuraient le sénateur Edward Long du

---

[979] Pour Graiver, qui est peut-être mort dans un accident d'avion au Mexique alors qu'il fuyait la police new-yorkaise, voir *New York Times*, 28 novembre 1972, p. 1 ; pour Vesco, voir *Wall St. Journal*, 13 avril 1978, p. 13 ; pour Sindona, voir *Village Voice*, 21 janvier 1980, p. 27 ; pour Bergman, voir le rapport UPI, 18 juin 1971 ; pour Black, voir *New York Times*, 4 février 1975, p. 1.

[980] *Miami Herald*, 22 avril 1973, p. 7— E.

[981] *New York Times*, 14 décembre 1969, p. 74.

[982] *Life*, 5 septembre 1969, p. 28.

Missouri, dont la relation avec Hoffa a été mentionnée précédemment, et William F. Buckley, Jr.[983]

Les liens les plus étroits de Cohn étaient avec Lewis Rosenstiel, le fondateur multimillionnaire de Schenley Industries, et Louis Nichols, ancien assistant du directeur du FBI. Ces deux hommes étaient extrêmement proches du chef du FBI, J. Edgar Hoover. Rosenstiel était le plus grand contributeur de la Fondation J. Edgar Hoover, et sa propre fondation a contribué à subventionner deux livres sur le FBI, dont l'un a été écrit par Hoover.[984] Cohn est également connu pour ses relations amicales avec le député Emanuel Celler, président de la commission judiciaire de la Chambre des représentants, le député Cornelius Gallagher, ouvertement accusé d'être étroitement lié à la Cosa Nostra, et Edwin Weisl, conseiller financier du président Johnson et son ambassadeur personnel auprès du parti démocrate new-yorkais.[985] C'est sur le yacht de Cohn que l'ex-patron de Tamany et extorqueur condamné Carmine DeSapio et d'autres gros bonnets du parti démocrate ont choisi une liste de juges pour les élections de 1969 à New York.

Un mois avant la course à la présidence de 1968, Cohn a remis trois chèques d'un montant total de 9 000 dollars à des candidats républicains. En retour, il aurait reçu l'assurance que le président de la Securities and Exchange Commission, Manuel Cohen, et le procureur fédéral du district sud de New York, Robert Morgenthau, ses "persécuteurs" présumés, seraient démis de leurs fonctions en cas de victoire de Nixon. Après l'élection, Cohen a été remplacé sur-le-champ et Morgenthau a été licencié quelques mois plus tard.[986] L'implication de l'administration Nixon avec une personne comme Cohn n'était pas un incident isolé. Plus tard, Walter Annenberg, l'éditeur de

---

[983] Cohn s'est arrangé pour qu'une banque de Chicago, dans laquelle il avait des intérêts, accorde au sénateur Long un prêt non garanti de 100 000 dollars. Cohn a également obtenu un prêt de 60 000 dollars pour Buckley, qui l'a utilisé pour acheter un sloop de 60 pieds. *Life*, 5 septembre 1969, pp. 28-29.

[984] Ibid, pp. 29-30.

[985] Ibid, pp. 28-29. Weisl était également directeur de Cenco Instruments Corp. contrôlée par Alfred E. Strelsin, l'un des sionistes les plus riches et les plus dévoués du pays. Cenco a été exclue de la Bourse de New York pour fraude à l'inventaire en 1975.

[986] Ibid. p. 26. Les trois chèques de Cohn sont restés sans provision pendant un certain temps avant d'être finalement couverts. Une fois, il a émis des chèques d'une valeur de 50 000 dollars sur un compte inexistant. Ibid, p. 30.

Philadelphie inculpé pour fraude fiscale, fut nommé ambassadeur en Grande-Bretagne.[987]

La criminalité a pénétré si profondément dans l'industrie du divertissement, dominée par les minorités, qu'elle est devenue une jungle de la pègre. Les gangsters contrôlent les juke-boxes, possèdent de nombreuses boîtes de nuit du pays et investissent de grosses sommes d'argent dans les productions de Broadway. En raison de l'emprise des gangsters sur les jeux d'argent, pratiquement tous les grands noms du monde du spectacle ont, à un moment ou à un autre, reçu de l'argent de la mafia pour se produire dans les casinos de Las Vegas et d'ailleurs. Plusieurs personnalités du monde du spectacle et de la télévision ont leur propre casier judiciaire. Le regretté Jack Benny, l'un des humoristes les mieux payés du pays, a été condamné pour contrebande de diamants, mais cela n'a jamais semblé nuire à sa cote d'écoute.[988] David Begelman, ancien président de Columbia Pictures, bien qu'il ait avoué en 1977 avoir falsifié les noms de grandes stars hollywoodiennes pour des chèques à cinq chiffres, n'a jamais passé un jour en prison. Deux ans plus tard, il a été nommé à la tête de la MGM avec un salaire de 500 000 dollars par an, plus les frais. Winston Burdett, un journaliste de télévision au franc-parler, était un espion de l'Armée rouge en Finlande lorsque la Russie tentait d'envahir ce petit pays au cours de l'hiver 1939-1940. Après que Burdett eut tout avoué à une commission du Congrès, son employeur, le Columbia Broadcasting System, l'a maintenu dans ses effectifs comme si rien ne s'était passé.[989]

Dans le monde de l'imprimé, l'obscénité est aujourd'hui tellement répandue que lorsque des éditeurs de magazines ont été arrêtés pour pornographie, comme Hugh Hefner de *Playboy* et Ralph Ginzburg d'*Eros*, leur réputation s'en est trouvée rehaussée. Après avoir été condamné à cinq ans de prison, Ginzburg a réussi à solliciter des contributions pour un nouveau magazine, *Fact*, auprès de personnalités telles que Bertrand Russell, Mary McCarthy, Linus Pauling et Robert Hutchins.[990]

---

[987] Le père d'Annenberg, Moses, a été emprisonné pendant deux ans pour avoir fraudé le fisc pour un montant de 1,2 million de dollars. Bien qu'inculpé, Walter n'a jamais été jugé. *Washington Star*, 7 janvier 1969, p. 1. Dans le somptueux complexe Annenberg à Palm Springs, en Californie, qui dispose d'un terrain de golf privé de 18 trous, le président Reagan, l'ex-président Nixon et une foule d'autres personnalités se réunissent tous les 31 décembre pour saluer la nouvelle année.

[988] *New York Times*, 12 octobre 1940, p. 19.

[989] Ibid, 30 juin 1955, p. 1.

[990] *Time*, 3 avril 1964, p. 59, et *New York Times*, 26 juin 1963, p. 26.

D'autres écrivains, appartenant presque tous à des minorités, n'étaient pas nécessairement liés à des criminels, mais étaient eux-mêmes des contrevenants à la loi. Le doyen de cette race est Harry Golden qui, avant de devenir l'auteur à succès d'homélies anti-sudistes et le propriétaire-éditeur du *Carolina Israelite, a passé* près de cinq ans à Sing Sing sous son vrai nom, Herschel Goldhurst.[991] Norman Mailer, qui a reçu 400 000 dollars pour sa série d'essais dénigrants sur l'alunissage, a été arrêté à New York en 1961 et accusé d'avoir poignardé sa femme.[992] Un écrivain moins scatologique, le critique littéraire Leslie Fiedler, a été arrêté par la police avec Mme Fiedler, son fils et deux adolescents en 1967 pour avoir entretenu des locaux où des stupéfiants étaient consommés.[993] Timothy Leary, ancien professeur, écrivain et gourou de Harvard, a été reconnu coupable et condamné à une peine de trente ans de prison (peine annulée par la suite) pour avoir introduit clandestinement de la drogue dans le pays depuis le Mexique.[994] Pearl Buck, le camionneur de la majorité et sinophile qui a reçu le prix Nobel de littérature, s'est vu interdire par l'État de Pennsylvanie de solliciter davantage d'argent pour sa fondation en raison de sa négligence dans la gestion des fonds de bienfaisance.[995] En tête de liste, on trouve le faussaire en uranium Clifford Irving.

Les dossiers de police des principaux écrivains militants noirs ont déjà été mentionnés, mais il convient de mentionner que LeRoi Jones, le dramaturge noir, a été arrêté à New York en 1966 pour agression et vol.[996] Arthur Miller, le dramaturge juif contemporain le plus honoré, a été cité pour outrage au

---

[991] Nixon a rétabli les droits civils de Golden en 1973.

[992] *New York Times*, 13 janvier 1961, p. 58 ; 31 janvier 1961, p. 13 ; 14 novembre 1961, p. 45.

[993] *New York Times*, 30 avril 1967, p. 78.

[994] *New York Times*, 12 mars 1966, p. 1, et 21 octobre 1966, p. 1. Leary, qui a été emprisonné plus tard pour une autre affaire de drogue et qui s'est ensuite évadé de prison, est probablement le principal responsable de l'influence exercée sur une grande partie de toute une génération d'Américains pour qu'ils fassent l'expérience de la drogue. La dernière fois que la toxicomanie a atteint des proportions similaires, c'était dans la Chine d'avant la Seconde Guerre mondiale. Aux États-Unis, la gauche radicale est soit favorable aux drogues, soit tolérante à leur égard. Pourtant, Mao Tsé-toung, feu le dirigeant communiste chinois et héros de la gauche radicale, a fait du trafic de drogue, mais aussi de la moindre consommation de drogue, un crime passible de la peine de mort.

[995] *Time*, 25 juillet 1969, p. 60. En 1965, le conseil d'administration de la fondation comprenait Art Buchwald et Sargent Shriver.

[996] Le poète Allen Ginsberg a payé la caution de 500 dollars.

Congrès en 1956.[997] Dix grands scénaristes d'Hollywood, membres de minorités à une ou deux exceptions près, avaient déjà été emprisonnés pour le même délit.[998]

L'accent mis sur les criminels issus de minorités dans ce chapitre ne signifie pas qu'il n'y a pas de criminalité là où il n'y a pas de minorités. Il n'est guère utile de répéter que chaque race et chaque société a ses criminels. Mais les sociétés multiraciales ont généralement plus de criminalité par habitant, et la société multiraciale dans laquelle la lutte pour le pouvoir devient une lutte raciale flagrante a le taux de criminalité le plus élevé. En outre, certaines infractions ne peuvent être commises que dans des sociétés hétérogènes. En 1964, trente-huit habitants d'une banlieue de New York ont assisté pendant une heure et demie, depuis les fenêtres de leur appartement, à l'assassinat lent d'une jeune femme blanche, Kitty Genovese, qui appelait à l'aide à plusieurs reprises, dans la cour située au-dessous d'eux. Le meurtrier, un Nègre nécrophile, a couronné cette macabre exhibition en la violant après qu'elle eut expiré. Pourtant, personne n'a levé le petit doigt pour l'arrêter, ni élevé la voix, ni pris le téléphone pour appeler la police.[999]

Un tel événement n'aurait pas pu se produire dans une société homogène. Un sens aigu de la communauté et de la parenté, sans parler des commandements moraux d'une religion commune, aurait forcé les spectateurs à intervenir. En outre, dans une société homogène, les chances qu'un criminel issu d'une minorité soit en liberté auraient été bien moindres. Même s'il avait envisagé un tel acte, le tueur aurait été conscient de la réaction féroce de la communauté qu'il aurait suscitée — une prise de conscience qui, à elle seule, aurait pu s'avérer un moyen de dissuasion

---

[997] Miller a probablement échappé à la prison parce qu'il était marié à l'époque à Marilyn Monroe, dont la surexploitation par les magnats du cinéma a conduit à son pathétique suicide.

[998] Les délits les plus graves commis par ces truqueurs de films étaient les scénarios de pot-boilers débiles et stupides qu'ils produisaient pour des salaires allant jusqu'à 1 000 dollars par semaine. Aujourd'hui, les valets qui leur ont succédé gagnent jusqu'à 250 000 dollars par film.

[999] *Time*, 26 juin 1964, pp. 21-22. Un événement similaire s'est produit à Rochester, dans l'État de New York. Des centaines de voitures sont passées devant une fillette de dix ans en train de se faire agresser le long d'une autoroute. Aucune voiture ne s'est arrêtée, même lorsque la fillette a momentanément échappé à son agresseur et a fait des signes frénétiques pour demander de l'aide. Son corps a été retrouvé deux jours plus tard dans un fossé. Rapport de l'Associated Press, 28 novembre 1971. Winston Mosely, le meurtrier de Kitty Genovese, s'est échappé d'un hôpital pénitentiaire de Buffalo où il était soigné pour une blessure qu'il s'était infligée. Il a violé une femme au foyer et terrorisé tout un quartier jusqu'à ce qu'il soit persuadé de se rendre aux agents du FBI. *Time*, 29 mars 1968, p. 41.

décisif. Il est douteux que l'étrangleur de Boston, Albert DeSalvo, aurait pu assassiner onze femmes dans la société très unie du sud de l'Italie, d'où sa famille est originaire. D'une part, il n'aurait pas été tenté par la présence de femmes d'autres races. Comme on pouvait s'y attendre, il n'y a pas un seul nom italien dans la liste des victimes massacrées.[1000] Il n'y a pas non plus de nom mexicain parmi les vingt-cinq personnes tuées par Juan Corona lors de ses séries de meurtres en Californie. Tous étaient des Américains d'origine anglo-saxonne, à l'exception d'un Noir, enterré dans une tombe séparée.[1001] Il y avait même des connotations raciales dans l'incroyable suicide collectif de Noirs en Guyane ordonné par le révérend Jim Jones, qui était probablement en partie indien, et dans les meurtres collectifs à Los Angeles ordonnés par Charles Manson, dont le père était probablement un mulâtre.[1002] Des mini-massacres à motivation homosexuelle au Texas, à Chicago et à Atlanta ont été commis respectivement par un membre de la majorité, un ethnique et un noir. Il va sans dire que tous ces meurtres odieux n'ont pas été découragés par la permissivité encouragée par les tribunaux, les médias et les chercheurs en sciences sociales issus des minorités, qui ont créé une atmosphère dans laquelle les pervers peuvent traquer leurs proies avec une crainte minimale de la loi ou de la condamnation sociale. Il convient de noter que la première dame Rosalynn Carter a posé pour des photos avec le révérend Jim Jones et John Gacy, l'éreinteur du parti démocrate qui a tué plus de trente jeunes hommes blancs dans la région de Chicago.

Alors que le crime racial devient l'une des formes de criminalité les plus courantes, le droit américain commence à peine à le distinguer des autres infractions pénales.[1003] Là où tout le monde est encore égal devant la loi et a droit aux mêmes garanties juridiques, le criminel minoritaire prospère, bien qu'il ne mérite pas plus la protection et les avantages d'une procédure régulière qu'un soldat ennemi capturé au combat. Le soldat ennemi et, de plus en plus, les minorités qui enfreignent la loi ont le sentiment que leurs crimes ne sont pas des crimes au sens propre du terme, mais simplement des actes de violence justifiés contre un oppresseur. C'est pourquoi les chances de réinsertion du criminel racial sont si élevées. Pour la plupart des détenus

---

[1000] Gerold Frank, *The Boston Strangler*, New American Library, New York, 1966, pp. 157-58.

[1001] *Miami Herald*, 12 octobre 1973.

[1002] Vincent Bugliosi, *Helter Skelter*, W. W. Norton, N.Y., 1974, pp. 410-11.

[1003] Un nouveau crime, la violation des droits civils d'un citoyen, favorise les minorités inassimilables dans leur guerre politique contre la majorité. Les violations des droits civils permettent aux forces de l'ordre fédérales de s'immiscer dans les poursuites engagées par l'État contre les "racistes" de la majorité, allant même jusqu'à leur faire subir une double peine.

issus de minorités, la prison américaine moderne est un camp de prisonniers de guerre, d'où les prisonniers sont libérés alors que la guerre est toujours en cours, où les troupes des deux camps sont incarcérées ensemble, alors qu'elles poursuivent de près le conflit racial qui se déroule à l'extérieur.[1004]

L'humanitarisme, qui est l'extension de l'amour familial à toute l'humanité,[1005] a été le principal architecte du système carcéral actuel. Il n'y a pas si longtemps, la plupart des pays civilisés condamnaient leurs criminels à des amendes, les marquaient au fer rouge, les mutilaient, les réduisaient en esclavage ou les tuaient, quand ils ne les exilaient pas ou ne les assignaient pas à des gangs de travail. L'entassement d'un grand nombre d'hommes dans de vastes complexes pénitentiaires est une évolution relativement récente de la criminologie. Les longues peines d'emprisonnement causent des dommages psychologiques incommensurables aux détenus qui gaspillent leur vie dans des activités inutiles et sans profit, tandis que les coûts croissants de l'entretien des prisons font peser une lourde charge financière sur ceux qui respectent la loi. Et plus les prisons sont surpeuplées, plus elles sont insupportables. Dans de nombreuses prisons, les détenus blancs sont désormais presque entièrement à la merci des criminels noirs endurcis, puisque ces derniers représentent environ la moitié de la population carcérale. Les actes homosexuels auxquels les jeunes détenus de la majorité sont contraints de se soumettre représentent l'une des épreuves les plus cruelles et les plus hideuses de l'histoire de la punition.[1006]

Il est évident que la réponse à cette dérive barbare n'est pas la permissivité juridique qui a encombré les tribunaux à un point tel que de nombreux criminels commettent deux ou trois délits supplémentaires alors qu'ils sont en liberté sous caution dans l'attente de leur procès pour des délits antérieurs. Cette permissivité favorise la criminalité plutôt qu'elle ne la diminue,

---

[1004] Les États-Unis ont une proportion plus élevée de leur population en prison que tout autre pays : 426/100 000, contre 333/100 000 en Afrique du Sud, 97/100 000 en Grande-Bretagne, 96/100 000 en Turquie et 81/100 000 en France. *Wall Street Journal*, 7 janvier 1991.

[1005] Arnold Gehlen, *Moral und Hypermoral*, Athenäum Verlag, Frankfurt am Main/Bonn, 1970, pp. 79, 123, 142.

[1006] Dans trois prisons de Pennsylvanie, où les Noirs représentaient 80 % des détenus, 2 000 agressions sexuelles ont été commises sur une période de deux ans. La moitié de ces agressions étaient dirigées contre des Blancs. *Time*, 20 septembre 1968, p. 48. Souvent, le seul moyen pour un jeune membre de la majorité de s'en sortir en prison est de se rabaisser en devenant le "punk" d'un criminel minoritaire endurci, qui le protège alors contre les agressions des gangs. Malgré cette situation épouvantable, la Cour suprême a confirmé la décision d'un tribunal de première instance interdisant la ségrégation des prisonniers par race pour éviter la violence. *Almanach mondial 1969*, p. 49.

comme l'a fait remarquer Vilfredo Pareto, le sociologue italien, au début de ce siècle :

> L'effet de la loi de probation s'étend au-delà du criminel qu'elle protège. La population dans son ensemble s'habitue à penser qu'un premier crime peut être commis en toute impunité ; et si cette façon de penser s'enracine dans les sentiments, diminuant l'aversion pour le crime que l'être humain civilisé ressent instinctivement, la criminalité peut s'accroître en général... La répression sans réserve des crimes commis pendant de longues périodes au cours des siècles passés a contribué à maintenir certains sentiments d'aversion pour le crime... Les nations qui se livrent aujourd'hui à une orgie d'humanitarisme agissent comme l'enfant prodigue qui gaspille la fortune qu'il a héritée de son père.
>
> La douceur des lois en général... l'extrême clémence des tribunaux et des jurys ; la patience bienveillante des magistrats qui permettent aux criminels de leur témoigner du mépris en audience publique, et parfois de proférer des injures personnelles et de tourner en ridicule les peines dont ils sont menacés... l'atténuation des peines déjà légères ; la fréquence des commutations et des grâces — toutes ces choses permettent à un grand nombre d'individus de penser légèrement au crime et à la punition du crime.[1007]

Il est tout aussi évident que la criminalité en Amérique continuera presque certainement à augmenter tant que les criminologues et les spécialistes des sciences sociales ne seront pas disposés à prendre en considération les ramifications génétiques du problème. Jusqu'à présent, seuls quelques éminents anthropologues américains et canadiens, Arthur Jensen et J. Philippe Rushton pour n'en citer que deux, ont eu le courage d'affirmer que la criminalité a une composante raciale. Après avoir mené une étude anthropologique sur 13 873 prisonniers de sexe masculin dans dix États, feu Earnest Hooton a déclaré que le "stock de criminels" du pays devait être éliminé. Il a également observé que le moyen le plus efficace de lutter contre la criminalité était d'élever le niveau de l'homme. [1008]

Il n'est pas surprenant que les préjugés égalitaires de Franz Boas et d'Ashley Montagu aient fourni la plupart des lignes directrices anthropologiques de la criminologie contemporaine. Montagu lui-même a déclaré : "Il n'y a pas la moindre preuve que quelqu'un ait jamais hérité d'une tendance à commettre

---

[1007] Vilfredo Pareto, *L'esprit et la société,* trad. Andrew Bongiorno et Arthur Livingston, Harcourt Brace, New York, 1935, Vol. 3, pp. 1284-85.

[1008] Harry Elmer Barnes et Negley K. Teeters, *New Horizons in Criminology*, Prentice-Hall, Englewood Cliffs, New Jersey, 1959, pp. 131-32.

des actes criminels".[1009] Outre les travaux de Hooton, il existe bien entendu une multitude de preuves de ce type. Les études sur les troubles glandulaires, les défauts chromosomiques et la corrélation entre les types de corps et la délinquance indiquent toutes l'origine biologique indiscutable de diverses tendances criminelles.[1010]

En raison de la composante génétique du crime, la prévention du crime devrait commencer à la maison ou, plus exactement, dans la chambre à coucher, comme l'indique le fait qu'il y a déjà beaucoup trop d'Américains criminels. Pour les éléments criminels qui insistent pour se reproduire — et se reproduire plus rapidement que les éléments non criminels — la réponse est la stérilisation. De l'avis du professeur H. S. Jennings, psychologue de haut niveau, le fait de refuser le droit de reproduction aux délinquants habituels permettrait d'éliminer quelque 11 % des déficients mentaux (y compris les fous criminels) à chaque génération successive.[1011] Le professeur Samuel J. Holmes, éminent biologiste, a déclaré que la stérilisation de 10 % de la population permettrait de se débarrasser de la plupart des déficients héréditaires de l'Amérique.[1012]

L'impact émotionnel de la criminalité et ses effets cyniques et dissuasifs sur la réciprocité, l'abnégation et d'autres conditions morales de l'homme civilisé dépassent le cadre de la présente étude. Il suffit de dire qu'une population qui doit consacrer une part toujours plus importante de son temps et de ses ressources à sa sécurité personnelle n'est ni d'humeur ni en mesure de se préoccuper de la sécurité nationale. En d'autres termes, la criminalité a une incidence directe sur la capacité de défense de l'Amérique.

[1009] Ashley Montagu, "The Biologist Looks at Crime", *The Annals of the American Academy of Political and Social Sciences*, Vol. 217, p. 55.

[1010] L'histoire de la famille Jukes, qui a produit des centaines de criminels en six générations, est une preuve supplémentaire de la base génétique d'une grande partie de la criminalité. Lothrop Stoddard, *Révolte contre la civilisation*, pp. 95-96. Plus récemment, l'anomalie chromosomique XYY a été provisoirement associée à un comportement criminel et antisocial. Voir également William H. Sheldon, *Varieties of Delinquent Youth*, Harper & Row, New York, 1949.

[1011] Barnes et Teeters, op. cit. p. 137. On estime à 70 000 le nombre de stérilisations involontaires de malades mentaux dans trente États depuis 1900. Pour autant que l'on puisse en juger, cette forme d'eugénisme négatif a été abandonnée pour plusieurs raisons, l'une d'entre elles étant la menace de poursuites judiciaires par des organisations telles que l'American Civil Liberties Union (Union américaine pour les libertés civiles). Rapport de l'UPI, 24 mars 1980. De nombreuses stérilisations volontaires, sinon la plupart, sont dysgéniques en ce sens qu'elles sont pratiquées sur des personnes saines et intelligentes qui ne souhaitent pas avoir d'enfants ou plus d'enfants.

[1012] Ibid, p. 137.

Le compte rendu quotidien, brutal et humiliant, de l'orgie permanente de la criminalité américaine est la preuve éclatante de la division et de la désunion nationales. En tant que tel, il stimule les propensions neutralistes des alliés, tout en encourageant l'instinct agressif des ennemis.

De manière trop subtile pour que la plupart des historiens ou des analystes politiques puissent la saisir, l'un des principaux produits de la clandestinité des minorités a été l'étiolement de la politique étrangère américaine.

PARTIE IX

Le choc de la politique étrangère

CHAPITRE 31

La dénationalisation de la politique étrangère

L A POLITIQUE ÉTRANGÈRE des États-Unis ou de toute autre nation est l'addition vectorielle des forces internes qui façonnent sa politique intérieure et des forces externes exercées par les politiques étrangères des autres nations. Étant donné que la politique intérieure américaine a reflété un parti pris libéral-minoritaire constant pendant la majeure partie de ce siècle, la politique étrangère américaine, qui diffère infiniment selon que les présidents démocrates et républicains se succèdent au pouvoir, a été coulée dans le même moule idéologique. Par conséquent, elle tend à favoriser les États et les gouvernements qui plaisent au libéralisme moderne et aux émotions des minorités les plus puissantes de l'Amérique. Par conséquent, la politique étrangère américaine contemporaine ne sert pas les intérêts de la nation dans son ensemble, mais ceux de certains segments de la nation.

La théorie démocratique suppose que la politique étrangère d'une démocratie est une image plus vraie et plus fidèle des attitudes, des besoins et des désirs du peuple que celle d'une monarchie, d'une aristocratie ou d'une dictature. Cela peut être vrai pour un pays démocratique dont la base démographique est relativement homogène. Mais la théorie ne s'applique guère aux grands États multiraciaux où il n'y a pas de "peuple", mais seulement des conglomérats de peuples distincts, chacun ayant ses propres exigences en matière de politique étrangère, qui sont divergentes et souvent source de division.[1013]

La politique étrangère américaine est née et s'est nourrie de l'isolationnisme si inéluctablement adapté à l'éloignement et aux ressources limitées de la nouvelle nation, et si succinctement énoncé dans le discours d'adieu de

---

[1013] De Tocqueville, le grand analyste et ami de la démocratie américaine, a émis de sérieux doutes quant à la capacité des gouvernements démocratiques dans le domaine des affaires étrangères, estimant que les qualités qui distinguent les démocraties dans la conduite des affaires intérieures sont à l'opposé de celles qui sont nécessaires pour gérer correctement les relations extérieures. "La politique extérieure n'exige l'usage de presque aucune des qualités qui sont propres à la démocratie". Dans le paragraphe précédent, de Tocqueville écrivait : "c'est dans la direction des intérêts extérieurs de la société que les gouvernements démocratiques me paraissent décidément inférieurs aux autres". *De la démocratie en Amérique*, Tome I, p. 238.

Washington.[1014] Le jeune pays, bien que débordant d'une énergie qui, ailleurs, aurait été sublimée par un impérialisme débridé, a d'abord été contraint par les exigences de la géographie de tourner les instincts martiaux non réservés à la préservation de ses libertés vers des activités plus humbles de défrichage et de mise en valeur des terres.

Mais une fois la crise de l'indépendance surmontée et la guerre de 1812 terminée par un match nul, l'Amérique a laissé tomber son masque isolationniste et a embrassé l'ensemble de l'hémisphère occidental avec les déclarations enivrantes de la doctrine Monroe. Comme la plupart des Européens et des Latino-Américains l'ont correctement diagnostiqué, la doctrine Monroe n'était qu'un terme diplomatique poli pour désigner l'expansionnisme infectieux des États-Unis. On pourrait également parler de Destinée Manifeste qui, bien qu'elle ne soit devenue un article de foi qu'un peu plus tard, était dans le vent depuis l'époque des premières colonies le long de la côte orientale.

Il est difficile d'estimer quand et où l'expansion territoriale se serait arrêtée si les énergies américaines n'avaient pas été dissipées par la guerre de Sécession. S'il n'y avait pas eu de problème d'esclavage, il est tout à fait possible que le Canada, le Mexique, l'Amérique centrale et les îles des Caraïbes soient aujourd'hui des étoiles supplémentaires dans la bannière étoilée. Après Appomattox, une fois les blessures pansées (mais bien avant qu'elles ne soient cicatrisées), le *Drang* impérialiste a repris. En 1898-99, Cuba a été "libérée" de l'Espagne et l'Amérique s'est emparée des Philippines. Puis vint Theodore Roosevelt, le dernier d'une race, le dernier des grands nationalistes américains, avec son gros bâton, sa flotte qui faisait le tour du monde, sa campagne éclair au Panama et son arbitrage agressif de la guerre russo-japonaise.

Les forces jumelles du libéralisme et du racisme des minorités n'ont pas réussi à s'imposer dans la formulation de la politique étrangère américaine avant l'administration Wilson. Thomas Jefferson, le libéral classique paradigmatique des États-Unis, avait été aussi isolationniste que Washington et, contre sa volonté, aussi expansionniste que Théodore Roosevelt.[1015] Ce

---

[1014] Il convient de souligner que Washington n'était pas opposé à l'expansion et à l'empire. Il était simplement opposé à l'ingérence dans la politique européenne et à la prise de parti dans les guerres européennes.

[1015] Dans son premier discours inaugural, Thomas Jefferson, bien qu'il ait toujours nourri une très grande affection pour la France, appelait à "ne contracter d'alliance avec aucun pays... à acquiescer absolument à la décision de la majorité". Ce sont les fermiers du sud et de la région transappalachienne, les yeomen chers à Jefferson, qui ont apporté la plus grande partie du soutien à l'expansion américaine. À la grande consternation de Jefferson,

sont les extrémistes parmi les disciples de Jefferson qui ont tenté d'entraîner les États-Unis dans une guerre européenne aux côtés de la France révolutionnaire. Plus tard, les abolitionnistes, une autre faction qui plaçait l'idéologie au-dessus de la patrie, ont saboté l'intérêt national chaque fois que cela signifiait un accroissement du territoire esclavagiste.[1016] Mais dans l'ensemble, jusqu'à l'entrée en fonction de Woodrow Wilson, la politique étrangère des États-Unis est restée largement insensible aux pressions exercées par les minorités libérales. Les conseils de Washington, du moins en ce qui concerne l'Ancien Monde, n'avaient jamais été répudiés.

Le grand tournant de la politique étrangère a été signalé par l'entrée de l'Amérique dans la Première Guerre mondiale. Au début du conflit, la majorité était neutre ou légèrement favorable à la Grande-Bretagne. Les Allemands les moins assimilés et la plupart des Juifs allemands sont légèrement pro-allemands ; les Juifs d'Europe de l'Est sont fortement anti-russes (en raison de l'antisémitisme tsariste) ; les Irlandais les moins assimilés sont farouchement anti-britanniques. Les autres minorités blanches, bien que certaines de leurs patries soient directement impliquées, ne se sentent pas concernées ou sont impuissantes. Les minorités non blanches sont généralement muettes.

Les pressions des minorités s'étant plus ou moins annulées au cours des premières phases de la Première Guerre mondiale, les forces d'intervention provenaient de trois secteurs : (1) ceux qui étaient encore conscients de leur ascendance anglo-saxonne ou qui étaient incités à en prendre conscience par des journaux pro-britanniques ; (2) ceux qui croyaient en la supériorité des institutions politiques anglo-américaines et qui se sentaient menacés par des militaristes allemands au pas de l'oie ; (3) ceux qui avaient un intérêt économique direct dans une victoire britannique, en raison de l'alliance financière étroite qui s'était formée entre Wall et Threadneedle Streets après le blocus de l'Allemagne par les Britanniques.

Pour défendre leur cause, les interventionnistes ont enjolivé la cause franco-britannique et russe avec les schibboleths libéraux habituels — démocratie, droits de l'homme, autodétermination — et ont noirci la cause allemande avec les péjorations libérales habituelles — tyrannie, militarisme, suprématie teutonne. Mais malgré la fureur nationale suscitée par le naufrage du Lusitania en 1915, la propagande n'a guère progressé. L'allégorie de la

---

sa négociation de l'achat de la Louisiane l'a transformé, bon gré mal gré, en premier impérialiste de l'Amérique. Beard, *The Rise of American Civilization*, Vol. 1, Chapitre IX.

[1016] Les abolitionnistes étaient favorables à la sécession de l'Union s'il n'y avait pas d'autre moyen de mettre fin à l'esclavage. L'annexion du Texas a été leur défaite politique la plus décisive.

guerre comme une bataille entre le Bien et le Mal, la démocratie et l'absolutisme, n'avait guère de fondement, à moins que le tsar Nicolas II de l'Empire russe ne soit considéré comme un bon démocrate. Les liens génétiques, culturels et financiers des Anglo-Saxons, bien que solides, ne sont pas considérés comme valant la peine de mourir. La Grande-Bretagne, au bord de la défaite en 1916, a dû chercher une pierre d'achoppement plus puissante pour entraîner les États-Unis dans la guerre.

L'un de ces aimants avait pris forme en Amérique depuis le début de la nouvelle immigration. L'ambassadeur de Grande-Bretagne à Washington, Cecil Spring-Rice, l'avait involontairement découvert lorsqu'il avait rendu compte à son gouvernement de l'influence croissante des Juifs américains. Il écrit dans une dépêche : "une délégation juive est venue de New York et, en deux jours, a "fixé" les deux chambres de telle sorte que le président a dû renoncer à l'idée de conclure un nouveau traité avec la Russie".[1017] Presque au même moment, à Londres, Chaïm Weizmann, le chef du mouvement sioniste mondial, avait exposé la force du judaïsme mondial et promis son soutien total à la Grande-Bretagne en échange de l'approbation par cette dernière d'un foyer juif en Palestine.[1018] Le gouvernement britannique a prêté une attention particulière à la proposition de Weizmann car, en tant que chimiste éminent, il avait grandement contribué à l'effort de guerre britannique en développant un processus de synthèse de l'acétone, un ingrédient essentiel dans la production d'explosifs.[1019]

Les Britanniques et les Français ont apparemment décidé de donner suite à l'idée de patrie de Weizmann en 1916. Samuel Landman, un sioniste britannique influent qui avait été transféré au ministère britannique de la propagande conformément aux souhaits de Weizmann, a écrit que Mark Sykes, sous-secrétaire du cabinet de guerre britannique, ainsi que Georges Picot et Jean Gout, du ministère français des Affaires étrangères, étaient convaincus en 1916

> que le meilleur et peut-être le seul moyen (qui s'est avéré tel) d'inciter le président américain à entrer en guerre était de s'assurer la coopération des Juifs sionistes en leur promettant la Palestine, et ainsi d'enrôler et de mobiliser les forces jusqu'alors insoupçonnées et puissantes des Juifs

---

[1017] William Yale, *The Near East*, University of Michigan Press, Ann Arbor, 1958, p. 267. Yale, professeur d'université américain, a passé plusieurs années au Proche-Orient dans le cadre de missions du département d'État.

[1018] Ibid. Voir également Sachar, *The Course of Modern Jewish History*, pp. 372-73.

[1019] Sachar, op. cit., p. 372. Les travaux juifs sur les explosifs et les récompenses tangibles qui en découlent pour les causes juives sont un thème récurrent de l'histoire juive moderne. Voir le chapitre 38 de la présente étude pour le rôle des Juifs dans le développement des bombes à fission et à fusion.

sionistes en Amérique et ailleurs en faveur des Alliés sur la base d'un contrat "quid pro quo". Ainsi, comme on le verra, [pour] les sionistes, qui avaient rempli leur rôle et grandement contribué à rallier l'Amérique, la déclaration Balfour de 1917 n'était que la confirmation publique de l'accord nécessairement secret de 1916 entre "gentlemen"...[1020]

En mars 1917, le dernier obstacle de taille à l'obtention du soutien des Juifs américains aux Alliés a été levé lorsqu'une révolution a renversé le tsar et porté au pouvoir un gouvernement provisoire en Russie. L'une des premières mesures prises par le nouveau régime a été d'assurer au monde que l'antisémitisme tsariste appartenait au passé et que les Juifs russes auraient désormais les mêmes droits que tous les autres Russes.[1021] Le 2 avril, Woodrow Wilson, qui avait été réélu président au mois de novembre précédent sur le slogan de campagne "Il nous a évité la guerre", a demandé au Congrès de déclarer la guerre à l'Allemagne.[1022] Quelques semaines plus tard, le ministre britannique des Affaires étrangères, Arthur Balfour, arrive aux États-Unis. Presque immédiatement après avoir vu Wilson, il eut une longue conférence avec le juge Louis Brandeis, le principal sioniste américain.

Quelques mois plus tard, Henry Morgenthau, père, et Felix Frankfurter, qui se situaient à peine en dessous de Brandeis dans la hiérarchie sioniste américaine, persuadèrent le département d'État de les envoyer en mission secrète en Europe pour tenter d'influencer la Turquie afin qu'elle abandonne la guerre et fasse une paix séparée. Chaïm Weizmann les conduit à Gibraltar, les convaincant qu'une fin rapide des hostilités avec la Turquie nuirait à la cause sioniste. La Palestine était alors une possession turque, et Weizmann leur assura qu'une défaite totale de la Turquie serait préjudiciable à la cause sioniste.

La Turquie ne serait pas en mesure d'opposer une grande résistance à la fondation d'un État sioniste. Morgenthau et Frankfurter acceptent et retournent aux États-Unis, leur mission inachevée.[1023]

On ne saura probablement jamais si le sionisme a été le coup de vent qui a fait basculer les États-Unis, déjà chancelants, sur la corde raide de la

---

[1020] Yale, op. cit. p. 267. La citation et la référence sont tirées du livre de Samuel Landman, *Great Britain, the Jews and Palestine*, New Zionist Press, Londres, 1936.

[1021] *New York Times*, 21 mars 1917, p. 1, et 3 avril 1917, p. 9.

[1022] Les sionistes américains organisèrent alors une convention et envoyèrent leurs félicitations officielles à Wilson. *New York Times*, 11 avril 1917, p. 8.

[1023] Yale, op. cit. p. 241, et Louis Gerson, *The Hyphenate in Recent American Politics and Diplomacy*, University of Kansas Press, Lawrence, Kansas, 1964, p. 91–92.

neutralité. Bien que les preuves soient sommaires et circonstancielles, elles ont un certain poids. En tout état de cause, la question mérite d'être étudiée plus avant et devrait être sauvée de la congélation historique dans laquelle des historiens trop prudents l'ont enfermée.[1024] L'attention diplomatique

---

[1024] Lloyd George a déclaré publiquement que la déclaration Balfour aurait une influence importante sur le judaïsme mondial en dehors de la Russie et servirait au mieux les intérêts des cercles financiers juifs. Leonard Stein, *The Balfour Declaration*, Simon and Schuster, New York, 1961, p. 575. En Amérique, comme l'a souligné Lloyd George, la déclaration aurait une valeur particulière lorsque les Alliés auraient épuisé leurs réserves d'or et leurs titres négociables. Ibid. p. 575. En 1915, une mission du gouvernement français s'est rendue auprès des Juifs américains ; en 1916, le ministère britannique des Affaires étrangères a exhorté les Juifs britanniques à intéresser les Juifs américains à la cause des Alliés. Ibid, pp. 218-19. Les sionistes français ont ouvertement admis avoir tenté d'influencer l'opinion publique en France, allant même jusqu'à utiliser les canaux d'information du gouvernement. Ibid, p. 375. Il est possible que Wilson ait assuré à d'éminents sionistes de New York ses véritables intentions en matière d'intervention en échange de son soutien lors de l'élection présidentielle de 1916. Ibid, p. 227. À l'époque, Brandeis recevait des communications sionistes par courrier diplomatique britannique. Ibid, p. 377. Un an plus tard, il reconnaît publiquement que les sionistes ont tout à gagner de la révolution russe. Ibid, p. 382. Après que Wilson eut approuvé la déclaration Balfour dans une lettre datée du 31 août 1918, Brandeis "déclara que l'opposition au sionisme pourrait désormais être considérée comme une déloyauté envers les États-Unis". Gerson, op. cit. p. 94. Presque au moment même où la révolution russe a commencé, les Rothschild, qui avaient refusé de prêter de l'argent au régime tsariste, ont télégraphié un million de roubles au nouveau gouvernement. Frederic Morton, *The Rothschilds*, Atheneum, New York, 1962, p. 175. La révolution turque (1908-9), qui a contribué à affaiblir l'emprise de la Turquie sur la Palestine, "a été organisée à partir de Salonique, où les Juifs, ainsi que les crypto-Juifs connus sous le nom de Donmeh, formaient la majorité de la population". Stein, op. cit. p. 35. Le Premier ministre britannique Asquith écrivit en 1914 : "C'est une curieuse illustration de la maxime favorite [de Disraeli] selon laquelle "la race est tout" que de voir cette explosion [sioniste] presque lyrique sortir du cerveau bien ordonné et méthodique de H.S.". Stein, op. cit. p. 112. Asquith faisait référence à Herbert Samuel, l'un des Juifs les plus puissants de Grande-Bretagne et membre du cabinet britannique. Plus tard, un juif encore plus puissant, Lord Reading (Rufus Isaacs), qui avait été un spéculateur boursier en faillite et le sujet du poème au vitriol de Kipling, Gehazi, fut envoyé en Amérique, d'abord en tant que chef d'une mission financière britannique, puis en tant qu'ambassadeur britannique. H. Montgomery Hyde, *Lord Reading*, Farrar, Straus et Giroux, New York, 1967, p. 188. Reading était un bon ami du colonel House, le plus proche conseiller de Wilson. Son "influence sur Lloyd George [était] peut-être plus grande que celle de n'importe quel autre homme en Angleterre". Hyde, op. cit. p. 229. Samuel Gompers, le dirigeant juif de la Fédération américaine du travail, semble avoir synchronisé son changement d'attitude vis-à-vis de la guerre avec l'évolution de la position sioniste. En 1914, Gompers lançait un appel à la neutralité. En février 1917, cependant, il a convoqué une réunion du conseil exécutif de l'AFL et a publié une déclaration ferme contre l'Allemagne. Ronald Radosh, *American Labor and U. S. Foreign Policy*, Random House, New York, 1969, p. 8. Quant au désir de l'Américain moyen d'entrer dans la Première Guerre mondiale, le sénateur La Follette

accordée à la Palestine a prouvé que le racisme des minorités commençait à exercer une influence dominante et intéressée dans certains secteurs de la politique étrangère américaine. Dans le cas de la mission Morgenthau-Frankfurter, il était éminemment clair que les sionistes menaient déjà une seconde politique étrangère américaine.

Après une débauche de trésors que seule la nation la plus opulente du monde pouvait se permettre, les États-Unis ont mis fin à leur incursion triomphale en Europe en se repliant pêle-mêle dans leur pays, où les relations étrangères américaines se sont à nouveau dégonflées pour retrouver leur portée hémisphérique traditionnelle. Lors de la glorieuse conférence de paix de Versailles, les espoirs utopiques de Wilson d'une communauté mondiale libérale s'étaient envolés dans la fumée du nationalisme, de l'irrédentisme et de la révolution. Qui plus est, le président dut subir l'humiliation finale de voir son propre projet, la Société des Nations, désavoué par le Sénat. Au moment de sa mort, en 1924, il était généralement admis que, en contradiction directe avec l'objectif de guerre le plus proclamé des États-Unis, la Première Guerre mondiale avait mis en péril la démocratie partout dans le monde en empilant l'Ossa du fascisme sur le Pélion du communisme. Presque tous les Américains réfléchis, quelles que soient leurs opinions politiques, étaient prêts à admettre que l'intervention en Europe avait été un désastre et qu'elle ne devait plus jamais se reproduire.

Cela s'est reproduit en moins d'un quart de siècle. Cette fois-ci, les interventionnistes, malgré l'embarras qu'ils éprouvent à devoir rétracter leurs promesses les plus solennelles et à revenir sur leurs résolutions les plus fermes, avaient une tâche beaucoup plus facile. Avant la Seconde Guerre mondiale, Hitler s'était imposé comme l'ennemi juré du libéralisme, du marxisme et de la juiverie, c'est-à-dire précisément les trois forces motrices de la coalition libérale-minoritaire qui était arrivée au pouvoir avec le New Deal de Franklin Roosevelt. Capitalisant sur l'antinazisme préfabriqué, les médias devinrent rapidement enragés. En 1940, il était difficile de trouver un intellectuel libéral ou issu d'une minorité — à quelques vieux-croyants près — qui ne soit pas un interventionniste forcené.[1025] L'occasionnel leader de la majorité qui tentait de faire entendre sa voix au-dessus de la clameur

---

déclara que si la question avait été soumise à un référendum, le vote aurait été de dix contre un en faveur de la non-intervention. Beard, op. cit. vol. 2, p. 635. Il convient de noter que le Sedition Act de mai 1918 a rendu illégales la plupart des critiques à l'égard de l'intervention. Ibid, p. 640.

[1025] Sidney Hillman, le chef des travailleurs minoritaires, était si furieux contre Hitler qu'il a personnellement dirigé la rupture d'une grève en 1940 à la North American Aviation à Inglewood, en Californie. Radosh, op. cit. p. 19. L'homme qui avait fait carrière dans le mouvement syndical ne voulait pas de ralentissement dans la production de matériel de guerre, même si cela signifiait trahir une importante section syndicale.

belliqueuse était rapidement discrédité par des accusations d'antisémitisme.[1026]

Comme Charles Beard l'a habilement démontré à l'aide d'une masse de documents, l'Amérique est entrée dans la Seconde Guerre mondiale bien avant Pearl Harbor et la déclaration de guerre de l'Axe.[1027] En fait, elle s'était engagée officieusement dès novembre 1940, lorsque Roosevelt, répétant l'exploit de Wilson, a été réélu après avoir solennellement promis de maintenir les États-Unis en dehors de la guerre.[1028] Avant même sa réélection, Roosevelt avait transféré cinquante destroyers américains à la Grande-Bretagne. Après sa réélection, il persuade le Congrès d'adopter le Lend-Lease Act, qui fait peser une grande partie du fardeau financier de la guerre sur le contribuable américain. Il ordonne alors successivement : (1) l'escorte navale américaine des convois britanniques ; (2) la guerre ouverte contre les navires allemands ; (3) l'occupation de l'Islande ; (4) l'élaboration d'accords défensifs secrets avec la Grande-Bretagne ; (5) un ultimatum au Japon exigeant le retrait des troupes japonaises de Chine et renforçant l'embargo américain sur l'acier et le pétrole.[1029] L'entrée officielle des États-Unis dans la guerre se fait presque comme un anti-climax.

S'il y a eu quelques difficultés à identifier les forces d'intervention dans les premières phases de l'engagement américain dans la Seconde Guerre

---

[1026] Après avoir brièvement mentionné l'agitation spécifiquement juive en faveur d'une intervention, la presse a fait passer Charles Lindbergh du statut de héros épique à celui de suppôt des nazis. Lindbergh est resté dans l'ombre pendant de nombreuses années. *New Republic*, 22 septembre 1941, pp. 60-61, et *Time*, 22 septembre 1941, p. 17. En 1970, Lindbergh publia ses *Wartime Journals*, dans lesquels il insiste sur le fait que sa position non interventionniste était fondamentalement correcte et que les États-Unis avaient en fait perdu la guerre, puisqu'ils n'avaient fait que détruire une menace moindre pour aider à en établir une plus grande. Il insiste en particulier sur la perte génétique irréparable subie pendant la guerre par les peuples d'Europe du Nord. Les paroles écrites de Lindbergh reprenaient, sans les modifier, les accusations qu'il avait formulées en 1941, selon lesquelles les Juifs avaient joué un rôle majeur dans l'implication des États-Unis dans la Seconde Guerre mondiale. Voir la note de bas de page 34, p. 163, de cette étude et *The Wartime Journals of Charles A. Lindbergh*, Harcourt Brace Jovanovich, New York, 1970, pp. xv, 218, 245, 404, 481, 538-39, 541, 545.

[1027] Beard, *President Roosevelt and the Coming of the War*, 1941.

[1028] Dans son célèbre discours de campagne à Boston (30 octobre 1940), Roosevelt a déclaré : "Je l'ai déjà dit, mais je le répéterai encore et encore : Vos garçons ne seront pas envoyés dans des guerres étrangères".

[1029] Beard, op. cit. p. 68, 97, 108, 134, 140, 239, 241, 356, 435, 453.

mondiale,[1030] il n'y en a plus eu lorsque les canons ont cessé de tirer. La politique de reddition inconditionnelle, le plan Morgenthau,[1031] l'abandon de l'Europe de l'Est à la Russie, les procès pour crimes de guerre allemands et les purges de dénazification ont clairement prouvé que les États-Unis n'étaient pas, loin s'en faut, engagés dans une guerre de survie, comme l'avaient pieusement proclamé les éditoriaux des journaux, mais dans une guerre vouée à la destruction totale d'Hitler et de l'hitlérisme.[1032]

Les États-Unis ne se sont pas retirés d'Europe à la fin de la Seconde Guerre mondiale. Si tel avait été le cas, l'Europe occidentale aurait pu suivre l'Europe de l'Est dans l'orbite soviétique. Par la force des choses, la politique étrangère américaine s'était transformée en un mécanisme de défense improvisé à grande échelle, une série infinie de réactions et de contre-actions sur place aux actes d'agression communistes, tant en Europe qu'en Asie. Cette politique d'endiguement, comme on a fini par l'appeler, a obligé les Américains à reconstruire les économies qu'ils venaient de détruire, et les soldats américains à s'allier aux ennemis qu'ils venaient de recevoir l'ordre

---

[1030] Le Premier ministre britannique Neville Chamberlain partageait apparemment certains des points de vue de Lindbergh sur les origines du conflit. Selon l'ambassadeur Joseph Kennedy, Chamberlain lui aurait dit que "l'Amérique et les Juifs du monde entier avaient forcé l'Angleterre à entrer en guerre". Mais la déclaration de Chamberlain n'a été rendue publique qu'en 1951. *The Forrestal Diaries*, édité par Walter Millis, Viking, New York, 1951, p. 122.

[1031] Présenté lors de la deuxième conférence de Québec (1944) par le secrétaire au Trésor Morgenthau et rédigé par Harry Dexter White, le secrétaire adjoint juif au Trésor (identifié plus tard comme un agent soviétique), le plan prévoyait le démantèlement de toute l'industrie allemande et la réduction de l'Allemagne à un État agraire. Churchill avait initialement accepté ce plan en échange d'une extension du prêt-bail. *Current Biography*, 1944, p. 724, *Time*, 9 août 1948, p. 15, et John M. Blum, *From the Morgenthau Diaries*, Houghton Mifflin, Boston, 1967, Vol. III, p. 373.

[1032] Pour certains, il s'agissait purement et simplement d'une guerre de vengeance raciale. Le secrétaire d'État Morgenthau, discutant du traitement de l'Allemagne après la guerre, a déclaré : "La seule chose à laquelle je participerai, c'est la fermeture complète de la Ruhr... Il suffit de la dépouiller. Je me moque de ce qui arrive à la population... Je prendrais toutes les mines, tous les moulins et toutes les usines et je les détruirais... pourquoi diable devrais-je m'inquiéter de ce qui arrive à la population ? Le fait qu'une telle politique aurait pu faire mourir de faim trente millions d'Allemands n'a rien à voir avec la question. Morgenthau a persisté dans son plan, même si le gouverneur de New York, Thomas Dewey, a déclaré que le plan Morgenthau avait entraîné une forte augmentation de la résistance allemande. Il est inutile de spéculer sur le nombre de morts et de blessés dans les deux camps qui ont été causés par la vengeance de Morgenthau selon l'Ancien Testament. Blum, op. cit. vol. III, p. 354, 378.

de tuer. Tout cela au prix d'un nouveau débordement effrayant des ressources humaines et industrielles de l'Amérique.[1033]

Pendant et après la Seconde Guerre mondiale, la politique étrangère américaine a tour à tour été bien au-delà et bien en deçà de l'intérêt national. Comme s'il s'agissait d'une pénitence pour ne pas avoir adhéré à la Société des Nations, les États-Unis sont devenus le fondateur et l'actionnaire principal des Nations unies.[1034] Mais l'ONU n'a pas mieux réussi à maintenir la paix que la Société des Nations. Presque seuls, les États-Unis assument la défense de l'Occident.

En Asie, l'Amérique s'est retrouvée du côté des perdants en Chine et a ensuite été entraînée, au mépris de tout bon sens militaire, dans deux guerres terrestres asiatiques qu'elle aurait pu facilement gagner avec des armes nucléaires et moins facilement avec l'utilisation sans restriction d'armes conventionnelles. Au Moyen-Orient, des nations musulmanes autrefois amies ont commencé à nourrir de sérieux doutes à l'égard des États-Unis après que ceux-ci eurent soutenu Israël et le Shah d'Iran. Quelques États arabes radicaux ont invité l'Union soviétique dans la région en tant que fournisseur d'armes et conseiller militaire, tandis que les États modérés ont affûté leur arme pétrolière. L'Iran révolutionnaire est devenu anti-américain, tandis que l'Égypte, après avoir expulsé les Russes, a conclu une semi-alliance avec Washington dans l'espoir que les accords de Camp David forceraient Israël à restituer le Sinaï (ce qui s'est produit) et à créer un État palestinien autonome (un État fractionné a vu le jour bien des années plus tard). En Afrique, les nations noires émergentes ont bénéficié d'un soutien financier et idéologique somptueux, tandis que les gouvernements blancs de Rhodésie et d'Afrique du Sud ont été harcelés par des sanctions militaires ou économiques jusqu'à ce qu'ils finissent par abandonner et mettre en place

---

[1033] En 1978, les États-Unis devaient encore 25 730 992 168 dollars au titre des prêts impayés de la Première Guerre mondiale. *Almanach mondial de* 1980, p. 334. Pendant la Seconde Guerre mondiale, le prêt-bail américain aux Alliés s'est élevé à 49 milliards de dollars, dont seule une partie a été remboursée. Le plan Marshall pour le redressement de l'Europe a représenté 8,6 milliards de dollars. *Ency. Brit.*, vol. 4, p. 834. Au cours de la période qui a suivi la Seconde Guerre mondiale (de l'exercice 1946 à l'exercice 1977), 139 nations et 8 territoires ont reçu 143,4 milliards de dollars d'aide étrangère. Un autre montant de 46 milliards de dollars a été distribué sous forme de prêts. *Orlando Sentinel Star*, 31 mai 1978, chronique de Charles Reese. L'aide étrangère pour 1992 s'élevait à 14 784 000 000 $. *Almanach mondial* 1994, p. 840.

[1034] Les États-Unis paient un tiers du budget de fonctionnement et une grande partie des dépenses totales. Avant sa disparition, l'Union soviétique disposait de trois voix à l'Assemblée générale, contre une seule pour les États-Unis. Les nations qui représentent environ 5 % de la population mondiale contrôlent la majorité des voix à l'Assemblée générale.

des régimes noirs. En Amérique latine, l'aveuglement d'un président américain a permis à Castro de prendre le pouvoir ; l'aveuglement d'un deuxième a permis à la Perle des Antilles de devenir une base militaire russe ; l'aveuglement d'un troisième a permis l'instauration d'au moins un régime révolutionnaire d'obédience soviétique en Amérique centrale.

Le prestige et la puissance, deux sources importantes de respect, constituent une combinaison invincible pour gagner l'amitié et le soutien des peuples et des gouvernements étrangers. Il n'y a pas si longtemps, l'Amérique et les Américains jouissaient du respect de la plupart des pays du monde, une estime universelle qui rendait la formulation et la mise en œuvre de la politique étrangère relativement aisées. Aujourd'hui, la nation qui, sur le papier, est la plus puissante de l'histoire est tellement dépourvue de respect qu'elle a du mal à faire plier à sa volonté des républiques bananières de cinquième ordre, des juntes militaires tribales, des dictatures insulaires en faillite et des mollahs fanatiques. Il a fallu une guerre totale pour chasser Saddam Hussein du Koweït et une occupation militaire totale pour chasser le général Raoul Cédras d'Haïti.

La nation qui est entrée en guerre avec l'Espagne à la suite du naufrage du cuirassé *Maine* s'est figée dans l'inaction et l'impuissance lorsque des torpilleurs israéliens et des jets Mirage ont bombardé et mitraillé l'*U.S.S. Liberty,* tuant 34 personnes et blessant 171 Américains ; lorsque la Corée du Nord a capturé le navire de guerre *Pueblo* avec tout son équipage ; lorsque des tireurs étrangers ont assassiné les ambassadeurs américains au Guatemala, au Soudan et en Afghanistan ; lorsque des Vénézuéliens ont lapidé le vice-président américain ; lorsque des terroristes pirates de l'air ont réquisitionné en toute impunité des avions de ligne américains à destination de Cuba ; lorsque des étudiants radicaux soutenus par le gouvernement iranien ont pris et détenu 52 otages américains pendant plus d'un an ; lorsque des prisonniers de guerre américains en Asie ont été victimes d'actes d'intimidation et d'intimidation ; et lorsque les Américains ont été victimes d'actes d'intimidation et de torture ; lorsque des prisonniers de guerre américains en Asie ont subi un lavage de cerveau, ont été torturés et abattus ; lorsque des citoyens américains au Congo ont été violés et cannibalisés ; lorsque des installations américaines à l'étranger ont été régulièrement pillées et vidées de leur substance ; lorsque la nation dont le ministre auprès de la France, Charles Pinckney, proclamait fièrement en 1797 : "Des millions pour la défense, mais pas un centime pour le tribut", a payé une rançon de 53 millions de dollars à un Mussolini des Caraïbes en vue de la libération de 1 113 prisonniers capturés dans le fiasco de la baie des Cochons.[1035]

[1035] *Almanach mondial 1965,* p. 371.

Comme l'illustrent les incidents qui précèdent, la diplomatie américaine nouvelle manière, dans laquelle les forts se rendent aux faibles ou achètent leur protection par des dépenses importantes d'aide étrangère, n'a pas donné lieu à de nombreux succès éclatants.[1036] En fait, les solides progrès réalisés par la politique étrangère américaine depuis la Seconde Guerre mondiale doivent être largement attribués à deux facteurs d'une importance cruciale dont les décideurs politiques de la nation ne peuvent guère s'attribuer le mérite. Ces deux facteurs sont la prépondérance nucléaire de l'Amérique et l'éclatement du réseau communiste soviétique (titoïsme, division sino-soviétique, irrédentisme est-européen et invasion de l'Afghanistan). Le fait que les dirigeants américains n'aient pas su exploiter pleinement ces atouts fatidiques en matière de politique étrangère constitue un échec diplomatique de première ampleur, qui pèsera lourdement sur les générations futures.

Mais que peut-on attendre d'autre d'une politique étrangère passée à la moulinette de la dénationalisation ? Lorsque la diplomatie devient le jouet de tous les groupes d'intérêts et de toutes les minorités qui peuvent se payer un lobbyiste à Washington, les amis et les alliés de longue date sont neutralisés ou transformés en ennemis, tandis que les diplomates professionnels, contraints de rester sur la touche, deviennent chaque heure plus cyniques et plus impuissants. Le département d'État peut prétendre être l'agence qui dirige ou met en œuvre la politique étrangère américaine, mais il n'est guère mieux qu'un centre d'information et un service de messagerie. Un article biaisé en première page du *New York Times a* plus de poids que les dépêches de vingt ambassadeurs.

Une politique étrangère dénationalisée a beaucoup de têtes et de cœurs, mais pas d'âme. Elle soutient l'impérialisme dans une partie du monde et s'y oppose dans une autre. Elle défend les droits de l'homme dans certaines régions ; dans d'autres, elle honore et récompense les violateurs de ces droits. Elle donne de l'argent et des armes aux gouvernements anti-américains, mais boycotte les gouvernements pro-américains. Elle était opposée à la présence soviétique en Europe de l'Est et en Afghanistan, mais la tolérait à Cuba, dont les aérodromes permettaient aux bombardiers russes de survoler la Floride

---

[1036] George F. Kennan, l'un des rares esprits créatifs du corps diplomatique, s'est montré très critique à l'égard de ce qu'il appelle la "futilité histrionique" des hommes d'État américains. L'habitude qu'ont les hommes politiques américains d'injecter des considérations étrangères dans la politique étrangère américaine la rend, selon Kennan, "inefficace dans la poursuite d'objectifs réels dans l'intérêt national, ce qui lui permet de dégénérer en une simple démonstration d'attitudes devant le miroir de l'opinion politique intérieure". Tant que la presse et le public américains n'auront pas appris à détecter et à répudier ce type de comportement, le pays ne disposera pas d'une politique étrangère mûre et efficace, digne d'une grande puissance.

en quinze minutes. Elle était contre le fait de traiter avec des terroristes, mais elle a envoyé des armes à l'Iran.

Non seulement l'Amérique, mais la plupart des pays du monde ont regretté le jour où la majorité a perdu le contrôle de la politique étrangère américaine.[1037] Il n'y a rien de plus dangereux dans les relations internationales qu'une énergie mal orientée, rien de plus tragique qu'une grande nation qui dépense sa grandeur aveuglément. Tant que les intérêts particuliers des minorités et les enthousiasmes particuliers des libéraux ne seront pas à nouveau subordonnés à l'intérêt national, l'incohérence diplomatique de l'Amérique continuera d'être l'une des grandes forces déstabilisatrices de l'ordre social mondial. L'hésitation dans la conduite des affaires publiques encourage les ennemis à prendre des risques et les amis à se méfier. Une politique étrangère dirigée par des lobbies plutôt que par des hommes d'État est pire que l'absence de politique étrangère.

[1037] Le 8 juin 1915, date à laquelle William Jennings Bryan a démissionné de son poste de secrétaire d'État pour protester contre les premiers signes réels de l'interventionnisme effréné de l'administration Wilson, est une date tout à fait appropriée pour marquer la fin du nationalisme en tant que guide des affaires étrangères américaines.

CHAPITRE 32

Les États-Unis et l'Europe occidentale

RIEN ne souligne de manière aussi poignante l'impermanence de la condition humaine que la détérioration tragique de l'Europe occidentale au vingtième siècle.[1038] Au début du siècle, l'Europe occidentale était le seigneur de la terre, la source de l'industrie, de la technologie et de la puissance militaire mondiales — les terres d'origine de neuf empires.[1039] Pendant la majeure partie de la dernière partie du siècle, l'Europe occidentale a été un vide de pouvoir, une zone tampon entre l'Union soviétique et les États-Unis. Réduits à une fraction de leur taille, les grands empires qui ont survécu doivent désormais dépendre d'une puissance transatlantique pour leur défense. Pendant quatre décennies, les troupes slaves sont restées sur l'Elbe, d'où elles avaient été chassées plus d'un millénaire auparavant par Charlemagne.[1040] L'espace terrestre de l'Europe occidentale, péninsule d'une péninsule, attire les Russes comme la Grèce divisée et déchirée par les conflits avait autrefois attiré Alexandre, tandis que les Européens de l'Ouest eux-mêmes se sentent de moins en moins rassurés par la voûte nucléaire protectrice de l'Amérique. Bien que l'Union soviétique soit morte et disparue, la Russie est toujours bien vivante. Ébloui par les richesses de l'Occident, l'ours russe pourrait devenir un ours affamé et partir vers l'ouest à la recherche de miel.

L'Amérique et la Russie sont des enfants de l'Europe occidentale, en ce sens que les deux pays y ont puisé l'essentiel de leur nourriture culturelle et qu'ils ont tous deux été fondés par la race qui a dominé l'Europe occidentale, ou du moins l'Europe du Nord-Ouest, depuis le début de l'histoire.[1041] L'une des grandes questions non résolues pour l'avenir est de savoir si l'un de ces

---

[1038] L'Europe occidentale est ici désignée comme la partie de l'Europe située à l'ouest des pays slaves et des Balkans.

[1039] Britannique, français, allemand, austro-hongrois, italien, néerlandais, belge, espagnol et portugais.

[1040] Décrivant la situation en Europe au VIIe siècle après J.-C., un historien scandinave moderne a écrit : "Au cours de ces siècles sombres, le centre de la vie culturelle de l'Europe s'est déplacé si loin vers l'ouest que le troc autrefois vital entre la Scandinavie et le Sud ne pouvait avoir lieu que sur le Rhin et le long de la côte atlantique. L'Occident a été réduit et rétréci de manière aussi menaçante qu'il l'est aujourd'hui". Eric Oxenstierna, *The Norsemen*, N.Y. Graphic Society, Greenwich Conn. 1965, p. 26.

[1041] Voir les pages 72-75 de cette étude.

rejetons indisciplinés, la Russie semi-barbare, tentera de revendiquer le patrimoine défendu par l'autre membre de la fratrie, l'Amérique, qui s'enfonce elle-même dans la semi-barbarie. Ou bien le parent reviendra-t-il à la vie, changera-t-il ses habitudes autodestructrices et réaffirmera-t-il son autorité ?

Jusqu'à présent, il y a peu de signes de cette dernière possibilité. Seuls les Allemands font encore preuve du dynamisme traditionnel de l'Europe occidentale. Mais les forces de défense allemandes, équipées d'armes étrangères, dont le nombre et l'efficacité sont limités par la loi, et dont les rangs sont démoralisés par de fortes doses de défaitisme et de libéralisme moderne, pourraient difficilement, même avec l'aide de leurs alliés américains et de l'OTAN, repousser une attaque militaire conventionnelle de la part des Russes et auraient peu de chances de survivre à une attaque nucléaire. Il est vrai que l'économie allemande est la plus saine du monde. Mais si elle n'est pas utilisée pour renforcer les défenses allemandes, la prospérité économique ne peut que rendre la République fédérale unifiée plus attrayante pour un prédateur étranger.

Aujourd'hui, l'Europe occidentale est rongée par un grand nombre des mêmes maladies qui déchirent les organes vitaux de l'Amérique. Les nations d'Europe occidentale ont leurs propres problèmes de minorités, leurs propres usines à "opinion publique" libérale,[1042] et leurs propres cabales marxistes insurrectionnelles. Si l'on additionne la production culturelle et politique de New York et de Beverly Hills, on retrouve presque la même influence juive disproportionnée dans les arts, les médias et le gouvernement. [1043]

[1042] "Si tous les livres écrits sur la gauche européenne étaient mis bout à bout, ils pourraient s'étendre sur la moitié du globe. Les livres sur la droite européenne ne s'étendraient probablement pas sur plus d'un kilomètre..." *Times Literary Supplement*, 14 mai 1970, p. 1.

[1043] Outre la richesse juive centenaire représentée par les Montagus, les Mocattas et les Rothschild en Grande-Bretagne, on trouve des millionnaires en livres comme Isaac Wolfson et Lord Sieff (grands magasins) ; Sir Samuel Salmon et Isidore Gluckstein (restaurants et hôtels) ; Siegmund Warburg et Baron Swaythling (banques) ; Baron Melchett (produits chimiques) ; Marquess of Reading (acier) ; Viscount Bearsted (pétrole) ; Sir Louis Sterling (tourne-disques) ; Lord Grade, Lord Bernstein et Jeremy Isaacs (télévision commerciale) ; Sir Bernard Delfont (électronique) ; Sir James Goldsmith (financier et éditeur de magazines) ; Sir George Weidenfeld (éditeur de livres) ; Sir Joseph Kagan (fabricant de vêtements), un ami proche de l'ancien premier ministre travailliste Harold Wilson. Kagan a été emprisonné en 1981 pour avoir violé les lois britanniques sur l'exportation. Sir Eric Miller (immobilier), un autre ami de Wilson, s'est suicidé alors qu'il faisait l'objet d'une enquête pour fraude. Sir Keith Joseph, une éminence grise du parti conservateur ; Lord Lever, une éminence grise du parti travailliste. Arnold Weinstock dirige l'équivalent britannique de General Electric ; Sir

La Grande-Bretagne compte quelque 410 000 Juifs et près de 4 millions de non-Blancs, dont 2,2 millions de Noirs.[1044] Néanmoins, ceux qui appellent à une plus grande protection du patrimoine génétique britannique sont excoriés aussi impitoyablement que leurs homologues américains. Bien que le Premier ministre Margaret Thatcher, aujourd'hui Lady Thatcher, ait promis de durcir la politique d'immigration, les non-Blancs continuent d'arriver en nombre considérable. Enoch Powell, professeur de grec avant de gravir les échelons de la hiérarchie du parti conservateur, a été traité d'analphabète pour avoir prédit la montée des tensions raciales.[1045] Pour leur opposition catégorique à l'immigration, les petits groupes nationalistes britanniques ont été dénoncés comme des nazis par les médias britanniques.

L'afflux d'étrangers dans les autres pays d'Europe occidentale est d'une couleur plus claire que le mélange négro-asiatique de la Grande-Bretagne. La France compte 3,7 millions d'immigrés (principalement des Nord-Africains) et 700 000 Juifs. Bien qu'il ne reste que 40 000 Juifs en Allemagne, ce pays compte aujourd'hui 4 millions de résidents étrangers (travailleurs invités) et les personnes à leur charge, dont la plupart sont originaires d'Europe du Sud et de Turquie. Les 8,5 millions de Suédois comptent aujourd'hui 1 250 000 étrangers. Les Pays-Bas ont connu plusieurs flambées de violence de la part de leur communauté des Moluques du Sud. Et ainsi de suite. Le plus effrayant, c'est que le taux de natalité des Européens

---

Derek Ezra, le National Coal Board. En 1981, il y avait 32 députés juifs au Parlement (21 travaillistes, 11 conservateurs). Parmi les universitaires juifs figurent Sir Isaiah Berlin, Max Beloff et David Daiches. La plupart des grands dramaturges britanniques sont juifs : Bernard Kops, Arnold Wesker, Harold Pinter et Peter Shaffer. Stephen Spender est à la tête du contingent de poètes juifs. Dans le gouvernement Thatcher, plusieurs membres éminents du cabinet étaient juifs, notamment Lord Young, dont le frère était président de la BBC (1982-86). La France a toujours ses Rothschild. Marcel Dassault, le défunt magnat de l'aviation qui s'est converti au catholicisme, était réputé valoir un milliard de dollars. D'éminents experts juifs ont été ou sont Raymond Aron, B.— H. Lévy et André Glucks. Lévy et André Glucksmann. Pierre Mendès-France, Michel Debré, Jack Lang et Simone Veil, première présidente du Parlement européen, sont ou ont été parmi les hommes politiques les plus influents, sans oublier l'ancien premier ministre du président François Mitterrand, Laurent Fabius, catholique issu d'une famille juive. Le cardinal Lustiger, archevêque de Paris, est un descendant de juifs polonais. Des intellectuels et des personnalités littéraires de premier plan comme André Malraux, Jacques Maritain et Louis Aragon ont ou ont eu des épouses juives. En Italie, l'homme le plus riche est probablement Arrigo Olivetti, le magnat juif des machines à écrire.

[1044] London *Daily Telegraph*, 23 février 1983. *The Times*, 22 juin 1982.

[1045] Un sondage Gallup a révélé que 74 % de la population britannique soutenait l'opposition de Powell à l'immigration de couleur. *San Francisco Chronicle*, 8 mai 1968, p. 14. Powell prédit qu'il y aura 5 à 7 millions d'Afro-Asiatiques en Grande-Bretagne d'ici l'an 2000, si les lois sur l'immigration de son pays ne sont pas complètement révisées.

de l'Ouest les plus nordiques est tombé bien en dessous du niveau de remplacement — en Allemagne, bien en dessous — tandis que les non-Nordiques d'Europe occidentale, en particulier les personnes nées à l'étranger, conservent un taux de natalité relativement sain. Aujourd'hui, dans quelques villes allemandes, les naissances non allemandes représentent plus d'un quart de l'ensemble des naissances. Il semble que si la guerre nucléaire ne détruit pas l'Europe occidentale, le suicide racial le fera. En 1800, l'Europe comptait 20 % de la population mondiale. Aujourd'hui, elle n'en compte plus que 9 %. Si le déséquilibre démographique croissant n'est pas radicalement corrigé, elle n'en comptera plus que 4 % en 2075.[1046]

La Grande-Bretagne a déjà connu ses premières émeutes raciales à l'américaine, et des "incidents" raciaux sur le modèle américain apparaissent en Allemagne, en France, dans les Pays-Bas et même en Scandinavie. Il existe de nombreux autres exemples de ce que les Européens appellent l'américanisation, comme si les Américains dans leur ensemble étaient responsables de ce qui émane de quelques gouffres universitaires, littéraires et de divertissement à Boston, Manhattan, Washington et Los Angeles Ouest. Les Américains ont souffert autant que les Européens du pop art puéril, des sitcoms télévisées banales, des guirlandes de Ziegfeld, de la pornographie pure et dure, des médias vénaux, des minorités littéraires et des syncopes africaines. La vérité est que la même espèce de vautour culturel fait son nid des deux côtés de l'Atlantique Nord.

La seule résistance efficace à ce fléau en Europe occidentale vient des cultes gris et lourds du marxisme, des partis néo-fascistes en Espagne et en Italie, des groupes d'extrême-droite en Allemagne, des nationalistes partout, et du Front national et de la Nouvelle droite en France. Cette dernière, avec ses manifestes raisonnés contre l'héritage judéo-chrétien, le totalitarisme religieux et séculier et la démocratie, offre la perspective la plus brillante aux esprits européens endormis par des décennies de libéralisme orthodoxe et d'égalitarisme.[1047] Malheureusement, la Nouvelle Droite et le Front National se heurtent à l'intolérance, à l'oppression et à la violence croissantes des

---

[1046] *Chicago Sun-Times*, 10 août 1980, p. 44. En 1980, les Allemandes de l'Est avaient en moyenne 1,89 enfant chacune ; les Britanniques, 1,7 ; les Néerlandaises, 1,6 ; les Suissesses, 1,5 ; les Autrichiennes, 1,4 ou 1,5 ; les Allemandes de l'Ouest, 1,4. Le Bangladesh, un miasme de pauvreté et d'ignorance, produit aujourd'hui plus de bébés par an que toute l'Europe occidentale.

[1047] Le parti français du Front national, dirigé par Jean-Marie Le Pen, a obtenu 14,4 % des voix aux élections législatives de 1993, mais n'a pas pu obtenir un seul siège à l'Assemblée nationale. Il disposait de 24 sièges à l'époque de la représentation proportionnelle, jusqu'à ce que les partis de l'establishment modifient les règles électorales. La principale ligne de conduite du Front national est l'anti-immigration, que les deux partis de centre-droit "adoptent" chaque fois qu'ils le jugent nécessaire.

gauchistes, des marxistes et des sionistes. Les lois sur les relations interraciales en France, comme ailleurs en Europe occidentale, rendent extrêmement difficile la critique objective de l'idéologie des minorités et du racisme. Tout mot prononcé ou écrit qui peut être interprété comme une incitation à la haine raciale expose son auteur à des amendes ou à une peine d'emprisonnement.[1048]

Lors de la Première Guerre mondiale, les États-Unis ont repris le rôle traditionnel de la Grande-Bretagne, qui consistait à empêcher l'unification de l'Europe en faisant jouer "l'équilibre des pouvoirs". L'organisation de coalitions contre la ou les nations européennes les plus fortes et les plus agressives n'était rien d'autre que la politique de Polycrate à grande échelle. En tant que stratégie à long terme, elle n'était pas trop destructrice. L'Europe occidentale était si forte que, même divisée, elle pouvait dominer le monde. Mais menée à son terme en 1939-1945, elle a démoli la primauté militaire de l'Europe occidentale, peut-être pour toujours.

Il est peu probable qu'une seule nation d'Europe occidentale soit à nouveau en mesure de se qualifier comme puissance mondiale. Seule une Europe occidentale unifiée aurait la capacité d'égaler ou de surpasser les machines militaires américaines ou russes. La clé de voûte d'une telle confédération européenne devrait être l'Allemagne, d'autant plus depuis sa réunification. La France et l'Italie ont prouvé de manière concluante au cours de la Seconde Guerre mondiale qu'elles ne peuvent plus remplir aucune mission militaire importante, si ce n'est servir de théâtre d'opérations et de source de ravitaillement et de troupes auxiliaires pour des forces militaires beaucoup plus importantes. Les petites nations d'Europe occidentale ont développé une tradition de neutralité ou de reddition instantanée qui, à l'exception peut-être de la Suède et de la Suisse, rendrait leurs contributions militaires insignifiantes. Le soldat espagnol est courageux, mais il dispose de peu d'armes et d'une conscience européenne moyenne. Malgré leur victoire aux Malouines, même la volonté des Britanniques de se battre est sujette à

[1048] Le gouvernement ouest-allemand était tellement préoccupé par l'antisémitisme qu'il a versé aux Juifs les réparations de guerre les plus importantes de l'histoire (voir pp. 499-500). Après la réunification de l'Allemagne, les Allemands de l'Est, malgré leur économie chaotique, ont été appelés à fournir leur part. Des Allemands ont été condamnés à des peines de prison ou à de lourdes amendes simplement pour avoir vendu des exemplaires de *Mein Kampf*, pour avoir remis en question l'Holocauste ou le *journal d'Anne Frank*, ou pour avoir tenu des propos antisémites en public.

caution. Aucun grand peuple n'a jamais abandonné un si grand empire avec autant de mollesse. [1049]

La construction de l'unité de l'Europe occidentale autour d'un noyau allemand semble offrir la seule garantie à long terme de maintenir les Russes en quarantaine en Europe de l'Est. Dans une Europe occidentale unie, les Allemands et les autres Européens du Nord rempliraient la même fonction qu'une majorité américaine ressuscitée aux États-Unis. Ils fourniraient la colonne vertébrale raciale, la résistance physique et le sens de l'organisation qu'une superpuissance moderne devrait exiger de son groupe de population dominant.

L'unification militaire de l'Europe occidentale libérerait les États-Unis de la responsabilité de fournir une grande partie de l'argent, des armes et des hommes nécessaires pour repousser toute poussée d'impérialisme russe ou slave, un fardeau qui pèse lourdement sur les forces armées et l'économie américaines. Les troupes américaines pourraient alors être retirées d'Europe en toute sécurité, puisque la technologie avancée des missiles rend aujourd'hui presque aussi facile l'organisation d'une frappe ou d'une contre-attaque nucléaire à partir d'installations du Nouveau Monde et de sous-marins océaniques qu'à partir de bases terrestres de l'Ancien Monde. Les Européens de l'Ouest pousseraient un soupir de soulagement, car ils auraient beaucoup moins de chances d'être impliqués dans une guerre thermonucléaire. L'Organisation du traité de l'Atlantique Nord, qui fait passer ses contingents militaires d'Europe occidentale pour des mercenaires américains, serait également démantelée. Une force de défense ouest-européenne attirerait les meilleurs soldats des nations dont les armées sont trop faibles pour faire face à une menace réelle venant de l'Est. D'un point de vue militaire, le tout s'avérerait bien plus grand que la somme de ses parties.

Enfin, les Américains et les Européens de l'Ouest pourraient se donner la main et conclure un accord qui ne serait pas fondé sur des dogmes politiques et économiques décadents, sur l'opportunisme tactique et sur des pressions minoritaires étrangères, mais sur le fondement plus durable d'une culture commune et d'un désir commun d'élever la civilisation occidentale à de nouveaux sommets. Un tel accord permettrait d'éviter que ne se reproduisent les horribles effusions de sang causées par des siècles de diplomatie de l'"équilibre des pouvoirs". L'Amérique peut difficilement se permettre une nouvelle guerre de 350 milliards de dollars, qui coûterait trois ou quatre fois

---

[1049] En 1921, l'Empire britannique comptait 524 000 000 d'habitants. En 1966, lorsque le Colonial Office a été fermé, la Grande-Bretagne n'avait plus que vingt-et-une possessions d'outre-mer, la plupart étant des îles éloignées, et le nombre total de personnes vivant sous l'Union Jack s'élevait à 56 000 000.

plus aux prix actuels.[1050] L'Europe occidentale ne pourrait guère survivre à une pénétration plus profonde de ses frontières par la Russie, à 12 millions de réfugiés dépossédés de l'Est et à une nouvelle série génocidaire d'affrontements de classes et de races et de bombardements par saturation.[1051]

Plus important encore, une reconnaissance formelle de la base raciale et culturelle du pacte pourrait étouffer toute nouvelle manifestation de l'esprit d'État brutal qui a réduit le rétablissement de la paix après deux guerres mondiales au niveau d'un lynchage d'abeilles. L'exigence inadmissible des Alliés d'une reddition inconditionnelle a prolongé la Seconde Guerre mondiale, peut-être jusqu'à dix-huit mois, en jouant directement sur les tactiques d'immolation d'Hitler et en réduisant le soutien populaire à un soulèvement antinazi.[1052] Elle a également donné à Staline le temps de s'emparer de toute l'Europe de l'Est, de la majeure partie des Balkans et d'une grande partie de l'Allemagne.

Un enfant qui verrait deux brutes d'école s'affronter dans un combat à coups de poing et de pied saurait mieux que quiconque qu'il ne faut pas aider l'une des brutes à vaincre l'autre. De manière incompréhensible, l'Amérique, dont les armées n'ont débarqué sur le continent européen qu'après la bataille de Stalingrad, le tournant de la guerre, a consacré la plus grande partie de son effort militaire à l'anéantissement d'un ennemi déjà battu.[1053] Hitler, qui n'avait jamais été en mesure de vaincre la Russie et la Grande-Bretagne, a été remplacé par un Staline qui lance des fusées et qui n'a que la puissance

---

[1050] *Ency. Brit.*, vol. 23, p. 793R. Le chiffre de 350 milliards de dollars correspond à la somme estimée que les États-Unis ont dépensée entre 1939 et 1946 pour leur propre machine de guerre et pour le matériel de guerre envoyé aux Alliés.

[1051] Selon un historien, le coût total de la Seconde Guerre mondiale pour l'ensemble des nations s'élève à 4 000 milliards de dollars et le nombre total de morts à 40 millions. Martha Byrd Hoyle, *A World in Flames*, Atheneum, New York, 1970, pp. 323-24.

[1052] Général de division J. F. C. Fuller, *A Military History of the Western World*, Funk 8 Wagnalls, New York, 1954, Vol. 3, pp. 506-9, 538-39. Le type de mentalité qui dirige l'effort de guerre américain peut être jugé par les remarques suivantes du président Roosevelt lors de la conférence de Casablanca en 1943. Lorsqu'il a prononcé pour la première fois l'expression "reddition inconditionnelle", Roosevelt s'est félicité en disant : "Bien sûr, c'est exactement ce qu'il faut pour les Russes. Ils ne peuvent pas demander mieux. Une capitulation sans condition ! L'oncle Joe aurait pu l'inventer lui-même". Ibid, pp. 506-7. Dans les dernières pages de son livre, le général Fuller demande : "Qu'est-ce qui les a persuadés d'adopter politique aussi fatale ?" Sa propre explication est "la haine aveugle". Ibid. p. 631.

[1053] La bataille de Stalingrad s'est achevée en février 1943 par la capitulation d'une armée allemande entière. Les troupes américaines ne débarquent en Italie qu'en septembre 1943 et en France qu'en juin 1944.

nucléaire de l'Amérique à opposer à une marche facile vers l'Atlantique. Si cette marche a lieu un jour, par une Russie nationaliste envieuse des richesses de l'Occident, les États-Unis pourraient entrer dans l'histoire comme le fossoyeur plutôt que comme le libérateur de l'Europe occidentale.[1054]

[1054] Il convient de souligner que l'unification de l'Europe occidentale dont il est question dans ce chapitre se limite strictement à la formation d'une force de dissuasion militaire contre tout futur expansionnisme russe. Tout en préconisant une plus grande organisation au sommet de la communauté européenne, l'auteur préconise également une organisation beaucoup moins poussée au milieu et beaucoup plus poussée à la base. Il entend par là une diminution du nationalisme qui a divisé l'Europe pendant tant de siècles et une remise en valeur des divisions régionales et provinciales, qui sont à l'origine des grandes floraisons de la civilisation occidentale. Par exemple, la France pourrait être restructurée pour donner une indépendance culturelle totale et une indépendance politique et économique considérable à la Normandie, à la Bretagne, à la Provence et à l'Alsace-Lorraine ; l'Allemagne pourrait accorder un large niveau d'autonomie à la Bavière, à la Saxe et à la Rhénanie ; le Royaume-Uni pourrait offrir une semi-indépendance à l'Angleterre, au Pays de Galles, à l'Écosse et à l'Ulster. Le Royaume-Uni pourrait offrir une semi-indépendance à l'Angleterre, au Pays de Galles, à l'Écosse et à l'Ulster. La dévolution, comme on l'appelle aujourd'hui, pourrait également faire revivre les gloires des grandes villes-États de Florence, Venise et Weimar. Le même processus centrifuge est recommandé pour les États-Unis. Voir "The Utopian States of America" dans *Ventilations*, le recueil d'essais de l'auteur, et *The Ethnostate*, son livre qui propose un ordre social plus avancé.

CHAPITRE 33

Les États-Unis et la Russie

L a plupart des Américains sont conscients des différences, notamment idéologiques, entre leur pays et la Russie. Ils sont également conscients de certaines similitudes — l'étendue du territoire, la technologie spatiale avancée, les vastes ressources industrielles et naturelles. Mais il y a une ressemblance frappante qui n'est pas aussi bien connue et qu'il faut bien comprendre avant d'entreprendre toute discussion sérieuse sur les relations russo-américaines. Il s'agit du destin analogue que le vingtième siècle a réservé à la majorité américaine et à la majorité russe.

La majorité russe est composée de Grands Russes, les Russes proprement dits,[1055] qui, en tant que Slaves, étaient peut-être de race nordique à l'origine, mais qui, il y a des siècles, ont été brachycéphalisés en Alpins.[1056] Alors que cette transmutation raciale était en cours, de petites quantités de gènes nordiques ont été réintroduites par les Varangiens scandinaves qui ont fondé l'État russe,[1057] par le mélange des aristocraties russes et teutoniques, et par les agents de la pénétration commerciale, technique et culturelle millénaire de l'Allemagne en Russie. Pour ces raisons, la majorité russe, comme la majorité américaine, appartient au segment de la race blanche aux cheveux clairs, bien que la majorité américaine tende en moyenne à être plus blonde, plus grande et à avoir la tête plus longue en raison de sa plus grande incidence de nordique. En raison de taux de natalité disparates, les Grands Russes représenteront probablement moins de 50 % de la population d'ici la fin du siècle. Malgré cela, les Grands-Russes resteront de loin la composante la plus importante d'une majorité slave représentant près de 70 % de la population totale de l'ex-Union soviétique. Le nombre de Juifs a considérablement diminué depuis 1970 en raison de l'émigration vers Israël, les États-Unis et d'autres pays occidentaux.

[1055] Comme le montre le tableau V, la majorité américaine représente près de 68 % de la population des États-Unis.

[1056] Voir p.77.

[1057] Voir pp. 75-76.

LA POPULATION DE L'UNION SOVIÉTIQUE (1979)
PAR GROUPE DE NATIONALITÉ

	Population (en milliers d'habitants) (000's)	% du total		Population (en milliers d'habitants) (000's)	% du total
Grands Russes	137,397	52,46	Tatars	6,317	2,41
Ukrainiens	42,347	16,17	Cosaques	6,556	2,50
Biélorusses	9,463	3,60	Azerbaïdjanais	5,447	2,08
Polonais	1,151	.44	Tchirvashiens	1,751	.67
Lituaniens	2,851	1,09	Tadjiks	2,898	1,11
Lettons	1,439	.55	Turkmènes	2,028	.77
Moldaves	2,968	1,13	Kirghizes	1,906	.73
Allemands	1,936	.74	Bachkirs	1,371	.52
Estoniens	1,020	.39	Géorgiens	3,571	1,36
Mordves	1,192	.46	Arméniens	4,151	1,58
Juifs	1,811	.69	Autres	9,892	3,78
Ouzbeks	12,456	4,76	TOTAL	261,919	99,99

Du point de vue racial, les différences entre la majorité russe slavophone et les autres peuples slavophones sont mineures. Elles sont quelque peu similaires à celles qui distinguent la majorité américaine des minorités assimilées. La Russie a également ses inassimilables, la plupart d'entre eux ayant des quantités variables de gènes mongoloïdes. Le grand séparateur des groupes de population slaves d'Europe de l'Est n'est pas la race, mais la culture. Chacun parle sa propre langue slave, possède sa propre marque de nationalisme et habite son propre territoire. Depuis l'effondrement de l'URSS, les Ukrainiens et les Biélorusses se sont séparés et ont formé leurs propres États indépendants, mais il y a encore des débordements considérables dans les zones frontalières. Les minorités non slaves nouvellement indépendantes sont plus ou moins régionalisées : les peuples blonds de la Baltique orientale au nord-ouest, les Géorgiens et Arméniens méditerranéens et semi-méditerranéens au sud, et les minorités mongoles, islamiques et autres minorités non blanches en Asie septentrionale et centrale.[1058]

Par rapport à la population américaine, la Russie compte une plus petite composante méditerranéenne, une plus grande proportion de Mongoloïdes et moins de Juifs. Les Juifs russes sont concentrés dans les grands centres urbains et occupent des emplois de cols blancs. La seule différence frappante

---

[1058] Ce n'est que dans certaines villes de Sibérie et peut-être à Moscou que les différentes races se mélangent à la même échelle qu'aux États-Unis.

dans la composition raciale des deux pays est que la Russie n'a pas de Noirs ni d'Hispaniques.

Si les majorités russe et américaine sont quelque peu similaires du point de vue de leur proportion par rapport à la population totale de leur pays, elles sont très semblables du point de vue de leur expérience historique récente. Toutes deux ont connu le traumatisme de la dépossession, la soumission sans fierté à de nouveaux groupes de contrôle, ainsi que l'humiliation et la frustration de travailler pour le plus grand bien de ses détracteurs. Contrairement à la lente décomposition de la majorité américaine, la majorité russe a été dépossédée d'un seul coup dans la tempête révolutionnaire de 1917.

Les facteurs raciaux sous-jacents au soulèvement bolchevique ont déjà été examinés en détail sur le site[1059], mais pas le retour en grâce de la majorité russe, qui a débuté après l'attaque allemande contre l'Union soviétique au cours de l'été 1941. Comme aucun pays ne peut survivre longtemps à une invasion massive si son groupe de population le plus fort et le plus nombreux a été aliéné et prolétarisé, le gouvernement soviétique a rapidement été contraint de renoncer à de nombreuses hypothèses clés du dogme communiste ou de faire face à la perspective d'une désintégration totale.

Le 6 novembre 1941, alors que la Wehrmacht allemande se tenait devant les portes de Moscou, Staline a déchiré les règles du marxisme-léninisme en décrivant l'assaut d'Hitler non pas comme une attaque contre la citadelle du communisme mondial, la Terre sainte du marxisme, mais comme une guerre d'extermination contre les Slaves. Les envahisseurs allemands ne sont plus présentés comme des capitalistes de la dernière chance tentant d'extirper le socialisme de la surface de la terre. Le matérialisme historique, le déterminisme économique, la lutte des classes, tous les piliers sacrés de l'idéologie communiste se sont effondrés tandis que les médias soviétiques ravivaient les gloires raciales de la Mère Russie, allant même jusqu'à invoquer les fantômes de héros tsaristes et de saints orthodoxes disparus depuis longtemps.[1060] Le reste appartient à l'histoire. Le 24 mai 1945, dix-sept jours après la défaite de l'Allemagne, Staline a proposé un toast presque hérétique lors d'un banquet au Kremlin réunissant les commandants de l'Armée rouge :

[1059] Voir pp. 362-63.

[1060] Hans Kohn, *Pan-Slavism*, Vintage Books, New York, 1960, p. 292. "Staline comprenait intuitivement que son gouvernement et son système social ne pourraient pas résister aux coups de l'armée allemande s'ils ne s'appuyaient pas sur les aspirations et l'éthique séculaires du peuple russe". Djilas, *Conversations avec Staline*, p. 48.

Je voudrais boire à la santé de notre peuple soviétique… et tout d'abord à la santé du peuple russe… parce que c'est la nation la plus remarquable de toutes les nations formant l'Union soviétique… Elle a gagné dans cette guerre la reconnaissance universelle en tant que force dirigeante de l'Union soviétique parmi tous les peuples de notre pays…[1061]

Le 15 mars 1954, Jzvestia a publié un article de fond :

> Chaque peuple de l'Union soviétique comprend parfaitement que le rôle principal et décisif dans la victoire sur l'ennemi au cours de la Grande Guerre patriotique… a été joué par le Grand peuple russe. C'est pour cette raison que le prestige du peuple russe est si incommensurablement élevé parmi les autres peuples ; c'est pour cette raison que les peuples de l'URSS lui vouent une confiance sans bornes et un sentiment d'amour et de gratitude immenses. [1062]

La majorité américaine n'a pas reçu d'hommage aussi élogieux, ni de la part du gouvernement américain, ni de la part de la presse américaine, pour son "principal rôle décisif" dans la victoire militaire de la Seconde Guerre mondiale, ni d'ailleurs dans celle de la Première Guerre mondiale.

La réhabilitation de la majorité russe s'est accompagnée d'un regain d'antisémitisme.[1063] Le peuple russe n'a jamais apprécié le nombre disproportionné de Juifs dans la révolution bolchevique, ni la responsabilité des Juifs dans l'assassinat des Romanov. Yurovsky, membre juif de la police secrète, travaillant sous les ordres d'un autre juif, le secrétaire du comité central du parti, Jacob Sverdlov, qui avait reçu le feu vert de Lénine, a supervisé le massacre du tsar, de la tsarine, de leurs quatre filles, Olga (vingt-deux ans), Tatiana (vingt ans), Maria (dix-sept ans), Anastasia (quinze ans), et Aleksei, le tsarévitch (treize ans).[1064]

Bien que l'antisémitisme ait été inscrit dans les livres de loi comme un crime capital lorsque les communistes ont pris le pouvoir en Russie, il couvait toujours chez les cadres non juifs du parti, s'enflammant brusquement

---

[1061] Kohn, op. cit. p. 297.

[1062] Ibid, p. 299.

[1063] L'antisémitisme russe a une longue histoire ininterrompue et n'a jamais été considéré comme "irrespectable" comme en Occident. Dostoïevski, par exemple, exposait fièrement son antisémitisme, tout comme d'autres Russes célèbres.

[1064] Les meurtres ont eu lieu dans une cave d'Ekaterinbourg en 1918. Iourovski a abattu lui-même certains Romanov. Le médecin de famille, trois domestiques et le chien d'Anastasia furent également abattus. Nobel Franklin, *Imperial Tragedy*, Coward-McCann, N.Y., 1961, p. 156, et Gleb Botkin, *The Real Romanovs*, Fleming Revell, N.Y., 1931, p. 236.

lorsque Fanny Kaplan, une femme juive à moitié aveugle, a été accusée d'avoir tiré sur Lénine et d'avoir failli l'assassiner.[1065] Loin de la forme classique des pogroms, l'antisémitisme, tel qu'il s'est développé sous Staline, est devenu un outil important dans la lutte pour le contrôle du parti communiste. Dans les années 1930, le dictateur russe a tué ou emprisonné la plupart des Juifs soviétiques de haut rang, tandis qu'Hitler s'est contenté de laisser s'échapper des milliers de Juifs allemands éminents, ainsi que des centaines de milliers de Juifs moins éminents. (Ce n'est qu'après l'invasion de la Pologne en 1939 que les camps de concentration et de travail du régime nazi ont réellement commencé à se multiplier). Cependant, les Juifs victimes de la Grande Terreur, comme on appelle aujourd'hui les purges menées par Staline avant la Seconde Guerre mondiale, n'ont jamais été identifiés comme Juifs dans la presse soviétique.[1066]

Ce n'est que quelques années après la guerre que. Ce n'est que quelques années après la guerre que Staline a fait éclater au grand jour son antisémitisme *sub rosa*.[1067] En 1948, il ferme toutes les entreprises culturelles juives, interdit l'enseignement de l'hébreu et interrompt la construction de nouvelles synagogues. Il emprisonne et fusille des centaines, voire des milliers, d'écrivains et d'artistes juifs, tout en poussant des cris d'orfraie contre les "cosmopolites", invariablement désignés comme juifs dans les journaux du Parti. Pour échapper aux accusations d'antisémitisme, chaque fois qu'il faisait tuer ou exiler des Juifs importants, il honorait des Juifs moins importants en leur décernant un prix Staline ou une autre récompense très médiatisée. La campagne atteint son paroxysme en 1953, lorsque neuf médecins de haut rang, dont au moins six juifs, "avouent" le meurtre d'un important responsable soviétique, Andrei Zhdanov, membre du Politburo, et complotent l'élimination d'officiers de haut rang de l'armée et

---

[1065] Litvinoff, *Un peuple particulier*, p. 74. "On trouve des révolutionnaires juifs dans toutes les branches de [son] administration". Les Juifs étaient également en première ligne dans la lutte contre le christianisme. Emelian Yaroslavsky, un éminent bolchevik juif, était le chef de la Ligue des athées militants. Ibid, pp. 73-76.

[1066] Pour certaines victimes juives des purges de Staline, voir Robert Conquest, *The Great Terror*, Macmillan, New York, 1968, pp. 76-77, 430, 498, 512, 538-39.

[1067] La fille de Staline, Svetlana Alliluyeva, a évoqué à plusieurs reprises l'antipathie chronique de son père à l'égard des Juifs. "Mon père ne s'est pas contenté de soutenir cette renaissance de l'antisémitisme russe, il l'a même en grande partie propagée lui-même. Selon elle, ce phénomène est né de la lutte de son père contre Trotski. Lorsqu'elle a épousé son premier mari juif — deux de ses cinq maris étaient juifs — son père lui a dit : "Les sionistes l'ont mis sur ton dos". En ce qui concerne Rosa Kaganovich, largement présentée comme la troisième épouse de Staline par la presse occidentale, Svetlana a déclaré qu'une telle personne n'existait pas. Svetlana Alliluyeva, *Twenty Letters to a Friend*, Harper & Row, New York, 1967, pp. 68, 159, 181, 186, 196, et *Only One Year*, Harper & Row, New York, 1969, pp. 152-55, 168, 382.

d'apparatchiks.[1068] Staline est mort alors que le complot était en train d'être démantelé. Ses successeurs, peut-être en réponse aux violentes réactions de l'étranger, ont balayé toute l'affaire sous le tapis. Mais comme aucun juif, ou du moins aucun juif avoué, n'était membre du Politburo, le sanctuaire de l'administration soviétique, après l'expulsion de Kaganovich en 1957,[1069] on peut supposer que la politique soviétique à l'égard des juifs a continué à suivre la ligne stalinienne établie.[1070] Le sionisme restait un crime contre l'État. Les Juifs figuraient toujours sur les passeports soviétiques en tant que Juifs. Des romans, des histoires, au moins un documentaire télévisé diffusé à une heure de grande écoute et diverses publications officielles et clandestines ont porté l'antisionisme à un niveau tel qu'il peut difficilement

---

[1068] Certains ont été accusés d'appartenir à une agence de renseignement américaine, d'autres d'avoir eu des contacts avec un groupe caritatif juif américain. Ibid, p. 133. Le complot des médecins n'est pas sans rappeler l'affaire Lopez, dans laquelle un médecin juif portugais a été pendu pour avoir prétendument tenté d'empoisonner la reine Élisabeth en 1597.

[1069] Selon l'*American Jewish Yearbook* (1967), pp. 383-84, le seul Juif à avoir conservé un poste gouvernemental important est Benjamin Dimschitz, l'un des nombreux vice-premiers ministres. Seuls cinq Juifs figurent parmi les 1 517 membres des deux chambres du Soviet suprême. Aucun juif n'occupe de poste important dans l'armée ou le corps diplomatique. Un rapport publié dans le *Richmond Times-Dispatch* (4 octobre 1965, p. 19) indique que 41,1 % des députés du Soviet suprême étaient juifs avant la Seconde Guerre mondiale, mais qu'en 1958, ce chiffre était tombé à 0,25 %. Un grand nombre de dirigeants non juifs avaient des épouses juives : Molotov, Kirov, Boukharine, Rykov et Vorochilov, pour n'en citer que quelques-uns. Khrouchtchev avait une belle-fille juive, et il y avait des noms juifs bien connus dans les cercles artistiques, littéraires et scientifiques — la ballerine Maria Plissetskaya, le violoniste David Oistrakh, l'écrivain Boris Pasternak et quelques autres écrivains, dont certains ont été emprisonnés pendant des années, ainsi qu'un ou deux physiciens et économistes de renom. Litvinoff, op. cit. p. 91, et Arkady Vaksberg, *Stalin Against the Jews*, Knopf, New York, 1994, p. 49–50. Une agence de presse a rapporté que la femme de Brejnev était juive. *Gainesville Sun*, Gainesville, Floride, 10 décembre 1977, p. 2A.

[1070] L'antisémitisme a particulièrement touché les pays satellites sous l'ère stalinienne. L'Allemagne de l'Est s'est vu interdire de verser des réparations à Israël pour la confiscation des biens juifs par les nazis. *New York Herald-Tribune*, 11 novembre 1962, p. 25. Sur les quatorze communistes tchécoslovaques de premier plan que Staline a fait juger à Prague en 1952, onze étaient juifs. C'est au cours de ce procès qu'une femme a dénoncé son mari comme un "traître à son parti et à son pays" et qu'un fils a réclamé la peine de mort pour son père. Le fils a écrit au président du tribunal : "Ce n'est que maintenant que je comprends que cette créature, qu'on ne peut pas appeler un homme... était mon plus grand et plus vil ennemi... la haine envers mon père me renforcera toujours dans ma lutte pour l'avenir communiste de mon peuple". Edward Taborsky, *Communism in Czechoslovakia*, Princeton University Press, Princeton, New Jersey, 1961, pp. 95, 106.

être distingué de l'antisémitisme.[1071] En outre, l'URSS est devenue le protecteur, pour ainsi dire, du monde arabe radical et a armé les voisins les plus hostiles d'Israël, l'Irak et la Syrie. Les Juifs ont quitté l'Union soviétique en nombre record depuis 1968, date à laquelle les portes ont été ouvertes pour la première fois. En 1980, ils étaient peut-être 250 000 à être partis pour l'Europe occidentale, les États-Unis et l'Australasie.[1072] Mais l'argument décisif de l'antisémitisme soviétique a été la mise en place de quotas pour les Juifs. Dans les années 70, en URSS, les Juifs ne représentaient que 1,3 % des étudiants de l'enseignement supérieur soviétique, contre 13 % en 1935.[1073]

La position chancelante de la juiverie soviétique et la domination presque complète du Politburo par les membres de la majorité russe étaient des signes que la cinquième et dernière étape de la révolution russe était en train de se dérouler. Ces cinq étapes, qui présentent certaines similitudes avec la Révolution française, peuvent être caractérisées comme suit :

[1071] La liste comprend *Judaïsme sans fioritures* de Trofim Kichko (1963, 191 pages, 60 000 exemplaires, retirés plus tard de la vente après que ses caricatures antijuives aient suscité des protestations occidentales) ; *Judaïsme et sionisme* de Kichko (1968, accuse le messianisme juif d'être responsable du massacre des Palestiniens) ; Attention : Le sionisme ! de Yuri Ivanov (1969, traduit en anglais à des centaines de milliers d'exemplaires, style et contenu rappelant quelque peu les *Protocoles des Sages de Sion*) ; *In the Name of the Father and the Son* d'Ivan Shevtsov (1970, 369 pages, 65 000 exemplaires, attaque les Juifs pour leur libéralisme, leur art abstrait et leur pornographie) ; *Zionism and Apartheid* de Valery Skurlatov (1975, critique la mainmise des juifs et des protestants sur le capitalisme américain) ; *Invasion Without Arms* de Vladimir Begun (1977, 150 000 exemplaires, concerne un complot juif-sioniste visant à dominer le monde) ; *Wild Wormwood* de Tsezar Solodar (1977, 200 000 exemplaires, roman accusant les juifs de faire le commerce de la "chair féminine") ; *International Zionism : History and Politics* de V. I. Kiselev et al. (1977, 26 000 exemplaires, interprétation marxiste du contrôle juif des banques internationales) ; Love and Hate d'Ivan Shevtsov (1978, 400 000 exemplaires, le méchant juif est un pervers, un sadique, un trafiquant de drogue et un meurtrier). *The Covert and the Overt*, film réservé aux officiers des services armés, qualifie Trotski de traître juif et rend les capitalistes juifs responsables de l'arrivée au pouvoir d'Hitler. *Traders of Souls*, une présentation télévisée de 1977, montre des agents sionistes furtifs distribuant de l'argent à des manifestants antisoviétiques à Londres. Voir *New York Review*, 16 novembre 1972, pp. 19-23 ; *Publishers Weekly*, 18 septembre 1978, p. 126 ; *New Statesman*, 15 décembre 1978, pp. 814-18 ; Chicago *Jewish Sentinel*, 12 octobre 1978, p. 27 ; London *Jewish Chronicle*, 25 juillet 1980, p. 19 ; "Anti-Zionism in the U.S.S.R." par William Korey, *Problems of Communism*, nov.-déc. 1978, U.S. Jewish *Chronicle*, 25 juillet 1980, p. 19 ; "Anti-Zionism in the U.S.S.R." par William Korey, *Problems of Communism*, nov.-déc. 1978, U.S. *Jewish Chronicle*, *p.* 19. Déc. 1978, U.S. Information Service, Washington, D.C., pp. 63–69.

[1072] Rapport de l'Associated Press, 9 octobre 1980.

[1073] *Jewish News*, Detroit, Michigan, 9 décembre 1977.

1. La majorité, divisée et anesthésiée par des injections massives de libéralisme et de prolétariat, et laissée sans défense par ses dirigeants décadents, est exclue de sa base de pouvoir raciale par une coalition de minorités et/ou de membres déracinés de la majorité, qui, en prenant le pouvoir, tue ou déporte le monarque de la majorité.

2. Les révolutionnaires triomphants et leur chef messianique, si doués pour miner l'ancien État, trouvent leurs dons insurrectionnels peu utiles pour organiser un nouvel État et retournent leurs frustrations et leurs échecs contre eux-mêmes.

3. L'homme fort[1074] émerge, instaure la Terreur et liquide les leaders dissidents et discordants de la révolution, qui étaient autrefois ses alliés politiques, mais qui sont désormais ses plus dangereux adversaires.

4. Son régime en ruine, poussé à l'extrême par une anarchie sociale et économique croissante, avec un ennemi armé à ses portes, l'homme fort initie la contre-révolution en abandonnant le dogme prolétarien et en construisant une nouvelle base de pouvoir sur la majorité, qu'il séduit par des appels au patriotisme, au racisme, à l'ethnocentrisme et à la tradition.

5. Dans les dernières années de sa vie, l'homme fort s'identifie presque totalement à la majorité[1075] et, à sa mort, l'État revient lentement sous le contrôle de la majorité.[1076]

[1074] Après la mort du leader messianique Lénine, il a fallu plus de dix ans à l'homme fort minoritaire Staline pour consolider son pouvoir. En Chine, la longue vie du leader messianique, le président Mao Tsé-toung, mort à 83 ans, a retardé l'apparition de l'homme fort Deng Xiaoping.

[1075] La fille de Staline avait ceci à dire au sujet de la russification de son père. "Je ne sais pas si ma mère savait chanter ou non, mais on dit que de temps en temps, elle dansait une gracieuse *leghinka* géorgienne. Sinon, nous n'accordions aucune attention particulière à quoi que ce soit de géorgien — mon père était devenu complètement russe. Svetlana Alliluyeva, *Vingt lettres à une amie*, p. 31.

[1076] Lorsque le scénario ci-dessus est appliqué à d'autres pays, des contre-révolutions fascistes ou militaires peuvent le bouleverser au stade 2, avant que les forces prolétariennes n'aient pu consolider leur victoire. Dans ce cas, le rôle de l'homme fort minoritaire est usurpé par un homme fort majoritaire, dont le pedigree majoritaire peut cependant laisser à désirer. Hitler était autrichien et Napoléon corse. Staline étant géorgien, les trois principales figures révolutionnaires ou contre-révolutionnaires de l'histoire moderne de l'Europe sont toutes issues de la périphérie sud de leur pays. Si cela s'avère être une loi de l'histoire, le futur homme fort américain sera un sudiste — une hypothèse rendue crédible par les tentatives prématurées de Huey Long et de George Wallace. Dans les pays méditerranéens, l'homme fort semble venir du Nord. Mussolini et Franco sont nés dans les régions septentrionales de leur pays. Castro est le fils illégitime d'un Espagnol originaire de Galice, dans le nord de l'Espagne.

L'expansionnisme, obsession commune des tsars et des commissaires, a été l'un des deux principaux déterminants des relations russo-américaines. Les États-Unis ont senti pour la première fois le souffle chaud de l'impérialisme russe au milieu du XIXe siècle, lorsque les Russes, qui avaient occupé l'Alaska, ont étendu leur empire de traite des fourrures jusqu'à Fort Ross, dans le nord de la Californie, à 70 miles au-dessus de San Francisco. Mais l'expérience malheureuse de la Russie lors de la guerre de Crimée (1854-56) a entraîné un repli à grande échelle. Les Russes se sont d'abord retirés en Alaska, puis, en 1867, ils ont vendu la "glacière de Seward" aux États-Unis pour 7,2 millions de dollars. Il n'y a pas eu d'autres contacts significatifs entre les deux nations jusqu'en 1905, lorsque le président Theodore Roosevelt a assouvi sa passion pour la haute politique en devenant le médiateur de la guerre russo-japonaise. La leçon de ce conflit, le premier des temps modernes au cours duquel un pays non blanc a vaincu un pays blanc, n'a pas échappé aux peuples coloniaux du monde entier.

Le deuxième facteur déterminant des relations russo-américaines a été l'antisémitisme russe. Les protestations publiques contre les pogroms et autres actes antisémites des gouvernements tsaristes se sont élevées pour la première fois à l'apogée de la nouvelle immigration, lorsque des myriades de Juifs russes et polonais ont été introduits dans le corps politique américain.[1077] Presque dès leur arrivée, ils se sont joints aux Juifs allemands et séfarades, mieux établis et plus discrets, pour exiger du gouvernement américain qu'il prenne des mesures officielles pour protéger les millions d'autres Juifs qui restaient encore dans l'Empire russe. En conséquence, les relations américaines avec la Russie sont devenues si tendues qu'au cours de l'été 1915, lorsque les responsables britanniques et français ont approché les banquiers de Wall Street pour obtenir un prêt de guerre, Jacob Schiff, associé principal de Kuhn, Loeb, a refusé que sa société y participe à moins que les ministres des finances britanniques et français ne donnent l'assurance par écrit que "pas un centime du produit du prêt ne serait donné à la Russie".[1078]

[1077] Le nombre total d'immigrants juifs (jusqu'en 1930) s'élève à 2,4 millions, dont 5 à 7 % sont arrivés avant 1880 et sont en grande partie d'origine allemande et séfarade. Davie, *World Immigration*, pp. 144-45.

[1078] Ce n'était pas la première fois que Schiff faisait peser le racisme des minorités sur le destin de la Russie. Pendant la guerre russo-japonaise, alors que les cercles bancaires londoniens étaient sceptiques quant aux chances du Japon, Schiff a levé 30 millions de dollars pour les Japonais. Comme l'a écrit sa fille Frieda, "sa haine de la Russie impériale et de ses politiques antisémites l'a incité à prendre ce grand risque financier". Plus tard, J.P. Morgan, George F. Baker et les intérêts Rockefeller-Stillman se joignirent à Schiff pour accorder trois prêts massifs aux Japonais, ouvrant ainsi la voie aux conquêtes japonaises en Asie et dans le Pacifique. En 1905, après une série de manifestations

Le renversement du tsar Nicolas II en 1917 a complètement inversé l'attitude des Juifs américains à l'égard de la Russie. Au fur et à mesure que le chaos s'installait au sein du nouveau gouvernement "démocratique", les relations russo-américaines se sont réchauffées, à tel point que Woodrow Wilson a salué la révolution menchevique de février comme une sorte de second avènement politique et l'a utilisée comme l'une des nombreuses justifications de l'intervention américaine dans la Première Guerre mondiale. La partie du message de guerre de Wilson au Congrès qui traitait de la situation en Russie était un excellent exemple de la mendicité, de la stupidité aveugle et de l'idéalisme malavisé qui ont empoisonné les puits d'information sur la Russie, bientôt appelée Union soviétique, pendant le demi-siècle qui suivit. Wilson a pris la parole :

> Tous les Américains n'ont-ils pas le sentiment que les événements merveilleux et réconfortants qui se sont produits ces dernières semaines en Russie ont renforcé notre espoir d'une paix future dans le monde ? La Russie était connue par ceux qui la connaissaient le mieux pour avoir toujours été démocratique dans l'âme... L'autocratie... n'était en fait pas d'origine, de caractère ou d'objectif russe ; et maintenant elle a été secouée et le grand et généreux peuple russe a été ajouté dans toute sa majesté et sa puissance naïves aux forces qui luttent pour la liberté dans le monde, pour la justice et pour la paix. Voilà un partenaire idéal pour une ligue d'honneur.[1079]

Après la guerre, la "ligue d'honneur" a été rapidement dissoute. Les ukases totalitaires ont choqué les attitudes américaines traditionnelles à l'égard de la liberté individuelle et de la propriété privée. Inversement, l'arrivée de troupes américaines à Archangel et à Vladivostok pour aider les forces antibolcheviques a offensé autant de Russes non communistes que de Russes communistes. Lors de la famine de 1921-22 en Ukraine, l'une des régions agricoles les plus fertiles du monde, l'aide financière et les livraisons de nourriture américaines ont permis de sauver peut-être 10 millions de vies. Mais comme le parti communiste a fait de son mieux pour garder le secret sur les opérations de sauvetage, les relations ne se sont pas beaucoup améliorées.[1080]

---

antisémites à Odessa, Schiff s'adressa directement à Theodore Roosevelt et exigea une action présidentielle contre le gouvernement tsariste. Roosevelt a obéi en écrivant une lettre personnelle au tsar. Stephen Birmingham, *Our Crowd*, Harper 8 Row, New York, 1967, pp. 282, 317.

[1079] George F. Kennan, *Russia and the West Under Lenin and Stalin*, Little, Brown, Boston, 1961, p. 19.

[1080] Kennan, op. cit. p. 180.

Jusqu'à l'avènement du New Deal, l'Union soviétique n'est pas reconnue par les États-Unis, bien que l'attrait du communisme pour les minorités américaines et les libéraux les plus dogmatiques ait fait de la Russie, la plus arriérée des grandes puissances, une Mecque intellectuelle pour les esprits américains égarés. Dans les années 1930, une forte tendance à la conspiration s'est développée dans les relations russo-américaines, alors que le Comintern intensifiait son espionnage intercontinental et que de nombreux communistes et crypto-communistes américains organisaient clandestinement un formidable lobby pro-russe. En fin de compte, en raison des craintes suscitées par la guerre civile espagnole et l'ombre grandissante d'Hitler, le parti pris pro-communiste a atteint un niveau de religiosité fébrile parmi les intellectuels libéraux et minoritaires, qui en sont venus à considérer Staline comme un Gabriel antifasciste envoyé pour détruire l'Archidémon. Il est à la fois tragique et comique qu'au moment même où cette idolâtrie atteignait son apogée, le dictateur soviétique, avec ses purges, ses réseaux d'espionnage, ses conspirations, ses simulacres de procès et ses camps de travail forcé, s'employait à détruire la quasi-totalité de la hiérarchie du parti communiste.[1081] Dans l'histoire de la politique de pouvoir, il serait difficile

---

[1081] Sur les 1 966 délégués au XVIIe congrès du parti (janvier 1934), 1 108 ont été fusillés sur ordre de Staline dans les années qui ont suivi. Sur les 139 membres et candidats au Comité central, 98 personnes, soit 70 %, sont arrêtées et fusillées (principalement en 1937-1938). Dans l'armée, Staline purge trois maréchaux sur cinq, 13 commandants d'armée sur 15, 57 commandants de corps sur 87, 110 commandants de division sur 195, 220 commandants de brigade sur 406. Au total, il y a eu quelque 700 000 exécutions "légales", environ un million d'exécutions secrètes et quelque 12 millions de morts dans les camps de prisonniers eux-mêmes. En comptant les 5,5 millions de morts de la collectivisation forcée de l'agriculture à la fin des années 30 et de la famine provoquée par l'homme qui l'a accompagnée, Staline peut être crédité d'un grand total de 20 millions de victimes mortes. Selon certains commentateurs, ce chiffre est 50 % trop bas. Il n'inclut que la période 1930-50, et non les dernières années d'activité de Staline, au cours desquelles la population des camps de travail forcé s'élevait à au moins 10 millions de personnes. Conquest, *The Great Terror*, pp. 36–38, 527-28, 533 ; Hugh Seton-Watson, *From Lenin to Malenkov*, Praeger, New York, 1955, p. 170. Pendant les purges de Staline, dont la pire a eu lieu avant le début de la Seconde Guerre mondiale, les médias occidentaux ont accordé à Staline une bien meilleure presse qu'à Hitler. Très peu d'informations sur la liquidation massive d'une fraction importante de la population russe ont été publiées et, lorsqu'elles l'ont été, elles ont été qualifiées de fausses et infondées par de nombreux intellectuels occidentaux de premier plan. L'occultation presque totale, pendant deux décennies, de l'un des plus grands crimes de l'histoire donne du poids à ceux qui affirment la corruption et la vénalité quasi totales de la presse mondiale. L'observation du professeur Harold Laski, un universitaire britannique influent, est typique : "Fondamentalement, je n'ai pas observé de grande différence entre le caractère général d'un procès en Russie et dans ce pays [la Grande-Bretagne]". Conquest, op. cit. p. 506. Sartre a déclaré un jour que les preuves concernant les camps de travail forcé soviétiques devaient être ignorées. Ibid, p. 509.

de trouver un dirigeant politique qui ait exploité aussi impitoyablement et dupé aussi habilement ses partisans.

Le pacte de non-agression russo-allemand (1939) a été un choc traumatisant pour ceux qui dépendaient de la ligne du parti communiste pour leurs vitamines intellectuelles. Déconcertés, abasourdis et trahis, les libéraux et les membres des minorités, en particulier les Juifs, ont commencé à déserter en masse la cause communiste. Mais deux ans plus tard, l'invasion allemande de la Russie a ramené certains des égarés dans le corral marxiste, où ils se sont mis à aider le parti communiste à retrouver son niveau de prestige, de poids politique et d'influence d'avant-guerre. Des membres du parti et des compagnons de route furent à nouveau nommés à plusieurs postes clés du gouvernement, en particulier dans les départements d'État, du Trésor et de l'Agriculture. En fait, si Roosevelt n'avait pas changé d'avis à la dernière minute lors de la convention démocrate de 1944 et n'avait pas remplacé son vice-président, Henry Wallace, par Harry Truman, un compagnon de route serait devenu président à la mort de Roosevelt en 1945.[1082] Il est vrai que Wallace s'est finalement rétracté et a admis son erreur. Mais même en 1948, il était le candidat présidentiel du parti progressiste, dominé par les communistes et les partisans de gauche de Staline.[1083]

Au fur et à mesure que la guerre froide progressait et que les percées communistes dans divers secteurs de la vie américaine étaient rendues publiques, l'étroite association de l'Amérique avec la Russie en temps de guerre a été rompue et les relations entre les deux pays ont pris un caractère formel et glacial, interrompu par des bouffées d'hostilité occasionnelles (pont aérien de Berlin, incident du U-2, armes nucléaires soviétiques à Cuba) et une entreprise conjointe de maintien de la paix (arrêt de l'offensive britannico-franco-israélienne de 1956 contre l'Égypte). Entre-temps, le soutien soviétique à la cause arabe et les révélations incessantes sur

---

[1082] En 1944, Henry Wallace et le professeur Owen Lattimore ont visité un camp de travail forcé russe à Magadan, en Sibérie, qui faisait partie d'un complexe dans lequel le taux de mortalité était d'environ 30 % par an. Le travail à l'extérieur était obligatoire jusqu'à ce que la température atteigne -50 °C. Les rations alimentaires des prisonniers étaient réduites jusqu'à la famine lorsqu'ils ne remplissaient pas les quotas de travail. Néanmoins, Wallace trouve le camp idyllique et Lattimore le considère comme une grande amélioration par rapport au système tsariste. En supprimant temporairement les miradors, en isolant les prisonniers dans des cabanes et en peuplant ce qui était censé être une ferme modèle avec des gardiennes de porcs qui étaient en fait des membres de la police secrète, le commandant du camp réussit à reproduire l'exploit de Potemkine. Conquest, op. cit. p. 350.

[1083] Les excuses de Wallace ont pris la forme d'un article paru dans le magazine Life du 14 mai 1956. Il admet avoir mal compris les intentions des Russes et que les communistes ont exercé une influence prépondérante et néfaste sur sa campagne présidentielle.

l'antisémitisme soviétique ont réduit à néant l'enthousiasme juif pour l'U.R.S.S., autrefois débordant.

Vers le milieu des années 1950, lorsque la réaction hystérique des minorités libérales à l'attaque en règle du sénateur Joseph McCarthy contre l'appareil stalinien s'est calmée, l'anticommunisme[1084], après une longue interruption, est redevenu quelque peu respectable aux États-Unis. Mais cette respectabilité était assumée en grande partie par les intellectuels mêmes qui s'étaient le plus distingués par leur obéissance apodictique à tout ce que le Kremlin avait ordonné dans le passé et qui, en tant que marxistes non reconstruits, avaient montré leur vrai visage en imputant les échecs du communisme non pas aux animadversions de Lénine, mais aux perversions de Staline. Quant aux Américains qui savaient depuis longtemps ce qui se passait en URSS, ils n'ont guère été félicités pour leur prescience et sont encore entachés par le maccarthysme. Beaucoup de conservateurs parmi eux méritaient l'opprobre parce qu'ils s'étaient obstinés à confondre la menace soviétique extérieure avec la menace intérieure que représentaient les partis communistes occidentaux, une menace qui s'affaiblissait au fil du temps et qui, dans la plupart des pays occidentaux, était plus imaginaire que réelle. Leur aveuglement dogmatique a empêché un grand nombre de conservateurs de comprendre que ce qui représentait la véritable menace interne pour les États-Unis — les libéraux et les militants des minorités — était devenu presque aussi anti-russe, mais en aucun cas aussi anti-marxiste, que les conservateurs eux-mêmes.

À la fin des années 70, on pouvait affirmer que le nationalisme, le militarisme et l'impérialisme russes, et non le communisme soviétique, constituaient la plus grande menace extérieure pour la sécurité nationale américaine. À l'intérieur, les États-Unis devenaient plus révolutionnaires que l'URSS. À soixante-dix ans, le premier État communiste du monde avait détruit ses créateurs et produit une caste bureaucratique, militaire et managériale qui constituait le groupe dirigeant le plus conservateur de toutes les grandes puissances. Pour les maîtres de l'Union soviétique, le marxisme n'était plus l'article de foi des anciens bolcheviks. En privé, il était tourné en dérision, considéré comme un ramassis obsolète de phrases et de pensées vides. En public, il servait de schibboleth pour renforcer l'emprise des patrons sur le gouvernement et pour faire progresser la puissance soviétique à l'étranger.

[1084] Le maccarthysme, selon les médias, a fait de l'Amérique un pays de peur et de tremblement. Mais qui avait peur au juste ? Dans les universités et les médias, il a toujours fallu beaucoup plus de courage pour dire du bien de McCarthy que pour le dénoncer. Bon nombre des principaux promoteurs de la chasse aux sorcières contre les "criminels de guerre", toujours en cours, figuraient parmi les plus féroces dénonciateurs de McCarthy.

Malgré les alarmistes, les États-Unis n'avaient pas grand-chose à craindre de l'URSS sur le plan économique. Avec plus d'habitants, de terres et de ressources naturelles, l'Union soviétique avait un produit national brut qui ne représentait que 48 % de celui des États-Unis.[1085] Un agriculteur américain travaille quatre fois plus de terres qu'un Russe dans une ferme collective, utilise cinq fois et demie plus d'énergie et obtient deux fois plus de rendement pour une fraction du travail.[1086] En ce qui concerne les produits de consommation et les services, l'Union soviétique est restée loin derrière l'Occident. Mais comme la supériorité économique et technique de l'Amérique sur la Russie est due aux capacités supérieures de la majorité américaine dans ces domaines, l'avance de l'Amérique pourrait se réduire au fur et à mesure que la dépossession de la majorité américaine se poursuivra et que la majorité russe, dont la dépossession a pris fin, s'affirmera.

En 1987, avec Mikhaïl Gorbatchev à sa tête, l'Union soviétique a commencé à imploser, en partie à cause de la guerre désastreuse de huit ans contre l'Afghanistan, en partie à cause de la paralysie mentale et économique générale provoquée par plus de sept décennies de marxisme étouffant. La guerre froide était enfin terminée. Presque sans effort, les satellites d'Europe de l'Est et les républiques soviétiques ont commencé à disparaître et ce qu'on appelle désormais la Fédération de Russie n'a fait aucune tentative significative pour les ramener dans le giron de l'Union. Bien qu'elle dispose toujours du deuxième plus grand arsenal de bombes et d'armes nucléaires au monde, la Russie, confrontée à des problèmes intérieurs presque insolubles, du moins pour le moment, ne peut plus être considérée comme une superpuissance.

Pour aider les Russes à s'engager sur la voie du capitalisme et de la démocratie, les États-Unis ont engagé une grande partie de l'aide étrangère et de la technologie. Le maintien de Moscou sur cette voie dépend en grande partie de la possibilité d'effectuer la transition sans provoquer de guerre civile ou de vague d'antisémitisme. Historiquement, les Russes n'ont pas montré un grand penchant pour les gouvernements représentatifs. Ils semblent même avoir un lien génétique avec l'autocratie. En tout état de cause, le chaos et la confusion qui règnent actuellement dans le pays ne sont pas des conditions propices à la stabilité politique.

En matière de politique étrangère, la Russie est passée en quelques années du statut d'ennemi de l'Occident à celui d'ami de l'Occident. Combien de temps cela durera-t-il ? C'est une question que même le prophète le plus sage

---

[1085] *Wall Street Journal*, 31 décembre 1968, p. 18.

[1086] Ency. *of Russia and the Soviet Union*, pp. 10 12. Dans les années 1970, les États-Unis comptaient 6 millions de personnes travaillant dans l'agriculture ; la Russie, 45 millions.

et le plus courageux hésiterait à aborder.[1087] En attendant, l'Amérique devrait soutenir à fond le programme de son écrivain-héros, Alexandre Soljenitsyne, qui veut que la Russie se replie sur elle-même, abandonne l'impérialisme et le "gigantisme politique" et se concentre sur le développement du Nord-Est russe, c'est-à-dire de la Russie nord-européenne et de la majeure partie de la Sibérie.[1088]

Bien qu'il ne faille jamais permettre à la Russie de devenir si forte qu'elle puisse engloutir l'Europe occidentale, il ne faut jamais lui permettre de devenir si faible qu'elle ne puisse pas protéger l'Europe contre les incursions mongoles en provenance des steppes asiatiques. Pour éviter toute possibilité de russification de l'Europe, il faut empêcher le nationalisme russe de se transformer en panslavisme. Comme nous l'avons déjà indiqué dans ce chapitre, il y a peut-être 145 millions de Russes. Si l'on inclut ces derniers, le nombre de Slaves pourrait s'élever à 285 millions.[1089] L'émergence d'un Ivan le Terrible de l'ère moderne à la tête d'un imperium slave soucieux de la race, dans lequel les Slaves non russes sont élevés au rang de citoyens de première classe et inspirés par une ferveur raciale commune, présenterait à l'Occident une concentration presque irrésistible de force militaire. Dans un tel cas, comme le disait Staline, "personne à l'avenir ne pourra bouger le petit doigt. Pas même un doigt !"[1090]

En bref, ce n'est pas l'Union soviétique de Lénine que les États-Unis et l'Occident doivent craindre. C'est la Russie du Pan-Siav Dostoïevski, un génie bien plus grand et un regard bien plus aiguisé sur les contours de demain.[1091]

[1087] Fin novembre 1994, la Russie du président Eltsine a opposé pour la première fois son veto aux Nations unies à une mesure occidentale visant à punir les Serbes de Bosnie. Les Russes ont pris le parti des Serbes de Bosnie et des Serbes proprement dits dans la guerre des Balkans qui a suivi la disparition de la Yougoslavie.

[1088] Alexandre Soljenitsyne, *Lettre aux dirigeants soviétiques*, Harper & Row, New York, 1975, notamment p. 55.

[1089] Outre les Grands Russes, les Ukrainiens et les Biélorusses, les Slaves comprennent les Polonais, les Tchèques, les Slovaques, les Serbes, les Croates, les Slovènes, les Ruthènes et certains Bulgares.

[1090] Djilas, *Conversations avec Staline*, p. 114.

[1091] L'interdiction de Dostoïevski, dont le roman, *Les Possédés*, était un aperçu inquiétant de l'histoire russe du XXe siècle, avait été levée depuis plusieurs décennies en URSS — une preuve de plus de la résurgence de la majorité russe. Le fait que les minorités russes à l'intérieur et à l'extérieur de la Russie s'agitent à nouveau en réponse à la disparition de la dictature communiste ne signifie pas nécessairement que la démocratie est au coin de la rue. Cela pourrait même signifier le contraire, à savoir que la Russie se rapproche d'un cataclysme politique et social aux proportions dostoïevskiennes.

CHAPITRE 34

Les États-Unis et l'Extrême-Orient

Nulle part au cours des cent dernières années la politique étrangère américaine n'a connu autant de fluctuations et de hauts et de bas qu'en Extrême-Orient. Prenons l'exemple de la Chine. Au début du vingtième siècle, les Américains jouissaient auprès des Chinois d'une estime bien plus grande que les autres diables étrangers qui s'acharnaient sur le Royaume céleste moribond. Les États-Unis, bien qu'attachés à l'époque aux droits extraterritoriaux et à la conversion des païens, étaient probablement la moins active des grandes nations occidentales dans la chasse aux concessions, l'accaparement des baux, la contrebande d'opium et d'autres manifestations similaires du corsetage financier de l'Occident.[1092] C'est la politique de la porte ouverte du secrétaire d'État John Hay, en 1899, qui a permis d'atténuer certaines des formes les plus audacieuses de pillage en renforçant la souveraineté chinoise. Après l'effondrement de la dynastie mandchoue en 1911-12, les versions américaines du gouvernement constitutionnel ont incité Sun Yat-sen, le "père de la révolution" chinoise, à instaurer une république. Lorsque le Japon a attaqué la Mandchourie en 1931, les États-Unis ont protesté plus bruyamment que tout autre pays occidental.

La Chine a été un allié des États-Unis pendant les deux guerres mondiales. Lors de ce dernier conflit, l'aide militaire américaine à Tchang Kaï-chek a largement contribué à empêcher les armées japonaises de s'emparer de l'ensemble de la Chine. À la fin de la Seconde Guerre mondiale, les Chinois ont été particulièrement reconnaissants du soutien des États-Unis, qui ne leur ont demandé aucune faveur territoriale ou financière en retour. Mais alors que les Chinois nationalistes et les communistes chinois avaient combattu les Japonais, ils se préparaient tous deux à une reprise de l'âpre guerre civile qui avait commencé dans les années 1920 et avait été temporairement reportée par l'invasion japonaise. Comme prévu, la lutte carthaginoise entre

---

[1092] L'une des entorses à la neutralité américaine au XIXe siècle a été le sauvetage par le commandant Josiah Tattnall, en 1859, d'une force navale britannique malmenée au large des côtes chinoises. Son excuse était la proposition, aujourd'hui presque interdite, selon laquelle "le sang est plus épais que l'eau". Tattnall a ensuite pris la tête du Virginia (anciennement *Merrimack*), un navire de guerre confédéré, après sa bataille contre le *Monitor*. *Webster's Biographical Dictionary*, Merriam, Springfield, Mass. 1966, p. 1448.

les communistes et les nationalistes a repris lorsque l'ennemi commun s'est rendu.

En 1949, Tchang Kaï-chek et les lambeaux de ses forces nationalistes s'enfuient ignominieusement à Taïwan où la marine américaine les met à l'abri des communistes triomphants. L'aide américaine à Chiang n'avait pas été suffisante pour empêcher sa défaite, mais plus que suffisante pour aigrir les vainqueurs, qui ont commencé à faire des États-Unis le principal bouc émissaire pour tous les maux de la Chine, passés et présents, étrangers et intérieurs, réels et illusoires. Les relations entre l'Amérique et la Chine ont atteint leur point le plus bas en 1950, lorsque les troupes américaines engagées dans la guerre de Corée, après avoir forcé les Nord-Coréens à battre en retraite presque jusqu'à la frontière chinoise, ont été surprises, malmenées et repoussées en Corée du Sud par 200 000 "volontaires" chinois. La guerre de Corée s'est terminée par le rétablissement du fragile *statu quo ante*. Malgré les 157 000 victimes américaines, dont 54 246 morts, c'est la deuxième guerre de l'histoire des États-Unis à se terminer dans une impasse.

L'une des principales raisons de l'effondrement des relations sino-américaines a été le refus de l'Amérique de prendre en compte et de comprendre les facteurs raciaux qui ont façonné les changements considérables de la Chine moderne. Tout d'abord, la Chine est fondamentalement un État monoracial. Si les Chinois du Nord sont plus grands et ont des têtes plus larges que les Chinois du Sud brachycéphales, presque tous les Chinois sont des Mongoloïdes et appartiennent à une race moins différenciée que la race caucasienne. [1093]

Bien que les libéraux américains aient fait grand cas des indignités infligées aux immigrants chinois en Californie, les Chinois eux-mêmes ont une longue histoire de racisme. Même les plus hauts dignitaires étrangers, considérés par l'édit impérial comme des "barbares extérieurs", devaient faire des courbettes en présence de l'empereur. Dans une communication officielle adressée au roi George III en 1807, l'empereur chinois a employé des termes qui auraient été insultants pour les habitants des quartiers pauvres.[1094]

L'intensité du racisme chinois ne signifie cependant pas que les influences occidentales ne sont plus à l'œuvre en Chine ou que les divisions n'existent pas au sein du régime communiste. Les distinctions culturelles entre les provinces chinoises sont souvent si prononcées et les langues et dialectes si

---

[1093] Coon, *The Living Races of Man*, pp. 148-50. Seuls 6 % environ des habitants de la Chine peuvent être décrits comme appartenant à des minorités, et la plupart d'entre eux vivent dans les régions frontalières de la Chine. Amrit Lal, "Ethnic Minorities of Mainland China", *Mankind Quarterly*, avril-juin 1968.

[1094] Nathaniel Peffer, *L'Extrême-Orient*, p. 51-54.

variés que certains Chinois communiquent entre eux en anglais. Ironiquement, Mao Tsé-toung, qui était anti-occidental et anti-blanc, a sanctifié les enseignements du juif occidental Karl Marx dans son effort grandiose pour imposer le communisme à plus d'un milliard de personnes. Mais les anciennes coutumes de la Chine, son culte des ancêtres et son mode de vie centré sur la famille imposent toujours des contraintes d'inertie massives à une prolétarisation durable.

Bien que peu de livres d'histoire le disent, la principale dynamique communiste chinoise n'a pas été le marxisme, mais la xénophobie. Les Blancs et les Japonais détestés devaient être expulsés du territoire chinois, et ils l'ont été. Même les Russes, qui étaient censés s'unir définitivement aux Chinois dans l'étreinte fraternelle de la solidarité ouvrière, ont été condamnés comme hérétiques et chassés en 1960.[1095]

Pour ce qui est de l'avenir, Mao envisageait un nouveau type de guerre des classes : la campagne, avec la paysannerie comme prolétariat, contre la ville. L'Afrique, l'Asie et l'Amérique latine ruralisées entoureraient et étrangleraient l'Amérique du Nord et l'Europe occidentale urbanisées, derniers bastions des capitalistes et de la bourgeoisie avides d'argent, des syndicats corrompus et des révisionnistes marxistes décadents. La guerre serait gagnée par des tactiques de guérilla à la vietnamienne, avec peut-être un peu d'aide de l'arsenal nucléaire croissant de la Chine.[1096]

Les successeurs de Mao ne concrétiseront probablement jamais ses menaces et ne seront jamais à la hauteur de ses aphorismes.[1097] Néanmoins, la politique étrangère américaine n'a guère gagné à cultiver l'ortie taïwanaise sur le flanc oriental de la Chine. Le soutien américain à Taïwan n'a fait que renforcer la position communiste en Chine. La septième flotte américaine

---

[1095] La révolution culturelle de Mao est une preuve de plus que les dictateurs sont tellement affligés par le pouvoir qu'ils se calment rarement. Alors que Staline s'apprêtait, peu avant sa mort, à plonger la Russie dans une nouvelle tourmente en procédant à de nouvelles purges — on disait qu'il prévoyait de transporter tous les Juifs en Sibérie — Mao a remué sa marmite révolutionnaire en exilant au bled la quasi-totalité de l'élite intellectuelle de la Chine.

[1096] A. Doak Barnett, *China After Mao*, Princeton University Press, Princeton, New Jersey, 1967, pp. 59–60, 75, 77.

[1097] "La politique est la guerre sans effusion de sang, tandis que la guerre est la politique avec effusion de sang... La guerre ne peut être abolie que par la guerre, et pour se débarrasser du fusil, il faut prendre le fusil... Plus une personne lit de livres, plus elle devient stupide... Je ne veux pas dire qu'il faut fermer les écoles. Ce que je veux dire, c'est qu'il n'est pas absolument nécessaire d'aller à l'école... Ne pas avoir un point de vue politique correct, c'est comme ne pas avoir d'âme". *Citations du président Mao Tsé-toung*, Bantam Books, New York, 1967, pp. 32, 35, 69, 78. Voir également le *New York Times*, 1er mars 1970, p. 26.

patrouillant le long des côtes chinoises et les 600 000 soldats nationalistes s'entraînant à une centaine de kilomètres de la Chine continentale s'inscrivaient parfaitement dans l'image de propagande communiste d'impérialistes étrangers assoiffés de sang se préparant à un assaut massif pour reconquérir leur hégémonie financière perdue. De plus, il n'y avait rien de tel qu'une bonne peur d'invasion pour détourner l'attention des Chinois des problèmes monumentaux qui les assaillaient sur le front intérieur.

Se méprenant totalement sur la nature raciale de la révolution chinoise, les experts américains en politique étrangère étaient convaincus que tout État communiste deviendrait, ipso facto, un allié de la Russie. En période de révolution, comme nous l'avons déjà souligné, la race ou la nationalité peut facilement prendre le pas sur la classe. Comme la Yougoslavie, l'Albanie, le Vietnam communiste, le Cambodge communiste et la Chine elle-même l'ont amplement démontré, les États communistes sont tout aussi compétents que les États anticommunistes pour élaborer et promouvoir des politiques étrangères anti-russes, anti-chinoises ou neutralistes. Il s'avère que les Rouges n'ont pas de plus grands ennemis que d'autres Rouges.

Les États-Unis ont fait preuve de sagesse en continuant à réparer leurs erreurs diplomatiques avec la Chine. Ce faisant, les États-Unis pourraient être en mesure de restaurer leur amitié traditionnelle avec la nation la plus peuplée du monde. La neutralité américaine renouvelée dans les affaires d'Extrême-Orient pourrait être établie en agissant comme intermédiaire dans la réunification de Taïwan avec la Chine continentale et de la Corée du Sud avec la Corée du Nord, tout comme Théodore Roosevelt a augmenté de façon incommensurable le prestige américain en Orient en jouant le rôle de médiateur pour mettre fin à la guerre russo-japonaise. Maintenant que Tchang Kaï-chek et Mao sont tous deux morts, il est temps de prendre les premières mesures inévitables pour que les deux Chines ne fassent plus qu'une. Quoi qu'il en soit, aucune affection idéologique pour le capitalisme taïwanais, aucun sentiment de culpabilité à l'égard d'un allié abandonné et aucune hostilité idéologique à l'égard de l'économie convulsive, mais explosive de la Chine communiste ne devraient servir de prétexte à la Chine pour raviver son alliance de courte durée avec Moscou pendant la guerre de Corée. L'une des plus grandes garanties de la sécurité des États-Unis et de l'Europe occidentale réside dans l'hostilité permanente de Pékin et de Moscou, une hostilité que la diplomatie américaine astucieuse devrait laisser mijoter aussi longtemps que la Russie aura des visées sur l'Occident.

La politique étrangère américaine a la tâche plus facile en Extrême-Orient que sur tout autre continent. En Asie orientale, les États-Unis n'ont pas besoin d'établir un contrepoids militaire à la Russie. Ce contrepoids existe déjà. Dans un avenir prévisible, la Chine est la seule nation au monde à avoir la volonté, la main-d'œuvre et les ressources nécessaires pour combattre la

Russie seule dans une guerre conventionnelle. En effet, elle pourrait bientôt être en mesure de faire valoir ses droits dans une guerre nucléaire. Le fait que les États-Unis poursuivent une politique autre qu'amicale à l'égard de la Chine, la seule nation qui puisse s'opposer efficacement à l'expansion russe en Extrême-Orient, relève de la diplomatie schizoïde dans ce qu'elle a de pire. L'histoire, la géographie, la culture, la race, tout indique que la Chine et la Russie finiront par s'affronter.

Cela ne veut pas dire que les États-Unis devraient entrer dans une telle guerre aux côtés de la Chine, comme le proposerait sans doute la faction anti-russe de la coalition libérale-minoritaire. L'Amérique a aidé à détruire l'Allemagne, le bastion occidental contre les Slaves, en 1945. Il serait encore plus tragique que l'Amérique aide la Chine à détruire la Russie, le principal bastion blanc contre la race jaune.

En ce qui concerne le Japon, on pourrait commencer par dire qu'il aurait mieux valu pour toutes les parties concernées, en particulier les Japonais, que le Commodore Perry n'ait jamais débarqué dans la baie de Yedo en 1854. En forçant le Japon à renoncer à un isolement de 400 ans, les États-Unis ont involontairement semé les dents du dragon qui ont donné naissance à la machine militaire fanatique et dévouée qu'ils allaient rencontrer quatre-vingt-sept ans plus tard à Pearl Harbor. L'homogénéité et la géographie japonaises excluant le fractionnement régional et culturel sur le modèle chinois, le Japon a pu se convertir à la technologie occidentale beaucoup plus rapidement et plus efficacement, sans le handicap des troubles révolutionnaires de la Chine.

D'un point de vue racial, les Japonais sont un peuple mongoloïde originaire du continent asiatique, auquel se sont mêlés des migrants préhistoriques d'Asie du Sud-Est. N'ayant connu qu'une faible immigration au cours des mille dernières années, le Japon peut se targuer d'avoir l'une des populations les plus homogènes au monde, ce qui explique en partie le sens aigu de la race de ses citoyens. Comme les Chinois, les Japonais ont été scandalisés par les restrictions américaines à l'immigration des Orientaux, bien que le Japon lui-même ait pratiqué l'exclusivité raciale pendant des siècles. Les premiers habitants du Japon étaient peut-être les Aïnus, une race caucasoïde, peut-être les vestiges d'une race blanche qui dominait autrefois l'Asie du Nord. Les Ainus ont été repoussés dans les régions les plus septentrionales du Japon, où ils subissent un processus d'absorption biologique et culturelle qui détruit rapidement leur identité raciale. Une autre minorité importante du Japon n'a pas connu un sort beaucoup plus enviable. Lors du tremblement de terre de 1923, un pogrom sanglant a frappé les Coréens à Tokyo.[1098]

[1098] Peffer, *L'Extrême-Orient*, p. 341.

L'article IX de la constitution japonaise d'après-guerre contient la clause largement acclamée qui renonce à la guerre en tant que "droit souverain de la nation" et qui stipule que "les forces terrestres, maritimes et aériennes, ainsi que les autres potentiels de guerre, ne seront jamais maintenus". Il s'agit là d'un revirement plutôt surprenant pour un pays qui avait développé le mode de vie militaire jusqu'à en faire un art (Bushido) et dont la hiérarchie sociale se composait, dans cet ordre, du soldat, de l'artisan, du paysan et du commerçant.[1099] Aucune autre nation, pas même Sparte, n'a jamais produit quelque chose qui ressemble à l'héroïsme incroyable des pilotes kamikazes de la Seconde Guerre mondiale.

Malgré sa constitution, le Japon dispose aujourd'hui d'une "force d'autodéfense" de 268 000 hommes, de 800 avions militaires, de 46 destroyers et de 44 sous-marins.[1100] Avec une Chine de plus en plus militarisée à quelques minutes de missiles, avec la Russie positionnée sur la moitié sud de l'île de Sakhaline (le prix de Staline pour être entré dans la guerre du Pacifique cinq jours avant sa fin), les Japonais n'ont guère de raisons de s'accrocher plus longtemps à leur expérience inhabituelle de désarmement. Le Japon possède la troisième économie du monde, mais il ne consacre qu'un pour cent de son PNB à la défense. Il dépend presque entièrement du pétrole arabe et iranien, mais compte sur l'Amérique pour maintenir ouvertes les voies maritimes du golfe Persique. Ses voitures, ses appareils photo, ses montres, ses téléviseurs et son matériel électronique provoquent de graves perturbations économiques et du chômage dans les nations industrielles de l'Occident, mais elle se hérisse à l'idée que d'autres puissent adopter le protectionnisme avec lequel elle défend ses propres industries. Le traité général sur les tarifs douaniers et le commerce, que le Japon a signé avec une certaine réticence, pourrait supprimer de nombreuses barrières commerciales si le Japon respecte sa signature.

Malheureusement pour les milieux d'affaires japonais, l'Amérique ne peut plus se permettre d'être l'ange gardien d'une nation qui tente de la mettre hors d'état de nuire. Les troupes américaines stationnées au Japon, qui ont toujours été une source de friction dans les relations nippo-américaines, seront presque certainement retirées dans quelques décennies, de même que le parapluie nucléaire. Personne, et surtout pas les Japonais, ne croit sérieusement que les États-Unis exposeraient leurs propres villes à la dévastation en utilisant des bombes thermonucléaires pour défendre le Japon contre une agression russe ou chinoise. En tout état de cause, il est plus dans l'intérêt de la Chine que dans celui de l'Amérique d'empêcher toute tentative

---

[1099] Ibid, p. 34

[1100] *Whitaker's Almanac*, 1981, p. 889.

de la part de la Russie de finaliser le Japon au moyen d'un chantage nucléaire.

Avec une population de 124 millions d'habitants (estimation de 1992) entassée sur un territoire à peine plus petit que la Californie, dont un sixième seulement est cultivable, le Japon[1101] s'apprête à vivre une période difficile au XXIe siècle. Autrefois la plus isolationniste des nations, le Japon a perdu une grande partie de son caractère unique et de son esthétique très développée dans sa course folle pour dominer le commerce mondial. Une réduction considérable de la taille de la population japonaise par un programme national de contrôle des naissances, accompagnée d'un ralentissement considérable de l'industrialisation, sauverait le Japon de son matérialisme à l'occidentale, tout en éliminant un étalement urbain hideux et invivable comme le Tokyo moderne. Moins de Japonais et moins de produits japonais ne profiteraient pas seulement au reste du monde en économisant les précieuses ressources naturelles consommées par l'industrie vorace du Japon, mais pourraient aussi s'avérer être le salut de l'éthique japonaise menacée.

Si un retrait américain du Japon met en péril l'indépendance de la Corée du Sud, qu'il en soit ainsi. La Corée est vouée à s'unir tôt ou tard, comme l'ont été les deux Allemagnes et les deux Vietnam, et comme le seront Taïwan et la Chine continentale. Laissons la nature suivre son cours. L'Amérique ne peut pas s'étendre à l'infini dans ce qui ne sera finalement qu'un vain effort pour protéger la liberté d'États d'Extrême-Orient menacés et divisés. Lorsque le statut de nation leur est offert sur un plateau d'argent, ils ont encore moins de chances de le conserver.

Au cours des dernières décennies, la politique étrangère des États-Unis en Extrême-Orient semble s'être concentrée sur la protection de ce qui n'est pas protégeable. L'intervention américaine au Viêt Nam a mis en évidence ce qui arrive à une machine militaire moderne paralysée, non motivée et magnifiquement équipée lorsqu'elle rencontre une force de combat déterminée, très motivée et mal équipée, composée de guérilleros et de réguliers dévoués. Si les responsables de la politique étrangère américaine[1102] avaient compris que les sentiments anti-blancs des Vietnamiens étaient si intenses que la simple présence de troupes américaines d'un côté stimulerait considérablement le moral et la volonté de

---

[1101] Peffer, op. cit. p. 40.

[1102] "Walt Rostow... était responsable de notre engagement initial au Viêt Nam sous le président Kennedy... " Chronique de Drew Pearson non datée. Harold Wilson, alors Premier ministre britannique, a reproché à Rostow d'avoir torpillé une chance de paix au Viêt Nam en 1967. *Life* magazine cité par UPI, 17 mai 1971.

combattre de l'autre, ils n'auraient peut-être pas été aussi enthousiastes à l'idée d'envoyer une grande armée américaine pour remplacer les Français partis et vaincus.[1103]

La première erreur des responsables de l'engagement militaire américain au Viêt Nam a été leur ignorance de la dynamique raciale en Asie du Sud-Est. L'erreur secondaire a été d'engager les forces armées américaines dans une guerre que, dès le premier jour, elles n'étaient pas autorisées à gagner. L'histoire récente a prouvé que les États-Unis ne peuvent être mis en état de combattre que si les objectifs de la guerre correspondent aux buts de la coalition libérale-minoritaire. À moins que de tels "objectifs" puissent être établis ou inventés, les médias resteront probablement indifférents, voire hostiles. Si le Nord-Vietnam avait eu un dictateur fasciste au lieu du patriarcal "Oncle Ho",[1104] s'il avait maltraité les Juifs et les Noirs[1105] au lieu des paysans vietnamiens, le théâtre des opérations aurait été étendu au Nord-Vietnam et la guerre aurait été rapidement gagnée. L'expérience américaine en Corée avait déjà démontré la froideur et l'opposition des intellectuels de gauche et des minorités à un conflit qui n'avait pas les ingrédients idéologiques adéquats.

[1103] Les Américains eux-mêmes n'auraient probablement pas tenu en haute estime un parti ou une faction qui aurait invité l'armée vietnamienne aux États-Unis pour les aider à se défendre contre une attaque d'autres Américains. L'apparition de troupes étrangères [en grand nombre] dans l'un ou l'autre camp de la guerre entre les États aurait certainement renforcé la résistance de l'autre camp. L'une des raisons pour lesquelles les Américains ont pu échapper à la défaite en Corée est que les Nord-Coréens étaient beaucoup moins nombreux que les Sud-Coréens, une proportion qui n'a pas prévalu au Viêt Nam. Les Nord-Coréens ont dû faire appel aux Chinois pour les sauver, ce qui a ôté à leur propagande une partie de son attrait nationaliste et anti-étranger. La Corée du Sud compte 29 millions d'habitants et la Corée du Nord 12 millions. En revanche, la population du Nord-Vietnam est de 20 millions d'habitants et celle du Sud-Vietnam de 16 millions. Il convient également de garder à l'esprit les différences ethniques entre les deux nations. Selon C. D. Darlington, "la frontière entre le Nord et le Sud du Viêt Nam est l'une des plus grandes frontières raciales du monde". *L'évolution de la société*, p. 615.

[1104] Le regretté Drew Pearson, qui était syndiqué dans 650 journaux, soit deux fois plus que tout autre chroniqueur à l'époque, a comparé Hô Chi Minh à George Washington. *San Francisco Chronicle*, 2 juin 1965, et *Time*, 12 septembre 1969, p. 82.

[1105] De nombreux soldats noirs au Viêt Nam avaient des objectifs de guerre particuliers. Près de la moitié des personnes interrogées ont déclaré qu'elles utiliseraient les armes pour obtenir leurs droits à leur retour aux États-Unis. Plusieurs escarmouches militaires ont eu lieu entre les troupes blanches et noires au cours de la guerre, dont 520 attaques d'officiers et de sergents à la grenade à fragmentation qui ont fait 185 morts. *Miami Herald*, 10 novembre 1972, p. 2A, *Time*, 19 septembre 1969, p. 22, et 23 janvier 1971, p. 34, et *Dallas Morning News*, 2 avril 1977.

L'effondrement du Sud-Vietnam après la fausse paix d'Henry Kissinger, pour laquelle il a eu le culot d'accepter le Prix Nobel de la Paix... l'impérialisme des Vietnamiens communistes après leur conquête du Sud... la purge raciale du Vietnam communiste de son ethnie chinoise[1106]... les horreurs de la révolution communiste au Cambodge, suivies de l'invasion et de l'occupation vietnamiennes... la punition militaire du Viêt Nam par la Chine — tous ces événements sont une preuve de plus qu'il y avait autant de désunion et de conflits entre les États marxistes dans la seconde moitié du vingtième siècle qu'il y en avait entre les États capitalistes dans la première moitié.

Le mieux et le plus que l'Amérique puisse faire pour les nations d'Asie est de les laisser tranquilles. Pour de nombreux petits pays, la neutralité est la protection la plus sûre contre les invasions ou les révolutions. Lorsque l'Amérique se retirera de l'Extrême-Orient, il y a fort à parier que d'autres nations de la région, comme les Philippines, finiront par expérimenter le communisme. Si c'est le cas, il faut espérer — et c'est un espoir fondé — qu'elles se retourneront contre les États communistes voisins plutôt que contre l'Amérique et l'Occident. Les États-Unis ont dépensé plus de 40 milliards de dollars et perdu plus de 58 000 vies dans une tentative infructueuse d'empêcher la chute du Sud-Vietnam, qui, selon les théoriciens des dominos, ferait de l'Asie du Sud-Est une partie d'un imperium communiste mondial et monolithique. Lorsque la fumée s'est dissipée, le monolithe redouté s'est brisé en fragments amèrement hostiles, tout comme il l'avait fait en Eurasie après la révolution communiste en Chine.

Il n'y a que deux pays en Extrême-Orient — ou plus exactement en Australasie — avec lesquels les États-Unis devraient entretenir les liens militaires les plus solides. Il s'agit de l'Australie et de la Nouvelle-Zélande. Ici, l'engagement américain devrait transcender les considérations matérialistes et idéologiques habituelles de stratégie, d'anticommunisme, d'autodétermination et de démocratie, et reposer sur les fondations plus permanentes et plus solides de l'affinité biologique et culturelle. L'Australie et la Nouvelle-Zélande, peuplées de plus de 21 400 000 personnes d'origine essentiellement britannique, sont la dernière frontière de l'Européen du Nord, qui n'est jamais vraiment heureux s'il n'a pas de frontière. Étant donné qu'il n'y avait pas d'Asiatiques, mais seulement quelques aborigènes de l'âge de pierre, sur les terres australiennes à l'arrivée des Blancs, les Chinois, les Japonais et les autres Orientaux peuvent difficilement accuser les

---

[1106] Tout comme la réussite économique des Juifs suscite l'antisémitisme en Occident, l'aisance des minorités chinoises provoque des explosions d'antisinisme en Asie du Sud-Est.

Australiens d'être des exploiteurs blancs de l'homme jaune.[1107] Les Maoris ont des arguments un peu plus solides contre les Britanniques en Nouvelle-Zélande. Ils y sont arrivés les premiers, il y a neuf siècles, et représentent, avec les autres Polynésiens, 8 ou 9 % de la population.

L'Australie a mis en place une politique d'immigration sélective visant à doubler ou tripler la population du pays d'ici la fin du siècle, sans toutefois modifier sa composition raciale de base.[1108] Ce plan raisonnable de croissance homogène a été anéanti par la victoire électorale du parti travailliste en 1972, qui a immédiatement renoncé à la politique de l'"Australie blanche" pour accepter toutes les couleurs et toutes les croyances. Depuis lors, quelque 25 000 à 30 000 non-Blancs sont entrés dans le pays chaque année, pour un total d'environ 720 000 à ce jour (1993). Les partis conservateur et travailliste n'ont pas fait grand-chose pour résister à l'égalitarisme qui s'infiltre de l'Ouest et contre lequel les vastes océans n'ont pas été une protection. La Nouvelle-Zélande, en revanche, avec une population de 3 400 000 habitants, dont 3 803 juifs, a jusqu'à présent attiré un nombre beaucoup plus faible d'immigrants du tiers-monde et d'Asie.

Aujourd'hui, l'Australie reste l'un des endroits les plus blancs sur la carte démographique de plus en plus tachetée de la civilisation occidentale. Si une nation doit ériger des barrières d'immigration strictes contre les non-Blancs, c'est bien l'Australie, un continent sous-peuplé qui fait face à l'angle sud-est du continent le plus peuplé du monde. Si l'Australie parvient à rester blanche, elle pourrait devenir le centre de l'expression la plus avancée et la plus authentique de la vie occidentale, un dernier port d'escale pour les Américains de la majorité et les Européens du Nord qui ont laissé leurs propres pays devenir des mouroirs pour minorités. Toutefois, si elle suit les tendances démographiques occidentales actuelles, l'Australie, pour reprendre les termes de son grand poète, A. D. Hope, pourrait devenir "la

---

[1107] La minorité aborigène d'Australie compte aujourd'hui 50 000 personnes, auxquelles s'ajoutent 150 000 métis. Les aborigènes appartiennent à la race australoïde distincte, ont une coloration qui va du noir de suie au brun et se distinguent par leurs sourcils en forme de scarabée, leur front incliné et leurs mâchoires saillantes. Coon, *The Living Races of Man*, pp. 12, 310. Leur position inférieure sur l'échelle de l'évolution humaine fait qu'il est difficile, même pour l'anthropologue le plus égalitaire, de leur attribuer les mêmes capacités mentales qu'aux Blancs ou aux Mongoloïdes.

[1108] En 1993, l'Australie comptait 18 millions d'habitants. L'*Almanach mondial de 1981* indique qu'il y a 70 000 Juifs en Australie, dont l'un, Zelman Cowen, a été gouverneur général jusqu'en 1982. L'ancien premier ministre Malcolm Fraser, chef du parti conservateur, est à moitié juif. Robert Hawke, Premier ministre travailliste de longue date, est un pro-sioniste convaincu.

dernière des terres, la plus vide… où des Européens d'occasion se retirent timidement au bord de rivages étrangers".

CHAPITRE 35

Les États-Unis et le Moyen-Orient

L A COMPOSITION GÉOGRAPHIQUE EXACTE du Moyen-Orient n'a jamais été définie avec autorité ni acceptée par les cartographes, les historiens ou les experts en affaires étrangères. Ici, il sera délimité, peut-être trop inclusivement, comme l'Iran, l'Irak, la Jordanie, la péninsule arabique et les pays contigus à la Méditerranée orientale allant dans le sens des aiguilles d'une montre de la Turquie au Maroc. C'est au Moyen-Orient que l'homme est censé avoir inventé la civilisation. C'est au Moyen-Orient que des Juifs, des Arabes, des Iraniens en guerre ou des étrangers assoiffés de pétrole peuvent provoquer une confrontation nucléaire qui pourrait mettre un terme prématuré à une grande partie de la civilisation.

Les États-Unis ont été impliqués dans les affaires du Moyen-Orient dès 1805, lorsque le capitaine William Eaton, dirigeant une attaque terrestre contre les ports des pirates de Barbarie, a fait marcher une poignée de marines américains, de Grecs, de Bédouins et de chameliers arabes sur 500 miles à travers le désert, depuis l'Égypte jusqu'à la limite orientale de l'actuelle Libye, où il a capturé la ville de Derna.[1109] Dix ans plus tard, Stephen Decatur, avec l'aide d'une escadre navale américaine, a contraint le Dey d'Alger à cesser de prélever un tribut sur les navires américains et de rançonner les marins américains.[1110]

Pendant plus d'un siècle, les relations américaines avec les nations du Moyen-Orient ont été, dans l'ensemble, de nature économique, de faible importance historique et amicales. Ce n'est qu'après la Seconde Guerre mondiale, lorsque les États-Unis ont été entraînés dans le vide laissé par l'implosion de l'Empire britannique, que le Moyen-Orient a attiré sérieusement l'attention de la diplomatie américaine. La doctrine Truman (1947), en réponse à la résurrection par Staline des visées tsaristes sur Constantinople, a alloué une partie d'un programme d'aide de 400 millions de dollars à la Turquie. En échange d'armes, d'argent et d'une assistance militaire complète en cas d'invasion russe, les Turcs deviennent des alliés

---

[1109] Henry Adams, *History of the United States during the First Administration of Thomas Jefferson*, Boni and Liveright, New York, 1930, Livre II, pp. 432, 488.

[1110] Kendrick Babcock, "The Rise of American Nationality", *The Historians' History of the United States*, Putnam, New York, 1966, p. 458.

des Américains et donnent aux États-Unis le droit de construire des bases aériennes dans leur pays.

Puis, en 1948, la coalition libérale-minoritaire a réussi à déplacer le pivot de la politique américaine au Moyen-Orient de la Turquie vers Israël. La déclaration Balfour (1917), par laquelle le gouvernement britannique a acheté le soutien de la communauté juive mondiale lors de la Première Guerre mondiale, a été mentionnée précédemment.[1111] Il convient maintenant d'ajouter que, tout en promettant le soutien britannique à un foyer juif en Palestine, la Grande-Bretagne avait, deux ans plus tôt, en 1915, fait des promesses similaires aux Arabes pour les enrôler dans la lutte contre la Turquie, l'alliée de l'Allemagne au Moyen-Orient.[1112] Les Arabes palestiniens, dont le pays avait été gouverné par la Turquie pendant 400 ans, n'ont pas eu besoin de beaucoup d'encouragement. Mais à la fin de la guerre, alors que la Turquie avait perdu toutes ses terres arabes et que la Société des Nations avait confié à la Grande-Bretagne le mandat palestinien, le gouvernement britannique n'a fait aucun effort pour tenir sa parole à l'une ou l'autre des parties, si ce n'est d'autoriser une augmentation inquiétante de l'immigration sioniste en Terre sainte. La Grande-Bretagne a en fait vendu une maison qui ne lui appartenait pas à deux acheteurs différents, la vente précédente ayant été faite à ses occupants arabes.

L'importance et le rythme de l'immigration sioniste sont la clé de tout ce qui a suivi. Pendant la Première Guerre mondiale, les Juifs représentaient 10 % de la population palestinienne. En 1940, il y avait 456 743 Juifs en Palestine, soit un tiers des habitants. Les deux tiers restants se composaient de 145 063 chrétiens et de 1 143 336 musulmans, dont les ancêtres vivaient en Palestine depuis une centaine de générations.[1113] Après une absence de près de 2 000 ans, ce sont les Juifs qui sont les nouveaux venus.

La persécution des Juifs d'Europe par les nazis a stimulé un effort sioniste mondial visant à faire du rêve d'Israël une réalité immédiate. Une campagne mondiale de lobbying sans précédent, assortie d'actes de terrorisme juif de

---

[1111] Voir p. 450-51.

[1112] Le haut-commissaire britannique en Égypte a donné des assurances formelles concernant l'indépendance arabe au Moyen-Orient à l'émir de La Mecque, plus tard roi du Hejaz, dans ce qui est désormais connu sous le nom de correspondance McMahon-Hussein. Le héros de la Première Guerre mondiale et combattant du désert, T. E. Lawrence, était profondément indigné par ce qu'il considérait comme une trahison de la cause arabe par son pays. Sachar, *The Course of Modern Jewish History*, pp. 370-71, et Yale, *The Near East*, pp. 243-44, 320.

[1113] Statistiques démographiques tirées de l'*Ency. Brit.*, Vol. 17, pp. 133-34.

plus en plus nombreux,[1114] a finalement poussé les Britanniques à céder la Palestine aux Nations unies. Les sionistes étaient prêts. Le jour même où le dernier haut-commissaire britannique quittait la Palestine (14 mai 1948), Israël était proclamé État indépendant. La reconnaissance par le président Truman est intervenue exactement dix minutes plus tard,[1115] malgré la promesse écrite du président Roosevelt au roi Ibn Saoud d'Arabie Saoudite (5 avril 1945) que les États-Unis ne prendraient jamais aucune mesure qui pourrait s'avérer hostile au peuple arabe.[1116]

L'Union soviétique s'est également empressée de reconnaître Israël, dans l'espoir que l'agitation entre Arabes et Juifs faciliterait l'entrée du communisme dans les pays désertiques riches en pétrole, depuis longtemps convoités par les tsars. Même les Nations unies ont fini par accueillir Israël en tant que cinquante-neuvième membre (1949), bien que les "combattants de la liberté" israéliens aient assassiné le médiateur de l'ONU, le comte Bernadotte, et que le recours à la violence pour la création d'Israël soit totalement contraire à la lettre et à l'esprit de la charte de l'ONU.

Un mois avant la naissance de l'État sioniste, les accrochages qui duraient depuis des années entre Juifs et Arabes ont dégénéré en guerre. L'attaque terroriste juive calculée de Deir Yassin, le 9 avril 1948, au cours de laquelle 254 femmes, enfants et vieillards arabes ont été massacrés sans discernement,[1117] a précipité un exode arabe qui a finalement atteint

---

[1114] Les gangs Stern et Irgoun, armés d'armes américaines Lend-Lease volées par camions entiers, se déchaînent à travers la Palestine, abattant des soldats britanniques. En juillet 1946, ils ont fait exploser une bombe dans l'hôtel King David de Jérusalem, tuant quatre-vingt-onze personnes, pour la plupart des civils. *Ency. Brit.*, vol. 17, p. 136.

[1115] Sachar, *The Course of Modern Jewish History*, p. 479.

[1116] Yale, op. cit. p. 402.

[1117] Alfred Lilienthal, *The Zionist Connection*, Dodd, Mead, New York, 1978, p. 254. On ne sait pas si les soldats qui ont commis ce massacre ont été punis. La plupart de ceux qui ont participé à une autre atrocité — le mitraillage de quarante-neuf villageois arabes revenant du hameau de Kafr Kassim (29 octobre 1956), dont quatorze femmes avec des enfants dans les bras — sont restés impunis après avoir été jugés. Quelques-uns ont cependant été condamnés à des peines de prison d'un an. Ces peines étaient un peu plus légères que celles prononcées à l'encontre des accusés nazis lors des procès de Nuremberg dix ans plus tôt. Il est intéressant de noter que les médias n'ont pas soulevé le moindre tollé à l'encontre des criminels de guerre israéliens. *San Francisco Chronicle*, 10 janvier 1962, et Alfred Lilienthal, *The Other Side of the Coin*, Devin-Adair, New York, 1965, pp. 21 920. Au sein d'Israël, cependant, une certaine inquiétude s'est fait jour quant aux répercussions éventuelles de l'aventurisme militaire. Après une attaque israélienne contre la Jordanie en février 1951, quatre professeurs de l'Université hébraïque s'interrogent : "Est-ce là la tradition juive sur laquelle nous croyons que l'État d'Israël a été fondé ? Est-ce là le respect de la vie humaine sur lequel le peuple juif s'est appuyé alors qu'il n'était

2,7 millions de personnes déplacées (les premiers réfugiés, leurs enfants nés en exil et les réfugiés de la guerre de 1967).[1118] Comme la plupart des Arabes palestiniens et des Arabes des États voisins avaient à peine dépassé le stade féodal de la société, ils n'étaient pas de taille, sur le plan militaire, à affronter les Juifs occidentalisés, dont les officiers de haut rang, tant sur le plan mental que physique, étaient souvent plus proches de l'Européen du Nord que de n'importe quel stéréotype juif.[1119]

Aujourd'hui, les proportions de Palestiniens et de Juifs dans la population d'Israël sont presque l'inverse de ce qu'elles étaient il y a cinquante ans. Plus de la moitié des 4 150 000 millions de Juifs israéliens (estimation de 1993) sont des Schwarzim, des Juifs foncés d'Afrique du Nord et d'Asie, arrivés après la Seconde Guerre mondiale[1120] et qui dépassent rapidement les éléments européens plus clairs. L'immigration n'a que partiellement contribué à corriger ce déséquilibre racial. Pendant des années, le nombre de Juifs qui ont quitté Israël a dépassé le nombre d'arrivées,[1121] et la plupart de

---

pas encore une nation politique ? Est-ce là le moyen de prouver au monde que notre nation défend le principe de la justice ? Voir l'article de William Ernest Hocking sur Israël dans le *Christian Century* du 19 septembre 1951. L'un des actes les plus graves et les plus incompréhensibles des Israéliens a été le pillage de la vieille ville de Jérusalem pendant la guerre de 1967, décrit par Evan Wilson, consul général et ministre des États-Unis à Jérusalem, dans son livre, *Key to Peace*, The Middle East Institute, Washington, D.C., 1970, p. 111.

[1118] En 1982, le département d'État a dénombré 4,3 millions de Palestiniens dans le monde : 530 600 en Israël proprement dit, 818 300 en Cisjordanie occupée, 476 700 dans la bande de Gaza, 1 160 800 en Jordanie, 347 100 au Liban, 215 500 en Syrie, 278 800 au Koweït, 127 000 en Arabie Saoudite, 34 700 aux Émirats arabes unis, 22 500 au Qatar, 10 200 aux États-Unis et 218 000 ailleurs.

[1119] La couche la plus dure de la communauté juive européenne s'est rendue en Palestine au début du siècle, à l'époque où la plupart des Juifs se rendaient à New York. Les Sabras, Palestiniens juifs nés dans le pays, manifestent leur propre "racisme intérieur" en insistant sur le fait qu'ils sont Israéliens et non Juifs. La rareté des traits physiques juifs reconnaissables en Israël est illustrée par la popularité d'une anecdote israélienne favorite : la réponse du touriste à qui l'on demandait s'il aimait Israël. "Très bien, répondit-il, mais où sont les Juifs ? Robert Ardrey, *The Territorial Imperative*, Atheneum, N.Y., 1966, p. 310.

[1120] J. Robert Moskin, "Prejudice in Israel", *Look*, 5 octobre 1965, pp. 56-65. Les Schwarzim accusent les Juifs européens de discrimination parce que ces derniers occupent la plupart des postes importants de l'État. Comme en Amérique, les membres de la population à la peau plus foncée ont déclenché quelques émeutes pour exprimer leur mécontentement et leur frustration.

[1121] L'orientalisation d'Israël ne dérange pas le ministre des Affaires étrangères Abba Eban. "Notre avenir culturel, a-t-il déclaré, réside dans la victoire de la culture existante, qui est européenne dans ses racines et hébraïque dans son habillement. Ibid.

ceux qui sont partis se sont dirigés directement vers les États-Unis.[1122] Puis est arrivé Mikhaïl Gorbatchev, qui a courtisé l'Occident en ouvrant les portes de l'immigration. Les Juifs soviétiques ont afflué en Israël par dizaines de milliers. Certains démographes prédisent qu'un million d'entre eux pourraient finalement faire le déplacement.

Presque totalement dévoués à Israël dans l'esprit, les Juifs américains ont préféré soutenir l'État juif en ouvrant leur porte-monnaie plutôt qu'en évitant les balles arabes. Seuls 100 Juifs américains (en 1969) servaient dans les forces armées israéliennes.[1123] En revanche, sur le plan financier, les contributions des Juifs américains à Israël ont été stupéfiantes. Il en va de même pour les contributions du gouvernement américain. Le sénateur de Virginie Robert Byrd a révélé au Sénat en 1992 qu'entre 1949 et 1991, l'aide totale des États-Unis à Israël s'est élevée à 53 milliards de dollars.[1124] Cette somme énorme ne comprend pas la garantie de prêt de 10 milliards de dollars, les milliards de subventions privées et de fondations, imposées ou non, et le tribut annuel de 2,1 milliards de dollars versé à l'Égypte pour avoir fait la paix avec Israël. Elle n'inclut pas non plus les milliards de dollars levés par la vente d'obligations israéliennes ni les centaines de millions de dollars, voire les milliards, provenant de privilèges d'importation spéciaux, du statut de client privilégié pour l'achat de stocks gouvernementaux, et d'accords de brevets et de licences.[1125]

Le public américain ignore pratiquement le montant considérable des réparations versées à Israël et aux Juifs du monde entier par l'Allemagne de l'Ouest avant la réunification avec l'Allemagne de l'Est, dont les dirigeants communistes ont refusé de payer un pfennig rouge à l'État juif. La

---

[1122] Le Congrès a alloué des dizaines de millions de dollars supplémentaires pour financer le déplacement des Juifs soviétiques vers Israël et les États-Unis.

[1123] *World Press Review*, WNET, New York, 3 novembre 1969. Les Juifs américains peuvent s'engager dans l'armée israélienne tout en conservant leur citoyenneté américaine.

[1124] *The Washington Report on Middle East Affairs*, avril/mai 1994, p. 75. En revanche, le plan Marshall de reconstruction de l'Europe occidentale après la Seconde Guerre mondiale a coûté environ 12 milliards de dollars.

[1125] Une grande partie de l'aide financière et militaire a été involontaire. La plupart des contribuables américains n'auraient jamais approuvé la déductibilité fiscale des dons privés à Israël ou des nombreuses subventions accordées par le Congrès. De nombreux membres des syndicats United Auto Workers et Teamsters ne sont pas d'accord avec les achats importants d'obligations israéliennes à faible taux d'intérêt effectués par les directeurs des fonds de pension syndicaux. Ils se demandent pourquoi une partie de leurs cotisations est investie dans un pays qui est techniquement en faillite, qui a une dette nationale immense et ingérable, et qui a connu à un moment ou à un autre des taux d'inflation à trois chiffres.

"Wiedergutmachung", comme on l'appelait, s'élevait à près de 54 milliards de dollars avant que le programme de réparations ne prenne fin.[1126] Au cours de ces paiements — sans équivalent dans l'histoire, tant par leur ampleur que par les montants accordés aux individus — la valeur du mark a varié de 23 à 56 cents. Si l'on ajoute les dépenses financières du reste de la communauté juive mondiale aux contributions américaines et ouest-allemandes, il n'est pas exagéré de dire que près de 110 milliards de dollars ont été transférés en un peu plus de trois décennies à une nation dont la taille équivaut à celle du Massachusetts et dont la population est équivalente à celle du Tennessee.

Dans les multiples discussions et débats sur la "fuite des dollars" et les "niches fiscales", très peu d'efforts ont été faits pour réduire l'aide financière américaine à Israël, l'une des sources les plus importantes de la fuite et l'une des niches fiscales les plus larges. Les achats des touristes américains à l'étranger sont limités et les déductions pour épuisement du pétrole réduites. Les abris fiscaux sont âprement attaqués. Mais les subventions gouvernementales, les garanties de prêts et l'argent exonéré d'impôts continuent de couler à flots vers Israël, sans qu'il y ait le moindre murmure de critique — de l'argent qui échappe non seulement au Trésor américain, de sorte que chaque Américain est taxé un peu plus, mais aussi de l'argent qui échappe totalement au pays, de sorte que le dollar s'affaiblit et que la balance des paiements se détériore.

L'Internal Revenue Service n'est pas la seule agence gouvernementale à avoir outrepassé les limites de son autorité en aidant la cause du sionisme. Dans les jours agités qui ont précédé la création d'Israël, le FBI a fait un clin d'œil à la création d'une station de radio sioniste clandestine sur la côte Est et à la multiplication des trafics d'armes et autres violations des lois américaines sur la neutralité.[1127] Rudolph Sonneborn, le millionnaire à la tête

---

[1126] *Chicago Sentinel*, 25 décembre 1980, p. 6. En réalité, les réparations n'ont pas pris fin. La réunification de l'Allemagne a fait entrer l'Allemagne de l'Est dans le tableau. Des tentatives sont maintenant faites pour rembourser aux Juifs les biens perdus aux mains des nazis, puis des communistes. Les Juifs qui n'ont pas pu bénéficier de la *Wiederguimachung* pour une raison ou une autre ont également eu une nouvelle chance de demander des réparations.

[1127] Après l'arrestation de deux agents sionistes à la frontière canadienne pour contrebande d'armes, Robert Nathan, un assistant de la Maison-Blanche, leur a obtenu un entretien personnel avec le directeur du FBI, J. Edgar Hoover, qui leur a offert sa coopération. Leonard Slater, *The Pledge*, Simon and Schuster, New York, 1970, pp. 75–76. Hank Greenspun, un éditeur de Las Vegas, a été reconnu coupable d'avoir volé des caisses de canons de fusils pour Israël dans un dépôt d'approvisionnement de la marine américaine à Hawaï, mais ni lui ni aucun autre trafiquant d'armes juif américain coupable d'accusations similaires n'a jamais passé un jour en prison. Le seul à avoir été emprisonné pour avoir obtenu illégalement des armes pour Israël est Charlie Winters, un protestant.

de Witco Chemical, a créé à New York ce qui s'apparente à la branche américaine de la Haganah, l'organisation sioniste clandestine. Cinq cents aviateurs américains et canadiens, dont de nombreux non-juifs, constituent l'armée de l'air israélienne alors que la Palestine est encore sous domination britannique. Trois officiers de l'armée américaine servaient dans la Haganah sous le commandement du chef d'état-major Yaacov Dori lorsque les sionistes ont lancé leur attaque militaire contre les troupes d'occupation britanniques. Des membres de l'Office of Strategic Services ont enseigné aux agents sionistes l'utilisation de codes et de cryptogrammes dans une école d'espionnage secrète de New York.[1128] Tout cela était très courageux et passionnant, sauf que cela s'est terminé par l'expulsion d'une population agricole pacifique de son ancienne patrie et a créé une plaie internationale qui prendra des décennies, voire des siècles, pour se cicatriser.

Alors que nombre de ces événements se déroulaient, James Forrestal, secrétaire à la défense de l'administration Truman, fut le seul membre du cabinet à s'exprimer publiquement contre le sionisme. À la manière de Cassandre et avec le même effet, il a mis en garde contre les conséquences géopolitiques du parrainage américain d'un impérialisme et d'un colonialisme anachroniques qui rappelaient aux nations du tiers-monde les casques de python et les cannes à pêche, ces mêmes nations auxquelles le département d'État assurait alors les intentions pacifiques, anti-impérialistes et anticolonialistes de l'Amérique. La vitupération que Forrestal a reçue de la presse et de la radio a été l'un des facteurs qui ont conduit à son suicide.[1129]

Dean Acheson, à l'époque sous-secrétaire d'État et extrêmement actif dans le domaine des affaires étrangères, a choisi de ne pas soutenir Forrestal et a docilement mis en œuvre la politique pro-israélienne de Truman, même s'il a plus tard admis franchement qu'elle allait à l'encontre de la "totalité des intérêts américains" au Moyen-Orient.[1130] Quelque vingt ans après les faits, Acheson a également expliqué que Truman n'avait pas, comme l'avait accusé le ministre britannique des Affaires étrangères Bevin, engagé les États-Unis en faveur d'Israël afin de courtiser le vote juif. Selon Acheson, la

---

William Horowitz, qui a été profondément impliqué dans ces opérations illégales, est aujourd'hui banquier et membre de la Yale Corporation, l'organe directeur de l'université de Yale. Ibid, p. 59.

[1128] Ibid, pp. 22, 101-3, 117, 309.

[1129] Voir note 42, p. 326.

[1130] Dean Acheson, *Present at the Creation*, Norton, New York, 1969, p. 169. La presse n'a jamais critiqué Acheson pour sa pusillanimité à refuser de se battre pour la politique moyen-orientale à laquelle il croyait. En revanche, elle l'a salué pour son courage lorsqu'il a fait cette déclaration mémorable : "Je ne tournerai pas le dos à Alger Hiss".

position pro-israélienne de Truman s'explique par son amitié avec Eddie Jacobson, son ancien associé dans une éphémère mercerie à Kansas City. [1131]

Depuis la naissance d'Israël jusqu'à aujourd'hui, la propagande sioniste a tellement imprégné et dominé la pensée américaine que, chaque fois que la discussion a porté sur le Moyen-Orient, les dirigeants de presque tous les secteurs de la vie publique ont abandonné toute raison et tout jugement, sans parler de leur intégrité intellectuelle.[1132] Les mêmes éducateurs qui insistent sur la déségrégation des écoles américaines ont fermement soutenu Israël, qui a mis en place des écoles séparées pour sa minorité arabe. Les mêmes hommes d'Église et laïcs qui prêchent la séparation de l'Église et de l'État, l'égalité des sexes et l'opposition à tout test racial ou religieux pour le mariage ont soutenu sans réserve Israël, où l'Église et l'État ne font qu'un, où les mariages interconfessionnels sont interdits et où les femmes qui pratiquent le culte dans les synagogues orthodoxes sont isolées derrière des galeries grillagées.

Les mêmes "One Worlders" qui ont fondé les Nations Unies n'ont eu que de bons mots à l'égard de la diplomatie sioniste qui a bafoué presque toutes les résolutions de l'ONU sur Israël.[1133] Les mêmes libéraux "décents" qui croient à l'autodétermination des peuples et à l'arbitrage pacifique des différends internationaux ont donné leur approbation sans réserve à une nation fondée sur des tactiques de conquête à l'ancienne, fondées sur le sang et le fer, et sur la dispersion militaire des indigènes. Les mêmes éditorialistes qui ont adulé les leaders autocrates des nations anticolonialistes et socialistes ont transformé le défunt président égyptien Nasser, le leader socialiste

---

[1131] Ibid. Un éminent spécialiste juif n'est pas tout à fait d'accord avec la théorie d'Acheson. Howard Sachar affirme que le président Truman a également été attiré par la cause israélienne sous la pression de juifs américains aussi importants que le gouverneur Herbert Lehman de New York, Jacob "Jake" Arvey, patron politique de Chicago, et David Niles, assistant spécial de Roosevelt et de Truman pour les affaires des minorités. *Le cours de l'histoire moderne*, p. 471.

[1132] "La propagande sioniste dans ce pays a été si puissante, si méprisante des contraintes... que les quelques voix qui se sont élevées pour la critiquer ont à peine été entendues". *San Francisco Examiner, Book Week*, 23 mai 1965, p. 15. La plus efficace de ces "quelques voix" est peut-être celle de l'infatigable juif antisioniste Alfred Lilienthal. Le groupe juif antisioniste le plus virulent, le Conseil américain pour le judaïsme, a perdu 80 % de ses membres un an après la création d'Israël. En juin 1967, la plupart de ses membres éminents soutenaient Israël avec autant de dévouement que les sionistes les plus fervents. Yaffe, op. cit. p. 186-88, et *Commentary*, août 1967, p. 70. Le leitmotiv de l'antisionisme juif découle de la crainte que le sionisme, à long terme, augmente l'antisémitisme au lieu de le diminuer.

[1133] Lorsque l'ONU s'est retournée brutalement contre Israël lors du vote "sionisme égale racisme", les libéraux américains se sont docilement retournés contre l'ONU.

anticolonialiste par excellence, en un Hitler des temps modernes. Les mêmes faiseurs d'opinion qui traitaient le vice-Premier ministre du Sud-Vietnam Ky de boucher ont acclamé — chaque fois que la politique étrangère israélienne l'exigeait — l'archiréactionnaire roi Hussein de Jordanie lorsque ses mercenaires bédouins ont effectué des barrages d'artillerie sur les camps de réfugiés palestiniens. Les mêmes écrivains, peintres et musiciens qui sont horrifiés par la moindre restriction de l'expression artistique n'ont eu que des éloges pour un pays qui a officiellement interdit la musique de Wagner et de Richard Strauss.[1134] Les mêmes pacifistes qui ont si âprement combattu l'enrôlement aux États-Unis ont applaudi à tout rompre un gouvernement qui enrôle non seulement tous les hommes valides âgés de 18 à 26 ans pour 26 mois, mais aussi les femmes célibataires de la même tranche d'âge pour 20 mois.

À l'approche de la reprise en 1967 du conflit périodique israélo-arabe, l'establishment libéral et minoritaire semble perdre tout contact avec la logique et la rationalité et sombre dans une sorte de schizophrénie bavarde. Le plus grand défenseur de la non-violence de la nation, le révérend Martin Luther King, Jr. a exigé que l'Amérique utilise la force, si nécessaire, pour maintenir ouvert le détroit de Tiran, que Nasser avait ordonné de fermer aux navires apportant des fournitures de guerre stratégiques au port israélien d'Elath.[1135] De plus, les membres des groupes pacifistes abandonnent leurs pancartes et manifestent avec les groupes guerriers.[1136] Le sénateur Wayne Morse, la principale colombe du Sénat, s'est levé et a déclaré que la marine américaine devrait naviguer dans le golfe d'Aqaba "avec des drapeaux flottants".[1137] Le regretté Robert Kennedy, bien qu'occupé à se forger une image anti-guerre pour la course à la présidence de 1968, s'est montré presque aussi ferme. Le revirement idéologique des intellectuels et des hommes politiques les plus éminents de l'Amérique était si complet, la double pensée et le double langage orwelliens si incroyables, que l'on aurait pu croire que l'Amérique était devenue folle.

Le sentiment chaleureux des Juifs américains à l'égard d'Israël est compréhensible.

Mais leur dévouement totalitaire au sionisme a créé un grave conflit d'intérêts au regard de leurs devoirs et responsabilités en tant que citoyens

---

[1134] *San Francisco Chronicle*, 18 juin 1966, p. 34.

[1135] *New York Times*, 28 mai 1967, p. 4. Les deux côtés du détroit, qui sépare la mer Rouge du golfe d'Aqaba, étaient des territoires arabes.

[1136] *Time*, 2 juin 1967, p. 11.

[1137] Ibid.

américains. Les responsables français et russes, qui sont autorisés à s'exprimer librement sur la question, ont déjà remis en question la loyauté partagée de leurs sionistes et de leurs partisans sionistes.[1138] En Amérique, cependant, les questions suivantes doivent encore être posées — et répondues — en silence : Quel est le degré d'américanité du citoyen américain qui a imposé une politique étrangère qui, en quelques années, a fait des États-Unis, autrefois leur ami fidèle, l'ennemi d'une grande partie des 130 millions d'Arabes et des 546 millions de Musulmans du monde ?[1139] Quel est le degré d'américanité du citoyen américain qui a sciemment promu et financé un programme d'aventurisme militaire qui donne aux Arabes radicaux une occasion inouïe de discréditer les intérêts américains au Moyen-Orient, une région qui contient les deux tiers des réserves pétrolières prouvées du monde ?

La politique pro-sioniste qui a déjà coûté à l'Amérique l'amitié d'une grande partie du monde arabe et le respect d'une grande partie du monde musulman a également un prix beaucoup plus élevé. Il a été souligné précédemment que la coalition libérale-minoritaire ne soutiendra pleinement qu'une guerre menée au nom d'objectifs libéraux et minoritaires. Ces deux conditions préalables étant présentes au Moyen-Orient depuis la naissance d'Israël, l'implication militaire de l'Amérique était inévitable. Les médias ont rapidement été cooptés par et pour le sionisme et, derrière les sionistes, se tenaient les lobbies de la guerre et leurs acolytes politiques. Le B'nai B'rith, qui se décrit comme une organisation religieuse et caritative et dont l'existence repose sur des contributions déductibles des impôts, a travaillé jour et nuit pour s'assurer que presque tous les membres importants des pouvoirs exécutif et législatif du gouvernement fédéral se rangeaient sans

---

[1138] Dans un article du *Monde*, René Massigli, ancien ambassadeur de France à Londres, s'interroge sur la loyauté des Juifs français, notamment après leur indifférence face à l'attaque médiatique des Juifs américains contre le président français Pompidou. *New York Times*, 2 mars 1970, p. 15.

[1139] Si les actes antisémites ne sont pas tolérés aux États-Unis, les actes anti-arabes le sont. En 1966, le roi Fayçal d'Arabie saoudite, l'un des derniers amis arabes de l'Amérique au Moyen-Orient, a été officiellement snobé lors d'une visite à New York. Le maire Lindsay a refusé de lui donner une réception officielle de peur d'offenser ses électeurs juifs. *New York Times*, 24 juin 1966, p. 1. Lindsay s'est montré encore plus discourtois lors de la visite du président français Pompidou au début de l'année 1970. Non seulement il refusa de saluer Pompidou, mais il s'enfuit à Washington et y resta pendant que le président français était à New York. À Chicago, Madame Pompidou fut la cible de crachats, de bousculades et d'insultes de la part de piquets juifs qui n'hésitaient pas à créer un incident grave avec le plus vieil allié des États-Unis afin d'exprimer leur mécontentement à l'égard de la France pour avoir vendu des bombardiers de combat à la Libye. *New York Times*, 3 mars 1970, p. 28. Lorsque le Premier ministre israélien Golda Meir arriva à New York à la fin de l'année 1969, Lindsay lui offrit une version moderne d'un triomphe romain.

réserve dans le camp israélien. D'autres lobbies sionistes, officiels ou officieux, ont maintenu un barrage de propagande constant, non seulement sur les politiciens, mais aussi sur des Américains éminents dans tous les domaines de la vie. Les sénateurs, qui ont reçu des dizaines de milliers de dollars pour prendre la parole lors de collectes de fonds juives, ont voté de vastes cadeaux du trésor américain à Israël.[1140] Autrefois, on aurait appelé cela de la corruption. Aujourd'hui, cela s'appelle de la politique intelligente.

La couverture médiatique de la "guerre des six jours" de 1967 a donné un aperçu de ce que les groupes de pression juifs réservaient au peuple américain lors des futurs affrontements au Moyen-Orient.[1141] Bien que les Israéliens aient lancé une offensive aérienne, terrestre et maritime sur l'Égypte le matin du 5 juin 1967, il a fallu plusieurs jours avant que le public américain ne sache qui avait attaqué qui. Des correspondants de la presse, de la radio et de la télévision étaient présents dans tout le Moyen-Orient, tous prêts à réagir au déclenchement des hostilités. Pourtant, personne ne semblait savoir ce qui se passait.[1142] La stratégie était évidente. L'agression israélienne devait être dissimulée le plus longtemps possible. En revanche, lorsque l'Égypte et la Syrie ont été les premières à attaquer en 1973, les médias ont immédiatement désigné les Arabes comme les agresseurs.

Les premiers succès militaires des forces égyptiennes en 1973 ont suscité un nouvel accès cyclique d'hystérie de la part de la communauté juive américaine. Le public a assisté au spectacle de Bella Abzug, la députée superdoviste de New York, brandissant une poignée de photos d'atrocités

---

[1140] Au cours de leur carrière de sénateurs (jusqu'en juin 1994), les PAC pro-israéliens ont donné à Frank Lautenberg (D-NJ) 376 388 $, Joseph Lieberman (D-CT) 132 258 $, Robert Kerrey (D-NE) 173 500 $, Harris Wofford (D-PA) 134 650 $, Richard Bryan (D-NV) 143 260 $, Paul Sarbanes (D-MD) 108 000 $, Kent Conrad (D-ND) ; Harris Wofford (D-PA) 134 650 $; Richard Bryan (D-NV) 143 260 $; Paul Sarbanes (D-MD) 108 000 $; Kent Conrad (D-ND) 166 439 $; James Sasser (D-TN) 155 750 $; Connie Mack (R-FL) 98 422 $. *Washington Report on Middle East Affairs*, juillet/août 1994.

[1141] Il s'agissait en fait d'une bataille de six jours dans la guerre israélo-arabe, qui avait déjà vingt et un ans. Si les auteurs de gros titres d'aujourd'hui avaient vécu au XIVe siècle et avaient été aussi pro-anglais qu'ils sont aujourd'hui pro-sionistes, ils auraient probablement décrit la bataille de Crécy, qui a ouvert la guerre de Cent Ans entre l'Angleterre et la France, comme une "guerre d'un jour".

[1142] Aujourd'hui encore, de nombreux Américains pensent que ce sont les Égyptiens qui ont commencé la bataille. Pendant et après les combats de juin 1967, peu de récits sur les souffrances des Arabes ont été publiés dans la presse, bien que la ville de Suez ait été pratiquement démolie par les bombes, les obus d'artillerie et le napalm, et que sa population de 268 000 habitants ait été réduite à 10 000. Dans la ville d'Ismaïlia, presque tous les bâtiments ont été rasés et la quasi-totalité des 100 000 habitants ont été contraints de quitter les lieux. *Time*, 17 mai 1971, p. 28. On peut imaginer ce que les médias auraient fait si l'agonie d'Ismaïlia avait touché Tel-Aviv ou Haïfa.

pour promouvoir l'effort de guerre d'Israël, et du sénateur Edward Kennedy votant pour donner à l'État sioniste le même napalm et les mêmes bombes antipersonnel qui l'avaient tant indigné lors de leur utilisation au Viêt Nam.[1143]

Bien que le président Nixon ait été spécifiquement averti par la Ligue arabe que l'aide militaire américaine aux Israéliens en difficulté entraînerait un embargo sur le pétrole, de grandes quantités d'armes et de matériel américains ont été envoyées en Israël dans le cadre de l'un des plus grands ponts aériens de tous les temps. L'arrêt du pétrole arabe qui a suivi a entraîné la perte d'un demi-million d'emplois américains, a réduit le PNB américain de 35 à 45 milliards de dollars et a accéléré l'inflation mondiale.[1144] Aujourd'hui, alors que l'Amérique importe environ la moitié de son pétrole, contre 35 % au début des années 1970, une nouvelle intervention militaire massive des États-Unis aux côtés d'Israël pourrait provoquer un nouvel embargo qui, cette fois, pourrait paralyser de vastes pans de l'économie occidentale, voire américaine. Pourtant, le soutien politique et médiatique à Israël est resté élevé, même si la température a baissé de quelques degrés après les massacres de Chatila et de Sabra qui ont suivi l'invasion israélienne du Liban et la mort de 241 marines dans une caserne de Beyrouth. La mort dans un accident d'avion à Terre-Neuve de 248 G.I. qui rentraient du Sinaï en 1985, où les États-Unis maintiennent désormais une force permanente pour servir de bouclier à Israël, a également été un gaspillage de vies américaines.

Les accords de Camp David (1978), salués par l'administration Carter comme l'une des grandes réussites de la politique étrangère américaine, n'étaient guère plus qu'une mesure dilatoire qui a exaspéré de nombreux États arabes et donné à l'Égypte, qui a déserté (pour combien de temps ?) la cause arabe, quelques territoires désertiques perdus, des armes dernier modèle pour ses forces armées et des milliards de dollars pour son économie chancelante. Camp David ne pouvait pas atteindre ses nobles objectifs parce qu'Israël aurait beaucoup de mal à accepter un État palestinien véritablement autonome à l'intérieur de ses frontières et n'accéderait jamais aux demandes palestiniennes de restitution de tout ou partie de Jérusalem. Les dirigeants palestiniens, quelles que soient leurs promesses, n'abandonneront jamais l'espoir de repousser les intrus oppressifs dans la mer. Dans la tâche désespérée d'essayer de résoudre cette impasse insoluble en matière de politique étrangère, l'establishment américain a choisi, au cours du dernier

---

[1143] *Miami Herald*, 26 décembre 1975, p. 7A.

[1144] *Christian Science Monitor*, 17 mai 1977, p. 3.

demi-siècle, de consacrer une grande partie de sa diplomatie et d'y consacrer une grande partie de son trésor.

Camp David et les nombreux efforts de paix qui l'ont précédé et suivi seraient peut-être encore d'actualité si les États-Unis avaient fait preuve d'impartialité dans leurs relations avec les Israéliens et les Arabes. Mais l'Amérique pouvait difficilement jouer le rôle d'"honnête courtier" tant que le lobby juif et ses amis haut placés refusaient que des fonctionnaires américains parlent à l'Organisation de libération de la Palestine. Comment arbitrer un conflit lorsqu'il est interdit de parler à l'un des protagonistes ? Lorsque l'ambassadeur de l'ONU Andrew Young a eu une brève conversation avec un responsable de l'OLP, il a été congédié sans ménagement, alors qu'il était le symbole même du lien politique entre le président Carter et les Noirs américains. Mieux qu'un millier d'articles de journaux ou de magazines, le renvoi de Young a mis en évidence le pouvoir relatif des minorités juive et noire.

Deux mois avant la signature du traité de paix israélo-égyptien en mars 1979, Israël a subi un revers lorsque les Iraniens ont chassé le Shah, qui approvisionnait l'État juif en pétrole, et l'ont remplacé par une clique de mollahs antisionistes dirigés par l'ayatollah Khomeini. Un an plus tard, cependant, l'avancée soviétique en Afghanistan a été une aubaine à court terme pour Israël, tout comme la guerre irakienne contre l'Iran. Ces deux conflits ont détourné les États arabes et l'OLP de leur campagne contre le sionisme.

L'un des principaux obstacles à la stabilisation du Moyen-Orient a été le comportement des médias américains. En 1967, la presse et la télévision ont apporté la preuve irréfutable de leur parti pris sioniste en minimisant l'assaut délibéré d'Israël contre le Liberty, un navire de communication américain non armé. Trente-quatre Américains ont été tués et 171 blessés lors d'attaques répétées à la bombe, à la roquette, au napalm et à la torpille, par une belle journée ensoleillée, alors que le navire, facilement identifiable, arborait un drapeau américain surdimensionné. Une fois les faits révélés, seules une ou deux personnalités importantes ont élevé la voix pour protester, un silence étrange et unique dans une nation qui se souciait tant de la liberté des mers et de la sécurité de ses navires.[1145] Le naufrage du *Maine* dans le

---

[1145] Le *Liberty* était un navire de surveillance électronique envoyé pour surveiller l'assaut israélien contre l'Égypte, qui avait apparemment été approuvé par le président Johnson. La saisie du territoire syrien est cependant allée au-delà de l'accord. Comme les Israéliens voulaient garder secrets leurs projets sur la Syrie, ils ont décidé de détruire la seule source de communication dans la région qui aurait pu révéler leurs plans de bataille avant qu'ils ne soient consommés. Après avoir été trompé et trahi si effrontément par un soi-disant allié, Johnson décida néanmoins d'étouffer cet épisode le plus honteux des annales

port de La Havane en 1898 était un *casus belli*. L'attaque du *Chesapeake*, qui n'a coûté que trois vies américaines, a conduit à l'embargo de Jefferson sur tout le commerce extérieur. Le naufrage du *Lusitania*, propriété britannique, qui a emporté 139 Américains par le fond, a failli entraîner une déclaration de guerre à l'Allemagne. Le naufrage en 1937 de la canonnière américaine *Panay* par des avions de chasse japonais dans les eaux chinoises et la capture en 1968 de l'*USS Pueblo* par des Nord-Coréens ont provoqué de graves crises dans les relations entre les États-Unis et les deux pays concernés. Mais l'attaque directe d'un navire américain par un pays étranger en 1967 n'a suscité ni indignation ni représailles.[1146]

La presse américaine s'est montrée tout aussi réticente dans son traitement de l'affaire Lavon. En 1954, des agents secrets israéliens se préparent à bombarder et à incendier plusieurs installations américaines, dont la bibliothèque américaine du Caire, et à en rejeter la responsabilité sur les Égyptiens. L'idée était d'empoisonner davantage les relations américano-arabes et de susciter encore plus de sympathie américaine pour Israël. Le complot a été découvert à temps et les principaux agents ont été arrêtés. Finalement, le cabinet israélien a dû admettre l'implication d'Israël, ce qui a donné lieu à un certain nombre de remaniements.[1147] Mais les médias américains et le département d'État n'ont pas jugé que le complot méritait des commentaires sérieux ou approfondis. L'affaire Lavon n'était qu'un exemple précoce, bien qu'infructueux, de la diplomatie de cape et d'épée israélienne qui a utilisé des lettres piégées pour chasser les scientifiques allemands spécialistes des missiles d'Égypte, détourné une cargaison d'uranium en haute mer, volé de l'uranium à une société de matières nucléaires en Pennsylvanie, fait exploser un réacteur construit en France juste avant qu'il ne soit livré à l'Irak, et l'a fait exploser à nouveau après qu'il ait été livré. Grâce à toutes ces prouesses, Israël a commencé à accumuler un arsenal de bombes nucléaires, à fission et peut-être à fusion, qui l'a bientôt qualifié de mini-superpuissance.[1148]

---

navales américaines, allant même jusqu'à rappeler que des jets américains s'étaient rendus à toute vitesse à l'aide du *Liberty*. James M. Ennes, Jr, *The Assault on the Liberty*, Random House, New York, 1980, et Jim Taylor, *Pearl Harbor II*, Mideast Publishing House, Washington, D.C., 1980.

[1146] La télévision américaine n'a pas pu éviter de provoquer une certaine répulsion du public à l'égard d'Israël avec sa couverture vivante du bombardement de Beyrouth en 1982 et de l'insurrection palestinienne qui a commencé en décembre 1987.

[1147] Nadev Safran, *The United States and Israel*, Harvard University Press, 1983.

[1148] Quelque 200 armes nucléaires au total, selon une analyse de photos aériennes publiée fin 1994 par la *revue* britannique *Jane's Intelligence Review*, généralement fiable.

En ce qui concerne l'acquisition d'autres technologies militaires de pointe, les Israéliens ont eu la tâche plutôt facile. Un article paru dans le magazine *Newsweek* (3 septembre 1979, p. 23) indiquait :

> "Ils ont pénétré l'ensemble du gouvernement américain. Ils font mieux que le KGB", affirme un expert américain du renseignement. Avec l'aide de juifs américains appartenant ou non au gouvernement, le Mossad est à l'affût de tout relâchement du soutien américain et tente d'obtenir les renseignements techniques que l'administration ne veut pas donner à Israël. "Le Mossad peut s'adresser à n'importe quel juif américain distingué et lui demander son aide", déclare un ancien agent de la CIA.[1149]

S'il y avait une raison pour que la majorité américaine reprenne le contrôle de la politique étrangère de la nation, ce serait de réparer les dommages catastrophiques que le sionisme a infligés aux relations américaines avec le Moyen-Orient. En s'alignant sur Israël, un État créé par l'expulsion massive des Palestiniens et la confiscation massive de leurs biens, les États-Unis, auxquels on reproche si souvent de moraliser leur politique étrangère, se sont révélés être une nation d'immoralistes.

L'hypocrisie de l'ambassadeur américain aux Nations unies, Arthur Goldberg, lui-même juif et sioniste, qui s'est abstenu et a temporisé pendant la guerre éclair israélienne de 1967 alors que l'écrasante majorité des délégués demandait un cessez-le-feu et le retrait de toutes les troupes sur les frontières d'avant l'attaque, ne sera pas oubliée de sitôt, en particulier par ceux qui ont cru un jour que l'Amérique défendait le droit de tous les peuples, y compris les Arabes, à l'autodétermination. La promesse solennelle du président Johnson, quelques jours avant l'assaut israélien, selon laquelle l'Amérique s'opposerait à toute modification des frontières des pays du Moyen-Orient, ne sera pas non plus oubliée.

Après que les frontières de trois pays arabes ont été repoussées par la puissance armée d'Israël — celle de l'Égypte jusqu'au canal de Suez — Johnson n'a pas pris la peine d'avaler ses paroles. Il a simplement choisi de les ignorer. Les églises protestantes et catholiques se sont montrées tout aussi ostensiblement silencieuses, même si des milliers de chrétiens arabes supplémentaires sont venus grossir les rangs de ceux qui avaient déjà été chassés de chez eux par les précédentes agressions israéliennes. L'attitude actuelle des chrétiens à l'égard de la Terre sainte n'est pas exactement celle des croisades.

[1149] Le prolongement ultime de cet espionnage amateur a été l'espion professionnel Jonathan Pollard, un juif américain qui a fourni à Israël des masses de données militaires top secrètes. Pollard a expliqué qu'il avait une "obligation raciale" de le faire.

Ce qui s'est passé au Moyen-Orient depuis la fin de la Seconde Guerre mondiale offre une précieuse leçon de choses sur la nature et l'étendue du pouvoir minoritaire aux États-Unis. L'intérêt national exigeait que les champs pétrolifères restent entre des mains amies et que la stabilité politique régionale soit encouragée afin de limiter la pénétration militaire et économique russe, syrienne, irakienne et iranienne.[1150] Cette stratégie a constamment été mise en péril pour le bien d'une minorité américaine numériquement insignifiante. Même la Turquie, qui était autrefois l'ami le plus solide de l'Amérique au Moyen-Orient, a des doutes sur l'OTAN et l'alliance américaine, car les États-Unis placent de plus en plus d'œufs stratégiques dans le panier d'Israël, une nation dont la présence même maintient la région dans un état d'ébullition et de déséquilibre constants. Dans un acte pusillanime de déférence envers les Américains d'origine grecque, Washington a en fait imposé un embargo sur les armes à la Turquie après la prise de contrôle par les Turcs du nord de Chypre, une région fortement peuplée de Turcs.

La capture du personnel de l'ambassade américaine en Iran a été la conséquence tardive d'une autre grave erreur d'appréciation de la politique étrangère américaine, à savoir l'installation et le soutien maladroits du Shah par la CIA. La réaction des États-Unis à la crise des otages — la plupart des Noirs et des femmes ont été relâchés, les cinquante-deux autres ont été détenus pendant 444 jours — a été celle que l'on pouvait attendre d'une Maison-Blanche indécise : un pourparler inefficace après l'autre, une mission de sauvetage ratée et bâclée qui a fait huit morts, et le paiement d'une rançon sous la forme d'un déblocage des avoirs iraniens gelés. La gestion de la situation des otages par Reagan a été presque aussi lamentable que celle de Carter. Son accord avec l'Iran sur les armes pour les otages a inspiré aux médias la deuxième tentative en moins de deux décennies de forcer un président à quitter ses fonctions. Nixon a perdu. Reagan a réussi à s'accrocher.

L'événement le plus important de la présidence Bush a été la guerre du Golfe, qui a chassé Saddam Hussein du Koweït et l'a ramené à Bagdad, laissant des villes ravagées dans une campagne désertique dévastée. Saddam a réussi à s'accrocher à son régime autocratique, mais en tant qu'agresseur puissant, l'Irak a été mis hors d'état de nuire dans un avenir prévisible. Les forces armées américaines ont montré qu'une grande supériorité en matière de technologie militaire permet de vaincre très facilement un ennemi riche en pétrole, mais mal armé et peu motivé.

[1150] Le Yémen du Sud est le seul pays arabe à avoir autorisé l'existence d'un parti communiste sur son territoire. Israël a un parti communiste actif.

Les événements non domestiques les plus importants de la présidence Clinton ont été la mésaventure somalienne, lancée par Bush, l'occupation d'Haïti et la restitution de la bande de Gaza et de la ville de Jéricho aux Palestiniens. En ce qui concerne ce dernier point, tous les accords écrits et toutes les poignées de main diplomatiques spectaculaires ne pouvaient garantir que la paix durerait, que la totalité ou la majeure partie de la Cisjordanie serait restituée aux Palestiniens ou que la Syrie récupérerait le plateau du Golan.

Ce qui se passe réellement au Moyen-Orient, ce n'est pas la paix, mais une mini-guerre sporadique. De l'Algérie à l'Iran, la région se radicalise sous l'action des fondamentalistes musulmans qui multiplient leurs activités dans tous les pays où l'islam est la religion d'État — et dans certains pays où il ne l'est pas, comme le montre l'attentat à la bombe contre le World Trade Center de New York.

Le Moyen-Orient semble parfois revenir à l'époque des croisades. En établissant ce qui s'apparentait à une petite tête de pont en Asie du Sud-Ouest, les chevaliers et aventuriers européens, inspirés par l'idée qu'ils libéraient la patrie de Jésus, ont régné sur la région pendant un siècle environ avant d'être chassés par la *reconquête* musulmane.

Les croisés d'aujourd'hui sont les sionistes juifs dont la tête de pont asiatique est encore plus petite et plus précaire que celle creusée par Godefroi de Bouillon, Bohémond et Tancrède. La question de savoir si les Juifs peuvent tenir aussi longtemps sera résolue au cours du siècle prochain. D'un point de vue géographique, on ne peut guère s'attendre à ce que les Juifs finissent par l'emporter, même s'ils sont motivés par l'idée romantique et erronée qu'ils reprennent ce qu'ils ont perdu au profit des Grecs et des Romains.

Le problème est qu'"ils", ou du moins les Ashkénazes qui ont fourni la viande et le nerf du mouvement sioniste, ne sont pas les descendants des Hébreux d'origine. Les mariages avec les Européens et certains Asiatiques et Africains, en particulier les Slaves et les Mongoloïdes, ont pratiquement éliminé les gènes hébraïques d'origine.

On peut supposer que la prochaine utilisation d'armes nucléaires se fera entre les Iraniens et les Israéliens, si les premiers parviennent à obtenir de telles armes auprès d'autres pays ou à les fabriquer eux-mêmes. Toutefois, avant que cela ne se produise, les avions de guerre israéliens bombarderont probablement tout réacteur iranien naissant, comme ils ont bombardé le réacteur irakien en 1983.

Compte tenu de l'instabilité flagrante du Moyen-Orient, peuplé d'Arabes radicaux et d'irrédentistes juifs fanatiques, les États-Unis devraient suivre une politique de stricte neutralité dans la région, en particulier en raison de l'importance des gisements de pétrole dans les pays arabes et musulmans. Au lieu de cela, il est presque certain que les États-Unis, en raison de leur penchant pro-israélien, seront entraînés de plus en plus profondément dans le chaudron du Moyen-Orient, avec un coût financier énorme et peut-être un coût en vies humaines important.

L'intérêt national de l'Amérique exige une position isolationniste au Moyen-Orient. Au lieu de cela, elle continuera sans aucun doute à se faire un allié d'un ami douteux et un ennemi de ceux qui devraient être ses vrais amis. La double loyauté du judaïsme américain continuera à conduire l'Amérique à un désastre après l'autre dans la région.

Dans la conquête et la colonisation de la Palestine, les Israéliens ont imité le travail de leurs lointains ancêtres en faisant fleurir le désert et en transformant de vastes étendues de déchets sablonneux en terres agricoles fertiles et en vergers fructueux. Leurs campagnes dans le désert, brillamment exécutées, qui se classeront dans l'histoire militaire avec celles de Josué, de Tancrède, de Saladin, de Lawrence, d'Allenby, de Montgomery et de Rommel, ont presque accompli la prophétie biblique. Il ne manque plus que le Messie juif.

Mais ceux qui sont pris dans la politique du désert — non seulement les Juifs américains, mais aussi les sionistes et les partisans du sionisme partout dans le monde — doivent se méfier des mirages. Pour la première fois depuis l'an 135, les Juifs sont devenus majoritaires dans un État juif. Ceux qui composent cette majorité ont été transformés en quelque chose qui est presque à l'opposé de l'image juive historique — une image quasi impérialiste après la dévastation du Sud-Liban, les raids aériens sur Tunis et Bagdad, et la réaction meurtrière aux lanceurs de pierres de l'Intifada. L'ex-majorité palestinienne est également transformée. Après des années d'exil, de pauvreté et de défaite, les Arabes palestiniens, les "misérables de la terre" du Moyen-Orient, sont aussi racistes, aussi avides d'héroïsme et aussi obsédés par leur patrie que leurs homologues sionistes. Ces exilés palestiniens et les populations des pays arabes voisins qui les abritent sont peut-être loin derrière les sionistes occidentalisés sur le plan technique et économique. Mais ce ne sont pas des indigènes porteurs de lances. Ils ne sont peut-être pas capables de fabriquer leurs propres armes de pointe, mais ils savent où les acheter.

C'est ainsi que la crise du Moyen-Orient s'aggrave. Le nationalisme juif engendre le nationalisme arabe, le racisme juif engendre le racisme arabe, le sionisme engendre l'antisionisme, le sémitisme engendre l'antisémitisme.[1151] Dans le meilleur des cas, le conflit couvrira pendant des décennies, épuisant les ressources physiques, voire spirituelles, de toute la région. Au pire, il pourrait déclencher une guerre nucléaire, dans laquelle le minuscule Israël, malgré son arsenal de bombes atomiques et à hydrogène, pourrait difficilement échapper à l'anéantissement.

Le fait que les États-Unis aient aidé et encouragé la dépossession de la majeure partie de la population palestinienne est un acte de barbarie flagrant et impardonnable. Pour les Juifs américains, continuer à entraîner les États-Unis dans l'imbroglio du Moyen-Orient, où l'Amérique a tout à perdre et rien à gagner, est un acte de pure ingratitude envers la nation qui leur a donné plus de richesse, de liberté et de pouvoir qu'aucune autre dans la longue courbe sinusoïdale de leur histoire.[1152]

En 1973, J. William Fulbright a déclaré publiquement : "Israël contrôle le Sénat. La grande majorité du Sénat des États-Unis — environ 80 % — soutient totalement Israël et tout ce qu'Israël veut".[1153] Il s'agissait d'une accusation sensationnelle, émanant du président respecté de la commission des affaires étrangères du Sénat, qui a été dûment battu lorsqu'il s'est présenté à sa réélection.

Au cours de l'hiver 1973-1974, alors que de longues files d'attente commençaient à se former devant les pompes à essence et que des milliers

---

[1151] Un siècle avant la naissance de l'Israël moderne, Dostoïevski a donné une idée des événements actuels au Moyen-Orient en spéculant sur ce qui se passerait si la minorité juive de Russie devenait majoritaire. "Comment les [les Juifs] traiteraient-ils [les Russes] ? "Leur permettraient-ils d'acquérir des droits égaux ? Leur permettraient-ils de pratiquer librement leur culte en leur sein ? Ne les convertiraient-ils pas en esclaves ? Pire encore : ne les écorcheraient-ils pas complètement ? Ne les massacreraient-ils pas jusqu'au dernier homme, jusqu'à l'extermination complète, comme ils le faisaient avec les peuples étrangers dans les temps anciens, au cours de leur histoire ancienne ? *Journal d'un écrivain*, trad. Boris Brasol, Scribner's, New York, 1949, Vol. 2, pp. 644-45.

[1152] Israël a refusé de signer l'accord de 1975 sur le Sinaï si des troupes américaines ne s'interposaient pas entre les armées israélienne et égyptienne. Les États-Unis ont également aidé Israël, directement ou indirectement, en bombardant le Liban de tirs navals et en attaquant la Libye par voie aérienne.

[1153] *Miami Herald*, 22 avril 1973, p. 32A. Le Congrès avait ou a très peu de membres comme Fulbright. Le sénateur James Abourezk du Dakota du Sud, un politicien d'origine arabe, a pris la défense des Palestiniens, mais il n'a fait qu'un seul mandat. Le représentant John Rarick, qui a été pendant des années le seul antisioniste déclaré de la Chambre des représentants, a été battu lors de sa réélection en 1974. Le député Paul Findley, qui a rencontré à plusieurs reprises des dirigeants de l'OLP et dont il soutient la cause, a réussi à surmonter une attaque féroce des médias et des sionistes et a été réélu en 1980, mais a perdu en 1982. Dans son livre, *They Dare to Speak Out* (Lawrence Hill, 1985), Findley revient sur les détails sordides de sa défaite.

d'ouvriers américains étaient licenciés, les hommes politiques ont continué à voter pour "tout ce que veut Israël". La pénurie de pétrole a été imputée à tout le monde, sauf au véritable coupable. Toutes les solutions ont été recommandées, sauf celle qui était évidente. Les médias ont pleinement collaboré à cette tromperie massive, qui constitue un exemple inoubliable de manipulation totalitaire. Il était triste et honteux de voir les Américains se faire duper et accepter sacrifice après sacrifice, voire le sacrifice suprême, pour un rêve racial qui n'était pas le leur.

En outre, il ne s'agit pas vraiment d'un rêve juif. Les Juifs ont payé pour cela et ont comploté pour cela, mais la plupart d'entre eux ne sont pas disposés à le vivre. Par conséquent, la tête de pont sioniste à l'ouest de l'Asie — la queue qui agite le chien américain — est aussi fragile que celle de la Corée du Sud, la tête de pont à l'est — la queue qui n'agite pas le chien. Le sort des deux, à moins que l'Amérique ne se retire à temps, sera probablement aussi tragique et humiliant que ce qui s'est passé au Viêt Nam, cette autre tête de pont américaine sur le continent asiatique.

Le rôle de l'Amérique au Moyen-Orient devrait être la non-ingérence absolue dans les affaires intérieures des pays, comme il devrait l'être dans le reste de l'Asie. Le cheik qui est dans votre poche aujourd'hui peut être l'imam qui vous déclarera la guerre demain. À court terme, l'Amérique devra peut-être maintenir les voies maritimes ouvertes pour le pétrole, que les Américains et les Britanniques, et non Allah ou les fidèles, ont découvert, foré, pompé dans le sable du désert, raffiné, distribué et, il fut un temps, possédé. Mais à long terme, les États-Unis doivent s'appuyer presque entièrement sur l'énergie nucléaire s'ils veulent se libérer des cartels pétroliers actuels et futurs. Tout le monde comprend que les montagnes de devises qui se déversent dans les coffres du Moyen-Orient perturbent économiquement l'Occident. Mais peu comprennent que ces torrents d'argent corrompent également les vendeurs sur le plan culturel.

Les Arabes sont probablement trop "racialement usés" pour redevenir une puissance mondiale, comme ils l'étaient à la grande époque de l'Islam. Mais ils devraient au moins abandonner leurs vieilles rivalités et s'unir pour protéger leur mode de vie, leur religion et leurs terres des empiètements russes, américains et israéliens. Là encore, le mot d'ordre devrait être plus d'organisation au sommet (une fédération arabe forte et unie) ; moins d'organisation au milieu (la dissolution des nations créées artificiellement à partir des provinces du défunt Empire ottoman) ; et plus d'organisation à la base (une revitalisation des groupes culturels arabes régionaux à l'intérieur de leurs frontières naturelles).

CHAPITRE 36

Les États-Unis et l'Afrique

D E TOUS LES CONTINENTS, à l'exception de l'Antarctique, l'Afrique est celui qui devrait le moins préoccuper les États-Unis. Loin dans le temps et dans l'espace, aucune nation ou combinaison de nations africaines ne pourrait représenter une menace militaire sérieuse pour l'Amérique, aujourd'hui ou à l'avenir. Comme d'autres nations occidentales, les États-Unis jettent un regard avide sur l'abondance d'uranium, de diamants, d'or, de chrome, d'étain, de vanadium, de manganèse, de platine, de cobalt, de pétrole et de caoutchouc en Afrique, autant de matières que l'Amérique aurait du mal à trouver ailleurs ou à produire artificiellement. Néanmoins, ces matériaux stratégiques peuvent être obtenus plus facilement par des pratiques commerciales normales que par une diplomatie ingérante, des menaces militaires ou des forces expéditionnaires. Pourtant, en dépit de ces excellentes raisons de garder une distance appropriée, les États-Unis sont de plus en plus impliqués dans les affaires africaines. L'une des principales causes, comme au Moyen-Orient, est le racisme des minorités nationales. Mais cette fois-ci, le racisme est d'une autre nature et plus sombre.

Avant la Première Guerre mondiale, l'Afrique pouvait être décrite comme une filiale à part entière de l'Europe. Après la Seconde Guerre mondiale, alors que l'Europe était fatiguée et exsangue, que les promesses anti-impérialistes de la Charte de l'Atlantique et des Nations unies étaient devenues réalité, que le libéralisme triomphait dans tout l'Occident, les Africains, qu'ils soient blancs, bruns ou noirs, ont décidé que le moment était venu de se battre pour l'autodétermination. Ils ont été plus surpris que quiconque lorsque les puissances coloniales ont rapidement capitulé. Dans certains cas, la transition a été pacifique ; dans d'autres, il a fallu une guerre d'usure ou des doses excessives de terrorisme pour briser les chaînes. Quoi qu'il en soit, en 1980, la domination politique européenne avait presque totalement disparu du continent.

Le spectre de pigmentation de l'Afrique, vu géographiquement du nord au sud, est pâle ou blanc foncé en haut, noir au centre, et noir, brun et blanc en bas, bien qu'il s'assombrisse rapidement. Dans ce chapitre, nous parlerons peu de l'Égypte et des autres nations arabes et musulmanes d'Afrique du Nord. Elles ne sont africaines que par la géographie. Leur religion, leur culture, leur histoire et leur composition raciale les font appartenir au Moyen-Orient.

L'Afrique compte aujourd'hui quarante-sept États noirs, tous nés après la Seconde Guerre mondiale sauf deux. Ces nations naissantes, dont les frontières correspondent rarement aux limites tribales,[1154] n'ont pas produit un bilan enviable en matière de stabilité politique. Une succession ininterrompue de coups d'État politiques et militaires, de querelles tribales et de guerres génocidaires[1155] n'a rien fait pour réfuter l'incapacité historique des Noirs à s'autogouverner.[1156] Une fois qu'un chef de tribu, un officier ambitieux ou un sous-officier assoiffé de pouvoir prend le pouvoir, il suit inévitablement le schéma diplomatique familier qui consiste à jouer l'Ouest contre l'Est (l'Union soviétique à son apogée, la Corée du Nord et la Chine aujourd'hui) afin de soutirer jusqu'au dernier centime de l'aide étrangère. Après avoir écarté les Blancs du contrôle politique, rendu extrêmement difficiles les affaires et le commerce et pratiquement impossible le développement de l'industrie lourde, les dirigeants noirs n'ont d'autre choix que de persuader les Blancs de rester ou de revenir si l'on veut sauver les nouveaux gouvernements de la ruine économique. Sans les Blancs, la majeure partie de l'Afrique noire reviendrait rapidement, comme c'est déjà le cas dans de nombreuses régions, à l'économie de subsistance dans laquelle elle vivait avant l'arrivée des colonisateurs européens.[1157]

Maintenant qu'elles ont accédé à l'indépendance — une indépendance purement nominale qui a "à peine touché la vie personnelle de la plupart des Africains"[1158] — les nations noires semblent plus intéressées par l'imitation des nations blanches que par le développement de leurs propres dons et compétences. L'art africain est en plein déclin.[1159] Malgré des déclarations

---

[1154] L'Afrique noire compte 2 000 tribus.

[1155] Au cours de la guerre civile nigériane, un million de membres de la tribu Ibo du Biafra ont été tués entre 1967 et 1969. *New York Times*, 23 novembre 1969, p. 1. Au moins 500 000 Tutsis ont été massacrés lors de la guerre civile rwandaise de 1993.

[1156] Les États d'Afrique noire ont été le théâtre de sept prises de pouvoir militaires, de deux coups d'État sanglants, d'un massacre tribal, de l'assassinat de 100 000 civils et de la fuite d'un million de réfugiés, le tout au cours de l'année 1966. *San Francisco Sunday Examiner, This World*, 8 janvier 1967, p. 22. Jusqu'à présent, seule une poignée des nouveaux gouvernements noirs a été démise de ses fonctions, bien que presque tous les nouveaux États fassent semblant d'être démocratiques. *Time*, 31 mars 1967, p. 29.

[1157] *Le livre North of South* de Shiva Naipaul, Simon and Schuster, New York, 1979, donne un aperçu macabre et sardonique de ce processus de réversion.

[1158] John Hatch, *A History of Postwar Africa*, Praeger, New York, 1965, p. 404.

[1159] Traditionnellement, les artistes africains se sont concentrés sur la sculpture. Aujourd'hui, la plupart des sculptures sur bois et des moulages en bronze sont "maladroits, imitatifs et produits en série". Les arts décoratifs se sont également détériorés. Il existe une certaine littérature — dans les langues européennes ou dans les

passionnées sur la négritude (les noirs américains l'appellent "âme"), les élites noires construisent des maisons ornées et des bâtiments gouvernementaux dans le style occidental, roulent à toute allure dans des Cadillac et des Mercedes dernier modèle, se rassasient des formes moins chères et plus grossières de la culture occidentale, épousent occasionnellement des femmes européennes et laissent les masses africaines se débrouiller toutes seules.[1160] Le défunt philosophe du nationalisme africain, Frantz Fanon, ne pouvait supporter cette nouvelle bourgeoisie noire, l'accusant de presque autant de crimes que ceux qu'il attribuait aux colonialistes blancs.[1161] La Rhodésie a été le dernier poste britannique en Afrique à jeter l'éponge. Après avoir assisté au démantèlement des Blancs au Kenya et de 75 000 autres Blancs en Rhodésie du Nord (aujourd'hui la Zambie), quelque 220 000 Blancs de Rhodésie du Sud, soit une minorité de 5 % sur une population totale de 4 530 000 habitants, se sont séparés de la Grande-Bretagne et ont affirmé leur indépendance. Paria parmi les nations et abandonnée par sa mère patrie qui est entrée en guerre contre l'Argentine pour protéger 1 800 Britanniques dans les îles Malouines, la Rhodésie a été la cible de sanctions économiques et de boycotts imposés par la plupart des nations blanches et de couleur du monde.[1162] Elle a néanmoins réussi à survivre jusqu'en 1979, date à laquelle la montée du terrorisme et les pressions exercées par les Britanniques et les Américains ont incité les Blancs à se rendre à la "règle de la majorité", ce qui, dans ce cas, signifiait remettre le gouvernement à Robert Mugabe, un révolutionnaire marxiste, un an plus tard.[1163] Bientôt, les Blancs ont fui le Zimbabwe en masse. Tous les

---

dialectes africains nouvellement grammaticalisés — mais il n'y a pratiquement pas de public de lecteurs. Smith Hempstone, *San Francisco Chronicle, This World*, 4 février 1962, pp. 21–22.

[1160] Une description très instructive de la vie quotidienne dans les nouvelles nations africaines se trouve dans Thomas Molnar, *Africa : A Political Travelogue*, Fleet, New York, 1965.

[1161] Frantz Fanon, *Les malheureux de la terre,* trad. Constance Farrington, Grove Press, New York, 1963. Voir en particulier le chapitre "Les pièges de la conscience nationale". Fanon, psychiatre noir martiniquais, était si anti-américain qu'il critiquait le "hurlement de jazz" des Noirs américains et décrivait les États-Unis comme un "monstre dans lequel les souillures, la maladie et l'inhumanité de l'Europe ont pris des dimensions effroyables". Ibid, pp. 243, 313.

[1162] En 1972, l'équipe rhodésienne, après avoir été invitée aux Jeux olympiques, a été éjectée en raison d'une menace de boycott de la part des Noirs. Quelques jours plus tôt, le général Idi Amin d'Ouganda avait ordonné à 50 000 Asiatiques de quitter son pays en 90 jours. L'équipe ougandaise est restée aux Jeux olympiques.

[1163] Mugabe était heureux de voir des milliers de mercenaires cubains à un moment ou à un autre en Éthiopie, en Angola, en Zambie, au Mozambique et au Botswana.

millions d'heures de travail consacrées à la mise en place d'une économie prospère et d'un mode de vie hautement civilisé dans un pays encore à l'âge de pierre ont été gaspillés. La présence occidentale en Afrique australe était désormais limitée au nord par le "grand fleuve Limpopo, gris-vert et gras, bordé d'arbres à fièvre" de Kipling.

La prochaine et dernière cible de la croisade anticolonialiste a été l'Afrique du Sud, où 5,86 millions de Blancs, soit une minorité de 14 % sur une population de 44 millions d'habitants, ont gouverné[1164] la nation la plus moderne et la plus avancée d'Afrique, et la seule qui reste occidentale. Avant de relater cette triste histoire, il peut être utile d'insérer quelques paragraphes d'histoire.

L'histoire de l'Afrique du Sud a commencé en 1652 avec l'arrivée des premiers pionniers néerlandais. À bien des égards, le développement du pays a été parallèle à celui des États-Unis. Les premiers colons étaient en grande partie des protestants d'origine nord-européenne qui venaient généralement avec leur famille. C'est pourquoi le mélange des races était minime. Le véritable ennemi des colons hollandais n'était pas l'indigène africain, mais le gouvernement britannique, qui les a harcelés presque dès le début et a pris la colonie à la Hollande par la force pendant les guerres napoléoniennes, lorsque la Hollande était un allié actif de la France. Quarante ans plus tard, pour échapper à la domination britannique, 12 000 Afrikaners d'origine hollandaise sont partis vers le nord lors du Grand Trek de 1835, une marche dont l'héroïsme et la force d'âme sont comparables à la migration des Mormons vers l'Utah. La guerre des Boers (1899-1902), une guerre d'indépendance qui a échoué, a marqué l'apogée de la fortune des Afrikaners.

Mais la défaite des Afrikaners n'est pas définitive. Vaincus sur le champ de bataille, ils se replient sur les urnes et, alors que l'Afrique du Sud passe du statut de colonie à celui de Commonwealth, leurs espoirs politiques s'éclaircissent. En 1948, les Afrikaners ont mis en minorité les Blancs anglophones et ont mis en place un gouvernement suprématiste blanc. En 1961, ils ont sorti l'Afrique du Sud du Commonwealth britannique et l'ont proclamée république indépendante.

L'Afrique du Sud espérait résoudre ses problèmes raciaux presque insolubles par l'apartheid, le développement séparé des races, une approche plus douce que le *baaskap*, la domination absolue des Blancs.[1165] Les Noirs, qui

---

[1164] La population non blanche se compose de 33 millions de Noirs, de 4 millions de métis et de 1,3 million d'Asiatiques. *Almanach mondial 1995*, pp. 819-20. Les Afrikaners représentent plus de la moitié de la population blanche. Il y a environ 100 000 Juifs.

[1165] Drury, op. cit. p. 98.

n'avaient pas le droit de se marier avec des Blancs et qui vivaient dans des communautés séparées et des bidonvilles, devaient finalement avoir leur propre patrie, avec une liberté culturelle totale et une certaine liberté politique.[1166] Leurs contacts avec les Blancs seraient limités au secteur économique, une restriction inacceptable pour les libéraux sud-africains, en grande partie d'origine britannique et juive, qui s'opposent à l'apartheid et sont favorables à l'octroi de tous les droits, y compris le droit de vote, aux non-Blancs. Les communistes, travaillant dans la clandestinité avec des groupes terroristes noirs à l'intérieur et à l'extérieur du pays, prônaient un soulèvement armé des Noirs.[1167]

Les Américains ont été endoctrinés à considérer les Noirs sud-africains, qui ne sont arrivés en nombre qu'à la fin du XVIIIe siècle — 150 ans après les Hollandais — comme les propriétaires légitimes du pays. Contrairement aux Noirs américains, la plupart des Noirs qui sont venus en Afrique du Sud l'ont fait de leur plein gré, d'abord à la recherche de terres, puis à la recherche d'un emploi. Les Noirs sud-africains se distinguent également des Noirs américains par le fait qu'ils parlent de nombreuses langues différentes et

---

[1166] Jusqu'à l'avènement du gouvernement Mandela, la politique raciale sud-africaine était à la fois semblable et différente de la politique raciale américaine. On retrouvait la même coalition libérale-minoritaire, avec les Juifs aisés au sommet, les Noirs impécunieux à la base, les Blancs d'origine britannique jouant le rôle de libéraux et les Afrikaners d'origine hollandaise le rôle de conservateurs. Une différence notable est que le groupe dominant de la population afrikaner a voté "blanc". Autre différence : les Noirs sud-africains, qui sont beaucoup plus nombreux que les Blancs, ne peuvent pas voter, alors que les Noirs américains, qui sont beaucoup plus nombreux que les Blancs, peuvent le faire. Bien qu'ils aient moins de pouvoir politique que les Juifs américains, les Juifs sud-africains disposent d'un pouvoir financier aussi important, voire plus important. Il n'y a eu que quelques restrictions dans les flux d'argent vers Israël, et Harry Oppenheimer, président d'Anglo American Corp, est peut-être le Juif le plus riche du monde. La société De Beers Consolidated Mines and Diamond Trading Co. d'Oppenheimer produit et vend 85 % des diamants bruts du monde. "En ces temps modernes, où les cartels de contrôle des prix ont été interdits dans d'autres secteurs, la survie du monopole de De Beers est étonnante". *McCalls*, mars 1969, pp. 167-68. Il va sans dire que les diamants n'ont pas été inclus dans les sanctions imposées par le Congrès à l'Afrique du Sud. Les liens entre Israël et l'Afrique du Sud étaient assez étroits, étant donné que l'État sioniste a voté contre l'Afrique du Sud chaque fois que la "mauvaise conduite" raciale de cette dernière a été évoquée devant les Nations unies. L'Afrique du Sud dispose d'une grande quantité d'uranium et Israël d'une bonne partie de la technologie nucléaire. La combinaison des deux a considérablement amélioré la capacité nucléaire des deux États, en particulier de l'Afrique du Sud.

[1167] Drury, op. cit. p. 96-97, et Molnar, op. cit. p. 166-67. Joe Slovo, juif lituanien et stalinien de longue date, qui a contribué plus que quiconque à la prise de contrôle de l'Afrique du Sud par les Noirs, est mort en janvier 1995, après avoir été nommé ministre du logement par son vieil ami et partisan, le président Nelson Mandela. Il a eu droit à des funérailles nationales.

qu'ils sont divisés par des loyautés tribales féroces qui ont longtemps empêché l'organisation d'un front politique anti-blanc uni.

Au cours des dernières décennies, les États-Unis, sous la pression des lobbies des minorités libérales et des médias, ont développé une préoccupation profonde et inquiétante pour les Noirs sud-africains, comme pour les Noirs de toutes les régions d'Afrique. Cette préoccupation est qualifiée d'inquiétante parce que les efforts antérieurs des Américains en faveur des Noirs d'Afrique avaient été, pour le moins, contre-productifs. Avant la guerre civile, des Américains blancs ont fondé l'État du Liberia sur la côte ouest de l'Afrique pour servir de patrie aux esclaves émancipés. De petits groupes d'anciens esclaves ont fait le voyage jusqu'au Liberia, où ils sont devenus l'aristocratie régionale, au nombre de 20 000 lors du dernier recensement en 1945. Mais le Liberia n'attirait guère les Noirs américains dans leur ensemble, qu'ils soient esclaves ou libres. Après la guerre civile, le flux migratoire prit fin.[1168] Soixante-cinq ans plus tard, le Liberia a été officiellement condamné par un comité de la Société des Nations pour avoir autorisé l'existence de l'esclavage et du travail forcé. Le président et le vice-président ont dû démissionner à la suite du scandale qui s'en est suivi.[1169] À l'heure actuelle, le pays est en proie à ce qui s'apparente à une guerre tribale.

Bien qu'il prétende être une démocratie, le Liberia moderne a en fait été gouverné par une succession de présidents-dictateurs,[1170] et la constitution comporte des qualifications raciales qui limitent la citoyenneté aux seuls Noirs.[1171] Cette pseudo-nation est également l'un des États africains les plus arriérés, principalement parce qu'elle n'a jamais été une colonie et qu'elle n'a donc été exposée que par intermittence à l'organisation politique blanche et à la technologie moderne. L'Éthiopie, en partie noire, est presque aussi arriérée. C'est le seul autre pays non blanc d'Afrique à avoir connu une histoire d'indépendance relativement continue, qui n'a été que brièvement interrompue récemment par l'occupation italienne (1936-1941).[1172]

Au lendemain de la Seconde Guerre mondiale, le pouvoir et l'influence de l'"opinion publique" américaine ont grandement encouragé les revendications précoces d'indépendance des Africains. La Belgique est contrainte d'abandonner le Congo avant qu'il n'y ait suffisamment de Noirs

---

[1168] *Ency. Brit.*, Vol. 13, pp. 994-96.

[1169] *New York Times*, 6 décembre 1930, p. 38, et 7 juin 1931, p. 5.

[1170] En 1980, le président William Tolbert a été assassiné lors d'une révolte militaire suivie d'une série d'exécutions publiques sanglantes.

[1171] *Ency. Brit.*, Vol. 13, p. 996.

[1172] Molnar, op. cit. p. 223, et Hatch, op. cit. p. 185-86.

qualifiés pour l'administrer. Alors que le pays retombe dans la barbarie, les États-Unis contribuent à hauteur de 40 % aux 400 millions de dollars dépensés par la mission de "maintien de la paix" des Nations unies (1960-1963). Au cours des guerres de brousse et des insurrections presque interminables qui ont ravagé le Congo pendant deux décennies, les troupes congolaises, loyales ou rebelles, ont mutilé, massacré et parfois cannibalisé plus d'un Américain, y compris des missionnaires et des religieuses.[1173] Malgré cela, la presse américaine a continué à soutenir le gouvernement congolais, parfois pro-soviétique, toujours raciste à l'égard des Noirs, et a mené une campagne acharnée contre Moïse Tshombe, le seul homme politique congolais pro-occidental d'envergure, dans ses éditoriaux et ses manchettes. Tshombe, après avoir été poussé à l'exil, a été kidnappé et transporté par avion dans une prison algérienne, où il a probablement été assassiné.

À la lumière des événements récents et des tendances actuelles, force est de constater que l'Afrique la plus sombre devient plus sombre que jamais et que la politique étrangère américaine accélère le processus. Les plantations, les installations industrielles, les services publics, les compagnies minières et les grands établissements commerciaux ne restent en activité que tant qu'il y a une supervision blanche et de l'argent blanc. Les Noirs qui tentent — avec peu de succès — de remplacer les technocrates blancs sont des intellectuels formés en Occident, une espèce d'imitation d'hommes blancs méprisés par leur propre peuple et ridiculisés par leurs anciens maîtres européens. La véritable Afrique et la culture noire authentique ne se trouvent pas dans les limites de la ville, mais dans la brousse, dans les enceintes tribales. Si les libéraux blancs, les religieux blancs, les capitalistes et communistes blancs de toutes les couleurs et l'intelligentsia noire laissaient l'homme de la tribu noire à lui-même, il serait libre de poursuivre et de développer le mode de vie qui lui convient le mieux et qui fait le meilleur usage de son patrimoine culturel et génétique unique et différent.

Mais ils ne le laisseront pas tranquille. Les nations occidentales continuent d'accueillir, d'endoctriner et de renvoyer dans leurs foyers d'origine des élites noires qui, volontairement ou non, ramènent chez elles un colonialisme de pensées, d'attitudes et d'institutions blanches qui pèse plus lourdement sur l'âme noire que le colonialisme économique des impérialistes blancs.

[1173] "Le gouvernement congolais a nié les accusations selon lesquelles ses troupes avaient tué au moins 11 Européens et violé 30 femmes blanches, mais son propre ministre intérimaire a porté l'accusation la plus étonnante de toutes, à savoir que des Congolais avaient mangé plusieurs colons blancs à Lubumbashi, anciennement Elisabethville". *Life*, 21 juillet 1957, p. 34. On peut ajouter que certains cannibales n'étaient pas des indigènes primitifs portant des pagnes, mais "des hommes et des femmes scolarisés et habillés à l'européenne". Molnar, op. cit. p. 30.

Même les États arabes et musulmans d'Afrique du Nord tentent de se mêler du destin des Noirs en proposant un panafricanisme continental, oubliant apparemment que beaucoup de Noirs ont plus d'animosité envers les Arabes qu'envers les Blancs européens. Ce sont les Arabes qui ont géré la traite des esclaves africains bien avant l'arrivée des Européens, et ce sont les Arabes qui l'ont maintenue en vie bien après que les Européens l'aient interdite.

Très sensibles au lobbying libéral et noir, les États-Unis continuent d'aider, d'encourager et de financer des républiques africaines de "modèle occidental" qui se révèlent invariablement être des travestissements des institutions politiques, économiques et sociales qu'elles imitent laborieusement. Bien que Le cœur des ténèbres de Joseph Conrad offre probablement le meilleur indice de l'avenir de l'Africain noir, l'Amérique préfère fonder sa politique africaine sur les prophéties marxistes, les palabres anti-blancs de feu Jean-Paul Sartre et les fantasmes raciaux de feu Frantz Fanon.[1174] C'est cette erreur d'appréciation flagrante qui a conduit à la folie somalienne, lorsque des troupes américaines ont été envoyées en 1992 pour une mission de maintien de la paix et que, moins de deux ans plus tard, après avoir perdu 120 hommes, elles ont été retirées sans ménagement.

À l'exception du Moyen-Orient, il n'y a pas de région au monde où la politique étrangère américaine soit autant tournée contre la majorité américaine qu'en Afrique. Au lieu de normaliser leurs relations avec l'Afrique du Sud, dont les ressources, la capacité militaire et la stabilité politique en faisaient la seule nation du continent digne de ce nom, les États-Unis ont adopté une politique allant de l'indignation morale aux sanctions économiques en passant par un embargo total sur les armes. En conséquence, l'Afrique du Sud est aujourd'hui en passe de devenir une "république" noire typique. Le pays a un président noir ; l'embargo sur les armes et les sanctions économiques ont été levés ; des millions de dollars, de livres et de deutsche marks affluent. Plus important encore, les médias occidentaux sont passés de l'hostilité à l'éloge. Mais le grand "si" demeure. Les Blancs verront-ils leur pays partir à vau-l'eau sans se battre ? Le scénario rhodésien va-t-il se répéter ? De nombreux Afrikaners réfléchissent sérieusement à la création d'une patrie blanche. Beaucoup d'autres Blancs espèrent — et prient pour — que l'État multiracial actuel sera suffisamment performant pour empêcher la formation d'un État tribal suprématiste noir.

[1174] La préface de Sartre au traité de Fanon, Les malheureux de la terre, est l'une des insultes les plus vitupérantes et les plus étendues de l'histoire de l'invective raciale. Le fait que les auteurs blancs, bruns et noirs les plus enragés du racisme antiblanc soient acceptés comme des membres respectables de la fraternité intellectuelle blanche est un signe des temps et des pressions de l'époque.

L'Afrique du Sud était la dernière oasis de civilisation occidentale dans un continent presque entièrement dominé par les Occidentaux il y a un siècle. Parce qu'elle était gouvernée par des Blancs, parce que près de la moitié de ces Blancs étaient anglophones, la "pointe blanche", comme on l'a appelée, aurait pu s'attendre à une certaine sympathie et à une aide de la part des États-Unis. Au lieu de cela, l'Amérique a contribué à planter le poignard dans le dos de l'Afrique du Sud. La question de savoir si la population blanche survivra, si elle sera forcée de fuir ou si elle sera même confrontée à un massacre racial sera résolue au XXIe siècle.

Aussi incroyable que cela puisse paraître, plus la population d'une nation africaine différait racialement et culturellement de la majorité américaine, plus cette nation était susceptible de recevoir l'approbation et les largesses des Américains. Plus la population se rapprochait de la composition raciale de la majorité, plus elle était traitée froidement, souvent jusqu'à l'inimitié. La couche raciale blanche (méditerranéenne) d'Afrique du Nord s'est vu accorder le statut de semi-paria accordé à la plupart des États arabes laïques, bien qu'une dérogation temporaire ait été accordée à l'Égypte pour son apaisement vis-à-vis d'Israël. La Libye est devenue un véritable paria, ce qui lui permet d'être attaquée par la marine et l'armée de l'air américaines, l'une des cibles étant le dictateur libyen Mouammar Kadhafi et sa famille.

Dans un sens étrangement troublant, un parallèle historique a été établi. La composante raciale blanche (Europe du Nord) de l'Afrique du Sud a été mise au ban du Sud-américain.

CHAPITRE 37

Les États-Unis et l'hémisphère occidental

L A GÉOGRAPHIE de l'hémisphère occidental est divisé en deux continents, l'Amérique du Nord et l'Amérique du Sud. D'un point de vue géopolitique, il est divisé en Amérique latine (Amérique du Sud, Amérique centrale et Mexique) et en Amérique anglophone (États-Unis et Canada). L'Amérique latine se caractérise par un climat tropical ou subtropical, une religion catholique, une langue espagnole, portugaise ou indienne, une culture latine, indienne ou noire (dans des proportions variables) et une race méditerranéenne, mongoloïde ou négroïde (dans des mélanges variables). La population de l'Amérique latine (trente nations indépendantes, plus quelques dépendances européennes, principalement dans les Caraïbes) est estimée, au milieu de l'année 1980, à 363 600 000 habitants, contre 252 400 000 pour l'Amérique anglo-saxonne. Entre 1975 et 1980, la population de l'Amérique latine a augmenté de 44 millions d'habitants et celle de l'Amérique anglo-saxonne de 8 600 000.[1175]

À l'époque de Christophe Colomb, le Nouveau Monde comptait 16 millions d'Indiens, dont 15 millions en Amérique latine.[1176] Lorsque leurs conquérants au visage pâle sont arrivés, ils ont été soumis à deux épreuves et styles de conquête différents. Les Anglais, les Français (dont de nombreux Normands) et d'autres Européens du Nord ont parlementé et commercé avec les Indiens, avant de les combattre, de les tuer et de chasser la plupart des survivants vers l'ouest, finalement dans des réserves. Mais ils s'accouplaient rarement avec eux et ne les épousaient pratiquement jamais. Cette abstinence sexuelle peut être attribuée à de forts sentiments de solidarité raciale, accentués par les différences de couleur, et au fait que beaucoup d'entre eux étaient des colons qui avaient emmené leurs femmes et leurs familles.

La proportion de célibataires est beaucoup plus importante dans les migrations espagnoles et portugaises, dont les membres sont plus préoccupés par la gloire militaire et la chasse à la fortune que par l'agriculture. De couleur plus foncée et sensiblement plus petits que les Européens du Nord,

---

[1175] *World Population Estimates*, The Environmental Fund, Washington, D.C., 1980.

[1176] *Ency. Brit.*, Vol. 12, pp. 200, 203.

ils se distinguent moins physiquement des autochtones.[1177] Ils se trouvaient également confrontés à un plus grand nombre d'Indiens, plus séduisants et plus civilisés que les Peaux-Rouges nomades des plaines et des forêts du Nord. Lorsque les navires négriers ont déchargé leurs cargaisons humaines, les Latins ont persisté dans leur métissage tandis que les Européens du Nord, à quelques exceptions près, notamment dans le Sud-américain, sont restés fidèles à leurs habitudes d'accouplement ségrégatif.[1178]

Des siècles de mélange racial en Amérique latine ont produit de nombreux sous-types raciaux différents. Au Mexique et au Pérou, où il existait des cultures indiennes avancées, l'élément métis est hispano-indien. Au Brésil, un nombre considérable de nègres et d'Indiens ont donné naissance à des nuances raciales plus complexes : portugais-indien, nègre-indien, portugais-nègre et portugais-indien-nègre. Dans les Antilles, où les esclaves noirs ont remplacé les Indiens disparus au XVIe siècle, de nombreuses îles sont presque entièrement noires. À Cuba et à Porto Rico, la part mulâtre de la population est prédominante, les Noirs purs et les Blancs purs étant minoritaires.[1179]

Dans les pays andins les plus éloignés, l'Équateur et la Bolivie, ainsi qu'au Guatemala, les souches purement indiennes sont encore majoritaires. Au Paraguay, le guarani, un dialecte indien, est une langue officielle. En Argentine, en Uruguay et au Costa Rica, où la rareté des ressources minérales a attiré les colons plutôt que les prospecteurs, la population est très majoritairement blanche. Des enclaves d'Allemands et de Japonais au Brésil, d'Allemands au Chili, de Juifs en Argentine, de Néerlandais ([1180]) et

---

[1177] Il s'agit du type racial de la plupart des soldats, prospecteurs, administrateurs et prêtres espagnols et portugais. Leurs chefs, les *conquistadores*, présentaient de nombreux traits physiques nord-européens. Voir p. 77.

[1178] Contrairement à ce qui se passe en Amérique latine, les descendants mixtes des Blancs du Sud n'ont pratiquement jamais été légitimés.

[1179] Les recenseurs capitalistes de Porto Rico et les recenseurs communistes de Cuba semblent quelque peu aveugles à la couleur. Au début des années 1960, moins de 20 % de la population portoricaine était classée comme non blanche. À Cuba, un huitième de la population était décrite comme noire et un septième comme mulâtre. Tout visiteur de l'un ou l'autre pays peut rapidement juger de la fiabilité de ces statistiques, dont le parti pris exagéré en faveur des Blancs est une preuve supplémentaire de la valeur sociale attachée à l'étiquette blanche. A Cuba, "la proportion de la population ayant une ascendance nègre est beaucoup plus élevée que les chiffres indiqués". *Ency. Brit.*, Vol. 6, p. 875.

[1180] Les frères Migdal, juifs lituaniens, dirigeaient la vicieuse et lucrative traite des blanches en Argentine, à laquelle la communauté juive elle-même a finalement mis fin. L'inflation argentine a fait des ravages dans les petites entreprises juives, mais les

d'Indiens orientaux au Suriname, de Français en Guyane française, en Martinique et en Guadeloupe, et d'Indiens (originaires de l'Inde) en Guyane, anciennement Guyane britannique, viennent compliquer le tableau racial de l'ensemble de l'Amérique latine.

En Amérique latine, la richesse économique et le prestige social varient généralement en fonction de la blancheur de la peau. En Amérique centrale, le Costa Rica, seule nation blanche, est de loin la plus avancée et la plus prospère. Haïti, qui a connu la plus longue histoire d'indépendance continue de tous les pays noirs, est le pays le moins prospère et le moins avancé de tous les pays du Nouveau Monde, à l'exception de quelques nouveaux États noirs dans les Antilles. En Amérique du Sud, le Chili, l'Uruguay et l'Argentine, malgré le penchant des Latins pour la dictature ou le régime militaire, se situent à un niveau de civilisation plus élevé que les pays où prédominent les éléments nègres ou indiens.

L'aristocratie qui subsiste en Amérique latine repose presque entièrement sur un arbre généalogique blanc, non souillé et non contaminé. Dans de nombreux domaines, la politique est depuis longtemps entre les mains des métis, mais des métis du côté clair, qui se marient avec des métis du côté clair et dont les descendants finissent par obtenir des "certificats de blancheur". Bien qu'il n'y ait pas de discrimination raciale officielle ou légalement sanctionnée en Amérique latine, on peut la voir, la sentir et la ressentir partout.

Ni les Indiens ni les Noirs n'ont joué un rôle considérable dans les premières étapes des mouvements d'indépendance latino-américains.[1181] Ce sont les créoles, les Blancs de souche — certains avec quelques gènes métis — qui, dans presque tous les cas, ont organisé et dirigé les armées qui ont combattu les troupes régulières espagnoles. De nombreux dirigeants créoles ont hérité du courage des *conquistadores*, mais pas de leur conscience raciale. Bolivar, qui avait une touche indienne, a marié sa sœur à un général noir. San Martin, qui avait les cheveux et les yeux noirs et la peau olivâtre, a un jour annoncé

---

400 000 Juifs d'Argentine représentent toujours la minorité juive la plus riche et la plus influente d'Amérique latine. Sachar, *The Course of Modern Jewish History*, p. 51. Parmi les 150 000 Juifs du Brésil : Israel Klabin, ancien maire de Rio de Janeiro, et Adolpho Bloch, premier éditeur du pays.

[1181] Juarez, le célèbre révolutionnaire indien du Mexique, n'est devenu célèbre qu'au milieu du dix-neuvième siècle, près de quatre décennies après que deux prêtres blancs, Hidalgo et Morelos, eurent lancé la campagne pour l'indépendance du Mexique. Il convient de mentionner que les révolutions latino-américaines visant à se libérer du pays d'origine ont été, comme la révolution américaine, menées principalement par des conservateurs.

publiquement qu'il était un Indien. O'Higgins, le libérateur du Chili, était le fils illégitime d'un Irlandais et d'une Chilienne d'ascendance mixte. [1182]

Dans les années 1820, les nouveaux États d'Amérique latine auraient pu se regrouper en une fédération sur le modèle des États-Unis. Mais les deux principaux dirigeants, Bolivar et San Martin, se sont brouillés. Depuis ce jour, l'Amérique latine est divisée par un provincialisme mesquin et une succession interminable de révolutions, de dictatures militaires, de juntes cléricales et anticléricales et d'hommes à cheval. Le Venezuela a connu plus de cent révolutions en 150 ans ; la Bolivie 179 changements de gouvernement en 126 ans. Le Paraguay a connu trente-neuf chefs d'État différents entre 1870 et 1954.[1183] C'est cette agitation politique et économique incessante qui a fait que l'Amérique latine, qui avait un siècle ou plus d'avance sur l'Amérique anglo-saxonne, a pris plus d'un siècle de retard.

Il convient de rappeler que l'Amérique latine comprenait autrefois la Floride, la Louisiane et son vaste arrière-pays, ainsi que des étendues géographiques presque illimitées dans le Sud-Ouest américain et le Far West. Après avoir acquis la Louisiane par achat et certaines parties de la Floride par la force, les États-Unis ont tenté d'ériger un mur diplomatique autour du reste de l'hémisphère occidental avec la doctrine Monroe (1823).

En proclamant solennellement que le Nouveau Monde était fermé à toute nouvelle colonisation par les puissances européennes, l'Amérique a contribué à sauvegarder la liberté et l'indépendance nouvellement acquises par les pays d'Amérique latine qui s'étaient séparés de l'Espagne et du Portugal. Mais à mesure que l'agression américaine contre le Mexique s'intensifiait et que le Texas, le Nouveau-Mexique, l'Arizona, la Californie et certaines parties du Colorado et du Wyoming étaient incorporés aux États-Unis, on pouvait pardonner aux Latino-Américains d'assimiler la doctrine Monroe à l'impérialisme yankee. Les États-Unis semblaient vouloir isoler l'hémisphère occidental de l'Europe, non pas dans le but noble de protéger le Nouveau Monde contre les machinations de l'Ancien, mais pour traiter l'Amérique latine comme la Grande-Bretagne, la France et quelques autres nations européennes commençaient à traiter l'Afrique.[1184]

[1182] Gunther, *Inside South America*, pp. 134-37 et 332-33.

[1183] Ibid, p. xvi.

[1184] En phase avec l'humeur expansionniste, William Walker, médecin, avocat, éditeur, flibustier et natif de Nashville, dans le Tennessee, a brièvement créé une "république" indépendante à partir de la Basse-Californie et de Sonora, au Mexique. Plus tard, avec cinquante-six partisans, il s'empare du Nicaragua. S'il n'avait pas croisé le chemin des

Ce n'est que dans les années 1930 que les États-Unis ont sérieusement tenté d'apaiser les sentiments froissés et la fierté blessée résultant de l'exposition de l'Amérique latine, pendant un siècle, au dynamisme des "gringos". L'expropriation de centaines de millions de dollars d'investissements et de biens américains par le gouvernement révolutionnaire mexicain a été pardonnée et oubliée, et une nouvelle approche douce des relations avec l'Amérique latine, la politique de bon voisinage de Franklin D. Roosevelt, a été inaugurée. À la fin des années 1940, l'Organisation des États américains a été créée. Chacun des vingt-trois (aujourd'hui trente-cinq) pays membres dispose d'une voix. Deux décennies plus tard, l'Alliance pour le progrès du président Kennedy a ajouté des subventions et des prêts aux investissements américains afin de développer l'économie en retard de l'Amérique latine. Malgré ces mesures conciliantes, l'ère de la bonne entente hémisphérique était toujours aussi lointaine.

Entre-temps, les États-Unis ont été contraints de prendre connaissance de l'intensification de l'activité soviétique au sud de la frontière. La subversion russe du Guatemala a été contrecarrée par un soulèvement provoqué par les Américains qui a fait partir Jacobo Arbenz, la première marionnette soviétique d'envergure dans le Nouveau Monde, en 1954. Mais il en va tout autrement pour Cuba. L'incapacité des États-Unis à empêcher la soviétisation du pays antillais le plus riche, le plus important et le plus peuplé reste l'une des plus grandes bévues de l'histoire diplomatique américaine. Ces événements constituent un exemple classique de la manière dont la sécurité nationale américaine est mise à mal lorsque la coalition minoritaire libérale impose ses dogmes politiques et sociaux à la conduite des affaires étrangères.

Jusqu'à ce que le *New York Times* le découvre avec sa petite bande de guérilleros dans les montagnes reculées de la Sierra Maestra à Cuba en 1957, Fidel Castro était un révolutionnaire inconnu, clownesque et découragé. Puis, dans une série d'interviews dithyrambiques, *le* correspondant *du Times* Herbert Matthews, dont le reportage sur la guerre civile espagnole avait été un monument de non-objectivité,[1185] a dressé un portrait héroïque de Castro, patriote idéaliste "anticommuniste" n'ayant "aucune animosité à l'égard des

---

intérêts économiques de Cornelius Vanderbilt — le Commodore souhaitait construire un canal au Nicaragua — Walker serait peut-être devenu l'empereur de l'Amérique centrale au lieu de mourir devant un peloton d'exécution hondurien en 1860. Albert Carr, *The World and William Walker*, Harper & Row, New York, 1963.

[1185] Pour la partialité de Matthews, voir Hugh Thomas, *The Spanish Civil War*, pp. 233, 388.

États-Unis et du peuple américain".[1186] Les prétentions de Matthews contenaient également la déclaration suivante : "Mais il n'y a pas de communisme à proprement parler dans le mouvement du 25 juillet de Castro…"[1187] Earl Smith, ambassadeur américain à Cuba à l'époque, a déclaré qu'après la publication des interviews de Matthews, les armes, l'argent et le soutien à Castro ont afflué de toutes parts.[1188]

Inévitablement, le président Eisenhower lui-même est tombé sous le charme du Times,[1189] refusant de vendre au gouvernement cubain légitime des armes dont il avait cruellement besoin, même lorsque l'insurrection de Castro a pris des proportions menaçantes.[1190] L'ambassadeur Smith a reçu l'ordre d'exhorter le président Batista, l'homme fort de Cuba, à se retirer.[1191] Le 1er janvier 1959, Batista s'est enfui au Portugal. Le même jour, les forces de Castro entrent triomphalement à La Havane. De manière incompréhensible, la diplomatie américaine avait pris l'initiative de remplacer un ami juré par un ennemi juré.

Après la prise de contrôle de Cuba par Castro, d'éminents libéraux se sont précipités dans la presse pour ajouter de nouvelles touches au panégyrique de Matthews. William Benton, l'un des membres les plus influents du parti démocrate et ancien sénateur du Connecticut, a écrit que l'Amérique latine semblait être la "région du monde la moins menacée par une menace militaire soviétique ou chinoise (même à travers Cuba)".[1192] L'un des plus grands

---

[1186] Citations tirées des articles de Matthews en première page du *New York Times*, 24-26 février 1957.

[1187] Ibid.

[1188] Herbert Dinsmore, *All The News That Fits*, Arlington House, New Rochelle, N.Y., 1968, p. 185.

[1189] Ibid. p. 177. Lors d'une conférence de presse au Grinnell College (13 mai 1965), Eisenhower a précisé que "Herbert Matthews… a presque à lui seul fait de Castro un héros national". Il a ajouté que John Kennedy, lorsqu'il était sénateur, lui avait dit que Castro suivait les traces de Bolivar.

[1190] La livraison de quinze avions que Cuba avait déjà achetés et payés a été stoppée par le Département d'État. M. Stanton Evans, *The Politics of Surrender*, Devin-Adair, Old Greenwich, Conn. 1966, p. 380.

[1191] Ibid, p. 379. Pour une analyse complète de la situation générale par un participant cubain, voir Mario Lazo, *Dagger in the Heart-American Foreign Policy Failures in Cuba*, Funk & Wagnalls, New York, 1968.

[1192] Extrait de la préface de Benton, *The Voice of Latin America*, Weidenfeld 8 Nicolson, Londres, 1961, p. xii. Si Benton était si peu au fait des affaires étrangères, il n'avait rien à faire en tant que secrétaire d'État adjoint en 1945-47. Éditeur de l'*Encyclopaedia Britannica*, cité par la Commission fédérale du commerce pour prix trompeurs, Benton a

sociologues du pays, C. Wright Mills, a écrit : "Fidel Castro n'est pas communiste et ne l'a jamais été".[1193] Mills a ensuite ajouté que Castro ne permettrait jamais à la Russie d'installer des bases à Cuba. D'ailleurs, a-t-il ajouté, la Russie ne veut pas de telles bases.[1194]

En 1961, lorsque Castro a annoncé publiquement qu'il avait toujours été marxiste-léniniste et qu'il n'avait dissimulé ses liens communistes que pour faciliter la révolution,[1195] Matthews écrivait toujours sur Cuba pour le *Times*, avant d'être promu au poste d'éditorialiste en chef pour les affaires latino-américaines. À ce poste, son supérieur hiérarchique était John Oakes, directeur éditorial *du Times* et fils de George Ochs-Oakes, frère du fondateur Adolph Ochs.[1196] Même après que Castro eut exproprié plus d'un milliard de dollars de biens américains et mis en place un État communiste orthodoxe, avec purges massives et collectivisation forcée de l'agriculture, les arbitres libéraux-minoritaires de la politique étrangère ont continué à manifester leur amitié pour la révolution cubaine, même s'ils commençaient à avoir des doutes sur Castro lui-même.

Étant donné que les hommes qui s'étaient le plus trompés sur Castro et qui avaient le plus insisté pour imposer leurs opinions erronées au gouvernement ont été, dans l'administration Kennedy, élevés à des postes de décision importants, il n'est pas étonnant que les relations américano-cubaines soient allées de mal en pis. Le spécialiste des affaires latino-américaines à la Maison-Blanche était l'intellectuel minoritaire Richard Goodwin, rédacteur des discours de Kennedy. Un autre intellectuel minoritaire, Arthur Schlesinger Jr, auteur du Livre blanc de l'administration sur Cuba en 1961, a joué un rôle important dans les relations diplomatiques avec Castro. Dans une explosion de clichés, Schlesinger décrit comment "l'hémisphère s'est réjoui du renversement de la tyrannie de Batista, a regardé avec sympathie

---

commencé sa carrière comme bonimenteur à la radio. Ses publicités pour les déodorants ont établi un standard de banalité rarement égalé dans l'histoire de la publicité.

[1193] *Listen, Yankee !* Ballantine Books, New York, 1960, p. 103.

[1194] Ibid, pp. 94-95.

[1195] *Ency. Brit.*, Vol. 5, p. 44. Il a dû être pénible pour William Benton de lire dans sa propre maison d'édition une réfutation complète de ses prédictions concernant l'intervention russe à Cuba.

[1196] Dinsmore, op. cit. p. 179. En 1967, Matthews a admis à contrecœur que Castro était communiste, mais il a déclaré qu'il l'était devenu en 1960, une déclaration qui ne correspond pas à celle de Castro. Matthews, qui, en tant que correspondant étranger en Europe dans les années 1930, portait un fedora gris, des gants beiges, des guêtres assorties et une canne de Malacca, est resté en bons termes avec ses employeurs jusqu'à la fin. Mme Arthur Sulzberger était la marraine de son fils unique. Gay Talese, *The Kingdom and the Power*, 1969, p. 463-64.

le nouveau régime et a accueilli ses promesses de liberté politique et de justice sociale pour le peuple cubain".[1197]

Il s'ensuivit une farce de contradictions. Le 17 avril 1961, l'état-major intellectuel de la Maison-Blanche, faisant soudain volte-face, a donné à une force de 1 500 exilés cubains entraînés et équipés par les Américains le feu vert à l'invasion. Mais à l'apogée du débarquement de la Baie des Cochons, le président Kennedy, trop préoccupé par la réaction froide des experts libéraux qui dominaient les médias, a perdu son sang-froid et a annulé toutes les frappes aériennes de couverture, à l'exception de la première.[1198]

La confrontation nucléaire avec la Russie, qui a suivi cette honteuse démonstration de l'indécision et de la faiblesse américaines, a culminé dans ce que la presse a considéré comme une "victoire" de Kennedy, bien qu'aucune preuve concluante n'ait été apportée que les Russes aient jamais retiré tous leurs missiles et ogives de Cuba. Au contraire, il existe des preuves contestées que quelques missiles subsistent dans le vaste réseau d'installations souterraines de Cuba.[1199] Il se trouve que le triomphe diplomatique de Kennedy n'incluait pas le droit d'inspection sur place.

Il ne fait guère de doute non plus que Kennedy a conclu un accord secret avec Khrouchtchev concernant l'inviolabilité de Cuba. En autorisant l'installation d'une base militaire russe permanente à seulement 90 miles de la Floride et en promettant de ne pas envahir Cuba, le président n'a pas enfermé ou abrogé la doctrine Monroe, il l'a inversée. Les États-Unis, qui s'étaient engagés à empêcher l'intervention européenne dans le Nouveau Monde, étaient en fait devenus les protecteurs d'un État satellite russe dans la zone stratégique des Caraïbes. La faillite de la politique cubaine de Kennedy s'est encore accentuée lorsque Cuba est devenu le terrain d'entraînement des cadres révolutionnaires qui ont mené des soulèvements armés ailleurs en Amérique latine. Après que les administrations américaines suivantes eurent refusé de réagir à l'envoi par Castro de forces expéditionnaires cubaines pour soutenir les régimes pro-soviétiques en

---

[1197] Evans, op. cit. p. 381.

[1198] Ibid, pp. 385-86.

[1199] Lors d'une interview en 1964, la sœur de Castro, Juanita, a déclaré : "Il y a à Cuba des missiles balistiques à longue portée qui sont bien camouflés." Un an auparavant, le représentant Donald Bruce de l'Indiana avait déclaré : "Il y a quarante missiles soviétiques ou plus à Cuba aujourd'hui et les plus hauts responsables du gouvernement américain le savent". Evans, op. cit. p. 403-6.

Afrique, l'attitude de l'Amérique à l'égard de Cuba pouvait être qualifiée de paralytique.[1200]

Étant donné que les groupes de population dominants d'origine nord-européenne ne se trouvent pas dans les pays d'Amérique latine, l'ingrédient racial d'un gouvernement représentatif ou véritablement démocratique fait défaut. Il s'ensuit que toute stabilité politique et économique existante continuera probablement d'être assurée par des dictateurs, bienveillants ou malveillants. Parmi eux, il y aura certainement un certain nombre de Castro, qui arriveront au pouvoir en s'appuyant sur la misère, l'ignorance et la superstition des masses analphabètes, en s'appuyant sur la stratégie marxiste éprouvée qui consiste à faire appel à l'animosité et à l'envie raciales.

Les États-Unis ont aidé un Castro hostile à prendre le pouvoir en retirant leur soutien à un dictateur ami, Fulgencio Batista. La CIA a participé à l'assassinat du dictateur dominicain ami, Rafael Trujillo, qui a provoqué un tel chaos que le président Johnson a dû ordonner l'intervention de 24 000 marines. Plus tard, le président Carter a abandonné le dictateur ami Anastasio Somoza et a permis aux Sandinistes pro-soviétiques et pro-castristes de prendre le contrôle du Nicaragua. Malgré quelques revers électoraux, ils sont toujours là et exercent toujours un pouvoir considérable. Comme Carter, craignant la presse, n'a pas eu la décence de lui accorder un exil permanent aux États-Unis, Somoza s'est réfugié au Paraguay, où il a été rapidement assassiné par des terroristes de gauche.

Aujourd'hui, la priorité de la politique américaine dans l'hémisphère occidental devrait être de s'accrocher au canal de Panama et, par une diplomatie astucieuse et une finesse économique, de démettre Fidel Castro de ses fonctions. La tâche devrait être moins difficile maintenant que le champ gravitationnel russe a été affaibli par la *glasnost* et la *perestroïka*. En outre, la doctrine Monroe devrait être sauvée de l'oubli diplomatique et dépoussiérée, mais elle ne devrait être appliquée qu'en cas d'ingérence étrangère directe dans les affaires latino-américaines et ne plus jamais servir de prétexte à une intervention yankee à l'ancienne. Quelle que soit l'action des États-Unis en Amérique latine, ils ne devraient plus être identifiés à la partie perdante des guerres civiles et des révolutions.

Comme il y a très peu de chances qu'une économie de type américain fonctionne jamais avec succès dans les sociétés quasi-collectivistes d'Amérique latine, les États-Unis devraient se résigner à traiter avec un défilé sans fin de juntes militaires et révolutionnaires. Plutôt que de choisir entre elles selon la formule libérale-minoritaire qui veut que les totalitaires de gauche soient toujours et à jamais préférés aux totalitaires de droite, la

---

[1200] Evans, op. cit. p. 406-7.

diplomatie américaine devrait s'efforcer de faire en sorte que tous les États d'Amérique latine, quelle que soit leur politique, restent loyaux envers l'hémisphère occidental.[1201]

Les utopistes ont souvent imaginé une confédération panaméricaine, dans laquelle les États-Unis seraient un partenaire égal, comme l'instrument idéal pour résoudre les problèmes de l'hémisphère et maintenir la défense de l'hémisphère. Mais les États-Unis ont un tel avantage industriel et financier sur les autres pays du Nouveau Monde qu'ils peuvent difficilement éviter la responsabilité et les stigmates de la domination. Les hommes politiques latino-américains peuvent se plaindre de l'impérialisme américain, mais il est certain que leurs propres pays, seuls ou conjointement, n'ont pas la force de défendre le Nouveau Monde contre les prédateurs du Vieux Monde. Les capitalistes et les marxistes latino-américains peuvent dénoncer le colosse commercial yankee, mais l'économie de leurs pays serait bien plus mal en point si les entreprises américaines fermaient leurs portes et rentraient chez elles.[1202]

Les cris pavloviens de "gringoisme" ne doivent pas dissimuler une forme d'agression bien plus dangereuse qui se déroule actuellement dans l'hémisphère occidental. Il s'agit d'une agression qui pointe vers le nord et non vers le sud. Alors que de vastes régions du Texas et du Sud-Ouest américain reviennent à une culture mexicaine hispanophone, que les Portoricains se reproduisent plus vite que les Noirs à New York, que les réfugiés cubains[1203] s'entassent en Floride, il est possible que les Latino-Américains reconquièrent bientôt par défaut les territoires nord-américains qu'ils ont perdus. En outre, l'extension de l'Amérique latine vers le nord ne peut qu'affaiblir la sécurité de l'hémisphère en réduisant encore le pouvoir de la majorité américaine, sur les épaules de laquelle toute défense efficace des deux continents doit en fin de compte reposer. Privé du leadership et de

---

[1201] Ces dernières années, les États-Unis ont remporté quelques succès militaires et politiques en Amérique latine. La Grenade a été occupée et son gouvernement pro-soviétique renversé. Les Contras au Nicaragua ont été laissés en plan, mais un gouvernement pro-américain a été élu. Les révolutionnaires du Salvador ont été tenus à distance. L'homme fort du Panama, Manuel Noriega, figure importante du commerce international de la drogue, est capturé lors d'un assaut militaire et emmené à Miami pour y être jugé.

[1202] En 1969, les entreprises américaines employaient 2 millions de Latino-Américains, représentaient 12 % du produit national brut de l'Amérique latine et un tiers de ses exportations, et payaient plus d'un cinquième de ses impôts. *Time*, 11 juillet 1969, p. 26.

[1203] La vague de 120 000 Cubains qui s'est échouée en Floride en 1980 comprenait un grand nombre de criminels, d'homosexuels et d'attardés. En injectant ces éléments malades dans la population américaine, Castro a remporté une nouvelle victoire dans sa guerre froide contre les États-Unis.

la force de frappe de la majorité américaine, le Nouveau Monde pourrait redevenir la possession de l'Ancien.

Enfin, en ce qui concerne le Canada, il faut reconnaître d'emblée que, d'un point de vue racial et culturel, il s'agit de deux nations et non d'une seule. La vérité est que le Canada britannique et le Canada français sont aussi socialement différenciés dans l'hémisphère occidental que la Grande-Bretagne et la France le sont en Europe. Les Canadiens d'origine britannique et les Canadiens d'origine française se méfient les uns des autres plus que les Français de France ne se méfient de la Perfide Albion et vice versa. Il n'y a pas de Manche pour les séparer et les différences religieuses sont plus marquées. Les Canadiens français sont plus intensément catholiques et les Canadiens britanniques plus nettement protestants que les Français et les Britanniques d'Europe.

En tant que premiers colons blancs du Canada, les Canadiens français aiment se considérer comme les vrais Canadiens. Par intermittence, ils ont exprimé ces sentiments au moyen de cocktails Molotov, de bombes, d'enlèvements et de meurtres — une forme d'activité politique qui déconcerte la partie anglophone de la population. Les tentatives délibérées de la France, en particulier sous l'ère de Gaulle, d'éveiller les sentiments séparatistes et de promouvoir la culture française n'ont rien fait pour améliorer la situation. En 1976, le Parti québécois, un parti séparatiste, prend le pouvoir au Québec. Trois ans plus tard, un référendum demandant la séparation pure et simple est rejeté, mais pas de manière décisive. Aujourd'hui, le Canada reste uni en grande partie grâce à l'attitude conciliante des Canadiens anglophones qui, manipulés par les médias libéraux-minoritaires et par les manœuvres politiques de leurs élites intellectuelles et économiques, se sont pliés en quatre pour accéder aux demandes véhémentes des quelque 6 146 600 Canadiens français, qui réclament toujours plus d'autonomie.

Le Canada britannique, distinct du Canada français, présente un mélange racial qui se rapproche de celui de la population blanche des États-Unis. Les Canadiens d'origine britannique sont au nombre de 10 611 050 ; les autres Européens, 4 146 065 ; les Indiens/Esquimaux, 470 000 ; les Asiatiques divers, 1 381 000 et les Noirs, 252 660. Les chiffres concernant les Blancs incluent 385 000 Juifs. Certains Noirs sont des descendants d'esclaves fugitifs qui se sont échappés des États-Unis peu avant la guerre de Sécession.[1204] Comme les Noirs partout dans le monde, les Noirs canadiens sont au bas de l'échelle sociale et économique, même s'ils ont le droit de vote et bénéficient de la pleine protection de la loi, y compris d'une éducation

---

[1204] Nombre d'entre eux sont revenus après la fin de la guerre. John Hope Franklin, *From Slavery to Freedom*, Knopf, New York, 1969, p. 377.

intégrée, depuis plus de cent ans.[1205] Comme les juifs partout dans le monde, les juifs canadiens sont concentrés dans quelques grandes villes, principalement Montréal et Toronto, et détiennent une part largement disproportionnée de la richesse du pays. L'énorme conglomérat d'alcools qui opère sous le nom de Seagram's et possède une grande partie de DuPont a été fondé par Sam Bronfman, un contrebandier juif né au Canada. Après avoir dirigé le conglomérat pendant des années, son fils Edgar Bronfman père parcourt le monde en tant que président du Congrès juif mondial. Son fils Edgar Jr, dont la première femme était une négresse, dirige aujourd'hui la société, qui rachète de larges pans de l'industrie cinématographique.

L'idée a aujourd'hui perdu de sa force, mais l'annexion du Canada a été sérieusement envisagée par les quelques hommes politiques de l'histoire américaine qui méritent le nom d'hommes d'État. Malgré les fortes objections de dizaines de milliers de loyalistes américains qui avaient fui vers le nord en traversant la frontière, Benjamin Franklin a tenté de persuader les Britanniques de céder le Canada lors des pourparlers de paix qui ont mis fin à la guerre d'indépendance. Une autre vague de fièvre d'annexion a balayé les États-Unis dans les premières années de la Destinée Manifeste[1206]. Les Canadiens, qui étaient encore à l'époque des colons britanniques, ont en partie rendu la pareille. En 1911 encore, le président de la Chambre des représentants, Champ Clark, du Missouri, saluait "le jour où le drapeau américain[1207] flottera sur chaque mètre carré des possessions britanniques d'Amérique du Nord, jusqu'au pôle Nord".

Aujourd'hui, l'idée d'une telle Grande Amérique du Nord s'est éteinte, sauf dans l'ouest du Canada, où l'on observe un mouvement croissant en faveur de la sécession de la partie orientale du pays. Si cela devait se produire, l'étape suivante pourrait être une campagne visant à rejoindre les États du

---

[1205] Ibid, pp. 376, 380-81.

[1206] Avant le déclenchement de la guerre de 1812, Henry Clay déclare à la Chambre des représentants : "La milice du Kentucky est à elle seule capable de mettre Montréal et le Haut-Canada à vos pieds". Un autre faucon du XIXe siècle, John Calhoun, prophétise : "Je crois que dans quatre semaines, à partir du moment où une déclaration de guerre sera entendue à notre frontière, l'ensemble du Haut-Canada et une partie du Bas-Canada seront en notre pouvoir". Beard, *The Rise of American Civilization*, Vol. 1, p. 416.

[1207] Samuel Flagg Bemis, *A Diplomatic History of the U.S.*, Holt, Rinehart, and Winston, New York, 1955, p. 735. Pendant la Seconde Guerre mondiale, 24,4 % des Américains interrogés dans le cadre d'un sondage d'opinion ont opté pour l'annexion du Canada, et 23,3 % des Canadiens ont partagé cette opinion.

nord-ouest des États-Unis pour établir un État ethnique indépendant ou un ethno-État.[1208]

Les Américains ont investi plus d'argent au Canada, 37 milliards de dollars, que dans n'importe quel autre pays. Ils achètent environ 75 % de toutes les exportations canadiennes. Étant donné que les deux nations sont si étroitement liées sur le plan économique et que la majorité anglophone du Canada a une relation biologique et culturelle si étroite avec la majorité américaine, il semble inévitable que les deux majorités se rapprochent, quelle que soit l'intensité avec laquelle les coalitions libérales-minoritaires dans les deux pays s'y opposent.

[1208] Pour en savoir plus sur les ethnostats, voir *The Ethnostate* de Wilmot Robertson, Howard Allen Enterprises, Inc, Cape Canaveral, Floride.

PARTIE X

Perspectives et anticipations

CHAPITRE 38

Hypnose nucléaire

Nulle part dans cette étude, à l'exception de quelques allusions dans les chapitres consacrés à la politique étrangère, il n'a été sérieusement question de ce nouvel outil de guerre redoutable qu'est le missile à tête nucléaire. Cette omission était délibérée. Le mot "nucléaire" suscite des perturbations sémantiques qui tendent à émouvoir et à obscurcir plutôt qu'à clarifier la discussion significative de tout sujet, en particulier les relations internationales. Deuxièmement, malgré son horreur, la guerre nucléaire reste une guerre et, en tant que telle, elle ne peut être étudiée que dans un contexte militaire. Même les implications non militaires des armes nucléaires — l'hypnose nucléaire, par exemple, qui tend à paralyser toute approche réaliste de la politique étrangère — relèvent à juste titre de la guerre psychologique.

Incongrûment, les résultats militaires immédiats de la découverte des armes nucléaires, du moins jusqu'à aujourd'hui, ont été de canaliser la guerre vers des voies plus conventionnelles.[1209] Pour que les bombes à fission et à fusion restent désactivées en toute sécurité, les puissances nucléaires et non nucléaires qui se sont engagées dans les conflits de l'après-Seconde Guerre mondiale ont exercé un contrôle plus strict sur leurs opérations militaires que ce à quoi on aurait pu normalement s'attendre. L'existence de sanctuaires,[1210] la prise d'otages, la détention de prisonniers contre rançon, la popularité

[1209] Une manière plutôt tortueuse de réaliser une autre "prophétie" brillante d'Engels. En 1878, il écrivait que la technologie militaire "avait atteint un tel degré de perfection que de nouveaux progrès qui auraient une influence révolutionnaire ne sont plus possibles... toutes les améliorations ultérieures sont plus ou moins sans importance pour la guerre sur le terrain. L'ère de l'évolution est donc, pour l'essentiel, close dans cette direction". *Anti-Dühring*, p. 188.

[1210] Hanoi et son port, Haiphong, ont été des exemples notables de sanctuaires non bombardés ou non bloqués pendant la majeure partie de la guerre du Viêt Nam. Même lorsque les raids aériens étaient autorisés et qu'un blocus maritime était mis en place, l'armée de l'air et la marine américaines se limitaient à des cibles purement militaires. Pendant la guerre de Corée, les lignes de ravitaillement des "volontaires" chinois étaient interdites au général MacArthur, dont les avions de guerre n'avaient pas le droit de survoler la Chine rouge.

renouvelée de la guérilla et la remise en état de vieux cuirassés sont autant de signes d'un retour en arrière dans le passé militaire.[1211]

C'est au début de la Seconde Guerre mondiale que les mêmes libéraux et égalitaristes qui, plus tard, se sont présentés comme les plus farouches opposants à la guerre atomique, ont en fait lancé la course aux armements nucléaires. En effet, c'est peu dire que le concept, la conception, le développement et la production de la première bombe atomique au monde ont été, du début à la fin, le fruit du travail d'une minorité. La chronologie commence avec Lise Meitner, une scientifique allemande réfugiée, qui s'est rendue au Danemark en 1938 et a remis au physicien Niels Bohr les données d'une expérience de fission réussie récemment réalisée à Berlin. Bohr a transmis l'information à Einstein, qui, vivant alors à Princeton, a écrit une lettre au président Roosevelt pour demander aux États-Unis de lancer immédiatement un programme de développement d'une bombe à grande échelle. La première lettre a été remise en main propre par le banquier Alexander Sachs et contenait l'allégation (fausse) que les Allemands construisaient une bombe atomique. Au cours de la Seconde Guerre mondiale, Fermi, Bethe et Szilard ont mis au point les détails de la bombe A, qui a été construite sous la direction d'Oppenheimer. Après avoir travaillé sur la bombe A, Teller et von Neumann ont mis au point la bombe H. Pendant ce temps, les Rosenberg, Greenglass et Sobell ont volé divers schémas de bombes et les ont donnés aux Russes.[1212]

Le fait que la bombe nucléaire, ainsi que l'espionnage qui s'est développé autour d'elle,[1213] était fondamentalement un projet de minorité est démontré par la liste des noms figurant dans le paragraphe précédent. Tous sont juifs, à l'exception de Roosevelt et de Fermi, ce dernier étant un Italien dont l'épouse est juive. L'antisémitisme allemand avait provoqué une réaction prodigieuse de la part de la communauté juive mondiale, qui comprenait un certain nombre de physiciens nucléaires de haut niveau, dont beaucoup

---

[1211] L'utilisation par le gouvernement irakien de gaz toxiques contre la minorité kurde constitue une exception.

[1212] Les faits, les noms et les dates sont pour la plupart tirés de Robert Jungk, *Brighter than a Thousand Suns*, Harcourt, Brace, New York, 1958.

[1213] L'une des excuses avancées par ceux qui ont pris la défense des espions atomiques — et ils étaient nombreux — était que les scientifiques soviétiques auraient tôt ou tard percé les mystères de l'énergie nucléaire par eux-mêmes. En réponse, on pourrait dire que la formule secrète du feu grec a été gardée avec succès du septième au neuvième siècle par l'Empire romain d'Orient. La révéler était considéré non seulement comme une trahison, mais aussi comme un sacrilège. C'est le feu grec qui a aidé le gouvernement byzantin à repousser l'attaque arabe sur Constantinople, permettant ainsi, selon Will Durant, de "sauver l'Europe" et de prolonger la vie de l'Empire romain d'Orient pendant près de 800 ans. *L'âge de la foi*, pp. 424-25.

avaient fait leurs études à l'université allemande de Göttingen. Mais c'est Einstein, toujours considéré comme un modèle d'humanitarisme par les médias, qui est le principal responsable de la "vente" de la bombe au gouvernement américain. En tant que principal promoteur de l'arme la plus meurtrière de tous les temps, le spécialiste de la relativité a joué un rôle dans l'histoire de la guerre qui était auparavant attribué à Basil Zaharoff, aux Krupp et aux autres "marchands de mort" qui sont devenus les personnages principaux de la démonologie des minorités libérales.

Bien que la bombe n'ait pas été achevée à temps pour être larguée sur l'Allemagne, la confrérie des scientifiques atomistes qui l'ont construite n'a pas hésité à l'utiliser contre le Japon, allié d'Hitler. La décision finale revenait bien sûr au président Truman. Le scientifique qui s'opposa le plus fermement au projet fut Ernest Lawrence, membre de la majorité.[1214]

Les motivations raciales des scientifiques minoritaires qui ont conçu et produit la bombe A sont apparues clairement après la guerre lorsque Oppenheimer, le physicien nucléaire américain le plus influent, a tenté d'arrêter le développement de la bombe H au moment même où les Russes avaient entamé un programme accéléré pour construire la leur. Oppenheimer a expliqué son changement d'avis en faisant appel aux principes libéraux et pacifistes établis. Il était déterminé, disait-il, à abandonner "l'œuvre du diable".[1215] Mais comme lui et pratiquement tous ses collègues étaient pacifistes, libéraux et même ultralibéraux avant l'apparition d'Hitler, leur second changement d'avis en l'espace d'une décennie pourrait plus logiquement être attribué à un changement d'ennemi. Il est permis de douter qu'Oppenheimer aurait été aussi assidu à la construction de bombes si Hitler n'avait pas été antisémite, et aussi prompt à abandonner son travail sur les bombes s'il n'avait pas eu le faible pour le marxisme de l'intellectuel minoritaire typique.[1216]

Il a fallu beaucoup d'efforts de la part du gouvernement américain pour passer outre l'opposition d'Oppenheimer à la bombe H, soutenue par la

---

[1214] Jungk, op. cit. p. 186n. Un développement ultérieur, la bombe à neutrons, conçue spécifiquement pour tuer des personnes, a été imaginé par Samuel T. Cohen, un scientifique californien. L'explosion très réduite de la bombe à neutrons n'occasionne que peu de dégâts matériels. *Newsweek*, 17 avril 1978, p. 36. 7. Ibid, p. 333.

[1215] Oppenheimer avait de nombreuses relations avec les communistes, ce qui lui a finalement coûté son habilitation de sécurité au milieu d'un tapage médiatique qui a rappelé l'affaire Dreyfus.

[1216] Lorsque le Comité spécial du Conseil national de sécurité a finalement ordonné que le programme de la bombe H se poursuive à plein régime, le vote a été de deux contre un. David Lilienthal, le seul membre de la minorité et le premier président de la Commission de l'énergie atomique, a voté contre. Ibid, pp. 284-85.

partie la plus influente des médias. De tous les scientifiques minoritaires de premier plan, seuls Edward Teller et von Neumann semblaient percevoir les dangers de laisser la technologie nucléaire américaine se faire distancer par celle de la Russie. Teller et von Neumann avaient tous deux fait l'expérience directe du communisme dans leur Hongrie natale. C'est le vigoureux Teller, aux opinions bien arrêtées, qui, bien avant ses collègues, avait détecté l'évolution de Staline vers le nationalisme et l'antisémitisme, qui s'est battu avec le plus d'acharnement pour la bombe H, souvent face aux vagues de dénigrement et de calomnies de la presse.[1217] En fin de compte, les États-Unis n'ont devancé la Russie que de dix mois.

N'ayant pas réussi à sortir l'Amérique de la course aux armements nucléaires, le lobby du désarmement a proposé une interdiction mutuelle soviéto-américaine de toutes les armes nucléaires. Les Russes ont manifesté leur volonté, mais ont refusé d'autoriser une inspection sur place. Dans l'ensemble, la coalition libérale minoritaire était prête à accorder cette concession. Heureusement, l'état-major interarmées et une grande majorité du Congrès ne l'étaient pas.

Dans les années qui ont immédiatement suivi la Seconde Guerre mondiale, les arguments en faveur du désarmement nucléaire étaient fondés sur la peur, le pacifisme, le défaitisme et des propositions vaniteuses de gouvernement mondial. La vieille fixation gauchiste sur la Russie en tant que berceau du communisme et de la réalisation du rêve marxiste était une force de motivation importante, comme l'illustre le slogan pacifiste très médiatisé "Mieux vaut être rouge que mort". Une grande partie de la propagande en faveur du désarmement provenait de la Maison-Blanche elle-même. Des consultants présidentiels minoritaires aussi influents que Seymour Melman, Jerome Wiesner et Walt W. Rostow ont proposé des politiques qui étaient toutes à l'avantage militaire final de l'Union soviétique. [1218]

Au cours des dernières années, la dégradation de la sécurité nationale américaine n'a jamais été aussi efficace que dans le domaine de la défense civile. En cas de guerre nucléaire, la capacité de la main-d'œuvre et de l'industrie américaines à survivre à des attaques dévastatrices à la bombe H représentera la victoire ou ce qui s'en rapproche le plus. En d'autres termes, le pays dont la population et les installations industrielles sont les plus dispersées et les plus profondément "enterrées" aura une meilleure chance

---

[1217] Au début, Teller a été traité comme un paria par ses compatriotes juifs. Plus tard, lorsque les néoconservateurs juifs se sont retournés contre la Russie pour avoir armé et soutenu des États arabes radicaux, il a été réintégré au sein de l'establishment.

[1218] Pour une étude concise, mais complète des activités du lobby du désarmement, y compris des portraits des principaux lobbyistes, voir le chapitre du même nom dans Evans, op. cit.

d'éviter une défaite totale. En grande partie à cause de l'indifférence et parfois de l'hostilité ouverte de l'Amérique à l'égard du concept de défense civile, le système élaboré de défense civile de la Russie est très en avance. À l'heure actuelle, l'Occident semble avoir oublié la menace nucléaire russe, en grande partie à cause des énormes problèmes internes que connaît le pays. Mais cela ne signifie pas que ses missiles à tête nucléaire ont été mis en sommeil. Les bombes H du Kremlin sont toujours capables de détruire presque toutes les grandes villes américaines sur simple pression d'un bouton.

Il n'est pas nécessaire d'être général ou amiral pour savoir que la surprise donne un avantage écrasant dans une guerre nucléaire. Pourtant, un président américain, John Kennedy, a déclaré publiquement que les États-Unis ne seraient jamais les premiers à lancer une attaque nucléaire[1219] — une promesse gratuite et réconfortante pour un ennemi doté de l'arme nucléaire qui pourrait avoir d'autres idées. Le maréchal Grechko, ancien ministre soviétique de la Défense, a déclaré en 1970 : "Les Américains se trompent eux-mêmes : "Les Américains se trompent eux-mêmes. La seule guerre à mener, à gagner, est une guerre atomique, et c'est à cela que nous devons nous préparer".[1220] Un mystérieux officier du renseignement russe, le colonel Oleg Penkovskiy, qui avait ou non des liens étroits avec la CIA, a déclaré catégoriquement que la Russie avait bâti sa stratégie nucléaire sur une première frappe contre les États-Unis. Il a également affirmé que de nombreux stratèges militaires russes n'étaient pas du tout convaincus que les deux parties seraient détruites dans une guerre nucléaire, estimant qu'il était tout à fait possible de gagner une telle guerre, à condition qu'elle soit courte et qu'elle ne dégénère pas en un conflit d'usure. L'état-major russe, a-t-il ajouté, compte sur la surprise totale et sur les explosions foudroyantes des plus grosses bombes russes pour monter une attaque aux proportions paralysantes.[1221] Étant donné que la moitié de la population américaine et une partie substantielle du complexe industriel américain seraient exposées à une destruction thermonucléaire, il n'est pas réconfortant de penser que les Américains comptent sur la médiocrité des tireurs russes plutôt que sur un système de défense civile hautement organisé pour assurer la survie de leurs familles et de leurs usines. Entre-temps, avec son personnel clé et nombre de

---

[1219] Evans, op. cit. p. 262-63.

[1220] *Reader's Digest*, octobre 1970.

[1221] "Lorsque les circonstances seront favorables à la première frappe nucléaire, l'Union soviétique la lancera sous prétexte de se défendre contre un agresseur. C'est ainsi qu'elle prendra l'initiative". Oleg Penkovskiy, *The Penkovskiy Papers*, Avon Books, New York, 1966, pp. 72–73, 250-54.

ses usines de défense les plus importantes en sécurité sous terre, la Russie serait bien préparée à des frappes de représailles de la part des États-Unis.

La Russie, minée de l'intérieur par un système politique et économique chaotique et de l'extérieur par des nationalités de plus en plus agitées et malheureuses, est-elle prête à relever ce terrible défi ? Le sera-t-elle un jour ? Un signe que le Kremlin pourrait penser dans cette direction serait une frappe préventive sur les bases de missiles et les installations atomiques chinoises, car il est difficile de croire que la Russie suivra le modèle américain et permettra à son ennemi le plus grand et le plus menaçant de constituer un stock nucléaire mortel. Bien trop vite pour satisfaire la Russie, la Chine est en train de devenir un membre important du club nucléaire mondial, qui comprend la Grande-Bretagne, la France, l'Inde, Israël et peut-être l'Afrique du Sud. D'autres nations, en particulier l'Irak et le Pakistan, aimeraient également en faire partie et y travaillent d'arrache-pied. Le fait que les deux superpuissances nucléaires, qui ont accepté de mettre fin à leurs propres essais atmosphériques, permettent à la Chine et à la France de poursuivre les leurs témoigne d'un manque de préoccupation inquiétant, non seulement pour la sécurité de l'Amérique et de la Russie, mais aussi pour la sécurité du monde.

Si la domination de l'opinion publique américaine par les minorités libérales n'avait pas été aussi complète au lendemain de la Seconde Guerre mondiale, l'humanité n'aurait peut-être jamais eu à se soucier de l'éventualité d'une guerre thermonucléaire. De 1945 à 1949, les États-Unis ont eu le monopole absolu des armes nucléaires. Ils avaient produit une bombe atomique avec quatre ans d'avance sur la Russie et étaient encore plus avancés dans le développement et la production de systèmes porteurs. À tout moment au cours d'une période de cinq à dix ans, les États-Unis, sans crainte de représailles efficaces, auraient pu présenter à l'Union soviétique un ultimatum exigeant le démantèlement immédiat de toutes ses installations nucléaires, ce qui aurait stoppé net l'expansion nucléaire de la Russie. Si la Russie avait ignoré l'ultimatum, les États-Unis auraient pu procéder au démantèlement de leur propre initiative par une frappe préventive totale, non pas contre la population russe, mais contre les installations nucléaires et les sites de missiles russes. Le même traitement préventif aurait pu être appliqué plus tard à toute autre nation assez folle pour commencer à accumuler un arsenal nucléaire.

Tout au long de la première décennie critique de l'ère atomique, de nombreux Américains sensés et réalistes ont défendu une telle politique — une politique humanitaire au sens le plus élevé du terme, car elle aurait pu sauver des centaines de millions de vies. Mais ces Américains n'ont jamais été entendus ou, s'ils l'ont été, ils ont été impitoyablement mis au pilori puis réduits au silence. La cacophonie libérale et minoritaire du désarmement unilatéral et de l'accommodement avec la Russie à tout prix, y compris le partage de la recherche atomique américaine, n'admettait aucun débat sur l'avantage d'une limitation permanente des armes nucléaires.

Comme nous l'avons suggéré au début de ce chapitre, l'équilibre nucléaire actuel entre la Russie et les États-Unis peut en fait avoir un effet calmant et restrictif sur la guerre en localisant et en limitant les conflits et en redonnant de l'importance à des armes aussi démodées que le fusil et à des tactiques aussi démodées que le combat au corps-à-corps. Mais si ce n'est pas le cas, et si une guerre nucléaire devait éclater, il est peu probable que toute la civilisation — en dépit des prédictions catastrophiques des prophètes de malheur — soit totalement anéantie.[1222]

L'humanité a déjà survécu à quelques épreuves qui se rapprochent de l'horreur prévue pour une future guerre nucléaire. Carthage n'aurait pas pu être démolie plus complètement par une bombe H qu'elle ne l'a été par les légions romaines. Gengis Khan aurait tué 1,6 million d'hommes, de femmes et d'enfants à Herat. On dit qu'il ne restait plus une seule personne en vie lorsque Tamerlane a traversé Bagdad.[1223] La peste noire a décimé un quart à un tiers de la population européenne en 1348-50.[1224] Les hommes ont mené de nombreuses guerres sans faire de prisonniers et perdu de nombreux sièges au cours desquels tous les assiégés, sans distinction d'âge ou de sexe, ont été tués. Bien que les bombes à fusion mégatonnes soient des centaines de fois plus meurtrières que les bombes atomiques kilotonnes larguées sur Hiroshima et Nagasaki, il convient de noter que ces deux villes sont aujourd'hui plus peuplées et plus florissantes qu'elles ne l'étaient avant l'apparition des nuages en forme de champignon.

Même si l'on admet qu'une guerre nucléaire de grande ampleur anéantirait la totalité de la population d'Europe, d'Amérique du Nord et d'Asie, un pays comme la Nouvelle-Zélande ou l'Australie serait tout à fait capable de poursuivre la civilisation du vingtième siècle sans guère d'interruption. Si l'on se souvient que la population d'Athènes n'était que de 130 000 personnes[1225] à l'époque de Périclès, la qualité humaine semble être

---

[1222] Les prophètes de la mort et de la désolation sont en vogue depuis l'époque du déluge et de Sodome et Gomorrhe. L'invention de la fronde, de la lance, de l'arc et des flèches, et de la poudre à canon a peut-être été aussi terrifiante à l'époque que les armes chimiques, biologiques et nucléaires le sont aujourd'hui.

[1223] *Ency. Brit.*, Vol. 12, p. 1001.

[1224] *Scientific American*, février 1964, p. 114. En 1970 encore, 300 000 à 600 000 Pakistanais orientaux sont morts dans un cyclone du golfe du Bengale. *Time*, 30 novembre 1970, p. 16.

[1225] Seuls 50 000 de ces Athéniens étaient des citoyens. Voir p. 238.

un ingrédient plus fondamental de la civilisation que la quantité humaine. En fait, un cynique ou un darwiniste social endurci pourrait dire qu'une guerre nucléaire pourrait en fait aider la civilisation en détruisant ou en réduisant les menaces non nucléaires, mais tout aussi dangereuses pour l'humanité : le fléau urbain, l'industrialisation excessive, le taux de natalité exponentiel des personnes génétiquement appauvries et les nombreux autres désastres écologiques et dysgéniques de l'époque actuelle.

Ce qu'il faut craindre presque autant que la guerre nucléaire, c'est l'hypnose nucléaire à laquelle le public américain est soumis depuis près d'un demi-siècle. D'abord, on dit aux Américains de produire des bombes atomiques, puis de les larguer sur deux villes mal défendues d'une nation déjà au bord de la défaite,[1226] puis de renoncer aux immenses avantages stratégiques de la bombe A en partageant les secrets atomiques de l'Amérique avec la Russie, puis d'accepter le désarmement nucléaire sans inspection, puis d'abandonner la bombe H au moment même où la Russie construisait la sienne et, enfin, au nom du traité sur la limitation des armements stratégiques, de garantir à ce qui était alors l'Union soviétique une avance en matière de missiles balistiques intercontinentaux à tête nucléaire. Mais ce n'est pas tout. La politique nucléaire de la coalition libérale-minoritaire n'étant pas aussi désintéressée et humanitaire qu'elle le prétend, on peut s'attendre à d'autres changements et revirements. Que les commissaires russes commencent à imiter les pogroms des tsars, que l'on voie poindre un Dunkerque israélien en Palestine, que les Sud-Africains blancs se soulèvent et se taillent une patrie indépendante, qu'un mouvement fasciste progresse quelque part en Occident, que l'un ou l'autre de ces événements se produise et les lobbyistes du désarmement laisseront rapidement tomber leurs masques pacifistes et seront les premiers à exiger l'incinération thermonucléaire de l'"ennemi".[1227]

[1226] Les attaques atomiques sur Hiroshima et Nagasaki seront toujours considérées comme une tache dans l'histoire américaine et seront imputées au peuple américain dans son ensemble plutôt qu'aux scientifiques de la minorité qui ont inventé et construit la bombe et aux "humanitaires" de la minorité libérale qui ont ordonné et applaudi le bombardement. C'est le même groupe qui a soutenu et applaudi l'attaque aérienne de 1945 sur Dresde, qui a tué 35 000 personnes — certains disent 135 000 — en une nuit, dont beaucoup étaient des réfugiés de guerre, l'avant-garde des 11 millions d'Allemands qui fuyaient vers l'ouest les déprédations de l'Armée rouge et les représailles des Polonais et des Tchèques.

[1227] Un incident peu médiatisé qui s'est produit au cours de la guerre israélo-arabe de 1967 est un signe de ce que l'on peut attendre. Le SANE (Sane Nuclear Policy Committee), qui avait toujours été à l'avant-garde de toutes les tentatives visant à limiter et à affaiblir la capacité nucléaire des États-Unis, a dû annuler une marche pour la paix parce qu'un grand nombre de ses membres s'apprêtaient à manifester en faveur d'une assistance militaire accrue à Israël. Dinsmore, *All The News That Fits*, p. 323.

Le somnambulisme qui a entouré la formulation de la stratégie nucléaire américaine disparaîtra dès que l'on reconnaîtra que les armes nucléaires ne sont pas une question idéologique. Elles ne sont pas destinées à servir de souffre-douleur ou de pièces d'échecs dans un jeu de politique raciale. Puisque chaque ogive de chaque missile américain est une épée de Damoclès au-dessus de la tête de tout potentat étranger ayant des visées agressives sur le Nouveau Monde, les armes nucléaires ne sont ni plus ni moins que la principale ligne de défense américaine.

Le moyen le plus sûr d'éviter une guerre nucléaire est de reconnaître que ce n'est pas la préparation nucléaire qui augmente les chances d'une première frappe contre l'Amérique, mais le défaitisme, la division et la discorde promus par les médias orientés vers les minorités. L'objectif semble être de détruire la volonté de résistance de l'Amérique tout en s'attaquant au principal moyen de résistance, la dissuasion nucléaire, qui est d'une importance capitale. Ceux qui appellent à un gel nucléaire non vérifié et organisent des manifestations violentes devant les centrales nucléaires lancent une invitation permanente aux militaristes totalitaires à l'étranger pour qu'ils approchent leurs doigts de la gâchette nucléaire. Ceux qui ne comprennent pas que la guerre nucléaire exige la modification, et non l'abandon, de concepts tactiques et stratégiques séculaires risquent un jour d'être la cible d'une attaque nucléaire de la part de ceux qui le comprennent. Ceux qui affirment qu'il ne peut y avoir de victoire dans une guerre nucléaire rendent cette victoire possible pour l'autre camp.[1228]

Une Amérique dominée par la majorité serait relativement imperméable aux intérêts égoïstes et à la défense de causes particulières qui l'ont récemment impliquée dans tant de croisades étrangères stériles et infructueuses. L'effort national serait retiré de la défense mondiale de régimes politiques dégénérés et d'idéologies dépassées, et se concentrerait sur le bien-être de l'Amérique. Dans un contexte nucléaire, cela signifie un engagement inébranlable en faveur de la proposition selon laquelle la guerre est la dernière cour d'appel, non pas pour la protection des investissements étrangers et des patries étrangères, non pas pour les Gracques en quête de gloire ou les Messies racistes en habits égalitaires, mais pour une société confrontée à la double

---

[1228] Le désir de Mikhaïl Gorbatchev de conclure autant d'accords de réduction des armes nucléaires que possible n'était pas inspiré par un amour de la paix, mais par la prise de conscience que le seul moyen de fournir aux Russes les biens de consommation dont ils ont été privés pendant si longtemps était de réduire l'énorme budget militaire.

menace d'une désintégration intérieure et d'une pluie de missiles thermonucléaires en provenance de l'étranger.[1229]

[1229] Ceux qui pensent que l'accent mis sur les questions militaires dans ce chapitre est déplacé devraient se rappeler que l'éclatement des empires est loin d'apporter la paix — par exemple, l'Inde après le retrait des Britanniques et l'Indochine après la décampagne des Français.

CHAPITRE 39

Rassemblement de l'Europe du Nord

Ce n'est cependant pas vers les défenses nucléaires de l'Amérique que la majorité doit se tourner pour trouver la délivrance et la régénération, mais vers les défenses de l'esprit. Il n'y aura pas de fin à sa dépossession tant que la Majorité n'apprendra pas à rejeter tous, je dis bien *tous, les* principaux courants de la pensée libérale moderne, et il ne peut y avoir un tel rejet tant que la véritable nature des forces illibérales qui engendrent et dirigent le libéralisme moderne n'est pas clairement comprise. Les absurdités, les sophismes et les contradictions du marxisme, du freudisme, de l'anthropologie égalitaire de Boas et de la social-démocratie contemporaine ne sont pas importants en eux-mêmes. Ce qui est important, c'est comment et pourquoi ils ont été développés et synthétisés dans l'absolutisme intellectuel le plus inflexible depuis la scolastique médiévale.

Pour comprendre ce qui est arrivé à la majorité, il faut d'abord se rendre compte que le déclin et la chute d'une race ou d'une nation peuvent être causés par le succès comme par l'échec. La société en difficulté sait qu'il ne faut pas baisser la garde. Elle ne peut se permettre d'ignorer les motifs et les actes de ses adversaires. Elle sait que toute atteinte à ses biens, matériels ou immatériels, est une perte qui ne peut être récupérée qu'au prix des efforts les plus prolongés et les plus ardus. À l'inverse, la société prospère ou riche, grâce à son surplus de biens de première nécessité, a le temps de se détourner des tracas de l'existence quotidienne. Moins touchés par les forces existentielles de la condition humaine, ses membres ont l'occasion rare et dangereuse d'étirer leur individualisme bien au-delà du point de rupture sociétal normal.

À l'aune du progrès matériel vers la bonne vie, l'histoire n'a jamais enregistré de société plus prospère que les États-Unis entre la fin de la guerre civile et la fin des années 1920. Même les éléments incapables et invalides de la population, ceux qui ne sont pas génétiquement ou culturellement aptes à participer pleinement et volontairement à une société industrielle de type occidental axée sur le progrès, progressaient, quoique lentement. Même les nouveaux arrivants les plus modestes d'Europe, comparés à ceux qu'ils laissaient derrière eux, étaient immensément mieux lotis dès qu'ils posaient leurs pieds sur le sol américain. Et pendant ce temps, chaque Américain, quelle que soit son origine et son stade d'assimilation, était exposé à des possibilités insoupçonnées d'épanouissement et de réalisation de soi grâce à la vitalité de l'imagination et de l'esprit d'entreprise de la majorité.

Ceux qui réussissent peuvent se permettre de partager leur succès, et la majorité l'a fait avec une prodigalité sans bornes. Les privilèges laborieusement accumulés par les institutions de la majorité ont été distribués gratuitement, avec peu de qualifications ou de conditions, aux membres d'autres races et cultures, qui les ont acceptés comme une évidence, souvent avec ingratitude, et les ont ensuite utilisés à des fins totalement différentes de celles pour lesquelles ils avaient été prévus. Les nouveaux Américains ont commencé à voter, non pas en tant qu'individus, mais en tant que membres de blocs. Bien que nombre d'entre eux aient prospéré dans une économie sans entraves, ils ont dépensé une grande partie de leur richesse dans des projets de groupe souvent opposés à l'intérêt national. Ils se réjouissaient de la liberté qu'ils n'avaient jamais pu obtenir pour eux-mêmes, mais au lieu de la traiter avec respect et de la chérir de manière responsable, ils la considéraient comme un cadeau, comme leur possession légitime et permanente, qu'ils l'aient ou non méritée, qu'ils aient ou non travaillé pour l'acquérir ou qu'ils aient ou non lutté pour la conserver. Leurs enfants se sont pressés dans les écoles publiques gratuites d'un système éducatif incomparable, où ils ont appris suffisamment sur la civilisation américaine pour la critiquer, mais pas assez pour la défendre et la faire progresser.

Au début, de nombreux membres de la minorité inassimilable ont essayé de s'intégrer dans le schéma général de la majorité. Mais comment pouvaient-ils être de bons démocrates alors que la démocratie avait toujours été étrangère à leur expérience historique ? Comment pouvaient-ils soutenir un establishment alors qu'ils avaient toujours détesté tous les establishments ? Beaucoup d'entre eux étaient érudits en droit — leur religion était souvent leur droit — mais combien ces exercices théologiques étaient éloignés de la common law anglo-saxonne ! Quant à l'assimilation, comment pourraient-ils se mélanger aux autres alors que le secret de leur survie avait été de se tenir à l'écart ?

Ils ont un peu joué avec le rêve américain, mais il leur a échappé. Leurs intellectuels lisaient Locke, Jefferson, Emerson et Mill, mais en vinrent plus tard à préférer des parents du Vieux Monde tels que Marx, Freud et Boas. Les apocalypses de l'Ancien Testament du marxisme avaient un son familier et agréable. Le symbolisme anthropomorphique de Freud convenait parfaitement à un peuple religieux qui cherchait à remplacer une foi moribonde et anachronique. Ce fut une aubaine lorsque Boas déclara obligeamment que toutes les races étaient égales. La Déclaration d'indépendance l'avait laissé entendre, mais c'était désormais un "fait scientifique".

Il n'a pas fallu longtemps pour découvrir que ces nouvelles théories étaient bien plus que des jouets intellectuels. Elles constituaient un vaste stock d'armes doctrinales faites sur mesure pour une stratégie de *divide et impera*.

Marx avait séparé les hommes, non pas en races, mais en exploiteurs et exploités, capitalistes et prolétaires, et la majorité était ainsi séparée. Freud avait transformé les hommes en animaux sans cervelle, et la majorité était ainsi animalisée. En ce qui concerne les grandes balises de la règle de la majorité, le Nouveau Testament et la Constitution, en ajoutant un peu ici et en soustrayant un peu là, en soulignant certains mots et en réinterprétant d'autres, les deux peuvent être retournés contre la majorité et utilisés pour produire de nouvelles divisions dans ses rangs déjà divisés.

Pendant ce temps, les membres de la majorité poursuivaient aveuglément leurs activités, convaincus que l'Amérique allait refaire les étrangers qui se trouvaient en son sein, et non l'inverse. Seule une poignée de précurseurs a rejeté ces fantasmes écologistes et averti de ce qui se dessinait réellement derrière l'écran de fumée de la rhétorique prolétarienne et de la législation "progressiste". Mais Henry Adams, Madison Grant, Lothrop Stoddard, Henry Ford, Ezra Pound, Charles Lindbergh et Carleton Putnam n'étaient que des voix criant dans une chambre d'écho. Tout ce que l'on a entendu, c'est le chœur de calomnies des minorités libérales qui les stigmatise comme des fêlés excentriques ou des racistes meurtriers. Ezra Pound, la plus amère et la plus poétique de ces voix, a fait l'objet d'un châtiment plus spectaculaire. Pendant des semaines, l'homme décrit comme "l'un des principaux fondateurs et l'un des esprits animateurs de la poésie moderne en anglais"[1230] a été exposé dans une cage de fer à Pise, puis enfermé pendant douze ans dans un asile d'aliénés du district de Columbia.[1231]

Même dans les années 1960 et 1970, lorsque l'emprise des minorités libérales sur la nation s'est transformée en une véritable mainmise, les membres de la majorité n'arrivaient toujours pas à croire qu'ils étaient devenus un peuple peu ou pas du tout important dans leur propre pays. La plupart d'entre eux avaient encore une maison, une voiture dernier modèle et un congélateur bien rempli. Mais ils n'avaient plus de prédicateurs ou d'enseignants efficaces pour défendre la cause de la majorité, ni de littérature ou de théâtre contemporains, ni de presse à proprement parler et, à l'exception de quelques têtes parlantes à la télévision et à la radio, aucun

---

[1230] *Who's Who in America*, 1969-70.

[1231] "C'était une barbarie incroyable que les Américains ont conçue et exécutée. Charles Norman, *Ezra Pound*, Macmillan, New York, 1960, p. 397. Il convient d'ajouter que le vieillissant Pound était tenu au secret dans sa cage pisane, qu'il n'avait pas le droit de recevoir de courrier et qu'il était contraint de dormir sur le sol en ciment. Comparez ce traitement à celui accordé à Jane Fonda et Ramsey Clark, qui ont trafiqué avec l'ennemi à Hanoï pendant la guerre du Viêt Nam. L'ex-procureur général Clark, alors qu'il était membre du cabinet d'avocats Paul, Weiss, Goldberg, etc., a été *témoin de la défense* dans le procès du tueur à gages de la Nouvelle Gauche dont la bombe a tué un étudiant de la Majorité à l'université du Wisconsin.

forum d'expression à l'échelle nationale. Au fur et à mesure que son ascension était efficacement effacée, la majorité s'est transformée en un essaim de drones de la classe moyenne et de la classe inférieure, toujours autorisés à bénéficier de certains conforts physiques, mais soigneusement isolés et mis en quarantaine des points de vue de la prise de décision et de la formation de l'opinion. Les magnats de l'industrie de la majorité se sont vu accorder quelques années ou décennies supplémentaires d'indépendance limitée dans les limites étroites de leurs entreprises — il fallait bien que quelqu'un fasse tourner les roues — mais ils devaient garder leur bouche et leur esprit fermés. Quant aux politiciens et aux intellectuels de la majorité, ils ne risquaient rien, à condition d'obéir à la voix de leurs maîtres.

Pourtant, tout n'est pas rose pour les minorités. L'égalitarisme, dogme contagieux au potentiel épidémique, devient incontrôlable. Il était prévisible que la race dominante, réduite à l'égalité, soit programmée pour une nouvelle perte de statut. Il était compréhensible que les races sujettes, élevées à l'égalité, tentent de s'élever plus haut, surtout après que de savants professeurs aient flatté leurs gènes et aiguisé leurs ambitions par des allusions à la supériorité raciale. Il était logique que les Noirs, à qui l'on avait dit qu'ils étaient égaux ou supérieurs aux Blancs, attribuent leurs désavantages sociaux non pas à des limitations mentales innées, mais à une conspiration diabolique des Blancs. Il était inévitable que certains Noirs, parvenus à cette conclusion, estiment qu'ils avaient parfaitement le droit de se venger, d'incendier des villes et d'"attraper le Blanc". Mais le problème, c'est que le "Blanc" est souvent un membre d'une autre minorité inassimilable, le Juif qui possède la plupart des immeubles et des magasins du ghetto.

Les propriétaires juifs de petits magasins et les retraités juifs moins fortunés ont donc été sacrifiés aux agresseurs et aux incendiaires des no man's lands urbains, ces derniers travaillant souvent au noir avec les marchands de sommeil, tandis que les radicaux juifs et les intellectuels renégats de la majorité, bien à l'abri dans les banlieues, rédigeaient des manifestes dénonçant le Ku Klux Klan et l'énergie nucléaire, et exigeant des doses toujours plus fortes de busing forcé et d'Affirmative Action. Comme si rien ne s'était passé, les millionnaires Gracchites et les anciennes minorités de gauche, dont certaines s'appellent aujourd'hui néo-conservateurs, ont continué à payer la majeure partie des factures. Après tout, c'était la guerre et il ne fallait pas que quelques trahisons et pertes mineures viennent entacher une victoire déjà en vue. De toute façon, tout le monde était trop engagé pour reculer — et un ralentissement pourrait donner à la majorité le temps de se réorganiser.

Le temps était certainement un facteur essentiel. Des oreilles sensibles commençaient à entendre des grondements dans l'arrière-pays, au cœur du pays, dans le Sud et le Sud-Ouest, et, plus inquiétant encore, dans les bois sacrés des universités, où les Arthur Jensen et les Edward Wilson élevaient la voix. Enfin, la majorité émettait quelques murmures de résistance. Pour écraser ces remous discrets et à peine dangereux, l'état-major des minorités libérales a ouvert tous les vieux arrêts, la cacophonie assommante des dogmes marxistes et libéraux et les appels sournois et égalitaires au racisme des minorités, ainsi que quelques nouveaux arrêts — les drogues, la pornographie, l'homosexualité, le fossé entre les générations et la libération des femmes. Comme d'habitude, les gros canons se sont attaqués aux points les plus faibles de la défense de la majorité, à savoir les étudiants et les jeunes femmes. Mais ils s'attaquent aussi à la cible principale, le dernier rempart de la Majorité, la famille.

Pour se sauver de l'extinction spirituelle, la Majorité n'a d'autre choix que de désapprendre rapidement toutes les leçons qui lui ont été enseignées depuis le début de sa dépossession. La dignité de l'individu ? Le triomphe de la raison ? Les droits de l'homme ? Les ancêtres de la majorité ont été les premiers à développer ces concepts et à les appliquer à la société. Dans leur forme moderne pervertie, ils ont été les tueurs de la société. La démocratie, le libéralisme authentique, la loi commune, le libre jeu de l'imagination, les percées technologiques, toutes les grandes réalisations politiques, sociales et scientifiques de l'homme occidental devenaient maintenant le butin de l'homme non occidental. L'histoire, une fois "restructurée" par l'intelligentsia libérale-minoritaire, n'est pas seulement devenue un mensonge, mais une fraude délibérée, la stratégie de base d'une guerre dans laquelle la vérité est la première victime. L'environnement, le climat, la géographie, l'économie, la religion et le hasard aveugle ont été solennellement proclamés comme les seuls créateurs possibles (et autorisés) du passé et de l'avenir. La race reste le déterminant historique inavouable, bien que les plus bruyants dénonciateurs et négateurs de la race soient, comme toujours, les plus grands racistes.

Le désespoir même de ces dénégations a donné de la substance à l'affirmation selon laquelle l'histoire se concentre sur la race, que la race est inscrite en grand dans chaque paragraphe obscur et chaque page brillante des archives humaines, que là où il n'y a pas de conscience raciale, il n'y a pas de conscience historique, que là où il n'y a pas de conscience historique, il y a de la chronologie, mais pas d'histoire, que l'essence de l'histoire est l'ascension et la chute des races.

Pour l'historien des races, la race est l'être et le devenir de l'humanité organisée. De même que la race a été le facteur déterminant du passé de l'humanité, elle le sera dans l'avenir. Le destin de l'homme est maintenant devenu le destin du monde. Des efforts suprêmes sont nécessaires pour mettre un terme à la dévastation de l'environnement — et ces efforts suprêmes ne peuvent être entrepris que par de grands groupes d'hommes ayant des réflexes politiques et sociaux similaires, par de grandes équipes et non par de grandes foules, et plus précisément par de grandes races. La race, manifestation suprême de l'esprit d'équipe, est peut-être la façon dont la nature organise les hommes pour accomplir l'inaccessible.

Tout comme le corps rejette les organes transplantés, les races ont l'habitude de rejeter les idéologies transplantées. Elles peuvent les accepter temporairement, mais l'accumulation d'"anticorps" est incessante. La seule idéologie acceptable par toutes les races semble être le grand dessein de l'évolution, qui finira par sélectionner l'une d'entre elles pour donner naissance à une nouvelle espèce, celle qui est meilleure que l'homme.

À une époque où l'on commence à percer les mystères du gène, dont les fréquences et les combinaisons expliquent les différences individuelles et raciales, la race la plus apte à élever les *hominidés* d'un cran dans l'échelle de l'évolution sera celle qui se concentrera sur la percée de l'énigme génétique. Ce ne sera certainement pas la race qui dispersera ses énergies dans des croisades doctrinales, cherchant son salut en dehors d'elle-même, se laissant devenir l'otage de la fortune. C'est la voie du retour à l'oasis primitive, la voie de l'évolution à rebours.

En cette fin de vingtième siècle, la race la plus apte à supporter le poids principal de l'évolution semble être l'Européen du Nord. Également doué pour la physique et la métaphysique, l'induction et la déduction, la théorie et l'application, aussi à l'aise dans le macrocosme que dans le microcosme, l'homme d'Europe du Nord a réussi à s'élever un peu plus haut que les autres divisions de l'humanité au-dessus du "roi animal". Pour l'instant, deux guerres intra-raciales dévastatrices dans la première moitié du siècle et la dépossession de la majorité américaine, la plus grande réserve de gènes nord-européens, l'ont cloué au sol. De façon permanente ou temporaire, il est trop tôt pour le dire.

Remettre les Européens du Nord sur la voie de l'évolution, raviver l'efflorescence nord-européenne est un projet d'une complexité monumentale. De tous les peuples d'Europe du Nord, seule une majorité américaine réhabilitée, consciente de l'histoire qu'elle a faite une fois et qu'elle pourrait refaire, aurait la force et les ressources nécessaires pour provoquer un rassemblement de l'Europe du Nord — pas simplement un regroupement politique et économique cimenté par des alliances militaires et des accords commerciaux, mais un rassemblement de la conscience raciale, la plus durable et la plus tenace de toutes les forces sociales contraignantes.[1232]

Si cette mise en commun du travail et de la pensée d'un peuple très doué, mais très dispersé se réalisait un jour, la prépondérance du pouvoir serait telle qu'aucun prédateur extérieur n'oserait ne serait-ce qu'effleurer le coin le plus reculé de l'espace vital de l'Europe du Nord, que ce soit en Europe, en Amérique anglo-saxonne ou en Australasie. Les minorités de cet espace vital, qui ne peuvent plus prospérer grâce à la division de leurs hôtes, pourraient enfin apprendre à se nourrir elles-mêmes. Forcées à une autosuffisance inaccoutumée, elles pourraient bien reconstruire leurs propres cultures épuisées et tirer profit de l'expérience.

Telle est la perspective chatoyante d'un rassemblement de l'Europe du Nord, d'une Pax Euramerica, d'un ordre mondial plus englobant que la Pax Romana et plus durable et plus constructif que la Pax Britannica. La Pax Romana, bien que Rome ait été dirigée à l'époque de son expansion par des patriciens d'origine nord-européenne, n'a jamais voulu ou pu s'étendre suffisamment au nord pour englober les peuples d'Allemagne et de Scandinavie. Par conséquent, la première et meilleure chance d'unité européenne a été perdue.

La Pax Britannica, qui a maintenu la paix si longtemps dans une grande partie du monde non blanc, tout en établissant de nouveaux mondes blancs dans les continents nouvellement découverts, a été dysgéniquement désastreuse pour les Européens du Nord partout dans le monde. La diplomatie britannique d'équilibre des pouvoirs, qui a divisé et épuisé l'Europe pendant des centaines d'années, a été l'une des principales causes des conflits malheureux du XXe siècle, qui ont considérablement réduit la qualité génétique de tous les combattants — le patrimoine génétique britannique ayant finalement subi les plus grands dommages de tous. En outre, au sommet de l'empire, la Grande-Bretagne a perdu ses plus importantes possessions en Amérique du Nord, un revers racial aux conséquences extrêmement graves. Si la sécession des treize colonies avait pu être évitée — ce qui n'est pas un exploit impossible pour les subtils hommes d'État du XVIIIe siècle — la Pax Britannica pourrait encore être le pilier de la politique occidentale. Au lieu de cela, la Grande-Bretagne

---

[1232] Une citoyenneté commune n'est pas recommandée. Le rassemblement ne doit pas être considéré comme une association de super-États. Il aurait plus de force et de longévité s'il était fondé sur de petites unités raciales et culturelles indépendantes, plutôt que sur de grandes nations encombrantes. En Europe, la tendance devrait être de restaurer l'autonomie des anciennes provinces ; aux États-Unis, la séparation des races en ethno-États devrait être encouragée. Voir Wilmot Robertson, op. cit.

d'aujourd'hui est un petit royaume insulaire fatigué, dont le rétablissement attend une nouvelle poussée de l'inextinguible esprit britannique.

Les Allemands ont fait tomber la Pax Romana par leurs victoires et la Pax Britannica par leurs défaites. À presque n'importe quel moment depuis le Moyen Âge, la Grande-Bretagne aurait pu atténuer le militarisme allemand en soutenant, et non en s'opposant, à la mission historique de l'Allemagne de défendre l'Ouest contre les incursions de l'Est. Mais la Grande-Bretagne s'est érigée en ennemi juré de l'Union européenne, cette même Union européenne qui aurait étouffé le bolchevisme dans l'œuf et interdit la présence d'armées slaves sur les rives de l'Elbe.

Le rassemblement de l'Europe du Nord, dont la tâche principale est la consolidation, la sécurité et le progrès des peuples de l'Europe du Nord, serait le premier ordre mondial dont les frontières géographiques correspondraient aux frontières raciales, une fois que les éléments minoritaires auraient été séparés et renvoyés dans leurs anciennes patries ou établis dans de nouvelles. Une telle confédération intercontinentale à base génétique, une façon radicalement nouvelle de rassembler un peuple dispersé, pourrait surmonter ou atténuer certains des dangers pour l'humanité que le crypto-racisme de la politique prolétarienne semble multiplier. Il y aurait de la place pour les Russes et les autres Slaves d'origine nord-européenne, maintenant que l'encombrant conglomérat soviétique s'est effondré. Il n'y aurait absolument aucune place pour l'exploitation à l'ancienne des non-Blancs ou pour l'adaptation forcée des civilisations autochtones aux normes culturelles de l'Europe du Nord.

Mais tout dépend du sort de la majorité américaine. Si sa dépossession n'est pas stoppée et inversée, il n'y aura pas de rassemblement de l'Europe du Nord, pas de consolidation raciale, pas d'arrêt du déclin de l'Occident, pas de démenti à Spengler. En fait, il n'y aura bientôt plus d'Amérique. L'histoire insiste sur le fait que lorsque le groupe de population dominant disparaît, le pays disparaît. Comme cela devient de plus en plus évident, la chute de la majorité américaine est la chute de l'Amérique elle-même.

Annexes

ANNEXE A

Explication du recensement racial

Au cours du débat sur les quotas d'immigration au début des années 1920, on a tenté de déterminer la proportion d'Américains blancs originaires de divers pays de l'Ancien Monde et de quelques pays du Nouveau Monde. Les résultats, tels que publiés dans *Immigration Quotas on the Basis of National Origin*, 70 th Congress, 2 d Session, Senate Document 259, p. 5, sont présentés dans les pages suivantes. Les colonnes de droite du tableau contiennent des estimations de la composition raciale de la mère patrie réalisées par Carl Brigham, professeur agrégé de psychologie à l'université de Princeton. Brigham voulait établir une corrélation entre les résultats volumineux des tests d'intelligence de l'armée de la Première Guerre mondiale et la race. Ses conclusions ont été sévèrement contestées, non pas tant pour ses estimations raciales que parce qu'il les a utilisées pour "prouver" la supériorité intellectuelle des Nordiques américains. Voir Carl Brigham, *A Study of American Intelligence,* Princeton University Press, Princeton, N.J., 1923, pp. 160, 190.

Brigham est revenu plus tard sur son hypothèse de la supériorité intellectuelle des Nordiques, mais pas sur ses répartitions raciales, qui sont similaires à celles de Carleton Coon dans *The Races of Europe*, à l'exception notable de l'Irlande. Ici, Brigham semble s'être complètement égaré. Il n'a pas tenu compte de l'importante composante alpine irlandaise et a apparemment décidé, en contradiction avec la plupart des autres anthropologues, que l'élément celtique était plus méditerranéen que nordique. Les pourcentages indiqués pour le Royaume-Uni sont les estimations raciales de Brigham pour l'Angleterre. Il disposait de chiffres distincts pour la composition raciale de l'Écosse (85 % de Nordiques ; 15 % de Méditerranéens) et du Pays de Galles (40 % de Nordiques ; 60 % de Méditerranéens). Il avait également deux catégories pour la Turquie : la Turquie (en Europe) et la Turquie. Ses chiffres pour la première sont donnés dans le tableau. Quant aux pourcentages omis par Brigham, ils peuvent être obtenus dans *The Races of Europe* de Coon ou dans les études raciales des anthropologues européens.

TABLEAU A % DE LA POPULATION BLANCHE DES ÉTATS-UNIS PAR PAYS D'ORIGINE ET PAR RACE

Pays d'origine	% de la population blanche		% LIGHT WHITE Nordic	% BLANC Alpin	% BLANC FONCÉ Médit.
	1790	1920			
Autriche	*	0,9	10	90	
Belgique	1,5	0,8	60	40	
Tchécoslovaquie	0,1	1,8			
Danemark	0,2	0,7	85	15	
Estonie	…	0,1			
Finlande	*	0,4			
France	1,9	1,9	30	55	15
Allemagne	7,4	16,3	40	60	
Royaume-Uni	77,0	41,4	80		20
Grèce	…	0,2		15	85
Hongrie	…	0,6	10	90	
Irlande	4,4	11,2	30		70**
Italie	…	3,6	5	25	70
Lettonie	…	0,2			
Lituanie	…	0,2			
Pays-Bas	3,3	2,0	85	15	
Norvège	0,2	1,5	90	10	
Pologne	*	4,1	10	90	
Portugal	0,1	0,3	5		95
Roumanie	…	0,2		100	
Russie	*	1,8	5	95	

Espagne	1,0	0,2	10	5	85
Suède	0,5	2,1	100		

TABLEAU A (suite) % DE LA POPULATION BLANCHE DES ÉTATS-UNIS PAR PAYS D'ORIGINE ET PAR RACE

Pays d'origine	% de la population blanche		% LIGHT WHITE Nordic	% BLANC Alpin	% BLANC FONCÉ Médit.
	1790	1920			
Suisse	0,9	1,1	35	65	
Syrie, Liban	…	0,1			
Turquie	…	0,1		60	40
Yougoslavie	…	0,5			
Tous les autres	*	0,2			
Canada	1,6	4,3	80	20	
Terre-Neuve	*	0,1	80	20	
Mexique	0,7	1,2			5
Antilles	*	0,1			2

(*) Moins de 0,1 %.

(**) Voir l'annexe A.

Il est évident que le fait de se baser sur les chiffres du recensement de 1920 pour les origines des immigrants blancs laisse beaucoup à désirer, mais les pourcentages raciaux de la population blanche dans son ensemble n'ont pas changé radicalement depuis 1920. Compte tenu du tableau ci-dessus, il est maintenant possible d'obtenir une estimation très approximative du nombre de Nordiques, d'Alpins et de Méditerranéens aux États-Unis. La méthode est la suivante :

1. Multipliez le chiffre révisé de la population blanche du Census Bureau de 1990 (188 136 858, tableau I, p. 57) par le pourcentage de 1920 indiqué pour chaque pays (colonne 2, tableau A). L'arithmétique donne un chiffre approximatif de la population de chaque groupe de nationalité.

2. Multiplier ce nombre par les pourcentages appropriés indiqués dans les trois colonnes de droite du tableau A. Les pourcentages peuvent être donnés pour une, deux ou les trois races, selon le cas. Le résultat correspond approximativement au nombre de Nordiques, d'Alpins ou de Méditerranéens au sein du groupe de nationalités concerné.

3. Additionner toutes les composantes nordiques, alpines et méditerranéennes dans tous les groupes de nationalités pour obtenir le nombre total des trois races aux États-Unis.

Pour illustrer cette méthode de projection, la composante alpine des Américains d'origine allemande peut être déterminée comme suit : Le tableau A indique que l'Allemagne représentait 16,3 % de la population blanche en 1920. En prenant 16,3 % du chiffre révisé de la population blanche du recensement de 1990 (0,163 × 188 136 858), on obtient le chiffre de 30 666 308, qui représente le nombre actuel d'Américains d'origine allemande. Dans la colonne Alpine du tableau, on estime que 60 % de la population allemande est de race alpine. En prenant 60 % du nombre d'Américains d'origine allemande (0,6 × 30 666 308), on obtient 18 399 785 Alpins américains d'origine allemande.

La méthode de projection présente toutefois quelques problèmes. Certains groupes de nationalités du tableau A ne sont pas ventilés en pourcentages raciaux. Les divisions raciales de certains autres sont manifestement inexactes ou mal définies. Dans certains cas, il est possible d'obtenir de meilleurs pourcentages raciaux à partir de l'ouvrage de Carleton Coon The *Races of Europe* qu'à partir du tableau A. Souvent, il est plus précis de s'appuyer sur un décompte direct des groupes de population, tel qu'il figure dans des sources de référence telles que la *Harvard Encyclopedia of American Ethnic Groups ou One America,* que de multiplier le pourcentage de 1920 de la population blanche par le nombre révisé de la population blanche du recensement de 1990. Lorsque les statistiques relatives aux groupes d'origine nationale sont tirées de sources de référence, elles sont multipliées soit par le tableau A, soit par les pourcentages raciaux de Coon, selon celui qui semble le plus précis, afin d'obtenir le nombre racial approximatif. Lorsque ces données ne sont pas disponibles ou sont trop vagues, l'auteur introduit ses propres estimations.

Dans le tableau B de la page suivante, les différentes méthodes et procédures décrites ci-dessus seront utilisées pour obtenir un recensement de la population blanche américaine de 1990 par race. Dans certains cas, la composante nordique est obtenue en soustrayant les totaux alpins et méditerranéens du total blanc. Les sources et les méthodes utilisées pour obtenir les chiffres du tableau B sont indiquées dans la colonne de droite. Lorsque *The Dispossessed Majority* est cité comme source, le lecteur peut trouver la ou les sources primaires pour les chiffres raciaux. Enfin, il n'y a pas de colonne hispanique dans le tableau B. Comme expliqué dans cette étude, seuls 2 000 000 d'Hispaniques sont estimés être blancs, et ils ont été inclus comme Méditerranéens dans la catégorie des Blancs du tableau II.

TABLEAU B NORDIQUE, ALPIN ET MÉDITERRANÉEN DES ÉTATS-UNIS

	TOTAL	NORDIC	ALPINE	MEDITER-RANEAN	SOURCE
ALBANIANS	70,000		70,000		HE, p. 23 RE, pp. 601-4
ARABS[a]	1,500,000			1,500,000	1990 Gallup Poll, See below
ARMENIANS	1,000,000	10,000	330,000	660,000	Economist, 9/21/85 RE, p. 629
AUSTRIANS	1,693,232	169,323	1,523,909		PM
BELGIANS	1,501,488	900,893	600,595		PM
BRITISH[b]	77,888,659	77,888,659			See below
BULGARS	70,000		28,000	42,000	HE, p. 187 RE, pp. 611-12
CANADIANS	2,000,000	1,600,000	400,000		PM, HE, p. 191
CZECHO-SLOVAKS	1,750,000	250,000	1,500,000		HE, pp. 261, 928, 934 RE, pp. 560-62
DANES	1,316,958	1,316,958			PM
DUTCH	3,602,600	3,198,327	564,410		PM
ESTONIANS	200,000	80,000	120,000		HE, p. 340
FINNS	752,547	452,547	300,000		PM RE, p. 351, AE
FRENCH	3,574,600	1,072,380	1,966,030	564,190	PM RE, p. 522
GERMANS	30,666,308	12,266,523	18,399,785		PM
GREEKS	1,400,000		210,000	1,190,000	HE, p. 430 PM
HUNGARIANS	1,128,821	112,882	1,015,939		DM, p. 140 RE, pp. 585-86
IRISH	21,081,329	6,321,398	14,759,931		PM, DM, pp. 127-36 RE, pp. 375-76, AE
ITALIANS	6,772,926	338,646	1,693,232	4,741,048	DM, pp. 146-48 RE, pp. 555-56, AE
JEWS	5,828,000		5,203,000	625,000	DM, p. 152 RE, pp. 639-46, AE
LATVIANS	86,000	26,000	60,000		HE, p. 638 RE, pp. 362-65, AE

TABLEAU B (suite) CENSUS NORDIC, ALPIN ET MÉDITERRANÉEN DES ÉTATS-UNIS

	TOTAL	NORDIC	ALPINE	MEDITER-RANEAN	SOURCE
LITHUANIANS	331,000	66,000	265,000		HE, p. 665 RE, pp. 365-68, AE
NORWEGIANS	2,793,796	2,539,848	253,948		PM
POLES	5,100,000	1,275,000	3,825,000		PM, HE, p. 787 RE, pp. 563-67, AE
PORTUGUESE	564,410	28,220		536,190	PM, RE, p. 495
ROMANIANS	90,000		54,000	36,000	HE, p. 881 RE, pp. 614-16, AE
RUSSIANS[c]	338,646	16,932	321,714		PM, OA, p. 130 RE, pp. 573-74, AE
SPANISH[d]	357,554	37,637		319,917	PM, AE RE, pp. 489-95
SWEDES	3,950,874	3,950,874			PM, AE
SWISS	2,069,505	724,327	1,345,178		PM
TURKS	100,000		60,000	40,000	HE, p. 992 RE, pp. 576-84, AE
UKRAINIANS	488,000		488,000		HE, p. 998 RE, pp. 569-71
YUGOSLAVS	1,000,000		1,000,000		HE, p. 918 RE, pp. 587-95
OTHERS[e]	6,881,468	1,007,832	2,779,330	3,094,306	
TOTALS	188,136,858	115,651,206	59,137,001	13,348,651	

a   Includes Syrians, Lebanese, Palestinians, Iraqis, Saudis, Iranians and other Middle Eastern Moslem and Christian groups.

b   There is a large Nordic-Mediterranean component in the British population. But, since overall it is more Nordic than Mediterranean, it has been listed in the Nordic column.

c   Excludes Soviet Jewish immigrants.

d   Includes 100,000 Old Immigration Spaniards who have now been completely assimilated, largely by intermarriage.

e   Since many whites have been impossible to classify racially, they have been allocated arbitrarily among the three white races.

KEY: For racial totals: PM (Projection Method from Table A); HE (*Harvard Encyclopedia of American Ethnic Groups*); OA (*One America*); DM (*The Dispossessed Majority*); RE (*Races of Europe*); AE (Author's estimate).

Mise en garde : *Compte tenu des écarts importants et de la simplification excessive des chiffres raciaux figurant dans l'annexe A, il faut comprendre que la seule raison pour laquelle ces chiffres sont donnés est de fournir un résumé très approximatif — et souvent très confus — du nombre et de la proportion des trois races blanches dans les États-Unis d'aujourd'hui.*

ANNEXE B

Étude de recensement des groupes d'ascendance

Au cours de la dernière décennie, le Bureau du recensement a joué au yo-yo statistique dans ses efforts pour recenser les origines nationales de la population américaine. On a d'abord affirmé que les Allemands constituaient le groupe d'ascendance le plus important, puis les Anglais, puis les Allemands (dans une étude de 1981) et maintenant à nouveau les Anglais (Census Supplementary Report PC 80-SI-10, publié en avril 1983). Bien que cette étude ne soit pas encore tout à fait satisfaisante, elle est un peu plus crédible que les précédentes car elle est basée sur le recensement de 1980.

En examinant ces chiffres, le lecteur doit comprendre qu'il s'agit d'extrapolations à partir du formulaire long du recensement de 1980, qui était joint à chaque sixième questionnaire de recensement. Il faut également comprendre que, dans ses extrapolations, le Bureau du recensement a annoncé, avec une certaine honte, que 23 182 019 personnes n'ont déclaré aucune ascendance et que 1 762 587 n'ont pas indiqué d'ascendance correctement identifiable ou classable. Plus important encore, 13 298 761 personnes ont simplement indiqué "américain" ou "U.S."

En ce qui concerne le nombre de personnes ayant déclaré une ascendance multiple, la personne qui a déclaré être d'origine allemande et anglaise a été répertoriée à la fois dans les entrées allemande et anglaise de la colonne des ascendances multiples. Certaines personnes ont même déclaré une triple ascendance, par exemple amérindienne, anglaise et française, et nombre d'entre elles ont été répertoriées dans chacune des trois catégories spéciales d'ascendance multiple.

Comme la loi interdit au Census Bureau de compter les personnes en fonction de leur religion, la catégorie très importante des Juifs n'apparaît nulle part dans les tableaux, bien qu'à bien des égards, les Juifs soient le groupe le plus "ancestral" de tous les groupes d'ascendance.

En gardant ces points à l'esprit, le lecteur peut maintenant examiner plus intelligemment l'étude du Census Bureau. Cette fois-ci, comme nous l'avons vu plus haut, les Anglais sont plus nombreux que les Allemands, et plus nombreux dans le groupe à ascendance unique que dans le groupe à ascendance multiple.

1980 Census Bureau Count of Americans According to National or Geographical Origins

Ancestry Group	Persons reporting at least one ancestry	(%)	Persons reporting single ancestry	Persons Reporting multiple ancestry
European (excluding Spaniard)				
Albanian	38,658	.02	21,687	16,971
Alsatian	42,390	.02	15,941	26,449
Austrian	948,558	.50	339,789	608,769
Basque	43,140	.02	23,213	19,927
Basque, French	11,920	.01	6,830	5,090
Basque, Spanish	8,534	—	5,652	2,882
Basque, n.e.c.	22,686	.01	10,731	11,955
Belgian	360,277	.19	122,814	237,463
Belorussian	7,381	—	4,253	3,128
Bulgarian	42,504	.02	21,489	21,015
Croatian	252,970	.15	107,855	145,115
Cypriot	6,053	—	3,889	2,164
Czech	1,892,456	1.01	788,724	1,103,732
Danish	1,518,273	.81	428,619	1,089,654
Dutch	6,304,499	3.35	1,404,794	4,899,705
Eastern European *	62,404	.03	52,439	9,965
English	49,598,035	26.34	23,748,772	25,849,263
Estonian	25,994	.01	16,721	9,273
European *	175,461	.09	142,626	32,835
Finnish	615,872	.33	267,902	347,970
French (1)	12,892,246	6.85	3,062,077	9,830,169
German	49,224,146	26.14	17,943,485	31,280,661
Greek	959,856	.51	615,882	343,974
Gypsy	6,322	—	3,350	2,972
Hungarian	1,776,902	.94	727,223	1,049,679
Icelander	32,586	.02	13,128	19,458
Irish	40,165,702	21.33	10,337,353	29,828,349
Italian	12,183,692	6.47	6,883,320	5,300,372
Latvian	92,141	.05	55,563	36,578
Lithuanian	742,776	.39	339,438	403,338
Luxembourger	49,994	.03	16,164	33,880
Maltese	31,645	.02	18,385	13,260
Manx	9,220	—	3,430	5,790
Northern Irelander	16,418	.01	6,338	10,080
Norwegian	3,453,839	1.83	1,260,997	2,192,842
Polish	8,228,037	4.37	3,805,740	4,422,297
Portuguese	1,024,351	.54	616,362	407,989
Rumanian	315,258	.17	141,675	173,583
Russian, n.e.c. (2)	2,781,432	1.48	1,379,585	1,401,847
Ruthenian	8,485	—	2,581	5,904
Scandinavian *	475,007	.25	238,991	236,016
Scottish	10,048,816	5.34	1,172,904	8,875,912
Serbian	100,941	.05	49,621	51,320
Slavic *	172,696	.09	70,194	102,572
Slovak	776,806	.41	361,384	415,422
Slovene	126,463	.07	63,587	62,876
Swedish	4,345,392	2.31	1,288,341	3,057,051
Swiss	981,543	.52	235,355	746,188
Ukrainian	730,056	.39	381,084	348,972
Welsh	1,664,598	.88	308,363	1,356,235
Yugoslavian *	360,174	.19	199,884	160,290
Other European, n.e.c.	77,762	.04	58,432	19,330
North African and Middle Easterner				
Arab/Arabian *	92,647	.05	71,454	21,193
Armenian	212,621	.11	155,693	56,928
Assyrian	29,268	.02	22,519	6,749
Egyptian	41,122	.02	34,812	6,310
Iraqi	15,621	.01	12,289	3,332
Iranian	122,890	.07	108,949	13,941
Israeli	52,843	.03	41,008	11,835
Jordanian	11,499	.01	9,990	1,509
Lebanese	294,895	.16	170,749	124,146
Moroccan	7,105	—	4,625	2,480
Palestinian	21,288	.01	15,838	5,450
Saudi Arabian	5,491	—	5,224	267
Syrian	106,638	.06	53,967	52,671
Turkish	64,691	.03	39,117	25,574
Other North African or Middle Easterner, n.e.c.	31,578	.02	25,707	5,871
Subsahara African				
African *	203,791	.11	105,869	52,922
Afro-American	20,964,729	11.13	20,524,020	440,709
Cape Verdean	23,215	.01	18,244	4,971
Ethiopian	7,641	—	6,503	1,138
Ghanaian	6,775	—	6,322	453

Nigerian *	47,857	.03	43,854	4,003
South African *	8,658	—	5,975	2,683
Other Subsahara African, n.e.c.	31,442	.02	19,370	12,072
Asian (excluding Middle Easterner)				
Asian Indian	311,953	.17	280,728	21,225
Cambodian	18,102	.01	16,052	2,050
Chinese	894,453	.48	757,777	136,676
Filipino	795,255	.42	630,188	165,067
Indonesian	25,873	.01	9,699	16,174
Japanese	791,275	.42	666,856	124,419
Korean	376,676	.20	343,705	32,971
Laotian	55,598	.03	53,320	2,278
Pakistani	25,963	.01	22,615	3,348
Taiwanese	16,390	.01	15,332	1,058
Thai	64,024	.03	52,324	11,700
Vietnamese	215,184	.11	201,334	13,850
Other Asian (excluding Middle Easterner), n.e.c.	105,632	.06	79,966	25,666
Non-Spanish Caribbean, Central & South American				
Bahamian	11,975	.01	9,663	2,312
Barbadian	21,425	.01	17,668	3,757
Bermudan	10,551	.01	7,236	3,315
Brazilian	27,640	.01	18,750	8,890
Dominica Islander	5,649	—	4,943	716
Dutch West Indian	38,408	.02	8,298	30,110
Guyanese	31,853	.02	27,048	4,805
Haitian	90,223	.05	81,509	8,714
Jamaican	253,268	.13	223,652	29,616
Trinidadian and Tobagonian	43,812	.02	39,014	4,798
Virgin Islander (U.S.)	7,098	—	4,762	2,336
British West Indian, n.e.c.				
Other West Indian, or Central or South n.e.c.	9,827	.01	7,239	2,588
American (excluding Spanish) n.e.c. (3)	135,515	.07	105,384	30,131
Spanish				
Argentinean	37,909	.02	28,109	9,800
Bolivian	16,048	.01	12,585	3,463
Chilean	31,843	.02	24,410	7,433
Colombian	156,276	.08	137,162	19,114
Costa Rican	26,992	.01	21,121	5,871
Cuban	597,702	.32	500,564	97,138
Dominican	170,698	.09	155,930	14,768
Ecuadoran	87,973	.05	77,247	10,726
Guatemalan	62,098	.03	54,674	7,424
Honduran	55,565	.03	45,294	10,271
Mexican	7,692,619	4.09	6,992,476	700,143
Nicaraguan	45,077	.02	37,845	7,232
Panamanian	44,754	.02	33,546	11,208
Peruvian	57,938	.03	44,884	13,054
Puerto Rican	1,443,862	.77	1,270,420	173,442
Salvadoran	84,757	.05	77,384	7,373
Spaniard (4)	94,528	.05	62,747	31,781
Spanish/Hispanic *	2,686,680	1.43	1,685,151	1,001,529
Uruguayan	8,590	—	7,240	1,350
Venezuelan	33,029	.02	25,548	7,481
Other Spanish, n.e.c.	65,195	.03	52,774	12,421
Pacific				
Australian	53,754	.03	22,324	31,430
Guamanian/Chamorro	27,015	.01	18,635	8,380
Hawaiian	202,054	.11	84,104	117,950
Other Pacific, n.e.c.	70,552	.04	53,562	16,990
North American				
Aleut and Eskimo	50,555	.03	38,468	12,087
American Indian	6,715,819	3.57	1,920,824	4,794,995
Canadian	456,212	.24	223,645	232,567
French Canadian	780,488	.41	442,465	338,023
Other North American, n.e.c.	12,845	.01	9,707	3,138

n.e.c. = "not elsewhere classified"
* This category represents a general type of response, which may encompass several ancestry groups.
(1) Excludes French Basque.
(2) Includes persons reported as "Russian," "Great Russian," "Georgian" and other related European or Asian groups.
(3) The majority of persons in this category reported "West Indian."
(4) Excludes Spanish Basque.

Mais la comparaison peut devenir plus significative si cette étude fait ce que les responsables du recensement n'ont pas fait, c'est-à-dire se débarrasser d'une grande partie des doublons en ajoutant la colonne de l'ascendance unique à la moitié, et non à la totalité, de la colonne de l'ascendance multiple. Pourquoi compter deux fois la même personne ? Si tous les Allemands à ascendance multiple étaient comptés en tant qu'Allemands, nombre d'entre eux seraient recomptés lorsque les Anglais, les Néerlandais, les Français ou d'autres groupes à ascendance multiple seraient comptés.

Avant d'examiner de plus près les chiffres du recensement, il convient de répondre à une autre question. Pourquoi comparer les Américains qui se disent d'origine allemande avec ceux qui se disent d'origine anglaise ? Pourquoi ne pas les comparer à ceux d'origine britannique ? Les Allemands ne forment pas un groupe racial ou même culturel compact et centripète. Il y a beaucoup de différences entre un Bavarois typique et un Prussien typique, certainement autant qu'entre un Anglais typique et un Écossais typique. Si des comparaisons numériques doivent être faites entre les Américains d'origine anglaise et ceux d'origine allemande, il semblerait plus raisonnable d'utiliser une catégorie britannique plutôt qu'anglaise. Pour ce faire, il suffit d'ajouter les groupes d'ascendance des terres britanniques et des dominions britanniques au groupe d'ascendance anglaise du Census Bureau.

TABLE 1
BRITISH ANCESTRY GROUPS

Ancestry Group		#1 Single Ancestry	#2 Multiple Ancestry	Column #1 + half of Column #2
English		23,748,772	25,849,263	36,673,403
Manx		3,430	5,790	6,325
Northern Irelander		6,338	10,080	11,378
Scottish		1,172,904	8,875,912	5,610,860
Welsh		308,363	1,356,235	986,480
Canadian		223,645	232,567	339,928
Australian		22,324	31,430	38,039
	Total	25,485,776	36,361,277	43,666,413

Que faire des 10 337 353 Irlandais à ascendance unique et des 29 828 349 Irlandais à ascendance multiple ? Un grand nombre d'entre eux doivent être des Irlandais écossais. Par conséquent, 10 % des Irlandais à ascendance unique (1 033 735) ont été affectés à une catégorie d'Irlandais écossais. Le résultat (5 507 987) est ensuite ajouté au total britannique (43 666 413), le portant ainsi à 49 174 400. Mais ce n'est pas tout. Comme indiqué précédemment, 13 298 761 personnes ont répondu à la question sur leur ascendance par un simple "American" ou "U.S.". Il s'agit évidemment d'Américains dont les familles sont installées dans le pays depuis si longtemps qu'ils ont oublié ou ne se soucient plus de leurs origines. C'est une autre façon de dire que les ancêtres de ce groupe devaient presque certainement venir de Grande-Bretagne, une opinion en partie justifiée par Bruce Chapman, directeur du Census Bureau, qui a admis à l'Associated Press que le chiffre de l'ascendance des Américains anglais pourrait être faible. Les Anglais, qui ont été assimilés dans ce pays avant même que le mot "assimilé" ne soit utilisé, ont parfois tendance à être considérés comme une sous-couche de peinture sur une maison, qui est là, mais qui n'est simplement pas remarquée ou particulièrement remarquée. Chapman aurait mieux fait d'utiliser le terme "Américain britannique", car des millions d'Irlandais écossais sont également issus de familles installées dans ce pays depuis deux siècles, ce qui est suffisamment long pour que l'on ne sache plus très bien quelles sont ses racines.

Quoi qu'il en soit, l'ajout de 13 298 761 "Américains" au total britannique précédent de 49 174 400 nous donne un grand total britannique de 62 473 161, qui se rapproche du chiffre de Carl Brigham dans le tableau I, annexe A. Comparé au total allemand de 33 583 815 (17 943 485 Allemands à ascendance unique plus la moitié des 31 280 661 Allemands à ascendance multiple), le chiffre britannique est presque le double. Cette façon d'évaluer les deux plus grands groupes d'origine nationale d'Amérique est plus sensée que la façon dont le recensement a traité le problème en comparant les Anglais aux Allemands.

L'énumération de la majorité

TABLE 2
AMERICANS OF NORTHERN EUROPEAN ANCESTRY (EXCLUDING BRITISH)

Ancestry Group	#1 Single Ancestry	#2 Multiple Ancestry	Column #1 plus half of Column #2
Irish (not included in British group)	9,303,618	25,354,097	21,980,666
German	17,943,485	31,280,661	33,583,815
Alsatian	15,941	26,449	29,165
Belgian	122,814	237,463	241,545
Danish	428,619	1,089,654	973,446
Dutch	1,404,794	4,899,705	3,854,646
Icelander	13,128	19,458	22,857
Luxembourger	16,164	33,880	33,104
Norwegian	1,260,997	2,192,842	2,357,418
Scandinavian	238,991	236,016	356,999
Finnish	267,902	347,970	441,887
Swedish	1,288,341	3,057,051	2,816,866
Swiss	235,355	746,188	608,449
Total	32,540,149	69,521,434	67,300,863

Les statistiques du Bureau du recensement sur les groupes d'ascendance peuvent également être utilisées pour estimer le nombre d'Américains d'origine nord-européenne, en plus de ceux originaires de Grande-Bretagne et d'Allemagne. Si l'on ajoute le total britannique du tableau 1 (62 473 161) au total du tableau 2 (67 300 863), on constate que 129 774 024 Américains appartiennent à des groupes d'ascendance nord-européenne. D'un point de vue racial, ce nombre représente le noyau de base de la majorité américaine. Mais si l'on souhaite obtenir un total pour tous les membres de la majorité, il faudrait inclure au moins une partie des groupes d'ascendance des pays absents du tableau ci-dessus et des pays d'Europe centrale et orientale, ainsi que de l'Italie du Nord. De nombreux membres de ces groupes ont déjà été assimilés à la Majorité ou sont en bonne voie de l'être.

TABLE 3
AMERICANS OF CENTRAL AND SOUTH EUROPEAN ANCESTRY

Ancestry Group	#1 Single Ancestry	#2 Multiple Ancestry	Column #1 plus half of Column #2	% Assimilated or Assimilable	No. Assimilated or Assimilable
Austrian	339,789	608,769	644,173	75%	483,130
Belorussian	4,253	3,128	5,817	90%	5,235
Croatian	107,855	145,115	180,412	90%	162,371
Czech	788,724	1,103,732	1,340,590	95%	1,273,561
Eastern European	52,439	9,965	57,421	75%	43,066
Estonian	16,721	9,273	21,357	90%	19,221
European	142,626	32,835	159,043	75%	119,282
French	3,062,077	9,830,169	7,977,161	90%	71,794,449
French Canadian	442,465	338,023	611,476	95%	580,902
Hungarian	727,223	1,049,679	1,252,062	90%	1,126,856
Italian	6,883,320	5,300,372	9,533,506	75%	7,150,130
Latvian	55,563	36,578	73,852	90%	66,467
Lithuanian	339,438	403,338	541,107	80%	432,886
Polish	3,805,740	4,422,297	6,016,888	75%	4,512,666
Russian	1,379,585	1,401,847	2,080,508	75%	1,560,381
Ruthenian	2,581	5,904	5,533	80%	4,426
Serbian	49,621	51,320	75,281	90%	67,775
Slavic	70,124	102,572	121,410	90%	109,269
Slovak	361,384	415,422	569,095	90%	512,186
Slovene	63,587	62,876	95,025	90%	85,523
Ukrainian	381,084	348,972	555,570	75%	416,678
Yugoslavian	199,884	160,290	280,029	90%	252,026
Total	19,276,083	25,842,476	32,197,316		15,366,106

Le tableau 3 présente des pourcentages destinés à éliminer les éléments des différents groupes d'ascendance qui, à proprement parler, ne sont pas racialement qualifiés pour l'assimilation (Méditerranéens foncés), ainsi que le nombre de Juifs originaires de ces pays. En d'autres termes, les pourcentages sont conçus pour ne tenir compte que des éléments nordiques, alpins et partiellement méditerranéens assimilés ou assimilables provenant de ces pays. En ajoutant le total de ce groupe (15 366 106) au total de l'Europe du Nord (129 774 024), on obtient 145 140 130, soit le nombre de membres de la majorité américaine, plus les Américains qui s'assimilent ou ont de bonnes chances de s'assimiler à la majorité. Il va sans dire que ce chiffre diffère de l'estimation de 168 704 048 Américains assimilés et assimilables figurant à la page 64. Ce dernier chiffre a été obtenu à partir du dénombrement des minorités parrainé par le secteur privé et de projections tirées d'études sur l'immigration vieilles d'un demi-siècle, qui n'étaient pas très utiles puisqu'elles n'incluaient pas de ventilation des races blanches. L'écart peut s'expliquer par les 24 944 606 personnes qui n'ont pas déclaré de groupe d'ascendance ou qui n'ont pas déclaré correctement et qui, par conséquent, n'ont pas été comptées dans les groupes d'ascendance de l'étude de recensement.

Note : Il n'y a pas beaucoup de surprises dans les catégories de non-blancs de l'étude du recensement de 1990, à l'exception du grand nombre d'Indiens à ascendance multiple. Le chiffre de 1 920 824 Indiens à ascendance unique représente une augmentation significative par rapport aux 1 323 476 Indiens, Esquimaux et Aléoutes recensés lors du recensement de 1980. Mais le nombre d'Indiens à ascendance multiple (4 794 995) ouvre les yeux car il suggère que beaucoup plus de gènes indiens flottent dans le sang de la population américaine que ce que l'on croyait jusqu'à présent. Il est vrai que certains membres de la majorité pensent qu'il est machiste de se vanter de quelques gouttes de sang indien comme "preuve" qu'ils sont des descendants des premiers pionniers ou des colons de l'Ouest. Plusieurs stars d'Hollywood et des médias (ou leurs attachés de presse) revendiquent une telle appartenance raciale. Néanmoins, il est difficile de croire que Robert Mitchum, Anita Bryant, Marlon Brando, Johnny Bench et Dolly Parton sont les descendants d'hommes rouges. L'ascendance indienne de Billie Jean King, Cher, Redd Fox et Dan Rather est moins difficile à croire. Quoi qu'il en soit, si le nombre de groupes d'ancêtres indiens est correct, les Américains en voie de disparition sont en train de devenir des Américains en voie de prolifération.

Bibliographie

Adams, Henry, *L'éducation de Henry Adams*, Modern Library, New York.

Adams, Henry, *History of the U.S. During the First Administration of Thomas Jefferson*, Boni & Liveright, New York, 1930.

Allegro, John, *Le peuple élu*, Doubleday, New York, 1972.

Ardrey, Robert, *The Territorial Imperative*, Atheneum, New York, 1966.

Arnold, Matthew, *Culture and Anarchy*, Cambridge University Press, Angleterre, 1961.

Bacon, Francis, *New Atlantis*, Great Books, Chicago, 1952.

Baker, John R., *Race*, Oxford University Press, New York, 1974. Réimprimé en 1981 par la Foundation for Human Understanding, Athens, Ga.

Ball, George W. et Douglas B., *The Passionate Attachment*, W. W. Norton, 1992.

Beard, Charles, *President Roosevelt and the Coming of the War*, 1941, Yale University Press, New Haven, 1948.

Beard, Charles et Mary, *The Rise of American Civilization*, Macmillan, New York, 1930.

Benoist, Alain de, *Vu de droite*, Copernic, Paris, 1977.

Boman, Thorleif, *Hebrew Thought Compared with Greek*, Norton, N.Y., 1970.

Brown, Lawrence, *The Might of the West*, Joseph J. Binns, Washington, D.C., 1979.

Carrel, Alexis, *Man the Unknown*, Harper & Row, New York, 1935.

Cattell, Raymond B., *A New Morality from Science : Beyondism*, Pergamon Press, New York, 1972.

Cockburn, Andrew et Leslie, *Dangerous Liaison*, HarperCollins, New York, 1991.

Coon, Carleton, *L'origine des races*, Knopf, New York, 1962.

Coon, Carleton, *The Races of Europe*, Macmillan, New York, 1954.

Cuddihy, John M., *The Ordeal of Civility*, Dell Publishing, New York, 1976.

Darlington, C. D., *The Evolution of Man and Society*, Allen and Unwin, Londres, 1969.

Drury, Allen, *A Very Strange Society*, Pocket Books, New York, 1968.

Dunlap, Knight, *Personal Beauty and Racial Betterment*, C. V. Mosby, St. Louis, 1920.

Dvornik, Francis, *The Slavs In European History and Civilization*, Rutgers University Press, New Brunswick, New Jersey, 1962.

Eibl-Eibesfeldt, Irenaus, *Ethology, the Biology of Behavior*, Holt, Rinehart & Winston, New York, 1970.

Eibl-Eibesfeldt, Irenaus, *Love and Hate, Holt, Rinehart & Winston*, New York, 1972.

Eliot, T. S., *Notes Towards the Definition of Culture*, Harcourt Brace, New York, 1949.

Ellenberger, Henri F., *La découverte de l'inconscient*, Basic Books, New York, 1970.

Ellis, Havelock, *Studies in the Psychology of Sex : Sélection sexuelle chez l'homme*, F. A. Davis Co., Philadelphie, 1906.

Emerson, Ralph Waldo, *English Traits*, E. P. Dutton, New York, 1932.

Findley, Paul, *They Dare to Speak Out*, Lawrence Hill Books, Chicago, Illinois, 1985.

Fogel, Robert William, et Engerman, Stanley L., *Time on the Cross*, Little, Brown, Boston, 1974.

Fuller, Major General J. F. C., *A Military History of the Western World*, Funk & Wagnalls, New York, 1954.

Gabler, Neal, *An Empire of Their Own*, Crown Publishers, New York, 1988.

Galton, Francis, *Hereditary Genius*, Peter Smith, Gloucester, Massachusetts, 1972.

Gehlen, Arnold, *Moral und Hypermoral*, Athenaum Verlag, Bonn, 1969.

Gibbon, Edward, *Déclin et chute de l'Empire romain*, Modern Library, New York.

Gobineau, Arthur de, *Essai sur l'inégalité des races humaines*, Librairie de Firmin-Didot, Paris, 1884.

Gradmann, Hans, *Das Rätsel des Lebens*, Ernst Reinhardt, Munich, 1962.

Gross, Martin L., *The Psychological Society*, Random House, New York, 1978.

Harvard Encyclopedia of American Ethnic Groups, Harvard University Press, Cambridge, Massachusetts, 1980.

Heidegger, Martin, *Sein und Zeit*, Max Niemeyer Verlag, Tubingen, 1977.

Hernstein, Richard J. et Murray, Charles, *The Bell Curve*, The Free Press, New York, 1994.

Hoffer, Eric, *The True Believer*, Harper's, New York, 1951.

Hooton, E. A., *Twilight of Man*, C. P. Putnam's Sons, New York, 1939.

Huntington, Ellsworth, *The Character of Races*, Scribner's, New York, 1925.

Keith, Arthur, *A New Theory of Human Evolution*, Peter Smith, Gloucester, Massachusetts, 1968.

Kroeber, A. L., *Anthropologie*, Harcourt, Brace, New York, 1948.

Macaulay, Thomas, *History of England from the Accession of James II*, Macmillan, Londres, 1914.

Mahieu, Jacques de, *Le grand voyage du dieu-soleil*, Édition Spéciale, Paris, 1971.

Mallory, J. P., *In Search of the Indo-Europeans*, Thames and Hudson, New York, 1991.

Monod, Jacques, *Chance & Necessity*, Knopf, New York, 1971.

Nietzsche, Friedrich, *The Portable Nietzsche*, Viking Press, New York.

Novak, Michael, *The Rise of the Unmeltable Ethnics*, Macmillan, New York, 1972.

One America, Francis J. Brown et Joseph S. Roucek, éd. Prentice-Hall, Englewood Cliffs, New Jersey, 1962.

Ortega y Gasset, José, *La rebelión de las masas*, Espasa-Calpe, Madrid, 1966.

Ostrovsky, Victor, *By Way of Deception*, St. Martin's Press, New York, 1990.

Pareto, Vilfredo, *L'esprit et la société*, Harcourt, Brace, New York, 1935.

Pendell, Elmer, *Why Civilizations Self-Destruct*, Howard Allen Enterprises, Cape Canaveral, Florida, 1977.

Putnam, Carleton, *Race and Reality*, Howard Allen Enterprises, Cape Canaveral, Floride, 1980.

Putnam, Carleton, *Race and Reason*, Howard Allen Enterprises, Cape Canaveral, Floride, 1977.

Raspail, Jean, *Le camp des saints*, Social Contract Press, Petoskey, Michigan, 1995.

Ripley, W. Z., *The Races of Europe*, Appleton, New York, 1910.

Rushton, J. Philippe, *Race, Evolution, and Behavior*, Transaction Publishers, New Brunswick, New Jersey, 1995.

Russell, James C., *The Germanization of Early Medieval Christianity*, Oxford University Press, New York, 1994.

Schoeck, Helmut, *Envy*, Harcourt, Brace, New York, 1970.

Schrag, Peter, *Le déclin de la guêpe*, Simon & Schuster, New York, 1971.

Schumpeter, Joseph A., *Capitalism, Socialism and Democracy*, Harper & Row, New York, 1962.

Seligman, Daniel, *A Question of Intelligence*, Carol Publishing, New York, 1992.

Sheldon, William, H., *Varieties of Delinquent Youth*, Hafner, Darien, Connecticut, 1949.

Shuey, Audrey M., *The Testing of Negro Intelligence*, Foundation for Human Understanding, Athens, Ga, 1966.

Soljenitsyne, Alexandre, *Lettre aux dirigeants soviétiques*, Harper & Row, New York, 1974.

Sorokin, Pitirim A., *Contemporary Sociological Theories*, Harper & Row, New York, 1964.

Taylor, Jared, *Paved with Good Intentions*, Carroll & Graf, New York, 1992.

Tolstoï, Nikolaï, *La trahison secrète*, 1944–1947, Scribner's, New York, 1977.

Unamuno, Miguel de, *Del Sentimiento Trágico de la Vida*, Las Americas Publishing Co, New York, 1966.

Unwin, J. D., *Sex and Culture*, Oxford University Press, Londres, 1934.

Weber, Max, *L'éthique protestante et l'esprit du capitalisme*, Allen and Unwin, Londres, 1930.

White, Leslie A., *The Evolution of Culture*, McGraw-Hill, New York, 1959.

Williams, Duncan, *Trousered Apes*, Arlington House, New Rochelle, New York, 1971.

Wilson, Edward O., *Sociobiology*, Harvard University Press, Cambridge, Massachusetts, 1975.

Worthy, Morgan, *Eye Color, Sex and Race*, Droke House/Hallux, Anderson, Caroline du Sud, 1974.

Yaffe, James, *Les Juifs américains*, Random House, New York, 1968.

Yale, William, *The Near East*, University of Michigan Press, Ann Arbor, 1958.

Zayas, Alfred de, *Nemesis at Potsdam*, Routledge & Kegan Paul, Londres, 1979.

Autres titres

HENRI DE MAN

ÉDITIONS
LE RETOUR AUX SOURCES

Au-delà du MARXISME

HENRI DE MAN

Le marxisme procède d'une notion mécaniste de la causalité...

Zbigniew Brzezinski

VISION STRATÉGIQUE
L'AMÉRIQUE ET LA CRISE DU POUVOIR MONDIAL

ÉDITIONS
LE RETOUR AUX SOURCES

ZBIGNIEW BRZEZINSKI

VISION STRATÉGIQUE
L'AMÉRIQUE ET LA CRISE DU POUVOIR MONDIAL

Une expertise inégalée en matière de politique étrangère...

DOUGLAS VALENTINE

CIA
ORGANISATION CRIMINELLE
Comment l'agence corrompt l'Amérique et le monde

ÉDITIONS
LE RETOUR AUX SOURCES

CIA ORGANISATION CRIMINELLE
Comment l'agence corrompt
l'Amérique et le monde

Une analyse du rôle secret, mais fondamental,
de la CIA dans la quête de domination globale menée par les États-Unis...

ÉDITIONS
LE RETOUR AUX SOURCES
LES GRANDES BATAILLES
de la
PREMIÈRE GUERRE MONDIALE
Une vision globale, tactique et stratégique des douze grandes batailles
qui marquèrent un tournant dans l'histoire militaire

DOMINIQUE LORMIER
LES GRANDES BATAILLES
DE L'HISTOIRE DE FRANCE
d'Hastings à la Libération
1066-1945
ÉDITIONS
LE RETOUR AUX SOURCES
LES GRANDES BATAILLES
DE L'HISTOIRE DE FRANCE
d'Hastings à la Libération
1066-1945
« La France fut faite
à coups d'épée »
Cette citation de Charles de Gaulle dit bien ce que
la France doit aux grandes batailles qu'elle a dû livrer pour construire ses frontières...

Dominique Lormier
LES VICTOIRES FRANÇAISES
de 1914 à nos jours
ÉDITIONS
LE RETOUR AUX SOURCES
LES VICTOIRES FRANÇAISES
de 1914 à nos jours
L'auteur démontre clairement que
l'armée française a souvent joué un rôle prépondérant

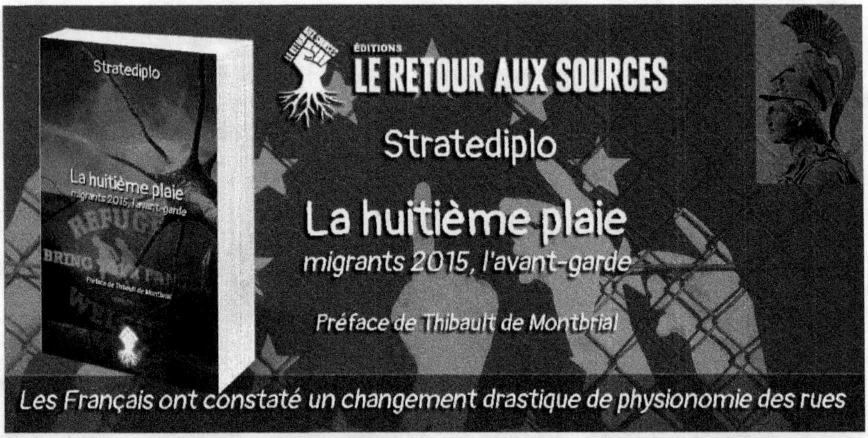

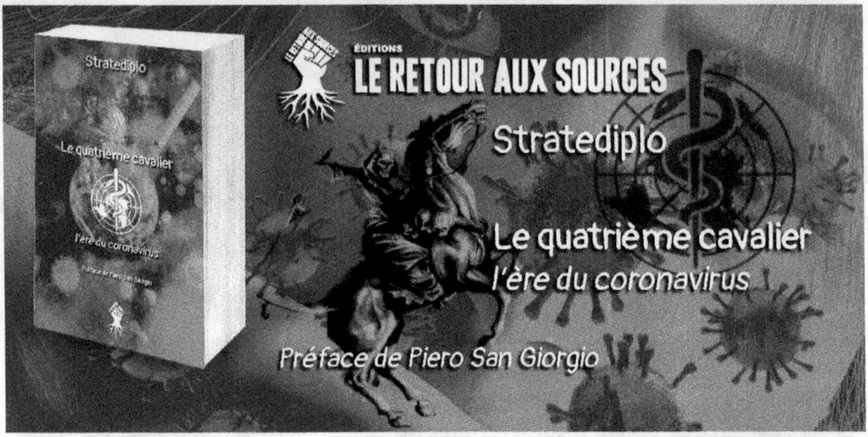

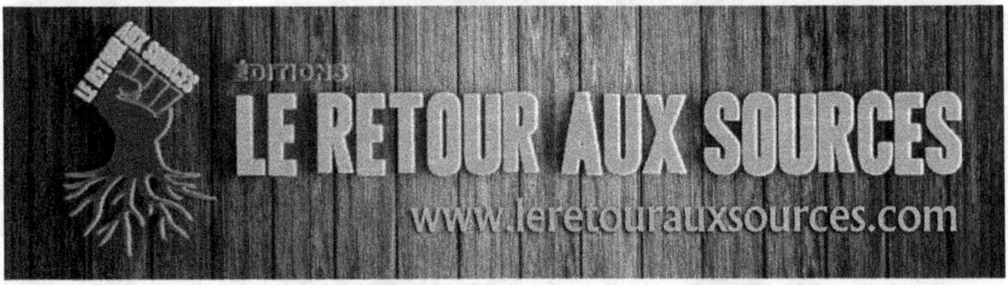